감정평가 및 보상법규는 법 규정에 대한 기본내용과 이와 관련된 법이론 및 판례에 관한 시험과목입니다. 법 과목임에도 대다수의 수험생들이 법조문을 제대로 숙지하지 못해서 법조문을 제대로 쓰지 못하는 경우도 많고, 방대한 행정법 및 보상법 등 개별법 정리에 어려움을 겪고 있습니다.

"감정평가 및 보상법규 미니법전 및 서브노트"는 이러한 어려움을 해결하고자, 감정평가 및 보상법규와 관련된 법령과 주요 이론을 단권화하되 그 분량을 수험적합성을 고려하여 최소화하였습니다.

주요 쟁점 우선순위를 표기하여 학습의 순서를 쉽게 정할 수 있게 하였고, 행정법 및 개별법의 기본개념을 정리하고 암기순서를 표기하였으므로 이 역시 쉽게 학습할 수 있을 것입니다.

행정법 및 개별법 외에도 행정소송법, 행정절차법, 행정기본법 및 행정소송규칙 등 필요한 법령의 주요 조문만 발췌하여 관련 규정을 따로 찾아보지 않아도 될 수 있게 하였습니다.

또한, 행정법 및 개별법 중요 쟁점에 대한 서브노트를 수록하였으므로 행정법 및 개별법 서브노트를 무한 반복하여 누적 암기한다면 행정법 및 개별법에 대한 일반이론의 정리와 암기에 대한 부담을 줄일 수 있을 것입니다.

"감정평가 및 보상법규 미니법전 및 서브노트"가 수험생 여러분들의 수험기간을 단축시키길 바라며 열심히 공부하는 감정평가 수험생 여러분 모두에게 합격을 기원합니다.

도승하 편저

CONTENTS
이 책의 차례

PREFACE

CONTENTS
이 책의 차례

CONTENTS
이 책의 차례

CONTENTS
이 책의 차례

감정평가 및 보상법규
수험가이드

Chapter 01

감정평가 및 보상법규 수험가이드

01 절 들어가며(감정평가 및 보상법규 과목 소개)

감정평가법에 따라 감정평가사 자격을 취득한 감정평가사는 부동산공시법상 표준지공시지가를 적용하여 공익사업에 편입되는 재산권의 객관적 가치를 산정하여 헌법 제23조 제3항에서 규정하고 있는 정당보상이 이뤄질 수 있도록 할 것입니다. 이처럼 감정평가사는 재산권의 객관적 가치를 판정하여 경제적 가치로 그 결과를 가액으로 표시함으로써, 국민의 재산권을 보호하고 국가경제 발전에 기여할 것입니다. 따라서 감정평가의 결과가 국가 경제에 미치는 영향을 고려할 때, 감정평가와 관련된 제 규정을 명확히 이해하고 적용하여야 할 것입니다.

감정평가 및 보상법규의 시험과목은 공익사업을 위한 토지 등의 취득 및 보상에 관한 법률(약칭 '토지보상법'), 부동산공시법(약칭 '부공법'), 감정평가 및 감정평가사에 관한 법률(약칭 '감정평가법')입니다. 상기 3법은 공법으로서 여기에 공법 기본원칙인 행정법이 추가됩니다. 행정법이란 행정의 조직, 작용 및 구제에 관한 국내 공법으로서 상기 3법에서 각각 규정되어 있는 행위에 대해서(법적 성질, 절차, 효력 및 권리구제 등) 공통적으로 적용되는 개념 및 이론이 집대성된 과목이라고 할 것입니다.

행정법은 단일법이 아니며, 행정에 관한 조직(정부조직, 지방자치법 등), 작용(각 개별법 및 행정기본법, 행정절차법 등) 및 구제(행정심판법, 행정소송법 및 민사소송법 등)에 관련된 모든 국내 공법을 망라하여 사용되는 개념이기에 그 범위가 넓고 정리가 어려운 특성이 있습니다. 따라서 행정법의 개념을 이해하고 각 법률에서 규정하고 있는 내용을 효율적으로 요약·정리하는 것이 핵심이라 할 것입니다.

개별법은 각 법률이 제정된 목적을 중심으로 하여, 각 조문에서 규정하고 있는 요건 및 효력을 이해하고, 각 개별법에서 규정된 행정행위에 공통적으로 적용되는 불복수단이 행정쟁송법이 될 것이므로 권리침해에 대한 권리구제방안으로서 행정법과 연계하여 검토하여야 할 것입니다.

1 공부 전략

법규의 경우에는 쟁점이 정해져 있고, 답도 거의 정해져 있습니다. 따라서 쟁점을 내가 알고 있다면 풀 수 있는 것이고, 모른다면 풀 수 없는 것입니다. 즉, 문제풀이 기술을 공부할 것입니다. 문제를 많이 푸는 것도 중요하지만 문제를 푸는 방법을 공부하는 것이 중요합니다.

초시생이나, 2~3년차나 법규에 대해서 무언가 알 듯한데 내가 알고 있는 것이 무엇인지 명확하게 설명하는 것이 불가하다면 이는 정확하게 알고 있는 것이 아닙니다.

따라서 지금까지 기본강의든 문제풀이 강의든 GS강의든, 공부한 것을 머릿속에서 체계적으로 정리하고 쟁점 위치를 재배열할 필요가 있습니다.

법규는 쟁점이 정해져 있기에 쟁점주제를 정리하고 이해하는 것이 1차 목표입니다.

2차 목표는 그러한 쟁점주제에 대한 개념과 기본목차를 정리하고 암기하는 것입니다.

3차 목표는 공부한 쟁점주제를 문제에 적용시키는 것입니다. 문제에서 주어진 사실관계를 파악하고 사실관계에서 문제되는 쟁점주제가 무엇인지만 찾는다면 쟁점주제에 대한 기본이론은 이미 2차 목표에서 완수하였기에 그대로 분량을 조절하여 써주기만 하면 됩니다.

그런데 대부분의 수험생들이 1차 목표 → 2차 목표 → 3차 목표로 공부하는 것이 아니라, 무작정 사례풀이 문제집이나 스터디 문제를 암기하는 식으로 공부하고 있습니다.

여기서 암기하다가 운 좋게 법규의 흐름을 이해하는 수험생들은 좋은 점수로 법규가 합격의 견인 역할을 할 것이지만 그렇지 않은 경우가 더 많습니다.

2 마인드 전환

문제는 푸는 것이 아니라 쟁점을 맞추는 것입니다. 많은 문제를 풀고 쓰는 것은 쟁점을 맞추고 나서 해야 할 것입니다. 따라서 법규를 공부함에 있어서 많은 문제를 풀고 쓰는 것보다 쟁점을 정확하게 맞추는 것이 중요합니다.

실제 2차 시험에서 각 문제의 쟁점의 정리만 작성하고도 10점~15점 정도 받는 경우가 있었으며, 각 쟁점의 세부적인 쟁점까지 세세하게 알지는 못하지만 개략적인 내용만 알고 있어도 50점~60점 사이가 충분히 나왔습니다. 세부적인 쟁점 즉, 문제에서 물어보는 사항이 기본쟁점 중 어디에 있는지만 정확하게 알고 거기에 맞게 답안을 작성한다면 60점 이상 득점이 가능합니다. 이처럼 쟁점을 찾는 연습이 무작정 암기하고 쓰는 연습보다 더 중요하다 할 것입니다.
따라서 앞으로의 공부방법은 중요한 쟁점이 무엇인지에 대한 깊은 고민과 정리위주로 설정해야 할 것입니다.

02 절 행정법 공부방법

1 행정법의 이해

행정법이 어려운 이유는, 행정법의 개념을 철저하게 분석하지 않고 기본교재를 읽기 시작하는 데 있습니다.

대부분의 수험생들은 일상생활에서 행정법을 접하지 않았기에, 행정법의 개념이 무엇인지를 곰곰이 생각해 보아야 할 것입니다. 또한 행정법이라는 단일법이 없기에 개념정립은 행정법 공부에 있어서 필수요소라고 할 것입니다.

행정법은 행정구제법을 중심으로 이해하시되, 행정구제법은 절차법임을 숙지하여야 할 것입니다. 행정구제법은 개인의 권리·이익을 향유할 수 있는 절차를 규정해 놓은 법입니다. 따라서 구제절차가 주된 내용이 될 것이므로, 각 조문의 흐름을 유기적으로 공부하시면 될 것입니다.

2 취소소송의 이해

행정소송법 제9조~제34조는 취소소송에 관한 규정입니다. 동 규정을 무효등확인소송, 부작위위법확인소송, 당사자소송 등에서 준용하고 있습니다. 이처럼 행정소송법은 취소소송을 중심으로 구성되어 있습니다. 따라서 취소소송을 우선 공부하시고, 타 소송으로 공부범위를 확대하시면 될 것입니다.

3 행정작용의 이해

행정법은 크게 보았을 때, ① 총론, ② 행정조직법, ③ 행정작용법, ④ 행정구제법으로 구성되어 있습니다. 행정작용은 권력적 작용과 비권력적 작용을 중심으로 구성되어 있으며 이에 행정절차(법)와 실효성 확보수단이 가미되어 있습니다.

권력적 작용과 비권력적 작용을 공부하는 주된 이유는 항고소송의 대상성이며, 행정절차는 절차하자의 위법성과 관련하여 문제됩니다. 따라서 행정작용을 공부하는 이유는 행정소송의 대상성 판단과 절차하자의 위법성 판단임을 숙지하셔야 할 것입니다.

4 기본쟁점 중심의 연습

행정법은 국민의 권리구제를 도모하기 위한 절차법이므로 행정소송법을 중심으로 공부하시면 될 것입니다. 이에 무엇으로부터의 권리구제인지도 중요한데 이 부분에서 행정작용법의 공부 필요성이 야기됩니다. 즉, 위법 또는 적법한 행정작용으로부터 행정소송절차를 통한 권리구제가 목적이 되는 것입니다. 개별적인 침익작용은 개별법률에서 요건 및 효과를 규정하고 있기에 구체적인 침익작용의 공부는 행정법 공부에서 할 수 없습니다. 따라서 개별법률에서의 구체적 침익행위가 소송의 대상인지만을 개념적으로 공부하고, 그 이후의 구제절차인 행정소송법을 중심적으로 공부해야 합니다. 행정소송법은 46개의 조문으로 되어 있습니다. 소송제기요건과 판결의 효력이 핵심조문이므로 이를 중심으로 기본쟁점을 준비하시고, 여러 국가고시 시험에서의 출제경향과 최신 판례를 확인한다면 더 효율적인 공부가 될 것입니다. 행정법 쟁점은 이미 60여 년 전부터 정리되어 왔습니다. 따라서 이미 정리된 기본쟁점의 큰 방향을 중심으로 공부하시고 세부적인 사항을 차곡차곡 확인하신다면 가장 단시간 내에 공부를 마무리할 수 있을 것입니다.

대부분의 수험생분들이 행정법의 기본강의를 잘못 선택하여 1년을 허비하는 경우를 많이 보아 왔습니다. 행정법 공부는 실전 문제풀이를 염두하고 기초부터 튼튼하게 준비하여야 합니다. 대부분의 강의는 기본내용에 치중하여 수험적합적인 전략이 불가합니다. 따라서 기본공부가 끝난 후에도 무엇을 해야 하는지 갈피를 못잡는 경우가 많습니다. 이러한 수험공부의 한계를 극복하기 위해서는 「기본쟁점정리 + 답안작성의 연습」을 동시에 수행해야 할 것입니다.

03 절 개별법 공부방법

1 개별법의 이해

행정작용법은 일반작용법과 개별작용법으로 나뉘게 됩니다. 일반작용법은 개별작용법에 적용되는 행정작용에 대한 일반이론이 정리된 이론서를 의미합니다. 개별작용법은 현실에서의 개별작용을 규정하고 있는 것을 말합니다. 우리 시험과 관련하여서는 '공익사업을 위한 토지 등의 취득 및 보상에 관한 법률', '부동산 가격공시에 관한 법률', '감정평가 및 감정평가사에 관한 법률'이 있습니다. 이러한 법률은 각각 달성하고자 하는 목적이 있고 그러한 목적을 달성하기 위한 요건과 절차 및 불복수단 등을 규정하고 있습니다. 바로 그 목적이 개별법이 존재하는 이유이며, 그 목적을 달성시켜주는 효력을 실체적 효력이라고 합니다. 이러한 측면에서 개별법을 실체법이라고도 합니다. 개별법은 실체법이기에 각 개별조문에서 규정하고 있는 요건과 효과를 중심으로 공부해야 할 것입니다.

2 개별법 구조의 이해

개별법은 특정 목적(효과)을 갖고 있기에, 해당 목적(효과)을 정확하게 체크해야 합니다. 각 목적(효과)을 이루기 위해서 필요한 요건을 구비해야 하며, 이러한 요건이 갖추어졌는지 갖추어지지 않았는지가 현실에서 분쟁의 시초가 된다고 할 것입니다.
요건충족의 가부는 결국 행정심판이나 행정법원의 주요 판단사항이 될 것이기에, 개별법에서의 핵심내용이 될 것입니다. 따라서 개별법은 각 조문의 내용과 관련 조문의 흐름을 유기적으로 이해하여야 할 것이며, 각 조문은 "① 의의, ② 취지, ③ 근거, ④ 법적 성질, ⑤ 요건, ⑥ 절차, ⑦ 효력, ⑧ 권리구제"를 중심으로 정리하시면 될 것입니다.

3 기본쟁점 중심의 연습과 판례 확인

개별법은 각 조문이 또는 여러 조문이 결합되어 특정 목적을 달성하고자 합니다. 따라서 각 조문이 갖는 기본효력을 중심으로 기본정리를 하면 될 것이며, 여기에 현실에서 발생했던 사실 CASE를 정리하시면 될 것입니다. 개별 CASE는 판례를 통해서 확인할 수 있으며, 해당 판례에서 문제된 조문의 내용과 이를 어떻게 해결하였는지를 유의 깊게 살펴보시면 될 것입니다.

04 절 답안작성 연습 및 체크표

행정쟁송법 시험은 일정한 답안 양식이 주어지므로 해당 양식에 맞는 답안작성을 연습해야 합니다.

수험생의 입장에서 이론정리도 어렵지만, 정리된 이론을 주어진 양식에 맞게 배점조절 및 글자조절을 해야 하는 것은 또 다른 어려움으로 다가오게 됩니다.

이처럼 이론정리 따로, 답안작성 따로 연습하게 된다면 이중 삼중의 시간을 필요로 하게 되며, 이는 곧 수험기간의 연장으로 이어지게 될 것입니다.

따라서 주관식 시험과목의 특성을 고려하여 답안작성에 필요한 분량만큼만 SUB로 작성하고 이를 수차례 반복 연습하여 최적의 답안작성용 목차가 완성되어야 합니다.

이를 위해 서브작성 및 답안작성을 위한 배점조절 등 기술적인 연습이 요구될 것이며, 객관적인 연습표를 통해서 수차례 반복연습을 할 수 있을 것입니다.

서브작업은 필수이며, 한 눈에 들어오도록 한 면에 작성하고 핵심 쟁점이 어떠한 내용인지도 표기해야 합니다. 아래 서브노트 예시를 참조하여 해당 양식으로 작성하면 최고의 효율성을 보장받을 수 있을 것입니다.

답안작성 역시 내용의 이해, 목차의 이해, 글자조절 등 필수적으로 체크해야 하는 항목이 있으므로 이를 고려하면서 서브작성 및 답안작성 연습을 연계해야 할 것입니다.

05 절 서브작성에 대하여

1년이라는 짧은 기간 동안 효율적으로 공부하기 위해서는 서브는 필수입니다. 시험일이 다가올수록 기본이론은 답안작성에 필요한 분량으로 정리하고, 정리된 서브를 반복하여 주어진 시간 내에 답안지를 완성시켜야 할 것입니다. 서브 작성은 그 자체로서 공부가 됩니다. 핵심 쟁점을 이해하고 핵심 키워드를 중심으로 답안을 채워야 하기에, 서브작성을 하는 과정이 그 자체로서 의미를 갖게 됩니다. 따라서 기본강의를 수강하거나 기본서를 처음 접하는 순간부터 서브작업이 동시에 진행되어야 합니다. 기본강의를 듣고 서브는 나중에 하겠다는 마음가짐은 수험기간을 1년 이상으로 늘어나게 할 것입니다. 한번 시작한 이상 처음 보는 순간부터 확실하게 정리하고 넘어가겠다는 각오가 필요합니다.

서브작성 방법	
1일차	• 전체적인 내용 읽어보기 • 행정소송법 중 어느 위치에 있는지 쟁점위치 파악하기 • 왜 쟁점이 되는지 쟁점사항 체크하기 • 개념과 기본목차 흐름 체크하기 • 개념 암기하기 - 5분 정도 가볍게 암기하기
2일차	• 전체적인 내용 읽어보기 • 기본목차 분량 체크하면서 목차 배열하기 (기본목차 내용에 들어갈 분량 확인하기) • 왜 쟁점인지 쟁점이유 암기하기 • 개념 및 기본목차 암기 - 10분 정도 가볍게 암기하기
3일차	• 전체적인 내용 읽어보기/왜 쟁점인지 복습하기 • 기본목차에 들어갈 내용 삽입하기 (긴략한 문장 내지 핵심단어 위주 - 핵심단어 체크) • 기본목차와 핵심단어로 유기적인 흐름 체크하기 • 개념 및 기본목차 암기하기 • 핵심단어 암기하기
4일차	• 왜 쟁점인지와 정리된 기본목차 및 핵심단어 암기하기 • 개념 및 기본목차 암기하기 + 핵심 키워드 체크하기 • 핵심단어 암기하기
5일차	• 깔끔하게 정리하기 • 시험장에 가지고 갈 개념 - 목차 - 키워드 핵심단어 암기하기
6일차	서브작성과 암기가 어느 정도 수준에 이르면 서브 옆면 또는 뒷면에 해당 쟁점과 관련된 기본문제를 추가하여 이론에서 사례까지 한 번에 볼 수 있도록 준비한다.

** 해당 순서대로 서브를 작성하고 작성된 서브는 반드시 누적적으로 암기해야 합니다. 서브를 만들어 놓고 이를 나중에 볼 자료로 방치시킨다면 서브를 만든 효과가 극대화될 수 없습니다. 처음 서브 작업 시에는 욕심을 버리고 정말 중요한 필수 쟁점 10~20개 정도만 만들고 이를 누적적으로 관리하는 것이 중요합니다. 누적적으로 관리되지 않는 쟁점 40개보다 누적적으로 관리되는 쟁점 10개가 더 중요함을 인지하는 것이 필요합니다.

서브 만들기 연습 주제 : 처분사유의 추가·변경

쟁점 처분사유의 추가·변경 기본이론 내용

1. 의의 및 구별개념

처분 당시에 존재하였으나 처분의 근거로 제시하지 않았던 법적 또는 사실적 사유를 소계속 중에 추가 또는 변경하는 것을 말한다. 처분 당시에 존재하는 사유를 추가하거나 변경한다는 점에서 처분 시의 하자를 사후에 보완하는 하자치유와 구별된다.

2. 소송물과 처분사유의 추가변경

소송물을 개개의 위법성사유로 보면 처분사유의 추가변경은 소송물의 추가변경이 되므로 원칙적으로 불가하다. 따라서 처분사유추가변경은 소송물(위법성일반)의 범위 내에서 논의되어야 한다.

3. 인정 여부

(1) 학설

① 국민의 공격·방어권침해를 이유로 부정하는 견해와 ② 소송경제 측면에서 긍정하는 견해, ③ 처분의 상대보호와 소송경제의 요청을 고려할 때 제한적으로 긍정하는 견해, ④ 행정행위 및 행정쟁송의 유형 등에 따라 개별적으로 판단해야 한다는 견해가 있다.

(2) 판례

실질적 법치주의와 행정처분의 상대방인 국민의 신뢰보호견지에서 기본적 사실관계의 동일성이 인정되는 경우에 제한적으로 긍정하고 있다(대판 2003.12.11, 2001두8827).

(3) 검토

처분사유의 추가·변경은 소송경제 및 분쟁의 일회적 해결을 위한 것이므로 권리보호와 소송경제를 고려하여 제한적으로 인정하는 판례의 태도가 타당하다.

4. 인정기준

(1) 처분 당시 객관적으로 존재하였을 것

위법판단의 기준 시에 관하여 처분 시설을 취하는 경우 위법성 판단은 처분 시를 기준으로 하므로 추가사유나 변경사유는 처분 시에 객관적으로 존재하던 사유이어야 한다. 처분 이후에 발생한 새로운 사실적·법적 사유를 추가·변경할 수는 없다. 단, 판결 시설 또는 절충설을 취하는 경우에는 피고인 처분청은 소송계속 중 처분 이후의 사실적·법적 상황을 주장할 수 있게 된다.

(2) 기본적 사실관계의 동일성이 유지될 것

통설 및 판례는 ① 법률적 평가 이전의 사회적 사실관계의 동일성을 기준으로 하여, ② 시간적, 장소적 근접성, ③ 행위의 태양, 결과 등을 종합적으로 고려해서 판단하여야 한다고 본다(대판 2007.7.27, 2006두9641).

(3) 재량행위의 경우

재량행위에서 처분이유를 사후에 변경하는 경우에도, 분쟁대상인 행정행위가 본질적으로 변경되지 않음을 전제로 하는 것이므로 재량행위에서도 인정함이 타당하다.

5. 법원의 판단

처분사유의 추가·변경이 인정되면 법원은 변경된 사유를 기준으로 본안심사를 하여야 한다.

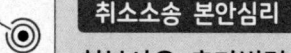
 취소소송 본안심리

처분사유 추가변경 _ 서브작성 1일차 ⇒ 기본개념암기 및 반복 읽기와 이해

쟁점 소송심리 중 처분사유의 추가변경에 대한 규정이 없어서 인정 여부가 문제됨. 소송경제와 권리보호를 위해서 제한적으로 긍정함. 기본적 사실관계의 동일성은 각 사유를 규정하고 있는 법 취지를 기초로 분석한다!!(포섭 중요 + 기속력과 연관된 쟁점임)

I. 의의 및 구별개념

처분 당시에 존재하였으나 처분의 근거로 제시하지 않았던 법적 또는 사실적 사유를 소계속 중에 추가 또는 변경하는 것을 말한다. (하자치유와 구별)

취소소송 본안심리
처분사유 추가변경 _ 서브작성 2일차 ⇒ 개념 및 목차암기

쟁점 소송심리 중 처분사유의 추가변경에 대한 규정이 없어서 인정 여부가 문제됨. 소송경제와 권리보호를 위해서 제한적으로 긍정함. 기본적 사실관계의 동일성은 각 사유를 규정하고 있는 법 취지를 기초로 분석한다!!(포섭 중요 + 기속력과 연관된 쟁점임)

I. 의의 및 구별개념

처분 당시에 존재하였으나 처분의 근거로 제시하지 않았던 법적 또는 사실적 사유를 소계속 중에 추가 또는 변경하는 것을 말한다. (하자치유와 구별)

II. 소송물과 처분사유 추가변경

III. 인정 여부

1. 학설

2. 판례

3. 검토

IV. 인정기준

1. 처분 당시 객관적으로 존재하였을 것

2. 기본적 사실관계의 동일성이 유지될 것

3. 재량행위의 경우

V. 법원의 판단

VI. 사안의 경우

취소소송 본안심리

처분사유 추가변경 _ 서브작성 3일차 ⇒ 개념 및 목차암기와 단락요약하기

쟁점 소송심리 중 처분사유의 추가변경에 대한 규정이 없어서 인정 여부가 문제됨. 소송경제와 권리보호를 위해서 제한적으로 긍정함. 기본적 사실관계의 동일성은 각 사유를 규정하고 있는 법 취지를 기초로 분석한다!!(포섭 중요 + 기속력과 연관된 쟁점임)

I. 의의 및 구별개념

처분 당시에 존재하였으나 처분의 근거로 제시하지 않았던 법적 또는 사실적 사유를 소계 속 중에 추가 또는 변경하는 것을 말한다.
(하자치유와 구별)

II. 소송물과 처분사유 추가변경(처추변)

소송물 : 위법성 일반 – 처추변 인정 – 타당
소송물 : 위법성 개개사유 – 처추변 부정

III. 인정 여부

1. 학설

공격방어권침해 부정
소송경제 측면 인정(인정 안 하면 다시 인정 안 한 사유로 동일처분할 것이니까)
행정행위에 따라 개별판단

2. 판례

소송경제, 권리보호 측면 고려
기본적 사실관계 동일성 인정한도 내 긍정

3. 검토

판례 타당

IV. 인정기준

1. 처분 당시 객관적으로 존재하였던 사실일 것

처분 시에 존재하였던 사유일 것
(판결 시설 택하면 처추변 무한가능?)

2. 기본적 사실관계의 동일성이 유지될 것

① 법률적 평가 이전의 사회적 사실관계의 동일성을 기준으로 하여 ② 시간적, 장소적 근접성, ③ 행위의 태양, 결과 등을 종합적으로 고려해서 판단

3. 재량행위의 경우

재량행위도 가능

V. 법원의 판단

처분사유의 추가·변경이 인정되면 법원은 변경된 사유를 기준으로 본안심사를 하여야 한다.

취소소송 본안심리
처분사유 추가변경 _ 서브작성 4일차 ⇒ 단락요약 간결화 작업

쟁점 소송심리 중 처분사유의 추가변경에 대한 규정이 없어서 인정 여부가 문제됨. 소송경제와 권리보호를 위해서 제한적으로 긍정함. 기본적 사실관계의 동일성은 각 사유를 규정하고 있는 법 취지를 기초로 분석한다!!(포섭 중요 + 기속력과 연관된 쟁점임)

I. 의의 및 구별개념

처분 당시에 존재하였으나 처분의 근거로 제시하지 않았던 법적 또는 사실적 사유를 소계속 중에 추가 또는 변경하는 것을 말한다. (하자치유와 구별)

II. 소송물과 처분사유 추가변경

소송물(위법성 일반)범위 내에서 인정

III. 인정 여부

1. 학설
   ① 부정설(공격방어권침해)
   ② 긍정설(소송경제 측면 – 불인정 시 동일사유로 다시 동일처분)
   ③ 행정행위유형에 따라 개별판단

2. 판례
   소송경제, 권리보호 측면 고려
   기본적 사실관계 동일성 인정한도 내 긍정

3. 검토
   판례 타당

IV. 인정기준

1. 처분 당시 객관적으로 존재하였던 사실일 것
   처분 시 존재(위법성 판단 처분 시)

2. 기본적 사실관계의 동일성이 유지될 것
   ① 법률적 평가 이전 사회적 사실관계 동일성,
   ② 시간적, 장소적 근접성, ③ 행위의 태양, 결과 등을 종합 고려

3. 재량행위의 경우
   재량행위도 가능

V. 법원의 판단

인정 시 변경된 사유로 판단
부정 시 기존 사유로만 판단

VI. 사안의 경우

1. 처분 당시 존재

2. 기사동 판단
   각 사유를 규정하고 있는 법 규정의 취지를 해석하여 설문을 포섭한다!!!!!!

취소소송 본안심리

처분사유 추가변경 _ 서브작성 5일차 ⇒ 각 문단별 핵심 키워드 체크

쟁점 소송심리 중 처분사유의 추가변경에 대한 규정이 없어서 인정 여부가 문제됨. 소송경제와 권리보호를 위해서 제한적으로 긍정함. 기본적 사실관계의 동일성은 각 사유를 규정하고 있는 법 취지를 기초로 분석한다!!(포섭 중요 + 기속력과 연관된 쟁점임)

I. 의의 및 구별개념

처분 당시에 존재하였으나 처분의 근거로 제시하지 않았던 법적 또는 사실적 사유를 소계속 중에 추가 또는 변경하는 것을 말한다. (하자치유와 구별)

II. 소송물과 처분사유 추가변경

소송물(위법성 일반)범위 내에서 인정

III. 인정 여부

1. 학설

   ① 부정설(공격방어권침해)
   ② 긍정설(소송경제 측면 – 불인정 시 동일사유로 다시 동일처분)
   ③ 행정행위유형에 따라 개별판단

2. 판례

   소송경제, 권리보호 측면 고려
   기본적 사실관계 동일성 인정한도 내 긍정

3. 검토

   판례 타당

IV. 인정기준

1. 처분 당시 객관적으로 존재하였던 사실일 것

   처분 시 존재(위법성 판단 처분 시)

2. 기본적 사실관계의 동일성이 유지될 것

   ① 법률적 평가 이전 사회적 사실관계 동일성,
   ② 시간적, 장소적 근접성 ③ 행위의 태양, 결과 등을 종합 고려

3. 재량행위의 경우

   재량행위도 가능

V. 법원의 판단

   인정 시 변경된 사유로 판단
   부정 시 기존 사유로만 판단

VI. 사안의 경우

1. 처분 당시 존재

2. 기사동 판단

   각 사유를 규정하고 있는 법 규정의 취지를 해석하여 설문을 포섭한다!!!!!!

취소소송 본안심리

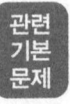

처분사유 추가변경 _ 서브작성 6일차 ⇒ 관련 예시문제 추가하여 이론 적용연습

쟁점 소송심리 중 처분사유의 추가변경에 대한 규정이 없어서 인정 여부가 문제됨. 소송경제와 권리보호를 위해서 제한적으로 긍정함. 기본적 사실관계의 동일성은 각 사유를 규정하고 있는 법 취지를 기초로 분석한다!!(포섭 중요 + 기속력과 연관된 쟁점임 + 관련 기본문제 추가하여 문제풀이 기본목차 이해하기)

관련 기본 문제 국토교통부장관 을은 2014년 2월 1일 감정평가법인 갑이 이해관계 있는 자의 토지를 평가한 적이 없음에도 불구하고 이해관계 있는 자의 토지를 평가하였다는 이유로 3월의 업무정지처분을 내렸다. 이에 갑은 업무정지처분에 대한 소송요건을 모두 갖추고 취소소송을 제기하였다. 을은 취소소송 진행 중에 '갑이 2012년 5월에 평가한 보상감정평가서의 원본 등 서류를 2012년 5월 당시부터 보존하지 않아서 이는 감평사법 제6조 제3항의 서류보존의무 위반'에 해당한다는 이유로 처분사유를 추가·변경할 수 있는가?

I. 쟁점의 정리

II. 관련행위의 법적 성질

1. 업무정지처분의 개념

2. 업무정지처분의 법적 성질

III. 업무정지 처분사유 추가·변경 가능 여부

1. 처분사유 추가변경의 의의 및 구별개념

2. 소송물과 처분사유의 추가변경

3. 인정 여부

  (1) 학설

  (2) 判例

  (3) 검토

4. 인정범위

  (1) 처분 당시 객관적으로 존재하였던 사실일 것

  (2) 기본적 사실관계의 동일성이 유지될 것

  (3) 재량행위의 경우

5. 법원의 판단

6. 사안의 경우

  (1) 처분 당시에 존재하는 객관적 사유인지

  (2) 기본적 사실관계의 동일성 유무

IV. 사안의 해결

쟁점 도해도

행정법 개념 도해도

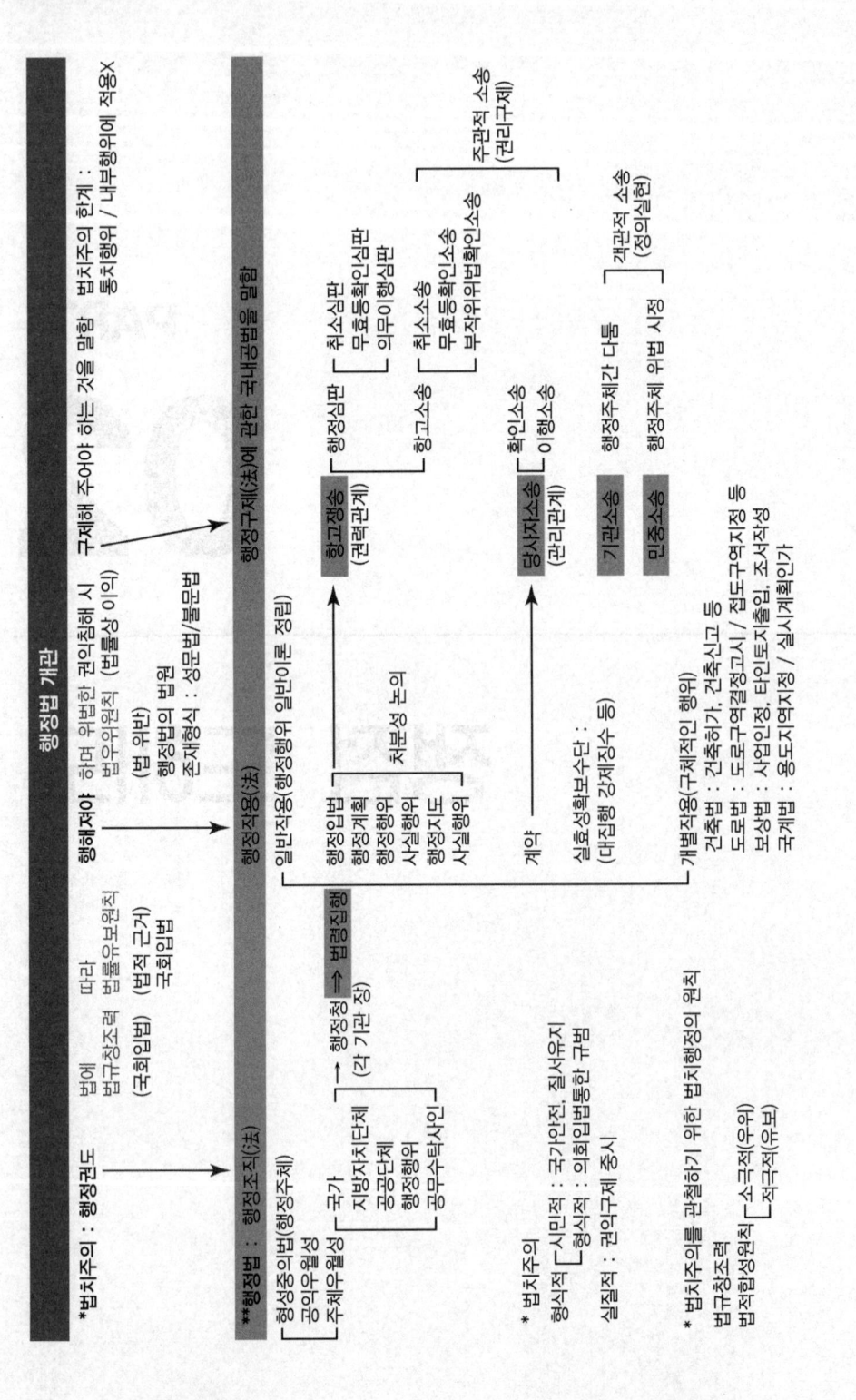

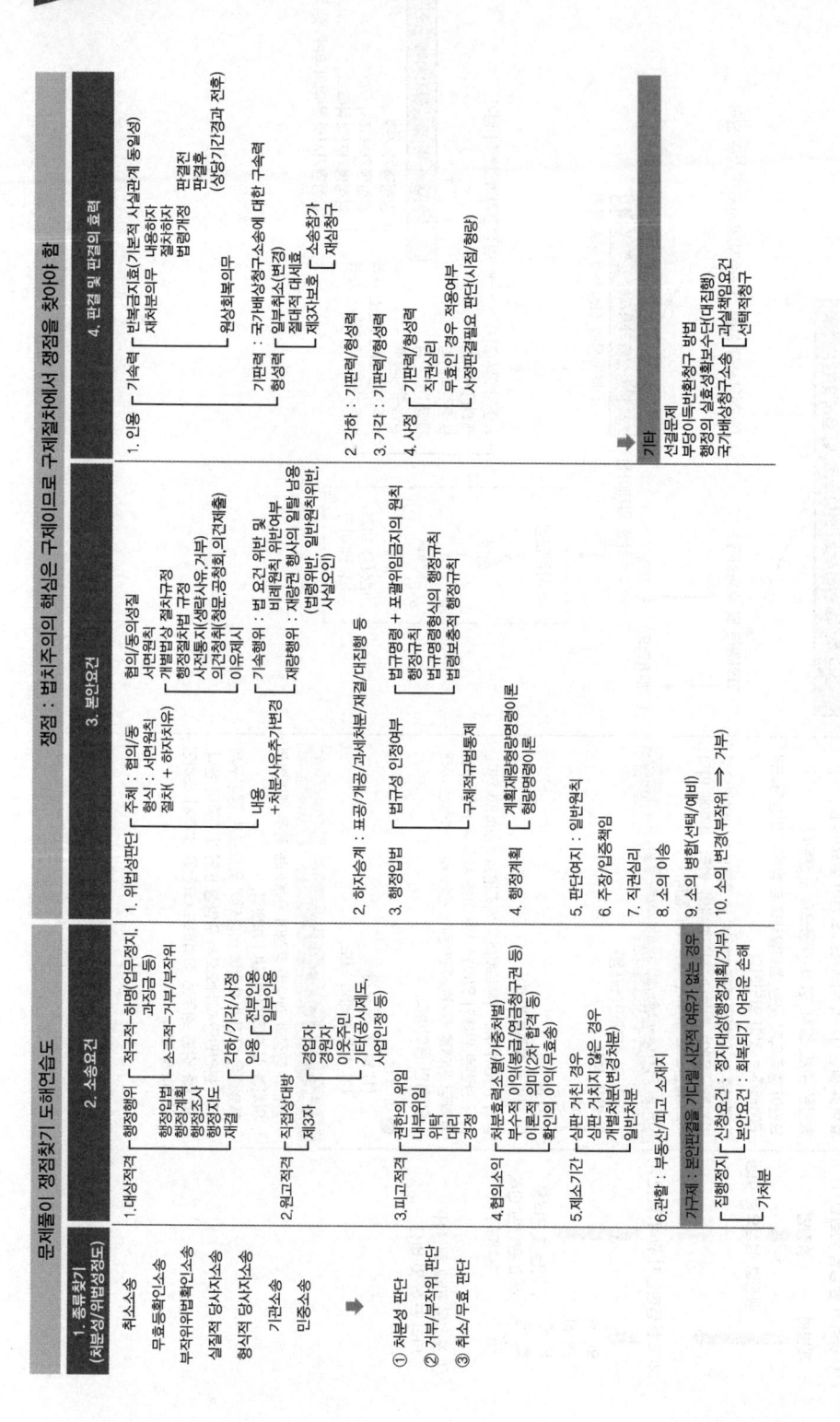

개별법 도해도

헌법 제23조 제3항 : 공공필요에 의한 재산권의 수용·사용 또는 제한 및 그에 대한 보상은 법률로 하되, 정당한 보상을 지급하여야 한다.

1. 공익사업을 위한 토지 등의 취득 및 보상에 관한 법률

① 협의취득 및 수용취득

  i) 계약(협의)

  ii) 강제
    : 소유권 강제이전

    사업인정 → 협의 → 재결 → 보상금 지급 소유권 이전

② 정당보상 실현 : (표준지)공시지가 기준 원칙

2. 부동산가격공시에 관한 법률
  : 부동산의 적정가격 공시목적

표준지 공시지가 ──→ 감정평가법인등이 평가
개별공시지가
표준주택가격
개별주택가격
공동주택가격
비주거용 일반부동산가격
비주거용 집합부동산가격

3. 감정평가 및 감정평가사에 관한 법률

감정평가 기준
감정평가기본고서
감정평가자격취득
감정평가사의 권리와 의무 및 책임

개별법 문제풀이 쟁점찾기 도해연습도

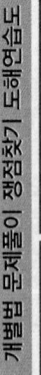

1. 쟁점찾기 (개별법/행정법)

개별법 사실관계를 기초한 경우

① 물음이 행정법 쟁점인지?
  개별법
  행정법 → 행정법 쟁점으로 이동

② 조문쟁점인지 판례쟁점인지
  의, 취, 근, 성, 요, 절, 효, 권 쓰기
  → 기본 조문내용 쓰고 관련된 판례 추가해주기

③ 포섭은 판례 해결에 따라 포섭 및 비판

2. 조문쟁점인 경우

법 조문은 목적이 있기 때문에 만들어 진다.
그 목적이 법이 향유하고자 하는 효력이다.
효력을 발생시키기 위해서는 요건이 필요하다.
요건은 주체, 절차, 형식, 내용으로 구분된다.
요건이 충족되지 못한 효력발생으로 침해가 발생된다면 구제해주는 것이 합당하다.
구제해주기 위해서 행정법원으로 갈지, 민사법원으로 갈지를 정해야 하는데 침해행위의 법적 성격에 따라 어느 법원으로 갈지가 결정되게 된다.

이러한 과정을 요약하면 아래와 같은 목차가 도출된다.
1. 의의 및 취지(근거규정)
2. 법적 성질
3. 요건
4. 절차
5. 효과
6. 권리구제(불복방법)

상기 1~6가지를 기본목차로 법조문을 서술하면 된다. 만약 관련된 판례가 있다면 기본이론 서술 후 해당 부분에 해당 판례를 추가해주면 된다. 판례 추가 양식은 아래 예처럼 하면 용이하다.
예 3. 요건
  (1) 법 00조 요건
  (2) 관련 판례의 태도

* 행정법과 개별법이 혼용된 경우

행정법 쟁점과 개별법 쟁점이 혼용되는 경우 개별법이 위차를 잘 이해하면 길이 보인다. 개별법은 요건과 효력에 집중되어 있으므로, 행정구제에서 본인쟁점 대상으로서 위법성 판단의 기준이 된다. 요건을 갖춘 경우는 적법하고, 요건을 갖추지 못하면 위법하게 된다.

행정행위의 이해

1. 세무서장이 2024년 소득세를 부과한다.
2. 장관이 업무위반을 이유로 자격을 취소한다.
3. 시·군·구청장이 건축허가 신청에 대한 허가를 한다.
4. 마사회가 A기수에 대한 기수면허를 취소한다.
5. 군의관이 신체등위 현역 판정을 한다.
6. KBO의 음주운전자 제명

주체	행정청	구체적 사실	법	집행	(법효과)	권력행위	공법행위
세무서장	행정청	2024년 소득	소득세법	세금부과	의무부과	우월성	공법
장관	행정청	업무위반	자격법	자격취소	권리소멸	우월성	공법
구청장	지자체	건축신청	건축법	허가	자연회복	우월성	공법
마사회	공기업	기수면허	마사회법	취소	지위소멸		공법
군의관	군인	신체등위	병역법	판정	현역결정		공법
KBO	사단법인	음주운전	협회규약	제명	지위소멸		사법관계

명칭이 다르더라도 성질이 같으면 동일한 원리가 적용된다. → 동일한 성질을 묶어서 개념정립을 한 것이 행정행위이다.

* **행정행위** : 행정청이 구체적인 사실에 대한 법집행으로서 행하는 직접적·구체적인 법적 효과를 발생 시키는 권력적 단독행위인 공법행위

```
┌ 법률행위 ┬ 명령적 ┬ 하명 : 의무부과          ex 영업정지
│          │        │ 허가 : 자유권회복        ex 영업허가, 건축허가//예외적
│          │        │                              승인(타인토지 출입)과 비교
│          │        └ 면제 : 의무면제          ex 예방접종면제
│          │                                      (과민반응, 알레르기 등)
│          │
│          └ 형성적 ┬ 특허 : 권리설정          ex 광업허가, 어업허가
│                   │ 인가 : 법률적 효력 완성  ex 조합설립인가
│                   └ 대리 : 제3자 행위를 행정  ex 공매처분, 수용재결
│                            기관이 행함
│
└ 준법률행위 ┬ 공증 : 법률관계 공적증명       ex 부동산등기, 광업원부에의 등록
             │        (공적증거력 부여)
             │ 통지 : 특정사실을 알리는        ex 대집행계고, 납세의 독촉,
             │        행위                         특허출원 공고
             │ 수리 : 타인의 행위를 적법한     ex 자기완결적 신고
             │        행위로 받아들이는 것         행위요건적 신고
             └ 확인 : 법률관계 존부 또는       ex 도로구역 결정, 소득금액 결정,
                      정부를 확인                  당선인 결정, 합격자의 결정
```

** **행정소송법상 처분** : 행정청이 행하는 구체적 사실에 관한 법집행으로서의 공권력의 행사 또는 그 거부와 그 밖에 이에 준하는 행정작용

합격까지 박문각 법무사

행정법 쟁송 등급표
_ 기출쟁점 포함

기출 우선쟁점 표기

구분	쟁점주제 1	쟁점주제 2	세부쟁점	기출회차	우선순위
			기출분석에 기초한 우선순위 쟁점 91		
보상법	수용법률관계	수용대상	공물의 수용가능성	31	2
		수용주체	사적 공용수용	19, 10	4
			피수용자 법률관계	2	3
		수용절차 및 효과	지상권 소멸절차	11	3
			사용기간 만료 시 법률관계	8	3
			토지수용 효과	5	2
		대집행	대집행 대상(협의)/ 인도이전 확보수단	22, 16	1
	불복	사업인정불복	사업인정 법적 성질 및 권리구제	34,12,1	2
		재결불복	재결불복(이의신청 및 보증소) (잔여지매수, 감가/ 주거이전비 등)	34, 32, 31, 30, 27, 26, 23, 22, 21, 13, 10, 3	1
	환매권	요건 및 불복 등	환매권 행사요건 및 환매금액 불복방법, 목적물	23, 19, 13, 1	1
	기타		무효인 재결과 취소인 재결 예시 및 구별	7	4
손실보상	손실보상 총론	정당보상	보상기준과 정당보상	4	4
			공시지가기준법과 보상선례 참작여부	12	5
			개발이익 배제	28, 15, 9, 3	1
			보상산정시기	2	5
		손실보상 요건	손실보상 요건 (보상규정 없는 경우 및 요건일반)	18, 8, 6	1
			특별한 희생(존속보상 가치보장/경계이론 분리이론)	17, 14	1
	손실보상 각론	각론일반	주거이전비 (불복방법)/ (포기각서)/(요건)	33, 29, 26	2
			공법상 제한	31, 28, 24, 9	2
			사실상 사도 평가방법	33	3
			재결전치주의	32, 26	2

		토지 및 지장물 평가기준(오수처리시설 등)	30, 18, 15	3
		보상대상판단 및 보상범위 (무허가건축물/가설건축물/ 무허가영업보상)	26, 20, 18	3
		사업폐지보상	26	5
		현금보상 외/채권보상	18, 3	4
		손실보상 원칙	15	5
		휴업보상	10	5
	간접보상	간접손실보상(지구 밖 영업)/ (수산업협동조합)	30, 29	1
		간접침해	20	5
		지구 밖 보상의 이론적 근거, 실제유형 및 보상의 한계	11	5
		간접보상 대상사업과 보상기준	2	5
	이주대책	이주대책 대상자 요건과 수립내용 및 대상자 결정 불복방법	28, 20	1
		이주대책 이론적 및 헌법적 근거	20	5
		생활보상	15, 4	5
		수몰민 보상	7	5
		이주대책(약술)	3	5
	기타	손실보상과 손해배상 관계 (미보상 공사시행)	12	5
공시지가 및 감정평가	공시지가	개별공시지가 이의신청 법적 성질	34, 33, 21	1
		개별공시지가 이의신청과 정정처분 관계/정정사유	31, 30	2
		개별공시지가 위법성 판단(비준표 적용과 검증 및 개공 결정)	34, 29	2
		감정평가와 지가산정 비교	9	5
		표공개공 비교/공시지가 절차, 법적 성질 및 효력	8, 1	1
		개공검증	7	3
		중앙부동산가격공시위원회의 구성과 권한	6	4
		개공절차하자에 대한 불복방법 (법적 성질, 절차하자, 행정심판/소송)	5	1
		개별공시지가 법적 성질	4	1

		감정평가업무	감정평가업무(공인회계사)	31	4
	감정평가	의무이행확보 수단	성실의무 이행 확보수단 및 법적 성질 비교(형사/민사/행정)	30, 11	2
			과징금, 벌금, 과태료 비교 및 과징금과 벌금의 중복부과	21	2
			자격증 양도대여 자격취소 절차	20	2
		감정평가 법률관계	감정평가 법률관계/ 감정평가 법인 의무와 책임	9, 2	4
도정법	조합설립	조합설립	재개발조합설립인가의 법적 성질(특허, 인가)과 쟁송형태	25	3
		매도청구	매도청구권과 수용재결의 쟁송 및 평가방법 차이	28	3
		이전고시	이전고시 효력과 수용재결 취소	33	3
행정법	행정작용	행쟁행위	사전결정	17	5
		행정입법	법령보충적 행정규칙 (표준지선정관리지침 및 조사평가기준)/(실무기준)	33, 26, 14	1
			행정규칙 법적 성질(이주대책 대상자 요건기준)/(보상기준)	28, 21	1
			법규명령형식의 행정규칙 법적 성질 (제재적 처분기준)	27, 24, 20, 16	1
			법규명령의 법적 성질(시행규칙 제26조)과 구체적 규범통제	22	1
	가구제	집행정지	인가취소와 집행정지/재결불복과 집행정지	34, 23, 11	1
	본안요건	법의 일반원칙	권리남용금지원칙(수용권 남용)/ 신뢰보호원칙 및 형량명령이론	28, 24	3
		부관	부관 부착가능성 및 부당결부금지원칙	20	1
		절차하자	징계절차(자격증부당행사)/ (사전통지(이유제시/등록갱신거부))/ (청문절차)/(사업인정절차)	33, 29, 27, 22, 17, 15	1
		하자치유	비준표 적용 및 검증절차하자 하자치유와 소송방법/이유제시	30, 19, 15	1
		하자승계	하자승계(표공, 개공, 사업인정 – 재결)/ (개공 – 과세)	34, 32, 28, 27, 24, 21, 17, 13	1
		심리	처분사유 추가변경	29, 27	1

	소송요건	대상적격	(이의신청)/ (변경처분 및 변경재결)/ (개별공시지가 변경처분)	32, 31, 30	1
			재결신청 거부 및 부작위/ 재결신청 부작위 쟁송수단	32, 16	1
			원처분주의(제3자인용재결)/원처분 주의(재결–이의재결)	34, 25, 11	1
			부관	20, 13	2
		원고적격	제3자 원고적격 (표준지, 사업인정)	25, 15, 14	1
		협의소익	가중처벌과 협의소익	27, 24	1
		제소기간	(이의신청)/ (변경처분 및 변경재결)/ (개별공시지가 변경처분)	32, 31, 30	1
	판결의 효력	일부취소	일부취소판결 가능성	32	4
		형성력	제3자 소송참가 및 형성력	25	4
		기판력	기판력(국가배상)	22	3
	기타		무효확인소송	15	5
국가배상법	국가배상	청구요건	국가배상청구요건(인관관계)	31, 25, 24	1
	감정평가		감정평가법 손해배상 요건	33, 12	1
			감정평가사무소개설	34	5
			감정평가법인 성실의무	32	1
			감정평가 기준 및 타당성 조사	31	1
			감정평가 업무제한 등(미래가치)	26	4
약술	토지보상		협의절차 전치여부 및 협의성립확인 효과	30	2
			사업인정 전 후 협의 차이점	25, 8	2
			사업인정 효과	23	2
			수용위원회, 가격공시위원회, 보상심의위원회 비교	10	3
			어업보상	7	5
			농업보상	5	5
			실농보상	1	5
	공시지가		중앙부동산가격공시위원회	29, 10, 6	1
			공시지가 적용대상	3	3

행정법 쟁점 기출쟁점 표기

행정조직/작용법 주요 쟁점표					
구분	**쟁점 1 구간**		**쟁점 2 구간**	**등급**	**순서**	**기출회차**
	쟁점주제 대분류	쟁점주제 소분류	세부쟁점 소분류			
Ⅰ. 서설	1. 행정법 개념 흐름 및 법체계	행정법 구제 흐름	법치주의와 행정법 관계	필수	0	
	2. 절차법/실체법 구분		권리개념과 침해유형(적극/소극)에 따른 구제목적과 방법(수단)	필수	0	
	3. 조직법/작용법/ 구제법 구성 분석		행정작용의 다양한 유형 구분	필수	0	
Ⅱ. 조직법	1. 행정주체		행정기관/행정청	필수	0	
	2. 행정청의 권한		위임/위탁/대리	필수	0	
	3. 행정기관 상호 간 관계		협의/자문	필수	0	
			동의/승인 – 구속력	필수	0	
Ⅲ. 작용법	1. 행정입법	법규명령	근거 및 종류/ 법적 성질(시행규칙 제26조)	A	1	22
			효력(대외적 구속력)	A	1	
			한계(포괄위임금지/제정상)	A	1	
			통제(구체적 규범통제_의의/ 대상/위헌여부/효력)	A	1	22
			처분적명령/입법부작위	A	1	
		행정규칙	법적 성질(법규성 여부)/ 이주대책 대상자 요건기준, 보상기준	A	1	21, 28
			재량준칙	A	1	
		법규명령 형식의 행정규칙	제재적 처분기준	A	1	27, 24, 20, 16
		법령보충적 행정규칙	표준지 선정관리지침, 조사평가기준, 실무기준	A	1	33, 26, 14
	2. 행정계획	법적 성질	처분성 유무 판단	B	22	24
		계획재량	일반재량과 구분	B	22	24
		형량명령	해태/흠결/오형량	B	22	

3. 행정행위 (권력관계)	행정행위 개념	행정청/구체적 사실/법적행위/권력적 단독행위 + 처분과 비교	필수	0	
	행정행위의 성립/ 적법요건	주체/절차/형식/ 내용(법, 일, 목, 사)	필수	0	
	행정행위 종류	하허면/특인데/공통수확	필수	0	
		기속행위/재량행위/ 기속재량행위/판단여지	필수	0	
	행정행위 효력 (선결문제)	공정력/구성요건적 효력	A	19	
		위법성 확인/효력부인	A	19	
	부관	부관의 종류 (조건/기한/부담/ 철회권 유보 등)	A	21	
		독립가쟁성(진정/부진정) + 독립취소가능성	A	21	20, 13
	취소/철회	주체/근거/사유/ 행사제한법리/절차	B	24	
	취소/철회의 취소	원처분의 소생여부	B	24	
	단계적 행정결정	확약(처분성 인정여부_구속력)	B	25	
		가행정행위/사전결정/ 부분허가	D	25	17
4. 공법상 계약 (관리관계)	하자유형		C		
5. 사실행위	사실행위	행정조사/행정지도 등 (처분성 인정여부)	C	23	
6. 행정법의 일반원칙	평등의 원칙	불합리한 차별	B	26	
	자기구속의 원칙	행정관행(예기관행)	B	26	
	신뢰보호의 원칙	작위에 대한 신뢰	B	26	24
	실권의 법리	부작위에 대한 신뢰	B	26	
	비례의 원칙	공사익 형량/단계적 심사	B	26	
	부당결부금지의 원칙	목적과 수단의 적합성	B	26	20
	적법절차의 원칙		B	26	
	권리남용 금지의 원칙		B	26	28
	소급적용 금지의 원칙		B	26	

	사전통지	생략사유/거부처분	A	8	27, 22
7. 절차상 하자	의견청취/ 이유제시	청문(생략사유), 공청회/의견제출	A	8	33, 17
		이유제시	C	8	27, 15
	절차하자의 독자성 인정	절차하자만으로 독자적 위법성 인정실익 인정여부	A	8	15
	하자치유	인정여부/인정범위/인정시기	A	8	30, 19, 15
8. 하자승계		전제요건/ 인정여부(전통적 견해/ 새로운 견해)	A	9	34, 32, 28, 27, 24, 21, 17, 13
9. 인허가 의제 제도		의제효과 및 의제되는 인허가의 실재 여부	C		
10. 실효성 확보 수단	강제집행	대집행 – 공법사 대체적 작위의무 이행/절차/하자승계	A	27	
		– 철거명령과 계고처분(1장문서)	C	27	
		– 협의 내용 불이행 시 대집행 가능여부	B	27	
		강제징수 – 금전급부 강제이행	D		
		직접강제 – 신체/재산 실력행사	D		
		집행벌 – 이행강제금	D		
	즉시강제	전염병환자 강제입원, 주차위반차량 견인 등	D		
	행정벌	행정형벌(벌금, 직역)/ 행정질서벌(과태료)	C		
	기타	과징금/ 변형된 의미의 과징금	A	28	
		관허사업의 제한	C	28	

쟁점 1 구간	쟁점 2 구간			등급	순서	기출회차
	1. 소송요건					
	쟁점주제 대분류	적용대상	세부쟁점 소분류	등급	순서	기출회차
Ⅰ. 취소소송	1. 대상적격	기본쟁점	처분 개념 요소	필수	0	
		처분성 논의	행정입법(법규명령/행정규칙) + 행정입법부작위	C	2	
			일반적/처분적/집행적명령	C	2	
			행정계획(구속적/비구속적)	B		
			행정행위(하허면/특인대/공통수학)	필수	0	
			거부처분/수리거부	A	2	
			부작위/행정입법부작위	A	2	32, 16
			부관(독립가쟁성/독립취소가능성)	A		
			단계적 행정결정(부분허가/ 사전결정/가행정행위/확약)	C		
			변경처분(소극적 변경/적극적 변경)	A	2	32, 31, 30
			사실행위(조사, 권고 등)	C		
		기타	소송 이외의 불복절차가 있는 경우 (비송사건절차법)	D		
		원처분주의 (재결)	제3자 인용재결	A	3	
			재결고유의 하자/변경재결/ 변경명령재결	A	3	34, 31, 25, 11
	2. 원고적격	기본쟁점	법률상 이익 판단 + 경원자관계 협의소익(경원자 거부소송)	A	4	
		제3자원고 적격	경업자	A	4	
			경원자 (협의소익 + 경원자 거부소송)	A	4	
			인인소송	A	4	
			피수용자 및 공시지가 이해관계인 등	A	4	25, 15, 14
		소송참가	제3자 소송참가/ 관계행정청의 소송참가	C		25
	3. 협의소익	기본쟁점	회복되는 법률상 이익	A	5	
		처분의 효력소멸	법규명령형식의 행정규칙의 법규성 등	A	5	27, 24, 16

행정쟁송법 주요 쟁점표

PART · 03

	원상회복 불가	정년퇴직 등	A	5	
	보다 간이한 방법	기본행위의 하자를 이유로 인가취소를 구하는 경우 등	A	5	
	이익침해 해소	다음 해 시험합격 등	A	5	
4. 피고적격	기본쟁점	행정청의 의미	C	20	
	행정청범위, 피고경정	행정청범위/권한의 위임/대리 등	C	20	
	소송참가	행정청의 소송참가	C	20	
5. 제소기간	기본쟁점	처분이 있은 날/처분이 있음을 안 날	A	6	
		행정심판을 거친 경우/ 거치지 않은 경우	A	6	31
	특정인	안 날/있은 날 기산일	A	6	
	불특정다수인	안 날/있은 날 기산일	A	6	
	기타	정당한 사유/고지제도/변경처분/ 이의신청/변경재결 등	A	6	32, 31, 30
6. 관할		토지관할, 전속관할, 임의관할	C		
7. 행정심판 임의/전치주의	특별법상 행정심판	이의신청과의 구별, 토수위이의재결	A		
	행정심판 전치요건	인적/사물관련성, 전치주의 예외	D		
8. 기타	중복소송이 아닐 것		D		
	기판력에 반하지 않을 것		D		

2. 본안요건					
쟁점주제 대분류	적용대상	세부쟁점 소분류	등급	순서	기출회차
1. 위법성	기본쟁점	주체/절차/형식/ 내용상 하자 + 소송물	필수	0	
	성문법	개별법 : 요건 충족여부 및 요건 해석	필수	0	
		행정절차법 : 의견청취, 절차하자독자성, 하자치유	A	8	
	불문법	법의 일반원칙	B		
	하자승계	전제요건 및 인정여부 (학설 및 판례)	A	9	

	위법성 판단시점 및 정도	처분 시/판결 시(거부처분) + 무효와 취소의 구별기준	필수	0	17, 7
2. 입증책임, 주장책임	취소, 무효등 확인소송	법률요건분배설	필수	0	
3. 처분사유의 추가변경	기본적 사실관계의 동일성	처분사유 취지 등 해석	A	7	29, 27
4. 직권심리 주의		변론주의/직권주의	A		
5. 소의 병합, 이송	관련청구소송	선택적/예비적 병합	C		
6. 소의 변경	항고소송 간 변경	항고소송 간 변경 (무효 → 취소)(부작위 → 거부)	C		
	처분변경으로 인한 변경		C		
	항고소송 ↔ 당사자소송		C		

3. 판결의 종류 및 판결의 효력					
쟁점주제 대분류	적용대상	세부쟁점 소분류	등급	순서	기출회차
1. 사정판결	사정판결 요건	직권심리, 무효소송 적용가부, 법원조치, 기판력	A	13	
2. 인용판결	전부취소/ 변경(일부 취소)	변경의미, 일부취소 가능성(적극적 변경가능성)	B	14	32
3. 기각판결/ 각하판결			C		
4. 기속력	반복금지효 (기사동)		A	11	
	재처분의무 + 간접강제		A	11	
	원상회복의무		A	11	
5. 기판력	선결문제	선결문제 개념 구분	A	19	
	후소법원	국가배상청구소송	A	12	22
6. 형성력		절대적 대세효/제3자 소송참가/ 재심청구/일부취소	C	14	32, 25

4. 판결에 의하지 않은 취소소송의 종료			등급	순서	기출회차
쟁점주제 대분류	적용대상	세부쟁점 소분류			
1. 소의 취하			D		
2. 청구의 포기/ 인락, 재판상 화해			D		
Ⅱ. 가구제 / 1. 집행정지	대상	거부, 행정계획 등	A	10	11
	적극적 요건	회복되기 어려운 손해, 공사익 형량 등	A	10	34, 23
Ⅱ. 가구제 / 2. 가처분		인정여부	A	10	
Ⅲ. 부작위 위법확인 소송 / 1. 대상적격		부작위 개념판단(거부와 구별)/ 신청권	A	2	32, 16
2. 제소기간		소송법 제20조 제1항 단서 적용	C	18	
3. 심리 및 기속력		절차적 심리설/ 실체적 심리설 – 재처분의무 내용	B	18	
4. 소의 변경		거부로 발전된 경우	B	18	
Ⅳ. 무효등 확인소송 / 1. 위법성 판단 기준		중대명백설	필수	0	
2. 확인의 이익		소송요건여부	A	17	15
3. 소의 변경 (석명권)		취소사유인 경우	C	17	
4. 사정판결		인정여부	C	17	
5. 소의 병합		취소소송과 병합(예비적)	C	17	
Ⅴ. 당사자 소송	형식적 당사자 소송	보상금증감 청구소송	성질, 심리범위, 대상 등	A	
Ⅵ. 기관/민중			D		
Ⅶ. 무명항고 소송	의무이행소송	인정여부	A	16	
	예방적 금지(부작위)소송	인정여부	A	16	
Ⅷ. 행정심판 / 1. 기본개념		이의신청/청원/진정/ 고충민원처리제도와의 구별	A	31	

VIII. 행정심판	2. 취소심판		원처분주의, 재결의 종류, 청구기간 등	A	32	
			청구인적격, 처분적명령, 원고적격 인정여부	C	32	
	3. 무효등확인심판			D	32	
	4. 의무이행심판		청구대상, 재결의 종류/효력	A	32	
	5. 가구제	집행정지/임시처분		A	34	
	6. 재결	종류 및 효력	취소/변경/변경명령재결, 사정재결, 형성력/기속력	A	33	
		실효성 확보수단	직접처분/간접강제	A	33	
	7. 고지제도		오고지, 불고지, 처분의 상대방 및 관계인	B	35	
IX. 국가배상	1. 공무원의 과실책임	요건	고의/과실, 직무 법령위반, 인관관계	A	15	31, 25, 24
		법적 성질 및 선택적 청구	대위책임설/자기책임설/절충설, 선택적청구, 구상권	A	30	
	2. 영조물의 설치관리 하자		관리하자	D		
X. 손실보상		법적 성질	공권설/사권설	A		
		손실보상 요건	경계/분리이론, 특별한 희생/보상규정 없는 경우	A		
		손시보상제도의 흠결과 보충	수용유사침해, 수용적 침해	C		
		기타	간접보상/이주대책/손실보상제도의 흠결과 보충	A		
XI. 헌법소원	1. 권리구제형		보충성	D	1	
	2. 위헌심사형			D	29	
	3. 권한쟁의 심판		국가기관 상호 간, 국가기관과 지방자치단체 간, 지단 간	D		
XII. 기타	1. 결과제거 청구권			D		
	2. 대체적 분쟁 해결수단		알선/조정	D		
	3. 국민고충 처리/청원			D		

개별법 쟁점 기출쟁점 표기

개별법 쟁점표					
구분	개별법 주제	세부중요주제	등급	순서	기출회차
사업인정까지	공공성	비례원칙(적/필/상/단계심사)	C		
	공공적 사용수용/ 부대사업	공공필요 계속확보방안	C		19, 10
	수용당사자 법률관계	권리와 의무 내용	B		2
	물상대위	민법 물상대위 규정/취지	C		
	목적물 (확장수용)	확장수용(제72조, 제74조, 제75조)_ 기본내용/권리구제	A	1	21, 10
	공물의 수용가능성	인정여부/ 특별한 필요 판단기준	A	6	31
	지대수용	필요성/인정여부	C		
	공익사업의 준비	타인토지출입/장해물제거_법적 성질/ 권리구제	B		
	사업인정 전 협의취득 절차	조서작성−보상공고−보상액산정− 협의_권리구제	B		
사업인정	법적 성질 및 요건	법적 성질/요건	B		34, 12, 1
	절차 및 효과	절차/효과(실효)	B		23, 15, 6
	의제제도	의제효과	C		
	사업인정의 취소 및 철회	취소와 철회 개념 구분/근거/사유/제한법리/절차	A		
	사업인정과 부관	독립가쟁성/독립취소가능성	A		13
	사업인정 불복수단	사업시행자/소유자 등	A	10	12, 1
사업인정 ~재결 전	조서작성	효력/구제(하자 있는 조서가 재결에 미치는 영향)	B		
	사업인정 후 협의	법적 성질/권리구제	B		
	협의성립확인	협의절차 전치여부 및 확인의 효과	B		30
	사업인정 전, 후 협의 비교	필수적 임의절차	B		25, 8
	재결신청청구권	요건/구제(지연가산금/ 재결신청거부 대상적격)	A	4	

재결및 재결불복	재결	법적 성질/효력	A	1	5
	불복수단	수용재결/ 보상재결(보증소)	A	1	34, 32, 31, 30, 27, 26, 23, 22, 21, 13, 10, 3
	토지수용위원회	법적 성격/내용	C		10
	화해/ 위험부담이전	절차/효력	C		
	보상금지급 (공탁)	요건/공탁 및 수령효과_묵시적 이의유보	B		
	대행/대집행	요건/권리구제_(대체적 작위의무)	A	5	22, 16
	사업인정과 재결불복 비교	절차 및 구제수단 차이	C		
환매권	행사요건 및 절차/목적물	요건/절차/ 효력(채권적 청구권)	A	2	13, 1
	요건 및 권리구제	법적 성질/환매요건 및 금액_ (민사/행정소송)_불복	A	2	19, 23
기타	지연가산금	제87조(지연가산금 발생시점)	C		
	약식절차	제38조, 제39조 요건/권리구제	C		
	공용사용	사용의 보통절차_(사-조-협-재)	D		
	취득절차	지상권 소멸절차(협의수용)	D		11
		사용기간 만료 시 법률관계	D		8
	재결유형	무효 및 취소인 재결예시	D		7
	손해전보	손실보상과 재결의 관계	D		
	위원회 비교	수용위원회/가격공시위원회/ 보상심의위원회 비교	C		10
손실보상 개념~기준	손실보상 개념 및 근거	이론적/법적	C	21	
	손실보상의 법적 성질	공권/사권, 판례	B	21	
	손실보상 요건	공/재/적/특/보(보상규정 없는 경우)	A	7	18, 8, 6
	경계이론 및 분리이론	특별한 희생 판단기준/ 권리구제	C	7	18, 14
	불가분조항	헌법 제23조 규범구조	C	7	

	손실보상기준	보상기준과 정당보상	A	8	4
		보상산정시기	D		2
		개발이익배제	A	8	28, 12, 9, 4
손실보상 원칙 등	손실보상 원칙	사사현개일사시	C		
		현금보상(채권/대토)	C		18
	손실보상의 내용 (생활보상)	재산권/부대적손실/생활보상	C		15, 4
	잔여지 수용 (확장수용)	요건/ 권리구제(보증소 심리범위)	A	1	31, 26, 23
	손실보상의 산정절차 및 주체	재결전치주의	A	22	32, 26
기타	보상규정 흠결 시 권리구제	수용유사침해/수용적침해/ 희생보상청구제도	C		
	기타요인 보정 정당성	공시지가기준법과 보상선례 참작여부	D		12
	계획보장청구권	개념/인정여부	C		24
	공용제한과 보상기준		D		
	손실보상과 손해배상 관계	미보상 공사시행	D		12
토지, 건물평가기준	현황평가 예외, 공법상제한	일무불미, 일반적 제한/개별적 제한	A	23	31, 28, 24, 9
	무허가건축물/ 불법형질변경	요건/평가방법/입증책임	A	24	18
	미지급용지	평가방법	A	25	
	도로	사실상 사도 판단기준/평가방법	A	25	33, 22
	토지 및 지장물 평가기준	오수처리시설 등	D	26	30, 18
	보상대상판단 및 보상범위	무허가건축물/가설건축물/ 무허가영업보상	B	24	26, 20, 18
	주거용건물 보상특례	비/보/이/재/주	A	27	
	영업손실 + (휴직/실직보상)	요건/평가방법	A	24	10
	농업손실	농업보상/실농보상	B	24	5, 1

	사업폐지보상		D		26
	어업권 및 광업권	평가기준/방법	D		7
간접손실 이주대책	간접손실	개념/요건(지구 밖 영업/수산업협동조합)	A	9	30, 29, 11
		간접보상 대상사업과 보상기준	B		2
		지구 밖 보상의 이론적 근거, 실제유형 및 보상한계	C		11
	간접침해		D		14
	정신적 피해		D		
	이주대책	요건/권리구제(수분양권 발생시기)	A	3	28, 20
		이주대책 이론적 및 헌법적 근거	C	3	20
		생활보상	C		15, 4
		수몰민 보상	D		7
		이주대책(약술)	C		3
	주거이전비	불복방법/포기각서/요건	A	3	33, 29, 26
	보상협의회	법적 성격/내용	C		
지가공시제도	표준지공시지가	절차/효력/권리구제 + 이의신청 법적 성질	A		14, 9, 8, 3
		공시지가 적용대상	B		3
	개별공시지가	법적 성질, 절차 및 불복수단	A	11	5, 4
		이의신청 법적 성질	A	11	34, 33, 21
		이의신청과 정정처분 관계/정정사유	A	11	31, 30
		검증제도	B		31, 30, 29, 19, 7
		위법성 판단(비준표 적용과 검증 및 개공 결정)	B	11	34, 29, 7
		절차하자에 대한 불복방법	A		5
	표준지 및 개별공시지가 비교	절차, 법적 성질 및 효력	B		8, 1
	국가배상	공무원의 과실책임/선택적 청구	A	12	31, 25, 24
	비준표	법적 성질	B		
	부동산가격 공시위원회	구성과 권한	C	28	29, 10, 6
	공시지가와 시가	정책가격설	C		
	평가와 산정	감정평가와 지가산정 비교	D		9

	부공법/보상법 타인토지 출입비교	절차차이점(보상규정유무)	C		
	주택 및 비주거용부동산 공시제도	절차/권리구제	D		
감정평가	업무	감정평가업무(공인회계사), 업무제한(미래가치)	D		31, 26
	감정평가기준 및 타당성 조사		A	29	31
	등록 및 사무소 개설 등	등록 및 등록갱신 거부 대상적격/사무소개설	A	13	34
	신고	수리를 요하는 신고/ 수리를 요하지 않는 신고	C	13	
	인가	기본행위의 하자와 인가취소	B	13	
	감정평가법인등 법률관계	법률관계	C		9, 2
	성실의무	성실의무 확보수단 및 법적 성질 비교(형사/민사/행정)	A	18	26, 11
	징계절차	자격증 부당행사	A	14	29
	자격취소	자격취소 절차 및 구제수단	A	14	14
	감정평가기준	기준 및 타당성 조사	C	19	31
	손해배상	법률관계/요건(부당감정)/손해범위	A	15	33, 12
징계	과징금	개념/요건/절차/권리구제	A	16	
	징계위원회	법적 성격/내용	B	17	
	행정벌	행정형벌/질서벌	C		
	중복부과	과징금, 벌금, 과태료 비교 및 과징금 벌금 중복부과	C	20	21, 18, 11
도정법	조합설립	조합설립인가의 법적 성질(특허, 인가)과 쟁송형태	C	30	25
	매도청구	매도청구권과 수용재결의 쟁송 및 평가방법 차이	C	30	28
	이전고시	이전고시 효력과 수용재결 취소	C	30	33

PART

04

필수개념 암기

행정법 필수개념 암기

행정법	
순서	**제1장 행정법 서설**
1	**행정법**이란 행정의 조직, 작용 및 행정구제에 관한 '국내공법'(國內公法)이다.
1	**행정작용법(行政作用法)**은 행정주체의 국민에 대한 대외적 상호 간의 관계 및 행정기관의 권한을 규율하는 법을 말한다.
1	**행정구제법(行政救濟法)**은 행정권에 의해 가해진 권익침해에 대한 구제를 규율하는 법이다.
1	**공익**은 공동체(국가 또는 지방자치단체) 구성원 전체의 이익을 의미한다.
1	**법치행정(法治行政)의 원칙**이란 행정권도 법에 따라서 행하여져야만 하며(법의 지배), 만일 행정권에 의하여 국민의 권익이 침해된 경우에는 이의 구제를 위한 제도가 보장되어야 한다는 것(행정통제제도 내지 행정구제제도의 확립)을 의미한다.
1	**법우위의 원칙**이란 법은 행정에 우월한 것이며 행정이 법에 위반하여서는 안 된다는 원칙이다.
1	**법률유보(法律留保)의 원칙**은 행정권의 발동에는 법적 근거가 있어야 한다는 원칙이다.
3	**행정상 법의 일반원칙(一般原則)**이란 현행 행정법질서의 기초를 이룬다고 생각되는 일반 원칙을 의미한다.
3	**평등(平等)의 원칙**은 불합리한 차별을 하여서는 안 된다는 원칙이다.
3	**행정의 자기구속의 원칙**이란 행정관행이 성립된 경우 행정청은 특별한 사정이 없는 한 같은 사안에서 행정관행과 같은 결정을 하여야 한다는 원칙이다.
3	**비례(比例)의 원칙**이란 과잉조치금지의 원칙이라고도 하는데, 행정작용에 있어서 행정목적과 수단 사이에는 합리적인 비례관계가 있어야 한다는 원칙이다.
3	**적합성(適合性)의 원칙**이란 행정은 추구하는 행정목적의 달성에 적합한(유용한) 수단을 선택하여야 한다는 원칙이다.
3	**필요성(必要性)의 원칙**이란 적합한 수단이 여러 가지인 경우에 국민의 권리를 최소한으로 침해하는 수단을 선택하여야 한다는 원칙이다.
3	**협의(狹義)의 비례원칙(상당성(相當性)의 원칙)**이란 행정조치를 취함에 따른 불이익이 그것에 의해 달성되는 이익보다 심히 큰 경우에는 그 행정조치를 취해서는 안 된다는 원칙을 말한다.
3	**신뢰보호(信賴保護)의 원칙**이라 함은 행정기관의 어떠한 언동(言動, 말 또는 행동)에 대해 국민이 신뢰를 갖고 행위를 한 경우 그 국민의 신뢰가 보호가치 있는 경우에 그 신뢰를 보호하여 주어야 한다는 원칙을 말한다.
3	**실권(失權)의 법리(法理)**라 함은 행정청에게 취소권, 철회권, 영업정지권 등 권리의 행사의 기회가 있음에도 불구하고 행정청이 장기간에 걸쳐 그의 권리를 행사하지 아니하였기 때문에 상대방인 국민이 행정청이 그의 권리를 행사하지 아니할 것으로 신뢰할 만한 정당한 사유가 있는 경우에는 그 권리를 행사할 수 없다는 법리이다.
3	**적법절차(適法節次)의 원칙**이란 개인의 권익을 제한하는 모든 국가작용은 적법절차(due process)에 따라 행하여져야 한다는 원칙이다.

3	**권리남용금지(權利濫用禁止)의 원칙**은 민법의 일반원칙이지만 행정법을 포함한 모든 법의 일반원칙이다.
3	**부당결부금지(不當結付禁止)의 원칙**이라 함은 행정기관이 행정권을 행사함에 있어서 그것과 실질적인 관련이 없는 반대급부를 결부시켜서는 안 된다는 원칙이다.
3	**원인적 관련성**이라 함은 수익적 내용의 행정행위를 발령하기 때문에 이와 관련하여 상대방에게 개별적인 부관을 부과하는 것이 가능하게 되는 관계뿐만 아니라, 수익적 행정행위를 발령하기 때문에 특정부관의 부과가 필요하게 되는 관계(주택사업계획승인처분에 부가된 진입도로 개설 또는 확장 및 기부부담)를 말한다.
3	**목적적 관련성**이라 함은 행정권한의 수권목적의 범위 내에서 반대급부가 부과되는 것을 말한다(위법건축물을 상용하여 행할 영업에 대한 허가거부).
1	**법규명령(命令)**이란 행정권에 의해 정립되는 법을 말한다.
1	**법률관계(法律關係)**란 법주체 상호 간의 권리의무관계를 말한다.
1	**공권력**은 공행정주체 일반에 부여되는 우월적 지위를 의미한다.
1	**공법관계(公法關係)**란 공법이 적용되는 관계를 말한다.
1	**권력관계(權力關係)**란 공권력주체로서의 행정주체가 우월적인 지위에서 국민에 대하여 일방적인 조치(법률행위 또는 사실행위)를 취하는 관계를 말한다.
1	**국고관계(國庫關係)**란 행정주체가 일반 사인과 같은 지위에서(사법상의 재산권의 주체로서) 사법상의 행위를 함에 있어 사인과 맺는 관계를 말한다.
1	**행정주체(行政主體)**란 행정을 행하는 법주체(法主體)를 말한다.
1	**행정객체(行政客體)**란 행정의 상대방을 말한다.
1	**행정권의 특권** 행정주체에게 일방적으로 법질서에 변경을 가져올 수 있는 우월적인 지위가 인정된다. 권력적 행위인 행정행위에 공정력, 존속력(확정력) 및 강제력이라는 우월한 효력이 인정되고 있으며 이러한 행정권의 특권은 권력관계(행정입법, 행정계획, 행정행위)에 대해서 인정되는 것이다.
1	**공정력(公定力)**이란 일단 행정행위가 행하여지면 비록 행정행위에 하자(또는 흠)가 있다 하더라도(위법 또는 부당하더라도) 그 흠이 중대하고 명백하여 무효로 되는 경우를 제외하고는 권한 있는 기관(취소권 있는 행정기관 또는 수소법원(受訴法院))에 의해 취소되기 전까지 **상대방 및 이해관계인뿐만 아니라 다른 행정청 및 법원에 대하여** 일단 유효한 것으로 통용되는 힘을 말한다.
5	**선결문제(先決問題)**란 소송에서 본안판단을 함에 있어서 그 해결이 필수적으로 전제가 되는 법문제를 말한다.
5	**구성요건적 효력(構成要件的 效力)**이란 행정행위가 존재하는 이상 비록 흠(하자)이 있는 행정행위일지라도 무효가 아닌 한 제3의 국가기관은 법률에 특별한 규정이 없는 한 그 행정행위의 존재 및 내용을 존중하며, 스스로의 판단의 기초 내지는 구성요건으로 삼아야 하는 구속력을 말한다.
5	**불가쟁력(不可爭力)**이란 하자 있는 행정행위라 할지라도 그에 대한 불복기간(행정불복 제기기간 또는 출소 기간(出訴期間)이 경과하거나 쟁송절차가 종료된 경우에는 더 이상 그 행정행위의 효력을 다툴 수 없게 하는 효력을 말한다.
5	**불가변력(不可變力)**이란 행정행위를 한 행정청이 해당 행정행위를 직권으로 취소 또는 변경할 수 없게 하는 힘을 말한다.

1	**공권(公權)**이란 공법관계에서 직접 자기를 위하여 일정한 이익을 주장할 수 있는 법률상의 힘을 말한다.
1	**개인적 공권(個人的 公權)**이란 개인이 직접 자기의 이익을 위하여 행정주체에게 일정한 행위를 할 것을 요구할 수 있는 공법에 의해 주어진 법적인 힘이다. 개인적 공권에 대응하여 행정권에게는 일정한 작위 또는 부작위의 의무가 부과된다.
1	**개인적 공권의 성립요소**는 ① 강행법규(强行法規)에 의한 행정권에 대한 의무의 부과(강행법규성), ② 법규의 사익 보호성(私益保護性), ③ 청구권능여부성(請求權能與否性)이다. 그러나 오늘날 "청구권능여부성"은 별도로 성립요소로 보지 않는다.
1	**반사적 이익**은 법에 의해 직접 보호된 이익이 아니므로 그 이익이 침해되어도 재판을 통하여 구제되지 않는다.
5	**무하자재량행사청구권(無瑕疵裁量行使請求權)**이란 행정청에게 재량권이 부여된 경우에 행정청에 대하여 재량권을 흠 없이 행사하여 줄 것을 청구할 수 있는 권리를 말한다.
1	**법률요건(法律要件)**이란 법률관계의 발생·변경·소멸의 원인이 되는 것을 말한다.
1	**사인의 공법행위**란 사인(私人)이 공법상의 권리와 의무로서 하는 행위를 말한다. 사인의 공법행위는 사인의 공법상 행위 중 법률행위의 성질을 갖는 것만을 지칭하는 것이다.
1	**신청(申請)**이란 사인이 행정청에 대하여 일정한 조치를 취하여 줄 것을 요구하는 의사표시를 말한다.
1	**신고(申告)**란 사인이 행정기관에게 일정한 사항에 대하여 알려야 하는 의무가 있는 경우 그것을 알리는 것을 말한다.
5	**자기완결적 신고(自己完結的 申告)**는 신고의 요건을 갖춘 신고만 하면 신고의무를 이행한 것이 되는 신고를 말한다. 자족적 신고라고도 한다.
5	**수리(修理)를 요하는 신고**는 신고가 수리되어야 신고의 효과가 발생하는 신고를 말한다.
5	**정보제공적 신고(사실파악형 신고)**란 행정청에게 행정의 대상이 되는 사실에 관한 정보를 제공하는 기능을 갖는 신고를 말한다.
5	**금지해제적 신고(신고유보부 금지)**란 사적 활동을 규제하는 기능을 갖는 신고를 말한다(영업활동, 건축활동).
1	**제척기간**이라 함은 일정한 권리에 관하여 법률이 정한 존속기간이다. **존속기간**이라 함은 권리나 그 밖의 법률 따위가 유효한 기간이다.
순서	**제2장 행정조직법**
5	**행정기관(行政機關)**이라 함은 행정권한을 행사하는 행정조직의 구성단위를 말한다.
1	**행정청**이라 함은 국가뿐만 아니라 지방자치단체의 의사를 결정하여 자신의 이름으로 외부에 표시할 수 있는 권한을 가진 행정기관을 말한다.
5	**협의** – 관계기관의 협의의견은 원칙상 주무행정청을 구속하지 않는다.
5	**동의** – 처분청은 동의기관의 동의의견 또는 부동의의견에 구속된다.
순서	**제3장 행정작용법**
1	**행정행위(行政行爲)**라 함은 행정청이 구체적인 사실에 대한 법집행으로서 행하는 외부에 대하여 직접적·구체적인 법적 효과를 발생시키는 권력적 단독행위인 공법행위이다.
5	**명령적 행위**는 인간이 본래 가지는 자연적 자유를 규율하는 행위이다(하명, 허가 면제).

5	**형성적 행위**는 상대방에게 권리나 능력을 창설하는 행위이다(특허, 인가, 대리).
1	**기속행위**는 행정권 행사의 요건과 효과가 법에 일의적으로 규정되어 있어서 행정청에게 판단의 여지가 전혀 인정되지 않고 행정청은 법에 정해진 행위를 하여야 하는 의무를 지는 행위를 말한다.
1	**재량행위**는 행위의 요건이나 효과의 선택에 관하여 법이 행정권에게 판단의 여지 내지 재량권을 인정한 경우에 행해지는 행정청의 행정행위를 말한다.
1	**침해적 행정행위(侵害的 行政行爲)**는 행정행위의 상대의 권익을 침해하는 행정행위를 말한다.
1	**수익적 행정행위(收益的 行政行爲)**는 행위의 상대방에게 이익을 부여하는 행정행위를 말한다.
5	**이중효과적 행정행위(二重效果的 行政行爲)**는 하나의 행정행위가 이익과 불이익의 효과를 동시에 발생시키는 행정행위를 말한다.
1	**제3자효 행정행위**는 상대방에게는 이익을 주고 제3자에게는 불이익을 주거나(건축허가), 상대방에게는 불이익을 주고 제3자에게는 이익을 주는(공해배출시설, 조업중지명령) 행위를 말한다.
5	**혼합효 행정행위**는 상대방에 대하여 동시에 수익적 효과와 침해적 효과를 발생시키는 행정행위(부담부 행정행위)를 말한다.
1	**적극적 행정행위(積極的 行政行爲)**는 허가 또는 특허 등 적극적으로 현재의 법률상태에 변동을 초래하는 행위를 말한다.
1	**소극적 행정행위(消極的 行政行爲)**는 현재의 법률상태에서 변동을 가져오지 않으려는 행위를 말하며 거부처분이 이에 해당한다.
1	**개별처분(個別處分)**은 행정행위의 상대방이 특정되어 있는 행정행위이다. 개별처분의 상대방은 1인인 것이 보통이지만 다수일 수도 있다.
1	**일반처분(一般處分)**은 불특정 다수인을 상대방으로 하여 불특정 다수인에게 효과를 미치는 행정행위를 말한다.
5	**재량권(裁量權)**이란 행정기관이 행정권을 행사함에 있어서 둘 이상의 다른 내용의 결정 또는 행태 중에서 선택할 수 있는 권한을 말한다.
1	**재량행위(裁量行爲)**는 재량권의 행사에 의해 행해지는 행정행위를 말한다.
5	**결정재량권**이라 함은 재량권이 행정기관에 부여되는 경우에 행정기관이 행정권을 행사함에 있어 어떠한 행정 결정을 하거나 하지 않을 수 있는 권한을 말한다.
5	**선택재량권**이라 함은 재량권이 행정기관에 부여되는 경우에 행정기관이 행정권을 행사함에 있어 둘 이상의 조치 중 선택을 할 수 있는 권한을 말한다.
5	**기속재량행위**란 원칙상으로는 기속행위이지만 예외적으로 특별한 사정이 있는 경우 공익을 고려하여 거부할 수 있는 행위를 말한다. 판례 : 원칙상 기속행위이지만 예외적으로 중대한 공익을 이유로 인·허가 또는 신고수리를 거부할 수 있는 행위(기속재량행위)를 인정하고 있는 것으로 보인다.
1	**재량권의 한계**는 재량권의 일탈 또는 남용을 말한다. 재량권의 한계를 넘은 재량권 행사에는 일의적으로 명확한 법규정의 위반, 사실오인, 평등원칙 위반, 자기 구속의 원칙 위반, 비례의 원칙 위반, 절차 위반, 재량권의 불행사 또는 해태, 목적 위반 등이 있다.
5	**재량권의 일탈(逸脫)**이란 재량권의 외적 한계(즉, 법적·객관적 한계)를 벗어난 것을 말한다.
5	**재량권의 남용(濫用)**이란 재량권의 내적 한계, 즉 재량권이 부여된 내재적 목적을 벗어난 것을 말한다.

5	**재량권의 불행사(不行使)**란 재량권을 행사함에 있어 고려하여야 할 구체적 사정을 고려하지 않은 경우를 말한다.
5	**재량권의 해태(懈怠)**란 재량권을 행사함에 있어 고려하여야 하는 구체적 사정에 대한 고려를 하였지만 충분히 고려하지 않은 경우를 말한다.
5	**불확정개념**이란 그 개념 자체로서는 그 의미가 명확하지 않고 해석의 여지가 있는 개념을 말한다. '공공의 안녕과 질서', '중대한 사유', '식품의 안전', '환경의 보전' 등을 그 예로 들 수 있다.
5	**판단여지**라 함은 요건을 이루는 불확정개념의 해석·적용에 있어서 이론상 하나의 판단만이 가능한 것이지만, 둘 이상의 판단이 모두 적법한 판단으로 인정될 수 있는 가능성이 있는 것을 말한다.
1	**하명(下命)**이란 행정청이 국민에게 작위, 부작위, 급부 또는 수인의무를 명하는 행위를 말한다(부작위의무를 명하는 행위를 금지라고 한다).
1	**허가(許可)**라 함은 법령(법률과 법규명령)에 의한 일반적인 상대적 금지(허가조건부 금지)를 일정한 요건을 갖춘 경우에 해제하여 일정한 행위를 적법하게 할 수 있게 하는 행정행위를 말한다(허가는 법령에 특별한 규정이 없는 한 기속행위라고 보아야 한다).
1	**면제(免除)**라 함은 법령에 의해 정해진 작위의무, 급부의무, 또는 수인의무를 해제해 주는 행정행위를 말한다.
1	**특허(特許)**라 함은 상대방에게 직접 권리, 능력, 법적 지위, 포괄적 법률관계를 설정하는 행위를 말한다. 이 중에서 권리를 설정하는 행위를 협의의 특허라 한다(특허에 있어서는 공익목적의 효과적인 달성을 고려하여야 하므로 원칙상 재량행위로 본다).
1	**인가(認可)**라 함은 타인의 법률적 행위를 보충하여 그 법률적 효력을 완성시켜 주는 행정행위를 말한다(감정평가법인설립인가).
1	**공법상 대리(公法上 代理)**라 함은 제3자가 하여야 할 행위를 행정기관이 대신하여 행함으로써 제3자가 스스로 행한 것과 같은 효과를 발생시키는 행정행위를 말한다.
1	**확인행위(確認行爲)**라 함은 특정한 사실 또는 법률관계의 존부 또는 정부(正否)에 관하여 의문이 있거나 다툼이 있는 경우에 행정청이 이를 공권적으로 확인하는 행위를 말한다.
1	**공증행위(公證行爲)**라 함은 특정의 사실 또는 법률관계의 존재를 공적으로 증명하는 행정행위를 말한다.
1	**통지행위(通知行爲)**라 함은 특정인 또는 불특정 다수인에게 특정한 사실을 알리는 행정행위를 말한다.
1	**수리행위(受理行爲)**라 함은 법상 행정청에게 수리의무가 있는 경우에 신고, 신청 등 타인의 행위를 행정청이 적법한 행위로서 받아들이는 행위를 말한다.
1	**성립요건(成立要件)**이라 함은 행정행위가 성립하여 존재하기 위한 최소한의 요건을 말한다. 행정행위가 성립하기 위하여는 어떤 행정기관에 의해 행정의사가 내부적으로 결정되고(내부적 성립) 외부적으로 표시되어야 한다(외부적 성립)(성립요건 결여 → 행정행위 부존재 → 부존재확인청구소송의 대상).
1	**효력발생요건(效力發生要件)**이라 함은 행정행위가 상대방에 대하여 효력을 발생하기 위한 요건을 말한다. 행정행위는 상대방에 통지되어 도달되어야 효력을 발생한다.
1	**도달**이라 함은 상대방이 알 수 있는 상태에 두어진 것을 말하고 상대방이 현실적으로 수령하여 **요지(了知)**한 것을 의미하지 않는다. * 요지(了知) : 깨달아 앎
1	**유효요건(有效要件)**이라 함은 위법한 행정행위가 무효가 되지 않고 효력을 갖기 위한 요건을 말한다.

1	행정행위의 하자라 함은 위법 또는 부당과 같이 행정행위의 효력의 발생을 방해하는 사정을 말한다.
1	위법(違法)이라 함은 법의 위반을 의미한다.
2	부당(不當)이라 함은 법을 위반함이 없이 공익 또는 합목적성(合目的性) 판단을 잘못한 것을 말한다. * 합목적성(合目的性) : 목적을 실현하는 데에 적합한 성질
2	행정행위의 위법 여부 판단시점 : 행정행위의 위법 여부는 원칙상 행정행위 시의 법령 및 사실상태를 기준으로 판단한다. 다만, 일정한 예외가 있다.
1	행정행위의 부존재(不存在)라 함은 행정행위라고 볼 수 있는 외관이 존재하지 않는 경우를 말한다.
1	행정행위의 무효라 함은 행정행위가 외관상 성립은 하였으나, 그 하자의 중대함으로 인하여 행정행위가 애초부터 아무런 효력을 발생하지 않는 경우를 말한다.
1	행정행위의 취소라 함은 위법한 행정행위의 효력을 그 위법을 이유로 상실시키는 것을 말한다.
3	중대명백설(重大明白設)이란 행정행위의 하자의 내용이 중대하고, 그 하자가 외관상 명백한 때에는 해당 행정행위는 무효가 되고, 그중 어느 한 요건 또는 두 요건 전부를 결여한 경우에는 해당 행정행위는 취소할 수 있는 행정행위에 불과하다는 학설이다.
3	하자의 중대성이란 행정행위가 중요한 법률요건을 위반하고, 그 위반의 정도가 상대적으로 심하여 그 흠이 내용상 중대하다는 것을 말한다.
3	하자의 명백성(외관상 명백설 – 통설, 판례)이란 하자가 일반인의 인식능력을 기준으로 할 때 외관상 일견 명백하다는 것을 말한다. • 형식상 하자 : 주체에 관한 하자, 절차에 관한 하자, 형식에 관한 하자 • 내용상 하자 : 내용에 관한 하자
3	하자(瑕疵)의 치유(治癒)라 함은 성립 당시에 적법요건을 결한 흠 있는 행정행위라 하더라도 사후에 그 흠의 원인이 된 적법요건을 보완하거나 그 흠이 취소사유가 되지 않을 정도로 경미해진 경우에 그의 성립 당시의 흠에도 불구하고 하자 없는 적법한 행위로 그 효력을 그대로 유지시키는 것을 말한다.
5	행정행위의 전환(轉換)이라 함은 행정행위가 본래의 행정행위로서는 무효이나 다른 행정행위로 보면 그 요건이 충족되는 경우에 흠 있는 행정행위를 흠 없는 다른 행정행위로 인정하는 것을 말한다.
3	적법절차(適法節次)의 원칙이라 함은 국가권력이 개인의 권익을 제한하는 경우에는 개인의 권익을 보호하기 위한 적정한 절차를 거쳐야 한다는 원칙을 말한다. 적법절차의 원칙은 형사절차상의 영역에 한정되지 않고 입법, 행정 등 국가의 모든 공권력의 작용에 적용된다.
5	침해적 처분절차로는 사전통지, 의견청취를 규정하고 있다. 침해적 처분의 경우에 일반적인 의견청취절차로 약식청문절차인 의견제출을 인정하고 있을 뿐 정식청문이나 공청회는 개별법에서 인정된 경우 또는 행정청이 필요하다고 인정하는 경우에만 인정되는 것으로 하고 있다(사전통지와 연결되어 문제화된다).
3	이유제시(理由提示)라 함은 행정청이 처분을 함에 있어 처분의 근거와 이유를 제시하는 것을 말한다. 이유제시를 이유부기(理由附記)라고도 한다.
3	이유제시의 하자란 행정청이 처분이유를 제시하여야 함에도 처분이유를 전혀 제시하지 않거나(결여여부) 불충분하게(취지달성여부) 제시한 경우를 말한다.
3	의견제출이라 함은 행정청이 어떠한 행정작용을 하기에 앞서 당사자 등이 단순하게 의견을 제시하는 절차를 말한다.
3	청문(聽聞)이라 함은 "행정청이 어떠한 처분을 하기에 앞서 당사자 등의 의견을 직접 듣고 증거를 조사하는 절차"를 말한다.

5	**공청회(公聽會)**라 함은 "행정청이 공개적인 토론을 통하여 어떠한 행정작용에 대하여 당사자 등, 전문지식과 경험을 가진 자, 기타 일반행정인으로부터 의견을 널리 수렴하는 절차"를 말한다.
5	**의견제출절차**란 "행정청이 어떠한 행정작용을 하기에 앞서 당사자 등이 의견을 제시하는 절차로서 청문이나 공청회에 해당하지 아니하는 절차"를 말한다(제2조 제7호).
3	**권익을 제한하는 처분**이라 함은 수익적 행정행위(허가)의 취소 또는 정지처분 등을 말한다.
3	**의무를 부과하는 처분**이라 함은 조세부과처분, 시정명령과 같이 행정법상의 의무를 부과하는 처분을 말한다.
5	**인허가의제제도(認許可擬制制度)**라 함은 하나의 인·허가를 받으면 다른 허가, 인가, 특허, 신고 또는 등록(이하 '인·허가 등'이라 한다)을 받은 것으로 보는 것을 말한다.

순서	제4장 행정구제법
2	**행정구제(行政救濟)**라 함은 행정권의 행사에 의해 침해된 국민의 권익을 구제해 주는 것을 말한다.
5	**행정상 손해전보**는 통상 국가작용에 의해 개인에게 가해진 손해의 전보를 의미한다. 행정상 손해배상과 행정상 손실보상이 이에 해당한다.
5	**공법상 결과제거청구권**이라 함은 공행정작용으로 인하여 야기된 위법한 상태로 인하여 자기의 권익을 침해받고 있는 자가 행정주체에 대하여 그 위법한 상태를 제거하여 침해 이전의 원래의 상태로 회복시켜 줄 것을 청구하는 것을 말한다.
2	**행정쟁송**이라 함은 행정법관계에 있어서의 법적 분쟁을 당사자의 청구에 의하여 심리·판정하는 심판절차를 말한다. 행정심판과 행정소송을 총칭한다.
2	**행정심판**은 행정기관이 심판하는 행정쟁송절차를 말한다.
2	**행정소송**은 법원이 심판하는 행정쟁송절차를 말한다.
2	**주관적 쟁송(主觀的 爭訟)**이라 함은 개인의 권리·이익의 구제를 주된 목적으로 하는 쟁송을 말한다.
2	**객관적 쟁송(客觀的 爭訟)**이라 함은 행정의 적법·타당성의 통제를 주된 목적으로 하는 쟁송을 말한다.
2	**항고쟁송**(항고소송 및 행정심판)을 기본적으로 주관적 쟁송으로 보는 견해가 다수견해이지만, 항고쟁송은 주관쟁송적 성격과 함께 객관쟁송적 성격도 함께 갖고 있는 것으로 보는 것이 타당하다. 항고소송에서 처분의 위법성이 다투어지는 것은 객관소송적 측면이고, 법률상 이익이 침해될 것을 원고적격의 요소로 요구하는 것은 주관소송적 측면이다.
2	**정식쟁송(定式爭訟)**이라 함은 심판기관이 독립된 지위를 갖는 제3자이고 당사자에게 구술변론의 기회가 보장되는 쟁송을 말한다(행정소송).
2	**약식쟁송(略式爭訟)**이라 함은 이 두 요건 중 어느 하나라도 결여하거나 불충분한 쟁송을 말한다(행정심판).
5	**시심적 쟁송(始審的 爭訟)**이라 함은 법률관계의 형성 또는 존부의 확인에 관한 행정작용 자체가 쟁송의 형식으로 행하여지는 행정작용을 말한다.
5	**복심적 쟁송(覆審的 爭訟)**은 이미 행하여진 행정작용의 흠(위법 또는 부당)을 시정하기 위하여 행하여지는 쟁송절차를 말한다.
5	**행정상 손해배상**은 행정권의 행사에 의해 우연히 발생한 손해에 대한 국가 등의 배상 책임을 말한다. 행정상 손해배상은 ① **과실책임**(공무원의 위법·과실행위로 인한 책임), ② **영조물책임**, ③ **공법상 위험책임**으로 구분하는 것이 타당하다.

2	**행정소송**이라 함은 행정청의 공권력 행사에 대한 불복 및 기타 행정법상의 법률관계에 관한 분쟁에 대하여 법원이 정식의 소송절차를 거쳐 행하는 행정쟁송절차를 말한다(항고소송, 당사자소송, 기관소송, 민중소송).
2	**항고소송**이라 함은 행정청의 우월한 일방적인 행정권 행사 또는 불행사에 불복하여 권익구제를 구하는 소송을 말한다.
2	**취소소송**이라 함은 '행정청의 위법한 처분 등을 취소 또는 변경하는 소송'을 말한다(제4조 제1호).
5	**소송물**이란 소송에서 심판의 대상이 되는 소송상의 청구를 말한다.
2	**무효등확인소송**이라 함은 '행정청의 처분이나 재결의 효력 유무 또는 존재 여부의 확인을 구하는 소송'을 말한다.
2	**부작위위법확인소송**이라 함은 '행정청의 부작위가 위법하다는 것을 확인하는 소송'을 말한다.
2	**부작위**라 함은 '행정청이 당사자의 신청에 대하여 상당한 기간 내에 일정한 **처분을 하여야 할 법률상** 의무가 있음에도 불구하고 이를 하지 아니하는 것'을 말한다.
2	**의무이행소송**은 행정청의 거부처분 또는 부작위에 대하여 법상의 작위의무의 이행을 청구하는 소송을 말한다.
2	**예방적 부작위청구소송**이란 행정청의 공권력 행사에 의해 국민의 권익이 침해될 것이 예상되는 경우에 미리 그 예상되는 침익적 처분을 저지하는 것을 목적으로 하여 제기되는 소송을 말한다.
2	**당사자소송**이라 함은 공법상 법률관계의 주체가 당사자가 되어 다투는 공법상 법률관계에 관한 소송을 말한다(보증금증감청구소송).
2	**형식적 당사자소송**은 형식적으로는 당사자소송이지만, 실질적으로는 행정청의 처분을 다투는 소송을 말한다고 정의하는 것이 일반적이다.
2	**실질적 당사자소송**이라 함은 형식적으로나 실질적으로나 공법상 법률관계에 관한 다툼만이 대상인 당사자소송을 말한다.
2	**민중소송**이라 함은 '국가 또는 공공단체의 기관이 법률에 위반되는 행위를 한 때에 직접 자기의 법률상 이익과 관계없이 그 시정을 구하기 위하여 제기하는 소송'을 말한다(행정소송법 제3조 제3호).
2	**기관소송**이라 함은 '국가 또는 공공단체의 기관 상호 간에 있어서의 권한의 존부 또는 그 행사에 관한 다툼이 있을 때에 이에 대하여 제기하는 소송'을 말한다(행정소송법 제3조 제4호).
2	**소송요건**이라 함은 본안심리를 하기 위하여 갖추어야 하는 요건을 말한다.
2	**적법한 소송**이라 함은 소송요건이 충족된 소송을 말한다. 이 경우 법원은 본안심리로 넘어간다.
2	**부적법한 소송**이라 함은 소송요건이 결여된 소송을 말한다. 이 경우 법원은 각하판결을 내린다.
2	**행정소송법상 처분**이라 함은 행정청이 행하는 구체적 사실에 관한 법집행으로서의 공권력의 행사 또는 그 거부와 이에 준하는 행정작용을 말한다(제2조 제1항 제1호). 행정소송법상의 처분 개념이 실체법적 개념인 학문상의 행정행위 개념과 동일한지에 관하여 이를 동일하다고 보는 실체법적 개념설(일원설)과 동일하지 않고 전자(처분)가 후자(행정행위)보다 넓다고 보는 견해(이원설)가 대립하고 있다.
2	**공권력 행사**란 행정청이 우월한 공권력의 주체로서 일방적으로 행하는 행위, 즉 권력적 행위를 의미한다.
2	**거부**라 함은 위에서 언급한 공권력 행사의 거부를 말한다.

2	**원처분주의**라 함은 행정심판의 재결의 당부를 다투는 취소소송의 대상을 원처분으로 하고 원처분의 취소소송에서는 원처분의 위법만을 다투고 재결에 고유한 위법은 재결취소소송에서 다투도록 하는 제도를 말한다.
2	**재결주의**라 함은 행정심판의 재결에 대하여 불복하는 경우 재결을 대상으로 취소소송을 제기하도록 하는 제도를 말한다.
2	**상당한 기간**이라 함은 사회통념상 행정청이 해당 신청에 대한 처분을 하는 데 필요한 합리적인 기간을 말한다.
3	**행정청의 처분 등을 원인으로 하는 법률관계**라 함은 행정청의 처분 등에 의하여 발생·변경·소멸된 공법상의 법률관계를 말한다. 예를 들면, 공무원의 지위확인을 구하는 소송 및 미지급퇴직연금지급청구소송은 당사자소송으로 제기하여야 한다.
3	**그 밖에 공법상의 법률관계**라 함은 처분 등을 원인으로 하지 않는 공법이 규율하는 법률관계를 말한다.
2	**원고적격(原告適格)**이란 구체적인 소송에서 원고로서 소송을 수행하여 본안판결을 받을 수 있는 자격을 말한다. **당사자능력**이란 소송의 주체가 될 수 있는 일반적인 능력을 말한다.
2	**법률상 보호되는 이익** 헌법상 기본권이 원고적격의 요건인 법률상 이익이 될 수 있는지에 관하여 아직 이를 적극적으로 인정하고 있는 대법원 판례는 없고, 추상적 기본권의 침해만으로는 원고적격을 인정할 수 없다는 대법원 판례가 있을 뿐이다. 이에 반하여 헌법재판소는 기본권주체(구체적 기본권)의 원고적격을 인정하고 있다.
2	**경업자소송(競業者訴訟)**이라 함은 여러 영업자가 경쟁관계에 있는 경우에 경쟁관계에 있는 영업자에 대한 처분 또는 부작위를 경쟁관계에 있는 다른 영업자가 다투는 소송을 말한다.
2	**경원자소송(競願者訴訟)**이라 함은 수인의 신청을 받아 일부에 대하여만 인·허가 등의 수익적 행정처분을 할 수 있는 경우에 인·허가 등을 받지 못한 자가 인·허가처분에 대하여 제기하는 항고소송을 말한다.
2	**협의의 소(訴)의 이익(利益)**이라 함은 원고가 소송상 청구에 대하여 본안판결을 구하는 것을 정당화시킬 수 있는 현실적 이익 내지 필요성을 말한다.
2	**무효확인소송에서의 소의 이익** 긍정설(필요설, 즉시확정이익설) 확인소송은 보다 실효적인 구제수단(처분의 무효를 전제로 한 이행소송)이 가능하면 인정되지 않는다. 이를 확인소송의 보충성이라 한다(확인소송이 가장 유효적절한 수단으로 인정될 것).
2	**처분 등을 행한 행정청**이라 함은 그의 이름으로 처분을 한 행정기관을 말한다. 정당한 권한을 가진 행정청인지 여부는 불문한다. 처분권한이 있는지 여부는 본안의 문제이다.
2	**항고소송의 제소기간** 항고소송에서 제소기간은 행정의 안정성과 국민의 권리구제를 조화하는 선에서 결정하여야 하며 기본적으로 입법정책에 속하는 문제이다(답안에 현출되는 내용).
2	**처분이 있음을 안 날**이라 함은 '당사자가 통지·공고 기타의 방법에 의하여 해당 처분이 있었다는 사실을 현실적으로 안 날'을 의미한다.
2	**불변기간(不變期間)**이라 함은 법정기간으로서 법원 등이 변경할 수 없는 기간을 말한다. 제소기간은 불변기간이다.
5	**처분이 있은 날**이란 처분이 통지에 의해 외부에 표시되어 효력이 발생한 날을 말한다.

3	**집행부정지원칙**은 취소소송의 제기는 처분 등의 효력이나 그 집행 또는 절차의 속행에 영향을 주지 아니한다는 것을 말한다(행정소송법 제23조 제1항). 이와 같이 위법한 처분 등을 다투는 항고소송이 제기된 경우에도 처분 등의 효력을 잠정적으로나마 정지시키지 않고 처분 등의 후속적인 집행을 인정하는 것을 말한다.
5	**소송의 심리(審理)**라 함은 소에 대한 판결을 하기 위하여 그 기초가 될 소송자료를 수집하는 절차를 말한다.
5	**요건심리(要件審理)**라 함은 제기된 소가 소송요건을 갖춘 것인지의 여부를 심리하는 것을 말한다.
5	**본안심리(本案審理)**라 함은 요건심리의 결과 해당 소송이 소송요건을 갖춘 것으로 인정되는 경우 사건의 본안, 즉 청구의 이유 유무에 대하여 실체적 심사를 행하는 것을 말한다.
5	**불고불리의 원칙**이라 함은 법원은 소송의 제기가 없으면 재판할 수 없고, 소송의 제기가 있는 경우에도 당사자가 신청한 사항에 대하여 신청의 범위 내에서 심리·판단하여야 한다는 원칙이다(민사소송법 제203조).
3	**직권심리주의**라 함은 소송자료의 수집을 법원이 직권으로 할 수 있는 소송심리원칙을 말한다(사정판결에서 중요).
5	**직권탐지의 인정** 행정소송법 제26조는 당사자가 주장한 사실에 대하여 법원이 보충적으로 증거를 조사할 수 있을 뿐만 아니라, 더 나아가 당사자가 주장하지 않은 사실에 대하여도 직권으로 증거를 조사하여 이를 판단의 자료로 삼는 직권탐지주의까지를 인정하고 있다(인정할 수 있는 범위에 대해서 문제가 된다).
3	**관련청구소송의 병합**이라 함은 취소소송 또는 무효등확인소송(이하 '취소소송 등'이라 한다)에 해당 취소소송 등과 관련이 있는 청구소송(관련청구소송)을 병합하여 제기하는 것을 말한다(소송법 제10조, 제21조, 제22조를 많이 읽어본다).
3	**제3자의 소송참가**라 함은 소송의 결과에 의하여 권리 또는 이익의 침해를 받을 제3자가 있는 경우에 당사자 또는 제3자의 신청 또는 직권에 의하여 그 제3자를 소송에 참가시키는 제도를 말한다(제16조).
3	**행정청의 소송참가**라 함은 관계행정청이 행정소송에 참가하는 것을 말한다.
5	**처분사유(處分事由)**라 함은 처분의 적법성을 유지하기 위하여 처분청에 의해 주장되는 처분의 사실적·법적 근거를 말한다.
5	**주장책임(主張責任)**이라 함은 당사자가 유리한 사실을 주장하지 않으면 그 사실이 없는 것으로 취급되어 불이익한 판단을 받게 되는데, 이 경우에 있어서의 해당 당사자의 불이익을 받는 지위를 말한다.
3	**입증책임(立證責任)**이라 함은 소송상 증명을 요하는 어느 사실의 존부가 확정되지 않은 경우 해당 사실이 존재하지 않는 것으로 취급되어 불리한 법률판단을 받게 되는 당사자 일방의 위험 또는 불이익을 말한다.
3	**입증책임의 분배**라 함은 어떤 사실의 존부가 확정되지 않은 경우에 당사자 중 누구에게 불이익을 돌릴 것인가의 문제이다.
3	판례는 행정소송에서의 입증책임도 원칙적으로 민사소송의 일반원칙(법률요건분류설)에 따라 당사자 간에 분배되어야 한다고 하면서도 항고소송의 특성도 고려하여야 하는 것으로 본다(주장하는 자가 해라).
3	무효원인에 대한 주장·입증책임은 취소소송의 경우와는 달리 원고가 부담한다(제소기간의 제한이 없기 때문이다).
2	**판결(判決)**이라 함은 구체적인 법률상 쟁송을 해결하기 위하여 법원이 소송절차를 거쳐 내리는 결정을 말한다.

2	**소송판결(訴訟判決)**이라 함은 소송요건 또는 상소요건에 흠결이 있는 경우에 소송이 부적법하다 하여 각하하는 판결을 말한다.
2	**본안판결(本案判決)**이라 함은 본안심리의 결과, 청구의 전부 또는 일부를 인용하거나 기각하는 종국판결을 말한다.
2	**기각판결(棄却判決)**이라 함은 본안심리의 결과, 원고의 주장이 이유 없다고 하여 그 청구를 배척하는 판결을 말한다.
2	**인용판결(引用判決)**이라 함은 본안심리의 결과, 원고의 주장이 이유 있다고 하여 그 청구의 전부 또는 일부를 인용하는 판결을 말한다.
2	**형성판결(形成判決)**이라 함은 일정한 법률관계를 형성·변경 또는 소멸시키는 것을 내용으로 하는 판결을 말한다(취소소송에서의 인용판결(취소판결)).
2	**확인판결(確認判決)**이라 함은 확인의 소에서 일정한 법률관계나 법률사실의 존부를 확인하는 판결을 말한다(무효등확인소송에서 인용판결, 부작위위법확인소송에서의 인용판결(부작위위법확인판결), 법률관계의 확인을 구하는 당사자소송에서 인용판결).
2	**이행판결(履行判決)**이라 함은 피고에 대하여 일정한 행위를 명하는 판결을 말한다.
2	취소소송의 소송요건을 결여한 부적법한 소에 대하여는 본안심리를 거절하는 **각하판결(刻下判決)**을 내린다.
2	**사정판결(事情判決)**이라 함은 취소소송에 있어서 본안의 심리 결과, 원고의 청구가 이유 있다고 인정하는 경우(처분이 위법한 것으로 인정되는 경우)에도 공공복리를 위하여 원고의 청구를 기각하는 판결을 말한다.
3	**처분시설(處分施設)**이라 함은 처분의 위법 여부의 판단은 처분 시의 사실 및 법률상태를 기준으로 하여 행하여야 한다는 견해를 말한다.
3	**판결시설(判決施設)**이라 함은 처분의 위법 여부의 판단은 판결 시(구두변론종결 시)의 사실 및 법률상태를 기준으로 행하여야 한다는 견해를 말한다.
2	계쟁처분 또는 재결의 취소판결이 확정된 때에는 해당 처분 또는 재결은 처분청의 취소를 기다릴 것이 없이 당연히 효력을 상실하는데, 이를 **형성력**이라 한다.
2	**대세적 효력(대세효)**이라 함은 취소판결의 취소의 효력(형성효 및 소급효)은 소송에 관여하지 않은 제3자에 대하여도 미치는 것을 말한다.
2	**기속력(羈束力)**이라 함은 행정청에 대하여 판결의 취지에 따라 행동하도록 당사자인 행정청과 그 밖의 관계 행정청을 구속하는 효력을 말한다.
2	**저촉금지효(抵觸禁止效, 반복금지효)**는 동일한 행위의 반복을 금지하고, 판결의 취지에 반하는 행위(달리 말하면 동일한 과오를 반복하는 행위)를 금지하는 효력이다.
2	**기판력(旣判力)**은 일단 재판이 확정된 때에는 소송당사자는 동일한 소송물에 대하여는 다시 소를 제기할 수 없고 설령 제기되어도 상대방은 기판사항이라는 항변을 할 수 있으며 법원도 일사부재리의 원칙(一事不再理原則)에 따라 확정판결과 내용적으로 모순되는 판단을 하지 못하는 효력을 말한다. * 일사부재리 원칙 : 일단 처리된 사건은 다시 다루지 않는다는 법의 일반원칙
4	**헌법소원의 보충성의 원칙**이라 함은 행정구제수단으로서 헌법소원은 행정소송으로 구제될 수 없거나 현실적으로 구제되기 극히 곤란한 경우에 한하여 인정되며, 기존의 구제절차가 존재하는 경우에는 그 구제절차를 거친 후에 제기될 수 있다는 원칙을 말한다.
5	**행정행위의 부관(附款)**이라 함은 행정청에 의해 주된 행정행위에 부가된 종된 규율을 말한다.

4	**하자(위법성)의 승계**라 함은 행정이 여러 단계의 행정행위를 거쳐 행해지는 경우에 선행 행정행위의 위법을 이유로 적법한 후행 행정행위의 위법을 주장할 수 있는 것을 말한다.
5	**행정행위의 실효**라 함은 유효한 행정행위의 효력이 일정한 사실의 발생으로 장래에 향하여 소멸하는 것을 말한다.
4	**공법상 계약(公法上 契約)**이란 공법적 효과를 발생시키는(공법상의 법률관계의 변경을 가져오는), 행정주체를 적어도 한쪽 당사자로 하는 계약(양 당사자 사이의 반대방향의 의사의 합치)을 말한다.
4	**행정상 사실행위(行政上 事實行爲)** – (권력적 사실행위에 대하여 항고소송이 인정될 수 있는가?) 행정목적을 달성하기 위하여 행해지는 물리력의 행사를 말한다. 사실행위의 예로는 폐기물 수거, 행정지도, 대집행의 실행, 행정상 즉시강제 등이 있다. 사실행위는 직접적인 법적 효과를 발생시키지 않는 행위이다.
4	**행정지도(行政指導)**라 함은 일정한 행정목적을 실현하기 위하여 상대방인 국민에게 임의적인 협력을 요청하는 비권력적 사실행위를 말한다. (행정지도는 행정절차법 제48조를 잘 암기하면 된다)
4	**행정조사**라 함은 행정기관이 사인으로부터 행정상 필요한 자료나 정보를 수집하기 위하여 행하는 일체의 행정작용을 말한다. (타인토지출입조사〈토지보상법 제9조, 제27조〉)
순서	**제5장 행정의 실효성 확보수단**
5	**행정강제(行政强制)**란 행정목적의 실현을 확보하기 위하여 사람의 신체 또는 재산에 실력을 가함으로써 행정상 필요한 상태를 실현하는 권력적 사실행위이다.
5	**행정상 강제집행(行政上 强制執行)**이란 행정법상의 의무불이행이 있는 경우에 행정청이 의무자의 신체 또는 재산에 실력을 가하여 그 의무를 이행시키거나 이행한 것과 동일한 상태를 실현시키는 작용을 말한다.
5	**행정법상의 대집행(代執行)**이란 대체적 작위의무(타인이 대신하여 이행할 수 있는 작위의무)의 불이행이 있는 경우에 해당 행정청이 스스로 의무자가 행할 행위를 하거나 제3자로 하여금 이를 행하게 하고 그 비용을 의무자로부터 징수하는 것을 말한다(행정대집행법 제2조).
5	**집행벌(執行罰)**이란 작위의무 또는 부작위의무를 불이행한 경우에 그 의무를 간접적으로 강제이행시키기 위하여 일정한 기간 안에 의무이행이 없을 때에는 일정한 이행강제금을 부과할 것을 계고하고 그 기간 안에 이행이 없는 경우에는 이행강제금(履行强制金)을 부과하는 것을 말한다.
5	**직접강제(直接强制)**란 행정법상의 의무의 불이행이 있는 경우에 의무자의 신체나 재산 또는 양자에 실력을 가하여 의무의 이행이 있었던 것과 동일한 상태를 실현하는 작용을 말한다. (신체에 대한 사항을 포함하고 있다는 것이 중요하다)
5	**행정상 강제징수(行政上 强制徵收)**란 국민이 국가 등 행정주체에 대하여 부담하고 있는 공법상의 금전부과 의무를 이행하지 않은 경우에 행정청이 의무자의 재산에 실력을 가하여 의무가 이행된 것과 동일한 상태를 실현하는 행정상 강제집행수단을 말한다. 이 중 재산의 압류, 압류재산의 매각 및 청산을 체납처분이라 한다.
5	**행정상 즉시강제(行政上 卽時强制)**란 급박한 행정상의 장해를 제거할 필요가 있지만 미리 의무를 명할 시간적 여유가 없을 때 또는 급박하지는 않지만 성질상 의무를 명하여 가지고는 목적달성이 곤란할 때에 즉시 국민의 신체 또는 재산에 실력을 가하여 행정상 필요한 상태를 실현하는 행정작용을 말한다.
5	**행정벌(行政罰)**이란 행정법상의 의무위반행위에 대하여 제재로써 가하는 처벌을 말한다.

5	**행정형벌(行政刑罰)**이란 형법상 형벌을 과하는 행정벌이다.
5	**양벌규정(兩罰規定)**이란 범죄행위자와 함께 행위자 이외의 자를 함께 처벌하는 법규정을 말한다.
5	**행정질서벌(行政秩序罰)**이란 행정법규 위반에 대하여 과태료가 과하여지는 행정벌이다.
5	**과징금(課徵金)**이란 행정법규의 위반이나 행정법상의 의무 위반으로 경제상의 이익을 얻게 되는 경우에 해당 위반으로 인한 경제적 이익을 박탈하기 위하여 그 이익액에 따라 행정기관이 과하는 행정상 제재금을 말한다.

순서	제6장 행정상 입법
1	**행정상 입법**이라 함은 행정권이 일반적·추상적 규범을 정립하는 작용을 말한다. 행정상 입법은 실정법상의 개념이 아니라 학문상의 개념으로 법규명령(法規命令)과 행정규칙(行政規則)을 포함한다. 그런데 법률에 대응하여 행정입법이라는 개념을 사용할 때에 행정입법은 법규명령을 의미한다.
1	**법규명령(法規命令)**이라 함은 행정권이 제정하는 법규를 말한다.
5	**위임명령(委任命令)**이라 함은 법률 또는 상위명령의 위임에 의해 제정되는 명령으로서 새로운 법규사항을 정할 수 있다.
5	**집행명령(執行命令)**이라 함은 상위법령의 집행을 위하여 필요한 사항(신고서양식 등)을 법령의 위임 없이 직권으로 발하는 명령을 말한다. 집행명령에서는 새로운 법규사항을 정할 수 없다.
1	**제정권자에 따른 분류** **대통령령(大統領令)**이라 함은 대통령이 제정하는 명령을 말한다. **총리령(總理令)**이라 함은 총리가 발하는 명령을 말한다. **부령(部令)**이라 함은 행정각부의 장이 발하는 명령을 말한다. 입법실제에 있어서 대통령령에는 통상 시행령(施行令)이라는 이름을 붙이고, 총리령과 부령에는 시행규칙(施行規則)이라는 이름을 붙인다.
3	**행정법에 대한 사법적 통제**라 함은 사법기관인 법원 및 헌법재판소에 의한 통제를 말한다.
4	**추상적 규범통제(抽象的 規範統制)**라 함은 행정입법의 위헌 또는 위법을 구체적·법적 분쟁을 전제로 하지 않고 공익적 견지에서 직접 다투도록 하는 행정입법통제를 말한다.
4	**구체적 규범통제(具體的 規範統制)**라 함은 행정입법의 위헌 또는 위법 여부가 구체적·법적 분쟁에 관한 소송에서 다투어지는 경우에 이를 심사하도록 하는 행정입법통제를 말한다.
4	**직접적 통제**라 함은 행정입법 자체가 직접 소송의 대상이 되어 위법한 경우 그 효력을 상실시키는 제도를 말한다. 법규명령에 대한 헌법소원 및 항고소송은 직접적 통제에 속한다.
4	**간접적 통제**라 함은 행정입법 자체를 직접 소송의 대상으로 하는 것이 아니라 다른 구체적인 사건에 관한 재판에서 해당 행정입법의 여부가 선결문제가 되는 경우 해당 행정입법의 위법 여부를 판단하는 제도이다. 간접적 통제를 부수적 통제라고도 한다.
4	**헌법재판소에 의한 통제**(권리구제형 헌법소원) 헌법소원은 공권력의 행사 또는 불행사로 인하여 헌법상 보장된 기본권을 침해받는 자가 헌법재판소에 해당 공권력의 헌법심사를 청구하는 제도이다(헌법재판소법 제68조).

개별법 필수개념 암기

Chapter 02

순서	개별법
1	**공용부담(公用負擔)**이라 함은 국가, 지방자치단체 등 공익사업자가 일정한 공공복리를 적극적으로 증진하기 위하여 개인에게 부과하는 공법상의 경제적 부담을 말한다.
1	**물적 공용부담**은 권리(재산권)에 대하여 일정한 공공복리를 증진하기 위하여 일정한 제한, 수용 또는 교환의 제약을 가하는 것을 말한다. 물적 공용부담은 특정 권리에 대하여 부과되는 부담으로서 대물적 성질을 가지므로 권리의 이전과 함께 이전된다.

순서	보상법 제1편 물적공용부담 제1장 공용수용
1	**공용수용**이라 함은 공익사업을 시행하기 위하여 공익사업의 주체가 타인의 토지 등을 강제적으로 취득하고 그로 인한 손실을 보상하는 물적 공용부담제도를 말한다.
4	**공공적 사용수용** 도시화의 진전과 산업의 발전에 따라 사회간접자본시설의 설치를 비롯한 공익사업이 증대되면서 공공성 개념의 확대화가 이루어졌고, 사적 주체에게 수용권을 부여하는 공공적 사용수용의 법리가 인정되게 되었다. 사적 주체에게 수용권을 부여하는 사업에는 가스, 전기 등 생존배려사업과 경제적 이윤을 추구하면서 간접적으로 공익을 달성하는 사업이 있다.
4	**부대사업**이란 사업시행자가 민간투자사업과 연계하여 시행하는 주택건설사업 및 택지개발사업을 말한다.
1	**공용수용의 당사자(當事者)**라 함은 공용수용의 주체인 수용권자와 수용권의 객체인 피수용자를 말한다.
1	**공용수용의 주체(主體)**라 함은 토지 등에 대하여 수용권을 가지는 자를 말한다.
1	**피수용자(被收容者)**라 함은 수용의 목적물인 재산권의 주체를 말한다.
1	**토지소유자**라 함은 공익사업에 필요한 토지, 즉 수용 또는 사용하려고 하는 토지에 대한 소유권을 지닌 자를 말한다.
1	**관계인**이란 사업시행자가 취득하거나 사용할 토지에 관하여 지상권 · 지역권 · 전세권 · 저당권 · 사용대차 또는 임대차에 따른 권리 또는 그 밖에 토지에 관한 소유권 외의 권리를 가진 자나 그 토지에 있는 물건에 관하여 소유권이나 그 밖의 권리를 가진 자를 말한다.
1	**수용목적물**이란 공용수용의 객체로서 수용의 대상이 되는 토지 및 물건 등을 말한다.
1	**확장수용**이란 특정한 공익사업을 위하여 필요한 범위를 넘어서 수용이 허용되는 경우를 말한다.
1	**잔여지수용**이란 동일한 토지소유자에 속하는 일단의 토지의 일부를 수용함으로 인하여 잔여지를 종전의 목적에 사용하는 것이 현저히 곤란할 때에, 토지소유자의 청구에 의하여 그 잔여지도 포함하여 전부를 수용하는 것을 말한다(토지보상법 제74조 잔여지 등의 매수 및 수용청구).
2	**완전수용**이란 토지를 사용함으로써 토지소유자가 받게 되는 토지이용의 현저한 장애 내지 제한을 완화하기 위하여 수용보상을 하는 것을 말한다. 완전수용은 '사용에 갈음하는 수용'이라고도 한다(토지보상법 제72조 사용하는 토지의 매수청구 등).
2	**이전수용**이란 수용 · 사용할 토지의 정착물 또는 사업시행자소유의 토지에 정착한 타인의 입목, 건축물, 물건 등이 성질상 이전이 불가능하거나, 이전비가 그 정착물의 가격을 초과하는 경우에 이전에 갈음하여 수용하는 것을 말한다(토지보상법 제75조 건축물 등 물건에 대한 보상).

2	**지대수용**이란 공익사업에 직접 필요한 토지 이외에 이와 관련한 ① 사업의 시행을 위한 건축, ② 토지의 조성 정리에 필요한 때에 인접한 부근일대를 수용하는 것을 말한다. 이는 개발이익을 흡수하고 지가를 억제하는 효과가 있다.
1	**공익사업의 준비**란 사업시행자가 공익사업의 시행을 위하여 행하는 준비행위로서 타인이 점유하는 토지에 출입하여 조사·측량을 하거나 장해물을 제거하는 등의 일련의 행위를 말한다.
1	**장해물의 제거**란 장해물을 제거하고 토지를 시굴하는 등의 행위를 말한다. 이는 공용제한 중 부담제한으로서 사업제한에 해당한다고 볼 수 있다.
1	**사업인정(事業認定)**이라 함은 특정사업이 그 사업에 필요한 토지를 수용하거나 사용할 수 있는 공익사업이라는 것을 인정하고 사업시행자에게 일정한 절차를 거쳐 그 사업에 필요한 토지를 수용 또는 사용하는 권리를 설정하여 주는 행위를 말한다.
3	**공익사업의 수행을 위하여 필요한 때**라 함은 장래에 시행할 공익사업을 위하여 필요한 때뿐만 아니라 이미 시행된 공익사업의 유지를 위하여 필요한 때를 포함한다고 보아야 한다.
1	**협의(協議)**라 함은 수용재결신청 전에 사업시행자로 하여금 수용대상 토지에 관하여 권리를 취득하거나 소멸시키기 위하여 토지소유자 및 관계인과 교섭하도록 하는 절차이다.
1	**협의성립확인**이란 협의가 성립한 경우 사업시행자가 수용재결의 신청기간 이내에 해당 토지소유자 및 관계인의 동의를 얻어 관할 토지수용위원회의 확인을 받는 것을 말한다.
2	**협의와 협의성립확인의 관계** 당사자 간의 계약을 공법상의 처분으로 전환시키는 관계에 있다고 볼 수 있다. 승계취득을 원시취득으로 전환함으로써 원활한 사업시행에 취지가 있다.
1	토지수용위원회의 **재결(裁決)(수용재결)**은 사업시행자로 하여금 토지 또는 토지의 사용권을 취득하도록 하고 사업시행자가 지급하여야 하는 손실보상액을 정하는 결정을 말한다.
1	**재결신청청구권**이란 사업인정 후 협의가 성립되지 아니한 때 토지소유자 및 관계인이 사업시행자에게 서면으로 재결신청을 조속히 할 것을 청구할 수 있는 권리를 말한다.
4	**화해**라 함은 토지수용위원회가 재결이 있기 전에 수용·사용에 관한 사업시행자·토지소유자 및 관계인의 주장을 서로 양보하도록 하여 수용에 대한 분쟁을 원만하게 해결하고자 하는 양 당사자의 의사의 합치인 공법 행위를 말한다.
2	**재결의 실효**란 유효하게 성립한 재결에 대해 행정청의 의사행위에 의하지 않고, 객관적 사실 발생에 의해 당연히 재결의 효력이 상실되는 것을 말한다. 토지보상법 제62조에서는 사업시행자가 해당 공익사업을 위한 공사에 착수하기 이전에 토지소유자 및 관계인에 대하여 보상액의 전액을 지급하여야 한다는 사전보상원칙을 규정하고 있는데, 재결의 실효는 이를 이행하기 위한 규정이다.
2	**수용의 개시일**이라 함은 토지수용위원회가 재결로 정한 수용의 효과가 발생하는 날이다. 수용의 개시일까지 보상을 지급하거나 공탁하지 않으면 재결은 실효되므로 보상금의 지급 또는 공탁이 있어야 한다. 수용에 의한 사업시행자의 권리취득은 토지소유자와 사업시행자 사이의 법률행위에 의한 승계취득이 아니라, 법률에 의한 원시취득이다.
1	**공탁**이란 재결에서 정한 보상금을 일정한 요건(거/알/불/압)에 해당하는 경우 관할 공탁소에 보상금을 공탁함으로써 보상금 지급에 갈음하는 것을 말한다.

3	**대행**이라 함은 토지나 물건을 인도·이전하여야 할 자가 고의·과실 없이 그 의무를 수행할 수 없을 때, 또는 사업시행자가 과실 없이 토지나 건물의 인도·이전의무가 있는 자를 알 수 없는 때에는 사업시행자의 신청에 의하여 시장·군수·구청장이 해당 의무이행이 있는 것과 같이 이를 대행하는 것을 말한다.
1	**대집행**은 공법상 대체적 작위의무를 그 의무자가 이행하지 않는 경우에, 해당 행정청이 그 의무를 스스로 행하거나 제3자로 하여금 이를 행하게 하고, 그 비용을 의무자로부터 징수하는 행위를 말한다.
2	**인도**라 함은 물건의 점유를 타인에게 이전하는 것으로서, 토지나 건물로부터 존치물건을 반출하고 사람을 퇴거하여 그것을 타인에게 인도하는 명도의 개념도 포함하고 있다.
1	**이의신청**이란 토지수용위원회의 위법 또는 부당한 재결처분으로 인하여 권리 또는 이익을 침해당한 자가 중앙토지수용위원회에 그 처분의 취소·변경을 구하는 쟁송을 말한다.
1	**보증금증감청구소송**이라 함은 토지수용위원회의 보상재결에 대하여 토지소유자 및 관계인은 보상금의 증액을 청구하는 소송을, 사업시행자는 보상금의 감액을 청구하는 소송을 말한다.
1	**환매권(還買權)**이라 함은 공익사업을 위해 취득(협의취득 또는 수용)된 토지가 해당 사업에 필요 없게 되거나 일정기간 동안 해낭 사업에 이용되지 않는 경우에 원소유자 등이 일정한 요건하에 해당 토지를 회복할 수 있는 권리이다.
1	**공익사업(公益事業)의 변환(變換)**이라 함은 공익사업을 위하여 토지를 협의취득 또는 수용한 후 토지를 협의취득 또는 수용한 공익사업이 다른 공익사업으로 변경된 경우 별도의 협의취득 또는 수용 없이 해당 협의취득 또는 수용된 토지를 변경된 다른 공익사업에 이용하도록 하는 제도를 말한다.
순서	**보상법 제1편 물적공용부담 제2장 공용사용**
2	**공용사용(公用使用)**이라 함은 공공필요를 위하여 특정인의 토지 등 재산을 강제로 사용하는 것을 말한다. 토지 등의 소유자는 공용사용을 수인할 의무를 진다. 공용사용에는 일시적 사용과 계속적 사용(전선설치를 위한 토지 위 공중의 사용)이 있다.
순서	**보상법 제1편 물적공용부담 제3장 공용제한**
4	**공용제한(公用制限)**이라 함은 공공필요를 위하여 재산권에 대하여 가해지는 공법상의 제한을 말한다.
5	**계획제한** 도시관리계획, 수도권정비계획 등 행정계획이 수립된 경우에 해당 행정계획에 배치되는 재산권 행사가 제한된다. 지역·지구 내에서 해당 지역·지구의 지정목적을 달성하기 위하여 재산권 행사에 가해지는 제한(주거지역에서의 일정한 건축의 제한, 개발제한구역 내에서의 건축 등 토지이용의 제한 등)이 대표적인 예이다.
5	**사업제한**이란 공익사업을 원활히 수행하기 위하여 사업지(산업단지), 사업인접지(접도구역 등) 또는 사업예정지(도로예정지 등) 내의 재산권에 가해지는 제한을 말한다. 사업제한은 그 내용에 따라 부작위의무(토지의 형질변경의 금지 등), 작위의무(시설설치의무 또는 공작물개축의무 등) 및 수인의무(형질변경, 공작물의 제거 등을 수인하여야 할 의무)로 나누어진다.
5	**보전제한**이란 환경, 문화재, 자원, 농지 등의 보전을 위하여 재산권에 가해지는 제한을 말한다. 공원 내에서의 토지 등의 사용 제한, 문화재 등 공적 보존물에 대한 제한 등이 이에 해당한다.
5	**공물제한**이란 사적 소유의 물건에 공물이 설정된 경우에 공물의 목적달성에 필요한 한도 내에서 해당 물건에 가해지는 제한을 말한다.

순서	보상법 제1편 물적공용부담 제4장 공용환지 · 공용환권
5	**공용환지(公用換地)**라 함은 일정한 지역 안에서 토지의 이용가치를 증진시키기 위한 사업을 실시하기 위하여 토지의 소유권 및 기타의 권리를 권리자의 의사와 관계없이 강제적으로 교환 · 분합하는 것을 말한다.
5	**공용환권(公用換權)**이라 함은 일정한 지역 안에서 토지와 건축물 등 도시공간의 효용을 증대시키기 위한 사업을 실시하기 위하여 토지 및 건축물의 소유권 및 기타의 권리를 권리자의 의사와 관계없이 강제적으로 교환 · 분합하는 것을 말한다.

순서	손실보상(총론)
1	**손실보상**이란 "적법한 공권력 행사에 의해 국민에게 가해진 특별한 손해를 공적 부담 앞의 평등의 원칙에 근거하여 국가나 지방자치단체 또는 공익사업의 주체가 그 손해를 보상하여 주는 것"을 말한다.
1	**존속보장**이라 함은 재산권자가 재산권을 보유하고 향유(사용, 수익, 처분)하는 것을 보장하는 것을 말한다.
1	**가치보장**이라 함은 공공필요에 의해 재산권에 대한 공권적 침해가 행해지는 경우에 재산권의 가치를 보장하기 위해 보상 등 가치보장조치를 취하는 것을 말한다.
3	**분리이론(分離理論)**은 입법자의 의사에 따라 재산권에 대한 제한의 문제를 헌법 제23조 제1항 및 제2항에 의한 재산권의 내용 및 한계의 문제와 헌법 제23조 제3항의 공용제한과 손실보상의 문제로 구분한다.
3	**경계이론(境界理論)**은 공공필요에 의한 재산권의 제한과 그에 대한 구제를 손실보상의 문제로 보는 견해이다.
1	**손실보상규정 흠결 시 권리구제** **위헌무효설(違憲無效設)**은 헌법 제23조 제3항을 보상청구권의 직접적 근거규정으로 보지 않고, 입법자에 대한 구속규정으로 보는 견해이다. 헌법 제23조 제3항이 보상은 법률로 정하도록 위임하고 있다는 것과 보상은 재정 지출의 문제를 수반하므로 예산권을 갖고 있는 국회가 법률로 정하는 것이 타당하다는 데 근거하고 있다.
1	**직접효력설(直接效力設)**은 헌법 제23조 제3항을 국민에 대하여 직접적 효력이 있는 규정으로 보고, 만일에 공용침해의 근거가 되는 법률이 보상규정을 두지 않고 있는 경우에는 직접 헌법 제23조 제3항에 근거하여 보상을 청구할 수 있다고 본다.
1	**유추적용설**은 독일의 수용유사침해이론을 우리나라에서도 타당한 이론으로 주장하면서 수용유사침해 보상의 법적 근거를 헌법 제23조 제1항(재산권보장규정) 및 헌법 제11조(평등원칙)에 근거 지우는 견해이다.
1	**보상입법부작위위헌설(補償立法不作爲違憲設)**은 공공필요를 위하여 공용제한을 규정하면서 손실보상 규정을 두지 않은 경우 그 공용제한규정 자체는 헌법에 위반되는 것은 아니라고 보고, 손실보상을 규정하지 않은 입법부작위가 위헌이라고 보는 견해이다.
2	**적법한 공용침해**라 함은 공공필요에 의하여 법률에 근거하여 가해진 국민의 권익에 대한 침해를 말한다.
1	**특별한 희생** 공용침해로 인하여 발생한 손해가 특별한 희생(손해)인가 아니면 재산권에 내재하는 사회적 제약에 불과한가의 판단기준에 관하여 다음과 같은 학설이 있다.
1	**형식적 기준설**은 침해행위가 일반적인 것이냐 아니면 개별적인 것이냐라는 형식적 기준에 의해 특별한 희생과 사회적 제약을 구별하려는 견해이다(인적범위를 특정할 수 있는지).
1	**실질적 기준설**은 공용침해의 실질적 내용, 즉 침해의 본질성 및 강도를 기준으로 하여 특별한 희생과 사회적 제약을 구별하려는 견해이다. 이에는 보호가치설, 수인한도설, 사적효용설, 목적위배설, 사회적 제약설, 상황 구속설 등이 있다(목 사 보 수 중 상 사).

순서	
2	**수용유사침해이론(收用類似侵害理論)**은 위법한 행위에 의해 재산권이 직접 침해된 경우에 수용에 준하여 손실보상을 하여야 한다는 법이론이다.
2	**희생보상청구제도(犧牲補償請求制度)**라 함은 행정기관의 적법한 공권력 행사에 의해 비재산적 법익(非財産的 法益)이 침해되어 발생한 손실(예방접종의 부작용으로 인한 손실)에 대한 보상제도이다.

순서	손실보상의 일반법리
2	**사업시행자보상원칙**이란 공익사업에 필요한 토지 등의 취득 또는 사용으로 인하여 토지소유자 또는 관계인이 입은 손실은 사업시행자가 이를 보상하여야 한다는 원칙이다.
2	**관계인**이란 사업시행자가 취득하거나 사용할 토지에 관하여 지상권·지역권·전세권·저당권·사용대차 또는 임대차에 따른 권리 또는 그 밖에 토지에 관한 소유권 외의 권리를 가진 자나 그 토지에 있는 물건에 관하여 소유권이나 그 밖의 권리를 가진 자를 말한다.
1	**완전보상설(完全補償設)**은 공용침해로 인하여 발생한 객관적 손실 전부를 보상하여야 한다는 견해이다.
1	**상당보상설(相當補償設)**은 정당한 보상이라 함은 피해이익의 성질 및 정도와 함께 침해행위의 공공성을 고려하여 보상이 행해질 당시의 사회통념에 비추어 사회적 정의의 관점에서 객관적으로 타당하다고 여겨지는 보상을 말한다고 보는 견해이다.
1	**개발이익**이란 공익사업 시행의 계획이나 시행이 공고 고시되어 토지소유자의 노력과 관계없이 지가가 상승하여 뚜렷하게 받은 이익으로 정상지가상승분을 초과하여 증가된 부분을 말한다(표준지 조사평가기준 제3조 제2호).
1	**개발이익 배제**란 보상금액의 산정에 있어서 해당 공익사업으로 인하여 토지 등의 가격이 변동되었을 때에는 이를 고려하지 않는 것을 말한다(제67조 제2항).
1	**개발이익의 범위와 한계** 개발이익이 사회적으로 증가된 이익 전부인지, 해당 사업으로 인해서 증분된 부분인지가 문제가 되는데 대법원은 해당 사업과 관계없는 다른 사업의 시행으로 인한 개발이익은 이를 배제하지 않는 가격으로 평가해야 한다고 판시하고 있다.
4	**해당 공익사업의 계획 또는 시행의 공고 또는 고시**란 해당 공익사업의 사업인정고시일 전에 국가·지방자치단체 또는 사업시행자 등이 관계법령의 규정에 따라 해당 공익사업에 관한 계획 또는 시행을 일반국민에게 공고 또는 고시한 것을 말한다.
4	**토지의 가격이 변동되었다고 인정되는 경우**는 도로, 철도 또는 하천 관련 사업을 제외한 사업으로서 ① 해당 공익사업의 면적이 20만 제곱미터 이상일 것, ② 해당 공익사업지구 안에 있는 표준지공시지가의 평균변동률과 평가대상토지가 소재하는 시 전체의 표준지공시지가 평균변동률과의 차이가 3퍼센트포인트 이상일 것, ③ 해당 공익사업지구 안에 있는 표준지공시지가의 평균변동률이 평가대상토지가 속하는 시·군 또는 구 전체의 표준지공시지가 평균변동률보다 30퍼센트 이상 높거나 낮은 것에 해당되는 경우를 말한다.
4	**지역요인 비교**는 비교표준지가 있는 지역의 표준적인 획지의 최유효이용과 대상토지가 있는 지역의 표준적인 획지의 최유효이용을 판정·비교하여 산정한 격차율을 적용하되, 비교표준지가 있는 지역과 대상토지가 있는 지역의 표준적인 획지의 최유효이용상황은 모두 가격시점을 기준으로 한다.
4	**개별요인 비교**는 비교표준지의 최유효이용과 대상토지의 최유효이용을 판정·비교하여 산정한 격차율을 적용하되, 비교표준지는 공시기준일을 기준으로 하고, 대상토지는 가격시점을 기준으로 한다. 토지보상법 제70조 제1항에서 "그 밖에 해당 토지의 위치, 형성, 환경, 이용상황 등을 참작하여"라고 규정하여 개별요인을 종합적으로 고려하도록 하고 있다.

4	**일반적인 이용방법**이라 함은 토지가 속한 지역에서 인근 토지를 이용하는 사람들의 평균적인 이용방법을 말하며, **평균적인 이용**이라 함은 해당 토지가 통상적으로 이용할 것으로 기대되는 이용방법을 말한다.
2	**주관적 가치**라 함은 개인의 주관적 판단에 따라 재화의 효용을 측정한 가치를 말한다. 이에 반해 **객관적 가치**라 함은 사람의 주관적 의사와는 관계없이 결정되는 재화의 가치를 말한다.
1	**공법상 제한**이라 함은 공익목적을 위하여 공법상 토지 등 재산권에 대해 가해지는 토지 등 재산권의 사용·수익·처분에 대한 제한을 말한다. 그 제한사항은 일반적 제한과 개별적 제한이 있다.
1	**일반적 제한**이란 제한 그 자체로 목적이 완성되고 구체적 사업의 시행이 필요하지 않은 경우를 말한다. 그 예로는 『국토의 계획 및 이용에 관한 법률』에 의한 용도지역, 지구, 구역의 지정, 변경 기타 관계법령에 의한 토지이용계획 제한이 있다.
1	**개별적 제한**이란 그 제한이 구체적 사업의 시행을 필요로 하는 경우를 말한다.
1	**현황평가**란 취득하는 토지에 관한 평가는 가격시점에서의 현실적인 이용상황을 기준으로 하여야 한다는 것을 말한다.
3	**일시적 이용상황**이라 함은 관계법령에 의한 국가 또는 지방자치단체의 계획이나 명령 등에 의하여 해당 토지를 본래의 용도로 이용하는 것이 일시적으로 금지 또는 제한되어 그 본래의 용도 외의 다른 용도로 이용되고 있거나 해당 토지의 주위환경의 사정으로 보아 현재의 이용방법이 임시적인 것을 말한다(시행령 제38조).
3	**무허가건축물 등의 부지**라 함은 『건축법』 등 관계법령에 의하여 허가를 받거나 신고를 하고 건축 또는 용도변경을 하여야 하는 건축물을 허가를 받지 아니하거나 신고를 하지 아니하고 건축 또는 용도변경을 한 건축물의 부지를 말한다(시행규칙 제24조).
3	**토지의 형질변경**이란 절토·성토 또는 정지 등으로 토지의 형상을 변경하는 행위(조성이 완료된 기존 대지 안에서 건축물과 그 밖에 공작물 설치를 위한 토지의 굴착행위는 제외한다)와 공유수면의 매립을 말한다.
3	**주거대책**이라 함은 피수용자가 종전과 같은 주거를 획득하는 것을 보장하는 보상을 말한다. 주거대책으로는 이주정착지의 조성과 분양, 이주정착금 지급, 주거이전비의 보상, 공영주택의 알선, 국민주택자금의 지원 등을 들 수 있다.
3	**이주대책**이란 공익사업의 시행으로 인하여 생활의 근거를 상실하게 되는 자(이하 '이주대책대상자'라 한다)를 종전과 같은 생활상태를 유지할 수 있도록 다른 지역으로 이주시키는 것을 말한다. 이주대책은 이주뿐만 아니라 생계대책이 포함되어야 한다.
3	**실시될 수 있는 이주대책**으로는 집단이주, 특별분양, 아파트수분양권의 부여, 개발제한구역 내 주택건축 허가, 대체상가·점포·건축용지의 분양, 이주정착금 지급, 생활안정지원금 지급, 직업훈련 및 취업알선, 대토알선, 공장이전 알선 등이 있을 수 있다.
3	**생계대책**은 생활대책이라고도 하는데, 종전과 같은 경제수준을 유지할 수 있도록 하는 조치를 말한다. 생계대책으로는 생활비보상(이농비, 이어비 보상), 상업용지·농업용지 등 용지의 공급, 직업훈련, 고용 또는 고용 알선, 고용상담, 보상금에 대한 조세감면조치 등을 들 수 있다.
4	**정신적 손해의 의미** 민법에서는 불법행위에 의한 손해를 재산상·정신상 손해로 나누고 있다. **정신적 손해**란 피해자가 느끼는 고통, 불쾌감 등 정신상태에 발생한 불이익이라고 한다.
2	**현금보상원칙**이란 손실보상은 현금으로 보상하여야 한다는 것으로, 그 취지는 현금의 자유로운 유통이 보장되고 객관적 가치의 변동이 적기 때문에 손실의 완전한 보상을 기하기 위함이다.

2	**채권보상**이라 함은 현금보상의 원칙에 대한 예외로서 채권(債券)으로 하는 손실보상을 말한다. 채권보상(債券補償)을 인정하게 된 것은 토지의 가격이 상당히 높기 때문에 보상을 위한 재정의 부족으로 인하여 공익사업을 수행하는 데 어려움이 있기 때문에 일정한 요건하에서 보상액을 채권으로 보상할 수 있도록 함으로써 공익사업의 원활한 수행을 도모하기 위함이다.
2	**대토보상(代土補償)**은 사업시행자의 손실보상금의 부담을 경감하고, 토지구입 수요를 줄임으로써 인근지역 부동산 가격의 상승을 억제할 수 있으며, 토지소유자가 개발혜택을 일정 부분 공유할 수 있도록 하는 기능을 갖는 제도이다. 대토보상은 현물보상의 하나로 유사토지 구입의 어려움을 해소해 주는 기능도 한다.
2	**개인별 보상원칙**이란 손실보상은 토지소유자나 관계인에게 개인별로 하여야 한다는 원칙을 말한다. 이 원칙은 개인의 권리보호에 있어서 대위주의보다 유용하기 때문에 인정되는 원칙이다. * 대위 : 제삼자가 다른 사람의 법률적 지위를 대신하여 그가 가진 권리를 얻거나 행사하는 일
3	**일괄보상**이란 사업시행자는 동일한 사업지역에 보상시기를 달리하는 동일인 소유의 토지 등이 여러 개 있는 경우 토지소유자 또는 관계인의 요구가 있는 때에는 한꺼번에 보상금을 지급하는 것을 말한다. 이는 보상액을 동시에 일괄지급함으로써 피보상자의 대토 구입을 용이하게 하기 위한 취지이다.

순서	손실보상 특수문제
2	**확장수용(擴張收用)**이라 함은 일정한 사유로 인하여 공익사업에 필요한 토지 이외의 토지를 수용하는 것을 말한다. 그리고 그에 따른 보상을 확장수용보상이라고 한다.
2	**종래목적**이라 함은 수용재결 당시에 해당 잔여지가 현실적으로 사용되고 있는 구체적인 용도를 의미한다.
2	**사용하는 것이 현저히 곤란한 때**라고 함은 물리적으로 사용하는 것이 곤란하게 된 경우는 물론 사회적ㆍ경제적으로 사용하는 것이 곤란하게 된 경우, 즉 절대적으로 이용 불가능한 경우만이 아니라 이용은 가능하나 많은 비용이 소요되는 경우를 포함한다.
3	**협의가 성립되지 아니한 경우**에 잔여지수용청구는 해당 사업의 공사완료일까지 하여야 한다.
3	**불법형질변경토지**란 관계법령에 의하여 허가나 승인을 받고 형질변경하여야 할 토지를 허가나 승인을 받지 아니하고 형질변경한 토지를 말한다.
3	**미지급용지**라 함은 공공사업용지로 이용 중에 있는 토지로서 보상이 완료되지 아니한 토지, 즉 종전에 시행된 공익사업의 부지로서 보상금이 지급되지 아니한 토지를 말한다.
4	**사도법상 사도**는 사도개설의 허가를 얻은 도로를 말한다.
1	**사실상 사도**는 사도법에 의한 사도 외의 도로로서 토지소유자가 자기 토지의 이익증진을 위하여 스스로 개설한 도로로서 도시계획으로 결정된 도로가 아닌 것을 말한다. 이때 자기 토지의 편익을 위하여 토지소유자가 스스로 설치하였는지의 여부는 인접토지의 획지면적, 소유관계, 이용상태 등이나 개설경위, 목적 등에 의하여 객관적으로 판단하여야 한다(대판 1995.6.13, 94누14650).
1	**인근 토지**라 함은 해당 도로부지가 도로로 이용되지 아니하였을 경우에 예상되는 표준적인 이용상황과 유사한 토지로서 해당 토지와 위치상으로 가까운 토지를 말한다.
4	**개간지**라 함은 임야, 하천부지, 도로부지, 공유수면 등의 토지에 대하여 형질변경, 토질, 토양의 증진, 시설, 공작물의 설치 등을 통하여 전, 답 또는 과수원 등의 농경지로 전환ㆍ이용되고 있는 토지를 말한다. 개간비 보상은 잔여지 공사비 등과 함께 실비변상적 보상으로 생활보상을 협의의 개념으로 파악할 때 재산권보상의 성격을 갖는다.
5	**송전선로**란 발전소 상호 간, 변전소 상호 간 또는 발전소와 변전소 간을 연결하는 전선로(통신용으로 전용하는 것은 제외한다)와 이에 속하는 전기설비를 말한다.

5	**지지물용지**는 철탑, 철주, 철근콘크리트주, 목주 또는 이와 유사한 시설물의 지지 또는 보호를 위하여 필요한 토지를 말한다.
5	**송전철탑**은 철골이나 철주를 소재로 한 탑으로서 송전선의 지지물로 사용되는 시설을 말한다.
2	**건축물**이라 함은 기둥과 벽, 지붕 등으로 이루어져 사람의 주거 및 기타 용도로 활용하는 건축물을 말하며 건축물의 부대시설 또는 건축설비 등도 건축물에 포함된다.
2	**무허가건축물**이라 함은 건축법 등 관계법령에 의하여 허가를 받거나 신고를 하고 건축 또는 용도변경을 하여야 하는 건축물을 허가나 신고 없이 건축 또는 용도변경한 건축물을 말한다(시행규칙 제24조).
2	**공작물**이란 손실보상과 관련하여서는 토지에 정착한 인위적인 힘이 가해진 구조물로서 건축물로 볼 수 없는 것으로 정의할 수 있다.
4	**표본추출방식**이란 입목의 수량이 방대하여 이를 낱낱이 세기가 곤란할 때 그 정도에 크게 차질이 없다고 인정되는 범위 안에서 표본을 선정하고, 그 단위면적에 의거하여 산출된 본수를 기준으로 산정하는 방식을 말한다.
4	**묘목**이란 모종으로 옮겨심기 위해 가꾼 어린 나무를 말한다.
4	**입목**은 '땅 위에 서 있는 산 나무'를 뜻한다. 입목의 평가에는 입목의 가치가 토지에 화체되어 일괄평가하는 경우와 별도로 평가하는 경우가 있다. 일반적으로 전자는 자연림의 경우에 해당하고, 후자는 조림된 용재림의 경우에 해당한다.
4	**농작물**이라 함은 농업생산에 의한 작물로서 벼, 보리, 배추, 무 등과 같은 1년생 작물 및 도라지, 작약, 인삼 등 다년생 작물을 포함한다.
4	**농작물보상**이란 농작물을 수확하기 전에 농경지를 수용 또는 사용함으로써 발생하는 손실을 보상하는 것이다.
4	**지하공간**이란 지표면을 경계로 하는 지표면 아래의 지중을 말하며, 그 깊이에 따라 천심도, 중심도, 대심도로 구분가능하다. 통상 지하공간에 대한 논의의 초점은 대심도에 두어져 있어 지하공간의 개념도 대심도를 의미하는 것으로 이해한다.
3	**보상협의회**는 보상업무에 관한 사항을 협의하기 위하여 시·군·구에 설치하는 합의제 행정기관을 말한다.

순서	부동산공시법
3	**부동산가격공시제도**라 함은 공시지가제도와 주택가격공시제도를 말한다.
3	**공시지가제(公示地價制)**라 함은 토지의 적정가격을 국가가 공시하고, 토지의 가격을 기초로 하여 행하는 행정에서 공시한 지가를 지가산정의 기준이 되도록 하는 제도를 말한다.
2	**공시지가**라 함은 국가에 의해 공시된 토지의 가격을 말한다. 공시지가를 넓은 의미로 사용할 때에는 표준지공시지가와 개별공시지가를 포함하지만, 좁은 의미로 사용할 때는 표준지공시지가를 의미한다. 통상 공시지가라 하면 표준지공시지가를 말한다.
1	**표준지공시지가(標準地公示地價)**라 함은 부공법의 규정에 의한 절차에 따라 국토교통부장관이 조사·평가하여 공시한 표준지의 단위면적당 가격을 말한다.
2	**적정가격**이라 함은 해당 토지에 대하여 통상적인 시장에서 정상적인 거래가 이루어지는 경우 성립될 가능성이 가장 높다고 인정되는 가격을 말한다.
1	**이의신청**이라 함은 위법·부당한 행정처분으로 인하여 그 권리·이익이 침해된 자의 청구에 의하여 처분청 자신이 이를 재심사하는 절차를 말한다.

1	**개별공시지가(個別公示地價)**라 함은 시장·군수 또는 구청장이 『개발이익환수에 관한 법률』에 의한 개발부담금의 부과 그 밖에 다른 법령이 정하는 목적을 위한 지가산정에 사용하도록 하기 위하여 매년 공시지가의 공시기준일 현재를 기준으로 결정·공시한 관할구역 안의 개별토지의 단위면적당 가격을 말한다(제11조 제1항).
1	**검증**이라 함은 시장·군수·구청장이 표준지공시지가를 기준으로 토지가격비준표를 사용하여 산정한 지가에 대하여 감정평가업자가 비교표준지의 선정, 토지특성조사의 내용 및 토지가격비준표의 적용 등의 타당성을 검토하여 산정지가의 적정성을 판별하고, 표준지공시지가, 인근 개별공시지가 및 전년도 개별공시지가와 균형 유지, 기타 지가변동률 등을 종합적으로 참작하여 적정한 가격을 제시하는 것을 말한다.
2	**정정제도**란 개별공시지가에 위산, 오기, 표준지의 선정착오 등 명백한 오류가 있는 경우에 이를 직권으로 정정해야 하는 제도를 말하며, 이는 정정에 대한 명시적 규정을 두어 책임문제로 인한 정정회피문제를 해소하고 불필요한 쟁송을 방지하여 행정의 능률화를 도모함에 취지가 있다.
2	**토지가격비준표**란 국토교통부장관이 행정목적상 지가산정을 위하여 필요하다고 인정하는 경우 작성하여 관계 행정기관에 제공하는 것으로서, 표준지와 지가산정대상토지의 지가산정요인에 관한 표준적인 비교표이다.
2	**부동산가격공시위원회**란 부동산평가에 관한 사항 등을 심의하기 위한 필수기관으로서 국토교통부장관 소속하의 중앙부동산가격공시위원회와 시장·군수 또는 구청장 소속하의 시·군·구부동산가격공시위원회가 있다.
4	**표준주택가격**이라 함은 국토교통부장관이 공시법의 규정에 의한 절차에 따라 조사·평가하여 공시한 표준주택의 매년 공시기준일(원칙상 1월 1일) 현재의 적정가격을 말한다.
4	**표준주택**이라 함은 국토교통부장관이 용도지역, 건물구조 등이 일반적으로 유사하다고 인정되는 일단의 단독주택 중에서 선정하는 해당 일단의 단독주택을 대표할 수 있는 주택을 말한다.
4	**개별주택가격**이라 함은 시장·군수 또는 구청장이 매년 표준주택가격의 공시기준일 현재를 기준으로 결정·공시한 관할구역 안의 개별주택의 가격을 말한다.
4	**공동주택가격(표택, 개택과의 차이점 중심)** **공동주택가격**이라 함은 국토교통부장관이 공동주택에 대하여 매년 공시기준일(원칙상 1월 1일) 현재의 적정가격(이하 '공동주택가격'이라 한다)을 조사·산정하고, 중앙부동산가격공시위원회의 심의를 거쳐 공시하는 가격을 말한다. 다만, 국세청장이 국토교통부장관과 협의하여 공동주택가격을 별도로 결정·고시하는 경우를 제외한다.
4	**비주거용 부동산가격**이라 함은 국토교통부장관이 공시법의 규정에 의한 절차에 따라 조사·평가하여 공시한 비주거용 부동산에 대한 매년 공시기준일(원칙상 1월 1일) 현재의 적정가격을 말한다.
4	**비주거용 표준부동산가격**이란 국토교통부장관이 용도지역, 이용상황, 건물구조 등이 일반적으로 유사하다고 인정되는 일단의 비주거용 일반부동산 중에서 선정한 비주거용 표준부동산에 대하여 매년 공시기준일 현재의 적정가격을 조사·산정하고, 중앙부동산가격공시위원회의 심의를 거쳐 이를 공시한 가격을 말한다.
4	**비주거용 개별부동산가격**이란 시장·군수 또는 구청장이 시·군·구부동산가격공시위원회의 심의를 거쳐 매년 비주거용 표준부동산가격의 공시기준일 현재 관할 구역 안의 비주거용 개별부동산의 가격을 결정·공시하는 것을 말한다.
4	**비주거용 집합부동산가격**이란 국토교통부장관이 비주거용 집합부동산에 대하여 매년 공시기준일 현재의 적정가격을 조사·산정하여 중앙부동산가격공시위원회의 심의를 거쳐 공시하는 가격을 말한다.

PART · 04

순서	감정평가 및 감정평가사에 관한 법률
5	**토지평가사제도**는 기준지가의 조사·평가와 기준지가가 고시된 지역 안에서 매수 또는 수용할 토지 기타 권리를 평가하게 하기 위하여 건설부장관(현 국토교통부장관)의 면허를 받은 토지평가사 선발 자격제도를 말한다.
5	**공인감정사제도**는 감정의뢰인이나 일반 국민이 신뢰할 수 있는 감정평가제도 확립의 시대적 요청에 부응하기 위하여 재산의 감정평가에 필요한 사항을 규정하고, 그 경제적 가치를 정확하게 평가하며, 공정거래의 기초를 확립함으로써 국민경제의 발전에 기여함을 목적으로 1973년 제정되었다.
1	**감정평가사**란 타인의 의뢰에 의하여 토지 등의 경제적 가치를 판정하여 그 결과를 가액으로 나타내는 감정평가 업무를 직무로 하는 자를 말한다.
1	**토지 등**이라 함은 토지 및 그 정착물, 동산 그 밖에 대통령령이 정하는 재산과 이들에 관한 소유권 외의 권리를 말한다.
1	**감정평가사 자격등록**이란 감정평가사 자격이 있는 자가 감정평가업무를 하려는 경우에 국토교통부장관에게 등록하는 것을 말한다.
2	**갱신등록**이란 감정평가사자격의 갱신등록은 자격등록을 한 후, 종전 등록의 효과를 유지하기 위하여 5년에 한 번씩 등록을 갱신하는 것을 말한다.
1	**감정평가사에 대한 징계**란 감정평가사가 감평사법이 규정하는 징계사유 중 어느 하나의 사유에 해당하는 경우에 감정평가사징계위원회의 의결에 따라 국토교통부장관에 의해 과해지는 제재를 말한다.
1	**감정평가법인등**이라 함은 감정평가사무소 개설을 한 감정평가사와 인가를 받은 감정평가법인을 말한다.
1	**감정평가업**이라 함은 타인의 의뢰에 의하여 일정한 보수를 받고 토지 등의 감정평가를 업으로 행하는 것을 말한다.
2	**법적 지위**란 법률관계에서 주체 또는 객체로서 갖는 권리와 의무로 나타낸다. 감정평가법인등은 부동산의 감정평가와 관련하여 권리의무·책임의 주체 또는 객체가 된다고 할 것이다.
2	**감정평가권**이란 토지 등의 경제적 가치를 감정평가할 수 있는 권한을 말한다.
2	**손해배상책임**이라 함은 감정평가업자가 타인의 의뢰에 의하여 감정평가를 함에 있어서 고의 또는 과실로 감정평가 당시의 적정가격과 현저한 차이가 있게 감정평가하거나, 감정평가서류에 거짓의 기재를 함으로써 감정평가 의뢰인이나 선의의 제3자에게 손해를 발생하게 한 때에 감정평가법인등이 그 손해를 배상하는 것을 말한다.
2	**과징금**은 행정법상 의무위반 행위로 얻은 경제적 이익을 박탈하기 위한 금전상 제재금을 말한다. 과징금은 의무이행확보수단으로 가해지는 점에서 의무위반에 대한 벌인 과태료와 구별된다.
2	**감정평가법상 과징금**은 계속적인 공적업무수행을 위하여 업무정지처분에 갈음하여 부과되는 것으로 변형된 과징금에 속한다.

감정평가 및 보상법규
미니법전

공익사업을 위한 토지 등의 취득 및 보상에 관한 법률 미니법전

제1장 총칙

제1조(목적)

공익사업 필요한 토지 등 → 협의 또는 수용 취득/사용 + 손실보상 규정

공익사업의 효율적인 수행 + 공공복리의 증진 + 재산권의 적정한 보호를 도모

제2조(정의)

1. "토지 등" : 토지·물건 및 권리
2. "공익사업" : 제4조 해당 사업
3. "사업시행자" : 공익사업 수행하는 자
4. "토지소유자" : 토지의 소유자
5. "관계인" : 토지에 관하여 지상권·지역권·전세권·저당권·사용대차 또는 임대차에 따른 권리 또는 그 밖에 토지에 관한 소유권 외의 권리를 가진 자나 그 토지에 있는 물건에 관하여 소유권이나 그 밖의 권리를 가진 자(다만, 사업인정의 고시 후 권리를 취득한 자는 기존 권리를 승계한 자)
6. "가격시점" : 보상액 산정의 기준일
7. "사업인정" : 공익사업을 토지 등을 수용하거나 사용할 사업으로 결정하는 것

> **시행규칙 제2조(정의)**
> 1. "대상물건" : 평가대상인 토지·물건 및 권리
> 2. "지장물" : 토지에 정착한 건축물·작물·시설·입목·죽목 및 농작물 그 밖의 물건 중에서 해당 공익사업의 수행을 위하여 직접 필요하지 아니한 물건
> 3. "이전비" : 대상물건의 유용성을 동일하게 유지하면서 이를 해당 공익사업시행지구 밖의 지역으로 이전·이설 또는 이식하는 데 소요되는 비용(물건의 해체비, 건축허가에 일반적으로 소요되는 경비를 포함한 건축비와 적정거리까지의 운반비를 포함하며, 「건축법」 등 관계법령에 의하여 요구되는 시설의 개선에 필요한 비용을 제외한다)

관련판례

1. 사인에게 사용수용이 인정될 수 있는가?
   사업주체가 아닌 <u>사업의 공공성과 독점성을 인정할 수 있는가의</u> 여부로써 정해야 한다(대판 1971.10.22, 71다 1716).

2. 토지에 정착한 물건에 대한 소유권 그 밖의 권리를 가지 관계인의 범위
   거래관념상 토지와 별도로 취득 또는 사용의 대상이 되는 정착물에 대한 소유권이나 수거·철거권 등 <u>실질적 처분권을 가진 자도 포함</u>된다(대판 2009.2.12, 2008다76112).

3. 수용제도 본질상의 제한
   수용할 목적물의 범위는 원칙적으로 <u>사업을 위하여 필요한 최소한도</u>에 그쳐야 하므로 그 한도를 넘는 부분은 수용대상이 아니므로 그 부분에 대한 수용은 위법하다(대판 1994.1.11, 93누8108).

제3조(적용 대상) 토지·물건 및 권리

1. 토지 및 이에 관한 소유권 외의 권리
2. 토지와 함께 공익사업을 위하여 필요한 입목(立木), 건물, 그 밖에 토지에 정착된 물건 및 이에 관한 소유권 외의 권리
3. 광업권·어업권·양식업권 또는 물의 사용에 관한 권리
4. 토지에 속한 흙·돌·모래 또는 자갈에 관한 권리

제4조(공익사업)

1. 국방·군사에 관한 사업
2. 관계 법률에 따라 허가·인가·승인·지정 등을 받아 공익을 목적으로 시행하는 철도·도로사업 등
3. 국가나 지방자치단체가 설치하는 청사·공장·연구소 등 공공용 시설에 관한 사업
4. 관계 법률에 따라 허가·인가·승인·지정 등을 받아 공익을 목적으로 시행하는 학교·도서관·박물관 및 미술관 건립에 관한 사업
5. 국가, 지방자치단체, 공공기관, 국가나 지방자치단체가 지정한 자가 임대나 양도의 목적으로 시행하는 주택 건설 또는 택지 및 산업단지 조성에 관한 사업
6. 제1호부터 제5호까지의 사업을 시행하기 위하여 필요한 통로, 교량, 전선로, 재료 적치장 또는 그 밖의 부속시설에 관한 사업
7. 제1호부터 제5호까지의 사업을 시행하기 위하여 필요한 주택, 공장 등의 이주단지 조성에 관한 사업
8. 별표에 규정된 사업

제4조의2(토지 등의 수용·사용에 관한 특례의 제한)

① 보상법에 따라서만 수용·사용 가능

② 별표는 다른 법률로 개정할 수 없다.

③ 국토교통부장관은 별표 규정사업의 공공성, 수용의 필요성 등을 5년마다 재검토하여 폐지, 변경 또는 유지 등을 위한 조치를 하여야 한다.

제4조의3(공익사업 신설 등에 대한 개선요구 등)

중앙중토위는 공익사업의 신설, 변경 및 폐지 등을 관계 중앙행정기관의 장에게 개선 요구 및 의견 제출을 할 수 있다(정당한 사유 없는 한 이를 반영해야 함).

제5조(권리 · 의무 등의 승계)

사업시행자, 토지소유자 및 관계인의 권리 · 의무 승계

제6조(기간의 계산방법 등)

기간의 계산방법은 「민법」에 따름.
통지(서면원칙 단, 장해물제거 통지는 말로 할 수 있음) 및 서류의 송달(교부 및 특별송달(배달결과를 발송인에게 통지))

제7조(대리인)

사업인정의 신청, 재결(裁決)의 신청, 의견서 제출 시 변호사 등 대리인(대리인은 서면으로 그 권한을 증명) 선정 가능

제8조(서류의 발급신청)

사업시행자는 필요한 서류의 발급을 국가나 지방자치단체에 신청
국가, 지방자치단체는 해당 서류를 발급

제2장 공익사업의 준비

제9조(사업 준비를 위한 출입의 허가 등)

① 사업시행자는 공익사업 준비 위해 타인토지에 출입/측량/조사 가능

② 특별자치도지사, 시장 · 군수 또는 구청장(이하 '도시군구') 허가필요(국가, 지방자치단체는 허가 불요)

③ 사업시행자, 사업의 종류와 출입할 토지의 구역 및 기간을 공고하고 토지점유자에게 통지

④ 사업시행자는 측량 · 조사함으로써 발생하는 손실을 보상

⑤ 손실이 있음을 안 날부터 1년/손실이 발생한 날부터 3년이 지난 후에는 청구할 수 없다.

⑥ 사업시행자와 손실을 입은 자가 협의/결정

⑦ 협의 불성립 시 사업시행자 및 손실을 입은 자는 토지수용위원회에 재결 신청 가능

제10조(출입의 통지)

① 출입하려는 날의 5일 전까지 그 일시 및 장소를 특별자치도지사, 시장·군수 또는 구청장에게 통지

② 도시군구는 출입내용을 공고하고 그 토지점유자에게 통지

③ 해가 뜨기 전이나 해가 진 후에는 토지점유자의 승낙 없이 그 주거나 경계표·담 등으로 둘러싸인 토지에 출입할 수 없다.

제11조(토지점유자의 인용의무)

정당한 사유 없이 출입·측량 또는 조사 방해 못한다.

제12조(장해물 제거 등)

①② 측량 또는 조사 시 + 장해물 제거 필요시에는 소유자 및 점유자 동의 필요 → 미동의 시는 도시군구 허가받고(허가 시 소유자 및 점유자의 의견청취) 제거(도시군구는 허가불요)

③ 장해물 제거 등을 하려는 날의 3일 전까지 그 소유자 및 점유자에게 통지(구두로도 가능)

④ 장해물 제거함으로써 발생하는 손실 보상

⑤ 제9조 제5항부터 제7항까지 준용

제13조(증표 등의 휴대)

타인토지 출입 및 장해물 제거 시 허가증 휴대 + 소유자 및 점유자, 그 밖의 이해관계인에게 보여줘야 한다.

제3장 협의에 의한 취득 또는 사용

제14조(토지조서 및 물건조서의 작성)

사업시행자는 지적도 또는 임야도에 대상 물건인 토지를 표시한 용지도(用地圖)를 기본으로 하여 토지조서와 물건조서 작성하고 토지소유자 관계인의 서명/날인을 받아야 한다.

(정당한 사유 없이 서명 또는 날인을 거부, 토지소유자 및 관계인을 알 수 없거나 그 주소·거소를 알 수 없는 등의 사유로 서명 또는 날인을 받을 수 없는 경우에는 사유를 기재)

제15조(보상계획의 열람 등)

①② 보상계획(보상의 시기·방법 및 절차, 토지물건조서 등)을 일간신문에 공고(토지소유자와 관계인이 20인 이하인 경우에는 공고생략 가능) + 토지소유자 및 관계인에게 각각 통지 + 일반인이 14일 이상 열람할 수 있도록 함

③ 조서에 이의(異議)가 있는 토지소유자 또는 관계인은 열람기간 내에 사업시행자에게 이의제기 가능. 다만, 사업시행자가 고의 또는 과실로 소유자 등에게 미통지한 경우에는 제16조에 따른 협의 완료 전까지 이의제기 가능

④ 사업시행자는 이의를 부기(附記)하고 그 이의가 이유 있다고 인정할 때에는 적절한 조치를 하여야 함

제16조(협의)

성실하게 협의(특별한 사유가 없으면 30일 이상)

관련판례

> 사업인정 전 협의의 법적 성질 및 협의취득과 정당보상 :
> 협의취득 또는 보상합의는 공공기관이 사경제주체로서 행하는 사법상 매매 내지 사법상 계약의 실질을 가지므로 당사자 간의 합의로 같은 법 소정의 손실보상의 기준에 의하지 아니한 매매대금을 정할 수도 있으며 … (대판 2000.8.22, 98다60422)

제17조(계약의 체결)

협의성립 시 계약 체결(계약의 해지 또는 변경에 관한 사항/보상액의 환수 및 원상복구 등에 관한 사항 포함)

제18조 삭제

제4장 수용에 의한 취득 또는 사용

제1절 수용 또는 사용의 절차

제19조(토지 등의 수용 또는 사용)

① 이 법에서 정하는 바에 따라 토지 등을 수용/사용할 수 있다.

② 공익사업에 수용되거나 사용되고 있는 토지 등은 특별히 필요한 경우가 아니면 다른 공익사업을 위하여 수용하거나 사용할 수 없다.

관련판례

공물의 수용가능성

① 지방문화재로 지정된 토지가 수용의 대상이 될 수 없다고 볼 수는 없다(대판 1996.4.26, 95누13241). ② 공익사업의 시행자가 구 국유림의 경영 및 관리에 관한 법률이 정한 요존국유림을 철도사업 등 공익사업을 위한 토지 등의 취득 및 보상에 관한 법률에 의한 공익사업에 사용할 필요가 있는 경우, <u>구 국유림의 경영 및 관리에 관한 법률에서 정하는 절차와 방법에 따르지 아니한 채</u>, 공익사업을 위한 토지 등의 취득 및 보상에 관한 법률에 따른 재결을 통해 요존국유림의 <u>소유권이나 사용권을 취득할 수 없다</u>(대판 2018.11.29, 2018두51904).

제20조(사업인정)

사업시행자는 토지 등을 수용/사용하려면 국토교통부장관으로부터 사업인정을 받아야 한다.

관련판례

1. **사업인정의 법적 성질**
   (1) **처분성(형성처분)**
      사업인정은 <u>수용권을 설정해 주는 행정처분</u>으로서, 이에 따라 <u>수용할 목적물의 범위가 확정되고, 수용권자가 목적물에 대한 현재 및 장래의 권리자에게 대항할 수 있는 공법상 권한</u>이 생긴다(대판 2019.12.12, 2019두47629).

   (2) **재량행위성**
      해당 사업이 비록 토지를 수용할 수 있는 사업에 해당된다 하더라도 행정청으로서는 그 사업이 공용수용을 할 만한 <u>공익성이 있는지의 여부를 모든 사정을 참작하여 구체적으로 판단</u>하여야 하는 것이므로 사업인정의 여부는 <u>행정청의 재량</u>에 속한다(대판 1992.11.13, 92누596).

2. **사업인정의 요건[공공성(사업자 입증책임) 및 사업자의 의사와 능력]**
   ① 해당 사업이 외형상 토지 등을 수용 또는 사용할 수 있는 사업에 해당한다고 하더라도 사업인정기관으로서는 그 사업이 공용수용을 할 만한 공익성이 있는지의 여부와 공익성이 있는 경우에도 그 사업의 내용과 방법에 관하여 <u>사업인정에 관련된 자들의 이익을 공익과 사익 사이에서는 물론, 공익 상호 간 및 사익 상호 간에도 정당하게 비교·교량</u>하여야 하고, 그 비교·교량은 비례의 원칙에 적합하도록 하여야 한다.
   ② 그뿐만 아니라 해당 공익사업을 수행하여 공익을 실현할 의사나 능력이 없는 자에게 타인의 재산권을 공권력적·강제적으로 박탈할 수 있는 수용권을 설정하여 줄 수는 없으므로, 사업시행자에게 해당 <u>공익사업을 수행할 의사와 능력이 있어야 한다</u>는 것도 사업인정의 한 요건이라고 보아야 한다(대판 2019. 2.28, 2017두71031; 대판 2011.1.27, 2009두1051).
   ③ 공공필요성은 수용에 따른 상대방의 재산권침해를 정당화할 만한 공익의 존재가 쌍방의 이익의 비교형량의 결과로 입증되어야 하며, 그 <u>입증책임은 사업시행자에게 있다</u>(대판 2005.11.10, 2003두7507).

3. **사업인정의 효력**
   사업인정은 <u>수용권을 설정해 주는 행정처분</u>으로서, 이에 따라 <u>수용할 목적물의 범위가 확정되고, 수용권자가 목적물에 대한 현재 및 장래의 권리자에게 대항할 수 있는 공법상 권한</u>이 생긴다(대판 2019.12.12, 2019두47629).

4. 사업인정과 재결의 하자승계

① <u>사업인정에 있어서 이해관계자의 의견을 듣지 아니하였거나, 토지소유자에 대한 통지를 하지 아니하였거나 토지세목의 고시를 누락한 절차상의 위법은 취소사유에 불과하고 사업인정 자체가 당연무효라고 할 수 없고, 이러한 하자는 수용재결의 선행처분인 사업인정단계에서 다투어야 할 것이므로 쟁송기간이 도과한 이후에 위와 같은 하자를 이유로 <u>수용재결의 취소를 구할 수 없다</u>(대판 2000.10.13, 2000두5142; 대판 1988.12.27, 87누1141; 대판 1993.6.29, 91누2342).

② <u>실시계획의 인가 요건을 갖추지 못한 인가처분</u>은 공공성을 가지는 도시계획시설사업의 시행을 위하여 필요한 수용 등의 특별한 권한을 부여하는 데 정당성을 갖추지 못한 것으로서 법규의 중요한 부분을 위반한 <u>중대한 하자</u>가 있다(대판 2015.3.20, 2011두3746). 이에 기초한 <u>재결의 무효를 주장</u>할 수 있다.

제21조(협의 및 의견청취 등)

① 국토교통부장관은 관계 중앙행정기관의 장 및 시·도지사 및 중토위와 협의 + 사업인정에 이해관계가 있는 자의 의견청취

② 의제사업도 중토위와 협의 + 이해관계가 있는 자의 의견청취

③ 중토위는 사업인정에 이해관계가 있는 자에 대한 의견 수렴 절차 이행 여부, 허가·인가·승인 대상 사업의 공공성, 수용의 필요성, 해당 공익사업이 근거 법률의 목적, 상위 계획 및 시행 절차 등에 부합하는지 여부와 사업시행자의 재원 및 해당 공익사업의 근거 법률에 따른 법적 지위 확보 등 사업수행능력 여부를 검토

⑤ 중토위는 30일 이내에 의견제시(한 차례 30일 범위에서 그 기간 연장 가능)

⑦ 중토위가 제5항에서 정한 기간 내에 의견을 제시하지 아니하는 경우에는 협의가 완료된 것으로 본다.

제22조(사업인정의 고시)

사업인정 시 토지소유자 및 관계인, 관계 시·도지사에게 통지 + 사업시행자의 성명이나 명칭, 사업의 종류, 사업지역 및 수용하거나 사용할 토지의 세목을 관보에 고시(고시한 날부터 효력 발생)

제23조(사업인정의 실효)

사업인정의 고시일부터 1년 이내에 재결 미신청 시 사업인정고시일부터 1년이 되는 날의 다음 날에 사업인정은 그 효력을 상실 + 실효로 인한 손실보상에 관하여는 제9조 제5항부터 제7항까지의 규정 준용

제24조(사업의 폐지 및 변경)

① 사업인정고시가 된 후 사업의 전부 또는 일부를 폐지/변경함으로 토지 등의 전부 또는 일부를 수용하거나 사용할 필요가 없게 되었을 때에는 시·도지사에게 신고하고, 토지소유자 및 관계인에게 이를 통지하여야 한다.

②④ 시·도지사는 폐지되거나 변경된 내용을 관보 고시(고시일부터 효력 상실) + 국토교통부장관
  에게 보고
⑥ 고시가 된 날부터 그 고시된 내용에 따라 사업인정의 전부 또는 일부는 그 효력을 상실한다.
⑦ 사업의 전부 또는 일부를 폐지·변경함으로 인하여 토지소유자 또는 관계인이 입은 손실을 보상
⑧ 제9조 제5항부터 제7항까지의 규정 준용

제24조의2(사업의 완료)

사업이 완료 시 지체 없이 사업시행자의 성명이나 명칭, 사업의 종류, 사업지역, 사업인정고시일
및 취득한 토지의 세목을 사업지역을 관할하는 시·도지사에게 신고 + 시·도지사는 관보에 고시
하여야 한다.

제25조(토지 등의 보전)

① 사업인정고시가 된 후에는 누구든지 형질 변경 × + 물건을 손괴/수거 ×
② 건축물의 건축·대수선, 공작물(工作物)의 설치 또는 물건의 부가(附加)·증치(增置)는 도시군
  구 허가가 필요함. 이 경우 미리 사업시행자의 의견을 들어야 한다.
③ 허가 없이 하는 경우 원상회복해야 하고 손실보상 ×

제26조(협의 등 절차의 준용)

사업인정 이전에 협의성립되지 않고 사업인정을 받은 사업으로서 토지/물건조서의 내용에 변동이
없을 때에는 협의생략 가능(다만, 사업시행자나 토지소유자 및 관계인이 제16조에 따른 협의를 요
구할 때에는 협의하여야 한다)

제27조(토지 및 물건에 관한 조사권 등)

① 사업인정 후에는 허가 없이 타인토지나 물건에 출입하여 측량 조사 가능(출입하려는 날의 5일
  전까지 그 일시 및 장소를 토지점유자에게 통지)
③ 토지조서 및 물건조서의 내용에 대하여 이의를 제기할 수 없다(조서의 내용이 진실과 다른 경우
  는 가능).
④⑤ 측량·조사함으로써 발생하는 손실보상에 관하여는 제9조 제5항부터 제7항까지의 규정 준용

제28조(재결의 신청)

협의불성립 시 사업시행자는 사업인정고시가 된 날부터 1년 이내에 토수위에 재결 신청

제29조(협의성립의 확인)

① 협의성립 시 사업시행자는 재결 신청기간 이내에 해당 토지소유자 및 관계인의 동의를 받아 토
  수위에 협의성립의 확인을 신청할 수 있다.

③ 「공증인법」에 따른 공증을 받아 제1항에 따른 협의성립의 확인을 신청하였을 때에는 관할 토수위가 이를 수리함으로써 협의성립이 확인된 것으로 본다.

④ 확인은 이 법에 따른 재결로 보며, 사업시행자, 토지소유자 및 관계인은 그 확인된 협의의 성립이나 내용을 다툴 수 없다.

관련판례

협의성립확인 시 진정한 소유자의 동의 :
공익사업을 위한 토지 등의 취득 및 보상에 관한 법률 제29조 제3항에 따른 협의성립의 확인 신청에 필요한 동의의 주체인 토지소유자는 협의 대상이 되는 '토지의 진정한 소유자'를 의미한다(대판 2018.12.13, 2016두51719).

제30조(재결 신청의 청구)

① 협의불성립 시 서면으로 사업시행자에게 재결을 신청할 것을 청구(직접 제출 또는 등기우편)

② 사업시행자는 청구를 받은 날부터 60일 이내에 관할 토수위에 재결을 신청하여야 한다.

③ 60일을 넘겨서 재결을 신청하였을 때에는 그 지연된 기간에 대하여 「소송촉진 등에 관한 특례법」 제3조에 따른 법정이율을 적용하여 산정한 금액을 관할 토수위에서 재결한 보상금에 가산(加算)하여 지급하여야 한다.

관련판례

1. 재결신청청구권의 취지 및 사업시행자에게만 재결신청권을 부여한 타당성
   토지수용법이 제25조의3의 각 항으로 토지소유자 및 관계인에게 재결 신청의 청구권을 부여한 이유는, 시행자는 사업인정의 고시 후 1년 이내(재개발사업은 그 사업의 시행기간 내)에는 언제든지 재결을 신청할 수 있는 반면에 토지소유자 및 관계인은 재결신청권이 없으므로, 수용을 둘러싼 법률관계의 조속한 확정을 바라는 토지소유자 및 관계인의 이익을 보호하고 수용 당사자 간의 공평을 기하기 위한 것이다(대판 1997.10.24, 97다31175). 같은 법 제25조의3 제3항의 가산금 제도의 취지는 위 청구권의 실효를 확보하자는 것이다(대판 1993.8.27, 93누9064).

2. 재결신청청구 기간
   ① 수용에 관한 협의기간이 정하여져 있더라도 협의의 성립가능성 없음이 명백해졌을 때와 같은 경우에는 굳이 협의기간이 종료될 때까지 기다리게 하여야 할 필요성도 없는 것이므로 협의기간 종료 전이라도 기업자나 그 업무대행자에 대하여 재결신청의 청구를 할 수 있는 것으로 보아야 하며, 다만 그와 같은 경우 토지수용법 제25조의3 제2항에 의한 2월의 기간은 협의기간 만료일로부터 기산하여야 한다(대판 1993.7.13, 93누2902).
   ② 도시계획사업 시행자가 사업실시계획인가 고시 후 상당기간이 경과하도록 협의대상 토지소유자에게 협의기간을 통지하지 않았다면 토지소유자로서는 토지수용법 제25조의3 제1항에 따라 재결신청의 청구를 할 수 있다고 판시한 바 있다(대판 1993.8.27, 93누9064).
   ③ 사업시행자가 보상협의요청서에 기재한 협의기간이 종료하기 전에 토지소유자 및 관계인이 재결신청의 청구를 하였으나 사업시행자가 협의기간이 종료하기 전에 협의기간을 연장한 경우, 구 공익사업을 위한 토지 등의 취득 및 보상에 관한 법률 제30조 제2항에서 정한 60일 기간의 기산 시기는 당초의 협의기간 만료일이다(대판 2012.12.27, 2010두9457).

3. 재결신청청구 거부 및 부작위에 대한 권리구제
   (1) 사업시행자가 재결신청을 거부하거나 부작위 시 소송을 통한 이행가능성(적극)

   토지의 소유자가 토지상의 지장물에 대하여 재결신청을 청구하였으나, 그중 일부에 대해서는 사업시행자가 손실보상대상에 해당하지 않아 재결신청대상이 아니라는 이유로 수용재결신청을 거부하면서 보상협의를 하지 않은 사안에서, 사업시행자가 수용재결신청을 거부하거나 보상협의를 하지 않으면서도 아무런 조치를 취하지 않은 것은 공익사업을 위한 토지 등의 취득 및 보상에 관한 법률에서 정한 재결신청청구 제도의 취지에 반하여 위법하다(대판 2011.7.14, 2011두2309 [보상제외처분취소등]).

   (2) 재결신청청구 거부처분의 처분성 부정(대판 2014.7.10, 2012두22966)

   문화재청장이 토지조서 및 물건조서를 작성하는 등 위 토지에 대하여 구 공익사업법에 따른 수용절차를 개시한 바 없으므로, 갑에게 문화재청장으로 하여금 관할 토지수용위원회에 재결을 신청할 것을 청구할 법규상의 신청권이 인정된다고 할 수 없어, 위 회신은 항고소송의 대상이 되는 거부처분에 해당하지 않는다.

   (3) 재결신청청구 신청기한(대판 2019.8.29, 2018두57865)

   한국수자원공사가 한국수자원공사법에 따른 사업을 수행하기 위하여 토지 등을 수용 또는 사용하고자 하는 경우에 재결신청은 실시계획을 승인할 때 정한 사업의 시행기간 내에 하여야 하므로, 토지소유자나 관계인이 토지보상법 제30조에 의하여 한국수자원공사에 하는 재결신청의 청구도 위 사업시행기간 내에 하여야 한다고 봄이 타당하다(대판 1996.4.23, 95누15551 참조).
   → 재결신청청구 기한이 지난 경우에 재결신청을 한다면 기각사유이며, 이에 대한 판단은 재결신청에 대한 요건판단이므로 본안심사에 따라 기각판결을 해야 한다.

4. 재결신청 지연가산금 다툼
   (1) 지연가산금에 대한 다툼 수단

   토지보상법에서는 지연가산금은 토지수용위원회가 재결서에 기재하여야 하며 수용보상금과 함께 수용재결로 정하도록 규정하고 있으므로, 지연가산금에 대한 불복은 수용보상금의 증액에 관한 소에 의하여야 한다(대판 1997.10.24, 97다31175).

   (2) 가산금 산정 기산일(지연가산금과 구별해야 함, 소송지연에 따른 법정 가산금임)

   수용재결에서 인정된 가산금에 관하여 재결서 정본을 받은 날부터 판결일까지의 기간에 대하여 소송촉진 등에 관한 특례법 제3조에 따른 법정이율을 적용하여 산정한 가산금을 지급할 의무가 있다고 본 원심판단을 수긍한 사례(대판 2019.1.17, 2018두54675)

   (3) 재결실효 후 재신청의 경우

   재결실효 후 60일 내에 재결신청을 하지 않았으나 재결신청을 지연하였다고 볼 수 없는 특별한 사정이 있는 경우에는 해당 기간 지연가산금이 발생하지 않는다. 재결실효 후 토지소유자 등과 사업시행자가 보상협의절차를 다시 하기로 합의한 데 따라 협의가 진행된 기간이 그와 같은 경우에 속한다(대판 2017.4.7, 2016두63361).

제31조(열람)

토수위는 재결신청서를 접수하였을 때에는 지체 없이 이를 공고하고, 공고한 날부터 14일 이상 관계 서류의 사본을 일반인이 열람할 수 있도록 하여야 한다 + 열람기간 중에 토지소유자 또는 관계인은 의견을 제시할 수 있다.

제32조(심리)

열람기간 후 지체 없이 심리 + 필요 시 사업시행자, 토지소유자 및 관계인을 출석시켜 그 의견을 진술하게 할 수 있다.

제33조(화해의 권고)

① 재결 전에 화해 권고 가능
②③ 화해 성립 시 화해조서 작성 + 서명/날인(서명 또는 날인이 된 경우에는 당사자 간에 화해조서와 동일한 내용의 합의가 성립된 것으로 본다)

제34조(재결)

재결서에는 주문 및 그 이유와 재결일을 적고, 위원장 및 회의 참석 위원 기명날인 후 그 정본을 사업시행자, 토지소유자 및 관계인에게 송달하여야 한다.

관련판례

1. 재결의 법적 성질(형성행위 및 기속행위)
   ① 수용재결은 일정한 법률효과의 발생을 목적으로 하는 행정처분이므로 수용재결처분이 무효인 경우에는 재결 자체에 대한 무효확인을 소구할 수 있다(대판 1993.4.27, 92누15789).
   ② 토지수용위원회는 행정쟁송에 의하여 사업인정이 취소되지 않는 한 그 기능상 사업인정 자체를 무의미하게 하는, 즉 사업의 시행이 불가능하게 되는 것과 같은 재결을 행할 수는 없다(대판 1994.11.11, 93누19375).

2. 재결신청의 요건
   ① 사업시행자와 토지소유자 및 관계인 사이의 협의 불성립은 재결신청의 요건이다. 사업시행자와 토지소유자 및 관계인과 적극적으로 협의가 이루어지지 아니한 경우는 물론이고, 사업시행자의 과실 없이 토지소유자 등을 알 수 없는 때, 또는 토지소유자 등은 알더라도 주소를 알 수 없는 때에는 그들과 협의를 하지 아니하고 재결을 신청할 수 있다(대판 1971.5.24, 70다1459).
   ② 또한 토지소유자 등이 손실보상대상에 해당한다고 주장하며 보상을 요구하는데도 사업시행자가 손실보상대상에 해당하지 아니한다며 보상대상에서 이를 제외한 채 협의를 하지 않아 결국 협의가 성립하지 않은 경우도 포함된다고 보아야 한다(대판 2011.7.14, 2011두2309).

3. 재결의 효력
   수용의 효과는 수용목적물의 소유자가 누구임을 막론하고 이미 가졌던 소유권이 소멸함과 동시에 기업자가 완전하고 확실하게 그 권리를 취득한다(대판 1971.6.22, 71다873).

4. 재결서의 구체성
   관할 토지수용위원회가 토지에 관하여 사용재결을 하는 경우, 재결서에 사용할 토지의 위치와 면적, 권리자, 손실보상액, 사용 개시일 외에 사용방법, 사용기간을 구체적으로 특정하여야 하는지 여부(적극)
   공익사업을 위한 토지 등의 취득 및 보상에 관한 법령이 재결을 서면으로 하도록 하고, '사용할 토지의 구역, 사용의 방법과 기간'을 재결사항의 하나로 규정한 취지는, 재결에 의하여 설정되는 사용권의 내용을 구체적으로 특정함으로써 재결 내용의 명확성을 확보하고 재결로 인하여 제한받는 권리의 구체적인 내용이나 범위 등에 관한 다툼을 방지하기 위한 것이다. 따라서 관할 토지수용위원회가 토지에 관하여 사용재결을 하는 경우에는

재결서에 사용할 토지의 위치와 면적, 권리자, 손실보상액, 사용 개시일 외에도 사용방법, 사용기간을 구체적으로 특정하여야 한다(대판 2019.6.13, 2018두42641).

5. 수용권 남용

공용수용은 헌법상의 재산권 보장의 요청상 불가피한 최소한에 그쳐야 한다는 헌법 제23조의 근본취지에 비추어 볼 때, 사업시행자가 사업인정을 받은 후 그 사업이 공용수용을 할 만한 공익성을 상실하거나 사업인정에 관련된 자들의 이익이 현저히 비례의 원칙에 어긋나게 된 경우 또는 사업시행자가 해당 공익사업을 수행할 의사나 능력을 상실하였음에도 여전히 그 사업인정에 기하여 수용권을 행사하는 것은 수용권의 공익목적에 반하는 수용권의 남용에 해당하여 허용되지 않는다(대판 2011.1.27, 2009두1051).

6. 권한남용금지의 원칙

사업시행자가 사업인정을 받은 후 그 사업이 공용수용을 할 만한 공익성을 상실하거나 사업인정에 관련된 자들의 이익이 현저히 비례의 원칙에 어긋나게 된 경우 또는 사업시행자가 해당 공익사업을 수행할 의사나 능력을 상실하였음에도 여전히 그 사업인정에 기하여 수용권을 행사하는 것은 수용권의 공익목적에 반하는 수용권의 남용에 해당하여 허용되지 않는다(대판 2011.1.27, 2009두1051).

7. 하자 있는 조서가 재결에 미치는 효력(= 조서의 하자가 재결의 독자적 위법사유인지)

토지수용을 함에 있어 토지소유자 등에게 입회를 요구하지 아니하고 작성한 토지조서는 절차상의 하자를 지니게 되는 것으로서 토지조서로서의 효력이 부인되어 조서의 기재에 대한 증명력에 관하여 추정력이 인정되지 아니하는 것일 뿐, 토지조서의 작성에 하자가 있다 하여 그것이 곧 수용재결이나 그에 대한 이의재결의 효력에 영향을 미치는 것은 아니라 할 것이므로 토지조서에 실제 현황에 관한 기재가 되어 있지 아니하다거나 실측평면도가 첨부되어 있지 아니하다거나 토지소유자의 입회나 서명날인이 없었다든지 하는 사유만으로는 이의재결이 위법하다 하여 그 취소를 구할 사유로 삼을 수 없다(대판 1993.9.10, 93누5543; 대판 1993.8.13, 93누2148).

8. 수용재결 후 임의계약(협의)이 가능한지 여부

사업자가 수용재결에 따른 보상금을 지급 공탁하지 않아서 실효되었더라도 재결신청 기간 내라면 다시 재결신청을 할 수 있고, 보상금에 대한 이의신청이나 소송 절차에서 사업시행자와 보상금액에 관하여 임의로 합의할 수 있는 점, 공익사업의 효율적인 수행을 통하여 공공복리를 증진시키고, 재산권을 적정하게 보호하려는 토지보상법의 입법 목적(제1조)에 비추어 보면 토지수용위원회의 수용재결이 있은 후라고 하더라도 토지소유자 등과 사업시행자가 다시 협의하여 토지 등의 취득이나 사용 및 그에 대한 보상에 관하여 임의로 계약을 체결할 수 있다고 보아야 한다(대판 2017.4.13, 2016두64241).

제35조(재결기간)

심리개시일부터 14일 이내(14일의 범위에서 한 차례만 연장)

제36조(재결의 경정)

계산상 또는 기재상의 잘못이 명백 시 토수위는 직권으로 또는 당사자의 신청에 의하여 경정재결

제37조(재결의 유탈)

토수위가 신청의 일부에 대한 재결을 빠뜨린 경우에 그 빠뜨린 부분의 신청은 계속하여 그 토수위에 계속(係屬)된다.

제38조(천재지변 시의 토지의 사용)

천재지변이나 그 밖의 사변(事變)으로 인하여 공공의 안전 유지를 위한 공익사업의 긴급한 시행이 필요한 경우에는 시·군·구청장의 허가를 받아(사용구역, 방법 및 기간) 즉시 타인토지를 사용할 수 있다(사용기간 6개월 한도) + 토지소유자 및 점유자에게 통지 + 토지를 사용함으로써 발생하는 손실보상에 관하여는 제9조 제5항부터 제7항까지의 규정 준용한다.

제39조(시급한 토지 사용에 대한 허가)

① 재결신청을 받은 토수위는 그 재결을 기다려서는 재해방지 곤란 + 그 밖에 공공의 이익 현저한 지장을 줄 우려가 있다고 인정할 때 + 사업시행자의 신청을 받아 담보(금전 또는 유가증권)를 제공하게 한 후 즉시 해당 토지의 사용을 허가 가능(다만, 국가나 지방자치단체가 사업시행자인 경우에는 담보를 제공하지 아니할 수 있다)
②③ 토지의 사용기간은 6개월 한도 + 토지소유자 및 점유자에게 통지

제2절 수용 또는 사용의 효과

제40조(보상금의 지급 또는 공탁)

① 수용/사용 개시일까지 보상금을 지급하여야 한다.
② 토지소재지 공탁소에 공탁 가능
  1. 보상금을 받을 자가 그 수령을 거부하거나 보상금을 수령할 수 없을 때
  2. 사업시행자의 과실 없이 보상금을 받을 자를 알 수 없을 때
  3. 관할 토수위가 재결한 보상금에 대하여 사업시행자가 불복할 때(보상금을 받을 자에게 자기가 산정한 보상금을 지급하고 그 금액과 토수위가 재결한 보상금과의 차액(差額)을 공탁하여야 한다. 이 경우 보상금을 받을 자는 그 불복의 절차가 종결될 때까지 공탁된 보상금을 수령할 수 없다)
  4. 압류나 가압류에 의하여 보상금의 지급이 금지되었을 때 토지 등의 소재지의 공탁소에 보상금을 공탁
④ 사업시행자는 제2항 제3호의 경우 보상금을 받을 자에게 자기가 산정한 보상금을 지급하고 그 금액과 토지수용위원회가 재결한 보상금과의 차액(差額)을 공탁하여야 한다. 이 경우 보상금을 받을 자는 그 불복의 절차가 종결될 때까지 공탁된 보상금을 수령할 수 없다.

관련판례

1. 보상금 공탁의 성질
  "기업자가 토지수용법 제61조 제2항 제1호에 따라서 토지수용위원회가 재결한 토지수용보상금을 공탁하는 경우, 그 공탁금은 기업자가 토지의 수용에 따라 토지소유자에 대하여 부담하게 되는 보상금의 지급의무를 이행하기 위한 것으로서 민법 제487조에 의한 변제공탁과 다를 바 없다."

2. 공탁(이의유보)

(1) 쟁송제기를 묵시적 이의유보로 보지 않은 경우

기업자가 토지수용위원회가 재결한 토지수용보상금을 공탁한 경우에 토지소유자가 그 공탁에 대하여 아무런 이의를 유보하지 아니한 채 이를 수령한 때에는 종전의 수령거절의사를 철회하고 재결에 승복하여 공탁의 취지에 따라 보상금 전액을 수령한 것으로 볼 것이고 공탁금 수령 당시 단순히 그 공탁의 취지에 반하는 소송이나 이의신청을 하고 있다는 사실만으로는 그 공탁물수령에 관한 이의를 유보한 것과 같이 볼 수 없다(대판 1990.10.23, 90누6125).

(2) 쟁송제기를 묵시적 이의유보로 본 경우(대판 2009.11.12, 2006두15462)

甲이 이의재결에 따라 증액된 보상금을 수령할 당시

① 보상액수를 다투어 행정소송을 제기하고 상당한 감정비용을 예납하여 시가감정을 신청한 점

② 甲이 수령한 증액보상금은 청구금액의 1/4에도 미치지 못하는 금액인 점에 비추어

③ 甲이 소장에 기재한 청구금액에도 훨씬 못 미치는 이의재결의 증액분을 수령한 것이 보상금액에 대한 다툼을 종결하려는 의사가 아니라는 점을 사업시행자도 충분히 인식하였거나 인식할 수 있었다고 봄이 상당하다.

④ 따라서 이의재결의 증액보상액에 대하여는 소송을 통해 확정될 정당한 수용보상금의 일부로 수령한다는 묵시적인 의사표시의 유보가 있었다고 볼 수 있다.

제41조(시급한 토지 사용에 대한 보상)

① 재결 전에 토지소유자나 관계인이 청구할 때에는 사업시행자는 자기가 산정한 보상금을 토지소유자나 관계인에게 지급하여야 한다.

② 토지소유자나 관계인은 사업시행자가 토수위의 재결에 따른 보상금의 지급시기까지 보상금을 지급하지 아니하면 제39조에 따라 제공된 담보의 전부 또는 일부를 취득한다.

제42조(재결의 실효)

수용/사용 개시일까지 보상금 미지급/미공탁 시 재결 효력 상실 + 손실보상에 관하여는 제9조 제5항부터 제7항까지의 규정 준용

관련판례

재결의 실효(보상금 지급, 공탁을 안한 경우)

① 수용시기까지 보상금의 지급이나 적법한 공탁이 없었다면 수용재결은 토지수용법 제65조에서 말하는 기업자가 수용시기까지 재결보상금을 지급 또는 공탁하지 아니한 때에 해당하여 그 효력을 상실하였다고 할 것이고, 실효된 수용재결을 유효한 것으로 보고서 한 이의재결 또한 위법하여 당연무효라고 할 것이다(대판 1993.8.24, 92누9548).

② 토지수용법상의 이의재결절차는 수용재결에 대한 불복절차이면서 수용재결과는 확정의 효력 등을 달리하는 별개의 절차이므로 기업자가 이의재결에서 증액된 보상금을 일정한 기한 내에 지급 또는 공탁하지 아니하였다 하더라도 그 때문에 이의재결 자체가 당연히 실효된다고는 할 수 없다(대판 2017.3.30, 2014두43387; 대판 1992.3.10, 91누8081; 대판 1989.6.27, 88누3956).

제43조(토지 또는 물건의 인도 등)

수용/사용 개시일까지 사업시행자에게 인도/이전해야 함

관련판례

정비사업의 시행자가 사업시행에 방해가 되는 지장물에 관하여 토지보상법 제75조 제1항 단서 제1호 또는 제2호에 따라 물건의 가격으로 보상한 경우, 사업시행자가 당해 물건을 취득하는 위 단서 제3호와 달리 수용의 절차를 거치지 아니한 이상 사업시행자가 그 보상만으로 당해 물건의 소유권까지 취득한다고 보기는 어렵지만, 지장물의 소유자가 '공익사업을 위한 토지 등의 취득 및 보상에 관한 법률 시행규칙' 제33조 제4항 단서에 따라 스스로의 비용으로 철거하겠다고 하는 등 특별한 사정이 없는 한 사업시행자는 자신의 비용으로 이를 제거할 수 있고, 지장물의 소유자는 사업시행자의 지장물 제거와 그 과정에서 발생하는 물건의 가치 상실을 수인하여야 할 지위에 있다. 따라서 사업시행자가 지장물에 관하여 토지보상법 제75조 제1항 단서 제1호 또는 제2호에 따라 지장물의 가격으로 보상한 경우 특별한 사정이 없는 한 지장물의 소유자는 사업시행자에게 지장물을 인도할 의무가 있다(대판 2023.8.18, 2021다249810; 대판 2022.11.17, 2022다242342).

제44조(인도 또는 이전의 대행)

시·군·구청장은 다음의 경우 사업시행자의 청구에 의하여 토지나 물건의 인도 또는 이전을 대행하여야 한다(비용은 그 의무자가 부담한다).
1. 토지나 물건을 인도하거나 이전하여야 할 자가 고의나 과실 없이 그 의무를 이행할 수 없을 때
2. 사업시행자가 과실 없이 토지나 물건을 인도하거나 이전하여야 할 의무가 있는 자를 알 수 없을 때

제45조(권리의 취득·소멸 및 제한)

① 수용 개시일에 토지나 물건의 소유권 취득 + 토지나 물건에 관한 다른 권리는 소멸한다.
② 사용 개시일에 토지나 물건의 사용권 취득 + 그 토지나 물건에 관한 다른 권리는 사용 기간 중에 행사하지 못한다.
③ 재결로 인정된 권리는 소멸되거나 그 행사가 정지되지 아니한다.

제46조(위험부담)

재결 후 수용/사용 대상 토지나 물건이 토지소유자 등의 고의나 과실 없이 멸실되거나 훼손된 경우 그로 인한 손실은 사업시행자가 부담한다.

제47조(담보물권과 보상금)

담보물권의 목적물이 수용/사용된 경우 그 담보물권은 그 목적물의 수용 또는 사용으로 인하여 채무자가 받을 보상금에 대하여 행사 가능(지급 전 압류 필수)

제48조(반환 및 원상회복의 의무)

사용기간이 끝났을 때/사업의 폐지·변경 또는 그 밖의 사유로 사용할 필요가 없게 되었을 때에는 토지소유자가 원상회복을 청구하면 미리 그 손실을 보상한 경우를 제외하고는 그 토지를 원상으로 회복하여 반환하여야 한다.

제5장 토지수용위원회

제49조(설치)

국토교통부에 중토위를, 시·도에 지토위를 둔다.

제50조(재결사항)

토지수용위원회는 사업시행자, 토지소유자 또는 관계인이 신청한 범위에서 재결하여야 한다.

1. 수용하거나 사용할 토지의 구역 및 사용방법
2. 손실보상(증액재결 가능)
3. 수용 또는 사용의 개시일과 기간
4. 그 밖에 이 법 및 다른 법률에서 규정한 사항

제51조(관할)

① 중토위는 다음 각 호의 사업의 재결에 관한 사항을 관장한다.
   1. 국가 또는 시·도가 사업시행자인 사업
   2. 수용하거나 사용할 토지가 둘 이상의 시·도에 걸쳐 있는 사업
② 지토위는 제1항 각 호 외의 사업의 재결에 관한 사항을 관장한다.

제52조(중앙토지수용위원회)

중토위는 위원장(국토교통부장관) 1명을 포함한 20명 이내의 위원으로 구성되며, 회의는 구성원 과반수의 출석과 출석위원 과반수의 찬성으로 의결한다.

제53조(지방토지수용위원회)

지토위는 위원장(시·도지사) 1명을 포함한 20명 이내의 위원으로 구성되고 회의는 구성원 과반수의 출석과 출석위원 과반수의 찬성으로 의결한다.

제54조(위원의 결격사유)

1. 피성년후견인, 피한정후견인 또는 파산선고를 받고 복권되지 아니한 사람
2. 금고 이상의 실형을 선고받고 그 집행이 끝나거나(집행이 끝난 것으로 보는 경우를 포함한다) 집행이 면제된 날부터 2년이 지나지 아니한 사람
3. 금고 이상의 형의 집행유예를 선고받고 그 유예기간 중에 있는 사람
4. 벌금형을 선고받고 2년이 지나지 아니한 사람

제55조(임기)

상임위원 및 위촉위원의 임기는 3년(연임가능)

제56조(신분 보장)

'신체상 또는 정신상의 장해로 그 직무를 수행할 수 없을 때 + 직무상의 의무를 위반하였을 때'를 제외하고 재임 중 그 의사에 반하여 해임되지 않는다.

제57조(위원의 제척·기피·회피)

① 다음 각 호의 어느 하나 해당 시 회의 참석 불가
   1. 사업시행자, 토지소유자 또는 관계인
   2. 사업시행자, 토지소유자 또는 관계인의 배우자·친족 또는 대리인
   3. 사업시행자, 토지소유자 및 관계인이 법인인 경우에는 그 법인의 임원 또는 그 직무를 수행하는 사람
② 공정한 심리·의결을 기대하기 어려운 사정이 있는 경우에는 그 사유를 적어 기피(忌避) 신청을 할 수 있다. 위원장은 기피 여부를 결정한다.
③ 위원이 제1항 또는 제2항의 사유에 해당할 때에는 스스로 그 사건의 심리·의결에서 회피할 수 있다.

제57조의2(벌칙 적용에서 공무원 의제)

위원 중 공무원이 아닌 자는 「형법」이나 그 밖의 법률에 따른 벌칙을 적용 시 공무원 의제

제58조(심리조사상의 권한)

① 토지수용위원회는 심리에 필요하다고 인정할 때에는 다음 각 호의 행위를 할 수 있다.
   1. 사업시행자, 토지소유자, 관계인 또는 참고인에게 토지수용위원회에 출석하여 진술하게 하거나 그 의견서 또는 자료의 제출을 요구하는 것
   2. 감정평가법인등이나 그 밖의 감정인에게 감정평가를 의뢰하거나 토지수용위원회에 출석하여 진술하게 하는 것

3. 토지수용위원회의 위원 또는 제52조 제8항에 따른 사무기구의 직원이나 지방토지수용위원
　 회의 업무를 담당하는 직원으로 하여금 실지조사를 하게 하는 것

제59조(위원 등의 수당 및 여비)

위원에게 수당 + 여비 지급가능

제60조(운영세칙)

토수위의 운영 등에 필요한 사항은 대통령령으로 정한다.
(간사 1명 및 서기 몇 명을 둔다. 위원장은 특히 필요하다고 인정하는 심의안건에 대해서는 위원
중에서 전담위원을 지정하여 예비심사를 하게 가능. 토수위의 운영·문서처리·심의방법 및 기준
등에 관하여는 토수위가 따로 정할 수 있다.)

제60조의2(재결정보체계의 구축·운영 등)

국토교통부장관은 시·도지사와 협의하여 재결정보체계를 구축·운영할 수 있다.

PART · 05

제6장 손실보상 등

관련판례

1. 손실보상청구권 법적 성질
① 하천법상 손실보상청구권
그 법적 성질은 하천법 본칙(本則)이 원래부터 규정하고 있던 하천구역에의 편입에 의한 손실보상청구권과
하등 다를 바가 없는 것이어서 공법상의 권리임이 분명하므로 그에 관한 쟁송도 행정소송절차에 의하여야
한다(대판 2006.5.18, 2004다6207 全合).
② 주거이전비
세입자의 주거이전비 보상청구권은 공법상 권리이고, 따라서 그 보상을 둘러싼 쟁송은 민사소송이 아니라
공법상의 법률관계를 대상으로 하는 행정소송에 의하여야 한다. 세입자의 주거이전비 보상청구권은 그
요건을 충족하는 경우에 당연히 발생하는 것이므로, 주거이전비 보상청구소송은 행정소송법 제3조 제2호
에 규정된 당사자소송에 의하여야 한다. 세입자의 주거이전비 보상에 관하여 재결이 이루어진 다음 세입자
가 보상금의 증감을 다투는 경우에는 법 제85조 제2항에 규정된 행정소송에 따라, 보상금 증감 이외의
부분을 다투는 경우에는 같은 조 제1항에 규정된 행정소송에 따라 권리구제를 받을 수 있다(대판 2008.5.29,
2007다8129).
③ 사업의 폐지 등에 대한 보상청구권 및 보상청구절차
시행규칙 제57조에 따른 사업폐지 등에 대한 보상청구권은 공익사업의 시행 등 적법한 공권력의 행사에
의한 재산상 특별한 희생에 대하여 전체적인 공평부담의 견지에서 공익사업의 주체가 손해를 보상하여

주는 손실보상의 일종으로 공법상 권리임이 분명하므로 그에 관한 쟁송은 민사소송이 아닌 행정소송절차에 의하여야 한다. 또한 위 규정들과 구 공익사업법 제26조, 제28조, 제30조, 제34조, 제50조, 제61조, 제83조 내지 제85조의 규정 내용·체계 및 입법 취지 등을 종합하여 보면, 공익사업으로 인한 사업폐지 등으로 손실을 입게 된 자는 구 공익사업법 제34조, 제50조 등에 규정된 재결절차를 거친 다음 재결에 대하여 불복이 있는 때에 비로소 구 공익사업법 제83조 내지 제85조에 따라 권리구제를 받을 수 있다고 보아야 한다(대판 2012.10.11, 2010다23210).

2. 특별한 희생

① 개발제한 구역의 지정이 사회적 제약인지

도시계획법 제21조 제1항, 제2항의 규정에 의하여 개발제한구역 안에 있는 토지의 소유자는 재산상의 권리행사에 많은 제한을 받게 되고 그 한도 내에서 일반 토지소유자에 비하여 불이익을 받게 되었음은 명백하지만 "도시의 무질서한 확산을 방지하고 도시주변의 자연환경을 보전하여 건전한 생활환경을 확보하기 위하여, 또는 국방부장관의 요청이 있어 보안상 도시의 개발을 제한할 필요가 있다고 인정되는 때"에 한하여 가하여지는 위와 같은 제한은 공공복리에 적합한 합리적인 제한이라고 볼 것이고, 그 제한으로 인한 토지소유자의 불이익은 공공의 복리를 위하여 감수하지 아니하면 안 될 정도의 것이라고 인정되므로 이에 대하여 손실보상의 규정을 하지 아니하였다 하여 도시계획법 제21조 제1항, 제2항의 규정을 헌법 제23조 제3항이나 제37조 제2항에 위배되는 것이라고 할 수 없다(대결 1990.5.8, 89부2).

② 국토이용계획의 변경신청에 대한 제한이 헌법상 재산권 보장의 규정을 침해하는 것인지 여부

국토이용관리법은 국토건설종합계획의 효율적인 추진과 국토이용질서를 확립하기 위하여 제정된 것으로 국토이용계획의 결정과 그 변경은 건설부장관이 관계행정기관의 장으로부터 그 의견을 듣거나 그 지정 또는 변경요청을 받아 이를 입안 또는 변경하여 국토이용계획심의회의 심의를 거쳐 고시하도록 규정하고 있고 토지소유자에게 국토이용계획의 변경신청에 대하여 일정한 제한을 가하고 있다 하여도 이와 같은 제한은 공공복리에 적합한 합리적인 제한이라고 볼 것이고, 그 제한으로 인한 토지소유자의 불이익은 공공의 복리를 위하여 감수하지 아니하면 안 될 정도의 것이라고 인정되며 이러한 제한을 가지고 헌법상 보장되어 있는 국민의 재산권보장의 규정을 침해하는 것이라고 볼 수 없다(대판 1995.4.28, 95누627).

③ 사업인정 고시 전 지장물의 보상평가 대상 여부

손실보상은 공공필요에 의한 행정작용에 의하여 사인에게 발생한 특별한 희생에 대한 전보라는 점을 고려할 때, 구 공익사업법 제15조 제1항에 따른 사업시행자의 보상계획공고 등으로 공익사업의 시행과 보상 대상 토지의 범위 등이 객관적으로 확정된 후 해당 토지에 지장물을 설치하는 경우에 그 공익사업의 내용, 해당 토지의 성질, 규모 및 보상계획공고 등 이전의 이용실태, 설치되는 지장물의 종류, 용도, 규모 및 그 설치시기 등에 비추어 그 지장물이 해당 토지의 통상의 이용과 관계없거나 이용 범위를 벗어나는 것으로 손실보상만을 목적으로 설치되었음이 명백하다면, 그 지장물은 예외적으로 손실보상의 대상에 해당하지 아니한다고 보아야 한다(대판 2013.2.15, 2012두22096[보상금증액][미간행]).

④ 토지수용법상의 사업인정 고시 이전에 건축되고 공공사업용지 내의 토지에 정착한 지장물인 건물은 통상 적법한 건축허가를 받았는지 여부에 관계없이 손실보상의 대상이 되나, 주거용 건물이 아닌 위법 건축물의 경우에는 관계 법령의 입법 취지와 그 법령에 위반된 행위에 대한 비난가능성과 위법성의 정도, 합법화될 가능성, 사회통념상 거래 객체가 되는지 여부 등을 종합하여 구체적·개별적으로 판단한 결과 그 위법의 정도가 관계 법령의 규정이나 사회통념상 용인할 수 없을 정도로 크고 객관적으로도 합법화될 가능성이 거의 없어 거래의 객체도 되지 아니하는 경우에는 예외적으로 수용보상 대상이 되지 아니한다고 본 사례(대판 2001.4.13, 2000두6411)

⑤ 토지를 종래의 목적으로 사용할 수 없거나 더 이상 법적으로 허용된 토지이용방법이 없어서 실질적으로 사용·수익을 할 수 없는 경우에 해당하지 않는 제약은 토지소유자가 수인하여야 하는 사회적 제약의 범주 내에 있는 것이고, 그러하지 아니한 제약은 손실을 완화하는 보상적 조치가 있어야 비로소 허용되는 범주 내에 있다(헌재 2005.9.29, 2002헌바84).

3. 정당보상

① 보상의 시기, 방법 등에 제한이 없을 것

구 헌법 제20조 제3항에서 말하는 정당한 보상이라는 취지는 그 손실보상액의 결정에 있어서 객관적인 가치를 충분하게 보상하여야 된다는 취지이고 나아가 그 보상의 시기, 방법 등에 있어서 어떠한 제한을 받아서는 아니 된다는 것을 의미한다(대판 1967.11.2, 67다1334 全合).

② 재산권의 객관적 가치

정당한 보상이라 함은 원칙적으로 피수용재산의 객관적인 재산가치를 완전하게 보상하여야 한다는 완전보상을 뜻하는 것이라 할 것이나, 투기적인 거래에 의하여 형성되는 가격은 정상적인 객관적 재산가치로는 볼 수 없으므로 이를 배제한다고 하여 완전보상의 원칙에 어긋나는 것은 아니며, 공익사업의 시행으로 지가가 상승하여 발생하는 개발이익은 궁극적으로는 국민 모두에게 귀속되어야 할 성질의 것이므로 이는 완전보상의 범위에 포함되는 피수용토지의 객관적 가치 내지 피수용자의 손실이라고는 볼 수 없다(대판 1993.7.13, 93누2131).

제1절 손실보상의 원칙

제61조(사업시행자 보상)

토지 등의 취득 및 사용으로 인한 손실은 사업시행자가 보상

제62조(사전보상)

공사 착수 전에 토지소유자와 관계인에게 보상액 전액 지급

제63조(현금보상 등)

① 현금보상 및 대토보상

특별한 규정이 있는 경우를 제외하고는 현금으로 지급(다만 토지소유자가 원하는 경우로서 사업시행자가 토지로 보상이 가능한 경우에는 현금/채권으로 보상받을 금액을 제외한 부분에 조성한 토지로 보상할 수 있다)

대토보상 가능한 경우(토지로 보상받을 수 있는 자)

- 공익사업을 위한 관계 법령에 따른 고시 등이 있은 날의 1년 전부터 계약체결일 또는 수용재결일까지 계속하여 토지를 소유한 자
- 건축법상 대지의 분할 제한 면적 이상의 토지를 사업시행자에게 양도한 자(공익사업을 위한 관계 법령에 따른 고시 등이 있은 날 당시 국토교통부, 사업시행자, 공익사업의 허가·인가·

승인 등을 하는 기관, 공익사업을 위한 협의 · 의견청취 등의 대상인 중앙행정기관 · 지방자치단체 · 공공기관 및 지방공기업에 종사하는 자 및 종사하였던 날부터 10년이 경과하지 아니한 자는 제외한다) : 대상자가 경합할 때에는 부재부동산 소유자가 아닌 자 중 해당 공익사업지구 내 거주하는 자로서 토지 보유기간이 오래된 자 순으로 토지로 보상하며, 그 밖의 우선순위 및 대상자 결정방법 등은 사업시행자가 정하여 공고한다.

– 일반 분양가격으로 분양 : 보상계획을 공고할 때에 토지로 보상하는 기준을 포함하여 공고하거나 토지로 보상하는 기준을 따로 일간신문에 공고할 것이라는 내용을 포함하여 공고
– 주택용지는 990제곱미터, 상업용지는 1천100제곱미터를 초과할 수 없다.
– 대토보상계약의 체결일부터 소유권이전등기를 마칠 때까지 전매제한(단, 상속 및 개발전문 부동산투자회사에 현물출자는 허용), 위반 시 현금으로 보상
– 또한 토지보상법 제93조, 제96조 및 제97조 제2호의 어느 하나에 해당하는 위반행위를 한 경우, 농지법 및 산지관리법상 위반행위를 한 경우, 공공주택 특별법 및 한국토지주택공사법상 비밀누설금지, 미공개정보 이용행위의 금지규정의 위반행위를 한 경우에는 현금으로 보상
– 대토보상계약 체결일부터 1년이 지나면 이를 현금으로 전환하여 보상하여 줄 것을 요청할 수 있다.
– 사업시행자는 계획 변경 등 사유로 대토보상 불가 시 현금으로 보상 가능
– 토지소유자가 국세 및 지방세의 체납처분 또는 강제집행을 받는 경우, 세대원 전원이 해외로 이주하거나 2년 이상 해외에 체류하려는 경우, 채무변제를 위해 현금보상이 부득이한 경우, 부상이나 질병의 치료 등을 위하여 현금보상이 부득이하다고 명백히 인정되는 경우에 현금보상요청 시 현금보상을 해야 한다.

⑦ 채권보상(사업시행자가 국가, 지방자치단체, 공공기관, 공공단체인 경우)
1. 임의보상 : ① 토지소유자나 관계인이 원하는 경우, ② 부재부동산인 경우에는 일정 금액(1억) 초과하는 경우 그 초과금액에 대하여 채권보상 가능[채권보상채권의 상환 기한은 5년 이내(이자율은 정기예금이자율/국고채금리 고려)]
2. 의무보상 : 토지투기 우려지역(택지/산업단지 등 대규모개발사업)으로서 "부재부동산 & 1억원"을 초과하는 부분에 대하여는 해당 사업시행자가 발행하는 채권으로 지급해야 함

(부재부동산 소유자의 토지)
– 사업인정고시일 1년 전부터 계속하여 (동일/연접 시구읍면 + 해당 토지 직선거리 30킬로미터 이내 지역에) 주민등록을 하지 아니한 사람이 소유하는 토지
– 주민등록을 하였으나 해당 지역에 사실상 거주하고 있지 아니한 사람이 소유하는 토지(질병 요양, 징집 입영, 공무(公務), 취학(就學) 제외)
– 주민등록을 하지 않은 경우에도 상속받은 날부터 1년이 지나지 아니한 토지, 사업인정고시일 1년 전부터 사실상 거주입증, 사업인정고시일 1년 전부터 계속하여 사실상 영업하고 있음을 입증한 경우에는 부재부동산 소유자의 토지로 보지 아니한다.

제64조(개인별 보상)

개인별 보상(개인별로 보상액을 산정할 수 없을 때에는 그러하지 아니하다)

제65조(일괄보상)

동일 사업지역 내 보상시기를 달리하는 동일인 소유 토지 등이 여러 개 있는 경우 + 토지소유자 등 요구 시 일괄보상

제66조(사업시행 이익과의 상계금지)

동일 소유자 일단(一團)의 토지의 일부를 취득하거나 사용하는 경우 + 잔여지(殘餘地)의 가격이 증가하거나 그 밖의 이익이 발생한 경우에도 그 이익을 그 취득 또는 사용으로 인한 손실과 상계(相計)할 수 없다.

제67조(보상액의 가격시점 등)

① 협의성립 당시의 가격, 재결 당시의 가격을 기준
② 해당 공익사업으로 인하여 토지 등의 가격이 변동되었을 때에는 이를 고려하지 아니한다.

관련판례

1. 개발이익 배제 정당성

   해당 수용사업의 시행으로 인한 개발이익은 수용대상토지의 수용 당시의 객관적 가치에 포함되지 아니하는 것이므로 개발이익을 배제한 다음 이를 기준으로 하여 손실보상액을 평가하고(대판 1993.7.27, 92누11084), 개발이익은 궁극적으로는 모든 국민에게 귀속되어야 할 성질의 것이므로 이는 피수용자의 토지의 객관적 가치 내지 피수용자의 손실이라고는 볼 수 없다(헌재 1990.6.25, 89헌마107). 따라서 개발이익은 그 성질상 완전보상의 범위에 포함되는 피수용자의 손실이라고 볼 수 없으므로, 이러한 개발이익을 배제하고 손실보상액을 산정한다 하여 헌법이 규정한 정당한 보상의 원칙에 위반되지 않는다(헌재 2009.12.29, 2009헌바142).

2. 개발이익의 범위 및 사업인정 고시 후 개발이익 반영

   토지수용으로 인한 손실보상액을 산정함에 있어서 해당 공공사업의 시행을 직접 목적으로 하는 계획의 승인, 고시로 당시의 가격을 기준으로 하여 적정가격을 정하여야 하나, 해당 공공사업과는 관계없는 다른 사업의 시행으로 인한 개발이익은 이를 배제하지 아니한 가격으로 평가하여야 한다(대판 1999.1.15, 98두8896).

   해당 공익사업과는 관계없는 다른 사업의 시행으로 인한 개발이익은 이를 포함한 가격으로 평가하여야 하고, 개발이익이 해당 공익사업의 사업인정고시일 후에 발생한 경우에도 마찬가지이다(대판 2014.2.27, 2013두21182).

3. 개발이익 배제의 문제점과 개선안(인근 토지소유자와의 형평성 문제)

   개발이익을 환수할 수 있는 제도적 장치가 마련되지 않은 상황에서 개발이익환수제도는 점진적인 제도적 개선을 통해 이루어져야 하며 그 과정에서 형평의 원리가 장애가 될 수 없다. 헌법 제11조가 규정하는 평등의 원칙은 결코 일체의 차별적 대우를 부정하는 절대적 평등을 의미하는 것이 아니라 법의 적용이나 입법에 있어서 불합리한 조건에 의한 차별을 하여서는 안 된다는 것을 뜻한다(헌재 1990.6.25, 89헌마107). 일체의 개발이익을 환수할 수 있는 제도적 장치가 마련되지 아니한 제도적 상황에서 피수용자에게만 개발이익을 배제하는 것이 헌법의 평등원칙에 위배되는 것은 아니라고 하였다(헌재 1990.6.25, 89헌마107).

제68조(보상액의 산정)

감정평가법인등 3인(사업자, 시·도지사, 소유자 추천) 평가(산술평균). 다만, 사업시행자가 직접 보상액을 산정할 수 있을 때에는 평가 ×

사업시행자는 필요시 해당 평가가 위법 또는 부당하게 이루어졌는지에 대한 검토를 보상검토전문기관에 의뢰할 수 있다.

> **✓ 재평가**
> 1. 해당 법인등에게 재평가 : 관계법령 위반 평가/부당하게 평가된 경우에는 해당 감정평가법인등에게 다시 평가
> 2. 다른 법인등에게 재평가 : 해당 감정평가법인등에게 평가를 요구할 수 없는 특별한 사유가 있는 경우, 대상 물건의 평가액 중 최고평가액이 최저평가액의 110퍼센트를 초과하는 경우(지장물인 경우 소유자별로 지장물 전체 평가 합계액을 기준함), 평가를 한 후 1년이 경과할 때까지 보상계약이 체결되지 아니한 경우

제69조(보상채권의 발행)

– 일반회계, 교통시설특별회계의 부담으로 기획재정부장관이 회계별로 국회 의결을 받아 발급
– 보상채권은 양도하거나 담보로 제공 가능
– 무기명증권(無記名證券) 액면금액(최소 10만원)으로 발행하되, 멸실 또는 도난 등의 사유로 분실한 경우에도 재발행 ×
– 원리금(복리계산)은 상환일(상환기간은 5년 이내)에 일시상환

제2절 손실보상의 종류와 기준 등

제70조(취득하는 토지의 보상)

①② 협의/재결에 의하여 취득하는 토지에 대하여는 공시지가를 기준으로 보상하되 가격시점에서의 현실적인 이용상황과 일반적인 이용방법에 의한 객관적 상황 고려하여 적정가격으로 보상하여야 한다.
③ **사업인정 전 협의취득** : 가격시점 당시 공시된 공시지가 기준
④ **사업인정 후의 취득** : 사업인정고시일 전의 시점을 공시기준일로 하는 공시지가 기준
⑤ 토지 가격 변동 시 해당 사업의 공고일 또는 고시일 전의 시점을 공시기준일로 하는 공시지가로서 그 토지의 가격시점 당시 공시된 공시지가 중 그 공익사업의 공고일 또는 고시일과 가장 가까운 시점에 공시된 공시지가를 기준
⑥ 구체적인 보상액 산정 및 평가방법은 투자비용, 예상수익 및 거래가격 등을 고려하여 국토교통부령으로 정함

관련판례

1. 공시지가기준보상

① **표준지의 선정기준(거리적 기준)**

표준지 수용대상토지로부터 상당히 떨어져 있다는 것만으로는 표준지 선정이 위법하다고 말할 수 없다(대판 1997.4.8, 96누11396).

② **용도지역 선정기준**

비교표준지는 특별한 사정이 없는 한 도시지역 내에서는 용도지역을 우선으로 하고, 도시지역 외에서는 현실적 이용상황에 따른 실제 지목을 우선으로 하여 선정해야 한다(대판 2011.9.8, 2009두4340).

③ **공시지가평가기준법 정당보상**

구 공익사업법 제70조 제1항, 제4항이, 공시지가를 기준으로 수용된 토지에 대한 보상액을 산정하는 것은 정당하고, 사업인정고시일 전의 시점을 공시기준일로 하는 공시지가를 손실보상액 산정의 기준이 되는 공시지가로 규정한 것은 개발이익이 배제된 손실보상액을 산정하는 적정한 수단으로서 헌법상 정당보상의 원칙에 위배되지 않는다(헌재 2020.2.27, 2017헌바246; 헌재 2012.3.29, 2010헌바370).

2. 지가변동률 적용관련 판례

수용대상토지가 도시계획구역 내에 있는 경우에는 원칙적으로 용도지역별 지가변동률에 의하여 보상금을 산정하는 것이 더 타당하나 개발제한구역으로 지정되어 있는 경우에는 일반적으로 지목에 따라 지가변동률이 영향을 받으므로, 특별한 사정이 없는 한, 지목별 지가변동률을 적용하는 것이 상당하다(대판 1994.12.27, 94누1807).

3. 현황평가 기준

① 수용대상토지에 대한 표준지를 선정함에 있어서는 수용대상토지와 현실적 이용상황이 같은 표준지를 선정하여야 하되 이 경우 일시적인 이용상황은 이를 고려하여서는 안 된다(대판 1994.5.27, 93누23121).

② 토지가격의 평가를 함에 있어 공부상 지목과 실제 현황이 다른 경우에는 공부상 지목보다는 실제 현황을 기준으로 하여 평가하여야 함이 원칙이다(대판 1994.4.12, 93누6904)이며,

③ 당해 토지와 유사한 이용가치를 지닌다고 인정되는 표준지라 함은 공부상 지목과는 관계없이 현실적 이용상황이 같거나 유사한 표준지를 의미한다(대판 1993.5.25, 92누15215).

4. 제70조 제5항에서 정한 '공익사업의 계획 또는 시행의 공고·고시'에 해당하기 위한 공고·고시의 방법

공익사업의 근거 법령에서 공고·고시의 절차, 형식 및 기타 요건을 정하고 있지 않은 경우, '행정 효율과 협업 촉진에 관한 규정'이 적용될 수 있다(제2조). 위 규정은 고시·공고 등 행정기관이 일정한 사항을 일반에게 알리는 문서를 공고문서로 정하고 있으므로(제4조 제3호), 위 규정에서 정하는 바에 따라 공고문서가 기안되고 해당 행정기관의 장이 이를 결재하여 그의 명의로 일반에 공표한 경우 위와 같은 효과가 발생할 수 있다. 다만 당해 공익사업의 시행으로 인한 개발이익을 배제하려는 토지보상법령의 입법 취지에 비추어 '행정 효율과 협업 촉진에 관한 규정'에 따라 기안, 결재 및 공표가 이루어지지 않았다고 하더라도 공익사업의 계획 또는 시행에 관한 내용을 공고문서에 준하는 정노의 형식을 갖추어 일반에게 알린 경우에는 토지보상법 제70조 제5항에서 정한 '공익사업의 계획 또는 시행의 공고·고시'에 해당한다고 볼 수 있다(대판 2022.5.26, 2021두45848).

제71조(사용하는 토지의 보상 등)

① 협의/재결 사용하는 토지는 인근 유사토지의 지료, 임대료, 사용방법, 사용기간 및 그 토지의 가격 등을 고려하여 평가

② 구체적인 보상액 산정 및 평가방법은 투자비용, 예상수익 및 거래가격 등을 고려하여 국토교통 부령으로 정함

제72조(사용하는 토지의 매수청구 등)

사업인정고시 이후 토지소유자는 사업시행자에게 해당 토지의 매수를 청구하거나 관할 토지수용위 원회에 그 토지의 수용을 청구할 수 있다.

이 경우 관계인은 사업시행자나 관할 토지수용위원회에 그 권리의 존속(存續)을 청구할 수 있다.

1. 토지를 사용하는 기간이 3년 이상인 경우
2. 토지의 사용으로 인하여 토지의 형질이 변경되는 경우
3. 사용하려는 토지에 그 토지소유자의 건축물이 있는 경우

제73조(잔여지의 손실과 공사비 보상)

① '잔여지 가격 감소/그 밖의 손실이 있을 때' 또는 '잔여지에 통로·도랑·담장 등의 신설이나 그 밖의 공사가 필요할 때'에는 그 손실이나 공사의 비용을 보상(다만, 잔여지의 가격 감소분과 잔 여지에 대한 공사의 비용을 합한 금액이 잔여지의 가격보다 큰 경우에는 사업시행자는 그 잔여 지를 매수 가능)

② 잔여지 손실 및 공사비 보상은 해당 사업의 공사완료일부터 1년이 지난 후에는 청구할 수 없다.

③ 사업인정고시 후 잔여지 매수하는 경우 그 잔여지에 대하여는 제20조에 따른 사업인정 및 제22 조에 따른 사업인정고시가 된 것으로 봄

④ 손실 또는 비용의 보상이나 토지의 취득에 관하여는 제9조 제6항 및 제7항 준용

관련판례

1. 보상청구 방법 및 절차_재결전치주의

토지소유자가 보상법 제34조, 제50조 등에 정한 재결절차를 거치지 않고 곧바로 사업시행자를 상대로 같은 법 제73조에 따른 잔여지 가격감소 등으로 인한 손실보상을 청구할 수 없다(대판 2008.7.10, 2006두19495; 대판 2012.11.29, 2011두22587; 대판 2014.9.25, 2012두24092).

2. 잔여지의 가치손실보상 범위

보상하여야 할 손실에는 토지 일부의 취득 또는 사용으로 인하여 그 획지조건이나 접근조건 등의 가격형성요인 이 변동됨에 따라 발생하는 손실뿐만 아니라 그 취득 또는 사용 목적 사업의 시행으로 설치되는 시설의 형태·구 조·사용 등에 기인하여 발생하는 손실과 수용재결 당시의 현실적 이용상황의 변경 외 장래의 이용가능성이나 거래의 용이성 등에 의한 사용가치 및 교환가치상의 하락 모두가 포함된다(대판2011.2.24, 2010두23149).

3. 잔여지 손실보상금에 대한 지연손해금 지급의무의 발생시기

① 공익사업을 위한 토지 등의 취득 및 보상에 관한 법률이 잔여지 손실보상금 지급의무의 이행기를 정하지 않았고, ② 그 이행기를 편입토지의 권리변동일이라고 해석하여야 할 체계적, 목적론적 근거를 찾기도 어려우므 로, ③ 잔여지 손실보상금 지급의무는 이행기의 정함이 없는 채무로 보는 것이 타당하다. 따라서 잔여지 손실보상 금 지급의무의 경우 잔여지의 손실이 현실적으로 발생한 이후로서 잔여지 소유자가 사업시행자에게 이행청구를 한 다음 날부터 그 지연손해금 지급의무가 발생한다(민법 제387조 제2항 참조)(대판 2018.3.13, 2017두68370).

4. 공익사업의 사업시행자가 동일한 소유자에게 속하는 일단의 토지 중 일부를 취득하거나 사용하고 남은 잔여
   지에 현실적 이용상황 변경 또는 사용가치 및 교환가치의 하락 등이 발생하였으나 그 손실이 토지의 일부가
   공익사업에 취득되거나 사용됨으로 인하여 발생한 것이 아닌 경우, 공익사업을 위한 토지 등의 취득 및
   보상에 관한 법률 제73조 제1항 본문에 따른 잔여지 손실보상 대상에 해당하는지 여부(원칙적 소극)(대판
   2017.7.11, 2017두40860)
   잔여지의 손실, 즉 토지의 일부가 접도구역으로 지정·고시됨으로써 일정한 형질변경이나 건축행위가 금지
   되어 장래의 이용 가능성이나 거래의 용이성 등에 비추어 사용가치 및 교환가치가 하락하는 손실은, 고속도
   로를 건설하는 이 사건 공익사업에 원고들 소유의 일단의 토지 중 일부가 취득되거나 사용됨으로 인하여
   발생한 것이 아니라, 그와 별도로 국토교통부장관이 이 사건 잔여지 일부를 접도구역으로 지정·고시한
   조치에 기인한 것이므로, 원칙적으로 토지보상법 제73조 제1항에 따른 잔여지 손실보상의 대상에 해당하지
   아니한다.

제74조(잔여지 등의 매수 및 수용 청구)

① 잔여지를 종래의 목적에 사용하는 것이 현저히 곤란할 때 토지소유자는 사업시행자에게 잔여지
   를 매수하여 줄 것을 청구할 수 있으며, 사업인정 이후에는 관할 토수위에 수용을 청구 가능(이
   경우 수용의 청구는 매수에 관한 협의가 성립되지 아니한 경우에만 할 수 있으며, 그 사업의
   공사완료일까지 하여야 한다)

② 매수 또는 수용의 청구가 있는 잔여지 및 잔여지에 있는 물건에 관하여 권리를 가진 자는 사업시
   행자나 관할 토수위에 그 권리의 존속을 청구할 수 있다.

③ 토지취득에 관하여는 제20조에 따른 사업인정 및 제22조에 따른 사업인정고시가 된 것으로 봄

> 시행령 제39조(잔여지의 판단)
> 1. 대지로서 면적이 너무 작거나 부정형(不定形) 등의 사유로 건축물을 건축할 수 없거나 건축물의 건축이
>   현저히 곤란한 경우
> 2. 농지로서 농기계의 진입과 회전이 곤란할 정도로 폭이 좁고 길게 남거나 부정형 등의 사유로 영농이
>   현저히 곤란한 경우
> 3. 공익사업의 시행으로 교통이 두절되어 사용이나 경작이 불가능하게 된 경우
> 4. 제1호부터 제3호까지에서 규정한 사항과 유사한 정도로 잔여지를 종래의 목적대로 사용하는 것이 현저
>   히 곤란하다고 인정되는 경우
>
> 상기사항은 다음 각 호의 사항을 종합적으로 고려하여야 한다.
> 1. 잔여지의 위치·형상·이용상황 및 용도지역
> 2. 공익사업 편입토지의 면적 및 잔여지의 면적

관련판례

1. **일단의 토지의 의미**
   1필지의 토지만을 가리키는 것이 아니라 일반적인 이용 방법에 의한 객관적인 상황이 동일한 수필지의 토지를
   포함한다(대판 2017.9.21, 2017두30252).

2. 용도상 불가분의 의미

일단의 토지로 이용되고 있는 상황이 사회적·경제적·행정적 측면에서 합리적이고 해당 토지의 가치형성적 측면에서도 타당하다고 인정되는 관계에 있는 경우를 말한다(대판 2005.5.26, 2005두1428).

3. 잔여지 수용청구권 행사기간의 법적 성질 및 잔여지 수용청구 의사표시의 상대방

잔여지 수용청구권의 행사기간은 제척기간이다. 잔여지 수용청구의 의사표시를 수령할 권한을 부여하였다고 인정할 만한 사정이 없는 한, 사업시행자에게 한 잔여지 매수청구의 의사표시를 관할 토지수용위원회에 한 잔여지 수용청구의 의사표시로 볼 수는 없다(대판 2010.8.19, 2008두822).

4. 종래목적 및 사용하는 것이 현저히 곤란한 때

'종래의 목적'이라 함은 수용재결 당시에 해당 잔여지가 현실적으로 사용되고 있는 구체적인 용도를 의미하고, '사용하는 것이 현저히 곤란한 때'라고 함은 물리적으로 사용하는 것이 곤란하게 된 경우는 물론 사회적, 경제적으로 사용하는 것이 곤란하게 된 경우, 즉 절대적으로 이용 불가능한 경우만이 아니라 이용은 가능하나 많은 비용이 소요되는 경우를 포함한다고 할 것이다(대판 2017.9.21, 2017두30252; 대판 2012.9.13, 2010두29277; 대판 2005.1.28, 2002두4679).

5. 행정소송형태 및 보상금증감청구소송의 피고

제74조 제1항에 규정되어 있는 잔여지 수용청구권은 손실보상의 일환으로 토지소유자에게 부여되는 권리로서 그 요건을 구비한 때에는 잔여지를 수용하는 토지수용위원회의 재결이 없더라도 그 청구에 의하여 수용의 효과가 발생하는 형성권적 성질을 가지므로, 잔여지 수용청구를 받아들이지 않은 토지수용위원회의 재결에 대하여 토지소유자가 불복하여 제기하는 소송은 위 법 제85조 제2항에 규정되어 있는 '보상금의 증감에 관한 소송'에 해당하여 사업시행자를 피고로 하여야 한다(대판 2010.8.29, 2008두822; 대판 2015.4.9, 2014두46669).

제75조(건축물 등 물건에 대한 보상)

① 건축물·입목·공작물과 그 밖에 토지에 정착한 물건(건축물 등)은 이전비 원칙이나 건축물 등을 이전하기 어렵거나 그 이전으로 인하여 건축물 등을 종래의 목적대로 사용할 수 없게 된 경우(사업자는 재결신청 가능), 건축물 등의 이전비가 그 물건의 가격을 넘는 경우(사업자는 재결신청 가능), 사업시행자가 공익사업에 직접 사용할 목적으로 취득하는 경우에는 가격으로 보상
② 농작물에 대한 손실은 그 종류와 성장의 정도 등을 종합적으로 고려하여 보상
③ 토지에 속한 흙·돌·모래 또는 자갈(토지와 별도로 취득 또는 사용의 대상이 되는 경우만)은 거래가격 등을 고려하여 평가한 적정가격으로 보상
④ 분묘에 대하여는 이장(移葬)에 드는 비용 등을 산정하여 보상

관련판례

물건 가격으로 보상한 경우 지장물 소유권을 취득하는지 여부(소극) 및 이 경우 지장물 소유자는 사업시행자의 지장물 제거와 그 과정에서 발생하는 물건의 가치 상실을 수인하여야 할 지위에 있는지 여부(원칙적 적극)
제75조 제1항 단서 제2호에 따라 이전에 소요되는 실제 비용에 못 미치는 물건의 가격으로 보상한 경우, 사업시행자가 물건을 취득하는 제3호와 달리 수용 절차를 거치지 아니한 이상 사업시행자가 보상만으로 물건의 소유권까지 취득한다고 보기는 어렵겠으나, 다른 한편으로 사업시행자는 지장물의 소유자가 시행규칙 제33조 제4항 단서에 따라 스스로의 비용으로 철거하겠다고 하는 등 특별한 사정이 없는 한 지장물의 소유자에 대하여

철거 및 토지의 인도를 요구할 수 없고 자신의 비용으로 직접 이를 제거할 수 있을 뿐이며, 이러한 경우 지장물의 소유자로서도 사업시행에 방해가 되지 않는 상당한 기한 내에 시행규칙 제33조 제4항 단서에 따라 스스로 지장물 또는 그 구성부분을 이전해 가지 않은 이상 사업시행자의 지장물 제거와 그 과정에서 발생하는 물건의 가치 상실을 수인(受忍)하여야 할 지위에 있다고 보아야 한다(대판 2012.4.13, 2010다94960).

제75조의2(잔여 건축물의 손실에 대한 보상 등)

① 잔여 건축물 가격 감소/그 밖의 손실이 있을 때에는 그 손실을 보상(다만, 잔여 건축물의 가격 감소분과 보수비(시설개선비 제외)를 합한 금액이 잔여 건축물의 가격보다 큰 경우에는 사업시행자는 그 잔여 건축물 매수 가능)
② 잔여 건축물을 종래의 목적에 사용하는 것이 현저히 곤란할 때에는 그 건축물소유자는 사업시행자에게 잔여 건축물을 매수하여 줄 것을 청구할 수 있으며, 사업인정 이후에는 관할 토수위에 수용을 청구 가능(수용청구는 매수에 관한 협의불성립 시만 하되, 그 사업의 공사완료일까지만 청구 가능)
③ 보상 및 잔여 건축물의 취득에 관하여는 제9조 제6항 및 제7항 준용
④ 손실 또는 비용의 보상은 사업완료일(사업이 완료된 날 또는 사업완료의 고시가 있는 날)부터 1년 이내에만 청구 가능/잔여 건축물 매수 시 사업인정 및 사업인정고시가 있는 것으로 본다.

제76조(권리의 보상)

① 광업권・어업권・양식업권 및 물(용수시설을 포함한다) 등의 사용에 관한 권리에 대하여는 투자비용, 예상 수익 및 거래가격 등을 고려하여 평가한 적정가격으로 보상
② 보상액의 구체적인 산정 및 평가방법은 국토교통부령으로 정한다.

제77조(영업의 손실 등에 대한 보상)

① 영업손실은 영업이익 + 시설의 이전비용 등을 고려하여 보상
② 농업 손실은 실제 경작자에게 보상하여야 한다. 다만, 농지소유자가 해당 지역에 거주하는 농민인 경우에는 농지소유자와 실제 경작자가 협의하는 바에 따라 보상 가능
③ 휴직하거나 실직하는 근로자의 임금손실에 대하여는 「근로기준법」에 따른 평균임금 등을 고려하여 보상하여야 한다.
④ 보상액의 구체적인 산정 및 평가 방법과 보상기준, 제2항에 따른 실제 경작자 인정기준에 관한 사항은 국토교통부령으로 정한다.

제78조(이주대책의 수립 등)

① 주거용 건축물 제공 + 생활 근거 상실 시에는 이주대책(생활기본시설 포함/사업자 비용부담) 수립・실시 또는 이주정착금 지급(이주대책 미수립・실시 시 + 다른 지역으로 이주하려는 경우

+ 관계법령 고시 등이 있은 날의 1년 전부터 계약체결일 또는 수용재결일까지 계속하여 해당 건축물에 거주하지 않은 경우 + 관계법령 공시 등이 있은 날 당시 국토교통부, 사업시행자 및 관련기관(국가, 지방자치단체, 공공기관, 공공단체)에 소속되어(다른 기관 및 업체 파견자 포함) 있거나 퇴직한 날부터 3년이 경과하지 않은 경우)(주거용 건물 평가액의 30% 적용 (1천2백만원 미만인 경우에는 1천2백만원으로 하고, 2천4백만원을 초과하는 경우에는 2천4백만원))

부득이한 사유(조성에 적합한 토지가 없는 경우, 과다비용으로 사업시행 곤란한 경우)가 있는 경우 제외하고 이주희망 가구 수가 10호(戶) 이상인 경우 수립·실시(「택지개발촉진법」 또는 「주택법」 등 관계 법령에 따라 택지 또는 주택을 공급한 경우(사업시행자의 알선에 의하여 공급한 경우 포함)에는 이주대책을 수립·실시한 것으로 본다)

법 제4조 제6호 및 제7호에 따른 사업(부수사업)의 사업시행자는 부수사업의 사업시행자가 이주대책을 수립·실시하여야 하는 경우에 해당하지 아니하고 주된 사업의 이주대책 수립이 완료되지 아니한 경우 부수사업의 원인이 되는 법 제4조 제1호부터 제5호까지의 규정에 따른 사업(이하 주된 사업)의 이주대책에 부수사업의 이주대책을 포함하여 수립·실시하여 줄 것을 주된 사업의 사업시행자에게 요청할 수 있다. 이 경우 부수사업 이주대책대상자의 이주대책을 위한 비용은 부수사업의 사업시행자가 부담한다.

② 이주대책을 수립 시 미리 관할 지방자치단체의 장과 협의하여야 한다.

④ 이주대책의 내용에는 이주정착지에 대한 도로, 급수시설, 배수시설, 그 밖의 공공시설 등 통상적인 수준의 생활기본시설이 포함되어야 하며, 이에 필요한 비용은 사업시행자가 부담한다. 다만, 행정청이 아닌 사업시행자가 이주대책을 수립·실시하는 경우에 지방자치단체는 비용의 일부를 보조할 수 있다.

---

* 이주대책대상자 제외자

1. 허가를 받거나 신고를 하고 건축 또는 용도변경을 하여야 하는 건축물을 허가를 받지 아니하거나 신고를 하지 아니하고 건축 또는 용도변경을 한 건축물의 소유자
2. 해당 건축물에 공익사업을 위한 관계 법령에 따른 고시 등이 있은 날부터 계약체결일 또는 수용재결일까지 계속하여 거주하고 있지 아니한 건축물의 소유자(질병으로 인한 요양, 징집으로 인한 입영, 공무, 취학, 해당 공익사업지구 내 타인이 소유하고 있는 건축물에의 거주, 그 밖에 이에 준하는 부득이한 사유있는 경우는 예외)
3. 타인이 소유하고 있는 건축물에 거주하는 세입자. 다만, 해당 공익사업지구에 주거용 건축물을 소유한 자로서 타인이 소유하고 있는 건축물에 거주하는 세입자는 제외한다.

---

⑤ 제1항에 따라 이주대책의 실시에 따른 주택지 또는 주택을 공급받기로 결정된 권리는 소유권이전 등기를 마칠 때까지 전매(매매, 증여, 그 밖에 권리의 변동을 수반하는 모든 행위를 포함하되, 상속은 제외한다)할 수 없으며, 이를 위반하거나 해당 공익사업과 관련하여 다음 각 호의 어느 하나에 해당하는 경우에 사업시행자는 이주대책의 실시가 아닌 이주정착금으로 지급하여야 한다.

1. 제93조, 제96조 및 제97조 제2호의 어느 하나에 해당하는 위반행위를 한 경우

2. 「공공주택 특별법」 제57조 제1항 및 제58조 제1항 제1호의 어느 하나에 해당하는 위반행위를 한 경우

3. 「한국토지주택공사법」 제28조의 위반행위를 한 경우

⑥ 주거 이전에 필요한 비용과 가재도구 등 동산의 운반에 필요한 비용을 산정하여 보상

⑦ 공익사업의 시행으로 인하여 영위하던 농업·어업을 계속할 수 없게 되어 다른 지역으로 이주하는 농민·어민이 받을 보상금이 없거나 그 총액이 국토교통부령으로 정하는 금액에 미치지 못하는 경우에는 그 금액 또는 그 차액을 보상하여야 한다.

⑧ 사업시행자는 해당 공익사업이 시행되는 지역에 거주하고 있는 「국민기초생활 보장법」 제2조 제1호·제11호에 따른 수급권자 및 차상위계층이 취업을 희망하는 경우에는 그 공익사업과 관련된 업무에 우선적으로 고용할 수 있으며, 이들의 취업 알선을 위하여 노력하여야 한다.

---

* 생활기본시설

통상적인 수준의 생활기본시설은 다음 각 호의 시설로 한다.

1. 도로(가로등·교통신호기를 포함한다)
2. 상수도 및 하수처리시설
3. 전기시설
4. 통신시설
5. 가스시설

---

* 주거이전비의 보상

① 주거용 건축물 소유자 : 가구원수에 따라 2개월분의 주거이전비(도시근로자가구의 가구원수별 월평균 명목 가계지출비 기준) 보상(소유자가 해당 건축물 또는 공익사업시행지구 내 타인의 건축물에 실제 거주하고 있지 아니하거나 해당 건축물이 무허가건축물 등인 경우에는 보상 ×)

② 세입자(무상 사용 포함/이주대책대상자인 세입자는 제외) + 사업인정고시일 등 당시 또는 공익사업을 위한 관계 법령에 따른 고시 등이 있은 당시 해당 공익사업시행지구 안에서 3개월 이상 거주한 자에 대해서는 가구원수에 따라 4개월분의 주거이전비 보상(무허가건축물 등에 입주한 세입자로서 사업인정고시일 등 당시 또는 공익사업을 위한 관계 법령에 따른 고시 등이 있은 당시 그 공익사업지구 안에서 1년 이상 거주한 세입자에 대해서는 본문에 따라 주거이전비 보상)

관련판례

1. 이주대책

(1) 법적 성질(대판 1994.5.24, 92다35783 全合)

① 다수의견

공공용지의 취득 및 손실보상에 관한 특례법상의 이주대책은 공공사업의 시행에 필요한 토지 등을 제공함으로 인하여 생활의 근거를 상실하게 되는 이주민들을 위하여 사업시행자가 기본적인 생활시설이 포함된 택지를 조성하거나 그 지상에 주택을 건설하여 이주자들에게 이를 그 투입비용 원가만의 부담하에 개별 공급하는 것으로서, 그 본래의 취지에 있어 이주자들에 대하여 종전의 생활상태를 원상으로 회복시키면서 동시에 인간다운 생활을 보장하여 주기 위한 이른바 생활보상의 일환으로 국가의 적극적이고 정책적인 배려에 의하여 마련된 제도이다.

② 반대의견

공공용지의 취득 및 손실보상에 관한 특례법에 의한 이주대책은 학설상 이른바 생활보상으로서 실체적 권리인 손실보상의 한 형태로 파악되고 있으며 대법원 판례도 이를 실체법상의 권리로 인정하여, 민사소송으로 이주대책에 의한 주택수분양권의 확인소송을 허용했었다. 이주대책은 경우에 따라 택지 또는 주택의 분양이나 이주정착금으로 보상되는바, 이주정착금이 손실보상금의 일종이므로 통상의 각종 보상금처럼 실체적 권리가 되는 것을 부정할 수 없을 것이고, 이주대책에 의한 주택분양을 구 주택건설촉진법 제32조(1994.1.7. 법률 제4724호로 개정되기 전의 것), 주택공급에 관한 규칙 제15조에 의하여 공급주택의 10% 범위 내에서 위 규칙 소정의 특별공급 대상자에게 그 절차적 신청권만을 부여하는 주택공급(특별공급)과 구별을 하지 않고 있는 것이다.

③ 반대보충의견

공공용지의 취득 및 손실보상에 관한 특례법 제8조 제1항의 이주대책은 사업시행자가 이주자에 대한 은혜적인 배려에서 임의적으로 수립 시행해 주는 것이 아니라 이주자에 대하여 종전의 재산상태가 아닌 생활상태로 원상회복시켜 주기 위한 생활보상의 일환으로 마련된 제도로서, 헌법 제23조 제3항이 규정하는 손실보상의 한 형태라고 보아야 한다.

> 종전 판례는 수분양권지위확인소송을 인정하고 있었으나, 해당 판례 이후로 수분양권자지위확인소송이 아닌 이주대책 대상자 확인·결정거부처분에 대한 항고소송을 제기해야 한다. 다수견해는 수분양권을 절차적 권리로 보았으나, 토지보상법상 수분양권은 실체적 권리임을 밝히는 것이 반대의견 및 보충의견이다.
> 토지보상법상 이주대책의 대상자는 어느 견해에 따르든 수분양권을 취득할 것이므로 이에 대한 취득가부는 문제되지 않는다. 다만, 무허가건축물 소유자 등으로서 토지보상법상 당연 대상자가 아닌 자의 경우가 문제될 것이다.

(2) 법적 성격

이주자들에 대하여 종전의 생활상태를 원상으로 회복시키면서 동시에 인간다운 생활을 보장하여 주기 위한 이른바 생활보상의 일환으로 국가의 적극적이고 정책적인 배려에 의하여 마련된 제도라 할 것이다(대판 2003.7.25, 2001다57778; 대판 2002.3.15, 2001다67126).

(3) 확인·결정행위의 법적 성질

이주자가 수분양권을 취득하기를 희망하여 이주대책에 정한 절차에 따라 사업시행자에게 이주대책대상자 선정신청을 하고 사업시행자가 이를 받아들여 이주대책대상자로 확인·결정하여야만 비로소 구체적인 수분양권이 발생하게 되는 것이며, 이러한 사업시행자가 하는 확인·결정은 행정작용으로서의 공법상의 처분이다. 수분양권의 취득을 희망하는 이주자가 소정의 절차에 따라 이주대책대상자 선정신청을 한 데 대하여 사업시행자가 이주대책대상자가 아니라고 하여 '가' 항의 확인·결정 등의 처분을 하지 않고 이를 제외시키거나 또는 거부조치한 경우에는 이주자로서는 사업시행자를 상대로 항고소송에 의하여 그 제외처분 또는 거부처분의 취소를 구하면 될 것이고, 사업시행자가 그 확인·결정 등의 처분 이후 이를 다시 취소한 경우에도 역시 항고소송에 의하여 확인·결정 등의 취소처분의 취소를 구하면 될 것이며, 곧바로 민사소송으로 이주대책상의 수분양권의 확인 등을 구하는 것은 허용될 수 없다(대판 1994.10.25, 93다46919).

(4) 주택의 수량, 대상자 선정의 재량성

사업시행자는 이주대책기준을 정하여 이주대책대상자 중에서 이주대책을 수립·실시하여야 할 자를 선정하여 그들에게 공급할 택지 또는 주택의 내용이나 수량을 정할 수 있고 이를 정하는 데 재량을 가지므로, 이를 위해 사업시행자가 설정한 기준은 그것이 객관적으로 합리적이 아니라거나 타당하지 않다고 볼 만한 다른 특별한 사정이 없는 한 존중되어야 한다(대판 2023.7.13, 2023다214252; 대판 2010.3.25, 2009두23709).

(5) 이주대책 수립의무 및 생활기본시설이 강행규정인지(대판 2011.7.28, 2009다16834)

① 사업시행자가 직접 택지 또는 주택을 특별공급한 경우에는 특별공급계약 중 분양대금에 생활기본시설 설치비용을 포함시킨 부분이 강행법규인 구 공익사업법 제78조 제4항에 위배되어 무효이고, 사업시행자의 알선에 의하여 다른 공급자가 택지 또는 주택을 공급한 경우에는 사업시행자가 위 규정에 따라 부담하여야 할 생활기본시설 설치비용에 해당하는 금액의 지출을 면하게 되어, 결국 사업시행자는 법률상 원인 없이 생활기본시설 설치비용 상당의 이익을 얻고 그로 인하여 이주대책대상자들이 같은 금액 상당의 손해를 입게 된 것이므로, 사업시행자는 그 금액을 부당이득으로 이주대책대상자들에게 반환할 의무가 있다 할 것이다[대판 2011.6.23, 2007다63089·63096(병합) 全合 참조].

한편 사업시행자의 알선에 의하여 이주대책대상자에게 택지 또는 주택을 공급한 자는 사업시행자가 아니므로, 설령 그 공급자가 이주대책대상자와 사이에 생활기본시설 설치비용 상당액이 포함된 가격으로 공급계약을 체결하였다고 하더라도 이 부분 공급계약이 구 공익사업법 제78조 제4항에 위배되어 무효로 된다거나 그 공급자가 생활기본시설 설치비용 상당의 부당이득을 얻게 된다고 할 수는 없다.

② 공익사업의 사업주체가 이주대책대상자들에게 생활기본시설로 제공하여야 하는 도로는 길이나 폭에 관계없이 '주택단지 안의 도로를 해당 주택단지 밖에 있는 동종의 도로에 연결시키는 도로'를 모두 포함하는지 여부(적극)

(6) 이주대책대상자 요건에 사용승인이 포함되는지 여부

무허가건축물 또는 무신고건축물의 경우를 이주대책대상에서 제외하고 있을 뿐 사용승인을 받지 않은 건축물에 대하여는 아무런 규정을 두고 있지 않은 점, 건축법은 무허가건축물 또는 무신고건축물과 사용승인을 받지 않은 건축물을 요건과 효과 등에서 구별하고 있고, 허가와 사용승인은 법적 성질이 다른 점 등의 사정을 고려하여 볼 때, 건축허가를 받아 건축되었으나 사용승인을 받지 못한 건축물의 소유자는 그 건축물이 건축허가와 전혀 다르게 건축되어 실질적으로는 건축허가를 받은 것으로 볼 수 없는 경우가 아니라면 구 공익사업법 시행령 제40조 제3항 제1호에서 정한 무허가건축물의 소유자에 해당하지 않는다는 이유로 갑을 이주대책대상자에서 제외한 위 처분이 위법하다고 본 원심판단을 정당하다고 한 사례(대판 2013.8.23, 2012두24900[이주자택지공급대상제외처분취소])

(7) 이주대책대상자 부적격처분 무효등확인의소(대판 2016.7.14, 2014두43592)

① 공익사업을 위한 토지 등의 취득 및 보상에 관한 법률 시행령 부칙(2002.12.30.) 제6조의 규정 취지 및 무허가 건축물의 건축시점뿐만 아니라 소유권 또는 실질적 처분권의 취득시점까지 1989.1.24. 이전이어야 이주대책대상자의 범위에 포함되는지 여부(소극)

② 공익사업 시행자가 구체적인 이주대책을 수립하면서 법령이 정한 것 외의 추가적인 요건을 두는 방법으로 법이 정한 이주대책대상자를 배제할 수 있는지 여부(소극)

(8) 2차거부처분과 소의 대상

수익적 행정처분을 구하는 신청에 대한 거부처분은 당사자의 신청에 대하여 관할 행정청이 이를 거절하는 의사를 대외적으로 명백히 표시함으로써 성립된다. 거부처분이 있은 후 당사자가 다시 신청을 한 경우에는 신청의 제목 여하에 불구하고 그 내용이 새로운 신청을 하는 취지라면 관할 행정청이 이를 다시 거절하는 것은 새로운 거부처분이라고 보아야 한다(대판 2021.1.14, 2020두50324).

2. 상가용지 공급 관련 판례

공익사업을 위한 토지 등의 취득 및 보상에 관한 법률은 제78조 제1항에서 "사업시행자는 공익사업의 시행으로 인하여 주거용 건축물을 제공함에 따라 생활의 근거를 상실하게 되는 자(이하 '이주대책대상자'라 한다)를 위하여 대통령령으로 정하는 바에 따라 이주대책을 수립·실시하거나 이주정착금을 지급하여야 한다."고 규정하고 있을 뿐, 생활대책용지의 공급과 같이 공익사업 시행 이전과 같은 경제수준을 유지할 수 있도록 하는 내용의

생활대책에 관한 분명한 근거 규정을 두고 있지는 않으나, 사업시행자 스스로 공익사업의 원활한 시행을 위하여 필요하다고 인정함으로써 생활대책을 수립·실시할 수 있도록 하는 내부규정을 두고 있고 내부규정에 따라 생활대책대상자 선정기준을 마련하여 생활대책을 수립·실시하는 경우에는, 이러한 생활대책 역시 "공공필요에 의한 재산권의 수용·사용 또는 제한 및 그에 대한 보상은 법률로써 하되, 정당한 보상을 지급하여야 한다."고 규정하고 있는 헌법 제23조 제3항에 따른 정당한 보상에 포함되는 것으로 보아야 한다. 따라서 이러한 생활대책 대상자 선정기준에 해당하는 자는 사업시행자에게 생활대책대상자 선정 여부의 확인·결정을 신청할 수 있는 권리를 가지는 것이어서, 만일 사업시행자가 그러한 자를 생활대책대상자에서 제외하거나 선정을 거부하면, 이러한 생활대책대상자 선정기준에 해당하는 자는 사업시행자를 상대로 항고소송을 제기할 수 있다고 보는 것이 타당하다(대판 2011.10.13, 2008두17905).

3. 이사비와 주거이전비

① 이사비의 보상대상자

이사비 보상대상자는 공익사업시행지구에 편입되는 주거용 건축물의 거주자로서 공익사업의 시행으로 인하여 이주하게 되는 자로 보는 것이 타당하다(대판 2010.11.11, 2010두5332).

② 주거이전비와 이사비의 성격

공익사업의 시행에 따라 이주하는 주거용 건축물의 세입자에게 지급하는 주거이전비와 이사비는 해당 공익 사업시행지구 안에 거주하는 세입자들의 조기이주를 장려하여 사업추진을 원활하게 하려는 정책적 목적과 주거이전으로 인하여 특별한 어려움을 겪게 될 세입자들을 대상으로 하는 사회보장적인 차원에서 지급하는 금원의 성격을 갖는다 할 것이다(대판 2006.4.27, 2006두2435).

③ 주거이전비 및 이사비 지급의무의 이행지체 책임 기산시점(= 채무자가 이행청구를 받은 다음날)

주거이전비 및 이사비의 지급의무는 사업인정고시일 등 당시 또는 공익사업을 위한 관계 법령에 의한 고시 등이 있은 당시에 바로 발생한다. 그러나 그 지급의무의이행기에 관하여는 관계 법령에 특별한 규정이 없으므로, 위 주거이전비 및 이사비의 지급의무는 이행기의 정함이 없는 채무로서 채무자는 이행청구를 받은 다음날부터 이행지체 책임이 있다(대판 2012.4.26, 2010두7475).

④ 공익사업시행지구에 편입되는 주거용 건축물의 소유자 또는 세입자가 아닌 가구원이 사업시행자를 상대로 직접 주거이전비지급을 구할 수 있는지 여부

주거이전비는 가구원 수에 따라 소유자 또는 세입자에게 지급되는 것으로서 소유자와 세입자가 지급청구권을 가지는 것으로 보아야 하므로, 소유자 또는 세입자가 아닌 가구원은 사업시행자를 상대로 직접 주거이전비 지급을 구할 수 없다(대판 2011.8.25, 2010두4131).

⑤ 구 공익사업을 위한 토지 등의 취득 및 보상에 관한 법률 시행규칙 제54조 제2항 단서에서 주거이전비 보상 대상자로 정한 '무허가건축물 등에 입주한 세입자'에 공부상 주거용 용도가 아닌 건축물을 임차한 후 임의로 주거용으로 용도를 변경하여 거주한 세입자가 해당하는지 여부(소극)(대판 2013.5.23, 2012두11072)

⑥ 주거이전비 소송형식

세입자의 주거이전비 보상청구권은 공법상 권리이고, 따라서 그 보상을 둘러싼 쟁송은 민사소송이 아니라 공법상의 법률관계를 대상으로 하는 행정소송에 의하여야 한다. 세입자의 주거이전비 보상청구권은 그 요건을 충족하는 경우에 당연히 발생하는 것이므로, 주거이전비 보상청구소송은 행정소송법 제3조 제2호에 규정된 당사자소송에 의하여야 한다. 세입자의 주거이전비 보상에 관하여 재결이 이루어진 다음 세입자가 보상금의 증감을 다투는 경우에는 법 제85조 제2항에 규정된 행정소송에 따라, 보상금 증감 이외의 부분을 다투는 경우에는 같은 조 제1항에 규정된 행정소송에 따라 권리구제를 받을 수 있다(대판 2008.5.29, 2007다8129).

⑦ 시행규칙 제54조 제2항 "사업의 시행으로 인하여 이주하게 되는 경우"의 의미

'정비사업의 시행으로 인하여 이주하게 되는 경우'에 해당하는지는 세입자의 점유권원의 성격, 세입자와 건축물 소유자와의 관계, 계약기간의 종기 및 갱신 여부, 실제 거주기간, 세입자의 이주시점 등을 종합적으로

고려하여 판단하여야 한다. 이러한 주거이전비 지급요건을 충족하는지는 주거이전비의 지급을 구하는 세입자 측에 주장·증명책임이 있다고 할 것이나, 세입자에 대한 주거이전비의 보상 방법 및 금액 등의 보상내용은 원칙적으로 사업시행계획 인가고시일에 확정되므로, 세입자가 사업시행계획 인가고시일까지 해당 주거용 건축물에 계속 거주하고 있었다면 특별한 사정이 없는 한 정비사업의 시행으로 인하여 이주하게 되는 경우에 해당한다고 보는 것이 타당하다(대판 2023.7.27, 2022두44392).

제78조의2(공장의 이주대책 수립 등)

공장부지 협의 양도/수용 + 더 이상 해당 지역에서 공장을 가동할 수 없게 된 자가 희망하는 경우 「산업입지 및 개발에 관한 법률」에 따라 지정·개발된 인근 산업단지에 입주하게 하는 등 대통령령으로 정하는 이주대책에 관한 계획을 수립하여야 한다.

제79조(그 밖의 토지에 관한 비용보상 등)

① 사업시행자는 공익사업의 시행으로 인하여 취득하거나 사용하는 토지(잔여지를 포함한다) 외의 토지에 통로·도랑·담장 등의 신설이나 그 밖의 공사가 필요할 때에는 그 비용의 전부 또는 일부를 보상하여야 한다. 다만, 그 토지에 대한 공사의 비용이 그 토지의 가격보다 큰 경우에는 사업시행자는 그 토지를 매수할 수 있다.
② 공익사업이 시행되는 지역 밖에 있는 토지 등이 공익사업의 시행으로 인하여 본래의 기능을 다할 수 없게 되는 경우에는 국토교통부령으로 정하는 바에 따라 그 손실을 보상하여야 한다.
③ 사업시행자는 제2항에 따른 보상이 필요하다고 인정하는 경우에는 제15조에 따라 보상계획을 공고할 때에 보상을 청구할 수 있다는 내용을 포함하여 공고하거나 대통령령으로 정하는 바에 따라 제2항에 따른 보상에 관한 계획을 공고하여야 한다.
④ 제1항 내지 제3항까지 외에 공익사업의 시행으로 인하여 발생하는 손실의 보상 등에 대하여는 국토교통부령으로 정하는 기준에 따른다.
⑤ 공사완료일로부터 1년 이내에 청구할 수 있다.
⑥ 제1항 단서에 따른 토지의 취득 시 사업인정 및 사업인정고시가 된 것으로 본다.

관련판례

1. 간접손실보상의 법적 근거
수산업협동조합이 수산물 위탁판매장을 운영하면서 위탁판매수수료를 지급받아왔고, 그 운영에 대하여는 구 수산자원보호령 제21조 제1항에 의하여 그 대상지역에서의 독점적 지위가 부여되어 있었는데, 공유수면매립사업의 시행으로 그 사업대상지역에서 어업활동을 하던 조합원들의 조업이 불가능하게 되어 일부 위탁판매장에서의 위탁판매사업을 중단하게 된 경우, 그로 인해 수산업협동조합이 상실하게 된 위탁판매수수료 수입은 사업시행자의 매립사업으로 인한 직접적인 영업손실이 아니고 간접적인 영업손실이라고 하더라도 피침해자인 수산업협동조합이 공공의 이익을 위하여 당연히 수인하여야 할 재산권에 대한 제한의 범위를 넘어 수산업협동조합의 위탁판매사업으로 얻고 있는 영업상의 재산이익을 본질적으로 침해하는 특별한 희생에 해당하고, 사업시행자는 공유수면매립면허 고시 당시 그 매립사업으로 인하여 위와 같은 영업손실이 발생한다는 것을 상당히 확실하게 예측할 수 있었고 그 손실의 범위도 구체적으로 확정할 수 있으므로, 위 위탁판매수수료 수입손실은 헌법

제23조 제3항에 규정한 손실보상의 대상이 되고, 그 손실에 관하여 구 공유수면매립법 또는 그 밖의 법령에 직접적인 보상규정이 없더라도 공공용지의 취득 및 손실보상에 관한 특례법 시행규칙상의 각 규정을 유추적용하여 그에 관한 보상을 인정하는 것이 타당하다(대판 1999.10.8, 99다27231).

2. **간접손실보상의 요건(관련규정 유추적용 가능요건)**

공공사업의 시행으로 인하여 그러한 손실이 발생하리라는 것을 쉽게 예견할 수 있고 그 손실의 범위도 구체적으로 특정할 수 있는 경우라면 그 손실의 보상에 관하여 공공용지의 취득 및 손실보상에 관한 특례법 시행규칙의 관련 규정 등을 유추적용할 수 있다고 해석함이 상당하다(대판 1999.6.11, 97다56150; 대판 2004.9.23, 2004다25581).

3. **간접침해**

환경정책기본법 제31조 제1항 및 제3조 제1호, 제3호, 제4호에 의하면, 사업장 등에서 발생되는 환경오염으로 인하여 피해가 발생한 경우에는 해당 사업자는 귀책사유가 없더라도 그 피해를 배상하여야 하고, 위 환경오염에는 소음·진동으로 사람의 건강이나 환경에 피해를 주는 것도 포함되므로, 피해자들의 손해에 대하여 사업자는 그 귀책사유가 없더라도 특별한 사정이 없는 한 이를 배상할 의무가 있다(대판 2001.2.9, 99다55434).

4. **간접손실과 손해배상 경합(철도시설 운영으로 인한 소음, 진동 등에 의한 잠업사 피해)(대판 2019.11.28, 2018두227)**

① **휴업이 불가피한 경우의 의미(시행규칙 제64조 제1항 제2호)**

공익사업의 시행 또는 시행 당시 발생한 사유로 휴업이 불가피한 경우만을 의미하는 것이 아니라 공익사업의 시행 결과, 즉 그 공익사업의 시행으로 설치되는 시설의 형태·구조·사용 등에 기인하여 휴업이 불가피한 경우도 포함된다고 해석함이 타당하다.

② **손실보상청구권과 손해배상청구권 병합**

토지보상법상 손실보상과 환경정책기본법상 손해배상은 근거 규정과 요건·효과를 달리하는 것으로서, 각 요건이 충족되면 성립하는 별개의 청구권이다. 양자의 청구권이 동시에 성립하더라도 영업자는 어느 하나만을 선택적으로 행사할 수 있을 뿐이고, 양자의 청구권을 동시에 행사할 수는 없다. 또한 '해당 사업의 공사완료일로부터 1년'이라는 손실보상 청구기간이 도과하여 손실보상청구권을 더 이상 행사할 수 없는 경우에도 손해배상의 요건이 충족되는 이상 여전히 손해배상청구는 가능하다.

③ **재결전치주의**

토지보상법 제34조, 제50조 등에 규정된 재결절차를 거친 다음 그 재결에 대하여 불복이 있는 때에 비로소 토지보상법 제83조 내지 제85조에 따라 권리구제를 받을 수 있을 뿐이다. 이러한 재결절차를 거치지 않은 채 곧바로 사업시행자를 상대로 손실보상을 청구하는 것은 허용되지 않는다.

④ **보상금증감청구소송 상대방(보상대상 거부재결)**

피보상자는 관할 토지수용위원회를 상대로 그 재결에 대한 취소소송을 제기할 것이 아니라, 사업시행자를 상대로 공익사업을 위한 토지 등의 취득 및 보상에 관한 법률 제85조 제2항에 따른 보상금증감소송을 제기하여야 한다.

제80조(손실보상의 협의·재결)

① 제79조 제1항 및 제2항에 따른 비용 또는 손실이나 토지의 취득에 대한 보상은 사업시행자와 손실을 입은 자가 협의하여 결정한다.

② 협의불성립 시 사업시행자나 손실을 입은 자는 관할 토수위에 재결을 신청할 수 있다.

제81조(보상업무 등의 위탁)

1. 지방자치단체
2. 보상실적이 있거나 보상업무에 관한 전문성이 있는 공공기관 또는 지방공사로서 대통령령으로 정하는 기관

제82조(보상협의회)

지방자치단체의 장은 필요한 경우 보상협의회 둘 수 있다(공익사업지구 면적이 10만제곱미터 이상이고, 토지 등의 소유자가 50인 이상인 경우에는 필수적으로 보상협의회를 두어야 한다).
1. 보상액 평가를 위한 사전 의견수렴에 관한 사항
2. 잔여지의 범위 및 이주대책 수립에 관한 사항
3. 해당 사업지역 내 공공시설의 이전 등에 관한 사항
4. 토지소유자나 관계인 등이 요구하는 사항 중 지방자치단체의 장이 필요하다고 인정하는 사항
5. 그 밖에 지방자치단체의 장이 회의에 부치는 사항

제7장 이의신청 등

제83조(이의의 신청)

제34조 재결서 정본을 받은 날부터 30일 이내에 중토위에 이의신청(지토위는 지토위를 거쳐 중토위에 이의신청)

제84조(이의신청에 대한 재결)

① 중토위는 제34조 재결이 위법/부당한 경우 전부 또는 일부를 취소하거나 보상액을 변경할 수 있다.
② 보상금이 늘어난 경우 사업시행자는 재결의 취소 또는 변경의 재결서 정본을 받은 날부터 30일 이내에 보상금을 받을 자에게 그 늘어난 보상금을 지급하여야 한다(제40조 제2항 제1호·제2호 또는 제4호에 해당할 때에는 그 금액을 공탁 가능).

제85조(행정소송의 제기)

① 사업시행자, 토지소유자 또는 관계인은 제34조 재결서 받은 날부터 90일 이내에, 이의신청에 대한 재결서를 받은 날부터 60일 이내에 소송 가능. 사업시행자는 행정소송을 제기하기 전에 제84조에 따라 늘어난 보상금을 공탁하여야 하며, 보상금을 받을 자는 공탁된 보상금을 소송이 종결될 때까지 수령할 수 없다.
② 보상금의 증감(增減)에 관한 소송인 경우, 사업자와 토지소유자 등은 각각 피고

1. 재결의 불복(원처분주의)

공익사업을 위한 토지 등의 취득 및 보상에 관한 법률 제85조 제1항 전문의 문언 내용과 같은 법 제83조, 제85조가 중앙토지수용위원회에 대한 이의신청을 임의적 절차로 규정하고 있는 점, 행정소송법 제19조 단서가 행정심판에 대한 재결은 재결 자체에 고유한 위법이 있음을 이유로 하는 경우에 한하여 취소소송의 대상으로 삼을 수 있도록 규정하고 있는 점 등을 종합하여 보면, 수용재결에 불복하여 취소소송을 제기하는 때에는 이의신청을 거친 경우에도 수용재결을 한 중앙토지수용위원회 또는 지방토지수용위원회를 피고로 하여 수용재결의 취소를 구하여야 하고, 다만 이의신청에 대한 재결 자체에 고유한 위법이 있음을 이유로 하는 경우에는 그 이의재결을 한 중앙토지수용위원회를 피고로 하여 이의재결의 취소를 구할 수 있다고 보아야 한다(대판 2010.1.28, 2008두1504).

2. 이의재결을 거친 경우의 제소기간

이의신청에 대한 재결서의 정본이 송달되지 아니하였어도, 이의신청에 대한 재결이 있은 사실과 재결의 내용을 알 수 있었다면 행정소송의 제소기간이 진행되는지 여부(소극)(대판 1992.7.28, 91누12905)

3. 보상금증감청구소송의 심리범위(보상항목 간 유용)(대판 2018.5.15, 2017두41221)

[1] 공익사업을 위한 토지 등의 취득 및 보상에 관한 법률상 피보상자 또는 사업시행자가 여러 보상항목들 중 일부에 대해서만 개별적으로 불복의 사유를 주장하여 행정소송을 제기할 수 있는지 여부(적극) 및 이러한 보상금 증감 소송에서 법원의 심판 범위/법원이 구체적인 불복신청이 있는 보상항목들에 관해서 감정을 실시하는 등 심리한 결과, 재결에서 정한 보상금액이 일부 보상항목의 경우 과소하고 다른 보상항목의 경우 과다한 것으로 판명된 경우, 보상항목 상호 간의 유용을 허용하여 정당한 보상금을 결정할 수 있는지 여부(적극)

[2] 피보상자가 여러 보상항목들에 관해 불복하여 보상금증액청구소송을 제기하였으나, 그중 일부 보상항목에 관해 법원감정액이 재결감정액보다 적게 나온 경우, 피보상자는 해당 보상항목에 관해 불복신청이 이유 없음을 자인하는 진술을 하거나 불복신청을 철회함으로써 해당 보상항목을 법원의 심판범위에서 제외하여 달라는 소송상 의사표시를 할 수 있는지 여부(적극) / 사업시행자가 피보상자의 보상금증액청구소송을 통해 감액청구권을 실현하려는 기대에서 제소기간 내에 별도의 보상금감액청구소송을 제기하지 않았는데 피보상자가 위와 같은 의사표시를 하는 경우, 사업시행자는 법원 감정 결과를 적용하여 과다 부분과 과소 부분을 합산하여 처음 불복신청된 보상항목들 전부에 관하여 정당한 보상금을 산정하여 달라는 소송상 의사표시를 할 수 있는지 여부(적극) / 이러한 법리는 정반대 상황의 경우에도 마찬가지로 적용되는지 여부(적극)

4. 토지수용위원회가 보상대상에 해당하지 않는다고 잘못된 내용을 재결한 경우

관할 토지수용위원회를 상대로 그 재결에 대한 취소소송을 제기할 것이 아니라, 사업시행자를 상대로 공익사업을 위한 토지 등의 취득 및 보상에 관한 법률 제85조 제2항에 따른 보상금증감소송을 제기하여야 한다(대판 2019.11.28, 2018두227; 대판 2018.7.20, 2015두4044).

5. 지연이자

손실보상금지급의무는 그 수용시기로부터 발생하고, 재결절차에서 정한 보상액과 행정소송절차에서 정한 보상액과의 차액 역시 수용과 대가관계에 있는 손실보상의 일부이므로 위 차액이 수용의 시기에 지급되지 않은 이상, 이에 대하여는 지연손해금이 발생한다(대판 1992.9.14, 91누11254).

제86조(이의신청에 대한 재결의 효력)

제85조 제1항에 따른 기간 이내에 소송이 제기되지 아니하거나 그 밖의 사유로 이의신청에 대한 재결 확정 시 「민사소송법」상의 확정판결이 있은 것으로 봄 + 재결서 정본은 집행력 있는 판결의 정본과 동일한 효력 갖음 + 재결확정증명서의 발급을 청구할 수 있음

제87조(법정이율에 따른 가산지급)

사업시행자가 제기한 행정소송이 각하·기각 또는 취하된 경우 다음 각 호의 어느 하나에 해당하는 날부터 판결일 또는 취하일까지의 기간에 대하여 「소송촉진 등에 관한 특례법」 제3조에 따른 법정이율을 적용하여 산정한 금액을 보상금에 가산하여 지급하여야 한다.
1. 재결이 있은 후 소송을 제기하였을 때에는 재결서 정본을 받은 날
2. 이의신청에 대한 재결이 있은 후 소송을 제기하였을 때에는 그 재결서 정본을 받은 날

관련판례

사업시행자가 수용재결에 불복하여 이의신청을 한 후 다시 이의재결에 불복하여 행정소송을 제기하였으나 행정소송이 각하·기각 또는 취하된 경우, 지연가산금에 관한 공익사업을 위한 토지 등의 취득 및 보상에 관한 법률 제87조 제1호가 적용되는지 문제 된 사안에서, 위 경우 공익사업을 위한 토지 등의 취득 및 보상에 관한 법률 제87조 제2호가 적용되어 사업시행자는 이의재결서 정본을 받은 날부터 판결일 또는 취하일까지의 기간에 대하여 지연가산금을 지급할 의무가 있고, 위 경우에까지 공익사업을 위한 토지 등의 취득 및 보상에 관한 법률 제87조 제1호가 동시에 적용되지 않는다고 한 사례(대판 2022.4.14, 2021두57667)

제88조(처분효력의 부정지)

이의신청/행정소송의 제기는 사업의 진행 및 토지의 수용 또는 사용을 정지시키지 아니함

제89조(대집행)

이 법 또는 이 법에 따른 처분으로 인한 의무를 이행하여야 할 자가 그 정하여진 기간 이내에 의무를 불이행/완료하기 어려운 경우/의무자가 이행 시 현저히 공익 저해 시 시도시군구에게 대집행신청(정당한 사유 없으면 실행해야 함)(국가 지단은 직접 실행) + 국가 지단은 의무이행자 보호노력 촉구

관련판례

1. 인도, 이전의무가 대집행의 대상인지
   ① 도시공원시설인 매점의 관리청이 그 공동점유자 중의 1인에 대하여 소정의 기간 내에 위 매점으로부터 퇴거하고 이에 부수하여 그 판매 시설물 및 상품을 반출하지 아니할 때에는 이를 대집행하겠다는 내용의 계고처분은 그 주된 목적이 매점의 원형을 보존하기 위하여 점유자가 설치한 불법 시설물을 철거하고자 하는 것이 아니라, 매점에 대한 점유자의 점유를 배제하고 그 점유이전을 받는 데 있다고 할 것인데, 이러한 의무는 그것을 강제적으로 실현함에 있어 직접적인 실력행사가 필요한 것이지 대체적 작위의무에 해당하는

것은 아니어서 직접강제의 방법에 의하는 것은 별론으로 하고 행정대집행법에 의한 대집행의 대상이 되는 것은 아니다(대판 1998.10.23, 97누157).

② 피수용자 등이 기업자에 대하여 부담하는 수용대상토지의 인도의무에 관한 구 토지수용법 제63조, 제77조 규정에서의 '인도'에는 명도도 포함되는 것으로 보아야 하고, 이러한 명도의무는 그것을 강제적으로 실현하면서 직접적인 실력행사가 필요한 것이지 대체적 작위의무라고 볼 수 없으므로 특별한 사정이 없는 한 행정대집행법에 의한 대집행의 대상이 될 수 있는 것이 아니다(대판 2005.8.19, 2004다2809).

③ 피수용자 등이 기업자에 대하여 부담하는 수용대상토지의 인도 또는 그 지장물의 명도의무 등이 비록 공법상의 법률관계라고 하더라도, 그 권리를 피보전권리로 하는 명도단행가처분은 그 권리에 끼칠 현저한 손해를 피하거나 급박한 위험을 방지하기 위하여 또는 그 밖의 필요한 이유가 있을 경우에는 허용될 수 있다(대판 2005.8.19, 2004다2809).

2. 철거의무 약정이 공법상 의무가 되는지 여부

행정대집행법상 대집행의 대상이 되는 대체적 작위의무는 공법상 의무이어야 할 것인데, 토지 등의 협의취득은 공공사업에 필요한 토지 등을 그 소유자와의 협의에 의하여 취득하는 것으로서 공공기관이 사경제주체로서 행하는 사법상 매매 내지 사법상 계약의 실질을 가지는 것이므로, 그 협의취득 시 건물소유자가 매매대상 건물에 대한 철거의무를 부담하겠다는 취지의 약정을 하였다고 하더라도 이러한 철거의무는 공법상의 의무가 될 수 없고, 이 경우에도 행정대집행법을 준용하여 대집행을 허용하는 별도의 규정이 없는 한 위와 같은 철거의무는 행정대집행법에 의한 대집행의 대상이 되지 않는다.

협의취득 시 건물소유자가 협의취득대상 건물에 대하여 약정한 철거의무는 공법상 의무가 아닐 뿐만 아니라, 공익사업을 위한 토지 등의 취득 및 보상에 관한 법률 제89조에서 정한 행정대집행법의 대상이 되는 '이 법 또는 이 법에 의한 처분으로 인한 의무'에도 해당하지 아니하므로 위 철거의무에 대한 강제적 이행은 행정대집행 법상 대집행의 방법으로 실현할 수 없다(대판 2006.10.13, 2006두7096).

3. 토지보상법 제88조 '기간 내에 완료할 가망이 없는 경우' 의미

"기간 내에 완료할 가망이 없는 경우"라고 함은 그 의무의 내용과 이미 이루어진 이행의 정도 및 이행의 의사 등에 비추어 해당 의무자가 그 기한 내에 의무이행을 완료하지 못할 것이 명백하다고 인정되는 경우를 말한다(대판 2002.11.13, 2002도4582).

4. 1장의 문서로 철거명령과 계고처분이 이루어진 경우

계고서라는 명칭의 1장의 문서로서 일정 기간 내에 철거할 것을 명함과 동시에 소정기간 내에 철거하지 않는 경우 대집행을 할 뜻을 계고한 경우 철거명령과 계고처분은 독립하여 있는 것으로서 각 그 요건이 충족되었다고 볼 것이다. 이에 대해 다수견해는 대집행법 제3조가 상대방에게 부여한 상당한 기간의 이익을 박탈하는 것이므로 위법하다고 보아야 한다고 한다.

5. 공작물철거 후 토지인도명령의 처분성 여부

수용재결이 있는 경우 제43조는 인도, 이전의무를 부과하고 있는데, 공작물이전명령 및 토지인도명령은 이에 근거하거나 위 법령상의 의무를 확인시켜주는 행위로 볼 수 있다.

6. 협의 내용 미이행 시 대행, 대집행 준용 여부

행정대집행법상 대집행의 대상이 되는 대체적 작위의무는 공법상 의무이어야 할 것인데, 협의취득은 공공사업에 필요한 토지 등을 그 소유자와의 협의에 의하여 취득하는 것으로서 공공기관이 사경제주체로서 행하는 사법상 매매 내지 사법상 계약의 실질을 가지는 것이므로, 그 협의취득 시 건물소유자가 매매대상 건물에 대한 철거의무를 부담하겠다는 취지의 약정을 하였다고 하더라도 이러한 철거의무는 공법상의 의무가 될 수 없고, 이 경우에도 행정대집행법을 준용하여 대집행을 허용하는 별도의 규정이 없는 한 위와 같은 철거의무는 행정대집행법에 의한 대집행의 대상이 되지 않는다(대판 2006.10.13, 2006두7096).

제90조(강제징수)

대행비용은 지방세 체납처분의 예에 따라 징수할 수 있다.

제8장 환매권

제91조(환매권)

① 공익사업의 폐지·변경 또는 그 밖의 사유로 취득한 토지의 전부 또는 일부가 필요 없게 된 경우 토지의 협의취득일 또는 수용의 개시일 당시의 토지소유자 또는 그 포괄승계인은 다음 각 호의 구분에 따른 날부터 10년 이내에 그 토지에 대하여 받은 보상금에 상당하는 금액을 사업시행자에게 지급하고 그 토지를 환매할 수 있다(잔여지만의 환매신청은 불가).

  1. 사업의 폐지·변경으로 취득한 토지의 전부 또는 일부가 필요 없게 된 경우 : 관계 법률에 따라 사업이 폐지·변경된 날 또는 제24조에 따른 사업의 폐지·변경 고시가 있는 날

  2. 그 밖의 사유로 취득한 토지의 전부 또는 일부가 필요 없게 된 경우 : 사업완료일

② 취득일부터 5년 이내에 취득한 토지의 전부를 해당 사업에 이용하지 아니하였을 때에는 환매권은 취득일부터 6년 이내에 행사하여야 한다.

④ 토지의 가격이 취득일 당시에 비하여 현저히 변동된 경우 사업시행자와 환매권자는 환매금액에 대하여 서로 협의하되, 협의가 성립되지 아니하면 그 금액의 증감을 법원에 청구할 수 있다.

⑤ 협의취득 또는 수용의 등기가 되었을 때에는 제3자에게 대항할 수 있다.

⑥ 국가, 지방자치단체 또는 공공기관이 사업인정을 받아 공익사업에 필요한 토지를 협의취득하거나 수용한 후 해당 공익사업이 제4조 제1호부터 제5호까지에 규정된 다른 공익사업(별표에 따른 사업이 제4조 제1호부터 제5호까지에 규정된 공익사업에 해당하는 경우를 포함한다)으로 변경된 경우 제1항 및 제2항에 따른 환매권 행사기간은 관보에 해당 공익사업의 변경을 고시한 날부터 기산(起算)한다. + 공익사업이 변경된 사실을 환매권자에게 통지하여야 한다.

> **관련판례**
>
> **1. 환매권의 근거**(토지소유자의 감정의 존중, 공평의 원칙 및 재산권 존속보장)
> ① 환매권을 인정하고 있는 입법이유는, 완전보상 이후에도 피수용자의 감정상의 손실이 남아 있으므로 그 감정상의 손실을 수인할 공익상의 필요가 소멸된 때에는 원소유자의 의사에 따라 그 토지 등의 소유권을 회복시켜 주는 것이 공평의 원칙에 부합한다는 데에 있다(대판 1992.4.28, 91다29927).
> ② 환매권은 헌법이 보장하는 재산권의 내용에 포함되는 권리라고 보는 것이 상당하다(헌재 1998.12.24, 97헌마87).

2. 법적 근거(법률상 권리설)

환매권은 공공의 목적을 위하여 수용 또는 협의취득된 토지의 원소유자 또는 그 포괄승계인에게 재산권보장과 관련하여 공평의 원칙상 인정하고 있는 권리로서 민법상의 환매권과는 달리 법률의 규정에 의하여서만 인정된다(대판 1993.6.29, 91다43480).

3. 해당 사업의 폐지변경 기타의 사유로 필요 없게 된 때

'해당 사업'이란 토지의 협의취득 또는 수용의 목적이 된 구체적인 특정 공익사업을 가리키는 것이고, 취득한 토지의 전부 또는 일부가 '필요 없게 된 때'란 사업시행자가 취득한 토지의 전부 또는 일부가 취득 목적사업을 위하여 사용할 필요 자체가 없어진 경우를 말하며, 협의취득 또는 수용된 토지가 필요 없게 되었는지는 사업시행자의 주관적인 의사를 표준으로 할 것이 아니라 해당 사업의 목적과 내용, 협의취득의 경위와 범위, 해당 토지와 사업의 관계, 용도 등 제반 사정에 비추어 객관적·합리적으로 판단하여야 한다(대판 2019.10.31, 2018다233242).

4. 취득한 토지의 전부를 사업에 이용하지 아니한 때

"취득한 토지 전부"가 공공사업에 이용되지 아니한 경우에 한하여 환매권을 행사할 수 있고 그중 일부라도 공공사업에 이용되고 있으면 나머지 부분에 대하여도 장차 공공사업이 시행될 가능성이 있는 것으로 보아 환매권의 행사를 허용하지 않는다는 취지이므로, 이용하지 아니하였는지 여부도 그 취득한 토지 전부를 기준으로 판단할 것이고, 필지별로 판단할 것은 아니라 할 것이다(대판 1995.2.10, 94다31310).

5. 환매권 행사요건(사업인정 무효인 경우)

도시계획시설사업의 시행자로 지정되어 그 도시계획시설사업의 수행을 위하여 필요한 토지를 협의취득하였다고 하더라도, 시행자 지정이 처음부터 효력이 없거나 토지의 취득 당시 해당 도시계획시설사업의 법적 근거가 없었던 것으로 볼 수 있는 등 협의취득이 당연무효인 경우, 협의취득일 당시의 토지소유자가 소유권에 근거하여 등기 명의를 회복하는 방식 등으로 권리를 구제받는 것은 별론으로 하더라도 토지보상법 제91조 제1항에서 정하고 있는 환매권을 행사할 수는 없다고 봄이 타당하다(대판 2021.4.29, 2020다280890).

6. 환매절차

환매는 환매기간 내에 환매의 요건이 발생하면 환매권자가 환매대금을 지급하고 일방적으로 환매의 의사표시를 함으로써 사업시행자의 의사여하에 관계없이 그 환매가 성립되는 것이다(대판 1987.4.14, 86다324).

7. 환매금액

환매는 환매기간 내에 환매의 요건이 발생하면 환매권자가 수령한 보상금의 상당금액을 사업시행자에게 미리 지급하고 일방적으로 매수의 의사표시를 함으로써 사업시행자의 의사와 관계없이 환매가 성립되는 것이고, 토지 등의 가격이 취득 당시에 비하여 현저히 변경되었더라도 같은 법 제9조 제3항에 의하여 당사자 간에 금액에 대하여 협의가 성립되거나 토지수용위원회의 재결에 의하여 그 금액이 결정되지 않는 한 그 가격이 현저히 등귀된 경우이거나 하락한 경우이거나를 묻지 않고 환매권을 행사하기 위하여는 수령한 보상금의 상당금액을 미리 지급하여야 하고 또한 이로써 족하다(대판 1994.5.24, 93누17225).

8. 공익사업변환과 환매권(환매권 행사의 제한)

(1) 공익사업변환의 위헌성

공익사업의 원활한 시행을 확보하기 위한 목적에서 신설된 것으로 우선 그 입법목적에 있어서 정당하고 나아가 변경사용이 허용되는 사업시행자의 범위를 국가·지방자치단체 또는 공공기관으로 한정하고 사업목적 또는 상대적으로 공익성이 높은 (구)토지수용법 제3조 제1호 내지 제4호의 공익사업으로 한정하여 규정하고 있어서 그 입법목적 달성을 위한 수단으로서의 적정성이 인정될 뿐 아니라 피해최소성의 원칙

및 법익균형의 원칙에도 부합된다 할 것이므로 위 법률조항은 헌법 제37조 제2항이 규정하는 기본권 제한에 관한 과잉금지의 원칙에 위배되지 아니한다(헌재 1997.6.26, 96헌바94).

(2) 공익사업변환취지 및 주체가 국가 등이어야 하는지

토지보상법 제91조 제6항의 입법 취지와 문언, 1981.12.31. 구 토지수용법(2002.2.4. 법률 제6656호로 제정된 토지보상법 부칙 제2조에 의하여 폐지)의 개정을 통해 처음 마련된 공익사업변환 제도는 기존에 공익사업을 위해 수용된 토지를 그 후의 사정변경으로 다른 공익사업을 위해 전용할 필요가 있는 경우에는 환매권을 제한함으로써 무용한 수용절차의 반복을 피하자는 데 주안점을 두었을 뿐 변경된 공익사업의 사업주체에 관하여는 큰 의미를 두지 않았던 점, 민간기업이 관계 법률에 따라 허가·인가·승인·지정 등을 받아 시행하는 도로, 철도, 항만, 공항 등의 건설사업의 경우 공익성이 매우 높은 사업임에도 사업시행자가 민간기업이라는 이유만으로 공익사업의 변환을 인정하지 않는다면 공익사업변환 제도를 마련한 취지가 무색해지는 점, 공익사업의 변환이 일단 토지보상법 제91조 제6항에 정한 '국가·지방자치단체 또는 공공기관의 운영에 관한 법률 제4조에 따른 공공기관 중 대통령령으로 정하는 공공기관(이하 '국가·지방자치단체 또는 일정한 공공기관'이라고 한다)이 협의취득 또는 수용한 토지를 대상으로 하고, 변경된 공익사업이 공익성이 높은 토지보상법 제4조 제1~5호에 규정된 사업인 경우에 한하여 허용되므로 공익사업변환 제도의 남용을 막을 수 있는 점을 종합해 보면, 변경된 공익사업이 토지보상법 제4조 제1~5호에 정한 공익사업에 해당하면 공익사업의 변환이 인정되는 것이지, 변경된 공익사업의 시행자가 국가·지방자치단체 또는 일정한 공공기관일 필요까지는 없다(대판 2015.8.19, 2014다201391).

(3) 변환사업의 사업인정 및 토지의 계속소유(대판 2010.9.30, 2010다30782)

① 새로운 공익사업에 관해서도 같은 법 제20조 제1항의 규정에 의해 사업인정을 받거나 또는 위 규정에 따른 사업인정을 받은 것으로 의제하는 다른 법률의 규정에 의해 사업인정을 받은 것으로 볼 수 있는 경우에만 공익사업의 변환에 의한 환매권 행사의 제한을 인정할 수 있다.

② 공익사업의 원활한 시행을 위한 무익한 절차의 반복 방지라는 '공익사업의 변환'을 인정한 입법 취지에 비추어 볼 때, 만약 사업시행자가 협의취득하거나 수용한 해당 토지를 제3자에게 처분해 버린 경우에는 어차피 변경된 사업시행자는 그 사업의 시행을 위하여 제3자로부터 토지를 재취득해야 하는 절차를 새로 거쳐야 하는 관계로 위와 같은 공익사업의 변환을 인정할 필요성도 없게 되므로, 공익사업의 변환을 인정하기 위해서는 적어도 변경된 사업의 사업시행자가 해당 토지를 소유하고 있어야 한다. 나아가 공익사업을 위해 협의취득하거나 수용한 토지가 제3자에게 처분된 경우에는 특별한 사정이 없는 한 그 토지는 해당 공익사업에는 필요 없게 된 것이라고 보아야 하고, 변경된 공익사업에 관해서도 마찬가지이므로, 그 토지가 변경된 사업의 사업시행자 아닌 제3자에게 처분된 경우에는 공익사업의 변환을 인정할 여지도 없다.

9. 환매금액 증감소송

구 공익사업을 위한 토지 등의 취득 및 보상에 관한 법률 제91조에 규정된 환매권의 존부에 관한 확인을 구하는 소송 및 같은 조 제4항에 따라 환매금액의 증감을 구하는 소송이 민사소송에 해당하는지 여부(적극)(대판 2013.2.28, 2010두22368[환매대금증감][미간행])

10. 동시이행항변주장 가능성

공익사업을 위한 토지 등의 취득 및 보상에 관한 법률 제91조에 의한 환매는 환매기간 내에 환매의 요건이 발생하면 환매권자가 지급받은 보상금에 상당한 금액을 사업시행자에게 미리 지급하고 일방적으로 의사표시를 함으로써 사업시행자의 의사와 관계없이 환매가 성립하고, 토지 등의 가격이 취득 당시에 비하여 현저히 변경되었더라도 같은 법 제91조 제4항에 의하여 당사자 간에 금액에 관하여 협의가 성립하거나 사업시행자 또는 환매권자가 그 금액의 증감을 법원에 청구하여 법원에서 그 금액이 확정되지 않는 한, 그 가격이 현저히 등귀한 경우이거나 하락한 경우이거나를 묻지 않고 환매권을 행사하기 위하여는 지급받은 보상금 상당액을 미리 지급하여야 하고 또한 이로써 족한 것이며, 사업시행자는 소로써 법원에 환매대금의 증액을 청구할 수 있을 뿐 환매권 행사로 인한 소유권이전등기 청구소송에서 환매대금 증액청구권을 내세워 증액된 환매대금과 보상금 상당액의 차액을 지급할 것을 선이행 또는 동시이행의 항변으로 주장할 수 없다(대판 2006.12.21, 2006다49277).

11. 건물에 대한 환매권 인정 여부

건물은 그 경우 통상 철거되거나 그렇지 않더라도 형상의 변경이 있게 되며, 토지에 대해서는 보상이 이루어지더라도 수용당한 소유자에게 감정상의 손실 등이 남아있게 되나, 건물의 경우 정당한 보상이 주어졌다면 그러한 손실이 남아있는 경우는 드물다. 따라서 건물에 대한 환매권을 인정하지 않는 입법이 자의적인 것이라거나 정당한 입법목적을 벗어난 것이라 할 수 없고, 이미 정당한 보상을 받은 건물소유자의 입장에서는 해당 건물을 반드시 환매받아야 할 만한 중요한 사익이 있다고 보기 어려우며, 건물에 대한 환매권이 부인된다고 해서 종전 건물소유자의 자유실현에 여하한 지장을 초래한다고 볼 수 없다(헌재 2005.5.26, 2004헌가10).

12. 사업이 무효인 경우 환매권 행사가능여부

도시계획시설사업의 시행자로 지정되어 그 도시계획시설사업의 수행을 위하여 필요한 토지를 협의취득하였다고 하더라도, 시행자 지정이 처음부터 효력이 없거나 토지의 취득 당시 해당 도시계획시설사업의 법적 근거가 없었던 것으로 볼 수 있는 등 협의취득이 당연무효인 경우, 협의취득일 당시의 토지소유자가 소유권에 근거하여 등기 명의를 회복하는 방식 등으로 권리를 구제받는 것은 별론으로 하더라도 토지보상법 제91조 제1항에서 정하고 있는 환매권을 행사할 수는 없다고 봄이 타당하다(대판 2021.4.29, 2020다280890).

제92조(환매권의 통지 등)

① 환매 토지 발생 시 지체 없이 환매권자에게 통지(사업시행자가 과실 없이 환매권자를 알 수 없을 때에는 공고)

② 통지/공고를 한 날부터 6개월이 지난 후에는 환매권 행사 ×

제9장 벌칙

제93조(벌칙)

① 거짓이나 그 밖의 부정한 방법으로 보상금을 받은 자 또는 그 사실을 알면서 보상금을 지급한 자는 5년 이하의 징역 또는 3천만원 이하의 벌금에 처한다.

② 제1항에 규정된 죄의 미수범은 처벌한다.

제93조의2(벌칙)

제63조 제3항을 위반하여 토지로 보상받기로 결정된 권리(제63조 제4항에 따라 현금으로 보상받을 권리를 포함한다)를 전매한 자는 3년 이하의 징역 또는 1억원 이하의 벌금에 처한다.

제94조 삭제

제95조(벌칙)

제58조 제1항 제2호에 따라 감정평가를 의뢰받은 감정평가법인등이나 그 밖의 감정인으로서 거짓이나 그 밖의 부정한 방법으로 감정평가를 한 자는 2년 이하의 징역 또는 1천만원 이하의 벌금에 처한다.

제95조의2(벌칙) 1년 이하의 징역 또는 1천만원 이하의 벌금

1. 제12조 제1항을 위반하여 장해물 제거 등을 한 자
2. 제43조를 위반하여 토지 또는 물건을 인도하거나 이전하지 아니한 자

제96조(벌칙)

제25조 제1항 또는 제2항 전단을 위반한 자는 1년 이하의 징역 또는 500만원 이하의 벌금에 처한다.

제97조(벌칙) 200만원 이하의 벌금

1. 제9조 제2항 본문을 위반하여 특별자치도지사, 시장·군수 또는 구청장의 허가를 받지 아니하고 타인이 점유하는 토지에 출입하거나 출입하게 한 사업시행자
2. 제11조(제27조 제2항에 따라 준용되는 경우를 포함한다)를 위반하여 사업시행자 또는 감정평가법인등의 행위를 방해한 토지점유자

제98조(양벌규정)

법인의 대표자나 법인 또는 개인의 대리인, 사용인, 그 밖의 종업원이 그 법인 또는 개인의 업무에 관하여 제93조, 제93조의2, 제95조, 제95조의2, 제96조 또는 제97조의 어느 하나에 해당하는 위반행위를 하면 그 행위자를 벌하는 외에 그 법인 또는 개인에게도 해당 조문의 벌금형을 과(科)한다. 다만, 법인이나 개인이 그 위반행위를 방지하기 위하여 해당 업무에 관하여 상당한 주의와 감독을 게을리하지 아니한 경우에는 그러하지 아니하다.

제99조(과태료)

① 200만원 이하의 과태료 부과
　　1. 제58조 제1항 제1호에 규정된 자로서 정당한 사유 없이 출석이나 진술을 하지 아니하거나 거짓으로 진술한 자
　　2. 제58조 제1항 제1호에 따라 의견서 또는 자료 제출을 요구받고 정당한 사유 없이 이를 제출하지 아니하거나 거짓 의견서 또는 자료를 제출한 자
　　3. 제58조 제1항 제2호에 따라 감정평가를 의뢰받거나 출석 또는 진술을 요구받고 정당한 사유 없이 이에 따르지 아니한 감정평가법인등이나 그 밖의 감정인
　　4. 제58조 제1항 제3호에 따른 실지조사를 거부, 방해 또는 기피한 자
② 과태료는 국토교통부장관이나 시·도지사가 부과·징수한다.

토지보상법 시행규칙 미니법전

제1장 총칙

제1조(목적)

토지보상법 및 동법 시행령 위임사항과 그 시행에 필요한 사항 규정

제2조(정의)

1. "대상물건" : 토지·물건 및 권리로서 평가의 대상이 되는 것
2. "공익사업시행지구" : 공익사업이 시행되는 지역
3. "지장물" : 사업지구 내 토지에 정착한 건축물·공작물·시설·입목·죽목 및 농작물 그 밖의 물건 중에서 해당 공익사업의 수행을 위하여 직접 필요하지 아니한 물건
4. "이전비" : 대상물건의 유용성을 동일하게 유지하면서 해당 공익사업시행지구 밖의 지역으로 이전·이설 또는 이식하는 데 소요되는 비용(물건의 해체비, 건축허가에 일반적으로 소요되는 경비를 포함한 건축비와 적정거리까지의 운반비를 포함하며, 「건축법」 등 관계법령에 의하여 요구되는 시설의 개선에 필요한 비용을 제외한다)

제3조(송달) - 특별송달 가능

제4조(증표 및 허가증의 서식)

제2장 협의에 의한 취득 또는 사용

제5조(토지조서 및 물건조서의 서식)

제6조(보상협의요청서 및 협의경위서의 서식)

제3장 수용에 의한 취득 또는 사용

제8조(사업인정신청서의 서식 등)

② 사업계획서에 다음 각 호의 사항 기재
1. 사업의 개요 및 법적 근거
2. 사업의 착수·완공예정일
3. 소요경비와 재원조서
4. 사업에 필요한 토지와 물건의 세목
5. 사업의 필요성 및 그 효과

제9조의2(협의의 요청)

① 국토교통부장관 또는 사업인정이 있는 것으로 의제되는 공익사업의 허가·인가·승인권자 등은 중앙토지수용위원회와 협의를 하려는 경우 사업관련 자료 및 도면과 소유자 등에 대한 의견자료를 중앙토지수용위원회에 제출

제9조의3(재협의 요청)

① 국토교통부장관 또는 사업인정이 있는 것으로 의제되는 공익사업의 허가·인가·승인권자 등은 중앙토지수용위원회가 사업인정 등에 동의하지 않은 경우에는 이를 보완하여 다시 협의를 요청 가능

제9조의4(협의 후 자료 제출 요청)

중앙토지수용위원회는 사업인정이 있는 것으로 의제되는 공익사업의 허가·인가·승인권자 등에게 다음 각 호의 자료 제출을 요청 가능
1. 사업인정이 의제되는 지구지정·사업계획승인 등의 여부
2. 협의 조건의 이행여부
3. 해당 공익사업에 대한 재결 신청현황

제10조(재결신청서의 서식 등)

제11조(협의성립확인신청서의 서식 등)

제12조(재결신청청구서의 제출방법)

사업시행자에게 직접 제출 또는 「우편법 시행규칙」에 따른 증명취급의 방법

제4장 토지수용위원회

제13조(참고인 등의 일당 · 여비 및 감정수수료)

제14조(위원의 수당 및 여비)

제5장 손실보상평가의 기준 및 보상액의 산정 등

제1절 통칙

제15조(부재부동산 소유자의 거주사실 등에 대한 입증방법)

① 거주사실의 입증방법
   1. 해당지역 주민등록 사무 담당자의 확인을 받아 입증하는 방법
   2. 다음의 어느 하나에 해당하는 자료로 입증하는 방법
      가. 공공요금영수증
      나. 국민연금보험료, 건강보험료 또는 고용보험료 납입증명서
      다. 전화사용료, 케이블텔레비전 수신료 또는 인터넷 사용료 납부확인서
      라. 신용카드 대중교통 이용명세서
      마. 자녀의 재학증명서
      바. 연말정산 등 납세 자료
      사. 그 밖에 실제 거주사실을 증명하는 객관적 자료
② 사실상 영업행위의 입증방법(다음 각 호의 자료를 모두 제출)
   1. 사업자등록증 및 관계법령에 따른 허가 등 입증 서류
   2. 해당 영업에 따른 납세증명서 또는 공공요금영수증 등 객관성이 있는 자료

제15조의2(사업시행자의 현금보상으로의 전환)

해당 사업계획의 변경으로 대토보상 어려운 경우 현금보상 전환 가능

제15조의3(토지소유자의 현금보상으로의 전환)

소유자 요청 시 현금보상 전환 가능
1. 토지소유자의 채무변제를 위하여 현금보상이 부득이한 경우
2. 부상이나 질병의 치료 등을 위하여 현금보상이 부득이하다고 명백히 인정되는 경우

제16조(보상평가의 의뢰 및 평가 등)

① 사업시행자는 보상평가의뢰서에 다음 각 호의 사항을 기재하여 감정평가법인등에 의뢰해야 한다.
  1. 대상물건의 표시
  2. 대상물건의 가격시점
  3. 평가서 제출기한(30일 이내, 대상물건이나 평가내용이 특수한 경우에는 예외)
  4. 대상물건의 취득 또는 사용의 구분
  5. 건축물 등 물건에 대하여는 그 이전 또는 취득의 구분
  6. 영업손실을 보상하는 경우에는 그 폐지 또는 휴업의 구분
  7. 법 제82조 제1항 제1호의 규정에 의한 보상액 평가를 위한 사전 의견수렴에 관한 사항
  8. 그 밖의 평가조건 및 참고사항
③ 감정평가법인등은 대상물건 및 그 주변의 상황을 현지조사하고 평가하고 고도의 기술을 필요로 하는 등으로 직접 평가할 수 없는 대상물건에 대하여는 사업시행자의 승낙을 얻어 전문기관의 자문 또는 용역을 거쳐 평가할 수 있다.
④ 심사자는 성실하게 위산오기 여부, 평가의 적정성, 표준지 적정성 및 평가액 타당성 등 심사하고 서명날인 후 보고서를 제출해야 한다.
⑥ 보상액의 산정은 각 법인별 평가액의 산술평균치를 기준으로 한다.

제17조(재평가 등)

① 평가가 관계법령 위반/부당 평가 시 → 해당 감정평가법인등에게 재평가 요구
② 해당 법인등에 평가요구 못하거나 최고평가액이 최저평가액의 110퍼센트를 초과하는 경우 및 평가 후 1년이 경과된 경우에는 다른 2인 이상의 감정평가법인등에게 대상물건의 평가를 다시 의뢰해야 한다.
⑤ 최고평가액이 최저평가액의 110퍼센트를 초과하는 경우 국토교통부장관은 적법성을 조사해야 한다.

제18조(평가방법 적용의 원칙)

① 대상물건의 평가는 이 규칙에서 정하는 방법에 의하되, 다른 방법으로 합리성을 검토해야 한다.
② 이 규칙에서 정하는 방법으로 평가하는 것이 부적정하면 다른 방법 가능(사유 기재)
③ 이 규칙에서 정하지 아니한 대상물건에 대하여는 이 규칙의 취지와 감정평가의 일반이론에 의하여 객관적으로 판단·평가해야 한다.

제19조(대상물건의 변경에 따른 평가)

③ 재평가를 하는 경우로서 재평가시점에서 물건의 수량 또는 내용이 변경된 경우에는 변경된 상태를 기준으로 평가해야 한다.

제20조(구분평가 등)

① 토지와 건축물 등은 각각 평가(단, 일체거래 관행 있으면 일괄평가해야 함)

제21조(보상채권의 교부 및 상환현황통지서 등의 서식)

제2절 토지의 평가

제22조(취득하는 토지의 평가)

① 취득하는 토지는 공시지가 기준평가 + 건축물 등이 없는 상태(나지상정)
③ 표준지는 다음 각 호의 기준에 따른 토지
   1. 용도지역, 용도지구, 용도구역 등 공법상 제한이 같거나 유사할 것
   2. 평가대상 토지와 실제 이용상황이 같거나 유사할 것
   3. 평가대상 토지와 주위 환경 등이 같거나 유사할 것
   4. 평가대상 토지와 지리적으로 가까울 것

제23조(공법상 제한을 받는 토지의 평가)

① 제한받는 상태대로 평가(단, 해당 사업 시행을 직접 목적으로 한 경우에는 제한 없는 상태)
② 해당 사업의 시행을 직접 목적으로 하여 용도지역 또는 용도지구 등이 변경된 경우에는 변경 전 기준

관련판례

1. 해당 공공사업의 시행을 직접 목적으로 하여 가하여진 경우의 의미
   ① '해당 공공사업의 시행을 직접 목적으로 하여 가하여진 경우'란 도시계획시설로 결정고시된 토지가 당초의 목적사업에 편입수용되는 경우는 물론 당초의 목적사업과는 다른 목적의 공공사업에 편입수용되는 경우도 포함된다(대판 1989.7.11, 88누11797).
   ② "해당 사업을 직접 목적으로 공법상 제한이 가해진 경우"를 확장 해석하는 이유가 사업변경 내지 고의적인 사전제한 등으로 인한 토지소유자의 불이익을 방지하기 위한 것이라는 점에 비추어 볼 때 수용대상토지의 보상액 평가 시 고려대상에서 배제하여야 할 해당 공공사업과 다른 목적의 공공사업으로 인한 공법상 제한의 범위는 그 제한이 구체적인 사업의 시행을 필요로 하는 것에 한정된다고 할 것이다(대판 1992.3.13, 91누4324).

2. 해당 사업의 시행을 목적으로 용도지역이 변경되지 않은 경우
   수용대상토지에 관하여 특정 시점에서 용도지역 등의 지정 또는 변경을 하지 않은 것이 특정 공익사업의 시행을 위한 것일 경우 이는 해당 공익사업의 시행을 직접 목적으로 하는 제한이라고 보아 용도지역 등의 지정 또는 변경이 이루어진 상태를 상정하여 토지가격을 평가하여야 한다. 여기에서 특정 공익사업의 시행을 위하여 용도지역 등의 지정 또는 변경을 하지 않았다고 볼 수 있으려면, 토지가 특정 공익사업에 제공된다는 사정을 배제할 경우 용도지역 등의 지정 또는 변경을 하지 않은 행위가 계획재량권의 일탈·남용에 해당함이 객관적으로 명백하여야만 한다(대판 2015.8.27, 2012두7950).

3. 일반적 제한과 개별적 제한(대판 2019.9.25, 2019두34982)

① 용도지역·지구·구역의 지정 또는 변경과 같이 그 자체로 제한목적이 달성되는 일반적 계획제한으로서 구체적 도시계획사업과 직접 관련되지 아니한 경우에는 그러한 제한을 받는 상태 그대로 평가하여야 하고,

② 도로·공원 등 특정 도시계획시설의 설치를 위한 계획결정과 같이 구체적 사업이 따르는 개별적 계획제한이거나 일반적 계획제한에 해당하는 용도지역·지구·구역의 지정 또는 변경에 따른 제한이더라도 그 용도지역·지구·구역의 지정 또는 변경이 특정 공익사업의 시행을 위한 것일 때에는 해당 공익사업의 시행을 직접 목적으로 하는 제한으로 보아 위 제한을 받지 아니하는 상태를 상정하여 평가하여야 한다.

4. 개발제한구역 지정의 헌법불합치 결정(헌재 1998.12.24, 89헌마214)

① 개발제한구역 지정으로 인하여 토지를 종래의 목적으로도 사용할 수 없거나 또는 더 이상 법적으로 허용된 토지이용의 방법이 없기 때문에 실질적으로 토지의 사용·수익의 길이 없는 경우에는 토지소유자가 수인해야 하는 사회적 제약의 한계를 넘는 것으로 보아야 한다.

② 개발제한구역의 지정으로 인한 개발가능성의 소멸과 그에 따른 지가의 하락이나 지가상승률의 상대적 감소는 토지소유자가 감수해야 하는 사회적 제약의 범주에 속하는 것으로 보아야 한다. 자신의 토지를 장래에 건축이나 개발목적으로 사용할 수 있으리라는 기대가능성이나 신뢰 및 이에 따른 지가상승의 기회는 원칙적으로 재산권의 보호범위에 속하지 않는다. 구역지정 당시의 상태대로 토지를 사용·수익·처분할 수 있는 이상, 구역지정에 따른 단순한 토지이용의 제한은 원칙적으로 재산권에 내재하는 사회적 제약의 범주를 넘지 않는다.

③ 도시계획법 제21조에 의한 재산권의 제한은 개발제한구역으로 지정된 토지를 원칙적으로 지정 당시의 지목과 토지현황에 의한 이용방법에 따라 사용할 수 있는 한, 재산권에 내재하는 사회적 제약을 비례의 원칙에 합치하게 합헌적으로 구체화한 것이라고 할 것이나, 종래의 지목과 토지현황에 의한 이용방법에 따른 토지의 사용도 할 수 없거나 실질적으로 사용·수익을 전혀 할 수 없는 예외적인 경우에도 아무런 보상 없이 이를 감수하도록 하고 있는 한, 비례의 원칙에 위반되어 해당 토지소유자의 재산권을 과도하게 침해하는 것으로서 헌법에 위반된다.

④ 도시계획법 제21조에 규정된 개발제한구역제도 그 자체는 원칙적으로 합헌적인 규정인데, 다만 개발제한구역의 지정으로 말미암아 일부 토지소유자에게 사회적 제약의 범위를 넘는 가혹한 부담이 발생하는 예외적인 경우에 대하여 보상규정을 두지 않은 것에 위헌성이 있는 것이고, 보상의 구체적 기준과 방법은 헌법재판소가 결정할 성질의 것이 아니라 광범위한 입법형성권을 가진 입법자가 입법 정책적으로 정할 사항이므로, 입법자가 보상입법을 마련함으로써 위헌적인 상태를 제거할 때까지 위 조항을 형식적으로 존속케 하기 위하여 헌법불합치결정을 하는 것인바, 입법자는 되도록 빠른 시일 내에 보상입법을 하여 위헌적 상태를 제거할 의무가 있고, 행정청은 보상입법이 마련되기 전에는 새로 개발제한구역을 지정하여서는 아니 되며, 토지소유자는 보상입법을 기다려 그에 따른 권리행사를 할 수 있을 뿐 개발제한구역의 지정이나 그에 따른 토지재산권의 제한 그 자체의 효력을 다투거나 위 조항에 위반하여 행한 자신들의 행위의 정당성을 주장할 수는 없다.

⑤ 입법자가 도시계획법 제21조를 통하여 국민의 재산권을 비례의 원칙에 부합하게 합헌적으로 제한하기 위해서는, 수인의 한계를 넘어 가혹한 부담이 발생하는 예외적인 경우에는 이를 완화하는 보상규정을 두어야 한다. 이러한 보상규정은 입법자가 헌법 제23조 제1항 및 제2항에 의하여 재산권의 내용을 구체적으로 형성하고 공공의 이익을 위하여 재산권을 제한하는 과정에서 이를 합헌적으로 규율하기 위하여 두어야 하는 규정이다. 재산권의 침해와 공익 간의 비례성을 다시 회복하기 위한 방법은 헌법상 반드시 금전보상만을 해야 하는 것은 아니다. 입법자는 지정의 해제 또는 토지매수청구권제도와 같이 금전보상에 갈음하거나 기타 손실을 완화할 수 있는 제도를 보완하는 등 여러 가지 다른 방법을 사용할 수 있다.

제24조(무허가건축물 등의 부지 또는 불법형질변경된 토지의 평가)

무허가, 무신고, 무단용도변경(무허가건축물 등) 건축물의 부지 또는 무허가, 무신고 형질변경(불법형질변경) 토지는 무허가건축물 등이 건축 또는 용도변경될 당시 또는 토지가 형질변경될 당시의 이용상황을 상정하여 평가한다.

관련판례

1. **무허가건축물 부지**
① '무허가건물 등의 부지'라 함은 해당 무허가건물 등의 용도·규모 등 제반 여건과 현실적인 이용상황을 감안하여 무허가건물 등의 사용·수익에 필요한 범위 내의 토지와 무허가건물 등의 용도에 따라 불가분적으로 사용되는 범위의 토지를 의미하는 것(대판 2002.9.4, 2000두8325)
② 무허가건축물관리대장에 건축물로 등재되어 있다고 하여 그 건축물이 적법한 절차를 밟아서 건축된 것이라거나 그 건축물의 부지가 적법하게 형질변경된 것으로 추정되지는 않는다.
③ 무허가건축물 부지인지 판단함에 있어서 사용승인은 요구되는지 않는다(대판 2013.8.23, 2012두24900).

2. **불법형질변경토지**
① **불법형질변경 입증**
수용대상토지의 이용상황이 일시적이라거나 불법형질변경토지라는 이유로 본래의 이용상황 또는 형질변경 당시의 이용상황에 의하여 보상액을 산정하기 위해서는 그와 같은 예외적인 보상액 산정방법의 적용을 주장하는 쪽에서 수용대상토지가 불법형질변경토지임을 증명해야 한다. 그리고 수용대상토지가 불법형질변경토지에 해당한다고 인정하기 위해서는 단순히 수용대상토지의 형질이 공부상 지목과 다르다는 점만으로는 부족하고, 수용대상토지의 형질변경 당시 관계 법령에 의한 허가 또는 신고의무가 존재하였고 그럼에도 허가를 받거나 신고를 하지 않은 채 형질변경이 이루어졌다는 점이 증명되어야 한다(대판 2012.4.26, 2011두2521; 대판 2011.9.29, 2011두4299).
② **형질변경의 의미 및 준공검사나 지목변경이 수반되는지 여부**
토지의 형질변경이란 절토, 성토, 정지 또는 포장 등으로 토지의 형상을 변경하는 행위와 공유수면의 매립을 뜻하는 것으로서, 토지의 형질을 외형상으로 사실상 변경시킬 것과 그 변경으로 인하여 원상회복이 어려운 상태에 있을 것을 요하지만, 형질변경허가에 관한 준공검사를 받거나 토지의 지목까지 변경시킬 필요는 없다(대판 2013.6.13, 2012두300).

제25조(미지급용지의 평가)

① 종전에 시행된 공익사업의 부지로서 보상금이 지급되지 아니한 토지는 종전 사업 편입 당시 이용상황 기준(종전의 공익사업에 편입될 당시의 이용상황을 알 수 없는 경우에는 편입될 당시의 지목과 인근 토지의 이용상황 등을 참작하여 평가)
② 사업시행자는 보상평가의뢰서에 미지급용지임을 표시해야 함

관련판례

1. **미불용지 요건**
공익사업을 위한 토지 등의 취득 및 보상에 관한 법률 시행규칙 제25조 제1항의 미불용지는 '종전에 시행된 공익사업의 부지로서 보상금이 지급되지 아니한 토지'이므로, 미불용지로 인정되려면 종전에 공익사업이 시행된

부지여야 하고, 종전의 공익사업은 적어도 해당 부지에 대하여 보상금이 지급될 필요가 있는 것이어야 한다(대판 2009.3.26, 2008두22129).

2. 이용상황 판단

공공사업의 부지를 취득하지 못한 단계에서 공공사업을 시행하여 토지의 현실적인 이용상황을 변경시킴으로써 토지의 거래가격이 상승된 경우에까지 위 시행규칙 제6조 제7항에 규정된 미보상용지의 법리가 적용되지는 않는다(대판 1999.3.23, 98두13850).

3. 미보상용지 규정 취지

종전에 공공사업의 시행으로 인하여 정당한 보상금이 지급되지 아니한 채 공공사업의 부지로 편입되어 버린 이른바 미보상용지는 용도가 공공사업의 부지로 제한됨으로 인하여 거래가격이 아예 형성되지 못하거나 상당히 감가되는 것이 보통이어서, 사업시행자가 이와 같은 미보상용지를 뒤늦게 취득하면서 가격시점에 있어서의 이용상황인 공공사업의 부지로만 평가하여 손실보상액을 산정한다면, "적정가격"으로 보상액을 정한 것이라고는 볼 수 없게 되므로, 이와 같은 부당한 결과를 구제하기 위하여 종전에 시행된 공공사업의 부지로 편입됨으로써 거래가격을 평가하기 어렵게 된 미보상용지에 대하여는 특별히 종전의 공공사업에 편입될 당시의 이용상황을 상정하여 평가함으로써 그 "적정가격"으로 손실보상을 하여 주려는 것이 규정취지라고 이해된다(대판 1992.11.10, 92누4833).

제26조(도로 및 구거부지의 평가)

① 도로부지 평가

1. 「사도법」에 의한 사도의 부지는 인근 토지에 대한 평가액의 5분의 1 이내
2. 사실상의 사도의 부지는 인근 토지에 대한 평가액의 3분의 1 이내
3. 제1호 또는 제2호 외의 도로의 부지는 제22조의 규정에서 정하는 방법

② 사실상의 사도

1. 도로개설 당시의 토지소유자가 자기 토지의 편익을 위하여 스스로 설치한 도로
2. 토지소유자가 그 의사에 의하여 타인의 통행을 제한할 수 없는 도로
3. 「건축법」 제45조에 따라 건축허가권자가 그 위치를 지정·공고한 도로
4. 도로개설 당시의 토지소유자가 대지 또는 공장용지 등을 조성하기 위하여 설치한 도로

③ 구거부지는 인근 토지에 대한 평가액의 3분의 1 이내로 평가(도수로부지는 정상평가)

④ 인근 토지 : 해당 토지와 위치상 가까우며 표준적인 이용상황과 유사한 토지

관련판례

1. 사실상 사도 판단 판례

① 도로의 개설 경위, 목적, 주위 환경, 인접 토지의 획지면적, 소유관계, 이용상태 등의 제반 사정에 비추어 해당 토지소유자가 자기 토지의 편익을 위하여 스스로 공중의 통행에 제공하는 등 인근 토지에 비하여 낮은 가격으로 보상하여 주어도 될 만한 객관적인 사유가 인정되는 경우에만 인근 토지의 3분의 1 이내에서 평가하고 그러한 사유가 인정되지 아니하는 경우에는 위 규정의 적용에서 제외한다는 것으로 봄이 상당하다(대판 1997.4.25, 96누13651).

② '도로개설 당시의 토지소유자가 자기 토지의 편익을 위하여 스스로 설치한 도로'인지 여부는 인접토지의 획지면적, 소유관계, 이용상태 등이나 개설경위, 목적, 주위환경 등에 의하여 객관적으로 판단하여야 하고,

③ '토지소유자가 그 의사에 의하여 타인의 통행을 제한할 수 없는 도로'에는 법률상 소유권을 행사하여 통행을 제한할 수 없는 경우뿐만 아니라 사실상 통행을 제한하는 것이 곤란하다고 보이는 경우도 해당한다고 할 것이나, 적어도 도로로의 이용상황이 고착화되어 해당 토지의 표준적 이용상황으로 원상회복하는 것이 용이하지 않은 상태에 이르러야 할 것이어서 단순히 해당 토지가 불특정 다수인의 통행에 장기간 제공되어 왔고 이를 소유자가 용인하여 왔다는 사정만으로는 사실상의 도로에 해당한다고 할 수 없다.

④ 판례는 사실상의 사도라 함은 토지소유자가 자기 토지의 이익증진을 위하여 스스로 개설한 도로로서 도시계획으로 결정된 도로가 아닌 것을 말하되, 이때 자기 토지의 편익을 위하여 토지소유자가 스스로 설치하였는지의 여부는 인접토지의 획지면적·소유관계·이용상태 등이나 개설경위·목적·주위환경 등에 의하여 객관적으로 판단하여야 한다고 판시하였다(대판 1995.6.13, 94누14650). 또한 타인의 통행을 제한할 수 없는 도로의 판단에 있어서는 형법 제185조의 일반교통방해죄에 해당하는 것인지도 하나의 기준이 될 수 있을 것이다. 즉, 형법 제185조에 의하여 타인통행을 제한하는 것이 일반교통방해죄에 해당된다면 타인의 통행을 제한할 수 없는 것으로 보아야 할 것이다(대판 1995.6.13, 94누14650).

2. 시행규칙 제26조의 법적 성질

구 공공용지의 취득 및 손실보상에 관한 특례법 시행규칙(1995.1.7. 건설교통부령 제3호로 개정되기 전의 것) 제6조의2의 규정은 감정평가업자가 가격평가를 함에 있어 준수하여야 할 원칙과 기준을 정한 행정규칙에 해당한다 할 것이므로 상위법령의 위임이 있어야 하는 것은 아니다(대판 1996.8.23, 95누14718).

> 구 공공용지의 취득 및 손실보상에 관한 특례법 시행규칙(1995.1.7. 건설교통부령 제3호로 개정되기 전의 것) 제6조의2의 규정은 사실상 사도에 대한 평가방법인데, 구 공공용지의 취득 및 손실보상에 관한 특례법에서는 사실상 사도에 대한 평가방법의 위임규정이 없었다. 따라서 동 시행규칙에서 규정된 내용은 수권조항에 반하는 내용임을 주장하였으나, 이는 행정규칙으로서 위임규정이 필요치 않다는 판례의 내용이다. 이에 대해서는 집행명령적 성질을 갖는 행정규칙으로도 볼 수 있다. 현재 토지보상법 제70조 제6항에서는 이에 대한 위임규정이 있다.

제27조(개간비의 평가 등)

① 국유지/공유지를 적법하게 개간 & 개간자가 개간 당시부터 보상 시까지 계속 점유 → 개간 소요 비용 보상(개간 후 토지가격에서 개간 전 토지가격의 차액을 상한으로 한다)

제28조(토지에 관한 소유권 외의 권리의 평가)

① 소유권 외의 권리에 대하여는 해당 권리의 종류, 존속기간 및 기대이익 등을 종합적으로 고려(점유는 권리로 보지 아니한다)

제29조(소유권 외의 권리의 목적이 되고 있는 토지의 평가)

소유권 외의 권리의 가액을 뺀 금액으로 평가

제30조(토지의 사용에 대한 평가)

임대사례비교법 원칙, 적산법 가능

제31조(토지의 지하·지상공간의 사용에 대한 평가)

① 나지상정 토지가격 × 입체이용 저해율
② 일정기간 사용 시는 해당 토지 사용료 × 입체이용 저해율

제32조(잔여지의 손실 등에 대한 평가)

① 잔여지 손실 : 편입 전 잔여지 가격 – 편입 후 잔여지 가격
② 통로·구거·담장 등의 신설 그 밖의 공사 필요시 필요비용으로 평가
③ 잔여지 매수가격은 일단의 토지의 전체가격에서 편입되는 토지의 가격을 뺀 금액으로 평가

제3절 건축물 등 물건의 평가

제33조(건축물의 평가)

① 건축물(담장 및 우물 등의 부대시설 포함)은 구조·이용상태·면적·내구연한·유용성 및 이전 가능성 그 밖에 가격형성에 관련되는 제요인을 종합적으로 고려하여 평가한다.
② 원가법 원칙(주거용은 거래사례비교법이 원가법보다 큰 경우 및 구분소유권 대상 건물은 거래사례비교법으로 평가한다)
③ 건축물의 사용료평가는 임대사례비교법 원칙, 부적정 시 적산법 가능
④ 물건의 가격으로 보상한 건축물의 철거비용은 사업시행자 부담(건축물의 소유자가 해당 건축물의 구성부분을 사용 또는 처분할 목적으로 철거하는 경우에는 건축물의 소유자가 부담)

제34조(건축물에 관한 소유권 외의 권리 등의 평가)

소유권 외 권리 평가액 제외

제35조(잔여 건축물에 대한 평가)

① 잔여 건축물 가격 감소 = 편입 전 잔여 건축물 가격 – 편입 후 잔여 건축물 가격
② 보수비는 동일 유용성 유지 비용(시설의 개선 비용 제외)

제36조(공작물 등의 평가)

① 제33조 내지 제35조 준용
② 평가 ×
   1. 공작물 등의 용도가 폐지되었거나 기능이 상실되어 경제적 가치가 없는 경우
   2. 공작물 등의 가치가 보상이 되는 다른 토지 등의 가치에 충분히 반영되어 토지 등의 가격이 증가한 경우
   3. 사업시행자가 공익사업에 편입되는 공작물 등에 대한 대체시설을 하는 경우

제37조(과수 등의 평가)

① 과수/수익수/관상수(묘목 제외)는 수종·규격·수령·수량·식수면적·관리상태·수익성·이식 가능성 및 이식의 난이도 그 밖에 가격형성에 관련되는 제요인을 종합적으로 고려하여 평가한다.

⑤ 이식이 불가능한 수익수 또는 관상수의 벌채비용은 사업시행자 부담(다만, 수목의 소유자가 해당 수목을 처분할 목적으로 벌채하는 경우에는 수목의 소유자가 부담)

제38조(묘목의 평가)

① 상품화 가능 여부, 이식에 따른 고손율, 성장정도 및 관리상태 등 종합 고려

② 상품가능 시 손실보상 × (일시 매각으로 인한 가격 하락 손실은 보상)

④ 파종 또는 발아 중인 묘목은 가격시점까지 소요된 비용의 현가액으로 평가

제39조(입목 등의 평가)

① 벌기령·수종·주수·면적 및 수익성 그 밖에 가격형성에 관련되는 제요인을 종합적으로 고려하여 평가

② 벌기령에 달한 조림된 용재림은 손실보상 × (일시 벌채로 인한 비용증가 및 매각으로 인한 가격 하락 손실은 보상)

④ "조림된 용재림" : 산림경영계획인가를 받아 기업적으로 경영·관리하는 산림으로서 등록된 입목의 집단 또는 이에 준하는 산림을 말한다.

⑥ 입목의 벌채비용은 사업시행자가 부담

제40조(수목의 수량 산정방법)

① 그루별로 조사 산정. 단위면적을 기준으로 하는 표본추출방식 가능

② 수목 손실은 정상식 기준으로 한 평가액 상한

제41조(농작물의 평가)

농작물의 종류 및 성숙도 등 종합 고려

제42조(분묘에 대한 보상액의 산정)

1. **분묘이전비** : 4분판 1매·마포 24미터 및 전지 5권의 가격, 제례비, 임금 5인분(합장인 경우에는 사체 1구당 각각의 비용의 50퍼센트를 가산한다) 및 운구차량비

2. **석물이전비** : 상석 및 비석 등의 이전실비(좌향이 표시되어 있거나 그 밖의 사유로 이전사용이 불가능한 경우에는 제작·운반비를 말한다)

3. **잡비** : 제1호 및 제2호에 의하여 산정한 금액의 30퍼센트에 해당하는 금액

4. **이전보조비** : 100만원

제4절 권리의 평가

제43조(광업권의 평가)

① 광업권에 대한 손실의 평가는 「광업법 시행규칙」 제19조에 따른다.

② 조업 중인 광산이 토지 등의 사용으로 인하여 휴업하는 경우의 손실은 휴업기간에 해당하는 영업이익을 기준으로 평가한다. 이 경우 영업이익은 최근 3년간의 연평균 영업이익을 기준으로 한다.

③ 광물매장량의 부재(채광으로 채산이 맞지 아니하는 정도로 매장량이 소량이거나 이에 준하는 상태를 포함한다)로 인하여 휴업 중인 광산은 손실이 없는 것으로 본다. 「광업법 시행규칙」 제19조에 따른다.

제44조(어업권의 평가 등)

① 「수산업법 시행령」 별표 4에 따른다.

③ 보상계획의 공고(20인 미만인 생략 시는 토지소유자 및 관계인 통지일) 또는 사업인정의 고시가 있은 날("사업인정고시일 등") 이후 어업권 면허받은 자는 보상대상 제외

제5절 영업의 손실 등에 대한 평가

제45조(영업손실의 보상대상인 영업)

1. 사업인정고시일 등 전부터 적법한 장소 & 인적 · 물적시설 & 계속적 영업일 것. 다만, 무허가건축물 등에서 임차인이 영업하는 경우에는 그 임차인이 사업인정고시일 등 1년 이전부터 사업자등록을 하고 행하는 영업(임차인의 영업에 대한 보상액 중 영업용 고정자산 · 원재료 · 제품 및 상품 등의 매각손실액을 제외한 금액은 제1항에 불구하고 1천만원을 초과하지 못한다)일 것

2. 허가 등 필요 시 사업인정고시일 등 전에 허가 등을 받아 그 내용대로 행하고 있는 영업일 것

관련판례

1. **영업의 폐지와 휴업의 구별기준**
   영업의 폐지로 볼 것인지 아니면 영업의 휴업으로 볼 것인지를 구별하는 기준은 해당 영업을 그 영업소 소재지나 인접 시 · 군 또는 구 지역 안의 다른 장소로 이전하는 것이 가능한지 여부에 달려 있고, 이러한 이전 가능성 여부는 법령상의 이전 장애사유 유무와 해당 영업의 종류와 특성, 영업시설의 규모, 인접지역의 현황과 특성, 그 이전을 위하여 당사자가 들인 노력 등과 인근 주민들의 이전 반대 등과 같은 사실상의 이전 장애사유 유무 등을 종합하여 판단하여야 한다(대판 2020.9.24, 2018두54507).

2. **폐업요건**(대판 2001.11.13, 2000두1003)
   ① 배후지의 특수성이라 함은 도정공장, 양수장, 창고업 등과 같이 제품원료 및 취급품목의 지역적 특수성으로 인하여 배후지가 상실되면 영업행위를 할 수 없는 경우와 같이 배후지가 해당 영업에 갖는 특수한 성격을 말한다고 한다.
   ② 인접하고 있는 시 · 군 · 구라 함은 해당 영업소가 소재하고 있는 시 · 군 · 구와 행정구역상으로 인접하고 있는 모든 시 · 군 · 구를 말한다.

③ 다른 장소에 이전하여서는 영업을 할 수 없는 경우란 법적으로나 물리적인 제약으로 불가능한 경우는 물론이고 다른 장소에 이전하여서는 수익의 감소로 사실상 영업을 할 수 없는 경우도 포함된다.

3. 가설건축물에서의 영업손실

도시계획시설사업의 집행계획이 공고된 토지에 대하여 건축물을 건축하고자 하는 자는 장차 도시계획사업이 시행될 때에는 건축한 건축물을 철거하는 등 원상회복의무가 있다는 점을 이미 알고 있으므로 건축물의 한시적 이용 및 원상회복에 따른 경제성 기타 이해득실을 형량하여 건축 여부를 결정할 수 있도록 한 것으로서, 이러한 사실을 알면서도 건축물을 건축하였다면 스스로 원상회복의무의 부담을 감수한 것이므로 도시계획사업을 시행함에 있어 무상으로 해당 건축물의 원상회복을 명하는 것이 과도한 침해라거나 특별한 희생이라고 볼 수 없다. 그러므로 토지소유자는 도시계획사업이 시행될 때까지 가설건축물을 건축하여 한시적으로 사용할 수 있는 대신 도시계획사업이 시행될 경우에는 자신의 비용으로 그 가설건축물을 철거하여야 할 의무를 부담할 뿐 아니라 가설건축물의 철거에 따른 손실보상을 청구할 수 없고, 보상을 청구할 수 없는 손실에는 가설건축물 자체의 철거에 따른 손실뿐만 아니라 가설건축물의 철거에 따른 영업손실도 포함된다고 할 것이며, 소유자가 그 손실보상을 청구할 수 없는 이상 그의 가설건축물의 이용권능에 터잡은 임차인 역시 그 가설건축물의 철거에 따른 영업손실의 보상을 청구할 수는 없다(대판 2001.8.24, 2001다7209).

4. 사업인정 전 협의에 의한 영업보상 대상판단

전통시장 공영주차장 설치사업의 시행자인 甲 지방자치단체가 공익사업을 위한 토지 등의 취득 및 보상에 관한 법률(이하 '토지보상법'이라 한다)에 따른 사업인정 절차를 거치지 않고 위 사업부지의 소유자들로부터 토지와 건물을 매수하여 협의취득하였고, 위 토지상의 건물을 임차하여 영업한 乙 등이 甲 지방자치단체에 영업손실 보상금을 지급해달라고 요청하였으나, 甲 지방자치단체가 아무런 보상 없이 위 사업을 시행하자, 乙 등이 甲 지방자치단체를 상대로 영업손실 보상액 상당의 손해배상금과 정신적 손해에 대한 위자료 지급을 구한 사안에서, 위 사업은 지방자치단체인 甲이 공공용 시설인 공영주차장을 직접 설치하는 사업으로 토지보상법 제4조 제3호의 '공익사업'에 해당하고, 乙 등의 각 영업이 위 사업으로 폐업하거나 휴업한 것이므로 사업인정 고시가 없더라도 공익사업의 시행자인 甲 지방자치단체는 공사에 착수하기 전 乙 등에게 영업손실 보상금을 지급할 의무가 있는데도 보상액을 지급하지 않고 공사에 착수하였으므로, 甲 지방자치단체는 乙 등에게 그로 인한 손해를 배상할 책임이 있는데, 乙 등이 입은 손해는 원칙적으로 토지보상법 제77조 등이 정한 영업손실 보상금이고, 그 밖에 별도의 손해가 발생하였다는 점에 관한 乙 등의 구체적인 주장·증명이 없는 한 손실보상금의 지급이 지연되었다는 사정만으로 손실보상금에 해당하는 손해 외에 乙 등에게 별도의 손해가 발생하였다고 볼 수 없는데도, 이와 달리 본 원심판결에 법리오해의 잘못이 있다고 한 사례(대판 2021.11.11, 2018다204022)

5. 영업손실보상(대판 2011.9.29, 2009두10963)과 생활대책 청구의 병합소송

택지개발사업지구 내 비닐하우스에서 화훼소매업을 하던 甲과 乙이 재결절차를 거치지 않고 사업시행자를 상대로 주된 청구인 영업손실보상금청구에 생활대책대상자 선정 관련청구소송을 병합하여 제기한 사안에서, 영업손실보상금청구의 소가 재결절차를 거치지 않아 부적법하여 각하되는 이상, 이에 병합된 생활대책대상자 선정 관련청구소송 역시 소송요건을 흠결하여 부적법하므로 각하되어야 한다고 한 사례

6. 영업의 단일성·동일성이 인정되는 범위에서 보상금 산정의 세부요소를 추가로 주장하는 경우, 별도로 재결절차를 거쳐야 하는지 여부

재결절차를 거쳤는지 여부는 보상항목별로 판단하여야 한다. 피보상자별로 어떤 토지, 물건, 권리 또는 영업이 손실보상대상에 해당하는지, 나아가 보상금액이 얼마인지를 심리·판단하는 기초 단위를 보상항목이라고 한다. 편입토지·물건 보상, 지장물 보상, 잔여 토지·건축물 손실보상 또는 수용청구의 경우에는 원칙적으로 개별 물건별로 하나의 보상항목이 되지만, 잔여 영업시설 손실보상을 포함하는 영업손실보상의 경우에는 '전체적으로 단일한 시설 일체로서의 영업' 자체가 보상항목이 되고, 세부 영업시설이나 영업이익, 휴업기간 등은 영업손실보

> 상금 산정에서 고려하는 요소에 불과하다. 그렇다면 영업의 단일성·동일성이 인정되는 범위에서 보상금 산정의 세부요소를 추가로 주장하는 것은 하나의 보상항목 내에서 허용되는 공격방법일 뿐이므로, 별도로 재결절차를 거쳐야 하는 것은 아니다(대판 2018.7.20, 2015두4044).

제46조(영업의 폐지에 대한 손실의 평가 등)

① 2년간의 영업이익(개인영업인 경우에는 소득) + 영업용 고정자산·원재료·제품 및 상품 등의 매각손실액

② 영업의 폐지

1. 영업장소 또는 배후지의 특수성으로 인하여 해당 영업소가 소재하고 있는 시·군·구 또는 인접 시·군·구에 이전하여서는 해당 영업을 할 수 없는 경우

2. 해당 영업소가 소재하고 있는 시·군·구 또는 인접하고 있는 시·군·구의 지역 안의 다른 장소에서는 해당 영업의 허가 등을 받을 수 없는 경우

3. 도축장 등 악취 등이 심하여 인근주민에게 혐오감을 주는 영업시설로서 해당 영업소가 소재하고 있는 시·군·구 또는 인접하고 있는 시·군·구의 지역 안의 다른 장소로 이전하는 것이 현저히 곤란하다고 특별자치도지사·시장·군수 또는 구청장이 객관적인 사실에 근거하여 인정하는 경우

제47조(영업의 휴업 등에 대한 손실의 평가)

①② 휴업기간[4개월 이내(2년 한도)] 영업이익 + 영업장소 이전 후 발생하는 영업이익감소액 + 휴업기간 중의 영업용 자산에 대한 감가상각비·유지관리비와 휴업기간 중에도 정상적으로 근무하여야 하는 최소인원에 대한 인건비 등 고정적 비용 + 영업시설·원재료·제품 및 상품의 이전에 소요되는 비용 및 그 이전에 따른 감손상당액 + 이전광고비 및 개업비 등 영업장소를 이전함으로 인하여 소요되는 부대비용

③ 영업시설 일부 편입으로 잔여시설 보수 시 = 해당 시설의 설치 등에 소요되는 기간의 영업이익 + 해당 시설의 설치 등에 통상 소요되는 비용 + 영업규모의 축소에 따른 영업용 고정자산·원재료·제품 및 상품 등의 매각손실액

제48조(농업의 손실에 대한 보상)

① 농지면적 × 도별 연간 농가평균 단위경작면적당 농작물총수입 × 2년

② 실제소득 입증 시 = 농지면적 × 단위경작면적당 3년간 실제소득 평균의 2년분(농축산물소득자료집의 작목별 평균소득의 2배 상한)

③ 농지로 보지 아니한다.

1. 사업인정고시일 등 이후부터 농지로 이용되고 있는 토지

2. 토지이용계획·주위환경 등으로 보아 일시적으로 농지로 이용되고 있는 토지

3. 타인소유의 토지를 불법으로 점유하여 경작하고 있는 토지

4. 농민이 아닌 자가 경작하고 있는 토지

5. 취득보상 이후에 사업시행자가 2년 이상 계속하여 경작하도록 허용하는 토지

④ 자경농지가 아닌 농지

  1. 농지의 소유자가 해당 지역에 거주하는 농민인 경우

    가. 농지의 소유자와 실제 경작자 간에 협의가 성립된 경우 : 협의내용에 따라 보상

    나. 농지의 소유자와 실제 경작자 간에 협의가 성립되지 아니하는 경우 : 각 50%씩

  2. 농지의 소유자가 해당 지역에 거주하는 농민이 아닌 경우 : 실제 경작자에게 보상

⑤ 실제 경작자가 자의로 이농하는 등의 사유로 보상협의일 또는 수용재결일 당시에 경작을 하고 있지 않는 경우의 영농손실액은 농지의 소유자가 해당 지역에 거주하는 농민인 경우에 한정하여 농지의 소유자에게 보상

⑥ 농지 3분의 2 이상 편입되어 농기구 사용 못하는 경우에는 매각손실 보상

관련판례

1. 농업손실보상의 취지

편입토지 및 지장물에 관한 손실보상과는 별개로 이루어지는 것으로서, 농지가 공익사업시행지구에 편입되어 공익사업의 시행으로 더 이상 영농을 계속할 수 없게 됨에 따라 발생하는 손실에 대하여 같은 법 시행규칙 제46조에서 정한 폐업보상과 마찬가지로 장래의 2년간 일실소득을 보상함으로써, 농민이 대체 농지를 구입하여 영농을 재개하거나 다른 업종으로 전환하는 것을 보장하기 위한 것이다. 영농보상은 농민이 기존 농업을 폐지한 후 새로운 직업 활동을 개시하기까지의 준비기간 동안에 농민의 생계를 지원하는 간접보상이자 생활보상으로서의 성격을 가진다(대판 1996.12.23, 96다33051·33068 참조).

2. 농업손실보상청구권의 취득시기

사업인정고시일 전부터 해당 토지를 소유하거나 사용권원을 확보하여 적법하게 농업에 종사해 온 농민은 사업인정고시일 이후에도 수용개시일 전날까지는 해당 토지에서 그간 해온 농업을 계속할 수 있다. 그러나 사업인정고시일 이후에 수용개시일 전날까지 농민이 해당 공익사업의 시행과 무관한 어떤 다른 사유로 경작을 중단한 경우에는 손실보상의 대상에서 제외될 수 있다. 사업인정고시가 이루어졌다는 점만으로 농민이 구체적인 영농보상금 청구권을 확정적으로 취득하였다고는 볼 수 없으며, 보상협의 또는 재결절차를 거쳐 협의성립 당시 또는 수용재결 당시의 사정을 기준으로 구체적으로 산정되는 것이다. 또한 공익사업을 위한 토지 등의 취득 및 보상에 관한 법률 시행규칙 제48조에 따른 영농보상은 수용개시일 이후 편입농지에서 더 이상 영농을 계속할 수 없게 됨에 따라 발생하는 손실에 대하여 장래의 2년간 일실소득을 예측하여 보상하는 것이므로, 수용재결 당시를 기준으로도 영농보상은 아직 발생하지 않은 장래의 손실에 대하여 보상하는 것이다. 따라서 공익사업을 위한 토지 등의 취득 및 보상에 관한 법률 시행규칙 부칙(2013.4.25.) 제4조 제1항이 영농보상금액의 구체적인 산정방법·기준에 관한 2013.4.25. 국토교통부령 제5호로 개정된 공익사업을 위한 토지 등의 취득 및 보상에 관한 법률시행규칙(이하 '개정 시행규칙'이라 한다) 제48조 제2항 단서 제1호를 개정 시행규칙시행일 전에 사업인정고시가 이루어졌으나 개정 시행규칙 시행 후 보상계획의 공고·통지가 이루어진 공익사업에 대해서도 적용하도록 규정한 것은 진정소급입법에 해당하지 않는다(대판 2020.4.29, 2019두32696).

3. 농업손실보상의 법적성격 등

영농손실보상(이하 '영농보상'이라고 한다)은 편입토지 및 지장물에 관한 손실보상과는 별개로 이루어지는 것으로서, 농작물과 농지의 특수성으로 인하여 같은 시행규칙 제46조에서 정한 폐업보상과 구별해서 농지가 공익사업시행지구에 편입되어 공익사업의 시행으로 더 이상 영농을 계속할 수 없게 됨에 따라 발생하는 손실에 대하여

원칙적으로 같은 시행규칙 제46조에서 정한 폐업보상과 마찬가지로 장래의 2년간 일실소득을 보상함으로써, 농민이 대체 농지를 구입하여 영농을 재개하거나 다른 업종으로 전환하는 것을 보장하기 위한 것이다. 즉, 영농보상은 원칙적으로 농민이 기존 농업을 폐지한 후 새로운 직업 활동을 개시하기까지의 준비기간 동안에 농민의 생계를 지원하는 간접보상이자 생활보상으로서의 성격을 가진다.

영농보상은 그 보상금을 통계소득을 적용하여 산정하든, 아니면 해당 농민의 최근 실제소득을 적용하여 산정하든 간에, 모두 장래의 불확정적인 일실소득을 예측하여 보상하는 것으로, 기존에 형성된 재산의 객관적 가치에 대한 '완전한 보상'과는 그 법적 성질을 달리한다(대판 2023.8.18, 2022두34913).

제49조(축산업의 손실에 대한 평가)

① 영업보상 준용(도시근로자 4개월분 가계지출비 적용 ×)

② 손실보상 대상 축산업

　1. 「축산법」 허가를 받았거나 등록한 종축업・부화업・정액등처리업 또는 가축사육업

　2. 가축별 기준마리수 이상의 가축을 기르는 경우

　3. 가축별 기준마리수 미만의 가축을 기르는 경우로서 그 가축별 기준마리수에 대한 실제 사육 마리수의 비율의 합계가 1 이상인 경우

④ 손실보상의 대상이 되지 아니하는 가축은 이전비 평가(체중감소・산란율저하 및 유산 그 밖의 손실이 예상되는 경우 포함 평가)

제50조(잠업의 손실에 대한 평가)

영업보상 준용(도시근로자 4개월분 가계지출비 적용 ×)

제51조(휴직 또는 실직보상)

사업인정고시일 등 당시 3월 이상 근무한 근로자(소득세 원천징수된 자)

1. 일정기간 휴직 : 휴직일수(120일 상한) × 「근로기준법」 평균임금의 70퍼센트

2. 직업 상실 : 「근로기준법」 평균임금 × 120일

제52조(허가 등을 받지 아니한 영업의 손실보상에 관한 특례)

사업인정고시일 등 전부터 허가 등을 받아야 행할 수 있는 영업을 허가 등이 없이 행하여 온 자가 공익사업의 시행으로 인하여 제45조 제1호 본문에 따른 적법한 장소에서 영업을 계속할 수 없게 된 경우에는 제45조 제2호에 불구하고 「통계법」 제3조 제3호에 따른 통계작성기관이 조사・발표 하는 가계조사통계의 도시근로자가구 월평균 가계지출비(3인 가구 3개월분 가계지출비)/영업시설・원재료・제품 및 상품의 이전에 소요되는 비용 및 그 이전에 따른 감손상당액은 별도로 보상. 다만, 본인 또는 생계를 같이 하는 동일 세대 안의 직계존속・비속 및 배우자가 해당 공익사업으로 다른 영업에 대한 보상을 받은 경우에는 영업시설 등의 이전비용만을 보상한다.

제6절 이주정착금 등의 보상

제53조(이주정착금 등)

① 이주대책 대신 이주정착금 지급[주거용 건축물 평가액 30%(최저 1,200만원, 최고 2,400만원)]
  1. 공익사업시행지구의 인근에 택지 조성에 적합한 토지가 없는 경우
  2. 이주대책 비용이 과다하여 해당 공익사업의 시행이 사실상 곤란하게 되는 경우

제54조(주거이전비의 보상)

① 주거용 건축물 소유자(지구 내 실제거주 ×, 무허가건축물 ×) = 가구원수의 2개월분 주거이전비
② 주거용 건축물의 세입자(무상 사용 거주자 포함, 이주대책대상자인 세입자는 제외) = 사업인정고시일 등 당시 또는 공익사업을 위한 관계 법령에 따른 고시 등이 있은 당시 해당 공익사업시행지구 안에서 3개월 이상 거주한 자에 대해서는 가구원수에 따라 4개월분의 주거이전비를 보상(다만, 무허가건축물 등에 입주한 세입자로서 사업인정고시일 등 당시 또는 공익사업을 위한 관계 법령에 따른 고시 등이 있은 당시 그 공익사업지구 안에서 1년 이상 거주한 세입자에 대해서는 본문에 따라 주거이전비를 보상)

관련판례

1. 주거이전비의 법적 성질 및 강행규정인지 여부
   세입자에 대한 주거이전비는 공익사업 시행으로 인하여 생활 근거를 상실하게 되는 세입자를 위하여 사회보장적 차원에서 지급하는 금원으로 보아야 하므로, 사업시행자의 세입자에 대한 주거이전비 지급의무를 정하고 있는 공익사업법 시행규칙 제54조 제2항은 당사자 합의 또는 사업시행자 재량에 의하여 적용을 배제할 수 없는 강행규정이라고 보아야 한다(대판 2011.7.14, 2011두3685).

2. 주거이전비 보상에 관한 분쟁의 쟁송절차와 소송의 형태
   주거이전비 보상청구소송은 행정소송법 제3조 제2호에 규정된 당사자소송에 의하여야 한다. 재결이 이루어진 다음 세입자가 보상금의 증감 부분을 다투는 경우에는 같은 법 제85조 제2항에 규정된 행정소송에 따라, 보상금의 증감 이외의 부분을 다투는 경우에는 같은 조 제1항에 규정된 행정소송에 따라 권리구제를 받을 수 있다(대판 2008.5.29, 2007다8129).

3. 세입자에게 지급되는 주거이전비와 이사비의 법적 성격, 그 청구권의 취득시기 및 이사비의 지급금액
   공익사업을 위한 토지 등의 취득 및 보상에 관한 법률 제78조 제5항 및 같은 법 시행규칙 제54조 제2항, 제55조 제2항의 각 규정에 의하여 공익사업의 시행에 따라 이주하는 주거용 건축물의 세입자에게 지급하는 주거이전비와 이사비는, 해당 공익사업 시행지구 안에 거주하는 세입자들의 조기이주를 장려하여 사업추진을 원활하게 하려는 정책적인 목적과 주거이전으로 인하여 특별한 어려움을 겪게 될 세입자들을 대상으로 하는 사회보장적인 차원에서 지급하는 금원의 성격을 갖는다 할 것이므로, 같은 법 시행규칙 제54조 제2항에 규정된 '공익사업의 시행으로 인하여 이주하게 되는 주거용 건축물의 세입자로서 사업인정고시일 등 당시 또는 공익사업을 위한 관계 법령에 의한 고시 등이 있은 당시 해당 공익사업 시행지구 안에서 3월 이상 거주한 자에 해당하는 세입자는 이후의 사업시행자의 주거이전비 산정통보일 또는 수용개시일까지 계속 거주할 것을 요함이 없이 위 사업인정고시일 등에 바로 같은 법 시행규칙 제54조 제2항의 주거이전비와 같은 법 시행규칙 제55조 제2항의 이사비 청구권을 취득한다고 볼 것이고, 한편 이사비의 경우 실제 이전할 동산의 유무나 다과를 묻지 않고 같은 법 시행규칙 제55조 제2항 [별표 4]에 규정된 금액을 지급받을 수 있다(대판 2006.4.27, 2006두2435).

제55조(동산의 이전비 보상 등)

① 이전에 소요되는 비용 및 그 이전에 따른 감손상당액을 보상
② 주거용 건축물은 이사비 보상(해당 사업지구 안으로 이사하는 경우는 보상 ×)

제56조(이농비 또는 이어비의 보상)

① 농민/어민의 보상액이 농가경제조사통계의 연간 전국평균 가계지출비 및 농업기본통계조사의 가구당 전국평균 농가인구를 기준으로 다음 산식에 의하여 산정한 가구원수에 따른 1년분의 평균생계비에 미달되는 경우에는 1년분의 평균생계비를 보상한다.

> 가구원수에 따른 1년분의 평균생계비 = 연간 전국평균 가계지출비 ÷ 가구당 전국평균 농가인구 × 이주가구원수

② 제1항에 따른 이농비 또는 이어비는 공익사업의 시행으로 인하여 영위하던 농·어업을 계속할 수 없게 되어 공익사업에 편입되는 농지의 소재지(어민인 경우에는 주소지를 말한다)와 동일한 시·군 또는 구 및 인접한 시·군 또는 구 외의 지역으로 이주하는 농민(농업인으로서 농작물의 경작 또는 다년생식물의 재배에 상시 종사하거나 농작업의 2분의 1 이상을 자기의 노동력에 의하여 경작 또는 재배하는 자를 말한다) 또는 어민(연간 200일 이상 어업에 종사하는 자를 말한다)에게 보상한다.

제57조(사업폐지 등에 대한 보상)

건축허가 등 절차 진행중이던 사업 등이 폐지·변경 또는 중지되는 경우 소요된 비용 보상

제58조(주거용 건축물 등의 보상에 대한 특례)

① 주거용 건축물 평가액이 6백만원 미달 시는 6백만원 보상(무허가건축물은 적용 ×)
② 주거용 건축물 보상받은 자가 해당 공익사업시행지구 밖의 지역에서 매입/건축한 주거용 건축물이 20년 이내에 다른 공익사업에 편입되는 경우 해당 평가액의 30퍼센트를 가산(1천만원 한도)하여 보상(무허가건축물은 적용 ×)

제7절 공익사업시행지구 밖의 토지 등의 보상

제59조(공익사업시행지구 밖의 대지 등에 대한 보상)

공익사업시행지구 밖의 대지(조성된 대지를 말한다)·건축물·분묘 또는 농지(계획적으로 조성된 유실수단지 및 죽림단지를 포함)가 공익사업의 시행으로 인하여 산지나 하천 등에 둘러싸여 교통이 두절되거나 경작이 불가능하게 된 경우 → 소유자 청구에 의해 취득보상(도로, 도선시설 설치비용 초과 시는 도로, 도선시설 설치)

제60조(공익사업시행지구 밖의 건축물에 대한 보상)

소유농지의 대부분이 공익사업시행지구에 편입됨으로써 건축물(건축물의 대지 및 잔여농지를 포함)만이 공익사업시행지구 밖에 남게 되는 경우로서 그 건축물의 매매가 불가능하고 이주가 부득이한 경우 → 소유자 청구에 의해 취득보상

제61조(소수잔존자에 대한 보상)

1개 마을의 주거용 건축물이 대부분 공익사업시행지구에 편입됨으로써 잔여 주거용 건축물 거주자의 생활환경이 현저히 불편하게 되어 이주가 부득이한 경우 → 소유자 청구에 의해 취득보상

제62조(공익사업시행지구 밖의 공작물 등에 대한 보상)

본래의 기능을 다할 수 없게 되는 경우 → 소유자 청구에 의해 취득보상

제63조(공익사업시행지구 밖의 어업의 피해에 대한 보상)

실제 피해액을 확인할 수 있는 경우 보상(사업인정고시일 등 이후 면허, 허가받은 자는 ×)

제64조(공익사업시행지구 밖의 영업손실에 대한 보상)

1. 배후지의 3분의 2 이상이 상실되어 그 장소에서 영업을 계속할 수 없는 경우
2. 진출입로의 단절, 그 밖의 부득이한 사유로 인하여 일정한 기간 동안 휴업하는 것이 불가피한 경우

제65조(공익사업시행지구 밖의 농업의 손실에 대한 보상)

경작하고 있는 농지의 3분의 2 이상에 해당하는 면적이 공익사업시행지구에 편입됨으로 인하여 해당 지역에서 영농을 계속할 수 없게 된 농민 → 공익사업시행지구 밖에서 그가 경작하고 있는 농지에 대하여도 영농손실액을 보상

제6장 이의신청 등

제66조(손실보상재결신청서의 서식)

제67조(이의신청서의 서식)

제68조(재결확정증명청구서의 서식)

제69조(규제의 재검토)

국토교통부장관은 농업의 손실에 대한 보상 기준에 대하여 2017년 1월 1일을 기준으로 3년마다 타당성 검토하여 개선 등의 조치를 하여야 한다.

부칙

제5조(무허가건축물 등에 관한 경과조치)

① 1989년 1월 24일 당시의 무허가건축물 등에 대하여는 제24조·제54조 제1항 단서·제54조 제2항 단서·제58조 제1항 단서 및 제58조 제2항 단서의 규정에 불구하고 이 규칙에서 정한 보상을 함에 있어 이를 적법한 건축물로 본다.

② 제1항에 따라 적법한 건축물로 보는 무허가건축물 등에 대한 보상을 하는 경우 해당 무허가건축물 등의 부지 면적은 「국토의 계획 및 이용에 관한 법률」 제77조에 따른 건폐율을 적용하여 산정한 면적을 초과할 수 없다.

제6조(불법형질변경토지 등에 관한 경과조치)

1995년 1월 7일 당시 공익사업시행지구에 편입된 불법형질변경토지 또는 무허가개간토지(관계법령에 의하여 허가·인가 등을 받고 개간을 하여야 하는 토지를 허가·인가 등을 받지 아니하고 개간한 토지를 말한다)에 대하여는 제24조 또는 제27조 제1항의 규정에 불구하고 이를 현실적인 이용상황에 따라 보상하거나 개간비를 보상하여야 한다.

부동산 가격공시에 관한 법률 미니법전

제1장 총칙

제1조(목적)

부동산의 적정가격(適正價格) 공시에 관한 기본적인 사항과 부동산 시장·동향의 조사·관리에 필요한 사항을 규정함으로써 부동산의 적정한 가격형성과 각종 조세·부담금 등의 형평성을 도모하고 국민경제의 발전에 이바지함을 목적으로 한다.

제2조(정의)

1. "주택" : 「주택법」 제2조 제1호에 따른 주택
2. "공동주택" : 「주택법」 제2조 제3호에 따른 공동주택
3. "단독주택" : 공동주택을 제외한 주택
4. "비주거용 부동산" : 주택을 제외한 건축물이나 건축물과 그 토지의 전부 또는 일부를 말하며 다음과 같이 구분한다.
   가. 비주거용 집합부동산 : 「집합건물의 소유 및 관리에 관한 법률」에 따라 구분소유되는 비주거용 부동산
   나. 비주거용 일반부동산 : 가목을 제외한 비주거용 부동산
5. "적정가격" : 토지, 주택 및 비주거용 부동산에 대하여 통상적인 시장에서 정상적인 거래가 이루어지는 경우 성립될 가능성이 가장 높다고 인정되는 가격

제2장 지가의 공시

제3조(표준지공시지가의 조사·평가 및 공시 등)

①② 국토교통부장관은 토지이용상황, 주변 환경, 자연적·사회적 조건 유사하다고 인정되는 일단의 토지 중에서 선정한 표준지(일단의 토지 대표)에 대하여 매년 공시기준일(1월 1일 원칙/부득이한 경우 따로 정함) 현재의 단위면적당 적정가격을 조사·평가(소유자 의견청취 필수)하고 중앙부동산가격공시위원회의 심의를 거쳐 공시해야 한다.

④ 국토교통부장관은 표준지공시지가 조사·평가 시 인근 유사토지의 거래가격·임대료 및 해당 토지와 유사한 이용가치를 지닌다고 인정되는 토지의 조성에 필요한 비용추정액, 인근 지역 및

다른 지역과의 형평성·특수성, 표준지공시지가 변동의 예측 가능성 등 제반사항을 종합적으로 참작하여야 한다.

⑤ 국토교통부장관은 표준지공시지가를 조사·평가할 때에는 업무실적, 신인도(信認度) 등을 고려하여 둘 이상의 감정평가법인등에게 의뢰(산술평균 결정)
/지가 변동이 작은 경우 등 대통령령으로 정하는 기준에 해당하는 표준지에 대해서는 하나의 감정평가법인등에 의뢰할 수 있다(최근 1년간 읍·면·동별 지가변동률이 전국 평균 지가변동률 이하인 지역 & 개발사업 시행 및 용도지역/지구 변경이 없는 경우).

⑧ 국토교통부장관은 토지가격비준표를 작성하여 시장·군수 또는 구청장에게 제공하여야 한다.

관련판례

1. 표준지공시지가 법적 성질 및 하자승계

표준지공시지가결정이 위법한 경우에는 그 자체를 행정소송의 대상이 되는 행정처분으로 보아 그 위법 여부를 다툴 수 있음은 물론, 수용보상금의 증액을 구하는 소송에서도 선행처분으로서 그 수용대상토지가격 산정의 기초가 된 비교표준지공시지가결정의 위법을 독립한 사유로 주장할 수 있다(대판 2008.8.21, 2007두13845).

2. 표준지공시지가의 결정절차와 그 효력(대판 2009.12.10, 2007두20140) : 평가서의 기재내용과 정도(위법성 판단기준)

① 표준지공시지가는 해당 토지뿐 아니라 인근 유사토지의 가격을 결정하는 데에 전체적, 표준적 기능을 수행하는 것이어서 특히 그 가격의 적정성이 엄격하게 요구된다.

② 감정평가서에는 평가원인을 구체적으로 특정하여 명시함과 아울러 각 요인별 참작 내용과 정도가 객관적으로 납득이 갈 수 있을 정도로 설명됨으로써, 그 평가액이 해당 토지의 적정가격을 평가한 것임을 인정할 수 있어야 한다.

③ 감정평가서에서는 거래선례나 평가선례, 거래사례비교법, 원가법 및 수익환원법 등을 모두 공란으로 둔 채 그 토지의 전년도 공시지가와 세평가격 및 인근표준지의 감정가격만을 참고가격으로 삼으면서 그러한 참고가격이 평가액 산정에 어떻게 참작되었는지에 관한 별다른 설명 없이 평가의견을 추상적으로만 기재함으로써, 평가요인별 참작내용과 정도가 평가액산정의 적정성을 알아볼 수 있을 만큼 객관적으로 설명되어 있다고 보기 어려우므로 이러한 감정평가액을 근거로 한 표준지공시지가 결정은 토지의 적정가격을 반영한 것이라고 인정하기 어려워 위법하다고 하지 않을 수 없다.

3. 하자승계

(1) 표준지공시지가와 개별공시지가(부정)

표준지로 선정된 토지의 공시지가에 대하여 불복하기 위하여는 지가공시 및 토지 등의 평가에 관한 법률 제8조 제1항 소정의 이의절차를 거쳐 처분청을 상대로 공시지가결정의 취소를 구하는 행정소송을 제기하여야 하고, 그러한 절차를 밟지 아니한 채 개별토지가격 결정을 다투는 소송에서 개별토지가격 산정의 기초가 된 표준지공시지가의 위법성을 다툴 수는 없다(대판 1996.5.10, 95누9808).

(2) 표준지공시지가와 과세처분(부정)

① 개별토지가격에 대한 불복방법과는 달리 표준지의 공시지가에 대한 불복방법을 지가공시 및 토지 등의 평가 등에 관한 법률 제8조 제1항 소정의 절차를 거쳐 처분청을 상대로 다툴 수 있을 뿐 그러한 절차를 밟지 아니한 채 조세소송에서 그 공시지가결정의 위법성을 다툴 수 없도록 제한하고 있는 것은 표준지의 공시지가와 개별토지가격은 그 목적, 대상, 결정기관, 결정절차, 금액 등 여러 가지 면에서 서로 다른 성질의 것이라는 점을 고려한 것이므로, 이러한 차이점에 근거하여 표준지의 공시지가에 대한 불복방법

을 개별토지가격에 대한 불복방법과 달리 인정한다고 하여 그것이 헌법상 평등의 원칙, 재판권 보장의 원칙에 위반된다고 볼 수는 없다(대판 1997.9.26, 96누7649).

② 표준지로 선정된 토지의 공시지가에 대하여는 지가공시 및 토지 등의 평가에 관한 법률(1995.12.29. 법률 제5108호로 개정되기 전의 것) 제8조 제1항 소정의 이의절차를 거쳐 처분청을 상대로 그 공시지가 결정의 위법성을 다툴 수 있을 뿐 그러한 절차를 밟지 아니한 채 조세소송에서 그 공시지가결정의 위법성을 다툴 수는 없다(대판 1997.4.11, 96누8895).

③ 표준지로 선정된 토지의 표준지공시지가를 다투기 위해서는 처분청인 국토교통부장관에게 이의를 신청하거나 국토교통부장관을 상대로 공시지가결정의 취소를 구하는 행정심판이나 행정소송을 제기해야 한다. 그러한 절차를 밟지 않은 채 토지 등에 관한 재산세 등 부과처분의 취소를 구하는 소송에서 표준지 공시지가결정의 위법성을 다투는 것은 원칙적으로 허용되지 않는다(대판 2022.5.13, 2018두50147).

(3) 표준지공시지가결정과 수용재결의 하자승계(인정)

표준지공시지가결정은 이를 기초로 한 수용재결 등과는 별개의 독립된 처분으로서 서로 독립하여 별개의 법률효과를 목적으로 하지만, 표준지공시지가는 이를 인근 토지의 소유자나 기타 이해관계인에게 개별적으로 고지하도록 되어 있는 것이 아니어서 인근 토지의 소유자 등이 표준지공시지가결정 내용을 알고 있었다고 전제하기가 곤란할 뿐만 아니라, 결정된 표준지공시지가가 공시될 당시 보상금 산정의 기준이 되는 표준지의 인근 토지를 함께 공시하는 것이 아니어서 인근 토지소유자는 보상금 산정의 기준이 되는 표준지가 어느 토지인지를 알 수 없으므로, 인근 토지소유자가 표준지의 공시지가가 확정되기 전에 이를 다투는 것은 불가능하다. 더욱이 장차 어떠한 수용재결 등 구체적인 불이익이 현실적으로 나타나게 되었을 경우에 비로소 권리구제의 길을 찾는 것이 우리 국민의 권리의식임을 감안하여 볼 때, 인근 토지소유자 등으로 하여금 결정된 표준지공시지가를 기초로 하여 장차 토지보상 등이 이루어질 것에 대비하여 항상 토지의 가격을 주시하고 표준지공시지가결정이 잘못된 경우 정해진 시정절차를 통하여 이를 시정하도록 요구하는 것은 부당하게 높은 주의의무를 지우는 것이고, 위법한 표준지공시지가결정에 대하여 그 정해진 시정절차를 통하여 시정하도록 요구하지 않았다는 이유로 위법한 표준지공시지가를 기초로 한 수용재결 등 후행 행정처분에서 표준지공시지가결정의 위법을 주장할 수 없도록 하는 것은 수인한도를 넘는 불이익을 강요하는 것으로서 국민의 재산권과 재판받을 권리를 보장한 헌법의 이념에도 부합하는 것이 아니다. 따라서 표준지공시지가결정이 위법한 경우에는 그 자체를 행정소송의 대상이 되는 행정처분으로 보아 그 위법 여부를 다툴 수 있음은 물론, 수용보상금의 증액을 구하는 소송에서도 선행처분으로서 그 수용대상토지 가격 산정의 기초가 된 비교표준지공시지가결정의 위법을 독립한 사유로 주장할 수 있다(대판 2008.8.21, 2007두13845).

4. 고시 또는 공고에 의하여 행정처분을 하는 경우, 그에 대한 취소소송의 제소기간의 기산일(= 고시 또는 공고의 효력발생일)

통상 고시 또는 공고에 의하여 행정처분을 하는 경우에는 그 처분의 상대방이 불특정 다수인이고, 그 처분의 효력이 불특정 다수인에게 일률적으로 적용되는 것이므로, 그 행정처분에 이해관계를 갖는 자는 고시 또는 공고가 있었다는 사실을 현실적으로 알았는지 여부에 관계없이 고시가 효력을 발생하는 날에 행정처분이 있음을 알았다고 보아야 하고, 따라서 그에 대한 취소소송은 그 날로부터 90일 이내에 제기하여야 한다(대판 2006.4.14, 2004두3847).

제4조(표준지공시지가의 조사협조)

국토교통부장관은 관계 행정기관에 해당 토지의 인·허가 내용, 개별법에 따른 등록사항 등 대통령령으로 정하는 관련 자료의 열람 또는 제출을 요구 가능(정당한 사유가 없으면 그 요구를 따라야 함)

* 대통령령으로 정하는 관련 자료
건축물대장(현황도면 포함), 지적도, 임야도, 정사영상지도(正射映像地圖), 토지대장 및 임야대장, 토지이용계획확인서(확인도면 포함), 도시·군관리계획 지형도면(전자지도 포함), 등기부, 신고된 실제 거래가격, 감정평가 정보체계에 등록된 정보 및 자료, 임대차보호법상 확정일자부 중 임대차계약에 관한 자료, 행정구역별 개발사업 인·허가 현황, 표준지 소유자의 성명 및 주소, 그 밖에 표준지의 선정 또는 표준지 적정가격의 조사·평가에 필요한 자료로서 국토교통부령으로 정하는 자료

제5조(표준지공시지가의 공시사항)

1. 표준지의 지번
2. 표준지의 단위면적(1제곱미터)당 가격
3. 표준지의 면적 및 형상
4. 표준지 및 주변토지의 이용상황
5. 지목, 용도지역, 도로 상황, 그 밖에 표준지공시지가 공시에 필요한 사항

제6조(표준지공시지가의 열람 등)

국토교통부장관은 시·군·구에 송부하여 일반인이 열람하게 하고, 도서·도표 등으로 작성하여 관계 행정기관 등에 공급해야 한다.

제7조(표준지공시지가에 대한 이의신청)

공시일부터 30일 이내에 서면(전자문서 포함)으로 국토교통부장관에게 이의신청 - 이의신청 기간 만료일부터 30일 이내에 이의신청 심사/결과를 통지(서면) - 이의신청 내용 타당 시 공시지가 재공시

제8조(표준지공시지가의 적용)

지가 산정의 주체 및 국가 또는 지방자치단체, 공공기관/공공단체가 ① 공공용지의 매수 및 토지의 수용·사용에 대한 보상, ② 국유지·공유지의 취득 또는 처분, ③ 조성된 용지 등의 공급 또는 분양, 환지·체비지(替費地)의 매각 또는 환지신청, 토지의 관리·매입·매각·경매 또는 재평가 목적으로 지가를 산정 시 비준표 사용하여 지가를 직접 산정하거나 감정평가법인등에 감정평가 의뢰 가능(필요 시 가감조정하여 적용 가능)

제9조(표준지공시지가의 효력)

토지시장에 지가정보를 제공하고 일반적인 토지거래의 지표가 되며, 국가·지방자치단체 등이 그 업무와 관련하여 지가를 산정하거나 감정평가법인등이 개별적으로 토지를 감정평가하는 경우에 기준이 된다.

제10조(개별공시지가의 결정·공시 등)

① 시장·군수 또는 구청장은 국세·지방세 등 각종 세금의 부과, 법령상 목적을 위한 지가산정에 사용되도록 하기 위하여 시·군·구부동산가격공시위원회의 심의를 거쳐 매년 공시지가의 공시기준일(1월 1일) 현재 관할 구역 안의 개별토지의 단위면적(1제곱미터)당 가격을 결정·공시(5월 31일까지 공시)하고, 이를 관계 행정기관 등에 제공하여야 한다.

② 표준지로 선정된 토지, 조세(국세 또는 지방세) 또는 부담금(농지보전부담금 또는 개발부담금 등) 등의 부과대상이 아닌 토지에 대하여는 개별공시지가를 결정·공시하지 아니할 수 있다(법령상 개별공시지가를 적용하도록 규정된 토지 및 관계기관과 협의하여 공시하기로 결정한 토지는 공시하여야 한다).

③ 공시기준일 이후 분할·합병 등(신규등록, 지목변경, 사유로 된 토지)이 발생한 토지에 대하여는, 1월 1일부터 6월 30일까지 사이에 발생 시에는 그 해 7월 1일을 기준으로 그 해 10월 31일까지 공시하고, 7월 1일부터 12월 31일까지 사이에 발생 시에는 다음 해 1월 1일을 기준하여 다음 해 5월 31일까지 공시하여야 한다.

④ 개별공시지가를 결정·공시하는 경우에는 해당 토지와 유사한 이용가치를 지닌다고 인정되는 하나 또는 둘 이상의 표준지의 공시지가를 기준으로 토지가격비준표를 사용하여 지가를 산정하되, 해당 토지의 가격과 표준지공시지가가 균형을 유지하도록 하여야 한다.

⑤⑥ 감정평가법인등 검증(해당 지역 표공 조사·평가 법인등 또는 업무실적 우수 법인등 의뢰)(생략가능 : 검증 생략 시 미리 관계 중앙행정기관의 장과 협의필요 : 개발사업 시행/용도지역·지구 변경 시는 생략 불가) + 토지소유자, 그 밖의 이해관계인의 의견을 들어야 한다.

⑦ 국토교통부장관은 지가공시 행정의 합리적인 발전을 도모하고, 표공·개공의 균형유지 등 적정한 지가형성을 위하여 필요하다고 인정하는 경우에는 개별공시지가의 결정·공시 등에 관하여 시장·군수 또는 구청장을 지도·감독할 수 있다.

---

* 검증내용
  1. 비교표준지 선정의 적정성에 관한 사항
  2. 개별토지가격 산정의 적정성에 관한 사항
  3. 산정한 개별토지가격과 표준지공시지가의 균형 유지에 관한 사항
  4. 산정한 개별토지가격과 인근 토지의 지가와의 균형 유지에 관한 사항
  5. 표준주택가격, 개별주택가격, 비주거용 표준부동산가격 및 비주거용 개별부동산가격 산정 시 고려된 토지 특성과 일치하는지 여부
  6. 개별토지가격 산정 시 적용된 용도지역, 토지이용상황 등 주요 특성이 공부(公簿)와 일치하는지 여부
  7. 그 밖에 시장·군수 또는 구청장이 검토를 의뢰한 사항

---

* 검증생략 토지 선정
  개별토지의 지가변동률과 해당 토지가 있는 읍·면·동의 연평균 지가변동률 간의 차이가 작은 순으로 대상 토지 선정(개발사업 시행/용도지역·지구 변경 시는 생략 불가)

1. 개별공시지가의 법적 성질

대법원은 개별공시지가는 과세의 기준이 되어 국민의 권리·의무 내지 법률상 이익에 직접적으로 관계된다고 하여 행정소송법상 처분이라고 판시하였다(대판 1993.1.15, 92누12407).

2. 개별공시지가의 위법성 판단

① 개별토지가격 결정 과정에 있어 개별토지가격합동조사지침이 정하는 주요절차를 위반한 하자가 있거나 비교표준지의 선정 또는 토지가격비준표에 의한 표준지와 해당 토지의 토지특성의 조사·비교, 가격조정률의 적용이 잘못되었거나, 기타 위산·오기로 인하여 지가산정에 명백한 잘못이 있는 경우 그 개별토지가격 결정의 위법 여부를 다툴 수 있음은 물론, 표준지의 공시지가에 가격조정률을 적용하여 산출된 산정지가를 처분청이 지방토지평가위원회 등의 심의를 거쳐 가감 조정한 결과 그 결정된 개별토지가격이 현저하게 불합리한 경우에는 그 가격결정의 당부에 대하여도 다툴 수 있고, 이때 개별토지가격이 현저하게 불합리한 것인지 여부는 그 가격으로 결정되게 된 경위, 개별토지가격을 결정함에 있어서 토지특성이 동일 또는 유사한 인근 토지들에 대하여 적용된 가감조정비율, 표준지 및 토지특성이 동일 또는 유사한 인근 토지들의 지가상승률, 해당 토지에 대한 기준연도를 전후한 개별토지가격의 증감 등 여러 사정을 종합적으로 참작하여 판단하여야 한다(대판 1996.12.6, 96누1832).

② 개별토지가격이 현저하게 불합리한 것인지 여부는 그 가격으로 결정하게 된 경위, 개별토지가격을 결정함에 있어서 토지특성이 동일 또는 유사한 인근 토지들에 대하여 적용된 가감조정비율, 표준지 및 토지특성이 동일 또는 유사한 인근 토지들의 지가상승률, 해당 토지에 대한 기준연도를 전후한 개별토지가격의 증감 등 여러 사정을 종합적으로 참작하여 판단하여야 한다(대판 1997.10.24, 96누18298).

③ 개별토지가격의 적정성 여부는 지가공시 및 토지 등의 평가에 관한 법률과 개별토지가격합동조사지침에 규정된 절차와 방법에 의거하여 이루어진 것인지 여부에 따라 결정될 것이지, 해당 토지의 시가와 직접적인 관련이 있는 것은 아니므로, 단지 개별지가가 시가를 초과한다는 사유만으로 그 가격 결정이 위법하다고 단정할 것은 아니다(대판 1995.11.21, 94누15684).

④ 표준지를 특정하여 선정하지 않거나 부동산 가격공시 및 감정평가에 관한 법률 제9조 제2항에 따른 비교표에 의하지 아니한 채 개별공시지가가 없는 토지의 가액을 평가하고 기준시가를 정하는 것이 위법한지 여부(적극) : 소득세법 시행령 제164조 제1항은 개별공시지가가 없는 토지의 가액을 그와 지목·이용상황 등 지가형성요인이 유사한 인근 토지를 표준지로 보고 부동산 가격공시 및 감정평가에 관한 법률 제9조 제2항에 따른 비교표(이하 '토지가격비준표'라 한다)에 따라 평가하도록 규정함으로써, 납세의무자가 표준지 선정과 토지가격비준표 적용의 적정 여부, 평가된 가액이 인근 유사토지의 개별공시지가와 균형을 유지하고 있는지 여부 등을 확인할 수 있도록 하고 있으므로, 표준지를 특정하여 선정하지 않거나 토지가격비준표에 의하지 아니한 채 개별공시지가가 없는 토지의 가액을 평가하고 기준시가를 정하는 것은 위법하다(대판 2014.4.10, 2013두25702).

3. 이의신청의 법적 성질 및 구제수단

부동산 가격공시 및 감정평가에 관한 법률 제12조, 행정소송법 제20조 제1항, 행정심판법 제3조 제1항의 규정 내용 및 취지와 아울러 부동산 가격공시 및 감정평가에 관한 법률에 행정심판의 제기를 배제하는 명시적인 규정이 없고 부동산 가격공시 및 감정평가에 관한 법률에 따른 이의신청과 행정심판은 그 절차 및 담당 기관에 차이가 있는 점을 종합하면, 부동산 가격공시 및 감정평가에 관한 법률이 이의신청에 관하여 규정하고 있다고 하여 이를 행정심판법 제3조 제1항에서 행정심판의 제기를 배제하는 '다른 법률에 특별한 규정이 있는 경우'에 해당한다고 볼 수 없으므로, 개별공시지가에 대하여 이의가 있는 자는 곧바로 행정소송을 제기하거나 부동산 가격공시 및 감정평가에 관한 법률에 따른 이의신청과 행정심판법에 따른 행정심판청구 중 어느 하나만을 거쳐 행정소송을 제기할 수 있을 뿐 아니라, 이의신청을 하여 그 결과 통지를 받은 후 다시 행정심판을 거쳐 행정소송을 제기할 수도 있다고 보아야 하고, 이 경우 행정소송의 제기기간은 그 행정심판 재결서 정본을 송달받은 날부터 기산한다(대판 2010.1.28, 2008두19987).

4. 제소기간

(1) 처분 등이 공고, 고시로 이루어진 경우의 안 날(1)

개별토지가격결정에 있어서는 그 처분의 고지방법에 있어 개별토지가격합동조사지침의 규정에 의하여 행정편의상 일단의 각 개별토지에 대한 가격결정을 일괄하여 읍·면·동의 게시판에 공고하는 것일 뿐 그 처분의 효력은 각각의 토지 또는 각각의 소유자에 대하여 각별로 효력을 발생하는 것이므로 개별토지가격결정의 공고는 공고일로부터 그 효력을 발생하지만 처분 상대방인 토지소유자 및 이해관계인이 공고일에 개별토지가격결정처분이 있음을 알았다고까지 의제할 수는 없어 결국 개별토지가격결정에 대한 재조사 또는 행정심판의 청구기간은 처분 상대방이 실제로 처분이 있음을 안 날로부터 기산하여야 할 것이나, 시장, 군수 또는 구청장이 개별토지가격결정을 처분 상대방에 대하여 별도의 고지절차를 취하지 않는 이상 토지소유자 및 이해관계인이 위 처분이 있음을 알았다고 볼 경우는 그리 흔치 않을 것이므로 특별히 위 처분을 알았다고 볼만한 사정이 없는 한 개별토지가격결정에 대한 재조사청구 또는 행정심판청구는 행정심판법 제18조 제3항 소정의 처분이 있은 날로부터 180일 이내에 이를 제기하면 된다(대판 1993.12.24, 92누17204).

> 현행 행정심판법은 제27조이다.

(2) 처분 등이 공고, 고시로 이루어진 경우의 안 날(2)

개별공시지가에 대하여 이의가 있는 자는 곧바로 행정소송을 제기하거나 부동산 가격공시 및 감정평가에 관한 법률에 따른 이의신청과 행정심판법에 따른 행정심판청구 중 어느 하나만을 거쳐 행정소송을 제기할 수 있을 뿐 아니라, 이의신청을 하여 그 결과 통지를 받은 후 다시 행정심판을 거쳐 행정소송을 제기할 수도 있다고 보아야 하고, 이 경우 행정소송의 제소기간은 그 행정심판 재결서 정본을 송달받은 날부터 기산한다(대판 2010.1.28, 2008두19987).

(3) 처분 등이 공고, 고시로 이루어진 경우의 안 날(3)

재조사청구는 토지소유자 등이 그 결정처분이 있었음을 안 때에는 개별토지가격합동조사지침(국무총리훈령 제248호) 제12조의2 제1항에 따라 안 날로부터 60일 이내에, 특별히 위 처분이 있었음을 알았다고 볼만한 사정이 없는 경우에는 행정심판법 제18조 제3항에 따라 처분이 있은 날로부터 180일 이내에 관할 시장, 군수 또는 구청장에게 청구할 수 있고, 특히 1990년도 개별토지가격결정과 같이 그 처분의 공고나 통지가 없었던 경우에는 위 재조사청구기간 내에 재조사청구가 가능하였다는 특별한 사정이 없는 한 같은 법 제18조 제3항 단서 소정의 정당한 사유가 있는 때에 해당하여 처분이 있은 때로부터 180일이 지나도 재조사청구를 할 수 있다(대판 1995.9.26, 94누11514).

5. 개별공시지가와 과세처분

(1) 하자승계 긍정

두 개 이상의 행정처분이 연속적으로 행하여지는 경우 선행처분과 후행처분이 서로 결합하여 1개의 법률효과를 완성하는 때에는 선행처분에 하자가 있으면 그 하자는 후행처분에 승계되므로 선행처분에 불가쟁력이 생겨 그 효력을 다툴 수 없게 된 경우에도 선행처분의 하자를 이유로 후행처분의 효력을 다툴 수 있는 반면 선행처분과 후행처분이 서로 독립하여 별개의 법률효과를 목적으로 하는 때에는 선행처분에 불가쟁력이 생겨 그 효력을 다툴 수 없게 된 경우에는 선행처분의 하자가 중대하고 명백하여 당연무효인 경우를 제외하고는 선행처분의 하자를 이유로 후행처분의 효력을 다툴 수 없는 것이 원칙이나 선행처분과 후행처분이 서로 독립하여 별개의 효과를 목적으로 하는 경우에도 선행처분의 불가쟁력이나 구속력이 그로 인하여

불이익을 입게 되는 자에게 수인한도를 넘는 가혹함을 가져오며, 그 결과가 당사자에게 예측가능한 것이 아닌 경우에는 국민의 재판받을 권리를 보장하고 있는 헌법의 이념에 비추어 선행처분의 후행처분에 대한 구속력은 인정될 수 없다(대판 1994.1.25, 93누8542; 대판 1994.10.7, 93누15588).

(2) 하자승계 부정

원고가 이 사건 토지를 매도한 이후에 그 양도소득세 산정의 기초가 되는 1993년도 개별공시지가 결정에 대하여 한 재조사청구에 따른 조정결정을 통지받고서도 더 이상 다투지 아니한 경우까지 선행처분인 개별공시지가 결정의 불가쟁력이나 구속력이 수인한도를 넘는 가혹한 것이거나 예측불가능하다고 볼 수 없어, 위 개별공시지가 결정의 위법을 이 사건 과세처분의 위법사유로 주장할 수 없다(대판 1998.3.13, 96누6059).

6. 개별공시지가와 손해배상(대판 2010.7.22, 2010다13527)

[판시사항]

[1] 개별공시지가 산정업무 담당공무원 등이 부담하는 직무상 의무의 내용 및 그 담당 공무원 등이 직무상 의무에 위반하여 현저하게 불합리한 개별공시지가가 결정되도록 함으로써 국민 개개인의 재산권을 침해한 경우, 그 담당공무원 등이 속한 지방자치단체가 손해배상 책임을 지는지 여부(적극)

[2] 시장(市長)이 토지의 이용상황을 실제 이용되고 있는 '자연림'으로 하여 개별공시지가를 산정한 다음 감정평가법인에 검증을 의뢰하였는데, 감정평가법인이 그 토지의 이용상황을 '공업용'으로 잘못 정정하여 검증지가를 산정하고, 시(市)부동산평가위원회가 검증지가를 심의하면서 그 잘못을 발견하지 못함에 따라, 그 토지의 개별공시지가가 적정가격보다 훨씬 높은 가격으로 결정·공시된 사안에서, 이는 개별공시지가 산정업무 담당공무원 등이 직무상 의무를 위반한 것으로 불법 행위에 해당한다고 한 사례

[3] 개별공시지가가 토지의 거래 또는 담보제공에서 그 실제 거래가액 또는 담보가치를 보장하는 등의 구속력을 갖는지 여부(소극) 및 개개 토지에 관한 개별공시지가를 기준으로 거래하거나 담보제공을 받았다가 토지의 실제 거래가액 또는 담보가치가 개별공시지가에 미치지 못함으로 인하여 발생한 손해에 대해서도 개별공시지가를 결정·공시한 지방자치단체가 손해배상책임을 부담하는지 여부(소극)

[4] 개별공시지가 산정업무 담당공무원 등이 잘못 산정·공시한 개별공시지가를 신뢰한 나머지 토지의 담보가치가 충분하다고 믿고 그 토지에 관하여 근저당권설정등기를 경료한 후 물품을 추가로 공급함으로써 손해를 입었음을 이유로 그 담당공무원이 속한 지방자치단체에 손해배상을 구한 사안에서, 그 담당공무원 등의 개별공시지가 산정에 관한 직무상 위반행위와 위 손해 사이에 상당인과관계가 있다고 보기 어렵다고 판단한 사례

[재판요지]

[1] 개별공시지가는 개발부담금의 부과, 토지관련 조세부과 등 다른 법령이 정하는 목적을 위해 지가를 산정하는 경우에 그 산정 기준이 되는 관계로 납세자인 국민 등의 재산상 권리·의무에 직접적인 영향을 미치게 되므로, 개별공시지가 산정업무를 담당하는 공무원으로서는 해당 토지의 실제 이용상황 등 토지특성을 정확하게 조사하고 해당 토지와 토지이용상황이 유사한 비교표준지를 선정하여 그 특성을 비교하는 등 법령 및 '개별공시지가의 조사·산정 지침'에서 정한 기준과 방법에 의하여 개별공시지가를 산정하고, 산정지가의 검증을 의뢰받은 감정평가업자나 시·군·구 부동산평가위원회로서는 위 산정지가 또는 검증지가가 위와 같은 기준과 방법에 의하여 제대로 산정된 것인지 여부를 검증, 심의함으로써 적정한 개별공시지가가 결정·공시되도록 조치할 직무상의 의무가 있고, 이러한 직무상 의무는 단순히 공공 일반의 이익을 위한 것이거나 행정기관 내부의 질서를 규율하기 위한 것이 아니고 전적으로 또는 부수적으로 국민 개개인의 재산권 보장을 목적으로 하여 규정된 것이라고 봄이 상당하다. 따라서 개별공시지가 산정업무 담당공무원 등이 그 직무상 의무에 위반하여 현저하게 불합리한 개별공시지가가 결정되도록 함으로써 국민 개개인의 재산권을 침해한 경우에는 그 손해에 대하여 상당인과관계 있는 범위 내에서 그 담당공무원 등이 소속된 지방자치단체가 배상책임을 지게 된다.

[2] 시장(市長)이 토지의 이용상황을 실제 이용되고 있는 '자연림'으로 하여 개별공시지가를 산정한 다음 감정평가법인에 검증을 의뢰하였는데, 감정평가법인이 그 토지의 이용상황을 '공업용'으로 잘못 정정하여 검증지가를 산정하고, 시(市)부동산평가위원회가 검증지가를 심의하면서 그 잘못을 발견하지 못함에 따라, 그 토지의 개별공시지가가 적정가격보다 훨씬 높은 가격으로 결정·공시된 사안에서, 이는 개별공시지가 산정업무 담당공무원 등이 개별공시지가의 산정 및 검증, 심의에 관한 직무상 의무를 위반한 것으로 불법행위에 해당한다고 한 사례

[3] 개별공시지가는 그 산정 목적인 개발부담금의 부과, 토지 관련 조세 부과 등 다른 법령이 정하는 목적을 위해 지가를 산정하는 경우에 그 산정 기준이 되는 범위 내에서는 납세자인 국민 등의 재산상 권리·의무에 직접적인 영향을 미칠 수 있지만, 이에 더 나아가 개별공시지가가 해당 토지의 거래 또는 담보제공을 받음에 있어 그 실제 거래가액 또는 담보가치를 보장한다거나 어떠한 구속력을 미친다고 할 수는 없다. 그럼에도 개개 토지에 관한 개별공시지가를 기준으로 거래하거나 담보제공을 받았다가 해당 토지의 실제 거래가액 또는 담보가치가 개별공시지가에 미치지 못함으로 인해 발생할 수 있는 손해에 대해서까지 그 개별공시지가를 결정·공시하는 지방자치단체에 손해배상책임을 부각시키게 된다면, 개개 거래당사자들 사이에 이루어지는 다양한 거래관계와 관련하여 발생한 손해에 대하여 무차별적으로 책임을 추궁당하게 되고, 그 거래관계를 둘러싼 분쟁에 끌려들어가 많은 노력과 비용을 지출하는 결과가 초래되게 된다. 이는 결과발생에 대한 예견가능성의 범위를 넘어서는 것임은 물론이고, 행정기관이 사용하는 지가를 일원화하여 일정한 행정목적을 위한 기준으로 삼음으로써 국토의 효율적인 이용과 국민경제의 발전에 기여하려는 구 부동산 가격공시 및 감정 평가에 관한 법률(2008.2.29. 법률 제8852호로 개정되기 전의 것)의 목적과 기능, 그 보호법익의 보호범위를 넘어서는 것이다.

[4] 개별공시지가 산정업무 담당공무원 등이 잘못 산정·공시한 개별공시지가를 신뢰한 나머지 토지의 담보가치가 충분하다고 믿고 그 토지에 관하여 근저당권설정등기를 경료한 후 물품을 추가로 공급함으로써 손해를 입었음을 이유로 그 담당공무원이 속한 지방자치단체에 손해배상을 구한 사안에서, 그 담당공무원 등의 개별공시지가 산정에 관한 직무상 위반행위와 위 손해 사이에 상당인과관계가 있다고 보기 어렵다고 한 사례

> 직무의 사익보호성을 어떻게 도출하는지가 중요하다. 개별공시지가의 결정·공시절차상 사익보호성을 도출하여 이러한 사익보호를 도모하지 못함을 밝혀주면 될 것이나, 이러한 위법성과 손해의 견련성을 입증하는 것도 중요하다. 판례는 개별공시지가의 목적과 효력 등에 비추어 사인의 담보가치로서의 구속력을 부정하여 인과관계를 부정하였다.

7. 개별공시지가 결정처분취소(대판 2013.11.14, 2012두15364)

[판시사항]
시장 등이 어떠한 토지에 대하여 표준지공시지가와 균형을 유지하도록 결정한 개별공시지가가 토지가격비준표를 사용하여 산정한 지가와 달리 결정되었거나 감정평가사의 검증의견에 따라 결정되었다는 이유만으로 위법한 것인지 여부(원칙적 소극)

[판결요지]
부동산 가격공시 및 감정평가에 관한 법률 제11조, 부동산 가격공시 및 감정평가에 관한 법률 시행령 제17조 제2항의 취지와 문언에 비추어 보면, 시장 등은 표준지공시지가에 토지가격비준표를 사용하여 산정된 지가와 감정평가업자의 검증의견 및 토지소유자 등의 의견을 종합하여 해당 토지에 대하여 표준지공시지가와 균형을 유지한 개별공시지가를 결정할 수 있고, 그와 같이 결정된 개별공시지가가 표준지공시지가와 균형을 유지하지 못할 정도로 현저히 불합리하다는 등의 특별한 사정이 없는 한, 결과적으로 토지가격비준표를 사용하여 산정한 지가와 달리 결정되었거나 감정평가사의 검증의견에 따라 결정되었다는 이유만으로 그 개별공시지가 결정이 위법하다고 볼 수는 없다.

과거 판례는 비준표를 따르지 않고 감정평가액으로 개별가격을 결정한 것은 위법하다고 하였다(대판 1998.7.10, 97누1051).

건설교통부장관이 작성하여 관계 행정기관에 제공한 1995년도 지가형성요인에 관한 표준적인 비교표(토지가격비준표, 이하 토지가격비준표라고만 한다)의 활용지침에는 특수필지에 대하여는 감정평가사에 의뢰하여 개별토지가격을 결정할 수 있도록 규정되어 있으나, 위 활용지침 중 특수필지 가격결정방식에 대한 부분은 건설교통부장관이 관계 행정기관이나 지가조사공무원에 대하여 토지가격비준표를 사용한 지가산정업무처리의 기준을 정하여 주기 위한 지침일 뿐 대외적으로 법원이나 국민에 대하여 법적 구속력을 가지는 것은 아니므로 토지이용상황이 특수필지에 해당된다고 하더라도 표준지공시지가에 토지가격비준표에 의한 가격조정률을 적용하는 방식에 따르지 아니한 개별토지가격결정은 구 지가공시 및 토지등의 평가에 관한 법률(1995.12.29. 법률 제5108호로 개정되기 전의 것) 및 개별토지가격합동조사지침에서 정하는 개별토지가격 산정방식에 어긋나는 것으로서 위법하다(대판 1998.7.10, 97누1051).

8. 토지가격비준표

(1) 법적 성질

① 대법원은 국세청 훈령인 재산제세사무처리규정에 대해 소득세법 시행령과 결합하여 대외적 효력을 갖는다고 하여 법규성을 인정한바 있으며(대판 1987.9.29, 86누484), ② 토지가격비준표는 동법 제10조의 시행을 위한 집행명령인 개별토지가격 합동조사지침과 더불어 법령보충적인 구실을 하는 법규적 성질을 가지고 있는 것으로 보아야 한다(대판 1998.5.26, 96누17103). ③ 법령의 규정이 특정 행정기관에 그 법령 내용의 구체적 사항을 정할 수 있는 권한을 부여하면서 그 권한 행사의 절차나 방법을 특정하고 있지 않아 수임행정기관이 행정규칙인 고시의 형식으로 그 법령의 내용이 될 사항을 구체적으로 정하고 있는 경우, 그 고시가 해당 법령의 위임 한계를 벗어나지 않는 한, 그와 결합하여 대외적으로 구속력이 있는 법규명령으로서 효력을 가진다(대판 2008.4.10, 2007두4841).

판례는 법령보충적 행정규칙이 법령의 위임범위를 벗어난 경우에는 위법한 법규명령이 되는 것이 아니라 법규명령으로서의 대외적 구속력이 인정되지 않으므로 행정규칙에 불과한 것이 된다고 한다.

(2) 활용상의 하자

① 어느 토지의 개별토지가격을 산정함에 있어서 비교표준지와 해당 토지의 토지특성을 비교한 결과는 토지가격비준표상의 가격배율로써 이를 모두 반영하여야 하고, 따라서 그 비교된 토지특성 중 임의로 일부 항목에 관한 가격배율만을 적용하여 산정한 지가를 기초로 하여 결정, 공시된 개별토지가격결정은 위법하다(대판 1995.3.10, 94누12937).

② 개별토지가격은 토지가격비준표를 사용하여 표준지와 해당 토지의 특성의 차이로 인한 조정률을 결정한 후 이를 표준지의 공시지가에 곱하는 방법으로 산정함이 원칙이고(산정지가), 필요하다고 인정될 경우에는 위와 같은 방법으로 산출한 지가를 가감 조정할 수 있을 뿐이며 이와 다른 방식에 의한 개별토지가격 결정을 허용하는 규정은 두고 있지 아니하므로, 표준지공시지가에 토지가격비준표에 의한 가격조정률을 적용하는 방식에 따르지 아니한 개별토지가격 결정은 같은 법 및 같은 지침에서 정하는 개별토지가격 산정방식에 어긋나는 것으로서 위법하다(대판 1998.12.22, 97누3125).

9. 공시지가와 시가

① 개별토지가격은 해당 토지의 시가나 실제 거래가격과 직접적인 관련이 있는 것은 아니므로 단지 그 가격이 시가나 실제 거래가격을 초과하거나 미달한다는 사유만으로 그것이 현저하게 불합리한 가격이어서 그 가격

결정이 위법하다고 단정할 것은 아니고 해당 토지의 실제 취득가격이 해당 연도에 이루어진 공매에 의한 가격이라고 해서 달리 볼 것은 아니다(대판 1996.9.20, 95누11931).

② 개별공시지가가 감정가액이나 실제 거래가격을 초과한다는 사유만으로 그 가격 결정이 위법한지 여부(대판 2005.7.15, 2003두12080) : 개별공시지가 결정의 적법 여부는 구 지가공시 및 토지 등의 평가에 관한 법률 등 관련 법령이 정하는 절차와 방법에 따라 이루어진 것인지 여부에 의하여 결정될 것이지, 해당 토지의 시가나 실제 거래가격과 직접적인 관련이 있는 것은 아니므로 단지 그 공시지가가 감정가액이나 실제 거래가격을 초과한다는 사유만으로 그것이 현저하게 불합리한 가격이어서 그 가격 결정이 위법하다고 단정할 수는 없다(대판 1995.11.21, 94누15684; 대판 1996.7.12, 93누13056; 대판 1996.9.20, 95누11931 등 참조).

10. 개별공시지가가 보상액 산정의 기준이 될 수 있는지 여부

관계 법령에 따라 보상액을 산정한 결과 그 보상액이 해당 토지의 개별공시지가를 기준으로 하여 산정한 지가보다 저렴하게 되었다는 사정만으로 그 보상액 산정이 잘못되어 위법한 것이라고 할 수는 없다(대판 2002.3.29, 2000두10106).

11. 개별공시지가와 개발부담금의 하자치유

선행처분인 개별공시지가결정이 위법하여 그에 기초한 개발부담금 부과처분도 위법하게 된 경우 그 하자의 치유를 인정하면 개발부담금 납부의무자로서는 위법한 처분에 대한 가산금 납부의무를 부담하게 되는 등 불이익이 있을 수 있으므로, 그 후 적법한 절차를 거쳐 공시된 개별공시지가결정이 종전의 위법한 공시지가결정과 그 내용이 동일하다는 사정만으로는 위법한 개별공시지가결정에 기초한 개발부담금 부과처분이 적법하게 된다고 볼 수 없다(대판 2001.6.26, 99두11592).

제11조(개별공시지가에 대한 이의신청)

공시일부터 30일 이내에 서면으로 시장·군수 또는 구청장에게 이의신청 – 이의신청 기간 만료일부터 30일 이내 심사 및 결과 통지(서면) – 이의신청 내용 타당 시 재공시

> * 이의신청 심사 위해 필요시 감정평가법인등에게 검증의뢰 가능

제12조(개별공시지가의 정정)

시장·군수 또는 구청장은 개별공시지가에 틀린 계산, 오기, 표준지 선정의 착오, 그 밖에 대통령령으로 정하는 명백한 오류가 있음을 발견한 때에는[부공위 심의 후(틀린 계산 또는 오기(誤記)의 경우는 심의 거치지 않아도 됨)] 지체 없이 이를 정정하여야 한다.

> * 대통령령으로 정하는 명백한 오류
> 1. 법 제10조에 따른 공시절차를 완전하게 이행하지 아니한 경우
> 2. 용도지역·용도지구 등 토지가격에 영향을 미치는 주요 요인의 조사를 잘못한 경우
> 3. 토지가격비준표의 적용에 오류가 있는 경우

관련판례

1. 정정신청 거부에 대한 권리구제

정정신청권을 부정하면서 국민의 정정신청은 직권발동 촉구에 지나지 않는바 그 거부는 항고소송의 대상이 되는 처분이 아니다.

2. 경정결정 공고 시 효력발생기준일

개별토지가격이 지가산정에 명백한 잘못이 있어 경정결정 공고되었다면 당초에 결정 공고된 개별토지가격은 그 효력을 상실하고 경정결정된 새로운 개별토지가격이 공시기준일에 소급하여 그 효력을 발생한다(대판 1994.10.7, 93누15588).

제13조(타인토지에의 출입 등)

① 표공/개공 가격 산정 위해 필요시 타인토지 출입 가능

② 관계공무원 등이 택지 또는 담장이나 울타리로 둘러싸인 타인의 토지에 출입하고자 할 때에는 시장·군수 또는 구청장의 허가(부동산가격공시업무를 의뢰받은 자에 한정한다)를 받아 출입할 날의 3일 전에 그 점유자에게 일시와 장소를 통지하여야 한다. 다만, 점유자를 알 수 없거나 부득이한 사유가 있는 경우에는 그러하지 아니하다.

③ 일출 전·일몰 후에는 토지점유자의 승인 없이 택지 또는 담장이나 울타리로 둘러싸인 타인의 토지에 출입할 수 없다.

④ 증표와 허가증을 휴대해야 한다.

제14조(개별공시지가의 결정·공시비용의 보조)

국고 보조 가능(50% 이내)

제15조(부동산 가격정보 등의 조사)

① 국토교통부장관은 부동산의 적정가격 조사 등 부동산 정책의 수립 및 집행을 위하여 부동산 시장동향, 수익률 등의 가격정보 및 관련 통계 등을 조사·관리하고, 이를 관계 행정기관 등에 제공할 수 있다.

제3장 주택가격의 공시

제16조(표준주택가격의 조사·산정 및 공시 등)

①② 국토교통부장관은 용도지역, 건물구조 등이 유사한 일단의 단독주택 중에서 대표성 있는 표준주택에 대하여 매년 공시기준일(1월 1일/부득이한 경우 따로 정함) 현재의 적정가격을 조사·

산정하고 중앙부동산가격공시위원회의 심의를 거쳐 공시[지번, 가격, 대지면적 및 형상, 용도, 연면적, 구조 및 사용승인일(임시사용승인일 포함), 지목, 용도지역, 도로상황, 그 밖에 필요한 사항]해야 한다.

③④ 한국부동산원에 조사·산정의뢰 + 시도시군구 의견청취(시군구부공위 심의거쳐 의견제출) 후 보고서 제출(부적정 판단/법령 위반 시 다시 제출하게 할 수 있음) + (제출 시 주택의 소재지, 공부상 지목 및 대지면적, 주택 대지의 용도지역, 도로접면, 대지 형상, 주건물 구조 및 층수, 사용승인연도, 주위 환경, 지역분석조서 항목 포함)

⑤ 표준주택가격 조사·산정하는 경우 인근 유사 단독주택의 거래가격·임대료 및 해당 단독주택과 유사한 이용가치를 지닌다고 인정되는 단독주택의 건설에 필요한 비용추정액, 인근 지역 및 다른 지역과의 형평성·특수성, 표준주택가격 변동의 예측 가능성 등 제반사항을 종합적으로 참작하여야 한다.

⑥ 국토교통부장관은 주택가격비준표를 작성하여 시장·군수·구청장에게 제공하여야 한다.

⑦ 제3조 제2항(소유자 의견청취)·제4조(표공 조사협조)·제6조(표공 열람)·제7조(이의신청) 및 제13조(타인토지출입) 준용

제17조(개별주택가격의 결정·공시 등)

①②③ 시장·군수·구청장은 시·군·구부동산가격공시위원회 심의를 거쳐 개별주택가격을 결정·공시(공시기준일 1월 1일)(4월 30일까지 : 지번, 가격, 용도 및 면적, 그 밖에 필요한 사항)하고 관계 행정기관 등에 제공하여야 한다(표준주택으로 선정된 단독주택, 국세 또는 지방세 부과대상이 아닌 단독주택은 제외할 수 있다. 다만, 법령에 따라 개별주택가격을 적용하도록 규정되어 있는 경우 및 관계 행정기관 장과 협의하여 결정·공시하기로 한 경우에는 공시해야 한다).

④ 공시기준일 이후 토지의 분할·합병이나 건축물의 신축 등(대지가 분할 또는 합병, 건축·대수선 또는 용도변경, 사유로 된 경우)이 1월 1일부터 5월 31일까지 사이에 발생 시는 그 해 6월 1일을 기준으로 9월 30일까지, 6월 1일부터 12월 31일까지의 사이에 발생 시는 다음 해 1월 1일을 기준으로 4월 30일까지 개별주택가격을 결정·공시하여야 한다.

⑤ 개별주택가격을 결정·공시하는 경우 해당 주택과 유사한 이용가치를 지닌다고 인정되는 표준주택가격을 기준으로 주택가격비준표를 사용하여 가격을 산정하되, 해당 주택의 가격과 표준주택가격이 균형을 유지하도록 하여야 한다.

⑥ 부동산원 검증(비교표준주택 선정의 적정성, 개별주택가격 산정의 적정성, 균형유지, 표공 및 개공 토지특성과의 일치 여부, 용도지역·이용상황 등과 공부와의 일치 여부, 그 밖에 필요한 사항) 및 토지소유자, 그 밖의 이해관계인의 의견을 들어야 한다(의견을 들으려는 경우에는 개별토지가격 열람부를 갖추어 놓고 시·군·구 게시판 또는 인터넷 홈페이지에 열람기간 및 열람장소, 의견제출기간 및 방법을 20일 이상 게시하여 개별토지소유자 등이 개별토지가격을 열람할 수 있도록 하여야 한다).

> * **검증생략 가능**(국장과 관계 기관장이 미리 협의하여야 한다)
> 개별주택가격의 변동률과 해당 단독주택이 있는 시·군 또는 구의 연평균 주택가격변동률 간의 차이가 작은 순으로 검증생략 가능(개발사업 시행/용도지역·지구 변경 시는 생략 불가)

⑦ 국토교통부장관은 공시행정의 합리적인 발전을 도모하고 표준주택가격과 개별주택가격과의 균형유지 등 적정한 가격형성을 위하여 필요하다고 인정하는 경우, 개별주택가격의 결정·공시 등에 관하여 시장·군수 또는 구청장을 지도·감독할 수 있다.

⑧ 제11조(개별공시지가 이의신청) 및 제12조(개별공시지가 정정) 준용

제18조(공동주택가격의 조사·산정 및 공시 등)

① 국토교통부장관은 공동주택에 대하여 매년 공시기준일(1월 1일/부득이한 경우 따로 정할 수 있음) 현재 적정가격을 조사·산정하고 중앙부동산가격공시위원회의 심의를 거쳐 공시(4월 30일까지 소재지·명칭·동·호수, 가격, 면적, 그 밖에 필요한 사항)하고 관계 행정기관 등에 제공하여야 한다.
다만, 국세청장과 협의하여 별도로 결정·고시하는 경우(아파트, 연면적 165제곱미터 이상의 연립주택)는 공시제외한다.

② 공동주택소유자와 그 밖의 이해관계인의 의견을 들어야 한다.

④ 공시기준일 이후 토지의 분할·합병이나 건축물의 신축 등(대지가 분할 또는 합병된 공동주택, 건축·대수선 또는 용도변경이 된 공동주택, 사유로 된 경우)이 1월 1일부터 5월 31일까지 사이에 발생한 경우는 그 해 6월 1일을 기준으로 그 해 9월 30일까지, 6월 1일부터 12월 31일까지 사이에 발생한 경우는 다음 해 1월 1일을 기준으로 다음 해 4월 30일까지 결정·공시하여야 한다.

⑤ 국토교통부장관이 공동주택가격을 조사·산정하는 경우에는 인근 유사 공동주택의 거래가격·임대료 및 해당 공동주택과 유사한 이용가치를 지닌다고 인정되는 공동주택의 건설에 필요한 비용 추정액, 인근지역 및 다른 지역과의 형평성·특수성, 공동주택가격 변동의 예측 가능성 등 제반 사항을 종합적으로 참작하여야 한다.

⑥ 국토교통부장관은 부동산원에 의뢰하고 부동산원은 보고서를 제출(공동주택의 소재지, 단지명, 동명 및 호명, 면적 및 공시가격, 그 밖에 필요한 사항)해야 한다(국토교통부장관은 행정안전부장관, 국세청장, 시·도지사, 시장·군수 또는 구청장에게 제공).

⑦ 틀린 계산, 오기, 공시절차를 완전하게 이행하지 아니한 경우, 공동주택가격에 영향을 미치는 동·호수 및 층의 표시 등 주요 요인의 조사를 잘못한 경우가 있음을 발견한 때에는 지체 없이 이를 정정(중부위 심의를 거침/다만, 틀린 계산 또는 오기의 경우는 심의 생략 가능)하여야 한다.

⑧ 제4조(표공 조사협조)·제6조(표공 열람)·제7조(이의신청) 및 제13조(타인토지출입) 준용

제19조(주택가격 공시의 효력)

① 표준주택가격은 국가·지방자치단체 등이 그 업무와 관련하여 개별주택가격을 산정하는 경우에 그 기준

② 개별주택가격 및 공동주택가격은 주택시장의 가격정보를 제공하고, 국가·지방자치단체 등이 과세 등의 업무와 관련하여 주택의 가격을 산정하는 경우에 그 기준

제4장 비주거용 부동산가격의 공시

제20조(비주거용 표준부동산가격의 조사·산정 및 공시 등)

① 국토교통부장관은 용도지역, 이용상황, 건물구조 등이 유사하다고 인정되는 대표성 있는 비주거용 표준부동산에 대하여 매년 공시기준일(1월 1일/부득이한 경우 따로 고시 가능) 현재의 적정가격을 조사·산정하고 중앙부동산가격공시위원회의 심의를 거쳐 공시할 수 있다.

> * 공시 포함사항
> 1. 비주거용 표준부동산의 지번
> 2. 비주거용 표준부동산가격
> 3. 비주거용 표준부동산의 대지면적 및 형상
> 4. 비주거용 표준부동산의 용도, 연면적, 구조 및 사용승인일(임시사용승인일을 포함)
> 5. 지목, 용도지역, 도로상황, 그 밖에 필요한 사항

④ 비주거용 표준부동산가격 조사·산정은 감정평가법인등 또는 부동산원에 의뢰 + 부동산원은 보고서 제출[시도시군구 의견청취(시군구부공위 심의 후 의견제출)(부동산의 소재지, 공부상 지목 및 대지면적, 대지의 용도지역, 도로접면, 대지 형상, 건물 용도 및 연면적, 주건물 구조 및 층수, 사용승인연도, 주위 환경, 지역분석조서)]

⑤ 국토교통부장관이 비주거용 표준부동산가격을 조사·산정하는 경우에는 인근 유사 비주거용 일반부동산의 거래가격·임대료 및 해당 비주거용 일반부동산과 유사한 이용가치를 지닌다고 인정되는 비주거용 일반부동산의 건설에 필요한 비용추정액 등을 종합적으로 참작하여야 한다.

⑥ 국토교통부장관은 비주거용 부동산가격비준표를 작성하여 시장·군수 또는 구청장에게 제공하여야 한다.

⑦ 제3조 제2항(소유자 의견청취)·제4조(조사협조)·제6조(열람)·제7조(이의신청) 및 제13조(타인토지출입) 준용

제21조(비주거용 개별부동산가격의 결정·공시 등)

①③ 시·군·구청장은 시·군·구부동산가격공시위원회의 심의를 거쳐 비주거용 표준부동산가격의 공시기준일 현재 관할 구역 안의 비주거용 개별부동산의 가격을 결정·공시(지번, 가격, 용도 및 면적)할 수 있다(대지가 분할 또는 합병된 경우, 건축·대수선 또는 용도변경이 된 경우, 사유로 된 경우에는 공시일을 다르게 할 수 있다). 다만, 대통령령으로 정하는 바에 따라 행정안전부장관 또는 국세청장이 국토교통부장관과 협의하여 비주거용 개별부동산의 가격을 별도로 결정·고시하는 경우는 제외한다.

② 비주거용 표준부동산으로 선정된 경우, 국세 또는 지방세 부과대상이 아닌 경우, 그 밖에 국토교통부장관이 정하는 경우는 결정·공시하지 아니할 수 있다(관계 법령상 비주거용 개별부동산가격을 적용하도록 규정되어 있는 경우, 시·군·구청장이 관계 행정기관의 장과 협의하여 결정·공시하기로 한 경우에는 공시하여야 한다).

④ 시·군·구청장은 공시기준일 이후에 토지의 분할·합병이나 건축물의 신축 등이 발생한 경우, 1월 1일부터 5월 31일까지의 사이에 발생한 경우는 그 해 6월 1일(9월 30일까지 공시), 6월 1일부터 12월 31일까지의 사이에 발생한 경우에는 다음 해 1월 1일(4월 30일까지 공시)을 기준으로 하여 비주거용 개별부동산가격을 결정·공시하여야 한다.

⑤ 시·군·구청장이 비주거용 개별부동산가격을 결정·공시하는 경우 해당 비주거용 일반부동산과 유사한 이용가치를 지닌다고 인정되는 비주거용 표준부동산가격을 기준으로 비주거용 부동산가격비준표를 사용하여 가격을 산정하되, 해당 비주거용 일반부동산의 가격과 비주거용 표준부동산가격이 균형을 유지하도록 하여야 한다.

⑥ 시·군·구청장은 비주거용 개별부동산가격를 검증하고 소유자와 그 밖의 이해관계인의 의견청취 하여야 한다.

> * 검증생략 가능한 경우
> 비주거용 개별부동산가격의 변동률과 해당 비주거용 일반부동산이 있는 시·군 또는 구의 연평균 비주거용 개별부동산가격변동률 차이가 작은 순으로 생략 가능. 다만, 개발사업 시행 및 용도지역·지구변경 시는 생략 불가

> * 검증내용
> 1. 비주거용 비교표준부동산 선정의 적정성에 관한 사항
> 2. 비주거용 개별부동산가격 산정의 적정성에 관한 사항
> 3. 산정한 비주거용 개별부동산가격과 비주거용 표준부동산가격의 균형유지에 관한 사항
> 4. 산정한 비주거용 개별부동산가격과 인근 비주거용 일반부동산의 비주거용 개별부동산가격과의 균형유지에 관한 사항
> 5. 표준지공시지가 및 개별공시지가 산정 시 고려된 토지 특성과 일치하는지 여부
> 6. 비주거용 개별부동산가격 산정 시 적용된 용도지역, 토지이용상황 등 주요 특성이 공부와 일치하는지 여부
> 7. 그 밖에 시장·군수 또는 구청장이 검토를 의뢰한 사항

⑦ 국토교통부장관은 공시행정의 합리적인 발전을 도모하고 비주거용 표준부동산가격과 비주거용 개별부동산가격과의 균형유지 등 적정한 가격형성을 위하여 필요하다고 인정하는 경우에는 비주거용 개별부동산가격의 결정·공시 등에 관하여 시장·군수 또는 구청장을 지도·감독할 수 있다.

⑧ 제11조(개별공시지가 이의신청) 및 제12조(개별공시지가 정정) 준용

제22조(비주거용 집합부동산가격의 조사·산정 및 공시 등)

① 국토교통부장관은 비주거용 집합부동산에 대하여 매년 공시기준일(1월 1일/부득이한 경우 다르게 정할 수 있음) 현재의 적정가격을 조사·산정하고 중앙부동산가격공시위원회의 심의를 거쳐 공시(4월 30일까지)(소재지·명칭·동·호수, 가격, 면적)할 수 있다.

시·군·구청장은 비주거용 집합부동산가격을 결정·공시한 경우에는 이를 관계 행정기관 등에 제공하여야 한다.

국토교통부장관은 공고일부터 10일 이내에 행정안전부장관, 국세청장, 시장·군수 또는 구청장에게 제공하여야 한다.

② 행정안전부장관 또는 국세청장이 국토교통부장관과 협의하여 비주거용 집합부동산의 가격을 별도로 결정·고시하는 경우에는 해당 비주거용 집합부동산의 비주거용 개별부동산가격을 결정·공시하지 아니한다.

③ 소유자와 그 밖의 이해관계인의 의견을 들어야 한다.

⑤ 국토교통부장관은 공시기준일 이후에 토지의 분할·합병이나 건축물의 신축 등이 발생한 경우, 대지가 분할 또는 합병된 비주거용 집합부동산, 건축·대수선 또는 용도변경이 된 비주거용 집합부동산, 사유로 된 경우에는, 1월 1일부터 5월 31일까지 사이에 발생한 경우에는 그 해 6월 1일(9월 30일까지 공시), 6월 1일부터 12월 31일까지 사이에 발생한 경우에는 다음 해 1월 1일(4월 30일까지 공시)을 기준으로 하여 비주거용 집합부동산가격을 결정·공시하여야 한다.

⑥ 국토교통부장관이 비주거용 집합부동산가격을 조사·산정하는 경우에는 인근 유사 비주거용 집합부동산의 거래가격·임대료 및 해당 비주거용 집합부동산과 유사한 이용가치를 지닌다고 인정되는 비주거용 집합부동산의 건설에 필요한 비용추정액 등을 종합적으로 참작하여야 한다.

⑦ 비주거용 집합부동산가격을 조사·산정할 때에는 부동산원 또는 감정평가법인등에 의뢰[보고서를 제출(부적정 판단 및 법령 위반 시 다시 제출하게 할 수 있다)]

⑧ 국토교통부장관은 공시한 가격에 틀린 계산, 오기, 공시절차를 완전하게 이행하지 아니한 경우, 가격에 영향을 미치는 동·호수 및 층의 표시 등 주요 요인의 조사를 잘못한 경우를 발견한 때에는 지체 없이 이를 정정하여야 한다(중앙부동산가격공시위원회의 심의 후 정정. 다만, 틀린 계산 또는 오기의 경우에는 심의생략 가능).

⑨ 제4조(표공 조사협조)·제6조(표공 열람)·제7조(이의신청) 및 제13조(타인토지출입) 준용

제23조(비주거용 부동산가격공시의 효력)

① 비주거용 표준부동산가격은 국가·지방자치단체 등이 그 업무와 관련하여 비주거용 개별부동산 가격을 산정하는 경우에 그 기준이 된다.

② 비주거용 개별부동산가격 및 비주거용 집합부동산가격은 비주거용 부동산시장에 가격정보를 제공하고, 국가·지방자치단체 등이 과세 등의 업무와 관련하여 비주거용 부동산의 가격을 산정하는 경우에 그 기준이 된다.

제5장 부동산가격공시위원회

제24조(중앙부동산가격공시위원회)

① 국토교통부장관 소속 중앙부동산가격공시위원회

  1. 부동산 가격공시 관계 법령의 제정·개정에 관한 사항 중 국토교통부장관이 심의에 부치는 사항

  2. 표준지의 선정 및 관리지침

  3. 조사·평가된 표준지공시지가

  4. 표준지공시지가에 대한 이의신청에 관한 사항

  5. 표준주택의 선정 및 관리지침

  6. 조사·산정된 표준주택가격

  7. 표준주택가격에 대한 이의신청에 관한 사항

  8. 공동주택의 조사 및 산정지침

  9. 조사·산정된 공동주택가격

  10. 공동주택가격에 대한 이의신청에 관한 사항

  11. 비주거용 표준부동산의 선정 및 관리지침

  12. 조사·산정된 비주거용 표준부동산가격

  13. 비주거용 표준부동산가격에 대한 이의신청에 관한 사항

  14. 비주거용 집합부동산의 조사 및 산정지침

  15. 조사·산정된 비주거용 집합부동산가격

  16. 비주거용 집합부동산가격에 대한 이의신청에 관한 사항

  17. 적정가격 반영을 위한 계획 수립에 관한 사항

  18. 그 밖에 부동산정책에 관한 사항 등 국토교통부장관이 심의에 부치는 사항

②③ 위원회는 위원장(국토교통부 제1차관)을 포함한 20명 이내의 위원으로 구성(성별고려)

제25조(시·군·구부동산가격공시위원회)

① 시장·군수 또는 구청장 소속으로 시·군·구부동산가격공시위원회
  1. 개별공시지가의 결정에 관한 사항
  2. 개별공시지가에 대한 이의신청에 관한 사항
  3. 개별주택가격의 결정에 관한 사항
  4. 개별주택가격에 대한 이의신청에 관한 사항
  5. 비주거용 개별부동산가격의 결정에 관한 사항
  6. 비주거용 개별부동산가격에 대한 이의신청에 관한 사항
  7. 그 밖에 시장·군수 또는 구청장이 심의에 부치는 사항
② 위원장 1명(부시장·부군수 또는 부구청장)을 포함한 10명 이상 15명 이하의 위원으로 구성(성별고려)

제6장 보칙

제26조(공시보고서의 제출 등)

① 정부는 표준지공시지가, 표준주택가격 및 공동주택가격의 주요사항에 관한 보고서를 매년 정기국회의 개회 전까지 국회에 제출하여야 한다.
② 국토교통부장관은 표준지공시지가, 표준주택가격, 공동주택가격, 비주거용 표준부동산가격 및 비주거용 집합부동산가격을 공시하는 때에는 부동산의 시세 반영률, 조사·평가 및 산정 근거 등의 자료를 국토교통부령으로 정하는 바에 따라 인터넷 홈페이지 등에 공개하여야 한다.

제26조의2(적정가격 반영을 위한 계획 수립 등)

① 국토교통부장관은 부동산공시가격이 적정가격을 반영하고 부동산의 유형·지역 등에 따른 균형성을 확보하기 위하여 부동산의 시세 반영률의 목표치를 설정하고, 이를 달성하기 위하여 계획을 수립하여야 한다(부동산의 유형별 시세 반영률의 목표, 부동산의 유형별 시세 반영률의 목표 달성을 위하여 필요한 기간 및 연도별 달성계획, 부동산공시가격의 균형성 확보 방안, 부동산 가격의 변동 상황 및 유형·지역·가격대별 형평성과 특수성을 반영하기 위한 방안).
②③ 계획 수립 시 부동산 가격의 변동 상황, 지역 간의 형평성, 해당 부동산의 특수성 등 제반사항을 종합적으로 고려하고 관계 행정기관과의 협의를 거쳐 공청회를 실시하고, 중앙부동산가격공시위원회의 심의를 거쳐야 한다.

제27조(공시가격정보체계의 구축 및 관리)

국토교통부장관은 토지, 주택 및 비주거용 부동산의 공시가격과 관련된 정보를 효율적이고 체계적으로 관리하기 위하여 공시가격정보체계를 구축·운영할 수 있다.

제27조의2(회의록의 공개)

중앙부동산가격공시위원회 및 시·군·구부동산가격공시위원회 심의의 일시·장소·안건·내용·결과 등이 기록된 회의록은 3개월의 범위에서 대통령령으로 정하는 기간(3개월)이 지난 후에는 대통령령으로 정하는 바에 따라 인터넷 홈페이지 등에 공개하여야 한다.
다만, 공익을 현저히 해할 우려가 있거나 심의의 공정성을 침해할 우려가 있다고 인정되는 이름, 주민등록번호 등 대통령령으로 정하는 개인 식별 정보에 관한 부분의 경우에는 그러하지 아니하다.

제28조(업무위탁)

국토교통부장관은 부동산원에 위탁 가능 + 예산 범위에서 필요 경비 보조 가능
1. 표준지공시지가, 표준주택가격, 공동주택가격, 비주거용 표준부동산가격, 비주거용 집합부동산가격의 조사·산정에 필요한 부대업무
2. 표준지공시지가, 표준주택가격, 공동주택가격, 비주거용 표준부동산가격 및 비주거용 집합부동산가격에 관한 도서·도표 등 작성·공급
3. 토지가격비준표, 주택가격비준표 및 비주거용 부동산가격비준표의 작성·제공
4. 부동산 가격정보 등의 조사
5. 공시가격정보체계의 구축 및 관리
6. 제1호부터 제5호까지의 업무와 관련된 교육 및 연구업무

제29조(수수료 등)

① 부동산원 및 감정평가법인등은 표준지공시지가의 조사·평가, 개별공시지가의 검증, 부동산 가격정보·통계 등의 조사, 표준주택가격의 조사·산정, 개별주택가격의 검증, 공동주택가격의 조사·산정, 비주거용 표준부동산가격의 조사·산정, 비주거용 개별부동산가격의 검증 및 비주거용 집합부동산가격의 조사·산정 등의 업무수행을 위한 수수료와 출장 또는 사실 확인 등에 소요된 실비를 받을 수 있다.
② 수수료의 요율 및 실비의 범위는 국토교통부장관이 정하여 고시

제30조(벌칙 적용에서 공무원 의제)

업무를 위탁받은 기관의 임직원, 중앙부동산가격공시위원회의 위원 중 공무원이 아닌 위원이 「형법」 제129조부터 제132조까지의 규정을 적용할 때에는 공무원으로 본다.

감정평가 및 감정평가사에 관한 법률 미니법전

제1장 총칙

제1조(목적)

감정평가/감정평가사에 관한 제도 확립
+ 공정한 감정평가 도모
+ 국민의 재산권 보호
+ 국가경제 발전 기여

제2조(정의)

1. "토지 등" : 토지 및 그 정착물, 동산, 그 밖에 대통령령으로 정하는 재산(저작권·산업재산권·어업권·양식업권·광업권 및 그 밖의 물권에 준하는 권리, 공장재단과 광업재단, 입목, 자동차·건설기계·선박·항공기 등 관계 법령에 따라 등기하거나 등록하는 재산, 유가증권)과 이들에 관한 소유권 외의 권리
2. "감정평가" : 토지 등의 경제적 가치를 판정하여 그 결과를 가액(價額)으로 표시하는 것
3. "감정평가업" : 타인의 의뢰에 따라 일정한 보수를 받고 토지 등의 감정평가를 업(業)으로 행하는 것
4. "감정평가법인등" : 제21조에 따라 사무소를 개설한 감정평가사와 제29조에 따라 인가를 받은 감정평가법인

관련판례

조망이익이 법적인 보호의 대상이 되기 위한 요건

어느 토지나 건물의 소유자가 종전부터 향유하고 있던 경관이나 조망이 그에게 하나의 생활이익으로서의 가치를 가지고 있다고 객관적으로 인정된다면 법적인 보호의 대상이 될 수 있는 것인바, 이와 같은 조망이익은 원칙적으로 특정의 장소가 그 장소로부터 외부를 조망함에 있어 특별한 가치를 가지고 있고, 그와 같은 조망이익의 향유를 하나의 중요한 목적으로 하여 그 장소에 건물이 건축된 경우와 같이 해당 건물의 소유자나 점유자가 그 건물로부터 향유하는 조망이익이 사회통념상 독자의 이익으로 승인되어야 할 정도로 중요성을 갖는다고 인정되는 경우에 비로소 법적인 보호의 대상이 되는 것이고, 그와 같은 정도에 이르지 못하는 조망이익의 경우에는 특별한 사정이 없는 한 법적인 보호의 대상이 될 수 없다(대판 2007.6.28, 2004다54282).

제2장 감정평가

제3조(기준)

① 토지평가 시 공시지가기준법 원칙 + 적정한 실거래가가 있는 경우 이를 기준으로 할 수 있다.

② 「주식회사 등의 외부감사에 관한 법률」(이하 '외감법')에 따른 재무제표 작성에 필요한 감정평가, 담보권의 설정, 경매, 자산재평가법에 따른 토지평가, 소송평가(보증소제외), 금융기관/보험회사/신탁회사 등 타인의 의뢰에 따른 토지 등의 평가 시 해당 토지의 임대료, 조성비용 등을 고려하여 감정평가 가능

③ 준수하여야 할 원칙과 기준(감정평가에 관한 규칙)

④ 국토교통부장관은 실무기준 제정 등에 관한 업무 수행을 위해 전문성을 갖춘 민간법인 또는 단체(이하 '기준제정기관') 지정 가능

⑤ 국토교통부장관은 필요시 감정평가관리·징계위원회의 심의를 거쳐 기준제정기관에 실무기준의 내용 변경 요구할 수 있고 기준제정기관은 정당한 사유가 없으면 이에 따라야 한다.

⑥ 국가는 기준제정기관의 설립 및 운영에 필요한 비용의 일부 또는 전부를 지원할 수 있다.

관련판례

1. 감정평가실무기준 및 보상평가지침의 법적 성질

감정평가에 관한 규칙에 따른 '감정평가 실무기준'(2013.10.22. 국토교통부 고시 제2013-620호)은 감정평가의 구체적 기준을 정함으로써 감정평가업자가 감정평가를 수행할 때 이 기준을 준수하도록 권장하여 감정평가의 공정성과 신뢰성을 제고하는 것을 목적으로 하는 것이고, 한국감정평가업협회가 제정한 '토지보상평가지침'은 단지 한국감정평가업협회가 내부적으로 기준을 정한 것에 불과하여 어느 것도 일반 국민이나 법원을 기속하는 것이 아니다(대판 2014.6.12, 2013두4620).

2. 개별평가와 일괄평가

(1) 대판 2020.12.10, 2020다226490

[1] 둘 이상의 대상물건에 대한 감정평가는 개별평가를 원칙으로 하되, 예외적으로 둘 이상의 대상물건에 거래상 일체성 또는 용도상 불가분의 관계가 인정되는 경우에 일괄평가가 허용된다.

[2] 갑 아파트 재건축정비사업조합의 매도청구권 행사에 따라 감정인이 갑 아파트 단지 내 상가에 있는 을 교회 소유 부동산들에 관한 매매대금을 산정하면서 위 부동산들을 일괄하여 감정평가한 사안에서, 위 상가는 집합건물의 소유 및 관리에 관한 법률이 시행되기 전에 소유권이전등기가 마쳐진 것으로 현재까지 위 법률에 따른 집합건물등기가 되어 있지 않고 각 호수별로 건물등기가 되어 있는데, 을 교회가 위 부동산들을 교회의 부속시설인 소예배실, 성경공부방, 휴게실로 각 이용하고 있으나 위 부동산들은 실질적인 구분건물로서 구조상 독립성과 이용상 독립성이 유지되고 있을 뿐 아니라 개별적으로 거래대상이 된다고 보이고, 나아가 개별적으로 평가할 경우의 가치가 일괄적으로 평가한 경우의 가치보다 높을 수 있으므로, 을 교회가 위 부동산들을 교회의 부속시설로 이용하고 있다는 등의 사정만으로 위 부동산들이 일체로 거래되거나 용도상 불가분의 관계에 있다고 단정하기 어려운데, 이와 같이 단정하여 위 부동산들을 일괄평가한 감정인의 감정 결과에 잘못이 없다고 본 원심판단에는 일괄평가 요건에 관한 법리오해 등의 잘못이 있다고 한 사례

(2) 서울고법 2023.4.6, 2021누65059 : 확정

주택재개발 정비사업구역 내에 있는 제1토지, 인접한 제2토지, 제1토지로부터 분할된 제3토지 및 그 지상 건물 등 지장물의 각 1/2 지분권자들인 甲 주식회사와 乙 주식회사가 위 각 토지에 대한 개별평가를 전제로 산정한 수용재결 및 이의재결 보상금에 대하여 위 각 토지 전부를 일단지로 보고 일괄평가하여 보상액을 산정해야 한다며 정당한 손실보상금 등의 지급을 청구한 사안에서, 위 각 토지는 거래상 일체성 또는 용도상 불가분의 관계가 인정되는 경우로서 일단의 토지 전체를 1필지로 보아 일괄하여 감정평가한 금액을 보상액으로 산정하는 것이 타당하다고 한 사례 : 주택재개발 정비사업구역 내에 있는 제1토지, 인접한 제2토지, 제1토지로부터 분할된 제3토지 및 그 지상 건물 등 지장물의 각 1/2 지분권자들인 甲 주식회사와 乙 주식회사가 위 각 토지에 대한 개별평가를 전제로 산정한 수용재결 및 이의재결 보상금에 대하여 위 각 토지 전부를 일단지로 보고 일괄평가하여 보상액을 산정해야 한다며 정당한 손실보상금 등의 지급을 청구한 사안이다.

구 감정평가 및 감정평가사에 관한 법률(2020.4.7. 법률 제17219호로 개정되기 전의 것) 제3조 제3항, 감정평가에 관한 규칙 제7조에 따르면, 둘 이상의 대상물건에 대한 감정평가는 개별평가를 원칙으로 하되, 예외적으로 둘 이상의 대상물건에 거래상 일체성 또는 용도상 불가분의 관계가 인정되는 경우에 일괄평가가 허용되고, 이때 '용도상 불가분의 관계'에 있다는 것은 일단의 토지로 이용되고 있는 상황이 사회적·경제적·행정적 측면에서 합리적이고 그 토지의 가치 형성적 측면에서도 타당하다고 인정되는 관계에 있는 경우를 뜻하는데, ① 분할 전부터 충전소 부지로서 일체로 사용되어 왔던 제1토지와 제3토지처럼 여러 필지의 토지가 일단을 이루어 하나의 충전소 부지로 사용되고 있는 경우에는, 특별한 사정이 없는 한 그 일단의 토지 전체를 1필지로 보고 토지 특성을 조사하여 전체에 대해 단일한 가격으로 평가하는 것이 타당한 점, ② 甲, 乙 회사가 제1토지에서 충전소를 운영하면서 인접한 제2토지를 매수하고 제3토지를 분할하는 한편, 제1토지 지상에 있던 건물을 철거하고 제3토지에 세차장을 신축하여 수용재결 시점까지 충전소와 세차장을 계속 일괄적으로 운영하였고, 제2토지는 세차장 진입로로 사용되어 온 것을 고려하면, 1필의 토지를 충전소 부지로 사용하는 경우 그 인접 토지를 세차장 등으로 이용하는 것은 공익사업을 위한 토지 등의 취득 및 보상에 관한 법률 제70조 제2항의 '일반적인 이용방법에 의한 객관적 상황'에 포함되고, 토지소유자의 주관적 가치나 특별한 용도에 해당한다고 볼 수 없는 점, ③ 제2토지는 충전소와 세차장의 진입로로 계속 사용해 왔고, 토지의 구조나 형상, 이용상황과 연혁 등을 고려하면, 제2토지의 이용상황이 단지 일시적이라고 볼 수 없으며, 종전 콘크리트 포장 도로를 형질변경 허가를 받지 않고 아스콘으로 포장하였다는 사정은 복수의 토지가 용도상 불가분 관계에 있는지를 따질 때 영향을 미칠 수 없는 점, ④ 제1토지는 주유소용지, 제2토지는 답, 제3토지는 잡종지로 서로 지목이 다르나, 여러 개의 토지들이 서로 지목이 다르다고 하여 곧바로 용도상 불가분의 관계를 부정할 수 있는 것은 아니고, 객관적 이용상황 등을 실제로 살펴보아 일체성이 인정된다면 지목 여부와 관계없이 용도상 불가분의 관계를 인정할 수 있는 점 등을 종합하면, 위 각 토지는 거래상 일체성 또는 용도상 불가분의 관계가 인정되는 경우로서 일단의 토지 전체를 1필지로 보아 일괄하여 감정평가한 금액을 보상액으로 산정하는 것이 타당하다고 한 사례이다.

제4조(직무)

타인의 의뢰를 받아 토지 등을 감정평가하는 것(공공성 지닌 가치평가 전문직 + 공정하고 객관적으로 직무 수행)

제5조(감정평가의 의뢰)

① 국가 등(행정주체)이 토지 등의 관리·매입·매각·경매·재평가 등을 위하여 토지 등을 감정평가하려는 경우에는 감정평가법인등에 의뢰해야 한다.

② 금융기관·보험회사·신탁회사 또는 신용협동조합/새마을금고가 대출, 자산의 매입·매각·관리 또는 외감법에 따른 재무제표 작성 등과 관련하여 토지 등의 감정평가를 하려는 경우에는 감정평가법인등에 의뢰해야 한다.

③ 한국감정평가사협회에 법인등 추천 요청 가능

제6조(감정평가서)

① 감정평가 의뢰 – 지체 없이 평가 후 발급

② 감정평가서에는 감정평가법인등의 명칭 + 감정평가사 자격 표시 + 서명/날인 (+ 법인대표사원/이사의 서명 또는 날인)

③ 원본(5년) 및 관련서류(2년) 보존

제7조(감정평가서의 심사 등)

① 감정평가법인은 감정평가서의 석성성을 같은 법인 소속 감정평가사가 적정성을 심사(감칙준수 여부)하고 심사사실을 표시(심사지에 적정성 검토내용 표시)하고 서명과 날인을 해야 한다.

③ 감정평가 의뢰인, 감정평가서 활용하는 거래나 계약 등의 상대방, 감정평가 결과를 고려하여 업무를 수행하는 행정기관[다만, 토지보상법 등 관계 법령에 감정평가와 관련하여 권리구제 절차가 규정되어 있는 경우로서 권리구제 절차가 진행 중이거나 권리구제 절차를 이행할 수 있는 자(권리구제 절차의 이행이 완료된 자를 포함한다)는 제외]은 발급된 감정평가서의 적정성에 대한 검토를 감정평가법인등(해당 평가서 발급 법인등은 제외)에게 의뢰 가능

제8조(감정평가 타당성조사 등)

① 국토교통부장관은 직권 또는 관계 기관 등의 요청에 따라 조사 가능

② 법인등 및 의뢰인에게 의견진술기회 부여

---

* **국토교통부장관은 다음 각 호 해당 시 타당성조사 가능**
  1. 지도·감독을 위한 법인등의 사무소 출입·검사 + 본조사의 결과, 그 밖의 사유에 따라 조사가 필요하다고 인정하는 경우
  2. 관계 기관 또는 이해관계인이 조사를 요청하는 경우

---

* **타당성조사를 하지 않거나 중지 가능**
  1. 법원 판결에 따라 확정된 경우
  2. 재판 계속 중이거나 수사기관에서 수사 중인 경우
  3. 보상법 등 관계 법령에 감정평가와 관련하여 권리구제 절차가 규정되어 있는 경우로서 권리구제 절차가 진행 중이거나 권리구제 절차를 이행할 수 있는 경우(권리구제 절차를 이행하여 완료된 경우를 포함한다)
  4. 징계처분, 제재처분, 형사처벌 등을 할 수 없어 타당성조사의 실익이 없는 경우

---

④ 국토교통부장관은 감정평가 제도 개선 위해 발급된 감정평가서에 대한 표본조사 실시 가능

제9조(감정평가 정보체계의 구축·운용 등)

① 국토교통부장관은 국가 등이 의뢰하는 감정평가와 관련된 정보 및 자료를 효율적이고 체계적으로 관리하기 위하여 감정평가 정보체계를 구축·운영 가능
② 공적평가는 감정평가서 발급 40일 이내에 등록해야 함 + 의뢰인에게 등록에 대한 사실 알려야 함(개인정보 보호법상 보호가 필요한 경우 해당사항은 제외)

제3장 감정평가사

제1절 업무와 자격

제10조(감정평가법인등의 업무)

1. 부공법상 감정평가법인등이 수행하는 업무
2. 부공법상 토지 등의 감정평가
3. 자산재평가법상 토지 등의 감정평가
4. 법원감정(소송/경매) 목적
5. 금융기관·보험회사·신탁회사 등 타인 의뢰에 따른 토지 등의 감정평가
6. 감정평가와 관련된 상담 및 자문
7. 토지 등의 이용 및 개발 등에 대한 조언이나 정보 등의 제공
8. 다른 법령에 따라 감정평가법인등이 할 수 있는 토지 등의 감정평가
9. 제1호부터 제8호까지의 업무에 부수되는 업무

> **관련판례**
>
> **감정평가법인등이 아닌 경우의 감정평가 행위 정당성**
>
> (1) 공인회계사가 감정평가를 행할 수 있는지 여부(대판 2015.11.27, 2014도191)
>
> 공인회계사법 제2조에서 정한 '회계에 관한 감정'의 의미 및 타인의 의뢰를 받아 '부동산 가격공시 및 감정평가에 관한 법률'이 정한 토지에 대한 감정평가를 행하는 것이 공인회계사의 직무범위에 포함되는지 여부(소극)/감정평가업자가 아닌 공인회계사가 타인의 의뢰에 의하여 일정한 보수를 받고 '부동산 가격공시 및 감정평가에 관한 법률'이 정한 토지에 대한 감정평가를 업으로 행하는 것이 같은 법 제43조 제2호에 의하여 처벌되는 행위인지 여부(적극) 및 위 행위가 형법 제20조가 정한 '법령에 의한 행위'로서 정당행위에 해당하는지 여부(원칙적 소극)
>
> (2) 감정평가업자가 아닌 피고인들이 법원 행정재판부로부터 수용 대상 토지상에 재배되고 있는 산양삼의 손실보상액 평가를 의뢰받고 감정서를 작성하여 제출한 사건 : 심마니 산양삼 손실보상 평가(대판 2021.10.14, 2017도10634)
>
> ① 감정평가사 자격을 갖춘 사람만이 감정평가업을 독점적으로 영위할 수 있도록 한 취지 → 감정평가업무의

전문성, 공정성, 신뢰성을 확보해서 재산과 권리의 적정한 가격형성을 보장하여 국민의 권익을 보호하기 위한 것이다.
② 민사소송법 제335조에 따른 법원의 감정인 지정결정 또는 같은 법 제341조 제1항에 따른 법원의 감정촉탁을 받은 경우, 감정평가업자가 아닌 사람이더라도 그 감정사항에 포함된 토지 등의 감정평가를 할 수 있는지 여부(적극) 및 이러한 행위가 형법 제20조의 정당행위에 해당하여 위법성이 조각되는지 여부(적극)

제11조(자격)

감정평가사 1차/2차 시험에 합격한 사람 → 자격증발급

제12조(결격사유)

1. 삭제 〈2021.7.20.〉
2. 파산선고를 받은 사람으로서 복권되지 아니한 사람
3. 금고 이상의 실형을 선고받고 그 집행이 종료(집행이 종료된 것으로 보는 경우를 포함한다)되거나 그 집행이 면제된 날부터 3년이 지나지 아니한 사람
4. 금고 이상의 형의 집행유예를 받고 그 유예기간이 만료된 날부터 1년이 지나지 아니한 사람
5. 금고 이상의 형의 선고유예를 받고 그 선고유예기간 중에 있는 사람
6. 부정한 방법에 의해 자격을 취득하여 감정평가사 자격이 취소된 후 3년이 지나지 아니한 사람
7. 감정평가사의 직무와 관련하여 금고 이상의 형을 선고받아(집행유예 포함) 그 형이 확정된 경우, 이 법에 따라 업무정지 1년 이상의 징계처분을 2회 이상 받은 후 다시 징계사유가 있는 사람으로서 감정평가사의 직무를 수행하는 것이 현저히 부적당하다고 인정되는 경우에 따라 자격이 취소된 후 5년이 지나지 아니한 사람

제13조(자격의 취소)

자격취소 공고 + 자격증 반납(등록증 포함)(자격취소 7일 이내)
1. 부정한 방법으로 감정평가사의 자격을 받은 경우
2. 제39조 제2항 제1호(자격의 취소)에 해당하는 징계를 받은 경우

제2절 시험

제14조(감정평가사시험)

① 제1차/제2차 시험
②③ 시험의 최종 합격 발표일을 기준으로 제12조에 따른 결격사유에 해당하는 사람은 시험에 응시 ×(합격 시 취소)

관련판례

감정평가사시험의 합격기준 선택이 행정청의 자유재량에 속하는 것인지 여부(적극)

감정평가사시험을 실시함에 있어 어떠한 합격기준을 선택할 것인가는 시험실시기관인 행정청의 고유한 정책적인 판단에 맡겨진 것으로서 자유재량에 속한다(대판 1996.9.20, 96누6882).

판단여지를 인정하는 견해에 따르면 해당 영역은 판단여지 영역이 될 것이다.

제15조(시험의 일부면제)

법인등/협회/부동산원/감정평가업무지도기관/부공법상 공시업무 수행 또는 그 업무를 지도감독하는 기관/부공법상 비준표 작성업무 수행기관/국유재산 관리기관/과세시가표준액을 조사결정하는 업무를 수행 또는 그 업무를 지도감독하는 기관의 경우 2차 시험 시행일기준 5년(둘 이상 기관의 경우 각 기간 합산) 이상 감정평가 관련 업무에 종사한 경우 1차 시험 면제

제16조(부정행위자에 대한 제재)

부정한 방법으로 시험에 응시한 사람 + 시험에서 부정한 행위한 사람 + 1차 면제를 위한 관련 서류를 거짓 또는 부정한 방법으로 제출한 사람 → 해당 시험 정지/무효, 5년간 시험응시 ×

제3절 등록

제17조(등록 및 갱신등록)

① 실무수습 또는 교육연수(감정평가사협회가 실시 : 이론교육과정/실무훈련과정 시행 + 1차면제자는 4주일간의 이론교육과정을 시행) 후 국토교통부장관에게 등록해야 함(등록부에 등재 + 등록증 발급해야 함) + 등록갱신(갱신기간은 3년 이상으로 정함 - 5년마다 갱신해야 함)

제18조(등록 및 갱신등록의 거부)

① 등록 및 갱신등록의 거부사유
  1. 제12조 결격사유에 해당하는 경우
  2. 실무수습 또는 교육연수를 받지 아니한 경우
  3. 등록 취소된 후 3년 미경과한 경우
  4. 업무정지 기간이 지나지 아니한 경우
  5. 미성년자 또는 피성년후견인·피한정후견인
② 등록 또는 갱신등록을 거부한 경우에는 그 사실을 관보에 공고 + 일반인에게 알려야 한다(소속, 성명/생년월일 + 거부사유).

제19조(등록의 취소)

① 등록의 취소사유
   1. 제12조 결격사유에 해당하는 경우
   2. 사망한 경우
   3. 등록취소를 신청한 경우
   4. 제39조 제2항 제2호(등록의 취소)에 해당하는 징계를 받은 경우
② 등록취소 시(등록증 반납해야 함) 관보에 공고 + 일반인에게 알려야 한다(소속, 성명/생년월일 + 취소사유).

제20조(외국감정평가사)

외국의 감정평가사 자격취득 + 결격사유 미해당 + 상호인정 + 국토교통부장관 인가 시 업무수행 가능(필요시 업무범위 제한)

제4절 권리와 의무

제21조(사무소 개설 등)

① 감정평가사사무소 휴업/폐업 신고(1개 사무소만 가능)(개설은 신고대상 ×) + 소속 평가사를 둘 수 있고 소속 평가사에게만 업무수행지시해야 함
② 개설신고 할 수 없는 경우
   1. 등록거부사유에 해당하는 경우
   2. '법인설립인가취소 후 1년 미경과 및 법인 업무정지기간 미경과' 시 그 법인의 사원 또는 이사였던 경우
   3. 업무정지기간 미경과 평가사는 개설신고 ×
③ 업무의 효율성/공신력 높이기 위해서 2명 이상으로 합동사무소 설치 가능

제21조의2(고용인의 신고)

법인등은 소속 감정평가사 또는 사무직원 고용/고용관계 종료 시 국토교통부장관에게 신고해야 함(국토교통부장관은 결격사유 해당유무 확인해야 함)

> **관련판례**
>
> 자기완결적 신고와 수리를 요하는 신고의 판단기준(대판 2011.1.20, 2010두14954 全合)
> ① 자기완결적 신고와 수리를 요하는 신고 중 어느 것에 해당하는지는 관련 법령의 목적과 취지, 관련 법규정에 관한 합리적이고도 유기적인 해석, 해당 신고행위의 성질 등을 고려하여 판단하여야 한다.
> ② 건축법 제14조 제2항에 의한 인·허가의제 효과를 수반하는 건축신고가, 행정청이 그 실체적 요건에 관한 심사를 한 후 수리하여야 하는 이른바 '수리를 요하는 신고'인지 여부(적극)(대판 2011.1.20, 2010두14954 全合)

③ 행정소송의 대상(건축신고 : 대판 2010.11.18, 2008두167 준습)

행정청의 건축신고 반려행위 또는 수리거부행위가 항고소송의 대상이 되는지 여부(적극) : 행정청은 건축신고로써 건축허가가 의제되는 건축물의 경우에도 그 신고 없이 건축이 개시될 경우 건축주 등에 대하여 공사 중지·철거·사용금지 등의 시정명령을 할 수 있고(제69조 제1항), 그 시정명령을 받고 이행하지 않은 건축물에 대하여는 해당 건축물을 사용하여 행할 다른 법령에 의한 영업 기타 행위의 허가를 하지 않도록 요청할 수 있으며(제69조 제2항), 그 요청을 받은 자는 특별한 이유가 없는 한 이에 응하여야 하고(제69조 제3항), 나아가 행정청은 그 시정명령의 이행을 하지 아니한 건축주 등에 대하여는 이행강제금을 부과할 수 있으며(제69조의2 제1항 제1호), 또한 건축신고를 하지 않은 자는 200만원 이하의 벌금에 처해질 수 있다(제80조 제1호, 제9조). 이와 같이 건축주 등은 신고제하에서도 건축신고가 반려될 경우 해당 건축물의 건축을 개시하면 시정명령, 이행강제금, 벌금의 대상이 되거나 해당 건축물을 사용하여 행할 행위의 허가가 거부될 우려가 있어 불안정한 지위에 놓이게 된다. 따라서 건축신고 반려행위가 이루어진 단계에서 당사자로 하여금 반려행위의 적법성을 다투어 그 법적 불안을 해소한 다음 건축행위에 나아가도록 함으로써 장차 있을지도 모르는 위험에서 미리 벗어날 수 있도록 길을 열어 주고, 위법한 건축물의 양산과 그 철거를 둘러싼 분쟁을 조기에 근본적으로 해결할 수 있게 하는 것이 법치행정의 원리에 부합한다. 그러므로 건축신고 반려행위는 항고소송의 대상이 된다고 보는 것이 옳다.

제22조(사무소의 명칭 등)

① "감정평가사사무소" 용어, "감정평가법인" 용어 사용
② 감정평가사가 아닌 사람은 "감정평가사" 또는 이와 비슷한 명칭을 사용할 수 없으며, 감정평가법인등이 아닌 자는 "감정평가사사무소", "감정평가법인" 또는 이와 비슷한 명칭을 사용할 수 없다.

제23조(수수료 등)

①③ 감정평가 수수료/실비 청구 + 법인등과 의뢰인은 이에 관한 기준 준수
② 수수료 요율 및 실비의 범위는 감정평가관리·징계위원회의 심의를 거쳐 결정(감정평가법인등의 보수에 관한 기준)

제24조(사무직원)

감정평가법인등은 사무직원 고용 가능(지도·감독 책임 있음)

* 다음의 경우는 고용 ×
  1. 미성년자 또는 피성년후견인·피한정후견인
  2. 관련법상 유죄 판결을 받은 사람으로서 다음에 해당하는 사람
     가. 징역 이상의 형을 선고받고 그 집행이 끝나거나 그 집행을 받지 아니하기로 확정된 후 3년이 지나지 아니한 사람
     나. 징역형의 집행유예를 선고받고 그 유예기간이 지난 후 1년이 지나지 아니한 사람
     다. 징역형의 선고유예를 받고 그 유예기간 중에 있는 사람
  3. 부정한 방법에 의해 자격을 취득하여 감정평가사 자격이 취소된 후 1년 미경과자

4. 감정평가사의 직무와 관련하여 금고 이상의 형을 선고받아(집행유예 포함) 그 형이 확정되 자격이 취소된 후 5년이 지나지 아니한 사람

5. 이 법에 따라 업무정지 1년 이상의 징계처분을 2회 이상 받은 후 다시 징계사유가 있는 사람으로서 감정평가사의 직무를 수행하는 것이 현저히 부적당하다고 인정되는 경우에 따라 자격이 취소된 후 3년이 지나지 아니한 사람

6. 업무가 정지된 감정평가사로서 그 업무정지 기간이 지나지 아니한 사람

제25조(성실의무 등)

① 감정평가법인등(소속 감정평가사 포함)은 감정평가 시 품위유지/신의성실로써 공정한 감정평가/고의 또는 중대한 과실로 잘못된 평가를 하여서는 아니 된다.

② 자기 또는 친족 소유, 그 밖에 불공정한 감정평가를 할 우려가 있다고 인정되는 경우 감정평가 ×

③ 토지 등의 매매업을 직접 ×

④ 수수료와 실비 외 업무와 관련된 대가 ×, 감정평가 수주의 대가로 금품 또는 재산상의 이익을 제공하거나 제공하기로 약속 ×

⑤ 감정평가사는 둘 이상의 감정평가법인등에 소속 ×

⑥ 감정평가법인등이나 사무직원은 제28조의2에서 정하는 유도 또는 요구에 따라서는 아니 된다.

제26조(비밀엄수)

법인등(소속 평가사 사무직원 포함)은 비밀엄수/다른 법령에 특별한 규정이 있는 경우에는 그러하지 아니하다.

제27조(명의대여 등의 금지)

① 감정평가사 또는 감정평가법인등은 다른 사람에게 자기의 성명 또는 상호를 사용하여 감정평가 업무를 수행하게 하거나 자격증·등록증 또는 인가증을 양도·대여하거나 이를 부당하게 행사하여서는 아니 된다.

② 누구든지 제1항의 행위를 알선해서는 아니 된다.

관련판례

자격증부당행사

부동산 가격공시 및 감정평가에 관한 법률(이하 '법'이라 한다) 제37조 제2항에 의하면, 감정평가업자(감정평가법인 소속 감정평가사를 포함한다)는 다른 사람에게 자격증·등록증 또는 인가증(이하 '자격증 등'이라 한다)을 양도 또는 대여하거나 이를 부당하게 행사해서는 안 된다. 여기에서 '자격증 등을 부당하게 행사'한다는 것은 감징평가사 자격증 등을 본래의 용도가 아닌 다른 용도로 행사하거나, 본래의 행사목적을 벗어나 감정평가업자의 자격이나 업무범위에 관한 법의 규율을 피할 목적으로 이를 행사하는 경우도 포함한다. 따라서 감정평가사가 감정평가법인에 가입한다는 명목으로 자신의 감정평가사 등록증 사본을 가입신고서와 함께 한국감정평가협회에 제출하였으나, 실제로는 자신의 감정평가경력을 부당하게 인정받는 한편, 소속 감정평가법인으로 하여금 설립과 존속에 필요한 감정평가사의 인원수만 형식적으로 갖추게 하거나 법원으로부터 감정평가 물량을 추가로 배정받을 수 있는 자격을 얻게 할 목적으로 감정평가법인에 소속된 외관만을 작출하였을 뿐 해당 감정평가법인 소속 감정평가사로서의 감정평가업무나 이와 밀접한 관련이 있는 업무를 수행할 의사가 없었다면, 이는 감정평가사 등록증을 그 본래의 행사목적을 벗어나 감정평가업자의 자격이나 업무범위에 관한 법의 규율을 피할 목적으로 행사함으로써 자격증 등을 부당하게 행사한 것이라고 볼 수 있다(대판 2013.10.31, 2013두11727 [징계(업무정지)처분취소]).

제28조(손해배상책임)

① 감정평가법인등 + 고의 또는 과실 + 감정평가 당시의 적정가격과 현저한 차이/서류에 거짓 기록함으로써 + 감정평가 의뢰인이나 선의의 제3자에게 손해 발생 시 배상책임 있음
② 손해배상책임 보장 위해 보증보험(감정평가사 1인당 1억 이상) 가입 또는 한국감정평가사협회가 운영하는 공제사업에 가입해야 함
③ 확정판결로 손해배상액 결정된 경우에는 국토교통부장관에게 알려야 함

관련판례

1. **부동산공시법 제36조와 민법 제750조와의 관계**
   감정평가업자의 부실감정으로 인하여 손해를 입게 된 감정평가의뢰인이나 선의의 제3자는 지가공시 및 토지 등의 평가에 관한 법률상의 손해배상책임과 민법상의 불법행위로 인한 손해배상책임을 함께 물을 수 있다(대판 1998.9.22, 97다36293).

2. **손해배상책임의 요건 및 내용**
   (1) 타인의 의뢰
      임대상황의 조사가 지가공시 및 토지 등의 평가에 관한 법률 제26조 제1항 소정의 '감정평가' 그 자체에 포함되지는 않지만 감정평가업자가 담보물로 제공할 아파트에 대한 감정평가를 함에 있어 부수적으로 감정평가업자들의 소위 '아파트 감정요항표'에 따라 그 기재사항으로 되어 있는 임대상황란에 고의 또는 과실로 사실과 다른 기재를 하고 이를 감정평가서의 일부로 첨부하여 교부함으로써 감정평가의뢰인 등으로 하여금 부동산의 담보가치를 잘못 평가하게 함으로 말미암아 그에게 손해를 가하게 되었다면 임대상황의 조사가 같은 항 소정의 '감정평가'에 포함되는지 여부와 관계없이 감정평가업자는 특별한 사정이 없는 한 같은 항에 따라 이로 인한 상당인과관계에 있는 손해를 배상할 책임이 있다고 보아야 하고, 감정평가의뢰계약 체결 당시 그 임대상황에 관한 조사를 특별히 의뢰받지 않았다고 하여 그 결론이 달라지는 것은 아니다(대판 2000.4.21, 99다66618).

   (2) 고의, 과실
      ① 고의 또는 과실에 대하여 감정평가업자의 통상적인 추상적 경과실로 보고 있다.
      ② 부동산공시법과 감정평가규칙의 기준을 무시하고 자의적인 방법에 의하여 토지를 감정평가한 것은 고의·중과실에 의한 부당한 감정평가로 볼 수 있다(대판 1997.5.7, 96다52427).

   (3) 현저한 차이
      적정가격과 '현저한 차이'가 날 때에는 감정평가업자는 감정의뢰인이나 선의의 제3자에게 손해배상책임을 지도록 정하고 있는바, 고의에 의한 부당 감정의 경우와 과실에 의한 부당 감정의 경우를 가리지 아니하고 획일적으로 감정평가액과 적정가격 사이에 일정한 비율 이상의 격차가 날 때에만 '현저한 차이'가 있다고 보아 감정평가업자의 손해배상책임을 인정한다면 오히려 정의의 관념에 반할 수도 있으므로, 결국 감정평가

액과 적정가격 사이에 '현저한 차이'가 있는지 여부는 부당 감정에 이르게 된 감정평가업자의 귀책사유가 무엇인가 하는 점을 고려하여 사회통념에 따라 탄력적으로 판단하여야 한다.

(4) 의뢰인 및 선의의 제3자에게 손해가 발생할 것

'선의의 제3자'라 함은 감정내용이 허위 또는 감정평가 당시의 적정가격과 현저한 차이가 있음을 인식하지 못한 것뿐만 아니라 감정평가서 자체에 그 감정평가서를 감정의뢰 목적 이외에 사용하거나 감정의뢰인 이외의 타인이 사용할 수 없음이 명시되어 있는 경우에는 그러한 사용사실까지 인식하지 못한 제3자를 의미한다(대판 1999.9.7, 99다28661).

(5) 인과관계

감정평가의 잘못과 낙찰자의 손해 사이에는 상당인과관계가 있는 것으로 보아야 한다고 판시한 바 있다.

(6) 손해배상 범위

① 부당한 감정가격에 의한 담보가치와 정당한 감정가격에 의한 담보가치의 차액을 한도로 하여 실제로 정당한 담보가치를 초과한 부분이 손해액이 된다고 판시한 바 있다.

② 대출금이 연체되리라는 사정을 알기 어려우므로 대출금이 연체되리라는 사정을 알았거나 알 수 있었다는 특별한 사정이 없는 한 연체에 따른 지연손해금은 부당한 감정으로 인하여 발생한 손해라고 할 수 없다.

3. 허위감정

감정업에 종사하는 자는 그 직무를 수행함에 있어서 고의로 진실을 숨기거나 허위의 감정을 하였을 때 처벌하도록 규정하고 있으므로 위 법조에 따른 허위감정죄는 고의범에 한한다 할 것이고 여기서 말하는 허위감정이라 함은 신빙성이 있는 감정자료에 의한 합리적인 감정결과에 현저히 반하는 근거가 시인되지 아니하는 자의적 방법에 의한 감정을 일컫는 것이어서 위 범죄는 정당하게 조사수집하지 아니하여 사실에 맞지 아니하는 감정자료임을 알면서 그것을 기초로 감정함으로써 허무한 가격으로 평가하거나 정당한 감정자료에 의하여 평가함에 있어서도 합리적인 평가방법에 의하지 아니하고 고의로 그 평가액을 그르치는 경우에 성립된다(대판 1987.7.21, 87도853).

4. 허위감정

감정평가업자가 감정평가 대상 기계들을 제대로 확인하지 않았음에도 이를 확인하여 종합적으로 감정한 것처럼 허위의 감정평가서를 작성한 경우, 구 지가공시 및 토지 등의 평가에 관한 법률 제33조 제4호 위반죄에 해당한다고 한 사례(대판 2003.6.24, 2003도1869)

제28조의2(감정평가 유도·요구 금지)

누구든지 감정평가법인등(소속 평가사 포함)과 그 사무직원에게 토지 등에 대하여 특정한 가액으로 감정평가를 유도 또는 요구하는 행위를 하여서는 아니 된다.

제5절 감정평가법인

제29조(설립 등)

①②③ 감정평가법인 설립 + 사원 또는 이사는 감정평가사(90/100 이상)/감정평가법인의 대표사원 또는 대표이사는 감정평가사여야 함

④ 평가법인 최소 구성인원 5인 이상/최소 필요 주재인원

  1. 주사무소 : 2명

  2. 분사무소 : 2명

⑤⑥⑦ 사원이 될 사람 또는 감정평가사인 발기인이 공동으로 정관 작성(변경) + 인가(정관 적합성 심사)[경미한 사항(소재지, 사원의 성명·주민등록번호·주소, 출자에 관한 사항)의 변경은 신고][인가신청 20일 이내에 신청인에게 인가 여부 통지(20일 연장 가능)]

⑧ 감정평가법인은 사원 전원의 동의 또는 주주총회의 의결이 있는 때에는 국토교통부장관의 인가를 받아 다른 감정평가법인과 합병 가능

⑨ 소속 감정평가사 외에게 평가업무를 하게 해서는 안 된다.

⑩⑪ 외감법에 따른 회계처리 + 재무제표 작성하여 매 사업연도 끝난 후 3개월 이내 국토교통부장관에게 제출해야 한다.

관련판례

인가의 효과와 권리구제

① 인가는 기본행위인 재단법인의 정관변경에 대한 법률상의 효력을 완성시키는 보충행위로서, 그 기본이 되는 정관변경 결의에 하자가 있을 때에는 그에 대한 인가가 있었다 하여도 기본행위인 정관변경 결의가 유효한 것으로 될 수 없으므로 기본행위인 정관변경 결의가 적법 유효하고 보충행위인 인가처분 자체에만 하자가 있다면 그 인가처분의 무효나 취소를 주장할 수 있지만, 인가처분에 하자가 없다면 기본행위에 하자가 있다 하더라도 따로 그 기본행위의 하자를 다투는 것은 별론으로 하고 기본행위의 무효를 내세워 바로 그에 대한 행정청의 인가처분의 취소 또는 무효확인을 소구할 법률상의 이익이 없다(대판 1996.5.16, 95누4810 全合).

② 기본행위인 조합설립에 하자가 있는 경우에는 민사쟁송으로써 따로 그 기본행위의 최소 또는 무효확인 등을 구하는 것은 별론으로 하고 기본행위의 불성립 또는 무효를 내세워 바로 그에 대한 감독청의 인가처분의 취소 또는 무효확인을 소구할 법률상 이익이 있다고 할 수 없다(대판 2010.4.8, 2009다27636).

제30조(해산)

해산 시 신고해야 함(14일 내)

1. 정관으로 정한 해산사유 발생
2. 사원총회 또는 주주총회의 결의
3. 합병
4. 설립인가의 취소
5. 파산
6. 법원의 명령 또는 판결

제31조(자본금 등)

2억원 이상/부족 시 6개월 이내에 사원의 증여로 보전 또는 증자

제32조(인가취소 등)

① 국토교통부장관은 감정평가법인등이 다음 각 호의 어느 하나에 해당하는 경우에는 그 설립인가를 취소(제29조에 따른 감정평가법인에 한정한다)하거나 2년 이내의 범위에서 기간을 정하여 업무의 정지를 명할 수 있다. 다만, 제2호 또는 제7호에 해당하는 경우에는 그 설립인가를 취소하여야 한다.

1. 감정평가법인이 설립인가의 취소를 신청한 경우
2. 감정평가법인등이 업무정지처분 기간 중에 제10조에 따른 업무를 한 경우
3. 감정평가법인등이 업무정지처분을 받은 소속 감정평가사에게 업무정지처분 기간 중에 제10조에 따른 업무를 하게 한 경우
4. 제3조 제1항을 위반하여 감정평가를 한 경우
5. 제3조 제3항에 따른 원칙과 기준을 위반하여 감정평가를 한 경우
6. 제6조에 따른 감정평가서의 작성·발급 등에 관한 사항을 위반한 경우
7. 감정평가법인등이 제21조 제3항이나 제29조 제4항에 따른 감정평가사의 수에 미달한 날부터 3개월 이내에 감정평가사를 보충하지 아니한 경우
8. 제21조 제4항을 위반하여 둘 이상의 감정평가사사무소를 설치한 경우
9. 제21조 제5항이나 제29조 제9항을 위반하여 해당 감정평가사 외의 사람에게 제10조에 따른 업무를 하게 한 경우
10. 제23조 제3항을 위반하여 수수료의 요율 및 실비에 관한 기준을 지키지 아니한 경우
11. 제25조, 제26조 또는 제27조를 위반한 경우. 다만, 소속 감정평가사나 그 사무직원이 제25조 제4항을 위반한 경우로서 그 위반행위를 방지하기 위하여 해당 업무에 관하여 상당한 주의와 감독을 게을리하지 아니한 경우는 제외한다.
12. 제28조 제2항을 위반하여 보험 또는 한국감정평가사협회가 운영하는 공제사업에 가입하지 아니한 경우
13. 정관을 거짓으로 작성하는 등 부정한 방법으로 제29조에 따른 인가를 받은 경우
14. 제29조 제10항에 따른 회계처리를 하지 아니하거나 같은 조 제11항에 따른 재무제표를 작성하여 제출하지 아니한 경우
15. 제31조 제2항에 따라 기간 내에 미달한 금액을 보전하거나 증자하지 아니한 경우
16. 제47조에 따른 지도와 감독 등에 관하여 다음 각 목의 어느 하나에 해당하는 경우
    가. 업무에 관한 사항의 보고 또는 자료의 제출을 하지 아니하거나 거짓으로 보고 또는 제출한 경우
    나. 장부나 서류 등의 검사를 거부, 방해 또는 기피한 경우
17. 제29조 제5항 각 호의 사항을 인가받은 정관에 따라 운영하지 아니하는 경우

② 제33조에 따른 한국감정평가사협회는 감정평가법인등에 제1항 각 호의 어느 하나에 해당하는 사유가 있다고 인정하는 경우에는 그 증거서류를 첨부하여 국토교통부장관에게 그 설립인가를 취소하거나 업무정지처분을 하여 줄 것을 요청할 수 있다.

③ 국토교통부장관은 제1항에 따라 설립인가를 취소하거나 업무정지를 한 경우에는 그 사실을 관보에 공고하고, 정보통신망 등을 이용하여 일반인에게 알려야 한다.

④ 제1항에 따른 설립인가의 취소 및 업무정지처분은 위반 사유가 발생한 날부터 5년이 지나면 할 수 없다.

⑤ 제1항에 따른 설립인가의 취소와 업무정지에 관한 기준은 대통령령으로 정하고, 제3항에 따른 공고의 방법, 내용 및 그 밖에 필요한 사항은 국토교통부령으로 정한다.

제4장 한국감정평가사협회

제33조(목적 및 설립)

① 감정평가사의 품위 유지 및 직무의 개선·발전을 도모하고 회원의 관리 및 지도에 관한 사무 위해 한국감정평가사협회를 둔다.

② 협회는 법인(사단법인 : 인가 + 설립등기)으로 한다.

④ 협회는 공제사업을 운영할 수 있다.

⑥ 민법 중 사단법인 규정 준용

제34조(회칙)

회칙을 정하여(변경 포함) 국토교통부장관의 인가받아야 함

1. 명칭과 사무소 소재지
2. 회원가입 및 탈퇴에 관한 사항
3. 임원 구성에 관한 사항
4. 회원의 권리 및 의무에 관한 사항
5. 회원의 지도 및 관리에 관한 사항
6. 자산과 회계에 관한 사항
7. 그 밖에 필요한 사항

제35조(회원가입 의무 등)

① 감정평가법인등과 그 소속 감정평가사는 의무가입 + 그 밖의 감정평가사는 협회의 회원으로 가입 가능

② 협회 회원은 회칙 준수의무

제36조(윤리규정)

협회는 직업윤리 규정 제정 + 회원은 직업윤리 규정을 준수해야 한다.

제37조(자문 등)

국가 등은 감정평가사의 직무에 관한 사항에 대하여 협회에 업무의 자문 및 위촉을 위한 추천을
요청할 수 있다.

제38조(회원에 대한 교육·연수 등)

감정평가사/사무직원에 대한 교육·연수 실시 + 회원의 자체적인 교육·연수활동을 지도·관리

제5장 징계

제39조(징계)

① 국토교통부장관은 감정평가사가 다음 각 호의 어느 하나에 해당하는 경우에는 제40조에 따른
감정평가관리·징계위원회의 의결에 따라 제2항 각 호의 어느 하나에 해당하는 징계를 할 수
있다. 다만, 제2항 제1호에 따른 징계는 제11호, 제12호를 위반한 경우 및 제27조를 위반하여
다른 사람에게 자격증·등록증 또는 인가증을 양도 또는 대여한 경우에만 할 수 있다.

1. 제3조 제1항을 위반하여 감정평가를 한 경우
2. 제3조 제3항에 따른 원칙과 기준을 위반하여 감정평가를 한 경우
3. 제6조에 따른 감정평가서의 작성·발급 등에 관한 사항을 위반한 경우
3의2. 제7조 제2항을 위반하여 고의 또는 중대한 과실로 잘못 심사한 경우
4. 업무정지처분 기간에 제10조에 따른 업무를 하거나 업무정지처분을 받은 소속 감정평가사에
게 업무정지처분 기간에 제10조에 따른 업무를 하게 한 경우
5. 제17조 제1항 또는 제2항에 따른 등록이나 갱신등록을 하지 아니하고 제10조에 따른 업무를
수행한 경우
6. 구비서류를 거짓으로 작성하는 등 부정한 방법으로 제17조 제1항 또는 제2항에 따른 등록이
나 갱신등록을 한 경우
7. 제21조를 위반하여 감정평가업을 한 경우
8. 제23조 제3항을 위반하여 수수료의 요율 및 실비에 관한 기준을 지키지 아니한 경우
9. 제25조, 제26조 또는 제27조를 위반한 경우
10. 제47조에 따른 지도와 감독 등에 관하여 다음 각 목의 어느 하나에 해당하는 경우
    가. 업무에 관한 사항의 보고 또는 자료의 제출을 하지 아니하거나 거짓으로 보고 또는 제
      출한 경우
    나. 장부나 서류 등의 검사를 거부 또는 방해하거나 기피한 경우
11. 감정평가사의 직무와 관련하여 금고 이상의 형을 선고받아(집행유예를 선고받은 경우를 포
    함한다) 그 형이 확정된 경우

   12. 이 법에 따라 업무정지 1년 이상의 징계처분을 2회 이상 받은 후 다시 제1항에 따른 징계사유
      가 있는 사람으로서 감정평가사의 직무를 수행하는 것이 현저히 부적당하다고 인정되는 경우

② 감정평가사에 대한 징계의 종류는 다음과 같다.

   1. 자격의 취소

   2. 등록의 취소

   3. 2년 이하의 업무정지

   4. 견책

③ 협회는 감정평가사에게 제1항 각 호의 어느 하나에 해당하는 징계사유가 있다고 인정하는 경우
   에는 그 증거서류를 첨부하여 국토교통부장관에게 징계를 요청할 수 있다.

④ 제1항과 제2항에 따라 자격이 취소된 사람은 자격증과 등록증을 국토교통부장관에게 반납하여야
   하며, 등록이 취소되거나 업무가 정지된 사람은 등록증을 국토교통부장관에게 반납하여야 한다.

⑤ 제1항 및 제2항에 따라 업무가 정지된 자로서 등록증을 국토교통부장관에게 반납한 자 중 제17
   조에 따른 교육연수 대상에 해당하는 자가 등록갱신기간이 도래하기 전에 업무정지기간이 도과
   하여 등록증을 다시 교부받으려는 경우 제17조 제1항에 따른 교육연수를 이수하여야 한다.

⑥ 제19조 제2항·제4항은 제1항과 제2항에 따라 자격 취소 또는 등록 취소를 하는 경우에 준용한다.

⑦ 제1항에 따른 징계의결은 국토교통부장관의 요구에 따라 하며, 징계의결의 요구는 위반사유가
   발생한 날부터 5년이 지나면 할 수 없다.

제39조의2(징계의 공고)

① 국토교통부장관은 감정평가사 징계 시 지체 없이 그 구체적인 사유를 해당 감정평가사, 감정평
   가법인등 및 협회에 각각 알리고, 그 내용을 관보 또는 인터넷 홈페이지 등에 게시 또는 공고하
   여야 한다.

② 협회는 통보받은 내용 인터넷 홈페이지에 3개월 이상 게재하는 방법으로 공개해야 한다.

③ 협회는 감정평가를 의뢰하려는 자가 해당 감정평가사에 대한 징계 사실을 확인하기 위하여 징계
   정보의 열람을 신청하는 경우에는 그 정보를 제공해야 한다.

제40조(감정평가관리·징계위원회)

① 심의/의결사항

   1. 감정평가 관계 법령의 제정·개정에 관한 사항 중 국토교통부장관이 회의에 부치는 사항
   1의2. 실무기준의 변경에 관한 사항

   2. 감정평가사시험에 관한 사항

   3. 수수료의 요율 및 실비의 범위에 관한 사항

   4. 징계에 관한 사항 등

② 위원회는 위원장 1명과 부위원장 1명을 포함하여 13명의 위원으로 구성(성별 고려)

제6장 과징금

제41조(과징금의 부과)

① "업무정지처분을 하여야 하는 경우 + 업무정지처분이 「부동산 가격공시에 관한 법률」에 따른 표준지공시지가의 공시 등의 업무를 정상적으로 수행하는 데에 지장을 초래하는 등 공익을 해칠 우려가 있는 경우" → 업무정지처분에 갈음하여 5천만원(감정평가법인인 경우는 5억원) 이하의 과징금을 부과 가능

② 국토교통부장관은 제1항에 따른 과징금을 부과하는 경우에는 다음 각 호의 사항을 고려하여야 한다.

   1. 위반행위의 내용과 정도

   2. 위반행위의 기간과 위반횟수

   3. 위반행위로 취득한 이익의 규모

③ 국토교통부장관은 이 법을 위반한 감정평가법인이 합병을 하는 경우 그 감정평가법인이 행한 위반행위는 합병 후 존속하거나 합병으로 신설된 감정평가법인이 행한 행위로 보아 과징금을 부과·징수할 수 있다.

제42조(이의신청)

①② 과징금 통보받은 날부터 30일 이내에 사유서를 갖추어 국토교통부장관에게 이의신청할 수 있고, 국토교통부장관은 이의신청에 대하여 30일 이내에 결정하여야 한다(부득이한 경우 30일의 범위에서 기간 연장 가능).

③ 결정에 이의가 있는 자는 행정심판 청구 가능

제43조(과징금 납부기한의 연장과 분할납부)

일시 납부 어려운 경우 납부기한 연장(납부기한 다음 날부터 1년 초과 ×)
분할납부 가능[회수 3회 이내(6개월 이내 간격)] + 필요시 담보제공

제44조(과징금의 징수와 체납처분)

연6% 가산금(60개월 한도) + 국세 체납처분의 예에 따라 징수

제7장 보칙

제45조(청문)

1. 제13조 제1항 제1호(부정한 방법)에 따른 감정평가사 자격의 취소
2. 제32조 제1항에 따른 감정평가법인의 설립인가 취소 시 청문해야 함

제46조(업무의 위탁)

부동산원/산업인력공단/협회에 위탁가능(3.4.는 협회만 가능)
1. 감정평가 타당성조사 및 감정평가서에 대한 표본조사
2. 감정평가사시험의 관리
3. 감정평가사 등록 및 등록 갱신
4. 소속 감정평가사 또는 사무직원의 신고

제47조(지도・감독)

국토교통부장관은 감정평가법인등 및 협회에 업무에 관한 보고 또는 자료의 제출, 그 밖에 필요한 명령을 할 수 있으며, 소속 공무원(증표표시)으로 하여금 그 사무소에 출입하여 장부・서류 등을 검사하게 할 수 있다.

제48조(벌칙 적용에서 공무원 의제)

「형법」 제129조부터 제132조까지 규정 적용 시 공무원 의제
1. 부공법상 업무를 수행하는 감정평가사
2. 제40조에 따른 위원회의 위원 중 공무원이 아닌 위원
3. 제46조에 따른 위탁업무에 종사하는 협회의 임직원

제8장 벌칙

관련판례

행정형벌과 과태료 이중부과의 정당성
대법원은 "행정법상의 질서벌인 과태료의 부과처분과 형사처벌은 그 성질이나 목적을 달리하는 별개의 것이므로 행정법상의 질서벌인 과태료를 납부한 후에 형사처벌을 한다고 하여 이를 일사부재리의 원칙에 반하는 것이라고 할 수는 없다."라고 하였고(대판 2000.10.27, 2000도3874), 헌법재판소는 "행정질서벌로서의 과태료는 형벌(특히 행정형벌)과 목적・기능이 중복되는 면이 없지 않으므로 동일한 행위를 대상으로 하여 형벌을 부과하면서 아울러 행정질서벌로서의 과태료까지를 부과하는 것은 이중처벌금지의 기본정신에 배치되어 국가 입법권의 남용으로 인정될 여지가 있다."고 보았다(헌재 1994.6.30, 92헌바38).

제49조(벌칙) 3년 이하의 징역 또는 3천만원 이하의 벌금

1. 부정한 방법으로 감정평가사의 자격을 취득한 사람
2. 감정평가법인등이 아닌 자로서 감정평가업을 한 자
3. 구비서류를 거짓으로 작성하는 등 부정한 방법으로 제17조에 따른 등록이나 갱신등록을 한 사람
4. 제18조에 따라 등록 또는 갱신등록이 거부되거나 제13조, 제19조 또는 제39조에 따라 자격 또는 등록이 취소된 사람으로서 제10조의 업무를 한 사람
5. 제25조 제1항을 위반하여 고의로 업무를 잘못하거나 같은 조 제6항을 위반하여 제28조의2에서 정하는 유도 또는 요구에 따른 자
6. 제25조 제4항을 위반하여 업무와 관련된 대가를 받거나 감정평가 수주의 대가로 금품 또는 재산 상의 이익을 제공하거나 제공하기로 약속한 자
6의2. 제28조의2를 위반하여 특정한 가액으로 감정평가를 유도 또는 요구하는 행위를 한 자
7. 정관을 거짓으로 작성하는 등 부정한 방법으로 제29조에 따른 인가를 받은 자

제50조(벌칙) 1년 이하의 징역 또는 1천만원 이하의 벌금

1. 제21조 제4항을 위반하여 둘 이상의 사무소를 설치한 사람
2. 제21조 제5항 또는 제29조 제9항을 위반하여 소속 감정평가사 외의 사람에게 제10조의 업무를 하게 한 자
3. 제25조 제3항, 제5항 또는 제26조를 위반한 자
4. 제27조 제1항을 위반하여 감정평가사의 자격증·등록증 또는 감정평가법인의 인가증을 다른 사람에게 양도 또는 대여한 자와 이를 양수 또는 대여받은 자
5. 제27조 제2항을 위반하여 같은 조 제1항의 행위를 알선한 자

제50조의2(몰수·추징)

제49조 제6호 및 제50조 제4호의 죄를 지은 자가 받은 금품이나 그 밖의 이익은 몰수한다. 이를 몰수할 수 없을 때에는 그 가액을 추징한다.

제51조(양벌규정)

법인의 대표자나 법인 또는 개인의 대리인, 사용인, 그 밖의 종업원이 그 법인 또는 개인의 업무에 관하여 제49조 또는 제50조의 위반행위를 하면 그 행위자를 벌하는 외에 그 법인 또는 개인에게도 해당 조문의 벌금형을 부과한다. 다만, 법인 또는 개인이 그 위반행위를 방지하기 위하여 해당 업무에 상당한 주의와 감독을 게을리하지 아니한 경우에는 그러하지 아니하다.

제52조(과태료)

① 결격사유에 해당하는 사무직원을 둔 자에게는 500만원 이하의 과태료를 부과한다.

② 400만원 이하의 과태료

  5. 제28조 제2항을 위반하여 보험 또는 협회가 운영하는 공제사업에의 가입 등 필요한 조치를 하지 아니한 사람

  7. 제47조에 따른 업무에 관한 보고, 자료 제출, 명령 또는 검사를 거부·방해 또는 기피하거나 국토교통부장관에게 거짓으로 보고한 자

③ 300만원 이하의 과태료

  1. 제6조 제3항을 위반하여 감정평가서의 원본과 그 관련 서류를 보존하지 아니한 자

  2. 제22조 제1항을 위반하여 "감정평가사사무소" 또는 "감정평가법인"이라는 용어를 사용하지 아니하거나 같은 조 제2항을 위반하여 "감정평가사", "감정평가사사무소", "감정평가법인" 또는 이와 유사한 명칭을 사용한 자

④ 150만원 이하의 과태료

  1. 제9조 제2항을 위반하여 감정평가 결과를 감정평가 정보체계에 등록하지 아니한 자

  2. 제13조 제3항, 제19조 제3항 및 제39조 제4항을 위반하여 자격증 또는 등록증을 반납하지 아니한 사람

  3. 제28조 제3항을 위반하여 같은 조 제1항에 따른 손해배상사실을 국토교통부장관에게 알리지 아니한 자

⑤ 과태료는 국토교통부장관이 부과·징수한다.

기타 법률
필수 조문 확인

도시 및 주거환경정비법

2002.12.30. 제정된 도시 및 주거환경정비법의 시행에 따라 그 이전에 구 도시재개발법에 의해 규율되던 재개발사업과 구 주택건설촉진법 및 집합건물의 소유 및 관리에 관한 법률에 의해 규율되던 재건축사업이 모두 도시정비법의 규율을 받게 되었으며, 도시정비법의 시행으로 재건축사업의 경우에도 민사소송으로 다루었던 문제들이 재개발사업과 같이 행정소송으로 다루어졌고, 그 절차도 재개발사업과 같이 사업이 진행되게 되었다.

통합과 관련된 주된 쟁점은 재개발·재건축조합은 행정주체이고, 재개발·재건축조합에 대한 설립인가는 행정주체로서의 지위를 부여하는 설권적 처분이며, 재개발·재건축조합이 설립인가를 받은 이후 도시정비법에 따라 한 행위들인 "사업시행계획과 관리처분계획 및 청산금 부과 등"은 행정처분의 성격을 갖고, 그에 관한 쟁송은 민사소송이 아니라 행정소송인 항고소송 또는 공법상 당사자소송에 의하여 다투어야 한다는 것이다.

01 절 재개발·재건축사업의 절차

재개발·재건축사업은 정비구역의 지정, 추진위원회의 구성과 승인, 조합의 설립과 인가, 사업시행계획의 작성과 인가, 분양 및 관리처분계획의 작성과 인가, 공사 및 청산금 부과와 이전고시 등의 순서로 진행된다.

02 절 각종 인가·승인의 법적 성질

1 추진위원회의 승인

조합추진위원회의 설립승인신청을 받은 시장·군수로서는 승인신청서에 첨부된 첨부서류에 의하여 해당 추진위원회의 구성에 대하여 토지등소유자의 2분의 1 이상의 동의가 있고 추진위원회가 위원장을 포함한 5인 이상의 위원으로 구성되어 있음을 확인할 수 있다면 그 추진위원회의 설립을 승인하여야 할 것이라고 판시하여 인가로 보고 있다(대판 2009.6.25, 2008두13132).

2 조합의 설립인가

구판례는 인가로 보았으나, 현재는 "행정청이 도시 및 주거환경정비법 등 관련 법령에 근거하여 행하는 조합설립인가처분은 단순히 사인들의 조합설립행위에 대한 보충행위로서의 성질을 갖는 것에

그치는 것이 아니라 법령상 요건을 갖출 경우 도시 및 주거환경정비법상 주택재건축사업을 시행할 수 있는 권한을 갖는 행정주체(공법인)로서의 지위를 부여하는 일종의 설권적 처분의 성격을 갖는다고 보아야 한다."고 판시하여, 특허로의 입장을 바꿨다(대판 2009.9.24, 2008다60568 등).[1]

관련판례

조합설립인가처분 취소판결의 효력
주택재건축사업조합 설립인가처분이 판결에 의하여 취소되거나 무효로 확인된 경우에는 조합설립인가처분은 처분 당시로 소급하여 효력을 상실하고, 이에 따라 해당 주택재건축사업조합 역시 조합설립인가처분 당시로 소급하여 도시정비법상 주택재건축사업을 시행할 수 있는 행정주체인 공법인으로서의 지위를 상실한다(대판 2012.11.29, 2011두518). 따라서 주택재개발사업조합이 조합설립인가처분 취소 전에 도시 및 주거환경정비법상 적법한 행정주체 또는 사업시행자로서 한 결의 등 처분도 원칙상 소급하여 효력을 상실한다(대판 2012.3.29, 2008다95885).

3 인가사항의 변경인가

판례는 "주택재건축사업조합이 새로이 조합설립인가처분을 받는 것과 동일한 요건과 절차를 거쳐 조합설립변경인가처분을 받는 경우 당초 조합설립인가처분의 유효를 전제로 해당 주택재건축사업조합이 매도청구권 행사, 시공자 선정에 관한 총회 결의, 사업시행계획의 수립, 관리처분계획의 수립 등과 같은 후속 행위를 하였다면 당초 조합설립인가처분이 무효로 확인되거나 취소될 경우 그것이 유효하게 존재하는 것을 전제로 이루어진 위와 같은 후속 행위 역시 소급하여 효력을 상실하게 되므로, 특별한 사정이 없는 한 위와 같은 형태의 조합설립변경인가가 있다고 하여 당초 조합설립인가처분의 무효확인을 구할 소의 이익이 소멸된다고 볼 수는 없다."고 판시하였다(대판 2012.10.25, 2010두25107).

---

1) 대판 2009.9.24, 2008다60568
　[1] 행정청이 도시 및 주거환경정비법 등 관련 법령에 근거하여 행하는 조합설립인가처분은 단순히 사인들의 조합설립행위에 대한 보충행위로서의 성질을 갖는 것에 그치는 것이 아니라 법령상 요건을 갖출 경우 도시 및 주거환경정비법상 주택재건축사업을 시행할 수 있는 권한을 갖는 행정주체(공법인)로서의 지위를 부여하는 일종의 설권적 처분의 성격을 갖는다고 보아야 한다. 그리고 그와 같이 보는 이상 조합설립결의는 조합설립인가처분이라는 행정처분을 하는 데 필요한 요건 중 하나에 불과한 것이어서, 조합설립결의에 하자가 있다면 그 하자를 이유로 직접 항고소송의 방법으로 조합설립인가처분의 취소 또는 무효확인을 구하여야 하고, 이와는 별도로 조합설립결의 부분만을 따로 떼어내어 그 효력 유무를 다투는 확인의 소를 제기하는 것은 원고의 권리 또는 법률상의 지위에 현존하는 불안·위험을 제거하는 데 가장 유효·적절한 수단이라 할 수 없어 특별한 사정이 없는 한 확인의 이익은 인정되지 아니한다.
　[2] 도시 및 주거환경정비법상 주택재건축정비사업조합에 대한 행정청의 조합설립인가처분이 있은 후에 조합설립결의의 하자를 이유로 민사소송으로 그 결의의 무효 등 확인을 구한 사안에서, 그 소가 확인의 이익이 없는 부적법한 소에 해당한다고 볼 여지가 있으나, 재건축조합에 관한 설립인가처분을 보충행위로 보았던 종래의 실무관행 등에 비추어 그 소의 실질이 조합설립인가처분의 효력을 다투는 취지라고 못 볼 바 아니고, 여기에 소의 상대방이 행정주체로서의 지위를 갖는 재건축조합이라는 점을 고려하면, 그 소가 공법상 법률행위에 관한 것으로서 행정소송의 일종인 당사자소송으로 제기된 것으로 봄이 상당하고, 그 소는 이송 후 관할법원의 허가를 얻어 조합설립인가처분에 대한 항고소송으로 변경될 수 있어 관할법원인 행정법원으로 이송함이 마땅하다고 한 사례

또한 판례는 "정비사업조합(이하 '조합'이라고만 한다)에 관한 조합설립변경인가처분은 당초 조합설립인가처분에서 이미 인가받은 사항의 일부를 수정 또는 취소·철회하거나 새로운 사항을 추가하는 것으로서 유효한 당초 조합설립인가처분에 근거하여 설권적 효력의 내용이나 범위를 변경하는 성질을 가지므로, 당초 조합설립인가처분이 쟁송에 의하여 취소되거나 무효로 확정된 경우에는 이에 기초하여 이루어진 조합설립변경인가처분도 원칙적으로 그 효력을 상실하거나 무효라고 해석함이 타당하다. 마찬가지로 당초 조합설립인가처분 이후 여러 차례 조합설립변경인가처분이 있었다가 중간에 행하여진 선행 조합설립변경인가처분이 쟁송에 의하여 취소되거나 무효로 확정된 경우에 후행 조합설립변경인가처분도 그 효력을 상실하거나 무효라고 새겨야 한다.

다만, 조합설립변경인가처분도 조합에 정비사업 시행에 관한 권한을 설정하여 주는 처분인 점에서는 당초 조합설립인가처분과 다를 바 없으므로, 선행 조합설립변경인가처분이 쟁송에 의하여 취소되거나 무효로 확정된 경우라도 후행 조합설립변경인가처분이 선행 조합설립변경인가처분에 의해 변경된 사항을 포함하여 새로운 조합설립변경인가처분의 요건을 갖춘 경우에는 그에 따른 효력이 인정될 수 있다. 이러한 경우 조합은 당초 조합설립인가처분과 새로운 조합설립변경인가처분의 요건을 갖춘 후행 조합설립변경인가처분의 효력에 의하여 정비사업을 계속 진행할 수 있으므로, 그 후행 조합설립변경인가처분을 무효라고 할 수는 없다."고 하였다(대판 2014.5.29, 2011두25876).

4 정비사업시행인가

대법원은 '조합이 사업시행계획을 재건축결의에서 결정된 내용과 달리 작성한 경우 이러한 하자는 기본행위인 사업시행계획 작성행위의 하자라고 할 것이고, 이에 대한 보충행위인 행정청의 인가처분이 그 근거 조항인 도시정비법 제28조의 적법요건을 갖추고 있는 이상은 그 인가처분 자체에 하자가 있는 것이라 할 수 없다' 하여 인가로 파악하고 있다(대판 2008.1.10, 2007두16691).

다만 토지 등 소유자들이 조합을 따로 설립하지 않고 직접 시행하는 도시환경정비사업에서 사업시행인가처분은 단순히 사업시행계획에 대한 보충행위로서의 성질을 가지는 것이 아니라, 구 도시정비법상 정비사업을 시행할 수 있는 권한을 가지는 행정주체로서의 지위를 부여하는 일종의 설권적 처분의 성격을 가진다(대판 2013.6.13, 2011두19994).

5 관리처분계획인가

판례(대판 2012.3.22, 2011두6400 全合)[2]

[1] [다수의견] 이전고시의 효력 발생으로 이미 대다수 조합원 등에 대하여 획일적·일률적으로 처리된 권리귀속 관계를 모두 무효화하고 다시 처음부터 관리처분계획을 수립하여 이전고시 절차

---

[2] 김종보, 재건축·재개발사업의 전개과정과 소의 이익, 행정법연구 제56호, 2019.2, 22면 "이전고시가 행해지고 나서도 여전히 관리처분계획에서 잘못 정해진 추가부담금을 다투어야 할 이익은 남으며 관리처분계획의 위법을 이유로 일부를 취소한다고 해도 소유권의 귀속에 관한 사항은 영향을 받지 않는다고 해석할 수 있다. 그러므로 이전고시로 인해 관리처분계획에 대한 항고소송이 소의 이익을 잃는다는 대법원의 견해는 옳지 않다."

를 거치도록 하는 것은 정비사업의 공익적·단체법적 성격에 배치되므로, 이전고시가 효력을 발생하게 된 이후에는 조합원 등이 관리처분계획의 취소 또는 무효확인을 구할 법률상 이익이 없다고 봄이 타당하다.

[대법관 김능환, 대법관 이인복, 대법관 김용덕, 대법관 박보영의 별개의견] 관리처분계획의 무효확인이나 취소를 구하는 소송이 적법하게 제기되어 계속 중인 상태에서 이전고시가 효력을 발생하였다고 하더라도, 이전고시에서 정하고 있는 대지 또는 건축물의 소유권 이전에 관한 사항 외에 관리처분계획에서 정하고 있는 다른 사항들에 관하여서는 물론이고, 이전고시에서 정하고 있는 사항에 관하여서도 여전히 관리처분계획의 취소 또는 무효확인을 구할 법률상 이익이 있다고 보는 것이 이전고시의 기본적인 성격 및 효력에 들어맞을 뿐 아니라, 행정처분의 적법성을 확보하고 이해관계인의 권리·이익을 보호하려는 행정소송의 목적 달성 및 소송경제 등의 측면에서도 타당하며, 항고소송에서 소의 이익을 확대하고 있는 종전의 대법원판례에도 들어맞는 합리적인 해석이다.

[2] 도시 및 주거환경정비법 관련 규정의 내용, 형식 및 취지 등에 비추어 보면, 당초 관리처분계획의 경미한 사항을 변경하는 경우와 달리 관리처분계획의 주요 부분을 실질적으로 변경하는 내용으로 새로운 관리처분계획을 수립하여 시장·군수의 인가를 받은 경우에는, 당초 관리처분계획은 달리 특별한 사정이 없는 한 효력을 상실한다.

> **관련판례**
>
> 사전보상, 인도이전의무 부과, 선결문제(대판 2021.7.29, 2019도13010, 300477, 15665, 10001)
> 주택재개발사업의 사업시행자가 수용재결에 따른 보상금을 지급하거나 공탁하고 공익사업을 위한 토지 등의 취득 및 보상에 관한 법률 제43조에 따라 부동산의 인도를 청구하는 경우, 현금청산대상자나 임차인 등이 주거이전비 등을 보상받기 전에는 구 도시 및 주거환경정비법 제49조 제6항 단서에 따라 주거이전비 등의 미지급을 이유로 부동산의 인도를 거절할 수 있는지 여부(적극)/이때 현금청산대상자나 임차인 등이 수용개시일까지 수용대상 부동산을 인도하지 않은 경우, 공익사업을 위한 토지 등의 취득 및 보상에 관한 법률 제43조, 제95조의2 제2호 위반죄로 처벌할 수 있는지 여부(소극)

6 준공인가(이전고시)

이전고시가 있으면 관리처분계획에 따라 대지 또는 건축물을 분양받은 자는 이전고시가 효력을 발생한 날 종전에 소유권을 상실하고, 그 대지 또는 건축물에 대한 소유권을 취득한다. 따라서 이전고시는 공법상 처분이고 이전고시가 있으면 공용환권이 행해진다.

이전고시에 대해서는 항고소송을 제기할 수 있으나, 이전고시의 효력이 발생한 이후에는 조합원 등은 수용재결이나 이의재결의 취소 또는 무효확인을 구할 법률상 이익이 없다.

관련판례

수용재결의 취소를 구할 수 있는지 여부

① 이전고시 효력 발생 전의 경우

관리처분계획에 대한 인가·고시가 있은 후에 이전고시가 행해지기까지 상당한 기간이 소요되므로 관리처분계획의 하자로 인하여 자신의 권리를 침해당한 조합원 등으로서는 이전고시가 행해지기 전에 얼마든지 그 관리처분계획의 효력을 다툴 수 있는 여지가 있고, 특히 조합원 등이 관리처분계획의 취소 또는 무효확인소송을 제기하여 계속 중인 경우에는 그 관리처분계획에 대하여 행정소송법에 규정된 집행정지결정을 받아 후속절차인 이전고시까지 나아가지 않도록 할 수도 있다(대판 2012.3.22, 2011두6400). 관리처분의 내용 중 분양처분 및 청산 등에 관한 계획은 주용 내용이므로 이에 대한 하자를 이유로 수용재결의 취소를 주장할 수 있는 것으로 보인다.

② 이전고시 효력 발생 후의 경우

이전고시의 취소 또는 무효확인을 구할 법률상 이익 : 정비사업의 공익적·단체적 성격과 이전고시에 따라 이미 형성된 법률관계를 유지하여 법적안정성을 보호할 필요성이 현저한 점 등을 고려할 때, 이전고시의 효력이 발생한 이후에는 조합원 등이 해당 정비사업을 위하여 이루어진 수용재결이나 이의재결의 취소 또는 무효확인을 구할 법률상 이익이 없다(대판 2017.3.16, 2013두11536).

행정소송법 필수조문 암기

제2조(정의)

① 이 법에서 사용하는 용어의 정의는 다음과 같다.

　1. "처분 등"이라 함은 행정청이 행하는 구체적 사실에 관한 법집행으로서의 공권력의 행사 또는 그 거부와 그 밖에 이에 준하는 행정작용 및 행정심판에 대한 재결을 말한다.

　2. "부작위"라 함은 행정청이 당사자의 신청에 대하여 상당한 기간 내에 일정한 처분을 하여야 할 법률상 의무가 있음에도 불구하고 이를 하지 아니하는 것을 말한다.

② 행정청에는 법령에 의하여 행정권한의 위임 또는 위탁을 받은 행정기관, 공공단체 및 그 기관 또는 사인이 포함된다.

제3조(행정소송의 종류)

1. **항고소송** : 행정청의 처분 등이나 부작위에 대하여 제기하는 소송

2. **당사자소송** : 행정청의 처분 등을 원인으로 하는 법률관계에 관한 소송 그 밖에 공법상의 법률관계에 관한 소송으로서 그 법률관계의 한쪽 당사자를 피고로 하는 소송

제4조(항고소송)

항고소송은 다음과 같이 구분한다.

1. **취소소송** : 행정청의 위법한 처분 등을 취소 또는 변경하는 소송

2. **무효등 확인소송** : 행정청의 처분 등의 효력 유무 또는 존재여부를 확인하는 소송

3. **부작위위법확인소송** : 행정청의 부작위가 위법하다는 것을 확인하는 소송

제9조(재판관할)

① 취소소송의 제1심 관할법원은 피고의 소재지를 관할하는 행정법원으로 한다.

② 대법원소재지를 관할하는 행정법원에 제기할 수 있다.

　1. 중앙행정기관, 중앙행정기관의 부속기관과 합의제행정기관 또는 그 장

　2. 국가의 사무를 위임 또는 위탁받은 공공단체 또는 그 장

③ 토지의 수용 기타 부동산 또는 특정의 장소에 관계되는 처분 등에 대한 취소소송은 그 부동산 또는 장소의 소재지를 관할하는 행정법원에 이를 제기할 수 있다.

제11조(선결문제)

① 처분 등의 효력 유무 또는 존재 여부가 민사소송의 선결문제로 되어 당해 민사소송의 수소법원이 이를 심리·판단하는 경우에는 제17조, 제25조, 제26조 및 제33조의 규정을 준용한다.

제12조(원고적격)

취소소송은 처분 등의 취소를 구할 법률상 이익이 있는 자가 제기할 수 있다. 처분 등의 효과가

기간의 경과, 처분 등의 집행 그 밖의 사유로 인하여 소멸된 뒤에도 그 처분 등의 취소로 인하여 회복되는 법률상 이익이 있는 자의 경우에는 또한 같다.

제16조(제3자의 소송참가)

① 법원은 소송의 결과에 따라 권리 또는 이익의 침해를 받을 제3자가 있는 경우에는 당사자 또는 제3자의 신청 또는 직권에 의하여 결정으로써 그 제3자를 소송에 참가시킬 수 있다.

② 법원이 제1항의 규정에 의한 결정을 하고자 할 때에는 미리 당사자 및 제3자의 의견을 들어야 한다.

③ 제1항의 규정에 의한 신청을 한 제3자는 그 신청을 각하한 결정에 대하여 즉시항고할 수 있다.

④ 제1항의 규정에 의하여 소송에 참가한 제3자에 대하여는 민사소송법 제67조의 규정을 준용한다.

> **민사소송법 제67조[필수적 공동소송에 대한 특별규정]**
> ① 소송목적이 공동소송인 모두에게 합일적으로 확정되어야 할 공동소송의 경우에 공동소송인 가운데 한 사람의 소송행위는 모두의 이익을 위하여서만 효력을 가진다.
> ② 제1항의 공동소송에서 공동소송인 가운데 한 사람에 대한 상대방의 소송행위는 공동소송인 모두에게 효력이 미친다.
> ③ 제1항의 공동소송에서 공동소송인 가운데 한 사람에게 소송절차를 중단 또는 중지하여야 할 이유가 있는 경우 그 중단 또는 중지는 모두에게 효력이 미친다.

제18조(행정심판과의 관계)

① 취소소송은 법령의 규정에 의하여 당해 처분에 대한 행정심판을 제기할 수 있는 경우에도 이를 거치지 아니하고 제기할 수 있다. 다만, 다른 법률에 당해 처분에 대한 행정심판의 재결을 거치지 아니하면 취소소송을 제기할 수 없다는 규정이 있는 때에는 그러하지 아니하다.

② 제1항 단서의 경우에도 다음 각호의 1에 해당하는 사유가 있는 때에는 행정심판의 재결을 거치지 아니하고 취소소송을 제기할 수 있다.

  1. 행정심판청구가 있은 날로부터 60일이 지나도 재결이 없는 때
  2. 처분의 집행 또는 절차의 속행으로 생길 중대한 손해를 예방하여야 할 긴급한 필요가 있는 때
  3. 법령의 규정에 의한 행정심판기관이 의결 또는 재결을 하지 못할 사유가 있는 때
  4. 그 밖의 정당한 사유가 있는 때

③ 제1항 단서의 경우에 다음 각호의 1에 해당하는 사유가 있는 때에는 행정심판을 제기함이 없이 취소소송을 제기할 수 있다.

  1. 동종사건에 관하여 이미 행정심판의 기각재결이 있은 때
  2. 서로 내용상 관련되는 처분 또는 같은 목적을 위하여 단계적으로 진행되는 처분 중 어느 하나가 이미 행정심판의 재결을 거친 때
  3. 행정청이 사실심의 변론종결 후 소송의 대상인 처분을 변경하여 당해 변경된 처분에 관하여 소를 제기하는 때
  4. 처분을 행한 행정청이 행정심판을 거칠 필요가 없다고 잘못 알린 때

④ 제2항 및 제3항의 규정에 의한 사유는 이를 소명하여야 한다.

제19조(취소소송의 대상)

취소소송은 처분 등을 대상으로 한다. 다만, 재결취소소송의 경우에는 재결 자체에 고유한 위법이 있음을 이유로 하는 경우에 한한다.

제20조(제소기간)

① 취소소송은 처분 등이 있음을 안 날부터 90일 이내에 제기하여야 한다. 다만, 제18조 제1항 단서에 규정한 경우와 그 밖에 행정심판청구를 할 수 있는 경우 또는 행정청이 행정심판청구를 할 수 있다고 잘못 알린 경우에 행정심판청구가 있은 때의 기간은 재결서의 정본을 송달받은 날부터 기산한다.

② 취소소송은 처분 등이 있은 날부터 1년(제1항 단서의 경우는 재결이 있은 날부터 1년)을 경과하면 이를 제기하지 못한다. 다만, 정당한 사유가 있는 때에는 그러하지 아니하다.

③ 제1항의 규정에 의한 기간은 불변기간으로 한다.

제23조(집행정지)

① 취소소송의 제기는 처분 등의 효력이나 그 집행 또는 절차의 속행에 영향을 주지 아니한다.

② 취소소송이 제기된 경우에 처분 등이나 그 집행 또는 절차의 속행으로 인하여 생길 회복하기 어려운 손해를 예방하기 위하여 긴급한 필요가 있다고 인정할 때에는 본안이 계속되고 있는 법원은 당사자의 신청 또는 직권에 의하여 처분 등의 효력이나 그 집행 또는 절차의 속행의 전부 또는 일부의 정지(이하 "집행정지"라 한다)를 결정할 수 있다. 다만, 처분의 효력정지는 처분 등의 집행 또는 절차의 속행을 정지함으로써 목적을 달성할 수 있는 경우에는 허용되지 아니한다.

③ 집행정지는 공공복리에 중대한 영향을 미칠 우려가 있을 때에는 허용되지 아니한다.

④ 제2항의 규정에 의한 집행정지의 결정을 신청함에 있어서는 그 이유에 대한 소명이 있어야 한다.

⑤ 제2항의 규정에 의한 집행정지의 결정 또는 기각의 결정에 대하여는 즉시 항고할 수 있다. 이 경우 집행정지의 결정에 대한 즉시항고에는 결정의 집행을 정지하는 효력이 없다.

⑥ 제30조 제1항의 규정은 제2항의 규정에 의한 집행정지의 결정에 이를 준용한다.

제24조(집행정지의 취소)

① 집행정지의 결정이 확정된 후 집행정지가 공공복리에 중대한 영향을 미치거나 그 정지사유가 없어진 때에는 당사자의 신청 또는 직권에 의하여 결정으로써 집행정지의 결정을 취소할 수 있다.

② 제1항의 규정에 의한 집행정지결정의 취소결정과 이에 대한 불복의 경우에는 제23조 제4항 및 제5항의 규정을 준용한다.

제26조(직권심리)

법원은 필요하다고 인정할 때에는 직권으로 증거조사를 할 수 있고, 당사자가 주장하지 아니한 사실에 대하여도 판단할 수 있다.

제27조(재량처분의 취소)

행정청의 재량에 속하는 처분이라도 재량권의 한계를 넘거나 그 남용이 있는 때에는 법원은 이를 취소할 수 있다.

제28조(사정판결)

① 원고의 청구가 이유 있다고 인정하는 경우에도 처분 등을 취소하는 것이 현저히 공공복리에 적합하지 아니하다고 인정하는 때에는 법원은 원고의 청구를 기각할 수 있다. 이 경우 법원은 그 판결의 주문에서 그 처분 등이 위법함을 명시하여야 한다.
② 법원이 제1항의 규정에 의한 판결을 함에 있어서는 미리 원고가 그로 인하여 입게 될 손해의 정도와 배상방법 그 밖의 사정을 조사하여야 한다.
③ 원고는 피고인 행정청이 속하는 국가 또는 공공단체를 상대로 손해배상, 제해시설의 설치 그 밖에 적당한 구제방법의 청구를 당해 취소소송등이 계속된 법원에 병합하여 제기할 수 있다.

제29조(취소판결등의 효력)

① 처분 등을 취소하는 확정판결은 제3자에 대하여도 효력이 있다.
② 제1항의 규정은 제23조의 규정에 의한 집행정지의 결정 또는 제24조의 규정에 의한 그 집행정지결정의 취소결정에 준용한다.

제30조(취소판결등의 기속력)

① 처분 등을 취소하는 확정판결은 그 사건에 관하여 당사자인 행정청과 그 밖의 관계행정청을 기속한다.
② 판결에 의하여 취소되는 처분이 당사자의 신청을 거부하는 것을 내용으로 하는 경우에는 그 처분을 행한 행정청은 판결의 취지에 따라 다시 이전의 신청에 대한 처분을 하여야 한다.
③ 제2항의 규정은 신청에 따른 처분이 절차의 위법을 이유로 취소되는 경우에 준용한다.

제31조(제3자에 의한 재심청구)

① 처분 등을 취소하는 판결에 의하여 권리 또는 이익의 침해를 받은 제3자는 자기에게 책임 없는 사유로 소송에 참가하지 못함으로써 판결의 결과에 영향을 미칠 공격 또는 방어방법을 제출하지 못한 때에는 이를 이유로 확정된 종국판결에 대하여 재심의 청구를 할 수 있다.
② 제1항의 규정에 의한 청구는 확정판결이 있음을 안 날로부터 30일 이내, 판결이 확정된 날로부터 1년 이내에 제기하여야 한다.
③ 제2항의 규정에 의한 기간은 불변기간으로 한다.

제34조(거부처분취소판결의 간접강제)

① 행정청이 제30조 제2항의 규정에 의한 처분을 하지 아니하는 때에는 제1심수소법원은 당사자의 신청에 의하여 결정으로써 상당한 기간을 정하고 행정청이 그 기간내에 이행하지 아니하는 때에는 그 지연기간에 따라 일정한 배상을 할 것을 명하거나 즉시 손해배상을 할 것을 명할 수 있다.
② 제33조와 민사집행법 제262조의 규정은 제1항의 경우에 준용한다.

행정기본법 필수조문 암기

제2조(정의)

이 법에서 사용하는 용어의 뜻은 다음과 같다.

1. "법령등"이란 다음 각 목의 것을 말한다.
    가. **법령** : 다음의 어느 하나에 해당하는 것
        1) 법률 및 대통령령·총리령·부령
        2) 국회규칙·대법원규칙·헌법재판소규칙·중앙선거관리위원회규칙 및 감사원규칙
        3) 1) 또는 2)의 위임을 받아 중앙행정기관(「정부조직법」 및 그 밖의 법률에 따라 설치된 중앙행정기관을 말한다. 이하 같다)의 장이 정한 훈령·예규 및 고시 등 행정규칙
    나. **자치법규** : 지방자치단체의 조례 및 규칙
2. "행정청"이란 다음 각 목의 자를 말한다.
    가. 행정에 관한 의사를 결정하여 표시하는 국가 또는 지방자치단체의 기관
    나. 그 밖에 법령등에 따라 행정에 관한 의사를 결정하여 표시하는 권한을 가지고 있거나 그 권한을 위임 또는 위탁받은 공공단체 또는 그 기관이나 사인(私人)
3. "당사자"란 처분의 상대방을 말한다.
4. "처분"이란 행정청이 구체적 사실에 관하여 행하는 법 집행으로서 공권력의 행사 또는 그 거부와 그 밖에 이에 준하는 행정작용을 말한다.
5. "제재처분"이란 법령등에 따른 의무를 위반하거나 이행하지 아니하였음을 이유로 당사자에게 의무를 부과하거나 권익을 제한하는 처분을 말한다. 다만, 제30조 제1항 각 호에 따른 행정상 강제는 제외한다.

제6조(행정에 관한 기간의 계산)

① 행정에 관한 기간의 계산에 관하여는 이 법 또는 다른 법령등에 특별한 규정이 있는 경우를 제외하고는 「민법」을 준용한다.

② 법령등 또는 처분에서 국민의 권익을 제한하거나 의무를 부과하는 경우 권익이 제한되거나 의무가 지속되는 기간의 계산은 다음 각 호의 기준에 따른다. 다만, 다음 각 호의 기준에 따르는 것이 국민에게 불리한 경우에는 그러하지 아니하다.

1. 기간을 일, 주, 월 또는 연으로 정한 경우에는 기간의 첫날을 산입한다.
2. 기간의 말일이 토요일 또는 공휴일인 경우에도 기간은 그 날로 만료한다.

제8조(법치행정의 원칙)

행정작용은 법률에 위반되어서는 아니 되며, 국민의 권리를 제한하거나 의무를 부과하는 경우와 그 밖에 국민생활에 중요한 영향을 미치는 경우에는 법률에 근거하여야 한다.

제9조(평등의 원칙)
행정청은 합리적 이유 없이 국민을 차별하여서는 아니 된다.

제10조(비례의 원칙)
행정작용은 다음 각 호의 원칙에 따라야 한다.
1. 행정목적을 달성하는 데 유효하고 적절할 것
2. 행정목적을 달성하는 데 필요한 최소한도에 그칠 것
3. 행정작용으로 인한 국민의 이익 침해가 그 행정작용이 의도하는 공익보다 크지 아니할 것

제11조(성실의무 및 권한남용금지의 원칙)
① 행정청은 법령등에 따른 의무를 성실히 수행하여야 한다.
② 행정청은 행정권한을 남용하거나 그 권한의 범위를 넘어서는 아니 된다.

제12조(신뢰보호의 원칙)
① 행정청은 공익 또는 제3자의 이익을 현저히 해칠 우려가 있는 경우를 제외하고는 행정에 대한 국민의 정당하고 합리적인 신뢰를 보호하여야 한다.
② 행정청은 권한 행사의 기회가 있음에도 불구하고 장기간 권한을 행사하지 아니하여 국민이 그 권한이 행사되지 아니할 것으로 믿을 만한 정당한 사유가 있는 경우에는 그 권한을 행사해서는 아니 된다. 다만, 공익 또는 제3자의 이익을 현저히 해칠 우려가 있는 경우는 예외로 한다.

제13조(부당결부금지의 원칙)
행정청은 행정작용을 할 때 상대방에게 해당 행정작용과 실질적인 관련이 없는 의무를 부과해서는 아니 된다.

제14조(법 적용의 기준)
① 새로운 법령등은 법령등에 특별한 규정이 있는 경우를 제외하고는 그 법령등의 효력 발생 전에 완성되거나 종결된 사실관계 또는 법률관계에 대해서는 적용되지 아니한다.
② 당사자의 신청에 따른 처분은 법령등에 특별한 규정이 있거나 처분 당시의 법령등을 적용하기 곤란한 특별한 사정이 있는 경우를 제외하고는 처분 당시의 법령등에 따른다.
③ 법령등을 위반한 행위의 성립과 이에 대한 제재처분은 법령등에 특별한 규정이 있는 경우를 제외하고는 법령등을 위반한 행위 당시의 법령등에 따른다. 다만, 법령등을 위반한 행위 후 법령등의 변경에 의하여 그 행위가 법령등을 위반한 행위에 해당하지 아니하거나 제재처분 기준이 가벼워진 경우로서 해당 법령등에 특별한 규정이 없는 경우에는 변경된 법령등을 적용한다.

제15조(처분의 효력)
처분은 권한이 있는 기관이 취소 또는 철회하거나 기간의 경과 등으로 소멸되기 전까지는 유효한 것으로 통용된다. 다만, 무효인 처분은 처음부터 그 효력이 발생하지 아니한다.

제17조(부관)

① 행정청은 처분에 재량이 있는 경우에는 부관(조건, 기한, 부담, 철회권의 유보 등을 말한다. 이하 이 조에서 같다)을 붙일 수 있다.

② 행정청은 처분에 재량이 없는 경우에는 법률에 근거가 있는 경우에 부관을 붙일 수 있다.

③ 행정청은 부관을 붙일 수 있는 처분이 다음 각 호의 어느 하나에 해당하는 경우에는 그 처분을 한 후에도 부관을 새로 붙이거나 종전의 부관을 변경할 수 있다.

  1. 법률에 근거가 있는 경우

  2. 당사자의 동의가 있는 경우

  3. 사정이 변경되어 부관을 새로 붙이거나 종전의 부관을 변경하지 아니하면 해당 처분의 목적을 달성할 수 없다고 인정되는 경우

④ 부관은 다음 각 호의 요건에 적합하여야 한다.

  1. 해당 처분의 목적에 위배되지 아니할 것

  2. 해당 처분과 실질적인 관련이 있을 것

  3. 해당 처분의 목적을 달성하기 위하여 필요한 최소한의 범위일 것

제18조(위법 또는 부당한 처분의 취소)

① 행정청은 위법 또는 부당한 처분의 전부나 일부를 소급하여 취소할 수 있다. 다만, 당사자의 신뢰를 보호할 가치가 있는 등 정당한 사유가 있는 경우에는 장래를 향하여 취소할 수 있다.

② 행정청은 제1항에 따라 당사자에게 권리나 이익을 부여하는 처분을 취소하려는 경우에는 취소로 인하여 당사자가 입게 될 불이익을 취소로 달성되는 공익과 비교·형량(衡量)하여야 한다. 다만, 다음 각 호의 어느 하나에 해당하는 경우에는 그러하지 아니하다.

  1. 거짓이나 그 밖의 부정한 방법으로 처분을 받은 경우

  2. 당사자가 처분의 위법성을 알고 있었거나 중대한 과실로 알지 못한 경우

제19조(적법한 처분의 철회)

① 행정청은 적법한 처분이 다음 각 호의 어느 하나에 해당하는 경우에는 그 처분의 전부 또는 일부를 장래를 향하여 철회할 수 있다.

  1. 법률에서 정한 철회 사유에 해당하게 된 경우

  2. 법령등의 변경이나 사정변경으로 처분을 더 이상 존속시킬 필요가 없게 된 경우

  3. 중대한 공익을 위하여 필요한 경우

② 행정청은 제1항에 따라 처분을 철회하려는 경우에는 철회로 인하여 당사자가 입게 될 불이익을 철회로 달성되는 공익과 비교·형량하여야 한다.

제21조(재량행사의 기준)

행정청은 재량이 있는 처분을 할 때에는 관련 이익을 정당하게 형량하여야 하며, 그 재량권의 범위를 넘어서는 아니 된다.

제24조(인허가의제의 기준)

① "인허가의제"란 하나의 인허가(이하 "주된 인허가"라 한다)를 받으면 법률로 정하는 바에 따라 그와 관련된 여러 인허가(이하 "관련 인허가"라 한다)를 받은 것으로 보는 것을 말한다.

② 인허가의제를 받으려면 주된 인허가를 신청할 때 관련 인허가에 필요한 서류를 함께 제출하여야 한다. 다만, 불가피한 사유로 함께 제출할 수 없는 경우에는 주된 인허가 행정청이 별도로 정하는 기한까지 제출할 수 있다.

③ 주된 인허가 행정청은 주된 인허가를 하기 전에 관련 인허가에 관하여 미리 관련 인허가 행정청과 협의하여야 한다.

④ 관련 인허가 행정청은 제3항에 따른 협의를 요청받으면 그 요청을 받은 날부터 20일 이내(제5항 단서에 따른 절차에 걸리는 기간은 제외한다)에 의견을 제출하여야 한다. 이 경우 전단에서 정한 기간(민원 처리 관련 법령에 따라 의견을 제출하여야 하는 기간을 연장한 경우에는 그 연장한 기간을 말한다) 내에 협의 여부에 관하여 의견을 제출하지 아니하면 협의가 된 것으로 본다.

⑤ 제3항에 따라 협의를 요청받은 관련 인허가 행정청은 해당 법령을 위반하여 협의에 응해서는 아니 된다. 다만, 관련 인허가에 필요한 심의, 의견 청취 등 절차에 관하여는 법률에 인허가의제 시에도 해당 절차를 거친다는 명시적인 규정이 있는 경우에만 이를 거친다.

제30조(행정상 강제)

① 행정청은 행정목적을 달성하기 위하여 필요한 경우에는 법률로 정하는 바에 따라 필요한 최소한의 범위에서 다음 각 호의 어느 하나에 해당하는 조치를 할 수 있다.

1. **행정대집행** : 의무자가 행정상 의무(법령등에서 직접 부과하거나 행정청이 법령등에 따라 부과한 의무를 말한다. 이하 이 절에서 같다)로서 타인이 대신하여 행할 수 있는 의무를 이행하지 아니하는 경우 법률로 정하는 다른 수단으로는 그 이행을 확보하기 곤란하고 그 불이행을 방치하면 공익을 크게 해칠 것으로 인정될 때에 행정청이 의무자가 하여야 할 행위를 스스로 하거나 제3자에게 하게 하고 그 비용을 의무자로부터 징수하는 것

2. **이행강제금의 부과** : 의무자가 행정상 의무를 이행하지 아니하는 경우 행정청이 적절한 이행기간을 부여하고, 그 기한까지 행정상 의무를 이행하지 아니하면 금전급부의무를 부과하는 것

3. **직접강제** : 의무자가 행정상 의무를 이행하지 아니하는 경우 행정청이 의무자의 신체나 재산에 실력을 행사하여 그 행정상 의무의 이행이 있었던 것과 같은 상태를 실현하는 것

4. **강제징수** : 의무자가 행정상 의무 중 금전급부의무를 이행하지 아니하는 경우 행정청이 의무자의 재산에 실력을 행사하여 그 행정상 의무가 실현된 것과 같은 상태를 실현하는 것

5. **즉시강제** : 현재의 급박한 행정상의 장해를 제거하기 위한 경우로서 다음 각 목의 어느 하나에 해당하는 경우에 행정청이 곧바로 국민의 신체 또는 재산에 실력을 행사하여 행정목적을 달성하는 것
   가. 행정청이 미리 행정상 의무 이행을 명할 시간적 여유가 없는 경우
   나. 그 성질상 행정상 의무의 이행을 명하는 것만으로는 행정목적 달성이 곤란한 경우

② 행정상 강제 조치에 관하여 이 법에서 정한 사항 외에 필요한 사항은 따로 법률로 정한다.

③ 형사(刑事), 행형(行刑) 및 보안처분 관계 법령에 따라 행하는 사항이나 외국인의 출입국·난민 인정·귀화·국적회복에 관한 사항에 관하여는 이 절을 적용하지 아니한다.

제32조(직접강제)

① 직접강제는 행정대집행이나 이행강제금 부과의 방법으로는 행정상 의무 이행을 확보할 수 없거 나 그 실현이 불가능한 경우에 실시하여야 한다.

② 직접강제를 실시하기 위하여 현장에 파견되는 집행책임자는 그가 집행책임자임을 표시하는 증 표를 보여 주어야 한다.

③ 직접강제의 계고 및 통지에 관하여는 제31조 제3항 및 제4항을 준용한다.

제33조(즉시강제)

① 즉시강제는 다른 수단으로는 행정목적을 달성할 수 없는 경우에만 허용되며, 이 경우에도 최소 한으로만 실시하여야 한다.

② 즉시강제를 실시하기 위하여 현장에 파견되는 집행책임자는 그가 집행책임자임을 표시하는 증 표를 보여 주어야 하며, 즉시강제의 이유와 내용을 고지하여야 한다.

③ 제2항에도 불구하고 집행책임자는 즉시강제를 하려는 재산의 소유자 또는 점유자를 알 수 없거 나 현장에서 그 소재를 즉시 확인하기 어려운 경우에는 즉시강제를 실시한 후 집행책임자의 이 름 및 그 이유와 내용을 고지할 수 있다. 다만, 다음 각 호에 해당하는 경우에는 게시판이나 인터넷 홈페이지에 게시하는 등 적절한 방법에 의한 공고로써 고지를 갈음할 수 있다.

1. 즉시강제를 실시한 후에도 재산의 소유자 또는 점유자를 알 수 없는 경우
2. 재산의 소유자 또는 점유자가 국외에 거주하거나 행방을 알 수 없는 경우
3. 그 밖에 대통령령으로 정하는 불가피한 사유로 고지할 수 없는 경우

제34조(수리 여부에 따른 신고의 효력)

법령 등으로 정하는 바에 따라 행정청에 일정한 사항을 통지하여야 하는 신고로서 법률에 신고의 수리가 필요하다고 명시되어 있는 경우(행정기관의 내부 업무 처리 절차로서 수리를 규정한 경우는 제외한다)에는 행정청이 수리하여야 효력이 발생한다.

제36조(처분에 대한 이의신청)

① 행정청의 처분(「행정심판법」 제3조에 따라 같은 법에 따른 행정심판의 대상이 되는 처분을 말한 다. 이하 이 조에서 같다)에 이의가 있는 당사자는 처분을 받은 날부터 30일 이내에 해당 행정청 에 이의신청을 할 수 있다.

② 행정청은 제1항에 따른 이의신청을 받으면 그 신청을 받은 날부터 14일 이내에 그 이의신청에 대한 결과를 신청인에게 통지하여야 한다. 다만, 부득이한 사유로 14일 이내에 통지할 수 없는

경우에는 그 기간을 만료일 다음 날부터 기산하여 10일의 범위에서 한 차례 연장할 수 있으며, 연장 사유를 신청인에게 통지하여야 한다.

③ 제1항에 따라 이의신청을 한 경우에도 그 이의신청과 관계없이 「행정심판법」에 따른 행정심판 또는 「행정소송법」에 따른 행정소송을 제기할 수 있다.

④ 이의신청에 대한 결과를 통지받은 후 행정심판 또는 행정소송을 제기하려는 자는 그 결과를 통지받은 날(제2항에 따른 통지기간 내에 결과를 통지받지 못한 경우에는 같은 항에 따른 통지기간이 만료되는 날의 다음 날을 말한다)부터 90일 이내에 행정심판 또는 행정소송을 제기할 수 있다.

⑤ 다른 법률에서 이의신청과 이에 준하는 절차에 대하여 정하고 있는 경우에도 그 법률에서 규정하지 아니한 사항에 관하여는 이 조에서 정하는 바에 따른다.

⑥ 제1항부터 제5항까지에서 규정한 사항 외에 이의신청의 방법 및 절차 등에 관한 사항은 대통령령으로 정한다.

⑦ 다음 각 호의 어느 하나에 해당하는 사항에 관하여는 이 조를 적용하지 아니한다.

1. 공무원 인사 관계 법령에 따른 징계 등 처분에 관한 사항
2. 「국가인권위원회법」 제30조에 따른 진정에 대한 국가인권위원회의 결정
3. 「노동위원회법」 제2조의2에 따라 노동위원회의 의결을 거쳐 행하는 사항
4. 형사, 행형 및 보안처분 관계 법령에 따라 행하는 사항
5. 외국인의 출입국·난민인정·귀화·국적회복에 관한 사항
6. 과태료 부과 및 징수에 관한 사항

제37조(처분의 재심사)

① 당사자는 처분(제재처분 및 행정상 강제는 제외한다. 이하 이 조에서 같다)이 행정심판, 행정소송 및 그 밖의 쟁송을 통하여 다툴 수 없게 된 경우(법원의 확정판결이 있는 경우는 제외한다)라도 다음 각 호의 어느 하나에 해당하는 경우에는 해당 처분을 한 행정청에 처분을 취소·철회하거나 변경하여 줄 것을 신청할 수 있다.

1. 처분의 근거가 된 사실관계 또는 법률관계가 추후에 당사자에게 유리하게 바뀐 경우
2. 당사자에게 유리한 결정을 가져다주었을 새로운 증거가 있는 경우
3. 「민사소송법」 제451조에 따른 재심사유에 준하는 사유가 발생한 경우 등 대통령령으로 정하는 경우

② 제1항에 따른 신청은 해당 처분의 절차, 행정심판, 행정소송 및 그 밖의 쟁송에서 당사자가 중대한 과실 없이 제1항 각 호의 사유를 주장하지 못한 경우에만 할 수 있다.

③ 제1항에 따른 신청은 당사자가 제1항 각 호의 사유를 안 날부터 60일 이내에 하여야 한다. 다만, 처분이 있은 날부터 5년이 지나면 신청할 수 없다.

④ 제1항에 따른 신청을 받은 행정청은 특별한 사정이 없으면 신청을 받은 날부터 90일(합의제행정기관은 180일) 이내에 처분의 재심사 결과(재심사 여부와 처분의 유지·취소·철회·변경 등에

대한 결정을 포함한다)를 신청인에게 통지하여야 한다. 다만, 부득이한 사유로 90일(합의제행정기관은 180일) 이내에 통지할 수 없는 경우에는 그 기간을 만료일 다음 날부터 기산하여 90일(합의제행정기관은 180일)의 범위에서 한 차례 연장할 수 있으며, 연장 사유를 신청인에게 통지하여야 한다.

⑤ 제4항에 따른 처분의 재심사 결과 중 처분을 유지하는 결과에 대해서는 행정심판, 행정소송 및 그 밖의 쟁송수단을 통하여 불복할 수 없다.

⑥ 행정청의 제18조에 따른 취소와 제19조에 따른 철회는 처분의 재심사에 의하여 영향을 받지 아니한다.

⑦ 제1항부터 제6항까지에서 규정한 사항 외에 처분의 재심사의 방법 및 절차 등에 관한 사항은 대통령령으로 정한다.

⑧ 다음 각 호의 어느 하나에 해당하는 사항에 관하여는 이 조를 적용하지 아니한다.

1. 공무원 인사 관계 법령에 따른 징계 등 처분에 관한 사항
2. 「노동위원회법」 제2조의2에 따리 노동위원회의 의결을 거쳐 행하는 사항
3. 형사, 행형 및 보안처분 관계 법령에 따라 행하는 사항
4. 외국인의 출입국·난민인정·귀화·국적회복에 관한 사항
5. 과태료 부과 및 징수에 관한 사항
6. 개별 법률에서 그 적용을 배제하고 있는 경우

행정심판법 필수조문 암기

제1조(목적)

이 법은 행정심판 절차를 통하여 행정청의 위법 또는 부당한 처분(處分)이나 부작위(不作爲)로 침해된 국민의 권리 또는 이익을 구제하고, 아울러 행정의 적정한 운영을 꾀함을 목적으로 한다.

제2조(정의)

이 법에서 사용하는 용어의 뜻은 다음과 같다.

1. "처분"이란 행정청이 행하는 구체적 사실에 관한 법집행으로서의 공권력의 행사 또는 그 거부, 그 밖에 이에 준하는 행정작용을 말한다.
2. "부작위"란 행정청이 당사자의 신청에 대하여 상당한 기간 내에 일정한 처분을 하여야 할 법률상 의무가 있는데도 처분을 하지 아니하는 것을 말한다.
3. "재결(裁決)"이란 행정심판의 청구에 대하여 제6조에 따른 행정심판위원회가 행하는 판단을 말한다.
4. "행정청"이란 행정에 관한 의사를 결정하여 표시하는 국가 또는 지방자치단체의 기관, 그 밖에 법령 또는 자치법규에 따라 행정권한을 가지고 있거나 위탁을 받은 공공단체나 그 기관 또는 사인(私人)을 말한다.

제3조(행정심판의 대상)

① 행정청의 처분 또는 부작위에 대하여는 다른 법률에 특별한 규정이 있는 경우 외에는 이 법에 따라 행정심판을 청구할 수 있다.
② 대통령의 처분 또는 부작위에 대하여는 다른 법률에서 행정심판을 청구할 수 있도록 정한 경우 외에는 행정심판을 청구할 수 없다.

제4조(특별행정심판 등)

① 사안(事案)의 전문성과 특수성을 살리기 위하여 특히 필요한 경우 외에는 이 법에 따른 행정심판을 갈음하는 특별한 행정불복절차(이하 "특별행정심판"이라 한다)나 이 법에 따른 행정심판 절차에 대한 특례를 다른 법률로 정할 수 없다.
② 다른 법률에서 특별행정심판이나 이 법에 따른 행정심판 절차에 대한 특례를 정한 경우에도 그 법률에서 규정하지 아니한 사항에 관하여는 이 법에서 정하는 바에 따른다.
③ 관계 행정기관의 장이 특별행정심판 또는 이 법에 따른 행정심판 절차에 대한 특례를 신설하거나 변경하는 법령을 제정 · 개정할 때에는 미리 중앙행정심판위원회와 협의하여야 한다.

제5조(행정심판의 종류)

행정심판의 종류는 다음 각 호와 같다.

1. **취소심판** : 행정청의 위법 또는 부당한 처분을 취소하거나 변경하는 행정심판
2. **무효등확인심판** : 행정청의 처분의 효력 유무 또는 존재 여부를 확인하는 행정심판
3. **의무이행심판** : 당사자의 신청에 대한 행정청의 위법 또는 부당한 거부처분이나 부작위에 대하여 일정한 처분을 하도록 하는 행정심판

제6조(행정심판위원회의 설치)

① 다음 각 호의 행정청 또는 그 소속 행정청(행정기관의 계층구조와 관계없이 그 감독을 받거나 위탁을 받은 모든 행정청을 말하되, 위탁을 받은 행정청은 그 위탁받은 사무에 관하여는 위탁한 행정청의 소속 행정청으로 본다. 이하 같다)의 처분 또는 부작위에 대한 행정심판의 청구(이하 "심판청구"라 한다)에 대하여는 다음 각 호의 행정청에 두는 행정심판위원회에서 심리·재결한다.
  1. 감사원, 국가정보원장, 그 밖에 대통령령으로 정하는 대통령 소속기관의 장
  2. 국회사무총장·법원행정처장·헌법재판소사무처장 및 중앙선거관리위원회사무총장
  3. 국가인권위원회, 그 밖에 지위·성격의 독립성과 특수성 등이 인정되어 대통령령으로 정하는 행정청
② 다음 각 호의 행정청의 처분 또는 부작위에 대한 심판청구에 대하여는 「부패방지 및 국민권익위원회의 설치와 운영에 관한 법률」에 따른 국민권익위원회(이하 "국민권익위원회"라 한다)에 두는 중앙행정심판위원회에서 심리·재결한다.
  1. 제1항에 따른 행정청 외의 국가행정기관의 장 또는 그 소속 행정청
  2. 특별시장·광역시장·특별자치시장·도지사·특별자치도지사(특별시·광역시·특별자치시·도 또는 특별자치도의 교육감을 포함한다. 이하 "시·도지사"라 한다) 또는 특별시·광역시·특별자치시·도·특별자치도(이하 "시·도"라 한다)의 의회(의장, 위원회의 위원장, 사무처장 등 의회 소속 모든 행정청을 포함한다)
  3. 「지방자치법」에 따른 지방자치단체조합 등 관계 법률에 따라 국가·지방자치단체·공공법인 등이 공동으로 설립한 행정청. 다만, 제3항 제3호에 해당하는 행정청은 제외한다.
③ 다음 각 호의 행정청의 처분 또는 부작위에 대한 심판청구에 대하여는 시·도지사 소속으로 두는 행정심판위원회에서 심리·재결한다.
  1. 시·도 소속 행정청
  2. 시·도의 관할구역에 있는 시·군·자치구의 장, 소속 행정청 또는 시·군·자치구의 의회(의장, 위원회의 위원장, 사무국장, 사무과장 등 의회 소속 모든 행정청을 포함한다)
  3. 시·도의 관할구역에 있는 둘 이상의 지방자치단체(시·군·자치구를 말한다)·공공법인 등이 공동으로 설립한 행정청
④ 제2항 제1호에도 불구하고 대통령령으로 정하는 국가행정기관 소속 특별지방행정기관의 장의 처분 또는 부작위에 대한 심판청구에 대하여는 해당 행정청의 직근 상급행정기관에 두는 행정심판위원회에서 심리·재결한다.

제13조(청구인 적격)

① 취소심판은 처분의 취소 또는 변경을 구할 법률상 이익이 있는 자가 청구할 수 있다. 처분의 효과가 기간의 경과, 처분의 집행, 그 밖의 사유로 소멸된 뒤에도 그 처분의 취소로 회복되는 법률상 이익이 있는 자의 경우에도 또한 같다.

② 무효등확인심판은 처분의 효력 유무 또는 존재 여부의 확인을 구할 법률상 이익이 있는 자가 청구할 수 있다.

③ 의무이행심판은 처분을 신청한 자로서 행정청의 거부처분 또는 부작위에 대하여 일정한 처분을 구할 법률상 이익이 있는 자가 청구할 수 있다.

제27조(심판청구의 기간)

① 행정심판은 처분이 있음을 알게 된 날부터 90일 이내에 청구하여야 한다.

② 청구인이 천재지변, 전쟁, 사변(事變), 그 밖의 불가항력으로 인하여 제1항에서 정한 기간에 심판청구를 할 수 없었을 때에는 그 사유가 소멸한 날부터 14일 이내에 행정심판을 청구할 수 있다. 다만, 국외에서 행정심판을 청구하는 경우에는 그 기간을 30일로 한다.

③ 행정심판은 처분이 있었던 날부터 180일이 지나면 청구하지 못한다. 다만, 정당한 사유가 있는 경우에는 그러하지 아니하다.

④ 제1항과 제2항의 기간은 불변기간(不變期間)으로 한다.

⑤ 행정청이 심판청구 기간을 제1항에 규정된 기간보다 긴 기간으로 잘못 알린 경우 그 잘못 알린 기간에 심판청구가 있으면 그 행정심판은 제1항에 규정된 기간에 청구된 것으로 본다.

⑥ 행정청이 심판청구 기간을 알리지 아니한 경우에는 제3항에 규정된 기간에 심판청구를 할 수 있다.

⑦ 제1항부터 제6항까지의 규정은 무효등확인심판청구와 부작위에 대한 의무이행심판청구에는 적용하지 아니한다.

제30조(집행정지)

① 심판청구는 처분의 효력이나 그 집행 또는 절차의 속행(續行)에 영향을 주지 아니한다.

② 위원회는 처분, 처분의 집행 또는 절차의 속행 때문에 중대한 손해가 생기는 것을 예방할 필요성이 긴급하다고 인정할 때에는 직권으로 또는 당사자의 신청에 의하여 처분의 효력, 처분의 집행 또는 절차의 속행의 전부 또는 일부의 정지(이하 "집행정지"라 한다)를 결정할 수 있다. 다만, 처분의 효력정지는 처분의 집행 또는 절차의 속행을 정지함으로써 그 목적을 달성할 수 있을 때에는 허용되지 아니한다.

③ 집행정지는 공공복리에 중대한 영향을 미칠 우려가 있을 때에는 허용되지 아니한다.

④ 위원회는 집행정지를 결정한 후에 집행정지가 공공복리에 중대한 영향을 미치거나 그 정지사유가 없어진 경우에는 직권으로 또는 당사자의 신청에 의하여 집행정지 결정을 취소할 수 있다.

⑤ 집행정지 신청은 심판청구와 동시에 또는 심판청구에 대한 제7조 제6항 또는 제8조 제7항에 따른 위원회나 소위원회의 의결이 있기 전까지, 집행정지 결정의 취소신청은 심판청구에 대한 제7조 제6항 또는 제8조 제7항에 따른 위원회나 소위원회의 의결이 있기 전까지 신청의 취지와

원인을 적은 서면을 위원회에 제출하여야 한다. 다만, 심판청구서를 피청구인에게 제출한 경우로서 심판청구와 동시에 집행정지 신청을 할 때에는 심판청구서 사본과 접수증명서를 함께 제출하여야 한다.

⑥ 제2항과 제4항에도 불구하고 위원회의 심리·결정을 기다릴 경우 중대한 손해가 생길 우려가 있다고 인정되면 위원장은 직권으로 위원회의 심리·결정을 갈음하는 결정을 할 수 있다. 이 경우 위원장은 지체 없이 위원회에 그 사실을 보고하고 추인(追認)을 받아야 하며, 위원회의 추인을 받지 못하면 위원장은 집행정지 또는 집행정지 취소에 관한 결정을 취소하여야 한다.

⑦ 위원회는 집행정지 또는 집행정지의 취소에 관하여 심리·결정하면 지체 없이 당사자에게 결정서 정본을 송달하여야 한다.

제31조(임시처분)

① 위원회는 처분 또는 부작위가 위법·부당하다고 상당히 의심되는 경우로서 처분 또는 부작위 때문에 당사자가 받을 우려가 있는 중대한 불이익이나 당사자에게 생긴 급박한 위험을 막기 위하여 임시지위를 정하여야 할 필요가 있는 경우에는 직권으로 또는 당사자의 신청에 의하여 임시처분을 결정할 수 있다.

② 제1항에 따른 임시처분에 관하여는 제30조 제3항부터 제7항까지를 준용한다. 이 경우 같은 조 제6항 전단 중 "중대한 손해가 생길 우려"는 "중대한 불이익이나 급박한 위험이 생길 우려"로 본다.

③ 제1항에 따른 임시처분은 제30조 제2항에 따른 집행정지로 목적을 달성할 수 있는 경우에는 허용되지 아니한다.

제39조(직권심리)

위원회는 필요하면 당사자가 주장하지 아니한 사실에 대하여도 심리할 수 있다.

제40조(심리의 방식)

① 행정심판의 심리는 구술심리나 서면심리로 한다. 다만, 당사자가 구술심리를 신청한 경우에는 서면심리만으로 결정할 수 있다고 인정되는 경우 외에는 구술심리를 하여야 한다.

② 위원회는 제1항 단서에 따라 구술심리 신청을 받으면 그 허가 여부를 결정하여 신청인에게 알려야 한다.

③ 제2항의 통지는 간이통지방법으로 할 수 있다.

제43조(재결의 구분)

① 위원회는 심판청구가 적법하지 아니하면 그 심판청구를 각하(却下)한다.

② 위원회는 심판청구가 이유가 없다고 인정하면 그 심판청구를 기각(棄却)한다.

③ 위원회는 취소심판의 청구가 이유가 있다고 인정하면 처분을 취소 또는 다른 처분으로 변경하거나 처분을 다른 처분으로 변경할 것을 피청구인에게 명한다.

④ 위원회는 무효등확인심판의 청구가 이유가 있다고 인정하면 처분의 효력 유무 또는 처분의 존재 여부를 확인한다.

⑤ 위원회는 의무이행심판의 청구가 이유가 있다고 인정하면 지체 없이 신청에 따른 처분을 하거나 처분을 할 것을 피청구인에게 명한다.

제44조(사정재결)

① 위원회는 심판청구가 이유가 있다고 인정하는 경우에도 이를 인용(認容)하는 것이 공공복리에 크게 위배된다고 인정하면 그 심판청구를 기각하는 재결을 할 수 있다. 이 경우 위원회는 재결의 주문(主文)에서 그 처분 또는 부작위가 위법하거나 부당하다는 것을 구체적으로 밝혀야 한다.

② 위원회는 제1항에 따른 재결을 할 때에는 청구인에 대하여 상당한 구제방법을 취하거나 상당한 구제방법을 취할 것을 피청구인에게 명할 수 있다.

③ 제1항과 제2항은 무효등확인심판에는 적용하지 아니한다.

제45조(재결 기간)

① 재결은 제23조에 따라 피청구인 또는 위원회가 심판청구서를 받은 날부터 60일 이내에 하여야 한다. 다만, 부득이한 사정이 있는 경우에는 위원장이 직권으로 30일을 연장할 수 있다.

② 위원장은 제1항 단서에 따라 재결 기간을 연장할 경우에는 재결 기간이 끝나기 7일 전까지 당사자에게 알려야 한다.

제47조(재결의 범위)

① 위원회는 심판청구의 대상이 되는 처분 또는 부작위 외의 사항에 대하여는 재결하지 못한다.

② 위원회는 심판청구의 대상이 되는 처분보다 청구인에게 불리한 재결을 하지 못한다.

제48조(재결의 송달과 효력 발생)

① 위원회는 지체 없이 당사자에게 재결서의 정본을 송달하여야 한다. 이 경우 중앙행정심판위원회는 재결 결과를 소관 중앙행정기관의 장에게도 알려야 한다.

② 재결은 청구인에게 제1항 전단에 따라 송달되었을 때에 그 효력이 생긴다.

③ 위원회는 재결서의 등본을 지체 없이 참가인에게 송달하여야 한다.

④ 처분의 상대방이 아닌 제3자가 심판청구를 한 경우 위원회는 재결서의 등본을 지체 없이 피청구인을 거쳐 처분의 상대방에게 송달하여야 한다.

제49조(재결의 기속력 등)

① 심판청구를 인용하는 재결은 피청구인과 그 밖의 관계 행정청을 기속(羈束)한다.

② 재결에 의하여 취소되거나 무효 또는 부존재로 확인되는 처분이 당사자의 신청을 거부하는 것을 내용으로 하는 경우에는 그 처분을 한 행정청은 재결의 취지에 따라 다시 이전의 신청에 대한 처분을 하여야 한다.

③ 당사자의 신청을 거부하거나 부작위로 방치한 처분의 이행을 명하는 재결이 있으면 행정청은 지체 없이 이전의 신청에 대하여 재결의 취지에 따라 처분을 하여야 한다.

④ 신청에 따른 처분이 절차의 위법 또는 부당을 이유로 재결로써 취소된 경우에는 제2항을 준용한다.

⑤ 법령의 규정에 따라 공고하거나 고시한 처분이 재결로써 취소되거나 변경되면 처분을 한 행정청은 지체 없이 그 처분이 취소 또는 변경되었다는 것을 공고하거나 고시하여야 한다.

⑥ 법령의 규정에 따라 처분의 상대방 외의 이해관계인에게 통지된 처분이 재결로써 취소되거나 변경되면 처분을 한 행정청은 지체 없이 그 이해관계인에게 그 처분이 취소 또는 변경되었다는 것을 알려야 한다.

제50조(위원회의 직접 처분)

① 위원회는 피청구인이 제49조 제3항에도 불구하고 처분을 하지 아니하는 경우에는 당사자가 신청하면 기간을 정하여 서면으로 시정을 명하고 그 기간에 이행하지 아니하면 직접 처분을 할 수 있다. 다만, 그 처분의 성질이나 그 밖의 불가피한 사유로 위원회가 직접 처분을 할 수 없는 경우에는 그러하지 아니하다.

② 위원회는 제1항 본문에 따라 직접 처분을 하였을 때에는 그 사실을 해당 행정청에 통보하여야 하며, 그 통보를 받은 행정청은 위원회가 한 처분을 자기가 한 처분으로 보아 관계 법령에 따라 관리·감독 등 필요한 조치를 하여야 한다.

제50조의2(위원회의 간접강제)

① 위원회는 피청구인이 제49조 제2항(제49조 제4항에서 준용하는 경우를 포함한다) 또는 제3항에 따른 처분을 하지 아니하면 청구인의 신청에 의하여 결정으로 상당한 기간을 정하고 피청구인이 그 기간 내에 이행하지 아니하는 경우에는 그 지연기간에 따라 일정한 배상을 하도록 명하거나 즉시 배상을 할 것을 명할 수 있다.

② 위원회는 사정의 변경이 있는 경우에는 당사자의 신청에 의하여 제1항에 따른 결정의 내용을 변경할 수 있다.

③ 위원회는 제1항 또는 제2항에 따른 결정을 하기 전에 신청 상대방의 의견을 들어야 한다.

④ 청구인은 제1항 또는 제2항에 따른 결정에 불복하는 경우 그 결정에 대하여 행정소송을 제기할 수 있다.

⑤ 제1항 또는 제2항에 따른 결정의 효력은 피청구인인 행정청이 소속된 국가·지방자치단체 또는 공공단체에 미치며, 결정서 정본은 제4항에 따른 소송제기와 관계없이 「민사집행법」에 따른 강제집행에 관하여는 집행권원과 같은 효력을 가진다. 이 경우 집행문은 위원장의 명에 따라 위원회가 소속된 행정청 소속 공무원이 부여한다.

⑥ 간접강제 결정에 기초한 강제집행에 관하여 이 법에 특별한 규정이 없는 사항에 대하여는 「민사집행법」의 규정을 준용한다. 다만, 「민사집행법」 제33조(집행문부여의 소), 제34조(집행문부여 등에 관한 이의신청), 제44조(청구에 관한 이의의 소) 및 제45조(집행문부여에 대한 이의의 소)에서 관할 법원은 피청구인의 소재지를 관할하는 행정법원으로 한다.

제51조(행정심판 재청구의 금지)

심판청구에 대한 재결이 있으면 그 재결 및 같은 처분 또는 부작위에 대하여 다시 행정심판을 청구할 수 없다.

행정절차법 필수조문 암기

제2조(정의)

이 법에서 사용하는 용어의 뜻은 다음과 같다.

1. "행정청"이란 다음 각 목의 자를 말한다.
   - 가. 행정에 관한 의사를 결정하여 표시하는 국가 또는 지방자치단체의 기관
   - 나. 그 밖에 법령 또는 자치법규(이하 "법령등"이라 한다)에 따라 행정권한을 가지고 있거나 위임 또는 위탁받은 공공단체 또는 그 기관이나 사인(私人)

2. "처분"이란 행정청이 행하는 구체적 사실에 관한 법 집행으로서의 공권력의 행사 또는 그 거부와 그 밖에 이에 준하는 행정작용(行政作用)을 말한다.

3. "행정지도"란 행정기관이 그 소관 사무의 범위에서 일정한 행정목적을 실현하기 위하여 특정인에게 일정한 행위를 하거나 하지 아니하도록 지도, 권고, 조언 등을 하는 행정작용을 말한다.

4. "당사자등"이란 다음 각 목의 자를 말한다.
   - 가. 행정청의 처분에 대하여 직접 그 상대가 되는 당사자
   - 나. 행정청이 직권으로 또는 신청에 따라 행정절차에 참여하게 한 이해관계인

5. "청문"이란 행정청이 어떠한 처분을 하기 전에 당사자등의 의견을 직접 듣고 증거를 조사하는 절차를 말한다.

6. "공청회"란 행정청이 공개적인 토론을 통하여 어떠한 행정작용에 대하여 당사자등, 전문지식과 경험을 가진 사람, 그 밖의 일반인으로부터 의견을 널리 수렴하는 절차를 말한다.

7. "의견제출"이란 행정청이 어떠한 행정작용을 하기 전에 당사자등이 의견을 제시하는 절차로서 청문이나 공청회에 해당하지 아니하는 절차를 말한다.

제3조(적용 범위)

① 처분, 신고, 확약, 위반사실 등의 공표, 행정계획, 행정상 입법예고, 행정예고 및 행정지도의 절차(이하 "행정절차"라 한다)에 관하여 다른 법률에 특별한 규정이 있는 경우를 제외하고는 이 법에서 정하는 바에 따른다.

② 이 법은 다음 각 호의 어느 하나에 해당하는 사항에 대하여는 적용하지 아니한다.

1. 국회 또는 지방의회의 의결을 거치거나 동의 또는 승인을 받아 행하는 사항
2. 법원 또는 군사법원의 재판에 의하거나 그 집행으로 행하는 사항
3. 헌법재판소의 심판을 거쳐 행하는 사항
4. 각급 선거관리위원회의 의결을 거쳐 행하는 사항
5. 감사원이 감사위원회의의 결정을 거쳐 행하는 사항
6. 형사(刑事), 행형(行刑) 및 보안처분 관계 법령에 따라 행하는 사항

7. 국가안전보장·국방·외교 또는 통일에 관한 사항 중 행정절차를 거칠 경우 국가의 중대한 이익을 현저히 해칠 우려가 있는 사항

8. 심사청구, 해양안전심판, 조세심판, 특허심판, 행정심판, 그 밖의 불복절차에 따른 사항

9. 「병역법」에 따른 징집·소집, 외국인의 출입국·난민인정·귀화, 공무원 인사 관계 법령에 따른 징계와 그 밖의 처분, 이해 조정을 목적으로 하는 법령에 따른 알선·조정·중재(仲裁)·재정(裁定) 또는 그 밖의 처분 등 해당 행정작용의 성질상 행정절차를 거치기 곤란하거나 거칠 필요가 없다고 인정되는 사항과 행정절차에 준하는 절차를 거친 사항으로서 대통령령으로 정하는 사항

시행령 제2조 "대통령령으로 정하는 사항"
7. 공익사업을 위한 토지 등의 취득 및 보상에 관한 법률」에 따른 재결·결정에 관한 사항

제4조(신의성실 및 신뢰보호)

① 행정청은 직무를 수행할 때 신의(信義)에 따라 성실히 하여야 한다.

② 행정청은 법령등의 해석 또는 행정청의 관행이 일반적으로 국민들에게 받아들여졌을 때에는 공익 또는 제3자의 정당한 이익을 현저히 해칠 우려가 있는 경우를 제외하고는 새로운 해석 또는 관행에 따라 소급하여 불리하게 처리하여서는 아니 된다.

제14조(송달)

① 송달은 우편, 교부 또는 정보통신망 이용 등의 방법으로 하되, 송달받을 자(대표자 또는 대리인을 포함한다. 이하 같다)의 주소·거소(居所)·영업소·사무소 또는 전자우편주소(이하 "주소등"이라 한다)로 한다. 다만, 송달받을 자가 동의하는 경우에는 그를 만나는 장소에서 송달할 수 있다.

② 교부에 의한 송달은 수령확인서를 받고 문서를 교부함으로써 하며, 송달하는 장소에서 송달받을 자를 만나지 못한 경우에는 그 사무원·피용자(被傭者) 또는 동거인으로서 사리를 분별할 지능이 있는 사람(이하 이 조에서 "사무원등"이라 한다)에게 문서를 교부할 수 있다. 다만, 문서를 송달받을 자 또는 그 사무원등이 정당한 사유 없이 송달받기를 거부하는 때에는 그 사실을 수령확인서에 적고, 문서를 송달할 장소에 놓아둘 수 있다.

③ 정보통신망을 이용한 송달은 송달받을 자가 동의하는 경우에만 한다. 이 경우 송달받을 자는 송달받을 전자우편주소 등을 지정하여야 한다.

④ 다음 각 호의 어느 하나에 해당하는 경우에는 송달받을 자가 알기 쉽도록 관보, 공보, 게시판, 일간신문 중 하나 이상에 공고하고 인터넷에도 공고하여야 한다.

1. 송달받을 자의 주소등을 통상적인 방법으로 확인할 수 없는 경우

2. 송달이 불가능한 경우

⑤ 제4항에 따른 공고를 할 때에는 민감정보 및 고유식별정보 등 송달받을 자의 개인정보를 「개인정보 보호법」에 따라 보호하여야 한다.

⑥ 행정청은 송달하는 문서의 명칭, 송달받는 자의 성명 또는 명칭, 발송방법 및 발송 연월일을 확인할 수 있는 기록을 보존하여야 한다.

제15조(송달의 효력 발생)

① 송달은 다른 법령등에 특별한 규정이 있는 경우를 제외하고는 해당 문서가 송달받을 자에게 도달됨으로써 그 효력이 발생한다.

② 제14조 제3항에 따라 정보통신망을 이용하여 전자문서로 송달하는 경우에는 송달받을 자가 지정한 컴퓨터 등에 입력된 때에 도달된 것으로 본다.

③ 제14조 제4항의 경우에는 다른 법령등에 특별한 규정이 있는 경우를 제외하고는 공고일부터 14일이 지난 때에 그 효력이 발생한다. 다만, 긴급히 시행하여야 할 특별한 사유가 있어 효력 발생 시기를 달리 정하여 공고한 경우에는 그에 따른다.

제17조(처분의 신청)

① 행정청에 처분을 구하는 신청은 문서로 하여야 한다. 다만, 다른 법령등에 특별한 규정이 있는 경우와 행정청이 미리 다른 방법을 정하여 공시한 경우에는 그러하지 아니하다.

② 제1항에 따라 처분을 신청할 때 전자문서로 하는 경우에는 행정청의 컴퓨터 등에 입력된 때에 신청한 것으로 본다.

③ 행정청은 신청에 필요한 구비서류, 접수기관, 처리기간, 그 밖에 필요한 사항을 게시(인터넷 등을 통한 게시를 포함한다)하거나 이에 대한 편람을 갖추어 두고 누구나 열람할 수 있도록 하여야 한다.

④ 행정청은 신청을 받았을 때에는 다른 법령등에 특별한 규정이 있는 경우를 제외하고는 그 접수를 보류 또는 거부하거나 부당하게 되돌려 보내서는 아니 되며, 신청을 접수한 경우에는 신청인에게 접수증을 주어야 한다. 다만, 대통령령으로 정하는 경우에는 접수증을 주지 아니할 수 있다.

⑤ 행정청은 신청에 구비서류의 미비 등 흠이 있는 경우에는 보완에 필요한 상당한 기간을 정하여 지체 없이 신청인에게 보완을 요구하여야 한다.

⑥ 행정청은 신청인이 제5항에 따른 기간 내에 보완을 하지 아니하였을 때에는 그 이유를 구체적으로 밝혀 접수된 신청을 되돌려 보낼 수 있다.

⑦ 행정청은 신청인의 편의를 위하여 다른 행정청에 신청을 접수하게 할 수 있다. 이 경우 행정청은 다른 행정청에 접수할 수 있는 신청의 종류를 미리 정하여 공시하여야 한다.

⑧ 신청인은 처분이 있기 전에는 그 신청의 내용을 보완·변경하거나 취하(取下)할 수 있다. 다만, 다른 법령등에 특별한 규정이 있거나 그 신청의 성질상 보완·변경하거나 취하할 수 없는 경우에는 그러하지 아니하다.

제21조(처분의 사전 통지)

① 행정청은 당사자에게 의무를 부과하거나 권익을 제한하는 처분을 하는 경우에는 미리 다음 각

호의 사항을 당사자등에게 통지하여야 한다.

1. 처분의 제목
2. 당사자의 성명 또는 명칭과 주소
3. 처분하려는 원인이 되는 사실과 처분의 내용 및 법적 근거
4. 제3호에 대하여 의견을 제출할 수 있다는 뜻과 의견을 제출하지 아니하는 경우의 처리방법
5. 의견제출기관의 명칭과 주소
6. 의견제출기한
7. 그 밖에 필요한 사항

② 행정청은 청문을 하려면 청문이 시작되는 날부터 10일 전까지 제1항 각 호의 사항을 당사자등에게 통지하여야 한다. 이 경우 제1항 제4호부터 제6호까지의 사항은 청문 주재자의 소속·직위 및 성명, 청문의 일시 및 장소, 청문에 응하지 아니하는 경우의 처리방법 등 청문에 필요한 사항으로 갈음한다.

③ 제1항 제6호에 따른 기한은 의견제출에 필요한 기간을 10일 이상으로 고려하여 정하여야 한다.

④ 다음 각 호의 어느 하나에 해당하는 경우에는 제1항에 따른 통지를 하지 아니할 수 있다.

1. 공공의 안전 또는 복리를 위하여 긴급히 처분을 할 필요가 있는 경우
2. 법령등에서 요구된 자격이 없거나 없어지게 되면 반드시 일정한 처분을 하여야 하는 경우에 그 자격이 없거나 없어지게 된 사실이 법원의 재판 등에 의하여 객관적으로 증명된 경우
3. 해당 처분의 성질상 의견청취가 현저히 곤란하거나 명백히 불필요하다고 인정될 만한 상당한 이유가 있는 경우

⑤ 처분의 전제가 되는 사실이 법원의 재판 등에 의하여 객관적으로 증명된 경우 등 제4항에 따른 사전 통지를 하지 아니할 수 있는 구체적인 사항은 대통령령으로 정한다.

⑥ 제4항에 따라 사전 통지를 하지 아니하는 경우 행정청은 처분을 할 때 당사자등에게 통지를 하지 아니한 사유를 알려야 한다. 다만, 신속한 처분이 필요한 경우에는 처분 후 그 사유를 알릴 수 있다.

⑦ 제6항에 따라 당사자등에게 알리는 경우에는 제24조를 준용한다.

제22조(의견청취)

① 행정청이 처분을 할 때 다음 각 호의 어느 하나에 해당하는 경우에는 청문을 한다.

1. 다른 법령등에서 청문을 하도록 규정하고 있는 경우
2. 행정청이 필요하다고 인정하는 경우
3. 다음 각 목의 처분을 하는 경우
   가. 인허가 등의 취소
   나. 신분·자격의 박탈
   다. 법인이나 조합 등의 설립허가의 취소

② 행정청이 처분을 할 때 다음 각 호의 어느 하나에 해당하는 경우에는 공청회를 개최한다.
    1. 다른 법령등에서 공청회를 개최하도록 규정하고 있는 경우
    2. 해당 처분의 영향이 광범위하여 널리 의견을 수렴할 필요가 있다고 행정청이 인정하는 경우
    3. 국민생활에 큰 영향을 미치는 처분으로서 대통령령으로 정하는 처분에 대하여 대통령령으로 정하는 수 이상의 당사자등이 공청회 개최를 요구하는 경우
③ 행정청이 당사자에게 의무를 부과하거나 권익을 제한하는 처분을 할 때 제1항 또는 제2항의 경우 외에는 당사자등에게 의견제출의 기회를 주어야 한다.
④ 제1항부터 제3항까지의 규정에도 불구하고 제21조 제4항 각 호의 어느 하나에 해당하는 경우와 당사자가 의견진술의 기회를 포기한다는 뜻을 명백히 표시한 경우에는 의견청취를 하지 아니할 수 있다.
⑤ 행정청은 청문·공청회 또는 의견제출을 거쳤을 때에는 신속히 처분하여 해당 처분이 지연되지 아니하도록 하여야 한다.
⑥ 행정청은 처분 후 1년 이내에 당사자등이 요청하는 경우에는 청문·공청회 또는 의견제출을 위하여 제출받은 서류나 그 밖의 물건을 반환하여야 한다.

제23조(처분의 이유 제시)
① 행정청은 처분을 할 때에는 다음 각 호의 어느 하나에 해당하는 경우를 제외하고는 당사자에게 그 근거와 이유를 제시하여야 한다.
    1. 신청 내용을 모두 그대로 인정하는 처분인 경우
    2. 단순·반복적인 처분 또는 경미한 처분으로서 당사자가 그 이유를 명백히 알 수 있는 경우
    3. 긴급히 처분을 할 필요가 있는 경우
② 행정청은 제1항 제2호 및 제3호의 경우에 처분 후 당사자가 요청하는 경우에는 그 근거와 이유를 제시하여야 한다.

제24조(처분의 방식)
① 행정청이 처분을 할 때에는 다른 법령등에 특별한 규정이 있는 경우를 제외하고는 문서로 하여야 하며, 다음 각 호의 어느 하나에 해당하는 경우에는 전자문서로 할 수 있다.
    1. 당사자등의 동의가 있는 경우
    2. 당사자가 전자문서로 처분을 신청한 경우
② 제1항에도 불구하고 공공의 안전 또는 복리를 위하여 긴급히 처분을 할 필요가 있거나 사안이 경미한 경우에는 말, 전화, 휴대전화를 이용한 문자 전송, 팩스 또는 전자우편 등 문서가 아닌 방법으로 처분을 할 수 있다. 이 경우 당사자가 요청하면 지체 없이 처분에 관한 문서를 주어야 한다.
③ 처분을 하는 문서에는 그 처분 행정청과 담당자의 소속·성명 및 연락처(전화번호, 팩스번호, 전자우편주소 등을 말한다)를 적어야 한다.

제25조(처분의 정정)

행정청은 처분에 오기(誤記), 오산(誤算) 또는 그 밖에 이에 준하는 명백한 잘못이 있을 때에는 직권으로 또는 신청에 따라 지체 없이 정정하고 그 사실을 당사자에게 통지하여야 한다.

제26조(고지)

행정청이 처분을 할 때에는 당사자에게 그 처분에 관하여 행정심판 및 행정소송을 제기할 수 있는지 여부, 그 밖에 불복을 할 수 있는지 여부, 청구절차 및 청구기간, 그 밖에 필요한 사항을 알려야 한다.

제40조(신고)

① 법령등에서 행정청에 일정한 사항을 통지함으로써 의무가 끝나는 신고를 규정하고 있는 경우 신고를 관장하는 행정청은 신고에 필요한 구비서류, 접수기관, 그 밖에 법령등에 따른 신고에 필요한 사항을 게시(인터넷 등을 통한 게시를 포함한다)하거나 이에 대한 편람을 갖추어 두고 누구나 열람할 수 있도록 하여야 한다.

② 제1항에 따른 신고가 다음 각 호의 요건을 갖춘 경우에는 신고서가 접수기관에 도달된 때에 신고 의무가 이행된 것으로 본다.

　　1. 신고서의 기재사항에 흠이 없을 것
　　2. 필요한 구비서류가 첨부되어 있을 것
　　3. 그 밖에 법령등에 규정된 형식상의 요건에 적합할 것

③ 행정청은 제2항 각 호의 요건을 갖추지 못한 신고서가 제출된 경우에는 지체 없이 상당한 기간을 정하여 신고인에게 보완을 요구하여야 한다.

④ 행정청은 신고인이 제3항에 따른 기간 내에 보완을 하지 아니하였을 때에는 그 이유를 구체적으로 밝혀 해당 신고서를 되돌려 보내야 한다.

제40조의2(확약)

① 법령등에서 당사자가 신청할 수 있는 처분을 규정하고 있는 경우 행정청은 당사자의 신청에 따라 장래에 어떤 처분을 하거나 하지 아니할 것을 내용으로 하는 의사표시(이하 "확약"이라 한다)를 할 수 있다.

② 확약은 문서로 하여야 한다.

③ 행정청은 다른 행정청과의 협의 등의 절차를 거쳐야 하는 처분에 대하여 확약을 하려는 경우에는 확약을 하기 전에 그 절차를 거쳐야 한다.

④ 행정청은 다음 각 호의 어느 하나에 해당하는 경우에는 확약에 기속되지 아니한다.

　　1. 확약을 한 후에 확약의 내용을 이행할 수 없을 정도로 법령등이나 사정이 변경된 경우
　　2. 확약이 위법한 경우

⑤ 행정청은 확약이 제4항 각 호의 어느 하나에 해당하여 확약을 이행할 수 없는 경우에는 지체 없이 당사자에게 그 사실을 통지하여야 한다.

제40조의3(위반사실 등의 공표)

① 행정청은 법령에 따른 의무를 위반한 자의 성명·법인명, 위반사실, 의무 위반을 이유로 한 처분사실 등(이하 "위반사실 등"이라 한다)을 법률로 정하는 바에 따라 일반에게 공표할 수 있다.

② 행정청은 위반사실 등의 공표를 하기 전에 사실과 다른 공표로 인하여 당사자의 명예·신용 등이 훼손되지 아니하도록 객관적이고 타당한 증거와 근거가 있는지를 확인하여야 한다.

③ 행정청은 위반사실 등의 공표를 할 때에는 미리 당사자에게 그 사실을 통지하고 의견제출의 기회를 주어야 한다. 다만, 다음 각 호의 어느 하나에 해당하는 경우에는 그러하지 아니하다.
  1. 공공의 안전 또는 복리를 위하여 긴급히 공표를 할 필요가 있는 경우
  2. 해당 공표의 성질상 의견청취가 현저히 곤란하거나 명백히 불필요하다고 인정될 만한 타당한 이유가 있는 경우
  3. 당사자가 의견진술의 기회를 포기한다는 뜻을 명백히 밝힌 경우

④ 제3항에 따라 의견제출의 기회를 받은 당사자는 공표 전에 관할 행정청에 서면이나 말 또는 정보통신망을 이용하여 의견을 제출할 수 있다.

⑤ 제4항에 따른 의견제출의 방법과 제출 의견의 반영 등에 관하여는 제27조 및 제27조의2를 준용한다. 이 경우 "처분"은 "위반사실 등의 공표"로 본다.

⑥ 위반사실 등의 공표는 관보, 공보 또는 인터넷 홈페이지 등을 통하여 한다.

⑦ 행정청은 위반사실 등의 공표를 하기 전에 당사자가 공표와 관련된 의무의 이행, 원상회복, 손해배상 등의 조치를 마친 경우에는 위반사실 등의 공표를 하지 아니할 수 있다.

⑧ 행정청은 공표된 내용이 사실과 다른 것으로 밝혀지거나 공표에 포함된 처분이 취소된 경우에는 그 내용을 정정하여, 정정한 내용을 지체 없이 해당 공표와 같은 방법으로 공표된 기간 이상 공표하여야 한다. 다만, 당사자가 원하지 아니하면 공표하지 아니할 수 있다.

제40조의4(행정계획)

행정청은 행정청이 수립하는 계획 중 국민의 권리·의무에 직접 영향을 미치는 계획을 수립하거나 변경·폐지할 때에는 관련된 여러 이익을 정당하게 형량하여야 한다.

제48조(행정지도의 원칙)

① 행정지도는 그 목적 달성에 필요한 최소한도에 그쳐야 하며, 행정지도의 상대방의 의사에 반하여 부당하게 강요하여서는 아니 된다.

② 행정기관은 행정지도의 상대방이 행정지도에 따르지 아니하였다는 것을 이유로 불이익한 조치를 하여서는 아니 된다.

행정소송규칙

제1장 총칙

제1조(목적)

이 규칙은 「행정소송법」(이하 "법"이라 한다)에 따른 행정소송절차에 관하여 필요한 사항을 규정함을 목적으로 한다.

제4조(준용규정)

행정소송절차에 관하여는 법 및 이 규칙에 특별한 규정이 있는 경우를 제외하고는 그 성질에 반하지 않는 한 「민사소송규칙」 및 「민사집행규칙」의 규정을 준용한다.

제2장 취소소송

제5조(재판관할)

① 국가의 사무를 위임 또는 위탁받은 공공단체 또는 그 장에 대하여 그 지사나 지역본부 등 종된 사무소의 업무와 관련이 있는 소를 제기하는 경우에는 그 종된 사무소의 소재지를 관할하는 행정법원에 제기할 수 있다.

② 법 제9조 제3항의 '기타 부동산 또는 특정의 장소에 관계되는 처분 등'이란 부동산에 관한 권리의 설정, 변경 등을 목적으로 하는 처분, 부동산에 관한 권리행사의 강제, 제한, 금지 등을 명령하거나 직접 실현하는 처분, 특정구역에서 일정한 행위를 할 수 있는 권리나 자유를 부여하는 처분, 특정구역을 정하여 일정한 행위의 제한·금지를 하는 처분 등을 말한다.

제6조(피고경정)

법 제14조 제1항에 따른 피고경정은 사실심 변론을 종결할 때까지 할 수 있다.

제9조(처분사유의 추가·변경)

행정청은 사실심 변론을 종결할 때까지 당초의 처분사유와 기본적 사실관계가 동일한 범위 내에서 처분사유를 추가 또는 변경할 수 있다.

제10조(집행정지의 종기)

법원이 법 제23조 제2항에 따른 집행정지를 결정하는 경우 그 종기는 본안판결 선고일부터 30일 이내의 범위에서 정한다. 다만, 법원은 당사자의 의사, 회복하기 어려운 손해의 내용 및 그 성질, 본안 청구의 승소가능성 등을 고려하여 달리 정할 수 있다.

제14조(사정판결)

법원이 법 제28조 제1항에 따른 판결을 할 때 그 처분 등을 취소하는 것이 현저히 공공복리에 적합하지 아니한지 여부는 사실심 변론을 종결할 때를 기준으로 판단한다.

제15조(조정권고)

① 재판장은 신속하고 공정한 분쟁 해결과 국민의 권익 구제를 위하여 필요하다고 인정하는 경우에는 소송계속 중인 사건에 대하여 직권으로 소의 취하, 처분 등의 취소 또는 변경, 그 밖에 다툼을 적정하게 해결하기 위해 필요한 사항을 서면으로 권고할 수 있다.
② 재판장은 제1항의 권고를 할 때에는 권고의 이유나 필요성 등을 기재할 수 있다.
③ 재판장은 제1항의 권고를 위하여 필요한 경우에는 당사자, 이해관계인, 그 밖의 참고인을 심문할 수 있다.

제3장 취소소송외의 항고소송

제16조(무효확인소송에서 석명권의 행사)

재판장은 무효확인소송이 법 제20조에 따른 기간 내에 제기된 경우에는 원고에게 처분 등의 취소를 구하지 아니하는 취지인지를 명확히 하도록 촉구할 수 있다. 다만, 원고가 처분 등의 취소를 구하지 아니함을 밝힌 경우에는 그러하지 아니하다.

제17조(부작위위법확인소송의 소송비용부담)

법원은 부작위위법확인소송 계속 중 행정청이 당사자의 신청에 대하여 상당한 기간이 지난 후 처분 등을 함에 따라 소를 각하하는 경우에는 소송비용의 전부 또는 일부를 피고가 부담하게 할 수 있다.

제18조(준용규정)

① 제5조부터 제13조까지 및 제15조는 무효등확인소송의 경우에 준용한다.
② 제5조부터 제8조까지, 제11조, 제12조 및 제15조는 부작위위법확인소송의 경우에 준용한다.

제4장 당사자소송

제19조(당사자소송의 대상)

당사자소송은 다음 각 호의 소송을 포함한다.
1. 다음 각 목의 손실보상금에 관한 소송
    가. 「공익사업을 위한 토지 등의 취득 및 보상에 관한 법률」 제78조 제1항 및 제6항에 따른 이주정착금, 주거이전비 등에 관한 소송

나. 「공익사업을 위한 토지 등의 취득 및 보상에 관한 법률」제85조 제2항에 따른 보상금의 증감(增減)에 관한 소송

다. 「하천편입토지 보상 등에 관한 특별조치법」제2조에 따른 보상금에 관한 소송

2. 그 존부 또는 범위가 구체적으로 확정된 공법상 법률관계 그 자체에 관한 다음 각 목의 소송

　　가. 납세의무 존부의 확인

　　나. 「부가가치세법」제59조에 따른 환급청구

　　다. 「석탄산업법」제39조의3 제1항 및 같은 법 시행령 제41조 제4항 제5호에 따른 재해위로금 지급청구

　　라. 「5·18민주화운동 관련자 보상 등에 관한 법률」제5조, 제6조 및 제7조에 따른 관련자 또는 유족의 보상금 등 지급청구

　　마. 공무원의 보수·퇴직금·연금 등 지급청구

　　바. 공법상 신분·지위의 확인

3. 처분에 이르는 절차적 요건의 존부나 효력 유무에 관한 다음 각 목의 소송

　　가. 「도시 및 주거환경정비법」제35조 제5항에 따른 인가 이전 조합설립변경에 대한 총회결의 의 효력 등을 다투는 소송

　　나. 「도시 및 주거환경정비법」제50조 제1항에 따른 인가 이전 사업시행계획에 대한 총회결의 의 효력 등을 다투는 소송

　　다. 「도시 및 주거환경정비법」제74조 제1항에 따른 인가 이전 관리처분계획에 대한 총회결의 의 효력 등을 다투는 소송

4. 공법상 계약에 따른 권리·의무의 확인 또는 이행청구 소송

제20조(준용규정)

제5조부터 제8조까지, 제12조 및 제13조는 당사자소송의 경우에 준용한다.

부칙 〈제3108호, 2023.8.31.〉

제1조(시행일)

이 규칙은 공포한 날부터 시행한다.

제2조(계속사건에 관한 적용례)

이 규칙은 이 규칙 시행 당시 법원에 계속 중인 사건에 대해서도 적용한다.

합격까지 **박문각** 법무사

행정법 서브노트

행정법 서설 및 행정조직법

행정법 기초

1. 행정법의 목적

행정은 공공의 이익을(공동체 구성원 전체의 이익) 위하여 적극적으로 추진되어야 한다.

2. 행정주체의 지위

행정법관계에서 행정주체는 사인에 대하여 우월한 지위를 갖는다.

3. 행정법의 효력

행정법령은 시간적·장소적·인적 범위 내에서 효력을 갖으며, 공포된 후 시행일부터 그 효력을 발생하며[3](시간적 효력), 대한민국 영토 전체(장소적 범위)에 모든 人(내국인, 내국법인, 외국인, 외국법인)에게 적용된다(대인적 효력). 지방자치단체의 조례·규칙은 지방자치단체의 구역 내에서 효력을 갖는다.

4. 법률관계의 의미

행정상 법률관계란 법 주체 간의 권리의무관계이다. 행정주체에 의한 행정입법, 행정계획, 행정행위(처분), 공법상 계약, 사실행위(행정조사, 행정지도) 등 공법행위와 신청, 신고 등 사인의 공법행위에 형성될 수 있다. 이는 행정활동을 기초로 형성되는 것을 말한다. 사법형식이 적용되는 법률관계는 행정사법이며, 공법이 적용되는 법률관계를 행정법관계라고 한다.

---

3) 시행일을 규정하지 않은 경우에는 공포한 날부터 20일 후
   : 법령 등 공포에 관한 법률

5. 공법관계와 사법관계의 구별

공법관계와 사법관계는 ① 적용법규 및 적용법원리의 결정, ② 소송형식 및 소송절차의 결정 등에 구별실익이 있다.

우리나라는 대륙법 체계에 기초하여 공법과 사법을 구분하고 있으므로 실체법상 적용법리의 결정(공익실현을 중심으로 하는 공법원리가 적용되는지 및 사적자치를 중심으로 하는 사법원리가 적용되는지 여부), 절차법상 소송절차(행정소송, 민사소송) 및 강제집행(행정대집행, 강제집행) 적용 여부에 구별실익이 있다.

6. 실체법의 의의

법률은 사회적 규범이며 규칙이고 약속이다. 법률은 특정 목적을 달성하기 위해서 규정되며 특정 목적의 내용이 각 법률의 주된 내용이 되고 특정 내용의 목적(효과)가 규정되어 있는 것을 실체법이라고 한다. 즉 법률관계의 내용인 권리·의무의 발생·변동·소멸에 관하여 정하는 권리·의무에 어떤 종류가 있고 어떠한 주체에 귀속하며, 어떠한 효과를 발생시키느냐 하는 것 등에 관한 규정을 실체법이라고 한다. 도로법, 토지보상법 등이 있다. 토지보상법은 공익사업을 통한 공공복리의 증진과 사인의 재산권 보호를 위해 공용수용과 손실보상을 규정하고 있다.

7. 절차법의 의의

실체법상의 권리를 실행하거나 또는 의무

를 실현시키는 절차를 정하는 규정을 절차법이라고 한다. 예컨대 세법에서 납세의무의 성립요건 등에 관한 규정은 실체법 규정이며 체납세액의 강제징수절차에 관한 규정을 절차법이라고 할 수 있다. 절차법이란 실체법에 대응되는 용어로서 실체법의 내용을 실현하는 것을 말한다. 민사소송법, 형사소송법, 행정소송법, 행정대집행법, 국세징수법 등이 있다. 실체법상의 권리와 의무를 실현해주는 절차를 규정하고 있다.

8. 법률의 내용(실체법에서 규정)

법률 내용에는 국민에게 이익을 부여하는 내용도 있을 수 있고(건축허가, 하천점용허가, 도로점용허가 등) 국민에게 의무를 부과하거나(조세, 부담금 등) 권리를 제한하는 경우(업무정지, 자격취소, 인가취소 등)도 있을 수 있다.

논점 **법률관계 변동_신청 (B)**

1. 신청의 의의 및 요건

신청이란 사인이 행정청에 대하여 일정한 조치를 취하여 줄 것을 요구하는 의사표시를 말한다.

① 법규상 또는 조리상 신청권이 있어야 한다. 신청권은 행정청의 응답을 구하는 권리이며 신청된 대로의 처분을 구하는 권리는 아니다.

② 법령상 신청에 구비서류 등 일정한 요건을 요한다.

2. 처리의무(응답의무)와 신청내용의 보완 등

적법한 신청이 있는 경우에 행정청은 상당한 기간 내에 신청에 대하여 응답을 하여야 한다.

상당한 기간이 지났음에도 응답하지 않으면 부작위가 된다.

구비서류의 미비 등 흠이 있는 경우에는 보완에 필요한 상당한 기간을 정하여 지체 없이 신청인에게 보완을 요구하여야 한다.

3. 신청과 권리구제

신청에 대한 거부처분에 대하여는 의무이행심판이나 취소심판 또는 취소소송으로, 부작위에 대해서는 의무이행심판 또는 부작위위법확인소송으로 다툴 수 있으며 국가배상 요건이 충족되는 경우에는 국가배상을 청구할 수 있다.

논점 법률관계 변동_신고 [A]

1. 의의
신고란 사인이 일정한 법률효과의 발생을 위해 일정 사실을 행정청에 알리는 것이다.

2. 법적 성질

(1) 종류 및 구별실익

1) 수리를 요하는 신고와 요하지 않는 신고
① 일정 사항을 통지하고 행정청에 도달함으로써 효력이 발생하는 자기완결적 신고와 ② 행정청이 수리함으로써 효력이 발생하는 행위요건적 신고가 있다. ③ 수리의 처분성 인정여부가 구별된다.

> 📖 **알아두기**
>
> 자기완결적 신고 → 인정 ×
> 행위요건적 신고 → 인정 ○
>
> 예외 → 법적 불안 해소 위해 자기완결적 신고라고 하더라도 예외적으로 처분성 인정될 수 있다(대판 2010.11.18, 2008두167 全合 자기완결적 신고인 건축신고의 처분성 인정).

2) 정보제공적 신고와 금지해제적 신고
① 정보를 제공하는 기능을 하는 정보제공적 신고와 ② 사적 활동 규제 기능을 갖는 금지해제적 신고가 있다.

(2) 구별기준

1) 문제점
행정기본법 제34조에서는 법령등에서 수리의무를 규정하고 있는 경우에 한하여 수리를 요하는 신고로 규정하고 있으나, 수리규정이 없는 경우라 하더라도 법령의 취지상 수리를 요하는 신고로 봐야 하는 경우도 있을 수 있으므로 이러한 경우에 법적 성질이 문제될 수 있을 것이다.

2) 학설
① 형식적 요건 외에 실질적 요건을 요하는지로 구분하는 신고요건기준설, ② 해당 법령의 목적과 관련 조문에 대한 합리적이고 유기적인 해석을 통해 구분하는 입법자의사설, ③ 형식적 심사만 하는 경우에는 자기완결적 신고, 실질적 심사를 할 수 있는 경우에는 행위요건적 신고로 보는 심사방식기준설, ④ 입법자의 객관적 의사와 복수의 구체적인 구별기준을 유형화하여 제시하는 복수기준설이 대립한다.

3) 판례
대법원은 관계법이 실질적 적법요건을 규정한 경우에는 행위요건적 신고로 보며, ① 건축법상 신고는 자기완결적 신고, ② 건축주명의변경신고는 행위요건적 신고로 판시한 바 있다.

4) 검토
자기완결적 신고와 수리를 요하는 신고의 일반적인 구별기준은 관련법규정의 입법자의 객관적 의사라고 보는 것이 타당하며, 입법자의 의사가 불분명한 경우에는 심사방식기준에 따라 실질적 심사를 요구하는 경우에는 행위요건적 신고로 보아야 한다.

3. 신고의 효력

(1) 자기완결적 신고의 효력
행정청의 수리 여부에 관계없이 신고서가 접수기관에 도달한 때에 신고의 효력도 발생한다.

(2) 수리를 요하는 신고의 효력
수리를 요하는 신고의 경우에는 적법한 신고가 있더라도 행정청의 수리행위가 있어야 신고의 효력이 발생한다.

논점	공권의 확대 무하자재량행사청구권 [C]

1. 의의

행정청에게 재량권이 부여된 경우에 행정청에 대하여 재량권을 흠 없이 행사하여 줄 것을 청구할 수 있는 권리이다.

2. 법적 성질

하자 없는 처분을 청구하는 형식적 권리이며, 일정한 처분을 청구하는 실체적 권리이다(특정처분을 구하는 실질적 권리와 구별되고, 행정소송상의 절차적 권리와 구별되는 실체적 권리이다).

3. 독자성 인정 여부

(1) 학설 및 판례의 태도

권리의 독자적인 존재 의의를 부정하는 견해와 긍정하는 견해가 대립한다.
판례는 검사임용거부처분 취소청구사건에서 하자 없는 응답의무를 인정하여 무하자재량행사청구권의 개념을 인정하고 있는 듯하다.

(2) 검토

재량행위에서도 공권이 인정될 수 있으므로 무하자재량행사청구권의 독자성을 인정하는 것이 타당하다.

(3) 성립요건

하자 없는 재량권 행사의무가 법규상 또는 조리상 인정되어야 하며 공익뿐만 아니라 사익을 보호하는 목적이 인정되어야 한다.

(4) 영으로의 재량권 수축 및 원고적격과의 관계

재량행위이나 예외적으로 하나의 결정만을 하여야 하는 경우가 발생하는 경우를 재량이 영으로 수축된다고 한다. 이러한 경우 무하자재량행사청구권은 특정행위청구권(= 행정개입청구권)으로 전환된다.

판례는 인근주민이 건축 허가권자에게 건축허가취소 등을 요구할 수 있는 권리가 없다고 하여 협의의 특정행위청구권에 대해 부정했다. 하지만 새만금 간척사업과 관련하여 명시적 표현은 없었으나 특정행위청구권을 전제로 신청권을 인정한 바 있으며, 국가배상청구소송에서는 행정개입의무를 인정하여 국가배상책임을 인정한 사례가 있다. 재량처분의 근거법규 및 관련법규에 의해서 보호이익이 인정되는 경우에는 원고적격이 인정되므로 무하자재량행사청구권의 개념을 인정하지 않아도 원고적격은 인정될 수 있다.

논점 공권의 확대
행정개입청구권 (C)

1. 의의

행정개입청구권은 자기의 권익을 위하여 제3자에게 일정한 처분을 발동해 줄 것을 청구하는 권리를 말한다.

2. 성립요건

행정개입청구권도 공권이므로 공권의 성립요건인 강행규정성과 사익보호성이 인정되어야 한다.

3. 권리실현 수단

행정개입청구권은 모든 행정분야에 적용될 수 있으며, 의무이행심판, 거부처분취소소송, 부작위위법확인소송을 통해 권리실현을 할 수 있다.

논점 행정주체와 객체

1. 행정주체와 행정기관

행정주체 법률관계의 귀속주체이며 국가, 지방자치단체, 공공단체 및 공무수탁사인이 있다. 행정기관은 현실적으로 행정을 담당하는 행정주체의 내부조직을 말한다.

2. 행정청의 권한과 위임 등

행정청이란 의사기관으로서 ① 독임제 행정기관이라 함은 그 구성원이 1명인 행정기관을 말한다. ② 합의제 행정기관이라 함은 그 구성원이 2명 이상이며 행정기관의 의사결정이 복수인 구성원의 합의에 의해 이루어지는 행정기관을 말한다. 각종 위원회가 그 대표적인 예이다.

3. 행정기관 상호 간의 관계

(1) 협의

특정 사항이 공동관할이거나, 특정 업무를 수행함에 있어서 다른 행정기관의 자문이나 협조를 받아야 하는 경우가 있다. 이러한 경우 다른 기관과 협의하여 관할을 결정하거나 협의를 거쳐 의사결정을 하여야 한다. 이러한 협의는 주된 행정청을 내용적으로 구속하지 않는다.

(2) 동의 및 승인

행정기관의 업무처리 시 다른 기관의 동의나 승인이 요구되는 경우가 있다. 이러한 동의나 승인은 주된 의사결정에 중대한 영향을 미치는 것으로서 주된 행정청은 동의나 승인에 구속된다. 만약 동의나 승인이 요구됨에도 동의나 승인이 없는 경우이거나, 동의나 승인에 반하는 처리를 하는 경우에는 무권한의 행위로서 무효로 보아야 한다.

4. 행정객체

행정의 상대방을 말한다. 공공단체와 지방자치단체 및 사인이 된다.

행정작용법

제1장 행정의 법 원칙과 법원

제1절 행정의 법 원칙

> **논점** 행정의 법 원칙(법치주의)

1. 법률의 법규창조력

법률의 법규창조력은 국가작용 중 법규(국민의 권리·의무에 관한 새로운 규율)를 정립하는 입법은 모두 의회가 행하여야 한다는 원칙을 말한다.[4]

2. 법우위의 원칙

법우위의 원칙이란 법은 행정에 우월한 것이며 행정이 법에 위반하여서는 안 된다는 원칙이다. 법우위의 원칙에 위반된 행정작용은 무효 또는 취소할 수 있는 행정행위가 된다. 법우위의 원칙은 행정의 전 영역에 적용되며 수익, 침익적 행위에 불문한다. 또한 행정조직, 행정작용, 공법형식, 사법형식 모두 적용된다. 법 우위의 원칙은 법률이 있는 경우에 문제된다.

3. 법률유보의 원칙

(1) 의의

법률유보의 원칙은 행정권의 발동에는 법적 근거가 있어야 한다는 것을 의미한다. 법률유보의 원칙에서 요구되는 법적 근거는 작용법적 근거를 말한다(대판 2005.2.17, 2003두14765). 이는 적극적 의미의 법률적합

성의 원칙이라고 한다. 법률유보의 원칙은 법률이 없는 경우에 문제된다.

자격이나 신분 등을 취득 또는 부여할 수 없거나 인가, 허가, 지정, 승인, 영업등록, 신고수리 등을 필요로 하는 영업 또는 사업 등을 할 수 없는 사유는 법률로 정한다(행정기본법 제16조 제1항).

(2) 적용범위

1) 학설

① 국민의 권익을 제한하거나 의무를 부과하는 행정작용은 근거를 요한다는 침해유보설, ② 모든 행정작용에는 법률에 근거가 있어야 한다는 전부유보설, ③ 사례별로 판단하여야 한다는 본질성설이 있다.

2) 판례 및 검토

판례는 본질성설에 따른다. 침해행정과 급부행정 등 사례에 따라 달리 정함이 타당할 것으로 판단된다.

4. 법치행정의 원칙의 한계

재량행위(행정청의 의사결정에의 자유인정)와 특별권력(공무원, 군인, 교도소 재소자 등) 관계에서는 사법통제 대상이 일정부분 축소될 수 있으며, 통치행위(파병결정, 비상계엄선포, 남북정상회담 등)와 내부행위는 법치행의 원칙이 적용되지 않는다.

---

4) 헌법 제40조는 '입법권은 국회에 속한다'고 규정하고 있다.

제2절 성문법원과 불문법원

1. 법원의 개념

행정법의 법원이란 법의 존재형식을 의미하며, 행정사무를 처리하는 기준이 되는 모든 규범을 의미한다. 법원에는 성문법과 불문법이 있다.

2. 성문법주의

행정법은 성문법주의를 원칙으로 한다. 성문법 법원 간의 순위는 아래와 같다.

① 헌법(국내질서법에서 최고의 효력을 갖는 법원)

② 법률(헌법에서 정해진 절차에 따라 국회에서 제정된 법규범)

③ 명령(행정권에 의해 정립된 규범으로 대통령령, 총리령 또는 부령)

④ 자치법규(자치단체 기관이 제정한 법규범으로 조례, 규칙)

또한 일부의 국제법(예외적으로 국제법규가 국내 행정법 관계에 직접 적용될 수 있는 경우)은 행정법의 법원이 될 수 있다.

3. 불문법원

불문법으로는 판례법, 관습법5), 법의 일반원칙이 있다. 법의 일반원칙은 헌법 및 개별법률에 근거한 원칙으로서 행정법관계의 기초를 이루는 원칙이다. 행정기본법에서는 법의 일반원칙을 명문으로 규정하고 있

다. 헌법에 근거한 일반원칙으로는 신뢰보호의 원칙, 비례의 원칙, 평등의 원칙, 부당결부금지의 원칙, 적법절차의 원칙이 있다.

4. 법원의 효력

(1) 시간적 효력

1) 효력의 발생

법령은 공포로 효력이 발생한다. 공포란 확정된 법령의 시행을 위해 국민, 주민에게 알리는 행위를 의미한다.

2) 불소급의 원칙

(2) 지역적 효력

행정법규는 법규의 제정권자의 권한이 미치는 지역적 범위 내에서만 효력이 있다.

(3) 인적 효력

행정법규는 해당 지역 내 모든 사람에게 적용된다(속지주의).

---

5) 판례의 법원성 여부에 대해 개별사건설와 사실상 구속력설이 대립한다. 관습법이란 사회의 거듭된 관행으로 생성한 사회생활규범이 사회의 법적 확신과 인식에 의하여 법적 규범으로 승인·강행되기에 이른 것을 말한다(대판 2005.7.21, 2002다1178). 법치행정의 원칙상 성문법에 반하는 관습법을 인정할 수 없기 때문에 보충적 효력만을 갖는다고 보아야 할 것이다.

논점 평등의 원칙 [A]

1. 의의(행정기본법 제9조)

행정청은 합리적인 이유 없이 국민을 차별하여서는 안 된다는 원칙이다.

2. 효력

헌법 제11조로부터 도출되는 불문법 원칙으로서 이에 반하는 행정권 행사는 위법하다.

3. 요건 및 한계

합리적인 이유 없이 동일한 사항을 다르게 취급하는 것은 자의적인 것으로서 평등의 원칙 위반이다.

과도한 차별취급이 되어서는 안 된다.

불법 앞의 평등 요구는 인정 안 된다.

논점 행정의 자기구속의 원칙 [A]

1. 의의

행정청은 동일 사안에 대해서는 특별한 사정이 없는한 동일한 결정을 하여야 한다는 원칙이다.

2. 요건

① 동일한 상황에서 동일한 법적용인 경우(동종사안), ② 기존의 법적 상황을 창출한 처분청일 것(동일행정청), ③ 행정관행이 있을 것을 요건으로 한다.

3. 한계

특별한 사정 있는 경우 적용 불가하다.
위법한 관행 인정되지 않는다.

논점 비례의 원칙 (S)

1. 의의 및 효력(행정기본법 제10조)

행정목적과 행정수단 사이에는 합리적인 비례관계가 있어야 한다는 원칙이다. 이에 반하는 행정권 행사는 위법하다.

2. 내용(행정기본법 제10조)

(1) 적합성의 원칙

행정수단은 행정목적을 달성하는 데 유효하고 적절할 것이어야 한다는 원칙이다.

(2) 필요성의 원칙(최소침해의 원칙)

적합한 수단이 여러 가지인 경우에 국민의 권리를 최소한으로 침해하는 수단을 선택해야 한다. 즉 행정목적을 달성하는 데 필요한 최소한도에 그쳐야 한다.

(3) 협의의 비례원칙(상당성의 원칙)

행정작용으로 인한 국민의 이익 침해가 그 행정작용이 의도하는 공익보다 크면 안 된다.

(4) 3원칙의 상호관계

단계적 심사구조를 갖는다.

논점 신뢰보호의 원칙 (S)

1. 의의(행정기본법 제12조)

공익 또는 제3자의 이익을 현저히 해칠 우려가 있는 경우를 제외하고는 행정에 대한 국민의 정당하고 합리적인 신뢰를 보호하여야 한다는 원칙이다.

2. 근거

행정절차법 제4조 제2항 및 국세기본법 제18조 제3항에 실정법상 근거를 두고 있다. 행정기본법 제12조에서 이를 명문화하고 있다.

3. 요건

① 행정청이 개인에 대하여 신뢰의 대상이 되는 공적인 견해표명을 하여야 하고, ② 행정청의 견해표명이 정당하다고 신뢰한 데에 대하여 그 개인에게 귀책사유가 없어야 하며, ③ 그 개인이 그 견해표명을 신뢰하고 이에 상응하는 어떠한 행위를 하였어야 하고, ④ 행정청이 위 견해표명에 반하는 처분을 함으로써 그 견해표명을 신뢰한 개인의 이익이 침해되는 결과가 초래되어야 한다.

4. 한계

신뢰보호의 원칙은 법적안정성을 위한 것이지만, 법치국가원리의 또 하나의 내용인 행정의 법률적합성의 원리와 충돌되는 문제점을 갖는다. 결국 양자의 충돌은 법적안정성(사익보호)과 법률적합성(공익상 요청)의 비교형량에 의해 문제를 해결해야 한다(비교형량설). 또한 신뢰보호의 이익과 공익 또는 제3자의 이익이 상호 충돌하는 경우에는 이들 상호간에 이익형량을 하여야 한다.

논점 │ 실권의 법리 [B]

1. 의의 및 효력(행정기본법 제12조 제2항)

행정청은 권한 행사의 기회가 있음에도 불구하고 장기간 권한을 행사하지 아니하여 국민이 그 권한이 행사되지 아니할 것으로 믿을 만한 정당한 사유가 있는 경우에는 그 권한을 행사해서는 아니 된다. 다만, 공익 또는 제3자의 이익을 현저히 해칠 우려가 있는 경우는 예외로 한다. 이에 반하는 행정권 행사는 위법하게 된다.

2. 요건

실권의 법리가 적용되기 위하여는 ① 권리 행사가 가능하였을 것, ② 장기간 권한의 불행사가 있을 것, ③ 권한불행사에 대한 국민의 신뢰가 형성되었을 것과 ④ 공익 또는 제3자의 이익을 현저히 해할 우려가 없을 것을 요건으로 한다.

논점 │ 부당결부금지의 원칙 [A]

1. 의의 및 효력(행정기본법 제13조)

행정작용을 할 때 상대방에게 해당 행정작용과 실질적인 관련이 없는 의무를 부과해서는 안 된다는 원칙이다. 이에 반하는 행위는 위법하다.

2. 내용(요건) 및 적용례

실질적 관련성은 원인적 관련성과 목적적 관련성을 뜻한다. 원인적 관련성은 행정작용은 반대급부와 결부되어야 하고, 목적적 관련성은 반대급부는 주된 행정작용과 동일 목적의 범위에서 급부되어야 한다. ① 기부채납의무의 부담, ② 관허사업의 제한과 관련하여 특히 문제될 수 있다.

논점 성실의무의 원칙 (B)

1. 의의 및 근거

성실의무의 원칙이란 행정청은 법령등에 따른 의무를 성실히 수행하여야 한다는 것으로서 행정기본법 제11조 제1항에 근거한다.

2. 적용범위 및 위반시 효과

성실의무의 원칙은 모든 행정분야에 적용되며 이에 반하는 행정작용은 무효 또는 취소할 수 있는 행위가 된다.

논점 권한남용 금지의 원칙 (B)

1. 의의 및 근거

권한남용 금지의 원칙은 행정청은 행정권한을 남용하거나 그 권한의 범위를 넘어서는 안된다는 원칙으로 행정기본법 제11조 제2항에 근거한다.

2. 적용범위 및 위반시 효과

권한남용 금지의 원칙은 모든 행정분야에 적용되며 이에 반하는 행정작용은 무효 또는 취소할 수 있는 행위가 된다.

논점 소급적용 금지의 원칙 (B)

1. 소급적용금지의 원칙

(1) 의의(행정기본법 제14조)

새로운 법령등은 법령등에 특별한 규정이 있는 경우를 제외하고는 그 법령등의 효력 발생 전에 완성되거나 종결된 사실관계 또는 법률관계에 대해서는 적용되지 아니한다는 원칙을 말한다. 법령의 효력발생일 이전에 종결되지 않은 사안에도 효력이 미친다(부진정소급적용).

(2) 내용

① 새로운 법령등은 법령등에 특별한 규정이 있는 경우를 제외하고는 그 법령등의 효력 발생 전에 완성되거나 종결된 사실관계 또는 법률관계에 대해서는 적용되지 아니한다.

② 당사자의 신청에 따른 처분은 법령등에 특별한 규정이 있거나 처분 당시의 법령등을 적용하기 곤란한 특별한 사정이 있는 경우를 제외하고는 처분 당시의 법령등에 따른다.

③ 법령등을 위반한 행위의 성립과 이에 대한 제재처분은 법령등에 특별한 규정이 있는 경우를 제외하고는 법령등을 위반한 행위 당시의 법령등에 따른다. 다만, 법령등을 위반한 행위 후 법령등의 변경에 의하여 그 행위가 법령등을 위반한 행위에 해당하지 아니하거나 제재처분 기준이 가벼워진 경우로서 해당 법령등에 특별한 규정이 없는 경우에는 변경된 법령등을 적용한다.

논점 | 소급입법 금지의 원칙 (B)

1. 의의

법치주의 원칙인 법적안정성에 근거하여 이미 종결된 사안에 대한 입법은 금지된다는 원칙을 말한다. 예외적으로 소급입법을 예상할 수 있거나 보호이익이 적은 경우에는 소급입법이 인정될 수 있다(친일반민족행위자 재산의 국가귀속에 관한 특별법 등).

논점 | 기타 일반원칙 (C)

1. 적법절차의 원칙

적법절차의 원칙이란 누구든지 법률이 규정하고 있는 절차에 따라서만 처벌할 수 있다는 원칙으로 국민의 권리를 제한하는 경우에는 법률에 정해진 절차와 내용을 따라야 한다는 원칙을 말한다.

2. 수인성의 원칙

수인성의 원칙이란 행정작용은 그 결과를 사인이 수인하리라고 기대할 수 있는 경우에만 정당화될 수 있다는 원칙을 말한다.

제2장 행정입법

논점 | 기본개념

1. 입법이란

국가기관(의회)이 입법절차에 따라 일반적·추상적 규범인 법을 제정하는 작용을 말한다.

2. 행정입법이란

행정권이 일반적, 추상적 규범을 정립하는 작용을 말한다.
법률과 함께 행정행위의 근거가 된다.
행정입법이란 통상 법규명령을 의미하나 행정규칙을 포함하는 개념으로도 사용된다.

3. 법규명령이란(대내·외적6) 구속력을 갖는 규범)

행정권이 제정하는 법규를 말한다.
① 위임명령 : 법률 또는 상위명령의 위임(수권규정)에 의해 제정되는 명령이다.
② 집행명령 : 상위법령의 집행을 위하여 필요한 사항을 법령의 위임 없이 직권으로 발하는 명령을 말한다. 새로운 법규사항을 정할 수 없다.

4. 행정규칙

행정의 사무처리기준으로 제정된 일반적, 추상적 규범을 말한다. 통상 법적 근거 없이 제정되고 법규가 아닌 점에서 법규명령과 구별된다.

---

6) 대내적이란 행정주체를 말하고 대외적이란 국민을 뜻한다.

5. 법규명령과 행정규칙의 구별

법규명령은 행정기관이 상위법령의 위임에 따라 제정한 법규로서 국민을 구속하는 힘(대외적 구속력, 법규성)을 가진다. 반면 행정규칙은 행정 내부의 조직과 활동을 규율하기 위한 것으로 법규의 성질을 가지지 않는다.

논점 법규명령 (A)

1. 의의 및 근거

행정권이 제정하는 법규성 있는 규범을 의미한다. 법규명령은 대외적 구속력 측면에서 행정규칙과 구분되며 통상 처분성이 부정된다. 법규명령은 헌법 제75조, 제76조, 제95조 등에 근거한다.

2. 종류

(1) 근거에 따른 분류

① 헌법 제75조에 근거한 대통령령, ② 헌법 제95조에 근거한 총리령 및 부령으로 분류된다.

(2) 제정 방법에 따른 분류

① 법률이나 상위명령의 위임에 의한 위임명령, ② 상위법령의 집행을 위한 사항을 직권으로 발하는 집행명령으로 분류된다.

3. 법규명령의 성립

제정권자가 제정하여 법규명령의 형식으로 관보에 공포함으로써 성립한다.

4. 법규명령의 효력 및 소멸요건

① 시행일이 정하여지지 않은 경우에는 공포한 날로부터 20일을 경과함으로써 효력을 발생한다.
② 법규명령은 폐지에 의해 소멸된다.
③ 법규명령의 성립요건에 하자가 있는 경우 위법한 것이 된다. 위법한 법규명령은 무효가 된다.

5. 법규명령의 효력

법규명령은 행정주체와 국민 간의 관계를 규율하는 법규범으로서 대외적 구속력을 갖는다. 따라서 국민이 이를 위반하면 행정강제 내지는 행정벌의 대상이 되고 이에 반하는 행정작용은 위법한 행위가 된다.

6. 법규명령의 통제

(1) 직접적 통제

① 행정소송의 대상이 될 수 있는 것은 구체적인 권리의무에 관한 분쟁이어야 하고 일반적 추상적인 법령 그 자체로서 국민의 구체적인 권리의무에 직접적인 변동을 초래하는 것이 아닌 것은 그 대상이 될 수 없으므로 구체적인 권리의무에 관한 분쟁을 떠나서 재무부령 자체의 무효확인을 구하는 청구는 행정소송의 대상이 아니다.
② 다만 예외적으로 처분적 성질을 갖는 명령은 항고소송의 대상이 된다.

(2) 간접적 통제(다음 쟁점으로 후술)

사인이 구체적인 처분을 소송으로 다투면서 위법성의 근거로, 처분의 근거가 된 법규명령의 위헌, 위법을 주장하는 것을 말한다.

(3) 헌법재판소에 의한 통제

처분기준 자체만으로 국민의 기본권을 침해하며 항고소송의 구제수단이 없는 경우라면 권리구제형 헌법소원을 제기할 수 있을 것이다. 침해의 직접성 및 보충성이 요구된다.

(4) 기타 통제수단

국무회의 심의, 법제처 심사, 행정절차법상 입법예고, 중앙행정심판위원회의 시정조치, 의회에의 제출절차, 의회의 동의 또는 승인권 유보, 국정감사 등

> 📖 **알아두기**
>
> **처분성과 법규성의 구별**
> 법규성을 가지는 법규명령은 통상 일반, 추상적이어서 처분성을 가지지 못하는 것이 대부분이다. 즉 개별, 구체성에 양자는 차이가 있다. 하지만 두밀분교폐교조례와 같이 예외적으로 처분성을 가지는 경우도 있다.

논점 **구체적 규범통제 [A]**

1. 구체적 규범통제의 의의 및 근거

① 구체적인 처분을 소송으로 다투면서 위법성의 근거로, 처분의 근거가 된 법규명령의 위헌, 위법을 주장하는 것을 말한다. 이는 헌법 제107조 제2항에 근거한다.

② 구체적 규범통제의 대상은 명령과 규칙이다.

2. 구체적 규범통제의 주체

통제 주체는 각급 법원이며, 대법원이 최종 심사권을 갖는다.

3. 법규명령의 한계

(1) 위임명령

1) 수권의 한계(포괄위임의 금지)

헌법 제75조는 "구체적으로 범위를 정하여" 위임하도록 하고 있다. 구체적 위임이란 수권법률 규정만으로 위임내용의 대강을 예측할 수 있는 것을 말한다.

2) 제정상 한계

위임명령은 수권의 범위 내에서 제정되어야 하고, 헌법과 상위법령에 반하는 내용을 제정해서는 아니 되며, 헌법과 법령등에서 정한 절차를 준수하여야 한다.

3) 재위임 제한

위임받은 사항을 전혀 규정하지 아니하고 모두 재위임하는 것은 복위임금지의 법리에 반하여 인정되지 아니한다.

4) 국회 전속 입법사항 금지

헌법은 재산권의 수용, 사용, 제한 및 그에 따른 보상 등을 법률로써 규정하도록 하기 때문에 명령으로 규정할 수 없다.

(2) 집행명령

집행명령은 집행하기 위해 필요한 사항만을 규정할 수 있다. 이에 상위법령 내에서 구체적 절차나 형식 등만을 규정할 수 있을 뿐 새로운 사항을 정할 수 없다.

4. 구체적 규범통제의 효력

(1) 학설

1) 개별적 효력설

구체적 규범통제는 재판의 전제가 된 경우에만 가능하고, 법원은 구체적 사건의 심사를 목적으로 하며 법령의 심사를 목적으로 하지 않으므로 해당 사건에 한하여 적용되지 않는다고 본다.

2) 일반적 효력설

행정소송법 제6조가 대법원의 명령·규칙의 위헌·위법성 판단을 공고하도록 하는 것은 일반적 효력을 전제로 한 것이라는 점을 근거로 해당 법령은 일반적으로 무효가 된다고 본다.

(2) 판례

대법원은 명령·규칙이 헌법에 위반될 때 무효라고 판시하고 있지만 이러한 판단이 명령·규칙의 적용을 배제하는 것인지 아니면 무효로서 일반적으로 효력이 상실되는 것인지는 분명하지 않다.

(3) 검토

행정소송법 제6조는 대법원에서 위헌·위법으로 판단된 명령·규칙이 다른 사건에 적용됨을 방지하기 위하여 이를 관보에 공고하는 것이지 일반적으로 무효가 됨을 공고하도록 하는 것이 아니므로 개별적 효력설이 타당하다.

논점 행정규칙 (A)

1. 의의

행정규칙이란 행정조직 내부의 사무처리기준을 규정한 일반적, 추상적 규범을 말한다. 대외적 구속력을 갖지 않는 점에서 법규명령과 구별된다.

2. 행정규칙의 근거 및 한계

법령의 수권을 요하지 않는다. 법치주의의 일반원칙 및 법령이나 상위규칙에 반해서는 안 된다. 또한 실현가능한 내용이어야 한다.

3. 행정규칙의 종류

(1) 고시 형식

고시 형식의 행정규칙이랑 행정 내부의 조직과 활동을 규율하기 위한 사무처리 기준으로 행정기관이 발령하는 것이다. 이는 일반, 추상적 성질을 갖는다.

(2) 훈령 형식

훈령은 협의의 훈령, 지시, 예규, 일일명령으로 세분된다. ① 협의의 훈령이란 상급관청이 하급관청에 장기간 동안 권한 행사를 지시하기 위해 발하는 명령이다. ② 지시란 상급기관이 하급기관에 개별, 구체적으로 발하는 명령이다. ③ 예규란 행정사무의 통일을 위해 반복적 행정사무의 기준을 제시하는 것이다. ④ 일일명령이란 당직, 출장 등과 같은 일일업무에 관한 명령을 의미한다.

4. 법적 성질

(1) 학설

① 법규성을 부정하는 비법규설, ② 행정권

의 시원적인 입법권을 인정하여 법규성을 인정하는 법규설, ③ 평등의 원칙 및 자기구속의 법리를 매개로 법규성을 인정할 수 있다는 준법규설이 대립된다.

(2) 판례
훈령에 규정된 청문을 거치지 않은 것은 위법하다고 본 판례가 있으나 예외적인 사건으로 보이며 일반적으로 행정규칙의 법규성을 인정하지 않는다.

(3) 검토
행정규칙의 법규성을 인정하는 것은 법률의 법규창조력에 반하므로 부정설이 타당하나 평등의 원칙이나 자기구속의 법리를 매개로 하는 경우에는 법규성을 긍정함이 타당하다.

5. 행정규칙의 효력
① 행정규칙은 행정조직 내부의 상대방을 구속하는 대내적 구속력이 인정된다. 직접적인 대외적 구속력은 인정되지 않는다. ② 평등의 원칙이나 자기구속력의 매개로 하는 경우(주로 재량준칙인 경우)에는 대외적인 구속력을 갖는다.

6. 행정규칙의 사법적 통제
① 판례는 행정규칙은 항고소송의 대상인 처분이 되지 않는다고 본다(대판 2012.11. 29, 2008두21669). ② 헌법재판소는 행정규칙이 기본권을 침해하고 다른 방법으로 이러한 침해를 다툴 수 없는 경우에는 헌법소원의 대상이 된다고 한다(헌재2013.8.29, 2012헌마767).

논점 | 법규명령형식의 행정규칙 [S]

1. 문제점
제재적 처분기준이 법규명령의 형식으로 제정되었으나 그 실질이 행정규칙의 내용을 갖는 경우, 이에 대한 대외적 구속력이 인정되는지가 문제된다.

2. 법적 성질
(1) 학설
① 규범의 형식과 법적안정성을 중시하여 법규명령으로 보는 견해(형식설)와, ② 규범의 실질과 구체적 타당성을 중시하여 행정규칙으로 보는 견해(실질설), ③ 상위법의 수권 유무로 판단하는 수권여부기준설이 대립한다.

(2) 판례
대법원은 제재적처분기준과 관련하여서는 ① (구)식품위생법 시행규칙상 제재적 처분기준은 행정규칙으로 보며, ② (구)청소년보호법 시행령상 과징금처분기준을 법규명령으로 보면서 그 처분기준은 최고한도로 보아 구체적 타당성을 기한 사례가 있다.

(3) 검토
대통령령과 부령을 구분하는 판례의 태도는 합리적 이유가 없으므로 타당성이 결여된다. 또한 부령의 경우에도 법규명령의 형식을 갖는 이상 법제처의 심사에 의해 절차의 정당성을 확보하고, 공포를 통한 예측가능성이 보장된다는 점에서 부령인 경우도 법규성을 긍정함이 타당하다.

3. 법적 효력

(1) 실질설에서의 효력

법규명령 형식의 행정규칙은 행정규칙의 성질을 가지므로 재량준칙으로서의 효력과 구속력이 발생된다.

(2) 형식설에서의 효력

법규명령 형식의 행정규칙은 법규명령으로서의 효력이 발생된다.

4. 권리구제(구체적 규범통제)

(1) 구체적 규범통제

전술 참조

(2) 손해배상청구소송

위법한 법규명령에 기한 처분은 위법성이 인정되므로 손해배상의 요건을 모두 충족하는 경우라면 손해배상을 청구할 수 있다.

(3) 권리구제형 헌법소원

처분기준 자체만으로 국민의 기본권을 침해하며 항고소송의 구제수단이 없는 경우라면 권리구제형 헌법소원을 제기할 수 있을 것이다.

5. 관련문제

판례는 위헌 및 위법인 법규명령에 근거한 처분의 경우에는 당해 법규명령은 무효이나, 그게 근거한 처분은 중대명백설에 따라 중대한 하자이나 처분당시에는 위헌 및 위법임을 명백하게 알 수 없으므로 취소사유에 해당한다고 한다.

논점 **법령보충적 행정규칙 (S)**

1. 법령보충적 행정규칙의 의의 및 인정여부

형식은 행정규칙이나 실질은 법령을 보충하는 사항을 정하는 것을 의미한다. 인정여부에 대하여 견해의 대립이 있으나 다수견해 및 판례는 법령의 수권을 받아 제정되는 것을 논거로 하여 긍정한다.

2. 법적 성질에 대한 견해의 대립

(1) 학설

① 형식이 행정규칙이라면 행정규칙이라는 행정규칙설, ② 법규와 같은 효력을 가지나 형식이 행정규칙이므로 법규명령의 효력을 갖는 행정규칙으로 보는 견해, ③ 실질이 법규명령이라면 법규명령이라는 법규명령설, ④ 수권 유무를 기준으로 구별하는 수권여부기준설, ⑤ 행정규칙형식의 법규명령은 헌법에 반한다는 위헌무효설이 있다.

(2) 판례

1) 긍정하는 판례

① 국세청장훈령인 재산세제사무처리규정은 상위법인 소득세법 시행령과 결합하여 법규성을 가진다고 판시한 바 있다.

② 토지가격비준표는 집행명령인 개별토지가격합동조사지침과 더불어 법령보충적 구실을 하는 법규적 성질을 가지고 있는 것으로 보아야 한다고 판시한 바 있다.

③ 토지보상법 시행규칙 제22조는 행정규칙의 형식이나 공익사업법의 내용이 될 사항을 구체적으로 정하여 내용을 보충하는 기능을 갖는 것이므로, 공익사업법 규정과 결합하여 대외적인 구속력을 가진다[7].

---

7) 토지보상법 시행규칙은 부령 형식의 법규명령이므로 이를 법령보충적 행정규칙으로 보는 판례의 태도는 타당하지 않다.

2) 부정하는 판례

감정평가에 관한 규칙에 따른 '감정평가실무기준'이나 한국감정평가사협회가 제정한 '토지보상평가지침'은 일반 국민을 기속하지 않는다고 판시한 바 있다.

(3) 검토

상위법령의 위임이 있는 경우에는 그와 결합하여 법령을 보충하므로 법규성을 인정하는 것이 행정현실상 타당하다고 판단된다. 다만, 일반적인 법규명령절차를 거치지 않기 때문에 '국민의 예측가능성'을 고려하여 고도의 전문적 영역에 한정되어 최소한도로 인정해야 할 것이다.

3. 법령보충적 행정규칙의 한계

위임이 불가피한 경우에 한하여야 할 것이고, 위임범위를 벗어나지 않아야 할 것이다. 위임의 한계를 준수하고 있는지를 판단할 때에는, 법률 규정의 입법 목적과 규정 내용, 규정의 체계, 다른 규정과의 관계 등을 종합적으로 살펴야 하고, 법률의 위임 규정 자체가 의미 내용을 정확하게 알 수 있는 용어를 사용하여 위임의 한계를 분명히 하고 있는데도 고시에서 문언적 의미의 한계를 벗어났다든지, 위임 규정에서 사용하고 있는 용어의 의미를 넘어 범위를 확장하거나 축소함으로써 위임 내용을 구체화하는 단계를 벗어나 새로운 입법을 한 것으로 평가할 수 있다면, 이는 위임의 한계를 일탈한 것으로서 허용되지 아니한다.

4. 위법한 법령보충적 행정규칙의 효력

판례는 법령보충적 행정규칙이 법령의 위임범위를 벗어난 경우에는 법규명령으로서의 대외적 구속력이 인정되지 않는다.

5. 법령보충적 행정규칙의 사법적 통제

법규명령과 같이 재판의 전제가 된 경우에는 법원이 간접적으로 통제하고(구체적 규범통제), 법령보충적 행정규칙에 의해 직접적으로 국민의 권익이 침해당한 경우에는 권리구제형 헌법소원도 제기할 수 있을 것이다(보충성 요건이 충족되는 경우).

논점 행정계획 [S]

1. 행정계획의 의의 및 종류

행정목표를 달성하기 위한 행정수단을 종합·조정함으로써 장래의 일정한 시점에 일정한 질서를 실현하기 위하여 설정한 활동기준이나 그 설정행위를 말한다. ① 비구속적 계획, ② 반구속적 계획, ③ 구속적 계획이 있다.

2. 법적 성질

(1) 학설

① 행정계획은 "일반적·추상적인 규율을 정립하는 행위"라는 입법행위설, ② 행정계획의 결정·고시로 인해서 법관계의 변동을 가져오는 경우는 행정행위성질을 갖는다는 행정행위설, ③ 계획마다 개별적으로 검토해야 한다는 복수성질설, ④ 행정계획은 규범도 아니고, 행정행위도 아닌 독자적 성질을 갖는다는 독자성설이 있다.

(2) 판례

① 도시계획결정과 관련하여 처분성을 인정하였으나, ② 도시기본계획은 일반지침에 불과하다고 하여 처분성을 부인한 바 있다. ③ 또한 최근 '4대강 살리기 마스터플랜' 등은 '4대강 살리기 사업'의 기본방향을 제시하는 계획으로서, 행정처분에 해당하지 않는다고 하였다.

(3) 검토

행정계획은 그 종류와 내용이 매우 다양하고 상이하므로, 행정계획의 법적 성질은 각 계획이 갖는 목적과 내용을 기준하여 개별적으로 검토되어야 할 것이다.

3. 계획재량과 형량명령

(1) 계획재량의 의의

계획청이 행정계획을 입안·결정함에 있어서 비교적 광범위한 형성의 자유를 갖는 것을 말한다. 계획재량은 목적과 수단의 선택 및 조정에 대한 목적프로그램이다.

(2) 재량과의 구분

1) 질적차이 긍정설

계획재량은 목적과 수단의 규범구조이므로 요건과 효과구조인 재량과 상이하고 형량명령이론이 존재하므로 구분되어야 한다는 견해이다.

2) 질적차이 부정설

재량의 범위인 양적 차이만 있고 형량명령은 비례칙이 행정계획분야에 적용된 것이라는 견해이다.

3) 검토

규범구조상 계획재량은 목적프로그램에서, 행정재량은 조건프로그램에서 문제되며 전자는 절차적 통제가 중심적이나, 후자는 실체적 통제도 중요한 문제가 되므로 양자의 적용범위를 구분하는 것이 타당하다.

(3) 형량명령(계획재량에 대한 사법적 통제)

1) 의의

형량명령이란 행정계획을 수립함에 있어서 관련된 이익을 정당하게 형량하여야 한다는 원칙을 말한다.

2) 형량하자

판례는 행정주체가 행정계획을 입안, 결정함에 있어서 ① 이익형량을 전혀 행사하지 아니하거나(형량의 해태), ② 이익형량의 고려대상에 마땅히 포함시켜야 할 사항을 누락한 경우(형량의 흠결), ③ 또는 이익형량을 하였으나 정당성과 객관성이 결여된 경우(형량의 오형량)에는 그 행정계획결정은 형량에 하자가 있어서 위법하게 된다고 판시한 바 있다.

4. 권리구제

(1) 사전적 권리구제

공청회나 예고제도 등을 사전적 권리구제로 볼 수 있다.

(2) 사후적 권리구제

1) 행정쟁송

행정계획의 처분성이 인정되는 경우에는 항고쟁송의 대상이 된다.

2) 손해전보

위법한 행정계획의 수립, 변경 또는 폐지로 인한 손해에 대해서는 국가배상청구가 가능하며, 적법한 행정계획으로 특별한 희생이 발생된 경우에는 손실보상을 청구할 수 있다.

3) 헌법소원

구속력이 없는 행정계획안이나 행정지침이라도 국민의 기본권에 직접적으로 영향을 끼치고 법령의 뒷받침에 의하여 그대로 실시될 것이 틀림없을 것으로 예상되는 때에도 예외적으로 헌법소원의 대상이 된다.

논점 계획보장청구권 (C)

1. 계획보장청구권

행정청이 행정계획을 폐지, 변경하는 경우 당사자가 그 계획의 존속, 계획의 준수, 경과조치 및 손실보상 등을 요구할 수 있는 권리를 의미한다. 계획보장청구권은 행정계획분야에 있어서의 신뢰보호원칙의 적용례라고 할 수 있다. 계획의 존속을 주장하는 계획존속청구권, 계획의 이행을 주장하는 계획이행청구권, 계획의 변경이나 폐지로 인해 손실을 입게 될 개인이 경과조치나 적응조치를 요구하는 경과조치청구권, 계획의 폐지나 변경으로 개인의 보호가치 있는 신뢰가 침해된 경우 손해전보를 요청하는 손해전보청구권이 있다.

2. 계획변경청구권

계획변경청구권은 기존 계획의 변경을 청구하는 권리이다. 원칙적으로 행정계획 변경은 공익상의 목적을 이유로 하는 것이어서 인정되기 어렵다.

3. 인정 여부

개별법령에서 특별규정을 두고 있거나, 특별한 사정이 없는 한, 변화하는 행정의 탄력적 운용 측면에서 이러한 권리들은 인정되기 어려울 것이다. 그러나, 예외적으로 법규상 또는 조리상 계획변경신청권이 인정되는 경우에는 해당 계획의 변경을 청구할 수 있을 것이다.

제3장 행정행위

논점 │ 행정행위의 개념 및 요건 (S)

1. 행정행위의 개념

행정청이 행하는 구체적인 사실에 대한 법집행으로서의 권력적 단독행위를 말한다. 행정행위는 행정기관의 행위로서 내부적 의사결정이 있어야 하고 외부에 표시되어야 한다.

2. 행정행위의 성립요건

(1) 행정청의 행위

행정행위는 행정청의 행위이다. 행정청은 행정주체의 의사를 내부적으로 결정하고 외부적으로 표시할 수 있는 권한을 가진 기관이다.

(2) 구체적 사실에 대한 공법행위

행정행위는 구체적 사실에 대한 법집행 행위이며, 국민의 권리와 이익에 직접적인 영향을 발생시킨다. 이러한 행위는 공법에 근거하는 행위이다.

(3) 법적 행위

법적 행위는 외부적으로 직접적인 법률 효과의 발생을 야기시키는 행위로서 사실행위와 구별된다.

(4) 법집행으로서의 권력적 단독행위

행정행위는 권력적 작용으로서 비권력작용과 구별된다. 일방적으로 국민의 권리와 의무의 법적 관계를 구체적으로 결정하는 행위이다.

논점 │ 행정행위의 종류 (S)

1. 하명

하명이란 행정청이 국민에게 작위, 부작위, 급부 또는 수인의무를 명하는 행위를 말한다.

2. 허가

허가란 법령에 의해 제한된 개인의 자유를 적법하게 행사할 수 있도록 회복하여 주는 행위를 말한다.

3. 면제

면제라 함은 법령에 의해 정해진 작위의무, 급부의무 또는 수인의무를 해제해 주는 행정행위를 말한다(예방접종면제 등).

4. 특허

특허란 권리, 능력, 법적 지위, 포괄적 법률관계를 설정하는 행위를 말한다. 실정법상으로는 명허, 허가 등으로 불린다. 권리설정행위를 협의의 특허라고도 한다.

5. 인가

인가란 타인의 법률행위를 보충하여 그 행위의 효력을 완성시켜주는 행정행위를 말한다. 행정주체의 보충적 의사표시이다.

6. 대리

대리란 제3자가 하여야 할 행위를 행정기관이 대신하여 행함으로써 제3자가 스스로 행한 것과 같은 효과를 발생시키는 행정행위를 말한다.

7. 확인

확인행위란 특정의 사실 또는 법률관계의 존재 여부에 관해 의문이 있거나 다툼이 있는 경우에 공권적으로 판단하여 확정하는 행위를 말한다.

8. 공증

공증행위란 특정의 사실 또는 법률관계의 존재를 공적으로 증명하는 행정행위를 말한다(부동산등기 등). 공증행위의 효력은 사실 또는 법률관계의 존재에 대하여 공적 증거력을 부여하는 것이다.

9. 통지

통지행위는 특정인 또는 불특정 다수인에게 어떠한 사실을 알리는 행정행위를 말한다. 준법률행위적 행정행위로서 통지는 법적효과를 가져오는 행위(납세독촉 등)만을 말한다.

10. 수리

수리행위는 행정청에게 수리의무가 있는 경우에 신고, 신청 등 타인의 행위를 행정청이 적법한 행위로서 받아들이는 행위를 말한다.

논점 기속행위와 재량행위 (A)

1. 기속행위

기속행위는 법률의 요건이 충족되는 경우에는 법률규정에 따른 행위를 반드시 해야 하는 행위를 말한다. 행정청의 재량의 여지가 인정되지 않는 행위를 기속행위라고 한다.

2. 재량행위

(1) 의의

재량행위는 법률의 요건이 충족되는 경우에 행정청에게 특정효과의 선택 및 결정권이 인정되는 것을 말한다. 재량권의 행사에 의해 행해지는 행정행위를 재량행위라고 한다.

(2) 재량하자(재량권의 한계)

① 행정청은 재량이 있는 처분을 할 때에는 관련 이익을 정당하게 형량하여야 하며, 그 재량권의 범위를 넘어서는 아니 된다.
② 재량권 행사는 일탈·남용이 있는 경우에만 사법심사의 대상이 된다.
③ 재량을 행사할 때 판단의 기초가 된 사실인정에 중대한 오류가 있는 경우 또는 비례·평등의 원칙을 위반하거나 사회통념상 현저하게 타당성을 잃는 등의 사유가 있다면 이는 재량권의 일탈·남용으로서 위법하다.

재량하자에는 재량권의 일탈, 남용, 불행사가 있다.

3. 재량행위와 기속행위의 구별

일차적으로 법규정의 표현에 따라 구분하고 표현이 불분명한 경우에는 입법취지, 입법목적 및 행위의 성질 등을 종합적으로 고려하여 판단하여야 한다.

4. 기속재량행위

기속재량행위란 원칙상 기속행위이지만 예외적으로 중대한 공익을 이유로 인허가 또는 신고수리를 거부할 수 있는 행위를 말한다(교육환경을 이유로 건축허가를 거부하는 경우).

논점 판단여지 (C)

1. 의의

법률요건에 불확정개념의 해석이 있어 사법심사가 배제되는 행정청의 전문적인 판단영역을 말한다.

2. 인정 여부

(1) 학설

① 판단여지는 법인식의 문제이고 재량은 법효과 선택이므로 양자를 구분해야 한다는 긍정설
② 사법심사의 배제측면에서 양자는 구별 실익이 없고 판단여지는 요건부분에 인정되는 예외적 재량이므로 구별을 부정하는 부정설이 있다.

(2) 판례

판례는 판단여지 영역으로 볼 수 있는 교과서 검인정 등의 문제를 재량으로 본다.

(3) 검토

생각건대 양자는 사법심사가 배제되는 점에서는 동일하나 판단여지는 법인식의 문제이므로 구분함이 타당하다.

3. 인정영역

① 시험에 있어서 성적의 평가와 같은 타인이 대체할 수 없는 비대체적인 결정영역
② 고도의 전문가로 구성된 직무상 독립성을 갖는 위원회의 결정인 구속적인 가치평가영역
③ 환경행정 또는 경제행정 분야 등 행정청이 고도의 전문가로서 내린 (미래)예측 결정영역

④ 외교, 경제, 사회, 교통정책 등 행정정
　　책적 결정 등이 판단여지가 인정되는 영
　　역으로 논해지고 있다.

4. 판단여지의 한계

① 판단기준이 적법하게 구성되었는가, ② 절
차규정이 준수되었는가, ③ 정당한 사실관
계에서 출발하였는가, ④ 일반적으로 승인
된 평가의 척도가 침해되지 않았는가의 여
부는 사법심사의 대상이 된다. 또한 판단에
있어서도 일반원칙을 준수하여야 한다.

5. 참고 : 토지보상법상 사업인정과 판단여지

사업인정의 요건으로 공공성이 요구되는데
공공성은 대표적인 불확정개념이다. 공공
필요성에 대한 판단을 판단여지 영역으로
볼 수도 있으나 다수 및 판례는 일반 재량
의 영역으로 보고 있다.

논점　행정행위의 적법요건 (A)

1. 주체

행정행위는 권한을 가지는 행정기관이 그
권한의 범위 내에서 행하여야 한다.

2. 절차

행정행위는 행정절차법 및 각종 개별법에
서 정하는 절차를 준수하여야 한다.

3. 형식

행정청이 처분을 할 때에는 다른 법령 등에
특별한 규정이 있는 경우를 제외하고 문서
로 하여야 한다.

4. 내용

법률유보의 원칙에 의거 중요한 사항은 법
적 근거가 필요하다. 또한 법률우위의 원칙
에 따라 성문법 및 행정법 일반원칙에 반하
면 안 됨이 원칙이다.

논점 　무효와 취소의 구별 (A)

1. 학설

(1) 중대명백설(통설)

중대명백설은 행정행위의 하자의 내용이 중대하고, 그 하자가 외관상 명백한 때에는 해당 행정행위는 무효가 되고, 그중 어느 한 요건 또는 두 요건 전부를 결여한 경우에는 해당 행정행위는 취소할 수 있는 행정행위라고 본다. ① 하자의 중대성이란 행정행위가 중요한 법률요건을 위반하고, 그 위반의 정도가 상대적으로 심하여 그 흠이 내용상 중대하다는 것을 말한다. ② 하자의 명백성이란 하자가 일반인의 인식능력을 기준으로 할 때 외관상 일견 명백하다는 것을 말한다.

(2) 명백성보충요건설

행정행위가 무효로 되기 위하여는 흠의 중대성은 항상 그 요건이 되지만, 명백성은 항상 요구되는 것은 아니고 행정의 법적안정성이나 제3자의 신뢰보호의 요청이 있는 경우에만 가중적으로 요구되는 요건으로 파악하는 견해이다.

(3) 구체적 가치형량설

구체적 가치형량설은 구체적인 사안마다 권리구제의 요청과 행정의 법적안정성의 요청 및 제3자의 이익 등을 구체적이고 개별적으로 이익형량하여 무효인지 취소할 수 있는 행정행위인지 여부를 결정하여야 한다고 본다.

2. 판례

하자 있는 행정처분이 당연무효가 되기 위하여는 그 하자가 법규의 중요한 부분을 위반한 중대한 것으로서 객관적으로 명백한 것이어야 하며 하자가 중대하고 명백한 것인지 여부를 판별함에 있어서는 그 법규의 목적, 의미, 기능 등을 목적론적으로 고찰함과 동시에 구체적 사안 자체의 특수성에 관하여도 합리적으로 고찰함을 요한다'고 하여 원칙상 중대명백설을 취하면서도 구체적 상황의 고려의 여지를 남기고 있다.

3. 검토

무효사유와 취소사유의 객관적 기준을 정립하면서도 국민의 권리구제와 행정의 법적안정성을 적절히 조화시킨다는 관점에서 볼 때 명백성보충요건설이 원칙적인 기준으로서 타당하나, 행정행위와 관련된 이익상황의 다양성에 비추어 볼 때 구체적인 사안의 특수성을 고려하는 구체적 가치형량설을 보충적으로 고려하여야 할 것이다.

논점 절차하자의 독자 위법성 (S)

1. 문제점

처분이 실체상 위법성은 없으나 절차상 위법성이 인정되는 경우에 절차상의 위법만을 이유로 취소 또는 무효확인할 수 있는지 문제된다.

2. 학설

① 적법절차의 보장 관점에서 독자적 위법사유가 되며, 특히 행정소송법 제30조 제3항에서 절차하자로 인한 취소의 경우에도 기속력을 인정한다는 점을 논거로 하는 긍정설, ② 절차는 수단에 불과하며, 적법한 절차를 거친 동일한 처분을 다시 받게 되어 행정경제상 불합리하다는 점을 논거로 하는 부정설이 대립한다. ③ 또한 기속, 재량을 구분하여 재량행위인 경우에는 절차상의 하자가 실체적 결정에 영향을 미치는 경우에 한하여 위법성이 인정될 수 있다는 절충설이 있다.

3. 판례

대법원은 ① 기속행위인 과세처분에서 이유부기 하자, ② 재량행위인 영업정지처분에서 청문절차를 결여한 것은 절차적 하자를 구성한다고 판시한 바 있다.

4. 검토

생각건대 내용상 하자만큼 절차적 적법성을 지키는 것이 필요하며, 현행 행정소송법 제30조 제3항에서 절차하자로 인한 취소의 경우에도 기속력을 준용하고 있으므로 독자적 위법사유가 된다고 보는 긍정설이 타당하다.

5. 절차상 하자의 위법성 정도

중대명백설에 따라 판단해야 할 것이다. 절차상 하자가 존재하여 실체법상 내용에 중대한 영향을 미치는 경우라면 중대한 하자로 볼 수 있으며 외관상 명백한 경우에는 무효라고 보아야 할 것이다.

절차상 하자가 존재하지만 실체법상 내용에 중대한 영향을 미치지 못하는 경우에는 중대한 하자는 아니지만 명백한 하자로 볼 수 있으므로 취소사유라고 볼 것이다.

📖 **알아두기**

절차상 하자는 통상 외관상 명백하나 중대성이 결여되어 취소사유로 본다.

논점 하자의 승계 (S)

1. 의의 및 논의 배경

하자승계란 둘 이상의 행정행위가 일련하여 동일한 법률효과를 목적으로 하는 경우에 선행행위의 하자를 이유로 후행행위를 다툴 수 있는지의 문제를 말한다. 이는 법적안정성의 요청과 국민의 권리구제의 조화문제이다.

2. 전제요건

① 선, 후행행위는 처분일 것, ② 선행행위에의 취소사유의 위법성[8], ③ 후행행위의 적법성, ④ 선행행위에 불가쟁력이 발생할 것을 요건으로 한다.

3. 하자승계의 해결논의

(1) 학설

1) 전통적 견해(하자승계론)

선, 후행행위가 일련의 절차를 구성하면서 동일한 법률효과, 즉 하나의 효과를 목적으로 하는 경우에 하자승계를 인정한다.

2) 새로운 견해(구속력론)

선행행위의 불가쟁력이 대물적(목적), 대인적(수범자), 시간적(사실, 법률관계의 동일성) 한계와 예측가능성, 수인가능성 한도 내에서는 후행행위를 구속하므로 하자승계가 부정된다.

(2) 판례

판례는 형식적 기준을 적용하여 판단하는

---

[8] 선행처분이 무효인 경우라면 후행처분도 당연 무효가 되는 것으로 볼 수 있으므로 하자승계법리가 당연 인정된다. 이러한 경우에는 하자승계의 요건충족여부가 문제되지 않는다.

듯 하나 별개의 법률효과를 목적으로 하는 경우에도 예측가능성, 수인가능성이 없는 경우에 한하여 하자승계를 긍정하여 개별 사안의 구체적 타당성을 고려하고 있다.

① 사업인정의 하자가 무효가 아닌 경우에는 재결단계에서의 하자승계를 부정하나, 사업인정의 하자가 당연무효인 경우에는 재결처분도 무효라고 판단한다.

② 개별공시지가와 과세처분의 경우, 별개의 법률효과를 목적으로 하지만 개별공시지가가 개별통지되지 않은 경우에는 하자승계를 인정한 바 있으나, 개별공시지가에 대해서 불복할 수 있었음에도 이를 하지 않은 경우에는 부정한 바 있다.

③ 최근 표준지공시지가와 재결에서는(보상금증감청구소송) 별개의 효과를 목적으로 하는 경우에도 예측가능성과 수인가능성이 없는 경우에 선행행위의 위법성을 다투지 못하게 하는 것이 수인한도를 넘는 불이익을 강요하는 것이 되는 경우에 한하여 하자승계를 긍정한 바 있다.

④ 표준지공시지가와 개별공시지가, 철거명령과 대집행계고처분의 경우에는 하자승계를 부정한다.

(3) 검토

전통적 견해는 형식을 강조하여 구체적 타당성을 확보하지 못하는 경우가 있을 수 있고, 새로운 견해는 ① 구속력을 판결의 기판력에서 차용하고, ② 대물적 한계를 너무 넓게 인정하며, ③ 추가적 한계는 특유의 논리가 아니라는 비판이 제기된다.

따라서 전통적 견해의 형식적 기준을 원칙으로 하되 개별 사안에서 예측가능성, 수인가능성을 판단하여 구체적 타당성을 기함이 타당하다.

논점　하자의 치유 (A)

1. 의의 및 취지

하자의 치유란 행정행위의 성립 당시 하자를 사후에 보완하여 그 행위의 효력을 유지시키는 것을 말한다. 이는 행정행위의 무용한 반복을 피하는 소송경제와 권리구제 요청의 조화문제이다.

2. 처분사유추가변경과의 구별

처분사유추가변경은 처분 당시에 존재하였으나 처분의 사유로 제시하지 않은 사항을 소 계속 중에 추가하거나 변경하는 것이다. 반면 하자치유는 성립 당시 하자를 사후에 보완하는 것으로 이는 다수 판례에 의거 쟁송 이전에만 가능하다. 또한 하자치유는 절차, 형식상의 하자에만 인정되므로 양자는 구별된다.

3. 인정 여부

(1) 학설

① 행정의 능률성 측면에서 긍정하는 견해, ② 행정결정의 신중성 확보 및 사인의 신뢰보호 측면에서 부정하는 견해, ③ 원고의 공격방어권을 침해하지 않는 범위에서 제한적으로 긍정하는 견해가 있다.

(2) 판례

행정행위의 무용한 반복을 피하고 당사자의 법적안정성을 위해서, 국민의 권리나 이익을 침해하지 않는 범위 내에서 구체적 사정에 따라 합목적적으로 인정해야 한다고 판시한 바 있다.

(3) 검토

하자의 치유는 하자의 종류에 따라서, 하자의 치유를 인정함으로써 달성되는 이익과 그로 인하여 발생하는 불이익을 비교형량하여 개별적으로 결정하여야 한다.

4. 인정범위

① 판례는 절차, 형식상의 하자 중 취소사유만 인정한다. ② 무효인 행정행위의 치유는 인정될 수 없다는 부정설이 통설이며 판례의 입장이다.

5. 인정시기(시적한계)

(1) 학설

① 이유제시는 상대방에게 쟁송의 제기에 편의를 제공하기 위하여 인정되는 것이기 때문에 쟁송제기 전까지 가능하다는 견해, ② 행정심판은 행정의 내부통제인바, 행정소송 제기 전까지 가능하다는 견해, ③ 소송경제를 위하여 판결 시까지 가능하다는 견해가 있다.

(2) 판례

판례는 이유제시의 하자를 치유하려면 늦어도 처분에 대한 불복 여부의 결정 및 불복신청에 편의를 줄 수 있는 상당한 기간 내에 하여야 한다고 하고 있다.

(3) 검토

이유제시제도의 기능과 하자의 치유의 기능을 조화시켜야 하고, 절차상 하자 있는 행위의 실효성 통제를 위해서 쟁송제기 이전까지 가능하다고 본다.

6. 하자치유의 효과

행정행위의 하자가 치유되면 해당 행정행위는 처분 시부터 하자가 없는 적법한 행정행위로서의 효력이 유지된다.

논점　부관 [A]

1. 부관의 의의 및 구별개념(행정기본법 제17조)

부관이란 행정청의 주된 행정행위의 효과를 제한하거나 의무를 부과하기 위해 부가되는 종된 규율을 부관이라고 한다.

2. 부관의 종류 및 방법

(1) 조건

행정행위의 효력발생, 소멸 여부를 불확실한 사실의 발생에 결부시키는 부관을 말한다.

(2) 기한

행정행위의 효력발생 및 소멸여부를 확실히 도래할 사실의 발생에 결부시키는 부관을 말한다.

(3) 부담

행정행위의 효력발생 여부와는 관계없이 사인에게 작위, 부작위, 급부, 수인의무를 부과하는 부관을 말한다.

(4) 철회권 유보

장래 사정변경 등이 있을 때 철회할 수 있는 권리를 유보해 두는 부관을 말한다.

(5) 부관의 부가 방법

부담은 행정청이 행정처분을 하면서 일방적으로 부가할 수도 있지만 부담을 부가하기 이전에 상대방과 협의하여 부담의 내용을 협약의 형식으로 미리 정한 다음 행정처분을 하면서 이를 부가할 수도 있다.

3. 부관의 기능 및 법적 성질

부관은 행정의 탄력성 보장, 법의 불비 보충 및 형평성의 보장 내지 이해관계의 조절에 기여할 수 있으나 행정목적과 무관한 부관을 부과할 위험이 있다. 부관은 주된 행위에 종속되는 것이 본질적 특성이며, 주된 행위와 실질적 관련성을 갖는 범위에서 허용된다 할 것이다.

4. 부관의 한계

(1) 부관의 부착 가능성

① 행정청은 처분에 재량이 있는 경우에는 부관을 붙일 수 있다. ② 행정청은 처분에 재량이 없는 경우에는 법률에 근거가 있는 경우에 부관을 붙일 수 있다. ③ 기속행위의 경우 법률의 규정이 없는 경우에도 요건 충족적 부관은 가능하다. ④ 재량행위이더라도 부관의 부착이 금지되는 경우가 있다. ⑤ 이에 개별적·구체적으로 검토해야 한다.

(2) 사후부관의 가능성

1) 의의

사후부관이라 함은 행정행위를 한 후에 발하는 부관을 말한다.

2) 요건

① 법률에 근거가 있는 경우, ② 당사자의 동의가 있는 경우, ③ 사정이 변경되어 부관을 새로 붙이거나 종전의 부관을 변경하지 아니하면 해당 처분의 목적을 달성할 수 없다고 인정되는 경우에는 그 처분을 한 후에도 부관을 새로 붙이거나 종전의 부관을 변경할 수 있다.

(3) 부관의 내용상 한계

① 해당 처분의 목적에 위배되지 아니할 것, ② 해당 처분과 실질적인 관련이 있을 것, ③ 해당 처분의 목적을 달성하기 위하여 필요한 최소한의 범위일 것이어야 한다.

또한 ④ 부당결부금지의 원칙, 평등의 원칙, 비례의 원칙 등에 반하여서는 안 되며 ⑤ 부관은 이행가능하여야 하고 주된 행정행위의 본질적 효력을 해하지 아니하는 한도의 것이어야 한다.

5. 독립쟁송가능성과 쟁송형식

(1) 학설

① 부담은 독립된 처분성이 있으므로 진정일부취소소송으로 다투고 기타부관은 그것만의 취소를 구하는 소송은 인정할 수 없다는 견해

② 분리가능성을 기준으로 분리가능한 부담은 진정(또는 부진정)일부취소소송으로, 분리가능한 기타부관은 부진정일부취소소송만이 가능하다고 보는 견해

③ 부관의 분리가능성은 본안의 문제이므로 모든 부관이 독립하여 취소쟁송의 대상이 된다고 보는 견해가 있다.

(2) 판례

대법원은 부담만은 진정일부취소소송으로 다툴 수 있도록 하되 기타부관에 대해서는 전체취소소송으로 다툴 수밖에 없다는 입장이다.

즉, 판례는 부관이 위법한 경우 신청인이 부관부행정행위의 변경을 청구하고, 행정청이 이를 거부한 경우 동 거부처분의 취소를 구하는 소송을 제기할 수 있는 것으로 본다.

(3) 검토

생각건대 판례의 태도는 기타부관에 대한 권리구제에 너무나 취약하고, 분리가능성 기준으로 판단하는 것은 본안문제를 선취하는 결과를 갖는 문제점이 있다. 따라서 부담은 독립된 처분성으로 진정(또는 부진정)일부취소소송으로 다투고, 기타부관은 부진정일부취소소송을 인정하는 견해가 타당하다.

6. 독립취소가능성

(1) 학설

① 기속행위와 재량행위를 구분하여 기속행위의 경우에 법령의 규정 없이 부관을 부가한 경우에는 취소할 수 있다는 기속행위 및 재량행위 구분설

② 취소소송의 소송물은 부관 자체의 위법성이기 때문에 부관이 위법한 경우에는 부관만을 취소할 수 있다는 전부긍정설

③ 부관이 주된 행정행위의 본질적인 내용이 아닌 경우에는 주된 행위와 분리하여 독립하여 취소할 수 있다는 분리가능성설이 있다.

(2) 판례

판례는 부진정일부취소소송의 형태를 인정하지 않으므로 부담만이 독립취소가 가능하고 부담 이외의 부관은 독립된 취소의 대상이 되지 않는다고 본다.

(3) 검토

취소소송의 청구취지는 위법한 부관만의 취소를 구한다는 점과 사후부관 및 변경이 가능하므로 부관이 위법한 경우에는 부관만의 취소를 인정하는 것이 타당하다.

7. 하자 있는(위법한) 부관이 붙은 행정행위의 효력

부관이 주된 행위의 본질적인 부분인 경우에는 주된 행위도 하자 있는 행정행위가 된다고 볼 것이다.

논점 취소 (B)

1. 의의 및 효과(행정기본법 제18조)

행정청은 위법 또는 부당한 처분의 전부나 일부를 소급하여 취소할 수 있다. 처분청이 직권으로 행정행위의 효력을 소멸시키는 것으로 이를 직권취소라 한다. 다만, 당사자의 신뢰를 보호할 가치가 있는 등 정당한 사유가 있으면 장래를 향하여 취소할 수 있다.

2. 주체 여부(감독청의 취소 가능 여부)

감독청의 목적달성 측면에서 감독청도 취소할 수 있다는 견해가 있으나 처분청의 권한을 제한한다는 측면에서 부정하는 견해가 타당하며 행정기본법 제18조에서는 취소권자를 처분권자로 규정하고 있다.

3. 법적 근거 필요 여부

행정기본법 제18조 제1항은 위법 또는 부당한 처분의 직권취소를 명확하게 규정하고 있다. 처분청은 자신이 한 위법 또는 부당한 처분을 명시적인 법적 근거 없이 취소할 수 있을 것이다.

4. 취소사유 해당 여부

행정행위의 위법 또는 부당이 취소사유가 된다.

5. 취소권 행사의 제한법리

① 위법 또는 부당한 침익적 처분에 대하여는 언제든지 직권취소가 가능한 것으로 보아야 한다.
② 수익적 행정행위의 경우에는 직권취소로 인하여 당사자가 입게 될 불이익과 취소로 달성되는 공익을 비교형량하여 결정하여야 한다. 다만, '당사자가 거짓이나 그 밖의 부정한 방법으로 처분을 받은 경우'이거나 '당사자가 처분의 위법성을 알고 있었거나 중대한 과실로 알지 못한 경우'에는 그러하지 아니하다.

6. 취소절차

직권취소처분도 행정처분이므로 행정절차법의 규정에 따라 사전통지 및 의견제출의 절차를 거쳐야 한다.

7. 취소의 효과

직권취소의 효과는 소급효가 원칙이나, 당사자의 신뢰를 보호할 가치가 있는 등 정당한 사유가 있는 경우에는 장래를 향하여 취소할 수 있다.

8. 기타(반환청구권)

위법 또는 부당한 처분이 취소되면 행정청은 처분으로 인해 처분의 상대방이 취한 이득의 반환을 청구할 수 있다. 처분의 직권취소로 인하여 원인행위 없이 득한 부당이득이 되기 때문이다.

논점 │ 취소의 취소 (B)

1. 문제점

취소처분이 위법할 경우 해당 취소처분을 취소함으로써 소멸된 본래의 행정행위를 원상회복시킬 수 있는가의 논의이다.

2. 적용범위

무효인 경우는 처음부터 효력이 없으므로 원행위의 효력이 유지되지만, 취소의 경우는 취소만으로 원행위의 효력이 소생되는지가 문제된다. 따라서 취소사유의 하자가 있는 경우에 적용된다.

3. 견해대립

(1) 학설

① 취소의 취소도 행정행위인바 취소의 취소로 인해 원행정행위가 소생된다는 긍정설, ② 취소로 인해 해당 행위의 효력이 확정적으로 소멸하므로 명문규정이 없는 한 동일한 처분을 해야한다는 부정설, ③ 해당 행위의 성질, 제3자 이익의 고려 및 행정의 능률성 등을 종합 고려하여 판단하여야 한다는 견해가 있다.

(2) 판례

판례는 수익적 행위인 옥외광고물설치허가 사건에서 긍정한바 있으며, 부담적 행위인 과세처분사건에서는 부정한 바 있다. 또한 광업권과 관련하여서는 제3자의 관계까지 고려하여 제3자의 권리침해 시는 부정된다고 본 바 있다.

(3) 검토

직권취소 역시 행정행위이므로 위법한 직권취소의 효력도 소급하여 소멸시킬 수 있다고 보아야 한다. 따라서 긍정설이 타당하다. 다만, 취소행위의 취소로 인하여 과도하게 침해되는 제3자 이익이나 공익이 있는 경우에는 장래에 향하여 취소할 수 있는 것으로 보아야 할 것이다.

PART · 07

논점 철회 (B)

1. 의의 및 효과(행정기본법 제19조)

처분에 일정한 사유가 있는 경우에 그 처분의 전부 또는 일부의 효력을 장래에 향하여 소멸시키는 행위를 철회라 한다.

2. 철회권자

철회는 그의 성질상 원래의 행정행위처럼 새로운 처분을 하는 것과 같기 때문에 처분청만이 이를 행할 수 있다고 보아야 한다.

3. 철회사유

① 법률에서 정한 철회 사유에 해당하게 된 경우, ② 법령등의 변경이나 사정변경으로 처분을 더 이상 존속시킬 필요가 없게 된 경우, ③ 중대한 공익을 위하여 필요한 경우에는 철회할 수 있다.

4. 철회권 행사의 제한

행정청은 처분을 철회하려는 경우에는 철회로 인하여 당사자가 입게 될 불이익을 철회로 달성되는 공익과 비교·형량하여야 한다.

5. 철회절차

철회는 특별한 규정이 없는 한 일반행정행위와 같은 절차에 따른다. 수익적 행정행위의 철회는 '권리를 제한하는 처분'이므로 사전통지절차, 의견제출절차 등 행정절차법상의 절차에 따라 행해져야 한다.

논점 철회의 취소 (B)

1. 문제점

철회가 위법할 경우 해당 철회행위를 취소함으로써 소멸된 본래의 행정행위를 원상회복시킬 수 있는가의 논의이다.

2. 적용범위

무효인 경우는 처음부터 효력이 없으므로 원행위의 효력이 유지되지만, 철회의 경우는 취소만으로 원행위의 효력이 원상회복되는지가 문제된다. 따라서 취소사유의 하자가 있는 경우에 적용된다.

3. 견해대립

(1) 학설

① 철회의 취소도 행정행위인바 철회의 취소로 인해 원행정행위가 소생된다는 긍정설, ② 철회로 인해 해당 행위의 효력이 확정적으로 소멸하므로 명문규정이 없는 한 동일한 처분을 해야 한다는 부정설, ③ 침익적 행정행위의 경우에는 부정하나 수익적 행정행위의 경우에는 위법한 철회처분을 취소하여 원상을 회복할 필요가 있으므로 철회의 취소를 인정해야 한다는 견해가 있다.

(2) 판례

판례는 침익적 행정행위의 철회의 경우 해당 침익적 행정행위는 확정적으로 효력을 상실하므로 철회의 취소는 인정하지 않지만, 수익적 행정행위의 철회에 대하여는 취소가 가능한 것으로 본다.

(3) 검토

원행위의 소생 여부는 원행정행위인 철회와 철회의 취소 사이에 형성된 제3자의 관계를 고려함이 타당하므로 판례의 태도가 합당하다.

논점 확약 (B)

1. 의의 및 구별개념

확약이란 행정주체가 사인에 대해 일정한 행정행위의 발령 또는 불발령을 약속하는 자기구속의 의사표시를 말한다.

확약은 구체적인 처분에 대한 구속적인 의사표시이므로 그 대상을 처분에 한정하지 않는 확언과 구별된다.

2. 처분성 여부

(1) 학설

① 긍정설은 확약의 구속력을 이유로 긍정하나, ② 부정설은 사정변경 시 확약의 종국적 구속력이 없다는 이유로 부정한다.

(2) 판례

판례는 어업권우선순위결정을 확약으로 보면서 처분성은 부정하였다.

(3) 검토

확약에 의해 권리·의무가 발생되는바 처분성을 긍정함이 타당하다.

3. 확약의 성립요건 및 구속력

① 정당한 권한을 가진 행정청일 것(주체), ② 확약의 대상이 적법하고 가능하며 확정적일 것(내용), ③ 본 처분의 절차를 이행할 것(절차), ④ 서면 또는 구술에 의할 것(형식) 등을 갖추어야 구속력이 발생한다.

4. 확약의 효력

(1) 확약의 구속력

확약의 성립요건을 모두 충족하면 구속력이 발생한다. 즉, 행정청은 확약의 내용을 이행할 법적 의무를 지며 확약의 상대방은 확약 내용의 이행을 행정청에게 요구할 수 있다.

(2) 확약의 실효

판례는 확약이 있은 후, 법률적·사실적 사정변경이 발생하였다면 행정청의 별다른 의사표시 없이도 실효된다고 하여 구속력 배제를 인정하고 있다. 그러나 이 경우에도 일률적으로 구속력이 배제된다고 보는 것은 타당하지 않으며 법적합성의 원칙 및 공익과 상대방의 신뢰보호이익을 비교형량하여 판단함이 타당하다고 본다.

5. 권리구제

행정청이 확약내용을 이행하지 않으면, ① 현행법상 의무이행소송이 허용되지 않으므로, ② 상대방은 확약의 이행을 청구하고 거부처분이나 부작위에 대해 의무이행심판, 부작위위법확인소송 또는 거부처분취소소송을 제기할 수 있다. ③ 확약의 불이행으로 손해가 발생한 경우에는 손해배상청구도 가능하다.

📖 알아두기

확약의 구별개념

1. **가행정행위**

가행정행위란 본행정행위가 있기 전까지 행정행위의 법적 효과 또는 구속력을 잠정적으로 발생시키는 행위를 말한다. 가행정행위는 본행정행위의 효력을 향유할 수 있으며, 본행정행위가 있게 되면 가행정행위는 본행정행위로 대체되어 효력이 상실된다.

2. **사전결정(예비결정)**

사전결정이란 종국적인 행정결정을 하기에 앞서 종국적인 행정결정의 요건 중 일부에 대해서 사전적으로 심사하여 내린 결정을 말한다. 사전결정은 그 자체가 하나의 완결된 행정행위이다. 사전결정이 발령되면 최종행위 결정 시에 사전결정의 내용과 상충되는 결정을 하여서는 안 된다.

사전결정은 그 자체가 하나의 완결된 행위이므로 이에 대한 구속력을 긍정함이 타당하다.

논점 권력적 사실행위 (B)

1. 사실행위의 의의

사실행위란 일정한 법적 효과의 발생을 목적으로 하지 않고 교량의 건설, 폐기물 수거, 행정지도, 행정조사 등과 같이 어떠한 사실상의 효과 및 결과의 실현을 목적으로 하는 행위를 말한다.

2. 권력적 사실행위의 의의

권력적 사실행위는 대집행 실행, 행정조사 등 행정주체가 우월적인 지위에서 행하는 것으로서 공권력행사의 실체를 가지는 것을 말한다.

3. 처분성 인정여부

(1) 긍정설

국민의 권리와 의무에 영향을 미치므로 항고소송의 대상이 된다고 본다.

(2) 수인하명설

권력적 사실행위에 결합되어 있는 수인하명이 항고소송의 대상이 된다는 견해이다.

(3) 부정설

사실행위는 항고소송의 대상이 되지 않으며 사실행위에 대한 권익구제는 당사자소송으로 도모하여야 한다고 한다.

(4) 판례

권력적 사실행위라고 보여지는 단수처분, 교도소 재소자의 이송조치의 처분성을 인정한 대법원 판례가 있다.

(5) 검토

처분의 개념정의에 비추어 국민의 권리와 의무에 영향을 미치는 경우에는 권리보호의 필요성을 이유로 항고소송의 대상이 되는 것으로 보는 것이 타당하다.

논점 행정지도 (B)

1. 의의 및 근거

행정청이 행정목적을 실현하기 위하여 특정인에게 지도, 권고, 조언 등을 하는 행정작용으로서 비권력적 사실행위를 말한다.

2. 법적 성질 및 근거

행정지도는 상대방의 임의적 협력을 통해 사실상 효과를 기대하므로 법적 효과 발생을 목적으로 하는 것이 아니기에 비권력적 사실행위라고 보아야 할 것이다. 또한 이는 침익적이라고 보기 어려워 법적 근거가 필요 없다고 보는 것이 다수의 견해이다. 단, 규제적 행정지도나 강제력을 갖는 경우는 근거가 필요하다는 견해도 있다.

3. 행정지도의 한계

(1) 임의성의 원칙

행정지도는 그 목적달성에 필요한 최소한도에 그쳐야 하며, 행정지도의 상대방의 의사에 반하여 부당하게 강요하여서는 아니 된다.

(2) 불이익조치금지의 원칙

행정기관은 행정지도의 상대방이 행정지도에 따르지 아니하였다는 것을 이유로 불이익한 조치를 하여서는 아니 된다.

(3) 조직법 및 절차법상의 한계

행정지도를 발하는 행정기관은 관할 사무범위 내에서만 가능하며 범위 안에서도 본래 목적과 다른 목적의 지도는 할 수 없다.

4. 권리구제

(1) 행정쟁송

1) 학설
① 임의적 협력을 구하는 비권력적 행위인 바 처분성을 부정하는 부정설과, ② 사실상 강제력을 갖고 국민의 권익을 침해하는 경우에는 처분성을 인정할 수 있다는 제한적 긍정설이 있다.

2) 판례
권고적 성격의 행위는 특정인의 법률상의 지위에 변동을 가져오는 처분으로 볼 수 없다고 판시한 바 있다. 국가인권위원회의 성희롱결정과 이에 따른 시정조치의 권고는 성희롱 행위자로 결정된 자의 인격권에 영향을 미침과 동시에 공공기관의 장 또는 사용자에게 일정한 법률상의 의무를 부담시키는 것이므로 국가인권위원회의 성희롱결정 및 시정조치권고는 행정소송의 대상이 되는 행정처분으로 보았다.

3) 검토
일반적으로 행정지도의 처분성을 부정하므로 행정지도가 아닌 불이익처분을 대상으로 소를 제기해야 한다. 다만, 예외적으로 국민의 권리·의무에 직접적인 영향을 미치는 경우에는 항고소송의 대상이 된다고 보아야 한다.

(2) 손해전보
행정지도와 같은 비권력적 작용도 공무원의 직무에 포함되며 국가배상청구의 요건이 충족되는 경우에는 국가배상을 청구할 수 있다. 손실보상의 경우 학설은 대립하지만 특별한 희생이 있고 행정지도에 의해 특별한 희생이 발생하였다면 수용적 침해보상의 법리를 통해 보상이 가능하다고 본다.

논점 행정조사 [B]

1. 의의
행정조사란 행정기관이 정책을 결정하거나 직무를 수행하는 데 필요한 정보나 자료를 수집하기 위하여 현장조사·문서열람·시료채취 등을 하거나 조사대상자에게 보고요구·자료제출요구 및 출석·진술요구를 행하는 활동을 말한다. 이는 수인의무를 부과하는 권력적 사실행위이다.

2. 한계

(1) 실체법적 한계
행정조사는 조사목적을 달성하는데 필요한 최소한의 범위 안에서 실시하여야 하며, 다른 목적 등을 위하여 조사권을 남용하여서는 아니 된다.

(2) 절차법적 한계
상대방의 신체나 생명 및 재산에 직접 실력을 가하여야 하는 경우에는 영장주의가 적용된다. 다만, 긴급을 요하는 불피피한 경우에는 그러하지 않다. 판례는 긴급을 요하는 경우에 한하여 수색압수를 하고 사후에 영장을 교부 받을 수 있다고 판시했다.

3. 위법한 행정조사와 행정행위의 효력

(1) 학설
① 적법절차의 원칙에 비추어 위법한 절차에 기초한 행정행위는 위법하다는 견해와 ② 행정조사와 행정행위는 별개의 행위이므로 행정조의 위법이 바로 행정행위의 위법상사유가 되지 않는다는 견해가 있다. ③ 행정조사의 목적이 행정행위를 위한 사전적인 정보수집의 목적인 경우에는 행정

행위의 절차상의 하자를 구성한다는 견해도 있다.

(2) 판례

판례는 부정한 목적을 위한 조사와 위법한 중복세무조사에 기초하여 이루어진 과세처분은 위법하다고 판시한 바 있다.

(3) 검토

적법절차의 원칙에 비추어 행정조사의 절차상 하자가 있는 경우에는 그에 기초한 행정행위도 위법한 것으로 보아야 할 것이다.

4. 행정조사에 대한 행정구제

(1) 행정쟁송

행정조사가 권력적 사실행위라면 항고소송의 제기가 가능하지만 행정조사는 통상 단기에 종료되는 경우가 많으므로 집행정지제도를 가구제로써 활용해야 할 것이다.

(2) 손해전보

위법한 행정조사로 인한 손해에 대해서는 국가배상을 청구할 수 있다. 적법한 행정조사로 인하여 특별한 희생이 발생된 경우라면 손실보상을 청구할 수 있다.

논점 | 인허가 의제제도 (B)

1. 의의

계획확정이 일반법규에 규정되어 있는 승인 또는 허가 등을 대체시키는 효과를 집중효라고 부른다. 인·허가의제제도란 근거법상의 주된 인가, 허가, 특허 등을 받으면 그 행위에 필요한 다른 법률상의 인가, 허가 등을 받은 것으로 간주하는 제도를 말한다.

2. 기능

① 절차간소화를 통해 사업자의 부담해소 및 절차촉진에 기여하며 ② 다수의 인·허가부서를 통합하는 효과를 가져오고 ③ 인·허가에 필요한 구비서류의 감소효과를 가져온다.

3. 집중효의 정도

(1) 학설

1) 관할집중설(형식적 집중설)

집중효는 계획을 확정하는 행정청에 의해 대체되는 행정청의 관할만이 병합된다는 것이다. 따라서 절차적·실체적 요건을 모두 준수해야 한다는 견해이다.

2) 절차집중설

계획확정기관은 대체행정청이 준수해야 하는 절차적 요건을 준수하지 않아도 되지만, 실체적 요건에 대해서는 대체행정청과 같이 기속된다는 견해이다.

3) 제한적 절차집중설

법치행정에 비추어 계획확정기관도 실체적 요건은 존중해야 하지만, 절차요건은 생략될 수 있다고 본다. 다만, 이해관계 있는 제3자의 권익보호를 위한 절차는 집중되지 않는다고 하거나, 집중효의 대상이 되는 인·허가의 모든 절차를 거칠 필요는 없지만 통합적인 절차를 거쳐야 한다고 하여 제한적인 범위에서 절차집중을 인정한다.

4) 제한적 실체집중설

집중효는 절차의 집중 및 실체의 집중 모두를 의미하지만, 대체행정청이 준수해야 하는 실체적 요건들 중 일부가 계획확정기관에게는 완화된다는 견해이다. 따라서 계획확정기관은 집중효의 대상이 되는 인·허가 등의 절차적 요건에 구속되지 않으며, 실체적 요건에도 엄격하게 기속되지 않는다. 다만 실체적인 요건들은 계획확정기관에서 계획을 확정함에 있어서 형량의 요소로 고려될 수 있다는 것이다.

5) 실체집중설(비제한적 실체집중설)

계획확정기관은 집중효의 대상이 되는 인·허가 등의 실체적 요건과 절차적 요건을 모두 고려함이 없이 독자적으로 판단할 수 있다는 견해이다.

(2) 판례

판례는 의제되는 법률에 규정된 이해관계인의 의견청취절차를 생략할 수 있다고 하여 절차집중을 인정하고 있다.

(3) 검토

집중효제도의 기능 내지 취지에 비추어 계획확정기관은 하나의 계획확정절차를 제한적으로 거치면 되지만 실체법에는 기속된다는 제한적 절차집중설이 타당하다.

4. 인·허가의제와 소송의 대상

판례는 주택건설사업계획승인처분에 따라 의제된 지구단위계획결정에 하자가 있음을 이해관계인이 다투고자 하는 경우, 주된 처분(주택건설사업계획승인처분)과 의제된 인·허가(지구단위계획결정) 중 어느 것을 항고소송의 대상으로 삼아야 하는지에 대해서 주택건설사업계획 승인처분의 취소를 구할 것이 아니라 의제된 인·허가의 취소를 구하여야 하며, 의제된 인·허가는 주택건설사업계획 승인처분과 별도로 항고소송의 대상이 되는 처분에 해당한다고 판시한 바 있다.

논점 행정강제 (B)

1. 의의 및 구별

행정강제는 신체 또는 재산에 실력을 가하여 행정목적을 실현하는 제도이다. 행정벌은 과거의 의무 위반에 대한 제재이나 행정강제는 행정목적 실현을 목적으로 하므로 구분된다.

2. 종류

(1) 대집행

행정대집행법상의 대집행이란 대체적 작위의무의 불이행이 있는 경우에 당해 행정청이 스스로 의무자가 행할 행위를 하거나 제3자로 하여금 이를 행하게 하고 그 비용을 의무자로부터 징수하는 것을 말한다(행정대집행법 제2조).

(2) 집행벌(이행강제금)

의무자가 행정상 의무를 이행하지 아니하는 경우 행정청이 적절한 이행기간을 부여하고, 그 기한까지 행정상 의무를 이행하지 아니하면 금전급부의무를 부과하는 것을 말한다.

(3) 직접강제

의무자가 행정상 의무를 이행하지 아니하는 경우 행정청이 의무자의 신체나 재산에 실력을 행사하여 그 행정상 의무의 이행이 있었던 것과 같은 상태를 실현하는 것을 말한다.

(4) 행정상 강제징수

의무자가 행정상 의무 중 금전급부의무를 이행하지 아니하는 경우 행정청이 의무자의 재산에 실력을 행사하여 그 행정상 의무가 실현된 것과 같은 상태를 실현하는 것을 말한다.

(5) 즉시강제

현재의 급박한 행정상의 장해를 제거하기 위한 경우로서 ① 행정청이 미리 행정상 의무 이행을 명할 시간적 여유가 없는 경우, ② 그 성질상 행정상 의무의 이행을 명하는 것만으로는 행정목적 달성이 곤란한 경우에 행정청이 곧바로 국민의 신체 또는 재산에 실력을 행사하여 행정목적을 달성하는 것을 말한다. 이는 권력적 사실행위이며 법적 근거가 필요하다.

논점 　행정벌 (B)

1. 의의

행정벌이란 행정법상의 의무위반행위에 대하여 제재로서 가하는 처벌을 말한다. 행정형벌과 행정질서벌이 있다.

2. 행정형벌(중대한 의무위반에 대한 벌)

행정형벌이란 형법상의 형벌을 과하는 행정벌을 말한다. 이는 죄형법정주의에 의거 법률의 근거를 요한다.

3. 행정질서벌(경미한 의무위반에 대한 벌)

행정질서벌은 과태료가 과하여지는 행정벌이다.

4. 행정형벌과 질서벌의 병과 가능성

(1) 학설

① 동일한 위반행위에 대한 행정벌이라는 점에서 부정하는 견해와, ② 목적에 차이가 있으므로 병과가 가능하다는 견해가 있다.

(2) 판례

행정법상의 질서벌인 과태료의 부과처분과 형사처벌은 그 성질이나 목적을 달리하는 별개의 것이므로 행정법상의 질서벌인 과태료를 납부한 후에 형사처벌을 한다고 하여 이를 일사부재리의 원칙에 반하는 것이라고 할 수는 없다.

(3) 검토

행정형벌과 질서벌은 모두 행정형벌의 일종이지만 그 목적이나 성질이 다르므로 모두 부과한다고 하여 일사부재리 원칙에 반하는 것은 아니므로 병과는 가능하다.

논점 　대집행 (A)

1. 의의(행정대집행법 제2조)

공법상 대체적 작위의무의 불이행에 대해 행정청이 스스로 의무자가 행할 행위를 하거나 제3자로 하여금 이를 행하게 하고 그 비용을 의무자로부터 징수하는 것을 말한다.

2. 대집행의 요건

(1) 공법상 대체적 작위의무의 불이행

1) 공법상 의무

① 대집행의 대상이 되는 대체적 작위의무는 공법상 의무이어야 한다. 사법상 의무는 대집행의 대상이 되지 않는다.

② 부작위의무와 수인의무는 성질상 대체적 작위의무가 아니다.

2) 대체적 작위의무

① 의의

대체적 작위의무는 타인이 대신할 수 있는 의무를 말한다.

② 물건의 인도 또는 토지·건물의 명도의무

물건의 인도는 대체성이 있는 물건에 한하여 대집행이 가능하다.

점유자가 점유하는 물건의 인도는 대집행의 대상이 될 수 없고, 직접강제의 대상이 된다.

판례는 매점점유자의 점유배제는 직접적인 실력행사가 필요한 것이지 대체적 작위의무에 해당하는 것은 아니어서 행정대집행법에 의한 대집행의 대상이 되는 것은 아니라고 판시한 바 있다.

③ 수용 목적물인 토지나 물건의 인도 또는 이전의무

가) 견해의 대립

㉠ 토지보상법 제89조의 목적 상대

집행을 긍정하는 견해, ⓛ 토지보상법 제89조의 의무도 대체적 작위의무에 한정된다고 보아 부정하는 견해, ⓒ 인도의 대상인 토지·물건을 신체로써 점유하고 있는 경우에는 직접강제에 속하고 대집행을 할 수 없으나, 존치물건으로 점유하고 있는 경우에는 대집행을 할 수 있는 것으로 보는 부분긍정설이 있다.

나) 판례

'인도'에는 명도도 포함되는 것으로 보아야 하고, 명도의무는 강제적으로 실현하면서 직접적인 실력행사가 필요한 것이지 대체적 작위의무라고 볼 수 없으므로 행정대집행법에 의한 대집행의 대상이 될 수 있는 것이 아니다.

다) 검토

대집행은 국민의 권익침해의 개연성이 높으므로 토지보상법 제89조의 의무를 법치행정의 원리상 명확한 근거 없이 비대체적 작위의무로까지 확대해석할 수 없다고 할 것이다.

(2) 비례성 요건

행정대집행법은 "다른 수단으로써 이행을 확보하기 곤란하고 또한 그 불이행을 방치함이 심히 공익을 해할 것으로 인정될 때"에 한하여 대집행이 가능한 것으로 규정하고 있다.

3. 대집행주체

대집행을 실행할 수 있는 권한을 가진 자는 의무를 부과한 당해 행정청이다. 당해 행정청의 위임이 있으면 다른 행정청도 대집행주체가 될 수 있다. 대집행을 수행하는 자는 당해 행정청이나 제3자이며 제3자의 경우 다수는 사법상 도급계약으로 본다.

4. 대집행권 행사의 재량성

행정대집행은 대집행 요건이 충족되는 경우에 심히 공익을 해할 것인지를 판단(계고 시 기준)하여 대집행 실행의 필요성이 인정되는 경우에 할 수 있다.

5. 대집행의 절차

(1) 계고

상당한 이행기한을 정하여 그 기한까지 이행되지 아니할 때에는 대집행을 한다는 뜻을 미리 문서로써 계고하여야 한다. 다만, 긴급한 경우 생략이 가능하다.

1) 계고의 내용 및 방식(문서)

계고는 문서로하되 대집행할 행위의 내용 및 범위가 구체적으로 특정되어야 한다.

계고서라는 명칭의 1장의 문서로서 철거를 명함과 동시에 대집행을 계고한 경우라도 철거명령과 계고처분은 독립하여 존재한다. 철거명령에서 주어진 일정기간이 자진철거에 필요한 상당한 기간이라면 그 기간 속에는 계고 시에 필요한 '상당한 이행기간'도 포함되어 있다고 보아야 한다.

판례는 상당한 기간을 부여하지 않은 경우 대집행영장으로 대집행 시기를 늦추었다고 하더라도 계고처분은 적법절차에 위배되어 위법하다고 보았다.

2) 반복계고의 경우

계고가 반복된 경우에는 1차 계고가 소의

대상이다. 2차, 3차 계고처분은 대집행기한의 연기통지에 불과하다.

(2) 대집행영장에 의한 통지

계고를 받고 기한까지 의무를 이행하지 아니할 때에는 행정청이 대집행영장으로써 대집행실행의 시기 등을 의무자에게 통지하는 행위를 말한다. 긴급한 경우 생략이 가능하다.

(3) 대집행의 실행

대집행의 실행은 당해 행정청이 스스로 또는 타인으로 하여금 대체적 작위의무를 이행시키는 물리력을 행사하는 행위이다.

실력행사가 가능한지에 대해서는 긍정설과 부정설의 견해의 대립 있으나 판례는 부정한다. 행정의 이행확보라는 공익과 국민의 기본권 보호라는 사익을 형량해야 할 것이다.

(4) 비용징수

대집행에 실제에 요한 비용액과 그 납기일을 정하여 의무자에게 문서로써 그 납부를 명하는 것이다.

6. 행정구제

(1) 항고쟁송

1) 소의 대상

① 계고와 대집행영장에 의한 통지는 준법률행위적 행정행위이며 ② 대집행의 실행은 권력적 사실행위의 성질을 갖고, ③ 비용납부명령은 공법상의 의무인 비용납부의무를 과하는 행정행위이므로 각 단계는 행정심판 및 행정소송의 대상이 된다.

2) 소의 이익

대집행이 실행되어 버리면 계고 또는 통지행위에 대한 항고소송은 협의의 소익이 부정된다. 계고 또는 통지에 대한 행정쟁송 제기 시 집행정지를 신청해야 한다. 대집행이 실행된 이후에는 손해배상 및 원상회복청구가 주장될 수 있다.

3) 하자의 승계

① 철거명령과 대집행절차를 이루는 행위는 별개의 법적 효과를 가져오는 행위이므로 철거명령의 하자가 대집행절차를 이루는 각 행위에 승계되지 않는다. ② 대집행절차를 이루는 계고, 통지, 실행, 비용납부명령은 상호 결합하여 대집행이라는 하나의 법적 효과를 가져오므로 선행행위의 하자가 후행행위에 승계된다.

(2) 국가배상(손해배상)

위법한 대집행으로 손해가 발행한 경우에는 국가배상청구가 가능하다.

(3) 원상회복청구(결과제거청구)

대집행의 실행으로 인하여 위법한 상태가 계속되는 경우에는 결과제거청구를 할 수 있다.

(4) 기타

대집행에 대한 예방적인 구제수단으로 예방적 부작위소송(무명 항고소송)이 검토될 수 있다.

논점   사전통지 (A)

1. 의의 및 취지

권리를 제한하거나, 의무를 부과하는 처분을 할 때에는 처분내용, 의견제출을 할 수 있다는 사실을 사전에 통지하도록 규정하고 있다. 이는 절차참여를 위한 필수규정이다.

2. 생략사유

① 공공복리를 위해 긴급한 처분을 할 필요가 있는 경우, ② 처분성질상 의견청취가 현저히 곤란하거나 명백히 불필요한 경우, ③ 법령상 일정처분을 하여야 함이 객관적으로 증명된 경우에는 생략할 수 있다.

이 경우 행정청은 처분을 할 때 당사자등에게 통지를 하지 아니한 사유를 알려야 한다. 다만, 신속한 처분이 필요한 경우에는 처분 후 그 사유를 알릴 수 있다.

3. 사전통지의 대상자

처분의 직접 상대방만을 말하고 이해관계에 있는 제3자는 해당되지 않는다. 제3자도 의견진술기회를 줄 필요가 있으므로 입법적 해결이 필요하다.

4. 사전통지의 기간

행정청은 의견제출의 준비에 필요한 기간을 10일 이상으로 주어 통지하여야 한다.

5. 거부처분 시 사전통지 필요 여부

(1) 학설

① 신청의 거부는 신청의 기대이익 제한이라는 긍정설, ② 신청만으로는 권익이 생기지 않았으므로 권익을 제한하는 것이 아니고 신청자체로 이미 의견진술이 기회를 준 것이므로 불필요하다고 보는 부정설, ③ 인·허가에 부가된 갱신기간의 경우는 권익(갱신받을 권익 침해)을 제한하는 것으로 보아 긍정하는 제한적 긍정설이 있다.

(2) 판례

판례는 신청에 따른 처분이 이루어지지 않은 경우에는 아직 당사자에게 권익이 부여되지 않았으므로, 거부처분은 권익을 제한하는 처분이 아니라고 한다.

(3) 검토

인·허가의 갱신 등처럼 기존권익의 유지가 아닌 한, 신청의 거부는 권익제한이 아니라고 판단된다. 인·허가의 갱신의 경우는 갱신에 의해 종전의 허가효과가 유지되는바, 이는 권익제한에 해당된다고 볼 수 있으므로 사전통지 결여는 위법하다고 볼 수 있다.

논점 청문 [A]

1. 청문의 의의 및 취지

행정청이 어떤 처분을 하기에 앞서 상대방 등의 의견을 직접 듣고 증거를 조사하는 절차를 말한다. 이는 사전적 권리구제를 가능하게 함에 취지가 인정된다.

2. 필수적 절차 여부

청문에 대한 명문 규정이 있거나 행정청이 필요하다고 인정하는 경우 및 인허가 등의 취소, 신분·자격의 박탈, 법인이나 조합 등의 설립허가의 취소처분시에 청문을 한다. 행정절차법 제21조 제4항(사전통지 생략사유) 및 당사자의 포기의사가 있는 경우는 생략이 가능하다.

3. 관련 판례

(1) 도달기간을 준수하지 않은 청문의 효력

청문서 도달기간을 지키지 않았다면 이는 청문의 절차적 요건을 준수하지 아니한 것이므로 이를 바탕으로 한 행정처분은 위법하다. 다만 청문서 도달기간을 다소 어겼다 하더라도 당사자가 이의를 제기하지 아니하고 스스로 청문기일에 출석하여 충분한 방어기회를 가졌다면 청문서 도달기간을 준수하지 않은 하자는 치유되었다 보아야 한다.

(2) 협의에 의한 청문배제 가능성

의견청취절차를 배제하는 협약을 체결하였다 하여도 청문을 실시하지 않아도 되는 예외적인 경우에 해당한다고 할 수 없다.

(3) 판례는 '청문통지서가 반송되었다거나, 행정처분의 상대방이 청문일시에 불출석하였다는 이유'가 의견청취가 현저히 곤란한 경우에 해당하지 않는다고 본다.

논점 이유제시 [A]

1. 의의 및 필요성

행정청이 처분을 하는 경우에 그 근거와 이유를 제시함을 말하고 모든 처분을 대상으로 한다. ① 이는 행정결정의 신중성 및 공정성을 도모하고, ② 행정쟁송 제기 여부의 판단 및 쟁송준비의 편의제공 목적에 취지가 인정된다.

2. 필수적 절차인지

① 당사자의 신청대로 인정하는 경우, ② 단순반복 및 경미한 처분으로 당사자가 그 이유를 명백히 아는 경우, ③ 긴급을 요하는 경우 생략이 가능하다.
②, ③ 의 경우에 처분 후 당사자가 요청하는 경우에는 그 근거와 이유를 제시하여야 한다.

3. 이유제시의 정도와 하자

판례는 '처분의 근거와 이유를 상대방이 이해할 수 있을 정도로 구체적으로 서면으로 하되, 이를 전혀 안하거나 구체적이지 않은 경우 위법하게 된다'고 한다.
이유제시가 전혀 없거나 없는 것과 같이 불충분한 경우는 무효로 보고 불충분한 경우는 취소로 보아야 할 것이나 판례는 이유제시 누락도 취소로 본다.

4. 이유제시의 시기 및 내용

이유제시는 처분과 동시에 행하여야 한다. 행정청이 처분을 하는 때에는 당사자에게 그 처분에 관하여 행정심판 및 행정소송을 제기할 수 있는지 여부, 기타 불복을 할 수 있는지 여부, 청구절차 및 청구기간 기타 필요한 사항을 알려야 한다.

행정구제법

제1장 행정구제법 기본개념

1. 행정구제 및 행정쟁송

행정구제절차는 행정권의 행사에 의한 국민의 권익침해를 구제해주는 것으로서 국민의 기본권 보장과 법치행정을 담보하는 수단이다. 행정구제절차로서 행정심판과 행정소송을 아울러 행정쟁송제도라 한다.

2. 행정심판

행정심판은 행정심판위원회가 위법·부당한 처분을 심리·판단하는 것이다.

3. 행정소송

행정소송은 행정법원이 위법한 처분에 대한 심리·판단하는 절차를 말한다.

4. 구제제도 유형분류

(1) 위법성에 따른 분류

① 위법한 행정권의 행사에 의해 침해된 권익의 구제제도로는 행정쟁송(행정심판과 행정소송), 헌법소원, 국가배상청구, 공법상 결과제거청구, 국민고충처리제도 등이 있다.

② 적법한 공권력 행사에 의해 가해진 손해에 대한 구제제도로는 행정상 손실보상이 있다.

(2) 원상회복 유무에 따른 분류

① 원상회복적인 구제방법으로는 행정쟁송, 헌법소원 및 공법상 결과제거청구권이 있으며, ② 금전에 의한 구제방법으로는 손해전보(손해배상 및 손실보상)가 있다.

(3) 공권력 행사에 따른 분류

① 공권력(公權力) 행사의 위법·부당을 시정하는 구제제도로는 행정쟁송(행정심판과 행정소송), 헌법소원이 있으며, ② 공권력 행사의 결과에 대한 구제제도로는 공법상 결과제거청구, 행정상 손해배상과 행정상 손실보상이 있다.

(4) 재판적 및 비재판적 수단에 따른 분류

① 재판적 구제수단으로는 항고소송 및 당사자소송이, ② 비재판적 구제수단으로는 국민고충처리제도, 청원, 행정절차, 대체적 분쟁해결수단(ADR, 분쟁조정제도) 등이 있다.

(5) 사전적 및 사후적 구제제도에 따른 분류

① 사전구제제도에는 행정절차, 예방적 부작위(금지)청구소송(입법론)이 있으며, ② 사후구제제도는 통상의 행정구제제도를 지칭한다.

(6) 행정소송의 성질에 의한 분류

1) 형성의 소

판결 그 자체에 의하여 법률관계가 발생·변경 또는 소멸되는 소이다.

2) 이행의 소

피고에 대한 특정한 이행청구권의 존재를 주장하여 그의 확정과 이에 따른 이행명령의 판결을 구하는 소이다.

3) 확인의 소

확인의 소란, 특정한 권리 또는 법률관계의 존재 또는 부존재를 주장하여 이를 확인하는 내용의 판결을 구하는 소이다.

5. 핵심개념 정리

(1) 손해전보(塡補)

행정상 손해전보는 통상 국가작용에 의해 개인에게 가해진 손해의 전보를 의미한다. 행정상 손해배상과 행정상 손실보상이 이에 해당한다.

(2) 공법상 결과제거청구

공법상 결과제거청구라 함은 공공행정작용으로 인하여 야기된 위법한 상태로 인하여 자기의 권익을 침해받고 있는 자가 행정주체에 대하여 그 위법한 상태를 제거하여 침해 이전의 원래의 상태로 회복시켜 줄 것을 청구하는 것을 말한다.

(3) 행정소송

행정소송이라 함은 행정법 관계에 있어서의 법적 분쟁을 당사자의 청구로 심리·판정하는 심판절차를 말한다. 행정심판은 행정기관이 심판하는 행정쟁송절차를 말하고, 행정소송은 법원이 심판하는 행정쟁송절차를 말한다.

(4) 주관적 쟁송 및 객관적 쟁송

주관적 쟁송이란 개인의 권리·이익의 구제를 주된 목적으로 하는 쟁송을 말한다. 객관적 쟁송이란 행정의 적법·타당성의 통제를 주된 목적으로 하는 쟁송을 말한다. 우리나라의 당사자소송은 주관적 소송이고, 기관소송과 민중소송은 객관적 소송이다.

(5) 정식쟁송 및 약식쟁송

정식쟁송이란 심판기관이 독립된 지위를 갖는 제3자이고 당사자에게 구술변론의 기회가 보장되는 쟁송을 말하고, 약식쟁송이란 이 두 요건 중 어느 하나라도 결여하거나 불충분한 쟁송을 말한다. 행정소송은 정식쟁송이고, 행정심판은 약식쟁송이다.

(6) 항고쟁송 및 당사자쟁송

항고쟁송은 일방적인 공권력 행사의 위법·부당을 다투는 쟁송이고, 당사자쟁송은 상호 대등한 당사자 상호 간의 행정법상의 법률관계의 형성 또는 존부를 다투는 쟁송을 말한다. 행정심판과 항고소송은 항고쟁송이며 토지수용의 재결, 당사자소송은 당사자쟁송이다.

(7) 시심적 쟁송 및 복심적 쟁송

시심적 쟁송이란 법률관계의 형성 또는 존부의 확인에 관한 행정작용 자체가 쟁송의 형식으로 행하여지는 행정작용을 말한다(토지수용위원회의 재결 등). 복심적 쟁송이란 이미 행하여진 행정작용의 흠(위법 또는 부당)을 시정하기 위하여 행하여지는 쟁송절차를 말한다. 항고쟁송은 복심적 쟁송이다.

(8) 민중쟁송 및 기관쟁송

민중쟁송이라 함은 행정법규의 적법·타당한 적용을 확보하기 위하여 일반 민중에 의하여 제기되는 쟁송을 말한다. 기관쟁송이란 국가 또는 공공단체의 기관 상호 간의 분쟁을 해결하기 위하여 제기되는 쟁송을 말한다.

6. 행정심판과 행정소송의 관계

(1) 행정심판과 행정소송의 공통점

행정심판과 행정소송은 모두 쟁송으로서 사후 구제수단이며 행정청의 위법을 시정하는 절차이다. 또한 법률상 이익을 가진 자만이 제기할 수 있고 당사자의 쟁송제기에 의해 절차가 게시된다. 당사자는 대등한

PART · 07

입장에 서고, 일정한 기간 내에 제기해야 한다는 점이 공통점이며 참가인제도, 청구의 변경, 직권심리, 집행부정지 원칙, 불이익변경 금지원칙, 사정판결 등이 공통점이다.

(2) 행정심판과 행정소송의 차이점

행정심판은 행정통제적 성격이 강한 데 대하여, 행정소송은 권리구제적 성격이 강하며, 행정심판은 행정기관인 행정심판위원회가 담당하나 행정소송은 법원이 관장한다. 또한 행정심판은 서면심리와 구술심리가 병행하여 적용되는데, 행정소송은 구두변론주의가 원칙이다. 심판대상으로 행정심판은 위법·부당한 처분을 대상으로 하지만 행정소송은 위법한 처분 등을 대상으로 한다. 행정심판에 대한 재결도 행정소송의 대상이 된다. 행정심판은 의무이행심판을 규정하고 있으나 행정소송에서는 의무이행소송이 인정되고 있지 않다.

(3) 행정심판과 행정소송의 관련성

(구)행정소송법은 행정심판전치주의를 규정하여 행정심판을 거친 후 행정소송을 제기할 수 있었으나, 1994년 7월 14일의 개정된 행정소송법에서는 명문의 규정이 없는 한, 행정심판을 거치지 않고서도 행정소송을 제기할 수 있도록 행정심판 임의주의를 원칙으로 규정하고 있다.

제2장 행정심판법

논점 행정심판 개관 (B)

1. 의의 및 성질

행정심판은 행정기관인 행정심판위원회가 법률관계의 분쟁에 대한 심리·재결하는 행정쟁송절차이며 재결은 준법률행위적 행위로서 확인의 성질을 갖는다. 행정심판은 사법절차가 준용된다.

2. 행정심판의 종류

(1) 취소심판

행정청의 위법 또는 부당한 처분을 취소하거나 변경하는 행정심판이다.

(2) 무효등확인심판

처분 등의 효력 유무 또는 존재 여부를 확인하는 행정심판이다.

(3) 의무이행심판

행정청의 위법 또는 부당한 거부처분이나 부작위에 대하여 일정한 처분을 하도록 하는 행정심판이다.

3. 이의신청과 행정심판의 구별

(1) 이의신청의 의의 및 근거

위법·부당한 처분에 대하여, 처분을 행한 처분청에 불복을 제기하는 것을 말한다. 행정기본법 제36조에서는 처분에 대한 이의신청의 원칙을 규정하고 있으며 각 개별법에서 처분청에 대한 이의신청을 규정한다.

(2) 구별실익

이의신청이 행정심판법상의 행정심판이라고 한다면 행정심판법 제51조 재청구금지에 의해 행정심판을 다시 청구할 수 없다. 이에 양자의 구별 실익이 있다.

(3) 구별기준

개별법상 이의신청이 단순 이의신청인지 행정심판인 이의신청인지 여부를 판단하는 기준에 관하여 견해의 대립이 있다.

1) 심판기관기준설

행정심판과 행정심판이 아닌 이의신청을 심판기관을 기준으로 구분하는 견해이다. 즉, 이의신청은 처분청 자체에 제기하는 쟁송인데 반하여, 행정심판은 원칙적으로 처분청의 직근 상급행정청에 제기하는 쟁송이라고 본다.

2) 쟁송절차기준설

헌법 제107조 제3항에서 행정심판절차는 사법심판절차가 준용되어야 한다고 규정하고 있으므로 준사법절차가 보장되는 경우에만 특별법상 행정심판으로 본다.

3) 판례

판례는 부동산공시법상 이의신청의 법적 성질을 법률규정의 목적과 행정심판법과의 관계 및 그 절차와 담당 기관의 차이 등을 종합고려하여 판단한 바 있다.

4) 검토

헌법 제107조 제3항이 행정심판에 사법절차를 준용하도록 규정하고 있는 점에 비추어 쟁송절차기준설이 타당하다.

논점 취소심판 [A]

1. 의의

행정청의 위법 또는 부당한 처분을 취소하거나 변경하는 심판을 말한다. 취소에는 적극적 처분의 취소뿐만 아니라 소극적 처분인 거부처분의 취소를 포함한다. 변경이란 취소소송에서와 달리 적극적 변경을 의미한다.

2. 청구요건

(1) 청구인

행정심판을 청구할 자격이 있는 자로 법률상 이익이 있는 자를 의미한다.

(2) 피청구인

심판청구의 상대방을 의미하며 처분을 한 행정청을 피청구인으로 한다.

(3) 대상

처분과 부작위에 대해서 행정심판 제기가 가능하다. 이때 처분과 부작위는 행정소송에서의 그것과 동일한 개념이다.

(4) 청구기간

취소심판은 처분이 있음을 알게 된 날부터 90일 이내에 청구하여야 하며, 처분이 있었던 날부터 180일이 지나면 청구하지 못한다. 다만, 정당한 사유가 있는 경우에는 그러하지 아니하다.

(5) 방식

심판청구는 서면으로 해야 하며 형식과 관계없이 그 내용이 행정심판을 청구하는 것이라면 행정심판청구로 본다.

3. 효과

행정심판이 제기되면 행정심판위원회는 심판 청구를 심리, 재결한다. 처분의 경우 집행부정지가 원칙이며 예외적으로 집행정지가 가능하다.

4. 심리

행정심판위원회는 청구요건을 심리하여 이것을 갖추지 못한 경우 각하재결을 내린다. 심판청구요건이 구비된 경우 본안심리를 하게 되며 심판청구가 이유 있다면 청구인용재결을, 이유 없다면 청구기각재결을 한다.

5. 재결

(1) 각하재결

행정심판 청구요건이 결여된 경우의 재결이다.

(2) 기각재결

본안심리 결과 행정심판청구가 이유 없다고 인정하는 경우의 재결이다.

(3) 인용재결

본안심리 결과 행정심판청구가 이유 있다고 인정하는 경우의 재결이다.

인용재결에는 처분취소재결, 처분변경재결, 처분변경명령재결이 있다.

(4) 사정재결

심판청구가 이유 있음에도 인용재결하는 것이 공공복리에 크게 위배된다고 인정되는 경우 기각재결을 하는 것이다.

6. 효력

(1) 형성력

재결의 내용에 따라 새로운 법률관계의 발생이나 기존 법률관계의 변경, 소멸을 가져오는 효력이다.

(2) 기속력

재결의 취지에 따르도록 처분청 및 관계행정청을 구속하는 효력이다. 반복금지효, 원상회복의무, 처분의무 등을 포함한다.

7. 불복

(1) 재심판청구금지

행정심판법 제51조는 재청구금지를 규정하여 원칙상 한번의 행정심판만을 인정한다.

(2) 행정소송

원고는 기각재결이나 일부인용재결의 경우 항고소송을 제기할 수 있다. 처분을 취소하는 인용재결로 인해 권익을 침해당한 원처분의 상대방은 재결을 대상으로 행정소송을 제기할 수 있다.

(3) 처분청의 불복가능성

인용재결에 대해 처분청이 행정소송을 제기할 수 있는지 문제되나 판례는 기속력에 의거 불가하다고 본다.

논점 의무이행심판 (B)

1. 의의 및 성질

행정청의 위법 또는 부당한 거부처분이나 부작위에 대하여 일정한 처분을 하도록 하는 심판이다. 이는 이행적 쟁송의 성질과 함께 형성적 쟁송의 성격을 아울러 갖는다.

2. 의무이행심판의 청구요건

의무이행심판은 거부처분 또는 부작위를 대상으로 하며, 의무이행심판의 경우에는 청구인의 신청을 받은 행정청을 피청구인으로 하되 청구기간에는 제한이 없다.

3. 의무이행재결

(1) 의의

의무이행심판의 청구가 이유 있다고 인정한 때에 신청에 따른 처분을 스스로 하거나 처분을 할 것을 피청구인에게 명하는 재결을 말한다.

(2) 종류와 성질

1) 처분재결

처분재결은 위원회가 스스로 처분을 하는 것이므로 형성재결이다.

2) 처분명령재결

처분명령재결은 처분청에게 처분을 명하는 재결이므로 이행재결이다.

(3) 재결의 기준시

의무이행심판에서 재결은 재결 시를 기준으로 하여 내려진다.

(4) 판결의 효력(기속력)

1) 처분명령재결

당사자의 신청을 거부하거나 부작위로 방치한 처분의 이행을 명하는 재결이 있으면 행정청은 지체 없이 이전의 신청에 대하여 재결의 취지에 따라 처분을 하여야 한다.

2) 절차의 하자를 이유로 한 신청에 따른 처분을 취소하는 재결

신청에 따른 처분이 절차의 위법 또는 부당을 이유로 재결로써 취소된 경우 적법한 절차에 따라 신청에 따른 처분을 하거나 신청을 기각하는 처분을 하여야 한다.

PART · 07

논점 직접처분 [B]

1. 의의 및 취지(행정심판법 제50조)

행정청이 처분명령재결의 취지에 따라 이전의 신청에 대한 처분을 하지 아니하는 때에 위원회가 해당 처분을 직접 행하는 것을 말한다. 직접 처분은 의무이행재결의 실효성을 확보하기 위하여 인정된다.

2. 직접 처분의 성질

직접 처분은 처분명령재결의 실효성을 확보하기 위한 행정심판작용이면서 동시에 행정처분(원처분)으로서의 성질을 갖는다.

3. 요건

(1) 적극적 요건

① 처분명령재결이 있었을 것, ② 위원회가 당사자의 신청에 따라 기간을 정하여 시정을 명하였을 것, ③ 해당 행정청이 그 기간 내에 시정명령을 이행하지 아니하였을 것을 요건으로 한다.

해당 행정청이 어떠한 처분을 하였다면 그 처분이 재결의 내용에 따르지 아니하였다고 하더라도 재결청이 직접 처분을 할 수는 없다.

(2) 소극적 요건(한계)

그 처분의 성질이나 그 밖의 불가피한 사유로 위원회가 직접 처분을 할 수 없는 경우에는 불가하다.
'처분의 성질상 위원회가 직접 처분을 할 수 없는 경우'라 함은 처분의 성질에 비추어 직접 처분이 불가능한 경우를 말한다.

4. 직접 처분에 대한 불복(제3자의 불복)

직접 처분은 원처분의 성질을 가지므로 직접 처분으로 법률상 이익을 침해받은 제3자는 행정심판위원회를 피고로 하여 직접 처분의 취소를 구하는 행정소송을 제기할 수 있다.

5. 처분청의 조치(행정심판법 제50조 제2항)

위원회는 직접 처분을 하였을 때에는 그 사실을 해당 행정청에 통보하여야 하며, 그 통보를 받은 행정청은 위원회가 한 처분을 자기가 한 처분으로 보아 관계법령에 따라 관리·감독 등 필요한 조치를 하여야 한다.

논점 간접강제 (B)

1. 의의 및 취지(행정심판법 제50조의2)

행정심판위원회의 거부처분취소재결 및 처분명령재결에 따른 처분을 하지 아니하면 청구인의 신청에 의하여 결정으로 상당한 기간을 정하고 피청구인이 그 기간 내에 이행하지 아니하는 경우에는 그 지연기간에 따라 일정한 배상을 하도록 명하거나 즉시 배상을 할 것을 명할 수 있다. 간접강제제도는 거부처분에 대한 재결의 실효성을 담보하고자 도입된 제도이다.

2. 요건

① 거부처분에 대한 취소(무효)재결 및 의무이행심판에 대한 이행재결이 확정될 것, ② 재처분의무를 이행하지 않는 경우일 것을 요건으로 하고, ③ 청구인의 신청에 의하여 결정으로서 상당한 기간을 정하고, 위원회가 그 기간 내에 이행하지 아니하였어야 한다.

3. 효력(제5항)

결정의 효력은 피청구인인 행정청이 소속된 국가·지방자치단체 또는 공공단체에 미치며, 결정서 정본은 「민사집행법」에 따른 강제집행에 관하여는 집행권원과 같은 효력을 가진다. 이 경우 집행문은 위원장의 명에 따라 위원회가 소속된 행정청 소속 공무원이 부여한다.

4. 불복(제4항)

청구인은 결정에 불복하는 경우 그 결정에 대하여 행정소송을 제기할 수 있다.

5. 배상금의 법적 성격

간접강제결정에 기한 배상금은 재처분의 지연에 대한 제재나 손해배상이 아니고 재처분의 이행에 관한 심리적 강제수단에 불과하다.

논점 임시처분 (B)

1. 의의 및 취지(행정심판법 제31조)

임시처분이란 처분 또는 부작위가 위법, 부당하다고 상당히 의심되는 경우로서 처분 또는 부작위 때문에 당사자가 받을 우려가 있는 중대한 불이익이나 당사자에게 생길 급박한 위험을 막기 위하여 임시지위를 정하여야 할 필요가 있는 경우 행정심판위원회가 발할 수 있는 가구제수단이다.

2. 요건

(1) 적극적 요건

처분 또는 부작위가 위법, 부당하다고 상당히 의심되는 경우일 것, 당사자에게 생길 중대한 불이익이나 급박한 위험을 방지할 필요가 있을 것을 요건으로 한다.

(2) 소극적 요건

행정심판법 제31조 제2항은 동법 제30조 제3항을 준용하는 결과 임시처분도 공공복리에 중대한 영향을 미칠 우려가 있을 때에는 허용되지 아니한다.

3. 임시처분의 보충성

임시처분은 집행정지로 목적을 달성할 수 있는 경우에는 허용되지 아니한다.

4. 임시처분의 절차

① 위원회는 직권으로 또는 당사자의 신청에 의하여 임시처분을 결정할 수 있다(제31조 제1항).

② 위원회는 임시처분을 결정한 후에 임시처분이 공공복리에 중대한 영향을 미치는 등의 사유가 있는 경우에는 직권 또는 당사자의 신청에 의하여 이 결정을 취소할 수 있다(제31조 제1항, 제30조 제4항).

③ 위원회의 심리, 결정을 기다릴 경우 중대한 손해가 생길 우려가 있다고 인정되면 위원장은 직권으로 위원회의 심리, 결정을 갈음하는 결정을 할 수 있다(제31조 제1항, 제30조 제6항).

④ 위원회는 임시조치 또는 임시조치의 취소에 관하여 심리, 결정하면 지체 없이 당사자에게 결정서 정본을 송달하여야 한다(제31조 제1항, 제30조 제7항).

논점 | 행정심판법 상 집행정지 (B)

1. 의의

행정심판법 제30조 제1항에 의거 행정심판은 집행부정지가 원칙이다. 하지만 일정한 요건을 갖춘 경우 행정심판위원회는 직권 또는 당사자의 신청에 따라 집행정지를 결정할 수 있다.

2. 요건

(1) 신청요건

1) 정지 대상인 처분 등이 존재할 것

정지의 대상이 되는 처분 등이 존재하여야 한다. 거부처분에 대해서 인정여부가 문제되나 다수는 부정한다.

2) 적법한 심판청구가 계속될 것

명문상 규정은 없으나 집행정지는 심판청구 보전을 위한 부수적 수단이므로 적법한 심판청구가 계속될 것을 요건으로 한다.

(2) 본안요건

1) 중대한 손해 예방 필요성

행정심판법 제30조 제2항에 의거 중대한 손해가 생기는 것을 예방할 필요성이 인정되어야 한다. 회복되기 어려운 손해를 규정하는 행정소송보다 다소 완화되어 있다고 볼 수 있다.

2) 긴급한 필요

시간적으로 볼 때 손해 발생 가능성이 절박하여 기다릴 여유가 없어야 한다.

3) 공공복리에 중대한 영향을 미치지 않을 것

행정심판법 제30조 제3항에 의거 공공복리에 중대한 영향을 미칠 우려가 없어야 한다.

4) 본안이 이유 없음이 명백하지 아니할 것

명문 상 규정은 없으나 본안이 이유 없음이 명백한 경우 집행정지를 할 이유가 없다.

3. 대상 및 절차

처분의 효력, 집행 또는 절차의 속행 전부 또는 일부를 대상으로 한다. 다만 처분의 효력정지는 집행 또는 절차의 속행 정지로 목적 달성이 가능한 경우에는 허용되지 아니한다. 집행정지는 당사자의 신청이나 직권으로 위원회가 결정한다.

4. 효력 및 취소

집행정지가 결정되면 별도의 절차 없이 처분 등의 효력, 집행, 절차의 속행이 정지된다(형성력).

집행정지의 기간은 위원회가 의결로 정하되 장래효만 가능하다는 것이 통설이다(시적 효력).

위원회는 집행정지를 결정한 후 공공복리에 중대한 영향을 미치거나 정지 사유가 없어진 경우에는 집행정지를 직권이나 당사자의 신청에 의해 취소할 수 있다.

논점 행정심판고지제도 (C)

1. 고지제도의 의의 및 근거

행정청이 처분을 함에 있어서 상대방에게 그 처분에 대하여 행정심판을 제기할 수 있는지 여부, 심판청구절차, 청구기간 등 행정심판의 제기에 필요한 사항을 미리 알려 주도록 의무지우는 제도를 말한다.

행정심판법은 직권에 의한 고지(제58조 제1항)와 청구에 의한 고지(제58조 제2항)를 규정하고 있다. 그리고, 고지하지 않은 경우와 잘못 고지한 경우의 제재를 규정하고 있다(제23조 제2항, 제27조 제5항, 제6항).

2. 고지의 성질

고지는 불복제기의 가능 여부 및 불복청구의 요건 등 불복청구에 필요한 사항을 알려 주는 비권력적 사실행위이다. 따라서 행정심판이나 행정소송의 대상이 되지 않는다.

3. 직권에 의한 고지(행정심판법 제58조 제1항)

(1) 고지의 대상

처분을 대상(서면에 의한 처분에 한하지 않는다)으로 하므로 처분이 아닌 행정작용에 대해서는 고지를 요하지 않는다.

(2) 고지의 상대방

고지는 처분의 직접 상대방에 대하여만 하면 된다.

(3) 고지의 내용

① 행정심판을 청구할 수 있는지 여부, ② 심판청구절차(심판청구절차 중 중요한 것은 행정심판서를 제출할 행정청, 즉 처분청과 위원회의 명칭을 고지하는 것), ③ 심판청구기간이 있다.

(4) 고지의 방법과 시기

직권고지에 대한 방법에 대하여 명문의 규정이 없기 때문에 문서 또는 구술로도 가능하다.

4. 청구(신청)에 의한 고지(행정심판법 제58조 제2항)

행정청은 이해관계인이 요구하면 ① 해당 처분이 행정심판의 대상이 되는 처분인지 및 ② 행정심판의 대상이 되는 경우 소관 위원회 및 심판청구기간을 지체 없이 알려 주어야 한다. 이 경우 서면으로 알려 줄 것을 요구받으면 서면으로 알려 주어야 한다(제58조 제2항).

(1) 고지의 청구권자 및 내용

처분의 이해관계인은 행정심판의 대상이 되는 처분이지 여부, 소관 위원회 및 청구기간에 대해 행정청에 고지해 줄 것을 청구할 수 있다.

(2) 고지의 방법과 시기

고지는 서면이나 구술로 할 수 있는데, 청구인으로부터 서면으로 알려 줄 것을 요구받은 때에는 서면으로 알려야 한다(제58조 제2항 제2문). 고지의 청구를 받은 때에는 지체 없이 고지하여야 한다(제58조 제2항 제1문). '지체 없이'라 함은 행정심판을 제기하는 데 큰 지장을 주지 않을 합리적인 기간 내를 의미한다.

5. 불고지 또는 오고지의 효과

(1) 불고지 및 오고지의 효과[심판청구서 제출기관과 권리구제(행정심판법 제23조)]

행정청이 고지를 하지 아니하거나 잘못 고지하여 청구인이 심판청구서를 다른 행정기관에 제출한 경우에는 그 행정기관은 그 심판청구서를 지체 없이 정당한 권한이 있는 피청구인에게 보내야 한다(제2항). 심판청구서를 보낸 행정기관은 지체 없이 그 사실을 청구인에게 알려야 한다(제3항). 심판청구 기간을 계산할 때에는 피청구인이나 위원회 또는 행정기관에 심판청구서가 제출되었을 때에 행정심판이 청구된 것으로 본다(제4항).

(2) 청구기간

1) 불고지

처분청이 심판청구기간을 고지하지 아니한 때에는 심판청구기간은 처분이 있음을 안 경우에도 해당 처분이 있은 날로부터 180일이 된다(제27조 제6항). 또한 판례는 개별법률에서 정한 심판청구기간이 행정심판법이 정한 심판청구기간보다 짧은 경우에도 행정청이 그 개별법률상 심판청구기간을 알려주지 아니하였다면 행정심판법이 정한 심판청구 기간 내에 심판청구가 가능하다는 입장이다.

2) 오고지

처분청이 심판청구기간을 '처분이 있음을 안 날로부터 90일 이내'보다 더 긴 기간으로 잘못 알린 경우에 그 잘못 알린 기간 내에 심판청구가 있으면 그 심판청구는 적법한 기간 내에 제기된 것으로 의제된다.

(3) 불고지 또는 오고지와 처분의 효력

불고지나 오고지는 처분 자체의 효력에 직접 영향을 미치지 않는다.

(4) 기타

불고지 및 오고지의 구제조치에 대한 입법적 개선이 요구된다.

제3장 행정소송

제1절 무명항고소송

논점 **예방적 금지소송 [S]**

1. 의의 및 대상

예방적 금지소송이란 장래 행정청에 의한 국민의 권익침해가 명백한 경우에 그 처분을 하지 않을 것을 구하는 소송을 말한다.

2. 인정 여부에 대한 견해의 대립

(1) 학설

1) 부정설

법원이 행정청에 대하여 어떠한 처분을 명하는 것은 행정청의 제1차적 판단권을 침해하는 것이 되며 행정소송법 제4조의 유형에 관한 규정은 제한적으로 열거하고 있다고 본다.

2) 긍정설

행정소송법 제4조 규정은 예시규정이며 이 행소송을 인정하는 것이 권력분립원칙에 반하는 것은 아니라고 한다.

3) 절충설

항고소송에 의해서 실효성 있는 권리구제가 기대될 수 없는 경우에는 헌법상 재판받을 권리에 비추어 인정될 수 있다고 본다.

(2) 판례

피고에 대하여 이 사건 신축건물의 준공처분을 하여서는 아니 된다는 내용의 부작위를 구하는 원고의 예비적 청구는 행정소송에서 허용되지 아니하는 것이므로 부적법하다.

(3) 검토

침익적 처분의 발령이 확실하다면 행정청의 1차적 판단권을 침해할 개연성이 적고 법치주의 원칙상 권리보호를 도모해야 하므로 이를 인정함이 타당하다. 개정안에서는 이를 인정하고 있다.

3. 가처분

예방적 금지소송은 침익적 처분이 임박한 경우에 제기되는 것이므로 현상유지를 구하는 가처분이 인정되어야만 권리구제수단으로서의 실효성을 가질 수 있다.

논점 **의무이행소송 [S]**

1. 의의 및 성질

의무이행소송은 행정청의 거부처분 또는 부작위에 대하여 법상의 작위의무의 이행을 청구하는 소송을 말한다.

2. 인정 여부

(1) 학설

1) 부정설

법원이 행정청에 대하여 어떠한 처분을 명하는 것은 행정청의 제1차적 판단권을 침해하는 것이 되며 행정소송법 제4조의 유형에 관한 규정은 제한적으로 열거하고 있다고 본다.

2) 긍정설

행정소송법 제4조 규정은 예시규정이며 이행소송을 인정하는 것이 권력분립원칙에 반하는 것은 아니라고 한다.

3) 절충설

항고소송에 의해서 실효성 있는 권리구제가 기대될 수 없는 경우에는 헌법상 재판받을 권리에 비추어 인정될 수 있다고 본다.

(2) 판례

'검사에게 압수물 환부를 이행하라는 청구는 행정청의 부작위에 대하여 일정한 처분을 하도록 하는 의무이행소송으로 현행 행정소송법상 허용되지 아니한다'고 한다.

(3) 검토

입법론을 통해 의무이행소송을 도입하여 거부처분취소송 및 부작위위법확인소송에 의한 한계를 보완하는 것이 타당하다. 개정

안에서는 의무이행소송과 임시적 지위를 구하는 가처분을 인정하고 있다.

3. 가처분

거부처분이나 부작위에 대한 실효성 있는 권리구제를 위하여는 의무이행소송과 함께 가처분이 인정되어야 한다.

제2절 취소소송

논점 **취소소송의 개념 및 소송물 [A]**

1. 취소소송의 의의 및 성격

취소소송이란 행정청의 위법한 처분 등을 취소 또는 변경하는 소송을 말한다. 이는 법률관계를 소멸 또는 변경시키는 등 위법상태를 제거하여 원상회복시키는 형성소송의 성질을 갖는다.

2. 취소소송의 소송물

(1) 학설

분쟁의 일회적 해결을 위하여 처분의 위법성 일반으로 보는 견해, 원고의 법적 주장(권리침해)을 소송물로 보는 견해, 처분의 개개의 위법사유로 보는 견해 등이 대립된다.

(2) 판례

판례는 취소판결의 기판력은 소송물로 된 행정처분의 위법성 존부에 관한 판단 그 자체에만 미치는 것이므로 전소와 후소가 그 소송물을 달리하는 경우에는 전소 확정판결의 기판력이 후소에 미치지 아니한다고 하여 위법성 일반으로 본다.

(3) 검토

취소소송은 위법상태를 제거하여 침해당한 권리를 회복시켜 주는 형성소송의 성질을 가지며 분쟁의 일회적 해결을 도모하기 위하여 위법성 일반이 소의 대상이 되어야 한다고 본다.

논점 변경의 의미 (A)

1. 문제점

취소소송의 "취소 또는 변경"에서 변경의 의미가 일부취소인지 적극적 형성판결인지 견해가 대립한다. 일부취소인 경우 재량행위에도 인정되는지가 문제된다.

2. 변경의 의미에 대한 논의

(1) 학설

① 적극적 형성판결은 권력분립 위반이므로 변경의 의미는 일부취소로 보는 견해, ② 권력분립의 원칙을 실질적으로 이해하여 적극적 형성판결을 인정하는 견해가 있다.

(2) 판례

판례는 변경은 소극적 변경, 즉 일부취소를 의미하는 것으로 보고 있다.

법원이 직접 처분을 행하도록 하는 형성판결을 구하는 소송은 인정되지 않는다고 본다. 이행형성소송을 인정하지 않으므로 일부취소의 의미로 본다.

(3) 검토

현행 행정소송법이 의무이행소송을 도입하지 않으므로 명문규정이 없는 한 일부취소(소극적 변경)으로 봄이 타당하다.

3. 일부취소의 가능성(일부취소의 인정기준)

외형상 하나의 행정처분이라 하더라도 가분성이 있거나 그 처분대상의 일부가 특정될 수 있다면 일부만의 취소도 가능하고 그 일부의 취소는 해당 취소부분에 관하여 효력이 생긴다고 할 것이다.

4. 재량행위의 경우

법원이 재량행위를 일부 취소하는 것은 행정청의 재량을 침해하는 것으로서 권력분립원칙에 의거하여 불가하다고 보아야 할 것이다.

논점 처분 등 개념 (S)

1. 처분 등의 개념

행정청이 행하는 구체적 사실에 관한 법집행으로서의 공권력의 행사 또는 그 거부와 그 밖에 이에 준하는 행정작용 및 행정심판에 대한 재결을 말한다.

2. 행정청의 행정작용

행정청이라 함은 국가 또는 지방자치단체의 행정청 및 공공단체를 의미하며, 본래의 행정청으로부터 "법령에 의하여 행정권한의 위임 또는 위탁을 받은 행정기관·공공단체 및 그 기관 또는 사인"이 포함된다.

3. 구체적 사실에 관한 법집행으로서의 행정작용(개별성 및 구체성)

"구체적 사실에 관한 법집행"으로서의 행정작용이라 함은 법을 집행하여 특정 개인에게 구체적이고 직접적인 영향을 미치는 행정작용을 말한다. 일반처분은 그 법적 성질이 행정행위로서 구체적인 법적 효과를 가지므로 처분에 해당한다.

4. 공권력 행사와 그 거부

'공권력 행사'란 행정청이 우월한 공권력의 주체로서 일방적으로 행하는 행위, 즉 권력적 행위를 의미한다. '거부'라 함은 위에서 언급한 공권력 행사의 거부를 말한다.

5. 행정심판에 대한 재결

행정심판이라 함은 행정청의 위법·부당한 처분 또는 부작위에 대한 불복에 대하여 행정기관이 심판하는 행정심판법상의 행정쟁송절차를 말한다. 이러한 행정심판에 대한 판단결과를 재결이라고 한다.

📖 알아두기

행정행위와 처분의 관계

1. 행정행위의 개념

통설에 의하면 행정행위란 행정청이 구체적인 사실에 대한 법집행으로서 행하는 외부에 대하여 직접적·구체적인 법적 효과를 발생시키는 권력적 단독행위인 공법행위를 말한다. 행정행위는 학문상의 필요에 의해 만들어진 개념이며 실무상으로는 '처분', '행정처분'이라는 개념이 사용된다.

2. 행정행위와 처분의 관계

(1) 학설

① 일원론은 다양한 행위에 따른 소송유형을 통해 권리구제 하는 것이 타당하다고 보며 행정행위에 해당하지 않는 행정작용은 항고소송이 아닌 당사자소송 등으로 해결해야 한다고 본다.

② 이원론은 항고소송은 권리구제를 위함이므로 처분을 행정행위와 별개의 개념으로 파악한다. 이에 다양한 행정작용에 대한 항고소송을 인정하여 실효적인 권리구제를 추구해야 한다고 주장한다.

(2) 판례 및 검토

판례는 처분에 해당하는지 판단하기 위해서는 행위의 성질, 효과 외에도 제도의 목적 등을 충분히 고려하여 합목적적으로 판단해야 한다고 판시하여 처분개념이 확대될 여지를 인정한 바 있다. 〈생각건대〉 국민의 두터운 권리구제를 위하여 이원론이 타당하다고 판단된다.

📖 알아두기

행정심판의 경우

행정심판은 행정 내부의 통제이므로 소극적 변경뿐만 아니라 적극적 변경도 가능하다. 또한 재량행위에 대해서도 가능하다고 보아야 할 것이다.

논점 ▶ 대상적격 - 처분의 개념 [A]

1. 행정소송법 제2조 제1항 제1호 "처분"

행정쟁송법상의 처분은 '행정청의 구체적 사실에 대한 법집행으로서의 공권력의 행사 및 그 거부'와 '이에 준하는 행정작용'을 포함한다.

2. 행정청의 구체적 사실에 관한 법집행으로서의 공권력 행사

(1) 행정청

행정청이란 국가 또는 공공단체의 의사표시의 권한을 갖고 있는 기관으로서 법령에 의한 위임, 위탁기관과 공무수탁사인을 포함한다.

(2) 구체적 사실에 관한 법집행행위

구체적 사실은 특정 관련인에게 개별적이고 구체적으로 행해지는 것을 의미한다. 일반 추상적 규율인 입법행위와 구분된다.

(3) 공권력 행사

행정청이 공권력의 주체로서 우월성을 갖는 일방적 행위로 일체의 행정작용을 의미한다.

3. 거부처분

거부가 항고소송의 대상인 처분이 되기 위해서는 공권력 행사의 거부여야 하며 국민의 권리, 의무에 영향을 미쳐야 한다. 또한 법규상, 조리상 신청권이 필요하다.

4. 이에 준하는 행정작용

그 밖에 이에 준하는 행정작용은 "행정청이 행하는 구체적 사실에 관한 법집행으로서의 공권력의 행사나 그 거부"에 준하는 행정작용으로서 항고소송에 의한 권리구제의 기회를 줄 필요가 있는 행정작용을 말한다.

논점 ▶ 거부가 처분이 되기 위한 요건 [S]

1. 거부처분의 의의 및 구별개념

거부처분이란 국민의 공권력 행사의 신청에 대해 처분의 발령을 거부하는 것으로서 처음부터 아무런 의사표시를 하지 않는 부작위와 구별된다.

2. 거부가 처분이 되기 위한 요건

(1) 판례의 태도

거부처분이 처분성을 갖기 위해서는 ① 공권력 행사의 거부일 것, ② 국민의 권리와 의무에 영향을 미칠 것, ③ 법규상·조리상 신청권을 갖을 것을 요구한다. 이때의 신청권은 행정청의 응답을 구하는 권리(형식적 권리)이며, 신청된 대로의 처분을 구하는 권리(실체적 권리)가 아니라고 한다. 또한 이는 절차적 권리에 해당한다.

(2) 신청권 존부에 대한 견해의 대립

① 신청권의 존재는 본안문제라는 견해, ② 처분성은 소송법상 개념요소만 갖추면 된다고 하여 원고적격으로 보는 견해, ③ 신청권은 신청에 대한 응답의무에 대응하는 절차적 권리이므로 이를 대상적격의 문제로 보는 견해가 있다.

(3) 검토

판례와 같이 신청권을 일반·추상적인 응답요구권으로 보게 되면 개별·구체적 권리일 것을 요하는 원고적격과 구별되고, 이러한 신청권이 없다면 바로 각하하여 법원의 심리부담의 가중도 덜어줄 수 있으므로 대상적격의 문제로 보는 것이 타당하다.

논점   변경처분 시 소의 대상 [S]

1. 징계 및 조세처분 등에 대한 변경처분

(1) 견해의 대립

1) 변경된 원처분설(역흡수설)

후속 변경처분에 의해 당초부터 유리하게 변경되어 존속하는 감경된 처분을 대상으로 취소소송을 제기하여야 한다는 견해이다. 변경처분은 당초처분에 흡수되어 변경된 당초처분이 소의 대상이 된다는 견해이다.

(2) 새로운 처분설(흡수설)

직권에 의한 변경처분은 당초처분을 대체하는 새로운 처분으로 보고 변경처분을 대상으로 취소소송을 제기하는 것이 타당하다는 견해이다. 당초처분은 변경처분에 흡수되어 변경처분이 소의 대상이 된다는 견해이다.

2. 판례

(1) 감액(감경)처분의 경우

① 판례는 행정청이 과징금부과처분을 한후 감액처분을 한 경우에는 감액처분은 일부취소처분의 성질을 가지므로 감액처분이 항고소송의 대상이 되는 것이 아니며 처음의 부과처분 중 감액처분에 의하여 취소되지 않고 남은 부분이 항고소송의 대상이 된다.

② 행정청이 유리하게 변경하는 처분을 한 경우, 변경처분에 의하여 당초 처분은 소멸하는 것이 아니고 당초부터 유리하게 변경된 내용의 처분으로 존재하는 것이므로, 그 취소소송의 대상은 변경된 내용의 당초 처분이고 제소기간의 준수 여부도 변경처분이 아닌 변경된 내용의 당초 처분을 기준으로 판단하여야 한다.

(2) 증액처분의 경우

판례는 증액경정처분에 대하여 증액처분의 경우에는 당초의 처분은 증액처분에 흡수되어 소멸되므로 증액처분이 항고소송의 대상이 된다고 한다.

3. 검토

증액처분의 경우에는 증액처분을 소의 대상으로 하되, 감액(감경)처분의 경우에는 감액처분에 의하여 취소되지 않고 남은 부분이 소의 대상이 된다고 보는 것이 타당하다.

4. 인·허가 처분 등에 대한 변경처분

(1) 견해의 대립

1) 원처분이 소의 대상이 된다는 견해

후속처분의 내용이 종전처분의 유효를 전제로 내용 중 일부만을 추가·철회·변경하는 것이고 추가·철회·변경된 부분이 내용과 성질상 나머지 부분과 불가분적인 것이 아닌 경우에는, 후속처분에도 불구하고 종전처분이 여전히 항고소송의 대상이 된다고 본다.

2) 새로운 처분이 소의 대상이 된다는 견해

기존의 행정처분을 변경하는 내용의 행정처분이 뒤따르는 경우, 후속처분이 종전처분을 완전히 대체하는 것이거나 주요 부분을 실질적으로 변경하는 내용인 경우에는 특별한 사정이 없는 한 종전처분은 효력을 상실하고 후속처분만이 항고소송의 대상이 된다고 본다.

3) 원처분과 변경처분이 모두 소의 대상이 된
   다는 견해

변경처분의 내용이 원처분이 유효함을 전
제로 새로운 내용을 추가하였고, 추가된 부
분이 원처분과 독립하여 존재할 수 있다면
원처분과 변경처분으로 추가된 부분이 모
두 소의 대상이 된다고 본다.

(2) 판례

적극적 변경처분의 경우 당초처분은 효력
을 상실하므로 변경처분을 대상으로 항고
소송을 제기하여야 하는 것으로 본다.

선행처분의 내용 중 일부만을 소폭 변경하
는 정도에 불과한 경우 또는 당초처분과 동
일한 요건과 절차가 요구되지 않는 경미한
사항에 대한 변경처분과 같이 분리가능한
일부변경처분의 경우에는 선행처분이 소멸
한다고 볼 수 없다. 이 경우 선행처분과 후
행변경처분을 별도로 다툴 수 있다.

(3) 검토

변경처분이 당초처분을 실질적으로 대체하
는 내용이라면 변경처분이 소의 대상이 될
것이고, 변경처분이 당초처분의 효력 중 일
부만을 취소하는데 그치는 경우라면 취소
되고 남은 원처분이 소의 대상이 된다. 변
경처분이 당초처분의 일부만을 변경하는
것이고 변경된 부분이 당초처분과 별도로
존재하는 경우라면 변경된 부분은 당초처
분과 별도로 소의 대상이 될 것이다.

논점 **원처분주의 [S]**

1. 원처분주의와 재결주의

① 원처분주의란 원처분을 취소소송의 대
   상으로 하고, 재결 자체의 고유한 하자
   가 있는 경우에는 재결을 취소소송의
   대상으로 하는 것을 말한다.

② 재결주의는 재결을 대상으로 취소소송
   을 제기하는 것을 말한다.

2. 행정소송법 제19조의 태도

행정소송법 제19조는 "취소소송은 처분 등
을 대상으로 한다. 다만, 재결취소소송의
경우에는 재결 자체에 고유한 위법이 있음
을 이유로 하는 경우에 한한다"고 하여 원
처분주의를 채택하고 있다.

3. 재결고유의 하자유형

① 주체상 하자로는 권한 없는 기관의 재결
이 있고, ② 절차상 하자로는 심판절차를
준수하지 않은 경우 등이 있다. ③ 형식상
하자로는 서면으로 하지 않거나, 중요기재
사항을 누락한 경우가 있다. ④ 내용상 하
자의 경우 견해대립이 있으나 판례는 '재결
청의 권한 또는 구성의 위법, 재결의 절차
나 형식의 위법, 내용의 위법은 위법·부당
하게 인용재결을 한 경우에 해당한다'고 판
시한바 내용상 하자를 재결고유의 하자로
인정하고 있다.

4. 원처분주의하 소의 대상

(1) 각하재결

판례는 심판청구요건을 갖추었음에도 각하
한 경우와 관련하여 "실체심리를 받을 권리

를 박탈한 것으로서 원처분에 없는 고유한 하자이므로 재결소송의 대상이 된다"고 판시한 바 있다.

(2) 기각재결

판례는 원처분과 동일한 이유로 원처분을 유지한 경우에는 고유한 하자가 존재하지 않는다고 판시한 바 있다. 이러한 경우에는 원처분이 소의 대상이 된다.

단, 원처분과 다른 사유인 경우는 고유한 하자로 볼 수 있다.

(3) 인용재결인 경우

1) 부적법한 인용재결인 경우(각하해야 하는데 인용재결을 한 경우)

부적법한 인용재결이 있는 경우에는 재결 고유의 하자로 볼 수 있으므로 재결소송의 대상이 된다.

2) 제3자효 인용재결(기각해야 하는데 인용재결을 한 경우)

가. 학설

① 제3자효 있는 행정행위에서 인용재결로 피해를 입은 자는 재결의 고유한 하자를 주장하는 것이라는 견해(행정소송법 제19조 단서에 의한 것으로 보는 견해)가 있다.

② 해당 인용재결은 형식상으로는 재결이나 실질적으로는 제3자에 대한 별도의(새로운) 처분이므로 인용재결이 최초의 처분이라는 견해가 있다(행정소송법 제19조 본문에 의한 것으로 보는 견해).

나. 판례

판례는 '인용재결의 취소를 구하는 것은 원처분에는 없는 고유한 하자를 주장하는 셈이어서 당연히 취소소송의 대상이 된다.'고 판시한 바 있다.

다. 검토

제3자는 인용재결로 비로소 권익을 침해받게 되므로 인용재결을 대상으로 재결고유의 하자를 다투는 소를 제기할 수 있을 것이다.

인용재결의 위법을 이유로 재결이 취소되면 처분청이 원처분을 다시 하지 않아도 취소된 원처분은 원상을 회복한다.

3) 변경재결이 있는 경우

가. 학설

① **변경된 원처분설**

불이익처분에 대한 취소심판에서 일부취소재결 및 변경재결이 내려진 경우 원처분주의에 따라서 일부취소되고 남은 원처분이 소의 대상이 된다는 견해이다.

② **변경처분설**

행정심판위원회의 일부취소재결은 원처분을 대체하는 새로운 처분이므로 행정심판위원회의 결정이 소의 대상이 된다는 견해이다.

나. 판례

변경재결로 인하여 감경되고 남은 원처분을 대상으로 원처분청을 피고로 소송을 제기하여야 하는 것으로 보고 있다.

다. 검토

변경재결을 재결내용의 고유한 위법이 있는 것이라고 할 수 없는바, 일부취소 및 감경되고 남은 처분을 소의 대상으로 보는 것이 타당하다.

4) 변경명령재결에 따른 변경처분의 경우

  가. 학설

    ① 변경된 원처분이 소의 대상이 된다는 견해

    당초부터 유리하게 변경되어 존속하는 감경된 처분을 대상으로 취소소송을 제기하여야 한다는 견해이다.

    ② 변경처분이 소의 대상이 된다는 견해

    명령재결에 따른 변경처분은 당초처분을 대체하는 새로운 처분으로 보고 변경처분을 대상으로 취소소송을 제기하는 것이 타당하다는 견해이다.

  나. 판례

    취소소송의 대상은 변경된 내용의 당초처분이지 변경처분은 아니고, 제소기간의 준수 여부도 변경처분이 아닌 변경된 내용의 당초처분을 기준으로 판단하여야 한다고 한다.

  다. 검토

    판례의 태도에 따라 당초부터 유리하게 변경되어 존속하는 감경된 처분을 대상으로 소송을 제기하여야 할 것이다.

5) 인용재결 이후 행정청의 취소 또는 변경처분이 있는 경우

취소재결 및 변경재결은 형성재결이므로 행정청의 별도의 이행행위가 요구되지 않는다. 행정청의 취소 또는 변경처분의 단순한 사실의 통지에 불과하므로 재결을 소의 대상으로 해야 한다.

6) 거부처분 취소재결인 경우

거부처분을 취소하는 재결이 있더라도 그에 따른 후속처분이 있기까지는 제3자의 권리나 이익에 변동이 있다고 볼 수 없고 후속처분 시에 비로소 제3자의 권리나 이익에 변동이 발생하며, 재결에 대한 항고소송을 제기하여 재결을 취소하는 판결이 확정되더라도 그와 별도로 후속처분이 취소되지 않는 이상 후속처분으로 인한 제3자의 권리나 이익에 대한 침해 상태는 여전히 유지된다. 거부처분이 재결에서 취소된 경우 재결에 따른 후속처분이 아니라 그 재결의 취소를 구하는 것은 실효적이고 직접적인 권리구제수단이 될 수 없어 분쟁해결의 유효적절한 수단이라고 할 수 없으므로 법률상 이익이 없다.

(4) 사정재결의 경우

사정재결을 함에 있어서 공공복리에 대한 판단을 잘못한 재결도 재결취소의 대상이 될 수 있다고 본다.

(5) 명령재결의 경우

1) 문제점

명령재결의 경우는 재결 이외에 재결에 따른 처분이 있으므로 재결이 소의 대상인지 아니면 재결에 따른 처분이 소의 대상인지 여부가 문제된다.

2) 학설

① 처분명령재결과 처분이 모두 독립된 처분이므로 소의 대상이 된다는 견해가 있다.

② 처분명령재결의 기속력을 고려할 때 재결이 유지되는 상태에서 그에 따른 처분만을 위법하다고 할 수 없으므로 재결취소가 선행되어야 한다고 본다고 보아 명령재결이 대상이 된다는 견해가 있다.

③ 처분명령재결은 내부적 행위에 불과하고 처분에 의해 구체적 권리변동이 발생하므로 처분이 소의 대상이라는 견해가 있다.

3) 판례

판례는 양자 모두 소의 대상이 된다고 판시한 바 있다.

4) 검토

재결의 기속력을 강조하면 재결만이 소의 대상이 될 것이나, 국민에 대한 구체적인 권익침해는 재결에 따른 처분이 있어야 한다는 점을 강조하면 행정청의 처분도 소의 대상으로 하는 판례의 입장이 타당하다고 본다. 국민의 대상선택 편의를 도모하여 둘 다 가능하다고 봄이 타당하다.

5. 원처분주의의 위반효과

고유한 위법없이 소송을 제기한 경우에는 각하판결을 해야 한다는 견해가 있으나, 다수·판례는 재결 자체의 위법 여부는 본안사항이므로 기각판결을 해야 한다고 본다.

6. 기타(관련문제 : 행정청의 행정소송 가능여부)

인용재결이 나온 경우 행정청이 인용재결의 취소를 구하는 행정소송을 제기할 수 있는지가 문제될 수 있다. 행정심판법 제49조 제1항에서 행정심판의 인용재결은 피청구인인 행정청을 기속한다고 규정하고 있으므로 행정청은 재결에 대해서 불복할 수 없을 것이다.

논점 **원고적격 [S]**

1. 의의 및 취지(행정소송법 제12조)

원고적격이란 본안판결을 받을 수 있는 자격으로, 행정소송법 제12조에서는 "취소소송은 처분 등의 취소를 구할 법률상 이익이 있는 자가 제기할 수 있다"고 규정하고 있다. 이는 소를 제기할 수 있는 자를 규정하여 남소방지를 도모함에 취지가 인정된다.

2. 법률상 이익의 의미

(1) 학설

① 처분 등으로 권리가 침해당한 자가 소송을 제기할 수 있다는 권리구제설, ② 법적으로 보호된 개인적 이익을 침해당한 자가 제기할 수 있다는 법률상 보호이익설, ③ 재판에 의하여 보호할 가치 있는 이익이 침해된 자가 제기할 수 있다는 소송상 보호할 가치 있는 이익구제설, ④ 처분의 위법을 다툴 가장 적합한 자가 원고적격을 갖는다는 적법성 보장설이 대립된다.

(2) 판례

법률상 보호되는 이익이라 함은 해당 처분의 근거법규 및 관련법규에 의하여 보호되는 개별적·직접적·구체적 이익이 있는 경우를 말하고, 일반적·간접적·추상적 이익이 생기는 경우에는 법률상 보호되는 이익이 있다고 할 수 없다.

(3) 검토

권리구제설은 원고의 범위를 제한하고, 소송법상 보호가치 있는 이익구제설은 보호가치 있는 이익의 객관적 기준이 결여되는 문제가 있다. 또한 적법성보장설은 객관소송화의 우려가 있다. 따라서 취소소송을 주

관적, 형성소송으로 보면 법률상 보호이익
설이 타당하다.

3. 법률의 범위

(1) 학설
법률상 이익구제설의 경우 보호법률의 범
위가 문제되는 데 이에 대하여 ① 처분의
근거법규에 한정하는 견해, ② 처분의 근거
법규뿐만 아니라 관계법규까지 보호규범으
로 보는 견해, ③ 처분의 근거 및 관계법규
에 헌법규정(자유권 등 구체적 기본권)이
보충적으로 보호규범이 된다는 견해, ④ 이
에 민법규정도 보호규범에 포함시켜야 한
다는 견해 및 절차규정도 보호규범에 포함
시켜야 한다는 견해가 있다.

(2) 판례
판례는 처분의 근거법규 및 관계법규에 의
해 개별적으로 보호되는 직접적이고 구체적
인 개인적 이익을 법률상 이익으로 보고 있
다. 또한 최근 절차법령까지 관련법규의 범
위를 확대하였다. 헌법재판소는 경쟁의 자
유를 이유로 법률상 이익을 인정한 바 있다.

(3) 검토
처분의 근거법규 및 관계법규에 의한 개인
적 이익은 물론, 헌법상 구체적인 기본권과
절차규정에 의해 보호될 수 있는 이익도 법
률상 이익의 범위에 포함된다고 보는 것이
국민의 권리구제에 유리하다고 판단된다.

4. 제3자의 원고적격

(1) 경업자인 경우(경쟁자)
경업자소송은 경쟁관계에 있는 한쪽 영업
자에 대한 처분 또는 부작위를 다른 영업자
가 자기의 이익을 위해서 다투는 소송이다.
판례는 기존업자가 특허기업인 경우에는
원고적격을 인정하며 허가기업인 경우에는
원칙적으로 원고적격을 부정하나 예외적으
로 처분의 근거가 되는 법률이 해당 업자들
사이의 과당경쟁으로 인한 경영의 불합리를
방지하는 것도 그 목적으로 하고 있는 경우
취소를 구할 원고적격을 인정하고 있다.

(2) 경원자인 경우
① 경원자소송은 수익적 행정처분의 신청
에 대하여 타방의 허가가 타방의 불허
가로 귀결되는 관계에서 불허가 처분을
받은 자가 타방의 허가에 대해서 제기
하는 것을 말한다.
② 판례는 경원자는 "처분의 상대방이 아니
라 하더라도 해당 처분의 취소를 구할
원고적격이 있다"고 판시한 바 있다.

(3) 이웃주민의 경우(환경영향평가법령상 이익에 대한 판례의 태도)
① 인인소송은 어떠한 시설의 설치를 허가
하는 처분에 대하여 해당 시설의 인근
주민이 다투는 소송을 말한다.
② 평가대상지역 안의 주민의 경우 특단의
사정이 없는 한 환경상의 이익에 대한
침해 또는 침해우려가 있는 것으로 사
실상 추정되어 원고적격이 인정된다고
본다.
③ 평가대상지역 밖의 주민인 경우는 처분
등으로 인하여 처분 전과 비교하여 수인
한도를 넘는 환경상의 이익에 대한 침
해 또는 침해우려가 있다는 것을 입증
함으로써 원고적격을 인정받을 수 있다.

5. 개별법령상 원고적격이 문제되는 경우

(1) 토지보상법(사업인정)

사업인정이란 공익사업을 토지 등을 수용하거나 사용할 사업으로 결정하는 것을 말하며 사업시행자의 신청에 의해 국토교통부장관이 결정하게 된다.

사업인정 처분의 상대방이 아닌 피수용자, 이해관계인 및 사업지구 밖의 간접손실 대상자는 사업인정으로 인하여 토지보상법 제25조에서 규정하고 있는 토지 등의 보전의무가 발생되는 등 헌법상 보장되는 재산권 침해가 발생되므로 재산권 보호에 대한 원고적격이 인정된다고 볼 것이다.

(2) 부동산공시법

표준지공시지가 및 개별공시지가의 결정공시에 대하여 해당 토지의 소유자는 법률상 이익이 인정되며, 소유자가 아닌 이해관계인 및 인근 토지 소유자도 법률상 이익이 있음을 인정하는 경우에는 원고적격이 인정된다.

(3) 법인 징계처분에 대한 주주임원의 원고적격 문제 등

법인에 대한 인가취소, 업무정지 및 과징금 등 침익적 처분이 있는 경우에 법인의 구성원에게 원고적격이 인정될 수 있는지도 문제될 수 있다.

일반적으로 법인의 주주나 임원은 당해 법인에 대한 행정처분에 관하여 사실상이나 간접적인 경제적 이해관계를 가질 뿐이어서 스스로 그 처분의 취소를 구할 원고적격이 없다고 할 것이지만, 법인에 대한 행정처분이 당해 법인의 존속 자체를 직접 좌우하는 처분인 경우에는 그 주주나 임원이라 할지라도 당해 처분에 관하여 직접적이고 구체적인 법률상 이해관계를 가진다고 할 것이므로 그 취소를 구할 원고적격이 있다고 할 것이다(대판 1962.7.19, 62누49).

감정평가사협회는 감정평가사 회원으로 구성된 법인으로서 회원의 평가수수료 등과 관련하여 직접적인 법률관계를 갖지 않는다고 볼 것이므로 감정평가법인 및 감정평가사 개인에 대한 행정처분에 대한 원고적격은 인정되지 않을 것이다.

판례는 사단법인 대한의사협회는 의료법에 의하여 의사들을 회원으로 하여 설립된 사단법인으로서, 국민건강보험법상 요양급여행위, 요양급여비용의 청구 및 지급과 관련하여 직접적인 법률관계를 갖지 않고 있으므로, 보건복지부 고시인 '건강보험요양급여행위 및 그 상대가치점수 개정'으로 인하여 자신의 법률상 이익을 침해당하였다고 할 수 없다는 이유로 위 고시의 취소를 구할 원고적격이 없다고 판시하였다(대판 2006. 5.25, 2003두11988).

논점 협의소익 [S]

1. 협의의 소익의 의의 및 취지

본안판결을 받을 현실적 필요성을 의미한다(행정소송법 제12조 제2문). 이는 남소방지와 소송경제를 도모함에 취지가 인정된다.

2. 원고적격과의 구별

동 규정이 원고적격에 관한 규정인지, 협의의 소의 이익에 관한 규정인지 견해의 대립이 있으나, 다수는 동조 전문은 원고적격을 규정하고 있으며, 후문은 취소소송에서의 협의의 소의 이익을 규정하고 있다고 본다.

3. 제12조 제2문에 의한 소송의 성질

① 행정처분의 효력이 이미 소멸되었기 때문에 취소(효력배제)가 아무런 의미를 가지지 못하므로 동 규정에 의한 소송은 처분의 위법성을 확인하는 소송이라는 견해, ② 행정소송법상 소송형식이 취소소송으로 규정되어 있으며, 쟁송취소는 소급적 효력을 가지므로 처분이 소멸된 뒤에도 취소할 위법상태가 존재한다는 견해가 있다.

4. 제12조 제2문의 회복되는 법률상 이익의 의미

(1) 논의 실익

행정소송법 제12조 후문의 법률상 이익은 법률상 이익뿐만이 아니라 부수적인 이익도 포함된다고 보는 것이 다수견해이다. 부수적 이익에 명예, 신용 등의 이익이 포함되는지가 문제된다.

(2) 학설

① 소극설은 제12조 전문의 법률상 이익과 동일하다고 본다.

② 적극설은 이에 명예, 신용 등의 이익도 포함된다고 본다.

③ 정당한 이익설은 경제, 사회, 문화적 이익까지 포함된다고 본다.

(3) 판례

해당 처분의 근거법률에 의하여 보호되는 직접적이고 구체적인 이익을 의미하며 간접적이거나 사실적·경제적 이해관계를 가지는 데 불과한 경우는 배제된다고 판시했다.

(4) 검토

구체적 사안별로 권리보호의 현실적 필요성이 있는지를 검토함이 타당하므로 명예, 신용의 이익도 경우에 따라서는 소의 이익이 인정될 수 있을 것이다.

5. 취소소송에서의 협의의 소익

① 처분의 효력이 소멸한 경우

처분이 외형상 잔존함으로 인하여 어떠한 법률상 이익이 침해되고 있다고 볼 만한 특별한 사정이 있는 경우에는 그 처분의 취소를 구할 소의 이익이 있다(가중처벌규정이 있는 경우).

② 원상회복이 불가능한 경우

회복되는 부수적 이익이 있는 경우에는 소의 이익이 인정된다(공무원 파면처분 이후 정년이 도달한 경우 지위회복할 이익이 없다. 하지만 부수적 이익인 급여청구가 가능한 경우 이익이 인정된다).

③ 처분 후의 사정에 의해 이익침해가 해소된 경우

소의 이익이 없다(사법시험 제2차 시험 불합격처분 이후에 새로이 실시된 제2차와 제3차 시험에 합격한 사람이 불합격처분의 취소를 구할 법률상 이익이 없다).

④ 보다 간이한 구제방법이 있는 경우

소의 이익이 없다(기본행위 하자 있는 인가취소소송의 경우 기본행위를 다투는 것이 더욱 간이한 수단이므로 소의 이익이 부정된다).

⑤ 참가인들이 경원관계에 있는 경우

사건 처분의 취소를 구할 당사자적격이 있다고 하여야 함은 물론 나아가 이 사건 처분이 취소된다면 원고가 허가를 받을 수 있는 지위에 있음에 비추어 처분의 취소를 구할 정당한 이익도 있다고 하여야 할 것이다.

6. 가중처벌과 관련된 제재적 처분기준의 경우 협의소익

(1) 문제점

제재적 처분이 장래의 제재적 처분의 가중요건 또는 전제요건으로 되어 있는 경우에도 제재기간이 지나 제재처분의 효력이 소멸된 경우 소의 이익이 인정되는지가 문제된다.

(2) 관련 판례의 태도

1) 종전 판례(대판 1995.10.17, 94누14148 全合)

제재적 처분기준이 대통령령 형식인 경우에는 소의 이익이 있다고 보았으나 부령 형식의 경우에는 소의 이익이 없다고 보았다.

2) 최근판례(대판 2006.6.22, 2003두1684 全合)

가. 다수견해

법규명령 여부와 상관없이 행정청은 처분기준을 준수할 의무가 있으므로, 상대방이 장래에 받을 수 있는 가중처벌

규정은 구체적이고 현실적인 것이므로 "그 불이익을 제거할 필요가 있다"고 하여 제재적 처분이 부령 형식이라도 협의소익을 인정한다.

나. 소수견해

제재적 처분기준을 정한 부령인 시행규칙은 헌법 제95조에 의한 위임명령이므로 이의 법규성을 인정하는 이론적 기초 위에서 그 법률상 이익을 긍정함이 더욱 합당하다.

(3) 검토

부령 형식으로 제정된 경우에도 법규성을 인정하는 논리적 기초 위에서 가중처벌에 따른 불이익의 위험을 제거함이 타당하다고 판단된다. 가중요건 등이 법률 또는 법규명령의 효력을 갖는 행정입법에 의해 규정되어 있는 경우 등 가중요건 등을 정하는 법령이 행정청을 법적으로 구속하는 경우에는 가중된 제재처분을 받을 불이익이 현실적이므로, 가중된 제재처분을 받을 불이익을 제거하기 위하여 처분의 취소를 구할 이익이 있다고 보아야 한다.

논점 피고적격 (A)

1. 피고적격 의의

피고적격은 소송의 상대방을 말하며 행정소송법 제13조에서는 취소소송은 다른 법률에 특별한 규정이 없는 한 그 처분 등을 행한 행정청을 피고로 한다고 규정하고 있다. 권리주체인 국가나 지방자치단체가 아닌 행정청을 피고로 규정하고 있으며 정당한 권한을 가졌는지 여부는 고려대상이 아니다.

2. 행정청의 범위

'행정청'에는 본래의 행정청(국가 또는 지방자치단체의 행정청 및 공공단체) 이외에 법령에 의하여 행정권한의 위임 또는 위탁을 받은 행정기관, 공공단체 및 그 기관 또는 사인이 포함된다(행정소송법 제2조).

3. 피고적격 유형

(1) 행정청 및 합의제 행정청

처분을 행한 행정청이 원칙적으로 피고가 된다. 공정거래위원회, 토지수용위원회, 감사원 등 합의제 행정청이 한 처분에 대하여는 합의제 행정청이 피고가 된다.

(2) 수임청 및 수탁청

행정권한의 위임 및 위탁이 있는 경우에는 수임청 및 수탁청이 피고가 된다. 내부위임의 경우에는 권한이 위임되지 않으므로 수탁청이 자신의 이름으로 처분을 한 경우에는 수탁청이 피고가 되고 수탁청이 위임청의 이름으로 처분한 경우에는 위임청이 피고가 된다.

(3) 권한의 대리

대리관계에서는 대리기관이 대리관계를 표시하고 피대리 행정청을 대리하여 행정처분을 한 때에는 피대리행정청이 피고가 된다. 만약 대리관계를 밝힘이 없이 자신의 명의로 처분을 한 경우라면 처분명의자인 당해 행정청이 피고가 됨이 원칙이지만 비록 대리관계를 밝히지 않았다 하더라도 처분명의자가 피대리 행정청 산하의 행정기관으로서 실제로 피대리행정청으로부터 대리권한을 수여받아 피대리 행정청을 대리한다는 의사로 처분을 하였고 처분명의자는 물론 그 상대방도 그 행정처분이 피대리 행정청을 대리하여 한 것임을 알고서 이를 받아들인 예외적인 경우에는 피대리 행정청이 피고가 된다.

(4) 승계행정청 및 국가 또는 지방자치단체

처분 등이 있은 뒤에 그 처분 등에 관계되는 권한이 다른 행정청에 승계된 때에는 이를 승계한 행정청을 피고로 한다.

(5) 지방의회와 지방자치단체의 장

지방자치단체의 장은 조례가 항고소송의 대상이 되는 경우 피고가 되며, 지방의회의원에 대한 징계의결에 대해서는 지방의회가 피고가 된다.

(6) 처분청과 통지한 자가 다른 경우

처분청과 통지한 자가 다른 경우에는 처분청이 피고가 된다.

(7) 다른 법률에 특별한 규정이 있는 경우

대통령처분에 대해서는 소속장관, 중앙선거관리위원회위원장의 행위에 대해서는 사무총장, 대법원장의 행위에 대해서는 법원행정처장, 헌법재판소장의 행위에 대해서는 헌재사무처장, 국회의장의 행위에 대해서는 국회사무총장이 피고가 된다.

논점 | 피고경정 (B)

1. 의의 및 취지(행정소송법 제14조)

소송의 계속 중에 피고로 지정된 자를 다른 자로 변경하는 것을 말한다. 이는 복잡한 행정조직에 있어 피고를 잘못 지정하여 생기는 소송절차 낭비를 막고 원활한 권리구제를 도모함에 제도적인 취지가 인정된다.

2. 피고경정의 절차

원고가 피고를 잘못 지정한 때에는 법원은 원고의 신청에 의하여 결정으로써 피고의 경정을 허가할 수 있다.

3. 피고경정의 효과

피고의 경정에 대한 법원의 허가결정이 있은 때에는 새로운 피고에 대한 소송은 처음에 소를 제기한 때에 제기된 것으로 보며, 종전의 피고에 대한 소송은 취하된 것으로 본다. 피고경정은 사실심 변론을 종결할 때까지 할 수 있다(행정소송규칙 제6조).

논점 | 제3자 소송참가 (A)

1. 의의(행정소송법 제16조)

소송의 결과에 의하여 권리 또는 이익의 침해를 받을 제3자가 있는 경우에 당사자 또는 제3자의 신청 또는 직권에 의하여 그 제3자를 소송에 참가시키는 제도를 말하며 취소판결의 제3자효로 인한 권리침해로부터 제3자의 권익을 보호하기 위한 제도이다.

2. 소송참가의 요건

① 타인 간의 취소소송 등의 계속되고 있을 것, ② 소송의 결과에 의해 권리 또는 이익의 침해를 받을 제3자일 것을 요건으로 한다.

3. 소송참가의 절차

제3자의 소송참가는 당사자 또는 제3자의 신청 또는 직권에 의하여 결정으로써 행한다. 법원이 제3자의 소송참가를 결정하고자 할 때에는 미리 당사자 및 제3자의 의견을 들어야 한다.

4. 참가인의 지위

민사소송법 제67조 준용되므로 필수적 공동소송에 있어서의 공동소송인에 준하는 지위에 서게 되나, 당사자에 대하여 독자적인 청구를 하는 것이 아니므로 강학상 공동소송적 보조참가인의 지위와 유사한 것으로 보는 것이 통설이다. 피참가인의 행위와 어긋나는 행위를 할 수 있다.

5. 불복

소송참가 신청을 한 제3자는 그 신청을 각하한 결정에 대하여 즉시항고할 수 있다.

6. 소송참가의 시기 및 판결의 효력

판결선고 전까지 소송참가가 가능하다.

7. 토지보상법상 제3자의 소송참가

사업인정처분에 있어서 피수용자는 제3자의 지위에 있게 된다. 피수용자가 사업인정 취소 또는 무효확인소송을 제기하는 경우 사업인정처분의 상대방인 사업시행자는 제3자의 지위로서 소송에 참가하여 피수용자와 상반대는 주장을 할 수 있다.

반대로, 사업인정 거부처분이 있는 경우 사업시행자가 이에 대한 취소 또는 무효확인소송을 제기하는 경우 피수용자 등은 제3자로서 소송참가할 수 있다.

논점 제3자 재심청구 (A)

1. 의의(행정소송법 제31조)

처분 등을 취소하는 판결에 의하여 권리 또는 이익의 침해를 받은 제3자가 자기에게 책임 없는 사유로 소송에 참가하지 못함으로써 판결의 결과에 영향을 미칠 공격 또는 방어방법을 제출하지 못한 때에는 이를 이유로 확정된 종국판결에 대하여 재심의 청구를 하는 것을 말한다.

'자기에게 책임 없는 사유'의 유무는 사회통념에 비추어 제3자가 당해 소송에 참가를 할 수 없었던 데에 자기에게 귀책시킬 만한 사유가 없었는지의 여부에 의하여 사안에 따라 결정되어야 하고, 제3자가 종전 소송의 계속을 알지 못한 경우에 그것이 통상인으로서 일반적 주의를 다하였어도 알기 어려웠다는 것과 소송의 계속을 알고 있었던 경우에는 당해 소송에 참가를 할 수 없었던 특별한 사정이 있었을 것을 필요로 한다. 이에 관한 입증책임은 그러한 사유를 주장하는 제3자에게 있고, 더욱이 제3자가 종전 소송이 계속 중임을 알고 있었다고 볼 만한 사정이 있는 경우에는 종전 소송이 계속 중임을 알지 못하였다는 점을 제3자가 적극적으로 입증하여야 한다.

2. 요건

제3자에 의한 재심청구는 확정판결이 있음을 안 날로부터 30일 이내, 판결이 확정된 날로부터 1년 이내에 제기하여야 한다.

재심청구기간은 불변기간이다.

행정소송법 제31조의 해석상 소송참가를 한 제3자는 판결 확정 후 행정소송법 제31조에 의한 재심의 소를 제기할 수 없다.

논점 | 행정청의 소송참가 [A]

1. 의의(행정소송법 제17조)

행정청의 소송참가라 함은 관계 행정청이 행정소송에 참가하는 것을 말한다.

2. 소송참가의 요건

① 타인 간의 취소소송 등이 계속되고 있을 것, ② 다른 행정청일 것(피고 행정청 이외의 행정청으로서 계쟁처분이나 재결에 관계있는 행정청), ③ 참가시킬 필요성이 있을 것을 요건으로 한다.

3. 소송참가의 절차

법원은 당사자 또는 당해 행정청의 신청 또는 직권에 의하여 결정으로써 그 행정청을 소송에 참가시킬 수 있다. 이 경우 당사자 및 당해 행정청의 의견을 들어야 한다.

4. 참가행정청의 지위

참가행정청은 보조참가인에 준하는 지위에서 소송수행을 한다. 참가인의 소송행위가 피참가인의 소송행위와 어긋나는 때에는 그 효력이 없다.

5. 토지보상법상 행정청의 소송참가

사업인정 처분 시 관계 행정기관의 의견청취 및 중앙토지수용위원회의 협의절차를 거치게 된다. 관련행정기관 및 중앙토지수용위원회는 보조참가인의 지위로 소송에 참가할 수 있다.

논점 | 제소기간 [S]

1. 의의 및 취지

제소기간이란 소송을 제기할 수 있는 시간적 간격을 의미하며 제소기간 경과 시 "불가쟁력"이 발생하여 소를 제기할 수 없다. 행정소송법 제20조에서는 처분이 있는 날로부터 1년, 안 날로부터 90일 이내에 소송을 제기해야 한다고 규정하고 있다. 이는 행정의 안정성과 국민의 권리구제를 조화하는 입법정책과 관련된 문제이다(초일불산입).

2. 행정심판을 거친 경우

(1) 원칙

행정심판을 거쳐 취소소송을 제기하는 경우 취소소송은 재결서의 정본을 송달받은 날부터 90일 이내(제척기간)에 제기하여야 한다. 재결서의 정본을 송달받지 못한 경우에는 재결이 있은 날부터 1년이 경과하면 취소소송을 제기하지 못한다. 다만 정당한 사유가 있는 때에는 그러하지 아니하다.

3. 행정심판을 거치지 않은 경우

취소소송은 처분 등이 있음을 안 날로부터 90일, 처분 등이 있음을 알지 못한 경우에는 처분 등이 있은 날부터 1년을 경과하면 이를 제기하지 못한다. 다만, 정당한 사유가 있는 때에는 그러하지 아니하다.

(1) 처분이 있음을 안 날의 의미

'처분이 있음을 안 날'이라 함은 '당사자가 통지·공고 기타의 방법에 의하여 해당 처분이 있었다는 사실을 현실적으로 안 날'을 의미한다.

(2) 처분이 있은 날의 의미

'처분이 있은 날'이란 처분이 통지에 의해 외부에 표시되어 효력이 발생한 날을 말한다.

(3) '처분이 있음을 안 경우'와 '알지 못한 경우'의 관계

어느 하나의 제소기간이 경과하면 원칙상 취소소송을 제기할 수 없다. 제소기간은 불변기간이다.

4. 소 제기기간 준수 여부의 기준시점

소 제기기간 준수 여부는 원칙상 소 제기 시를 기준으로 한다. 제소기간의 준수 여부는 소송요건으로서 법원의 직권조사사항이다.

📖 알아두기

처분이 있음을 안 날의 유형

1. 처분이 송달된 경우

처분에 관한 서류가 당사자의 주소지에 송달되는 등 사회통념상 처분이 있음을 당사자가 알 수 있는 상태에 놓여진 때에는 그 처분이 있음을 알았다고 추정한다.

2. 제3자의 경우

처분과 관련된 개별규정에서는 대체로 제3자에 대한 통지규정을 두고 있지 않으므로 제3자는 통상 처분이 있음을 알지 못하는 경우가 일반적이다. 따라서 처분이 있은 날로부터 1년 이내에 취소소송을 제기할 수 있으나, 제3자가 실질적으로 처분이 있음을 알게 된 날이 있다면 안 날로부터 90일 이내에 취소소송을 제기하여야 한다.

3. 처분이 공고 또는 고시된 경우

처분이 공고 또는 고시의 방법에 의해 통지되는 경우에는 원고가 실제로 공고 또는 고시를 보았으면 해당 공고 또는 고시를 본 날이 '처분이 있음을 안 날'이 될 것이나, 원고가 공고 또는 고시를 보지 못한 경우에 대하여는 견해의 대립이 있다.

① **통상 고시 또는 공고에 의하여 행정처분을 하는 경우**

통상 고시 또는 공고에 의하여 행정처분을 하는 경우에는 그 처분의 상대방이 불특정 다수인이고, 그 처분의 효력이 불특정 다수인에게 일률적으로 적용되는 것이므로, 그 행정처분에 이해관계를 갖는 자는 고시 또는 공고가 있었다는 사실을 현실적으로 알았는지 여부에 관계없이 고시가 효력을 발생하는 날에 행정처분이 있음을 알았다고 보아야 하고, 따라서 그에 대한 취소소송은 그 날로부터 90일 이내에 제기하여야 한다.

고시·공고 등 행정기관이 일정한 사항을 일반에 알리기 위한 공고문서는 그 문서에서 효력발생 시기를 구체적으로 밝히고 있지 않으면 그 고시 또는 공고 등이 있은 날부터 5일이 경과한 때에 효력이 발생한다.

즉 명시적으로 효력 발생 시기를 따로 정하는 경우에는 그 효력일로부터 처분이 있음을 알았다고 할 것이고, 이를 정하지 않는 경우에는 공고, 고시일로부터 5일이 경과한 때에 효력이 발생했다고 볼 것이다.

② **개별처분의 성질을 갖는 경우**

개별공시지가와 같이 처분의 효력이 각 상대방에 대해 개별적으로 발생하는 경우에는 그 처분은 실질에 있어서 개별처분이라고 볼 수 있으므로 공고 또는 고시가 효력을 발생하여도 통지 등으로 실제로 알았거나 알 수 있었던 경우를 제외하고는 처분이 있음을 알았다고 할 수 없고, 처분이 있음을 알지 못한 경우의 불복제기기간이 적용된다.

③ **특정인에 대한 행정처분을 주소불명 등의 이유로 송달할 수 없어 관보 등에 공고**

판례는 특정인에 대한 행정처분을 주소불명 등의 이유로 송달할 수 없어 관보 등에 공고(행정절차법상의 공고)한 경우에 상대방이 그 처분이 있음을 안 날은 상대방이 처분 등을 현실적으로 안 날을 말한다.

5. 기타

(1) 무효인 처분

무효등확인소송은 제소기간의 제한이 없다.

(2) 이의신청을 거친 경우

행정기본법 제36조 제4항 및 제6항에 따라 이의신청에 대한 결과를 통지받은 날부터 90일 이내에 행정심판 및 행정소송을 제기할 수 있는 것으로 보아야 할 것이다.

(3) 변경명령재결에 따른 변경처분이 있는 경우

판례는 변경명령재결에 따른 변경처분이 있는 경우에는 행정심판재결서 정본 송달일로부터 90일 이내에 제기되어야 한다고 판시한 바 있다.

(4) 변경처분이 있는 경우

변경처분의 내용에 따라서 제소기간의 기산점을 달리 판단해야 할 것이다.

금전부과 및 징계와 관련된 처분에 대하여 감액(감경) 변경처분이 있는 경우에는 감액되고 남은 원처분을 대상으로 당초처분이 있음을 안 날부터 90일이 적용될 것이고, 증액변경처분에 대해서는 변경처분을 대상으로 변경처분이 있음을 안 날부터 90일이 적용된다고 보아야 한다.

인허가 등 처분이 있은 후 해당 인허가의 내용을 변경하는 처분이 당초 인허가 처분을 내용적으로 대체하는 새로운 처분인 경우에는 변경처분이 있음을 안 날로부터 90일이 적용되며, 경미한 부분을 변경한 경우라면 당초 인허가 처분이 있음을 안 날부터 90일을 적용하여야 할 것이다. 만약 변경된 내용의 처분이 당초 인허가 처분의 효력이 유지됨을 전제로 새로운 내용이 추가된 경우이고 추가된 내용이 당초 인허가 처분과 별도로 존재한다면 추가된 내용에 대해서는 변경처분이 있음을 안 날부터 90일이 적용되어야 할 것이다.

(5) 반복된 거부처분인 경우

동일한 내용의 새로운 신청에 대하여 다시 거절의 의사표시를 한 경우에는 새로운 거부처분이 있는 것으로 보아야 할 것이다. 따라서 각 거부처분마다 별도로 제소기간이 적용된다.

(6) 청구기간 도과를 이유로 한 각하재결이 있는 경우

처분이 있음을 안 날부터 90일 이내에 행정심판을 청구하지도 않고 취소소송을 제기하지도 않은 경우에는 그 후 제기된 취소소송은 제소기간을 경과한 것으로서 부적법하고, 처분이 있음을 안 날부터 90일을 넘겨 청구한 부적법한 행정심판청구에 대한 재결이 있은 후 재결서를 송달받은 날부터 90일 이내에 원래의 처분에 대하여 취소소송을 제기하였다고 하여 취소소송이 다시 제소기간을 준수한 것으로 되는 것은 아니다.

(7) 행정청이 행정심판청구를 할 수 있다고 잘못 알린 경우

1) 원칙

행정청이 행정심판청구를 할 수 있다고 잘못 알려 행정심판의 청구를 한 경우에는 그 제소기간은 행정심판 재결서의 정본을 송달받은 날부터 기산하여야 한다.

2) 불가쟁력 발생 이후 불복고지에 따른 행정심판의 재결이 있는 경우

행정소송법 제20조 제1항은 행정심판청구가 허용되지 않음에도 할 수 있다고 잘못 알린 경우, 안내를 신뢰하여 부적법한 행정심판을 거치느라 본래 제소기간 내에 취소소송을 제기하지 못한 자를 구제함에 취지가 있다.

이와 달리 이미 제소기간이 지남으로써 불가쟁력이 발생하여 불복청구를 할 수 없었던 경우라면 그 이후에 행정청이 행정심판청구를 할 수 있다고 잘못 알렸다고 하더라도 그 때문에 처분 상대방이 적법한 제소기간 내에 취소소송을 제기할 수 있는 기회를 상실하게 된 것은 아니므로 이러한 경우에 잘못된 안내에 따라 청구된 행정심판 재결서 정본을 송달받은 날부터 다시 취소소송의 제소기간이 기산되는 것은 아니다.

논점　소의 변경 [A]

1. 소의 종류의 변경

(1) 의의 및 취지(행정소송법 제21조)

행정소송의 종류를 잘못 선택한 경우에 행정소송 간의 소를 변경하는 것으로서 행정소송 종류를 잘못 선택하여 발생할 수 있는 불이익으로부터 권리구제를 도모함에 제도적 취지가 인정된다.

(2) 종류

1) 항고소송 간의 변경

항고소송 간에는 소의 변경이 가능하다.

2) 항고소송과 당사자소송 간의 변경

취소소송, 무효등확인소송을 국가 또는 공공단체에 대한 당사자소송으로 변경하거나 당사자소송을 항고소송으로 변경하는 것이 가능하다.

3) 요건

① 청구의 기초에 변경이 없을 것, ② 소를 변경하는 것이 상당하다고 인정될 것, ③ 변경의 대상이 되는 소가 사실심에 계속되어 있고, 사실심 변론종결 전일 것, ④ 새로운 소가 적법할 것, ⑤ 원고의 신청이 있을 것을 요건으로 한다.

4) 절차

법원은 사실심의 변론종결 시까지 원고의 신청에 의하여 결정으로써 소의 변경을 허가할 수 있으며, 허가를 하는 경우 피고를 달리하게 될 때에는 법원은 새로이 피고로 될 자의 의견을 들어야 한다.

5) 효과

소의 변경을 허가하는 결정이 확정되면 새

로운 소는 제소기간과 관련하여 변경된 소를 제기한 때에 제기된 것으로 본다. 변경된 소는 취하된 것으로 보며, 변경된 소의 소송자료는 새로운 소의 소송자료가 된다.

6) 불복방법

소의 변경을 허가하는 결정에 대하여 새로운 소의 피고와 변경된 소의 피고는 즉시항고할 수 있다. 불허가결정에 대하여는 독립하여 항고할 수 없고, 종국판결에 대한 상소로써만 다툴 수 있다.

2. 처분변경으로 인한 소의 변경

(1) 의의 및 취지(행정소송법 제22조)

행정청이 소송 중에 처분을 변경하는 경우 원고의 신청에 의하여 법원의 결정으로서 소를 변경하는 것을 말한다. 변경된 처분을 대상으로 다시 소를 제기해야 하는 절차반복을 배제하여 권리보호를 도모함에 제도적 취지가 인정된다.

(2) 요건

행정청이 소송의 대상인 처분을 소가 제기된 후 변경하였어야 하고, 원고는 처분의 변경이 있음을 안 날로부터 60일 이내에 소의 변경을 신청하여야 한다. 법원은 원고의 신청에 대하여 결정으로서 청구의 취지 또는 원인의 변경을 허가할 수 있다.

(3) 효과

소의 변경을 허가하는 법원의 결정이 있으면, 당초의 소가 처음에 제기된 때에 변경한 내용의 새로운 소가 제기된 것으로 보며, 변경 전의 구소는 취하된 것으로 본다.

알아두기

부작위가 거부로 발전된 경우의 소 변경 가능 여부

1. 문제점

부작위위법확인소송이 제기된 후에 거부처분이 발급된 경우 거부처분취소소송의 변경이 가능한지가 문제된다. 이는 행정소송법 제21조(소송종류의 변경)의 준용규정이 없어서 문제된다.

2. 학설

(1) 부정설

부작위와 거부는 대상유형이 상이하므로 부작위에서 거부로 발전된 경우에는 부작위위법확인소송을 취소소송으로 변경할 수 없다고 본다.

(2) 긍정설

부작위에서 거부로 발전된 경우 소의 변경에 관한 규정을 준용하지 않고 있는 것은 입법의 불비이다. 행정소송법 제21조 및 제22조에 근거하여 부작위위법확인소송을 취소소송으로 변경하는 것이 가능하다고 보아야 할 것이다.

3. 검토

행정경제와 국민의 권리구제 측면에서 인정함이 타당할 것이다.

논점　집행정지 (S)

1. 집행부정지 원칙과 집행정지 예외

집행부정지의 원칙은 취소소송의 제기는 처분 등의 효력이나 그 집행 또는 절차의 속행에 영향을 주지 아니함을 말한다. 단, 처분이 진행되는 등의 사정으로 회복되기 어려운 손해가 발생할 경우 예외적으로 집행정지를 인정한다(행정소송법 제23조).

2. 요건

(1) 신청요건(미충족 시 각하결정)

1) 정지대상인 처분 등이 존재할 것

행정소송법상 집행정지는 종전의 상태, 즉 원상을 회복하여 유지시키는 소극적인 것이므로 침해적 처분을 대상으로 한다. 거부처분에 대하여 집행정지가 가능한지에 관하여 견해의 대립이 있다.

2) 적법한 본안소송이 계속 중일 것

집행정지는 행정처분의 집행부정지원칙의 예외로서 인정되는 것이고, 또 본안에서 원고가 승소할 수 있는 가능성을 전제로 한 권리보호수단이라는 점에 비추어 보면, 신청인의 본안청구가 적법한 것이어야 한다.

3) 신청인적격 및 신청이익

집행정지를 신청할 수 있는 자는 본안소송의 당사자이다. 신청인은 '법률상 이익'이 있는 자이어야 한다. 집행정지의 신청요건인 법률상 이익은 항고소송의 요건인 '법률상 이익'과 동일하다. 또한 집행정지결정의 현실적 필요성이 있어야 한다.

(2) 본안요건(미충족 시 기각결정)

1) 회복하기 어려운 손해

판례는 금전보상이 불가능하거나 사회통념상 참고 견디기가 현저히 곤란한 유·무형의 손해와 중대한 경영상의 위기를(아람마트사건) 회복하기 어려운 손해로 보고 있다. 이에 대한 소명책임은 신청인에게 있다.

2) 긴급한 필요의 존재

회복하기 어려운 손해의 발생이 절박하여 손해를 회피하기 위하여 본안판결을 기다릴 여유가 없을 것을 말한다.

3) 공공복리에 중대한 영향이 없을 것

처분의 집행에 의해 신청인이 입을 손해와 집행정지에 의해 영향을 받을 공공복리 간의 이익형량을 하여 공공복리에 중대한 영향을 미칠 우려가 없어야 한다. '공공복리에 중대한 영향을 미칠 우려'의 주장·소명책임은 행정청에게 있다.

4) 본안청구가 이유 없음이 명백하지 아니할 것

집행정지는 인용판결의 실효성을 확보하기 위하여 인정되는 것이며 행정의 원활한 수행을 보장하며 집행정지 신청의 남용을 방지할 필요도 있으므로 본안청구가 이유 없음이 명백하지 아니할 것을 집행정지의 소극적 요건으로 하는 것이 타당하다.

3. 절차

본안이 계속된 법원에 당사자의 신청 또는 직권에 의하여 처분 등의 효력이나 그 집행 또는 절차의 속행의 전부 또는 일부의 정지를 결정할 수 있다.

4. 내용

① 처분의 효력을 존재하지 않는 상태에 놓이게 하는 처분의 효력정지, ② 처분의 집행을 정지하는 집행정지, ③ 절차의 속행을 정지하는 절차속행의 정지를 내용으로 한다. ④ 행정소송법은 처분의 일부에 대한 집행정지도 가능하다고 규정한다.

5. 효력 및 시기

① 처분의 효력을 잠정적으로 소멸시키는 형성력, ② 행정청은 동일한 처분을 할 수 없는 기속력(행정소송법 제30조 제1항 준용), ③ 판결주문에 정해진 시점까지 존속하는 시적 효력이 있다. 집행정지기간은 법원이 시기와 종기를 자유롭게 정할 수 있는데, 종기의 정함이 없으면 본안판결 확정 시까지 정지의 효력이 존속한다. ④ 법원이 집행정지를 결정하는 경우 그 종기는 본안판결 선고일부터 30일 이내의 범위에서 정한다(행정소송규칙 제10조).

6. 집행정지결정에 대한 불복과 취소

집행정지의 결정 또는 기각결정에 대하여 즉시항고를 할 수 있으나, 이 경우 집행정지의 결정에 대한 즉시항고에는 결정의 집행을 정지하는 효력이 없다. 집행정지의 결정이 확정된 후 집행정지가 공공복리에 중대한 영향을 미치거나 그 정지사유가 없어진 때에는 당사자의 신청 또는 직권에 의하여 결정으로써 집행정지의 결정을 취소할 수 있다.

7. 거부처분 집행정지 가능성

(1) 견해의 대립

① 부정설(통설)은 수익적 행정처분의 신청에 대한 거부처분은 신청의 기대이익 제한이므로 집행정지의 대상이 되지 않는다고 본다.

② 긍정설은 집행정지결정에는 기속력(행정소송법 제30조 제2항 재처분의무)이 인정되므로 거부처분의 집행정지에 따라 행정청에게 잠정적인 재처분의무가 생긴다고 볼 수 있으므로 거부처분의 집행정지의 이익이 있다고 보는 견해이다.

③ 예외적 긍정설은 거부처분의 집행정지에 의하여 거부처분이 행하여지지 아니한 상태로 복귀됨에 따라 신청인에게 어떠한 법적 이익이 있다고 인정되는 경우에 한하여 집행정지 신청을 인정하여야 한다는 견해이다(인·허가기간에 붙은 기간이 갱신기간인 경우 등).

(2) 판례

신청 전의 상황으로 돌아갈 뿐 신청이 허가된 것과 동일한 상태가 실현된 것이 아니고, 신청에 따른 처분을 해야 할 의무를 부담하는 것이 아니므로 신청의 이익이 없다고 한다.

(3) 검토

행정소송법 제30조 제2항 재처분의무의 명시적인 준용규정이 없는 점으로 보아, 예외적으로 신청의 이익이 있다고 인정되는 경우에 한해서 집행정지가 인정된다고 보아야 할 것이다.

논점   가처분 [A]

1. 문제점

집행정지제도는 처분이 존재함을 전제로
한 가구제제도이므로, 거부처분 등의 소극
적 침해에 대하여 적절한 가구제 수단이 되
지 못한다. 따라서 행정소송법 제8조 제2항
에 따라 민사소송법상 가처분을 인정할 수
있는지가 문제된다.

2. 의의

가처분이란 금전 이외의 급부를 목적으로 하
는 청구권의 보전 및 다툼 있는 권리관계에
관하여 임시적 지위를 구하는 것을 말한다.

3. 인정 여부

(1) 학설

1) 소극설(부정설)

행정소송법상 집행정지에 관한 규정은 민
사집행법상의 가처분제도에 대한 특별규정
이므로 민사집행법상의 가처분을 배제한다
는 뜻을 포함한다고 본다.

2) 적극설(긍정설)

① 행정소송법은 가처분을 배제하는 규정
을 특별히 두고 있지 않으며, ② 가처분을
통하여 국민의 권리보호를 실효성 있게 하
는 것은 사법권의 범위에 속하는 것이며 헌
법 제27조 제1항이 보장하는 재판을 받을
권리에도 포함된다고 본다.

3) 제한적 긍정설

거부처분과 같이 집행정지제도를 통해서 목
적달성이 안 되는 경우에는 가처분제도를
활용하여 잠정적인 권리구제를 도모해야
한다는 견해이다.

(2) 판례

민사소송법상의 가처분으로서 행정청의 어
떠한 행정행위의 금지를 구하는 것은 허용
될 수 없다고 하여 부정설의 입장이다.

(3) 검토

가처분을 인정하는 것은 처분청의 판단권
을 행사하는 것이 되어 권력분립원칙에 반
할 소지가 있다. 따라서 현행 행정소송법은
가처분제도를 규정하지 않고 집행정지제도
를 규정한 것으로 보아야 할 것이다.

논점 | 직권심리주의 (B)

1. 의의(행정소송법 제26조)

직권심리주의란 법원이 직접 증거조사를 위한 소송자료를 수집하여 당사자가 주장하지 아니한 사실에 대하여 심리·판단하는 것을 말한다.

2. 직권탐지의 범위

(1) 학설

1) 직권탐지주의설

소송법 제26조에서는 "당사자가 주장하지 아니한 사실에 대하여도 판단할 수 있다"고 규정하고 있으므로 직권탐지주의가 원칙이라고 본다. 따라서 당사자의 주장이 없어도 직권으로 증거를 조사하여 심리판단할 수 있다.

2) 변론주의보충설

원칙적으로 당사자가 주장한 사실만 증거조사하고 판단할 수 있다고 본다. 하지만 일건 기록상 현출된 사항에 대해서 보충적으로 당사자가 주장하지 아니한 사실에 대해서도 법원이 이를 직권으로 탐지하여 이를 판단의 자료로 삼을 수 있다고 본다.

3) 직권탐지주의보충설[9]

변론주의보충설에서 주장하는 직권증거조사 외에도 일정한 한도 내에서 직권탐지가 가능하다고 본다.

(2) 판례의 태도

판례는 행정소송법 제26조는 "당사자주의, 변론주의에 대한 일부 예외규정일 뿐 법원이 아무런 제한 없이 당사자가 주장하지 아니한 사실을 판단할 수 있는 것은 아니고, 일건 기록에 현출되어 있는 사항에 관하여서만 직권으로 증거조사를 하고 이를 기초로 하여 판단할 수 있을 따름이다"고 하여 소송기록에 나타난 사실에 한하여 직권탐지를 인정하고 있다.

(3) 검토

법원은 당사자의 입증책임에 국한되지 않고 실체적 진실을 밝혀 진실된 권리구제를 이행해야 할 것이다. 따라서 변론주의를 원칙으로 직권탐지주의를 보충적으로 적용하는 직권탐지주의 보충설이 타당하다.

3. 직권탐지의 의무

현행 행정소송법 제26조는 "…할 수 있고, …할 수 있다"라고 규정하고 있으므로, 실체적 진실을 밝혀 권리구제의 필요성이 인정되는 경우에는 직권탐지의무가 있다고 볼 것이다.

---

9) 변론주의보충설은 당사자가 주장했으나 입증이 미흡한 경우에만 직권탐지가 가능하지만 직권탐지주의보충설은 당사자가 주장하지 않은 부분에 대해서도 직권탐지가 가능함에 차이가 있다.

논점 위법성 판단 기준시점 (B)

1. 학설

(1) 처분 시설

처분 시 이후의 사정고려는 행정청의 1차적 판단권을 침해하는 것이며 취소소송은 위법한 처분의 사후심사를 통한 권리보호를 도모하므로 처분 시를 기준하여 위법성을 판단해야 한다.

(2) 판결 시설

취소소송은 처분으로 인하여 형성된 위법상태를 배제하는 데에 목적이 있으며, 판결 시를 기준하여 해당 처분에 계속적인 효력을 부여할 것인지를 판단해야 한다고 본다.

(3) 절충설

처분시설을 원칙으로 하되 예외적으로 계속적 효력을 가진 처분이나 미집행의 처분에 대한 소송에 있어서는 판결 시설을 취하는 것이 타당한 경우가 있다고 본다.

2. 판례

판례는 행정소송에서 행정처분의 위법 여부는 행정처분이 행하여졌을 때의 법령과 사실상태를 기준으로 하여 판단하여야 하고, 처분 후 법령의 개폐나 사실상태의 변동에 의하여 영향을 받지는 않는다고 하여 처분 시설을 취하고 있다.

3. 검토

취소소송은 주관소송으로서 권리구제를 도모해야 하며, 권리침해는 처분 시를 기준하여 발생하므로 처분 시를 기준하여 위법성을 판단하는 것이 타당하다. 거부처분의 경우에는 의무이행소송이 도입되지 않은 상황에서 판결 시로 봄이 타당하다.

논점 처분사유 추가·변경 (A)

1. 의의 및 구별개념

처분의 적법성을 유지하기 위해 처분 당시에 존재하였으나 처분의 근거로 제시하지 않았던 법적 또는 사실적 사유를 소 계속 중에 추가 또는 변경하는 것을 말한다. 처분 당시에 존재하는 사유를 추가하거나 변경한다는 점에서 처분 시의 하자를 사후에 보완하는 하자치유와 구별된다.

2. 소송물과 처분사유의 추가·변경

소송물을 개개의 위법성 사유로 보면 처분사유의 추가·변경은 소송물의 추가·변경이 되므로 원칙적으로 불가하다. 따라서 처분사유의 추가·변경은 소송물(위법성 일반)의 범위 내에서 논의되어야 한다.

3. 인정 여부

(1) 학설

① 국민의 공격·방어권 침해를 이유로 부정하는 견해, ② 소송경제 측면에서 긍정하는 견해, ③ 처분의 상대보호와 소송경제의 요청을 고려할 때 제한적으로 긍정하는 견해, ④ 행정행위 및 행정쟁송의 유형 등에 따라 개별적으로 판단해야 한다는 견해가 있다.

(2) 판례

실질적 법치주의와 행정처분의 상대방인 국민의 신뢰보호견지에서 기본적 사실관계의 동일성이 인정되는 경우에 제한적으로 긍정하고 있다.

(3) 검토

처분사유의 추가·변경은 소송경제 및 분

쟁의 일회적 해결을 위한 것이므로 권리보호와 소송경제를 고려하여 제한적으로 인정하는 판례의 태도가 타당하다. 따라서 행정청은 사실심 변론을 종결할 때까지 당초의 처분사유와 기본적 사실관계가 동일한 범위 내에서 처분사유를 추가 또는 변경할 수 있다(행정소송규칙 제9조).

4. 인정기준

(1) 처분 당시 객관적으로 존재하였을 것

위법판단의 기준시에 관하여 처분 시설을 취하는 경우 위법성 판단은 처분 시를 기준으로 하므로 추가사유나 변경사유는 처분 시에 객관적으로 존재하던 사유이어야 한다.

(2) 기본적 사실관계의 동일성이 유지될 것

통설 및 판례는 ① 법률적 평가 이전의 사회적 사실관계의 동일성을 기준으로 하여, ② 시간적, 장소적 근접성, ③ 행위의 태양, 결과 등을 종합적으로 고려해서 판단하여야 한다고 본다.

(3) 재량행위의 경우

① 재량행위의 경우에 고려사항의 변경은 새로운 처분을 의미하는 것이라는 견해가 있으나, ② 재량행위에서 처분이유를 사후에 변경하는 경우에도, 분쟁대상인 행정행위가 본질적으로 변경되지 않음을 전제로 하는 것이므로 재량행위에서도 인정함이 타당하다.

5. 법원의 판단

처분사유의 추가·변경이 인정되면 법원은 변경된 사유를 기준으로 본안심사를 하여야 한다.

논점 | **형성력 (B)**

1. 의의 및 근거(행정소송법 제29조 제1항)

행정처분 및 행정심판에 대한 재결의 취소판결이 확정되면 해당 행정처분 및 행정심판에 대한 재결은 그 효력이 상실되는 효력을 말한다.

2. 형성력의 내용

(1) 형성효

행정처분을 취소한다는 확정판결이 있으면 그 취소판결의 형성력에 의하여 해당 행정처분의 취소나 취소통지 등의 별도의 절차를 요하지 아니하고 당연히 취소의 효과가 발생한다고 할 것이고 별도로 취소의 절차를 취할 필요는 없다.

(2) 취소의 소급효

처분을 취소하는 판결이 확정되면 그 처분은 처분 시에 소급하여 소멸한다.

(3) 제3자효(대세효)

취소판결의 효력은 법적 이해관계 있는 제3자에게 미치며, 일반처분인 경우에도 소송에 참여하지 않은 제3자에도 미친다.

3. 취소판결의 형성력의 준용

형성력은 집행정지의 결정 및 집행정지결정의 취소결정에도 준용되고, 무효확인소송 및 부작위위법확인소송에도 준용된다.

4. 관련문제(제3자보호)

취소판결의 효력이 제3자에게도 미침으로 인하여 제3자가 불측의 손해를 입을 수 있으므로 행정소송법은 제3자의 권리를 보호하기 위하여 제3자의 소송참가제도와 제3자의 재심청구제도를 인정하고 있다.

논점 ▶ 기속력 [S]

1. 의의 및 취지(행정소송법 제30조)

행정청에 대하여 판결의 취지에 따라 행동하도록 당사자인 행정청과 그 밖의 관계 행정청을 구속하는 효력을 말한다. 이는 인용판결의 실효성을 확보하기 위하여 인정된 제도이며 기각판결에는 인용되지 않는다.

2. 구별개념 및 성질

구속력의 성질을 무엇으로 볼 것인가에 대하여 기판력설과 특수효력설이 대립하고 있는데 기판력은 법적안정성을 위하여 인정된 소송법상의 효력인데 반하여 기속력은 판결의 실효성을 확보하기 위한 실체법상의 효력이므로 기속력은 기판력과 구분되는 특수한 효력이라는 것이 다수의 견해이다.

3. 내용

(1) 반복금지효(행정소송법 제30조 제1항)

취소판결이 확정되면 당사자인 행정청과 관계 행정청은 판결의 취지에 저촉되는 처분을 할 수 없다. 동일한 처분인지는 기본적 사실관계의 동일성 유무를 기준으로 판단한다.

(2) 재처분의무(제30조 제2항 및 제3항)

판결에 의하여 취소되는 처분이 당사자의 신청에 대한 거부처분인 경우에는 행정청은 판결의 취지에 따라 이전 신청에 대한 처분을 하여야 한다. 절차의 위법을 이유로 취소되는 경우와 같다.

(3) 원상회복의무(결과제거의무)

취소판결이 확정되면 행정청은 취소된 처분에 의해 초래된 위법상태를 제거하여 원상회복할 의무를 진다. 이에 대해 견해의 대립이 있으나 다수견해는 원상회복의무를 기속력의 내용으로 본다.

4. 기속력의 인정범위

(1) 객관적 범위

판결의 취지는 판결의 주문과 판결이유를 말한다. 기속력은 판결의 주문과 이유에 적시된 개개의 위법사유에 미친다.

재결의 기속력은 재결의 주문 및 그 전제가 된 요건사실의 인정과 판단, 즉 처분 등의 구체적 위법사유에 관한 판단에만 미친다고 할 것이다.

(2) 주관적 범위

기속력은 당사자인 행정청과 그 밖의 관계 행정청을 기속한다. 취소된 처분 등을 기초로 하여 그와 관련되는 처분이나 부수되는 행위를 할 수 있는 행정청을 총칭하는 것이라고 할 것이다.

(3) 시간적 한계

처분의 위법 여부의 판단시점은 처분 시이기 때문에(통설 및 판례) 기속력은 처분 당시까지 존재하던 사유에 대하여만 미치고 그 이후에 생긴 사유에는 미치지 아니한다.

5. 기속력 위반의 효과

소송법상 기속력은 강행규정이므로 이에 대한 위반은 그 하자가 중대, 명백하여 당연무효라고 본다.

논점 간접강제 (B)

1. 간접강제의 의의 및 취지

재처분의무를 이행하지 않는 경우에, 손해배상의무를 부과하여 재처분의무를 간접적으로 강제하는 제도이다. 판결의 실효성을 확보함에 제도적 취지가 인정된다(행정소송법 제34조).

2. 요건

① 거부처분취소판결 및 부작위위법확인판결이 확정될 것, ② 재처분의무를 이행하지 않는 경우일 것을 요건으로 한다. ③ 제1심 수소법원은 당사자의 신청에 의하여 결정으로서 상당한 기간을 정하고, 행정청이 그 기간 내에 이행하지 아니하는 때에는 그 지연기간에 따라 일정한 배상을 할 것을 명하거나 즉시 손해배상할 것을 명할 수 있다.

3. 절차

간접강제의 결정에도 불구하고 해당 행정청이 판결의 취지에 따른 처분을 아니하는 경우에 신청인은 그 간접강제 결정을 집행권으로 하여 집행문을 부여받아 이행강제금을 강제집행할 수 있다.

4. 인정범위

무효등확인소송의 경우 준용되는지에 견해의 대립이 있으나 판례는 명문규정이 없음을 이유로 부정한다.

5. 배상금의 성질과 추심

① 판례는 배상금은 재처분지연에 대한 손해배상이 아니라 이행에 대한 심리적 강제수단으로 보며, ② 일정기간 경과 시는 금전채권의 집행방법으로 추심하나, 기간경과 후 재처분이 있는 경우에는 특별한 사정이 없는 한 심리적 강제를 꾀할 목적이 상실되어 더 이상 배상금 추심을 할 수 없다고 한다.

6. 입법론

간접강제제도는 우회적인 제도이므로 의무이행소송을 도입하여 국민의 권리보호에 만전을 기하여야 할 것이다.

논점 기판력 (A)

1. 기판력의 의의 및 취지

기판력이란 ① 판결이 확정된 후, ② 소송 당사자는 전소에 반하는 주장을 할 수 없고, ③ 후소법원도 전소에 반하는 판결을 할 수 없는 효력이다. 이는 소송절차의 무용한 반복을 방지하고 법적안정성을 도모함에 취지가 인정된다.

2. 내용

① 당사자는 동일소송물을 대상으로 소를 제기할 수 없으며(반복금지효), ② 후소에서 당사자는 전소에 반하는 주장을 할 수 없고, 법원은 전소에 반하는 판결을 할 수 없다(모순금지효).

3. 효력범위

(1) 주관적 범위

취소소송의 기판력은 당사자 및 이와 동일시할 수 있는 승계인과 보조참가자에게만 미치며 제3자에게는 미치지 않는다. 판례는 관계 행정청에도 미치는 것으로 보고 있다.

(2) 객관적 범위

기판력은 판결의 주문에 포함된 것에 한하여 인정된다. 다수와 판례는 소송물을 위법성 일반으로 보므로 기판력은 판결의 주문에 적시된 위법성 일반에 한하여 인정된다.

(3) 시적 범위

기판력은 사실심 변론의 종결 시를 기준으로 하여 발생한다. 변론종결 시까지 제출된 자료를 기초하여 확정판결이 내려진다.

4. 기판력과 국가배상소송

(1) 문제소재

취소판결의 위법성에 대한 기판력이 국가배상소송에서 가해행위의 위법성 판단에 영향을 미치는지가 문제된다.

(2) 학설

1) 기판력 긍정설

취소소송에서의 위법과 국가배상소송에서의 위법이 동일한 개념이라고 본다면 취소판결 및 기각판결의 기판력은 국가배상소송에 미친다고 본다.

2) 기판력 부정설

국가배상청구소송의 위법을 취소소송의 위법과 다른 개념으로 보는 견해(상대적 위법성설 또는 결과위법설)에 의하면 취소판결의 기판력은 국가배상청구소송에 미치지 않는다고 본다.

3) 제한적 긍정설

국가배상청구소송의 위법개념을 취소소송의 위법개념보다 넓은 개념으로 본다면 인용판결의 기판력은 국가배상소송에 미치지만, 기각판결의 기판력은 국가배상소송에 미치지 않는다고 본다.

(3) 검토

국민의 권리구제 측면에서 제한적 긍정설이 타당하다.

5. 국가배상판결의 취소소송에 대한 기판력

국가배상소송의 처분의 위법 또는 적법의 판단은 취소소송에 기판력을 미치지 아니한다. 국가배상소송에서의 위법 또는 적법은 기판력이 미치는 소송물이 아니기 때문이다.

6. 기타(기판력과 처분청의 직권취소)

원고의 청구가 기각된 이후에 처분청이 직권취소를 할 수 있는지가 문제될 수 있다. 소송상 밝혀지지 않은 위법사유가 기각판결 이후에 밝혀진 경우에는 직권취소가 가능하다 할 것이다.

논점 **사정판결 (A)**

1. 의의(행정소송법 제28조)

사정판결이란 원고의 청구가 이유 있다고 인정되는 경우에도 그 처분이나 재결을 취소·변경하는 것이 현저히 공공복리에 적합하지 아니하다고 인정하는 때에 법원이 원고의 청구를 기각하는 판결을 말한다.

2. 요건

① 원고의 청구가 이유 있을 것, ② 처분 등의 취소가 현저히 공공복리에 적합하지 않을 것, ③ 당사자의 신청이 있을 것을 요건으로 하나, 판례는 '기록상 현출되어 있는 상황에 관하여서만 직권으로 증거조사하고 이를 기초로 판단할 수 있을 따름이다'고 하여 당사자의 신청이 없더라도 직권으로 사정판결을 할 수 있다고 보고 있다. 사정판결의 요건은 엄격히 제한적으로 해석하여야 한다.

3. 인정범위(무효인 경우의 가능 여부)

(1) 학설

1) 긍정설

무효인 경우에도 행정행위의 외관이 존재하므로 무효인 경우에도 사정판결을 인정하여야 한다고 본다.

2) 부정설

무효인 경우에는 존치시킬 효력이 없으며, 사정판결을 준용한다는 규정도 없으므로 부정해야 한다고 본다.

(2) 판례

판례는 "당연무효의 행정처분을 소송목적

물로 하는 행정소송에서는 존치시킬 효력이 있는 행정행위가 없기 때문에 행정소송법 제28조 소정의 사정판결을 할 수 없다"고 판시한 바 있다.

(3) 검토

사정판결은 처분 등이 위법함에도 불구하고 공익을 위하여 기각판결을 하는 법치주의의 중대한 예외인바, 무효인 경우까지 사정판결을 인정하는 것은 권리보호에 불리하므로 부정함이 타당하다.

4. 위법판단의 기준시와 사정판결 필요성의 판단시점

사정판결에 있어서도 위법성 판단의 기준시는 일반론에 따라 처분 시로 결정되어야 할 것이나, 사정판결의 필요성은 처분 후의 사정이 고려되어야 할 것이므로 변론종결 시를 기준으로 판단하여야 할 것이다.

5. 사정판결의 효과

사정판결은 원고의 청구가 이유 있음에도 이를 취소·변경하는 것이 현저히 공공복리에 적합하지 아니하여 원고의 청구를 기각하는 것이므로 위법한 처분의 효력이 그대로 유지된다.

6. 법원의 조치

판결의 주문에 ① 처분 등의 위법을 명시하고, ② 법원은 사정판결을 함에 있어서 미리 원고가 그로 인하여 입게 될 손해의 정도와 배상방법 그 밖의 사정을 조사하여야 한다. ③ 사정판결은 원고의 주장이 이유가 있음에도 공익을 위해서 하는 것인바 소송비용은 피고가 부담해야 한다.

7. 권익구제

원고는 피고인 행정청이 속하는 국가 또는 공공단체를 상대로 손해배상, 제해시설의 설치 그 밖에 적당한 구제방법의 청구를 당해 취소소송등이 계속된 법원에 병합하여 제기할 수 있다.

당사자가 이를 간과하였음이 분명하다면 적절하게 석명권을 행사하여 그에 관한 의견을 진술할 수 있는 기회를 주어야 한다.

논점 소의 병합 (A)

1. 의의 및 취지

행정소송법상 관련청구소송의 병합이라 함은 취소소송 또는 무효등확인소송에 해당 취소소송 등과 관련이 있는 청구소송(관련청구소송)을 병합하여 제기하는 것을 말한다. 이는 소송경제를 도모하고, 서로 관련 있는 사건 사이에 판결의 모순·저촉을 피하기 위한 것이다.

2. 종류

(1) 병합 시점에 따른 분류

관련청구소송의 병합에는 계속 중인 취소소송 등에 관련청구소송을 병합하는 후발적 병합과 취소소송 등과 관련청구소송을 함께 제기하는 원시적 병합이 있다.

(2) 병합 방법에 따른 분류

1) 선택적 병합

양립할 수 있는 여러 개의 청구를 하면서 그 중에 어느 하나가 인용되면 원고의 소의 목적을 달성할 수 있기 때문에 다른 청구에 대해서는 심판을 바라지 않는 형태의 병합이다. 법원은 이유 있는 하나를 선택하여 인용하면 된다(예 토지보상법 상 간접손실보상청구와 환경정책기본법 상 손해배상청구).

2) 예비적 병합

양립할 수 없는 여러 개의 청구를 하면서 1차적 청구가 기각 혹은 각하될 때를 대비하여 2차, 3차적 청구에 대해 심판을 구하는 것이다. 법원은 1차적 청구를 먼저 심리하여 보고 인용되면 2차적, 3차적 청구는 심판하지 않는다. 1차적 청구가 인용되지 않는 경우 2차적 청구를 심판한다(예 잔여지수용청구(1차적 청구)와 잔여지가치하락보상청구(2차적 청구)).

3. 병합요건

(1) 취소소송 등에 병합할 것

취소소송 등과 취소소송 등이 아닌 관련청구소송의 병합은 취소소송 등에 병합하여야 한다. 취소소송 등이 주된 소송이며 각 소송은 소송요건을 갖추어야 한다.

(2) 각 청구소송이 적법할 것

주된 취소소송 등과 관련청구소송은 각각 소송요건을 갖추어야 한다.

4. 병합요건의 조사 및 판결

병합요건은 법원의 직권조사사항이다. 병합요건이 충족되지 않은 경우 변론을 분리하여 별도의 소로 분리심판하여야 하는 것이 원칙이다.

판례는 본래의 '취소소송 등'이 부적합하여 각하되면 그에 병합된 관련청구소송도 소송요건을 흠결하여 부적합하다고 보고, 각하되어야 한다고 한다(대판 2011.9.29, 2009두10963).

논점 선결문제 [S]

1. 문제점

행정소송법 제11조에서는 민사법원은 처분 등의 효력 유무 및 존재 여부를 심사할 수 있다고 규정하고 있으나, 단순위법인 경우에 대해서는 규정하고 있지 않으므로 후소법원이 단순위법을 확인하거나 위법한 행위의 효력을 부인할 수 있는지가 문제된다.

2. 선결문제의 의의

선결문제란 처분 등의 효력 유무 또는 위법유무가 민사법원 또는 형사법원의 판결의 전제가 되는 문제이다. 즉 행정행위의 위법여부 및 효력 유무 또는 효력 부인이 재판의 전제가 되는 경우에 민사소송이나 형사소송의 수소법원이 해당 선결문제를 심리·판단할 수 있는지의 문제이다.

3. 공정력과 구성요건적 효력

① 공정력이란 행정행위는 당연무효가 아닌 한 권한을 가진 기관에 의해 취소될 때까지 유효하다는 힘을 의미한다.

② 구성요건적 효력이란 유효한 행정행위가 존재하는 한, 모든 행정기관과 법원은 그 행정행위와 관련된 자신들의 결정에 해당 행위의 존재와 효과를 인정해야 하고, 그 내용에 구속되는 것을 의미한다.

③ 공정력은 행정행위의 상대방에 대한 구속력이며 제3자에 대한 구속력은 구성요건적 효력으로 봄이 타당하므로 이하 선결문제를 구성요건적 효력과 관련하여 해결한다.

4. 민사사건과 선결문제

(1) 행정행위의 효력 유무가 쟁점인 경우

① 무효인 행정행위는 구성요건적 효력이 없기 때문에 민사법원은 선결문제가 무효임을 전제로 본안을 판단할 수 있다.

② 그러나 단순위법인 경우에는 민사법원은 행정행위의 구성요건적 효력으로 인해 행정행위의 효력을 부인할 수 없다고 본다.

(2) 행정행위의 위법 여부가 쟁점인 경우

1) 학설

① 행정소송법 제11조 제1항을 제한적으로 해석하고, 구성요건적 효력은 행정행위의 적법성 추정력을 의미하므로 위법 여부를 확인할 수 없다는 부정설이 있다.

② 행정소송법 제11조 제1항을 예시적으로 해석하고, 구성요건적 효력은 유효성 통용력을 의미하므로 해당 행정행위의 위법성을 확인할 수 있다는 긍정설이 있다.

2) 판례

계고처분이 위법임을 이유로 손해배상을 청구한 사안에서 행정처분의 취소판결이 있어야만 손해배상을 청구할 수 있는 것은 아니라고 보아 긍정설의 입장을 취하고 있다.

3) 검토

생각건대 민사법원이 위법성을 확인해도 행정행위의 효력을 부정하는 것이 아니므로 긍정설이 타당하며, 소송경제적인 이유와 개인의 권리보호의 관점에서도 타당하다고 볼 것이다.

5. 형사사건과 선결문제

(1) 행정행위의 효력 유무가 쟁점인 경우

행정행위의 위법성이 무효인 경우에는 이의 효력을 부인할 수 있으나, 취소사유인 경우에도 이의 효력을 부인할 수 있는지가 문제된다.

1) 학설

① 다수설은 형사법원은 해당 행정행위의 구성요건적 효력으로 인해 효력을 부인할 수 없다고 하나,

② 일설은 피고인의 인권보장이 고려되어야 하고 신속한 재판을 받을 권리가 보장되어야 한다는 형사소송의 특수성을 이유로 형사재판에서는 구성요건적 효력이 미치지 않는다고 본다.

2) 판례

미성년자라서 결격자인 피고인의 운전면허는 당연무효가 아니고, 취소가 되지 않는 한 유효하므로 무면허운전에 해당하지 않는다고 하여 부정설의 입장이다.

3) 검토

명문의 규정이 없는 한 인권보장을 위하여 형사법원이 위법한 행정행위의 효력을 부인하고 범죄의 성립을 부인할 수 있는 것으로 보는 것이 타당하므로 긍정설이 타당하다.

(2) 행정행위의 위법 여부가 쟁점인 경우

1) 학설

① 행정소송법 제11조 제1항을 제한적으로 해석하고, 구성요건적 효력은 행정행위의 적법성 추정력을 의미하므로 위법 여부를 확인할 수 없다는 부정설이 있다.

② 행정소송법 제11조 제1항을 예시적으로 해석하고, 구성요건적 효력은 유효성 통용력을 의미하므로 해당 행정행위의 위법성을 확인할 수 있다는 긍정설이 있다.

2) 판례

위법한 시정명령에 기한 명령위반죄는 성립하지 아니한다고 하여 긍정설의 입장이다.

3) 검토

국민의 권리구제 측면에서 행정행위의 위법성을 확인하는 것은 행정행위의 효력을 부인하는 것은 아니므로 구성요건적 효력에 반하지 않는다고 보는 것이 타당하다.

제3절 부작위위법확인소송 및 무효 등확인소송

논점 ▶ 부작위의 성립요건(A)

1. 부작위의 의의(행정소송법 제2조 제1항 제2호)

부작위라 함은 행정청이 당사자의 신청에 대하여 상당한 기간 내에 일정한 처분을 하여야 할 법률상 의무가 있음에도 불구하고 이를 하지 아니하는 것을 말한다.

2. 부작위의 성립요건

(1) 당사자의 신청 및 신청권의 존재

판례는 부작위가 성립하기 위해서는 처분 의무에 대응하는 절차적 권리인 법규상 또는 조리상 신청권이 있어야 한다고 한다. 적법한 신청권이 있는 자의 신청에 한정된 다는 견해가 있으나 신청이 적법할 것은 요 하지 않는다.

(2) 상당한 기간이 경과할 것

상당한 기간이라 함은 사회통념상 행정청 이 해당 신청에 대한 처분을 하는 데 필요 한 합리적인 기간을 말한다.

(3) 행정청의 처분의무와 처분의 부존재

당사자의 신청에 대해서 행정청의 처분의 무가 존재해야 하고 아무런 처분을 하지 않 은 상태이어야 한다. 법령이 정한 일정기간 이 경과한 경우 거부한 것으로 의제되는 경 우에는 거부처분이 되므로 부작위위법확인 소송을 제기할 수 없다.

논점 ▶ 부작위위법확인소송의 심리(A)

1. 심리의 범위

(1) 학설

① 절차적 심리설(신청에 대한 응답의무)

법원은 부작위의 위법 여부만을 심리하 여야 한다. 행정청이 어떠한 처분을 해 야하는지 처분의 내용을 판단하게 된다 면 이는 의무이행소송을 인정하는 결과 가 된다. 따라서 신청에 대한 응답여부 만을 심리하게 된다.

② 실체적 심리설(신청에 따른 처분을 하여 줄 의무)

법원은 행정청의 특정 작위의무 존재까 지 심리하여 행정청의 처리방향을 제시 해야 한다는 견해이다. 일정한 처분의무 를 신청에 대한 처분발급의무로 본다.

(2) 판례

판례는 "부작위위법확인소송은 행정청의 부 작위 내지 무응답이라고 하는 소극적인 위 법상태를 제거하는 것을 목적으로 하는 것" 이라고 하여 절차적 심리설을 취한다.

(3) 검토

판례의 태도가 타당하다. 부작위위법확인 소송은 소극적인 위법상태를 제거하는 것 을 목적으로 하는 것이므로 절차적 심리설 이 타당하다.

2. 기속력

(1) 절차적 심리설(다수설, 판례)

판결의 취지는 부작위의 위법을 시정하여 어떠한 처분이라도 하라는 것이므로 단순히 신청에 대한 응답의무로만 족하다고 한다.

따라서 다시 거부하더라도 기속력에 반하지 않는다.

(2) 실체적 심리설

판결의 취지는 신청된 특정의 처분을 하라는 것이므로 기속행위의 경우는 사인이 신청한 대로 처분을 하는 것이고, 재량행위의 경우에는 하자 없는 재량권을 행사할 의무라고 한다.

(3) 검토

절차적 심리설이 다수 및 판례의 태도이므로 신청에 대한 하자 없는 응답을 해야 한다고 본다.

논점 **무효확인소송 확인의 이익 [A]**

1. 문제점

행정소송법 제35조에서는 확인을 구할 법률상 이익을 요구하고 있는데, 확인을 구할 법률상 이익을 어떻게 볼 것인가에 대하여 견해가 대립된다. 확인의 이익이란 확인소송은 확인판결 받는 것이 가장 유효 적절한 수단인 경우에만 인정된다는 것이다.

2. 즉시확정이익설

무효등확인소송이 확인소송이므로 확인의 이익이 필요하다고 본다.

3. 법적 보호이익설(통설)

무효등확인소송은 확인판결 자체로 기속력(원상회복의무)이 인정되므로 판결의 실효성을 확보할 수 있다는 점, 민사소송과는 그 목적과 취지를 달리하고 있다는 점, 무효등확인소송은 항고소송인 점에서 확인의 이익이 불필요하다고 본다.

4. 판례

종전 판례는 확인소송의 보충성을 요구하였으나, 최근 판례는 ① 행정소송은 민사소송과 목적, 취지, 기능을 달리하고, ② 확정판결의 기속력으로 판결의 실효성을 확보할 수 있고, ③ 보충성 규정의 명문규정이 없으며, ④ 행정처분의 근거법률에 의하여 보호되는 구체적, 직접적 이익이 있는 경우에는 무효확인을 구할 법률상 이익이 있다고 보아야 한다고 하여 보충성이 요구되지 않는다고 판시하였다.

PART · 07

5. 검토

무효확인판결에는 기속력으로 원상회복의무(위법상태제거의무)가 인정되므로 취소소송에서 요구되는 소의 이익과 별도로 확인의 이익이 추가로 요구되지 않는다고 보는 부정설이 타당하다.

| 논점 | 취소사유를 무효확인소송으로 제기한 경우 판결 [B] |

1. 학설

(1) 소변경필요설

소제기의 형식이 무효등확인소송이므로 취소소송으로의 변경을 통하여 취소소송으로 변경하여 취소판결을 해야 한다는 견해이다.

(2) 취소판결설

법원은 취소소송요건을 충족한 경우 취소판결을 하여야 한다는 견해이다.

2. 판례

일반적으로 행정처분의 무효확인을 구하는 소에는 원고가 그 처분의 취소를 구하지 아니한다고 밝히지 아니한 이상 그 처분이 만약 당연무효가 아니라면 그 취소를 구하는 취지도 포함되어 있는 것으로 보아야 하므로 계쟁처분의 무효확인청구에 그 취소를 구하는 취지도 포함된 것으로 보아 계쟁처분에 취소사유가 있는지 여부에 관하여 심리판단하여야 한다.

3. 검토

법원은 석명권을 행사하여 취소소송의 제소요건을 갖춘 경우에 한하여 취소소송으로의 변경을 한 후 취소판결을 하는 것이 타당하다.

국가배상

PART · 07

논점 국가배상의 의의 및 요건 (A)

1. 의의

행정기관의 업무수행 중 위법한 행정작용으로 타인에게 손해를 가한 경우 이를 배상해주는 제도이다. ① 공무원의 불법행위로 인한 배상책임과 ② 영조물의 설치·관리상의 하자로 인한 배상 등이 있다.

2. 국가배상책임의 성질

① 공권과 사권설의 대립이 있으나, ② 행정기관의 행정작용을 원인으로 하므로 공권으로 봄이 타당하다. 〈판례〉는 국가배상법은 민법상 특별법으로 보아 민사소송으로 해결한다.

3. 요건

국가배상법 제2조에 의한 국가배상책임이 성립하기 위하여는 ① 공무원이 직무를 집행하면서 타인에게 손해를 가하였을 것, ② 공무원의 가해행위는 고의 또는 과실로 법령에 위반하여 행하여졌을 것, ③ 손해가 발생하였고, 공무원의 불법한 가해행위와 손해 사이에 인과관계(상당인과관계)가 있을 것이 요구된다.

4. 상세 요건

(1) 공무원

국가배상법 제2조상의 '공무원'은 국가공무원법 또는 지방공무원법상의 공무원뿐만 아니라 공무수탁사인도 포함한다.

(2) 직무행위

국가배상법 제2조가 적용되는 직무행위에 관하여 판례 및 다수설은 공권력 행사 외에 비권력적 공행정작용을 포함하는 모든 공행정작용을 의미한다고 본다. 또한 입법작용과 사법작용(재판작용)도 포함된다.

(3) 직무를 집행하면서(직무관련성)

공무원의 가해행위가 직무집행행위인 경우뿐만 아니라 그 사체는 직부집행행위가 아니더라도 직무와 일정한 관련이 있는 경우에도 인정된다.

(4) 법령위반(위법)

① 손해가 수인될 수 있는지 여부로 판단하는 결과책임설, ② 행위 자체의 위법, 피침해이익의 성격과 침해의 정도, 가해행위의 태양 등을 종합고려하여 판단해야 한다는 상대적 위법성설, ③ 행위의 법규위반으로 보는 행위위법설(협의), ④ 행위의 법규위반에 행위의 태양까지 포함되는 것으로 보는 행위위법설(광의)이 있다. 판례는 광의의 행위위법설(광의)을 취하는 것으로 보인다.

(5) 고의 또는 과실

고의란 위법임을 알고 있음에도 행하는 것이고, 과실이란 통상의 주의의무 위반을 의미한다.

(6) 위법과 과실의 관계

위법과 과실은 개념상 상호 구별되어야 한다. 행위위법설에 의할 때 위법은 '행위'가 판단대상이 되며 가해행위의 법에의 위반을 의미하는 것이며, 과실은 '행위의 태양이 직접적 판단대상이 되며 판례의 입장인 주관설에 의하면 주의의무 위반(객관설에 의하면 국가작용의 흠)을 의미한다.

(7) 손해

공무원의 불법행위가 있더라도 손해가 발생하지 않으면 국가배상책임이 인정되지 않는다. 국가배상책임으로서의 '손해'는 민법상 불법행위책임에 있어서의 그것과 다르지 않다.

(8) 인과관계

공무원의 불법행위와 손해 사이에 인과관계가 있어야 한다. 국가배상에서의 인과관계는 민법상 불법행위책임에서의 그것과 동일하게 상당인과관계가 요구된다.

논점 국가배상의 성질과 선택적 청구 가능성 [A]

1. 공무원의 위법행위로 인한 국가배상책임

(1) 개념 및 근거(국가배상법 제2조)

국가의 과실책임이란 공무원의 과실 있는 위법행위로 인하여 발생한 손해에 대한 배상책임을 말한다.

(2) 국가배상책임의 성질

1) 학설

① 대위책임설

공무원의 위법한 행위는 국가의 행위로 볼 수 없으나 피해자보호를 위해 국가가 대신 부담한다고 한다.

② 자기책임설은 국가는 공무원을 통해 행위하므로 그에 귀속되어 스스로 책임져야 한다고 한다.

③ 절충설은 경과실에 기한 경우는 자기책임으로 보고, 고의·중과실의 경우에는 직무외형을 갖춘 경우에는 국가의 자기책임으로 본다.

2) 판례

고의·중과실의 경우에도 외관상 공무집행으로 보여질 때에는 국가 등이 공무원 개인과 중첩적으로 배상책임을 부담한다고 하여 절충설의 입장이다.

3) 검토

국가면책특권이 헌법상 포기되면서 국가배상책임이 인정되게 되었으며, 고의·중과실에 의한 경우라도 직무상 외형을 갖춘 경우라면 피해자와의 관계에서 국가기관의 행위로 인정할 수 있으므로 자기책임설이 타당하다고 본다.

2. 공무원의 배상책임

국가 등의 배상책임 이외에 공무원 자신의 배상책임이 인정될 수 있는지의 여부가 문제된다.

(1) 학설

1) 자기책임설

논리적으로 보면 자기책임설은 가해행위는 국가의 행위인 동시에 가해공무원 자신의 행위이기에 선택적 청구가 인정된다.

2) 대위책임설

논리적으로 보면 대위책임설은 국가배상책임이 원래 공무원의 책임이지만 국가가 이를 대신하여 부담한다고 보기에 공무원의 대외적 배상책임은 부정된다.

3) 절충설

경과실의 경우에는 국가나 지방자치단체에 대해서만, 고의·중과실의 경우에는 공무원만 배상책임을 지지만, 후자의 경우 그 행위가 직무로서 외형을 갖춘 경우에는 피해자와의 관계에서 국가도 배상책임을 지기 때문에 이 경우 피해자는 공무원과 국가에 대해 선택적으로 청구할 수 있다.

(2) 판례

판례는 절충설을 취하고 있다. 국가 등이 국가배상책임을 부담하는 외에 공무원 개인도 고의 또는 중과실이 있는 경우에는 피해자에 대하여 그로 인한 손해배상책임을 부담하고, 가해공무원 개인에게 경과실만이 인정되는 경우에는 공무원 개인은 손해배상책임을 부담하지 아니한다고 보고 있다.

(3) 검토(절충설)

공무원의 고의 또는 중과실로 인한 불법행위가 직무와 관련이 있는 경우에는 국가 등이 공무원 개인과 경합하여 배상책임을 부담하도록 하고, 국가 등이 배상한 경우에는 최종적 책임자인 공무원 개인에게 구상할 수 있도록 하는 것이 타당하다.

합격까지 박문각 법무사

개별법 서브노트

공용수용

제1장 공용수용 총론

논점 공용수용 [A]

1. 의의 및 취지

공용수용이란 공익사업을 시행하기 위하여 공익사업의 주체가 타인의 토지 등을 강제로 취득하고 그로 인한 손실을 보상하는 물적 공용부담제도를 말한다. 이는 공익사업의 효율적인 수행을 통하여 공공복리의 증진과 사유재산권의 적정한 보호를 도모하는 것을 목적으로 한다(토지보상법 제1조).

2. 근거

(1) 이론적 근거

공공복리의 실현을 위해서, 즉 사유재산불가침원칙의 특례로서 공공필요의 실현을 목적으로 가치보장을 전제한 재산권의 박탈을 인정할 필요성이 인정된다.

(2) 법적 근거

1) 헌법적 근거

헌법 제23조 제3항에서는 '공공필요에 의한 재산권의 수용·사용 또는 제한 및 그에 대한 보상은 법률로써 하되, 정당한 보상을 지급하여야 한다'고 규정하고 있다.

2) 토지보상법

토지보상법은 공용수용을 할 수 있는 공익사업과 공용수용의 목적물 및 공용수용의 절차와 효과 등에 관한 일반적인 내용을 규정하고 있어, 공용수용에 관한 일반법적 지위에 있다.

3) 그 외 개별법

공용수용에 관하여는 토지보상법 외에도 국토의 계획 및 이용에 관한 법률, 도시개발법, 주택법, 도로법, 하천법, 수산업법, 광업법 등 많은 개별법이 있다.

3. 요건

① 공공필요(실질적 허용요건이자 본질적 제약요소), ② 법적 근거(헌법 제23조 및 토지보상법 등 개별법), ③ 정당보상(재산권의 객관적 가치보상 및 생활보상 지향)을 요건으로 한다.

4. 현대적 동향

① 목적물 확대, ② 수용제도의 종합화, 객관화, ③ 생활보상 지향, ④ 개발이익의 사회환원, ⑤ 공공적 사용·수용의 인정 등이 있다.

5. 판단기준

공공필요는 공익사업을 통한 공익과 사인의 침해되는 사익 간의 이익형량을 통해 결정된다. 이의 입증책임은 사업시행자에게 있으며 공공필요는 사업인정 시에 비례의 원칙을 적용하여 판단한다.

논점 공공적 사용수용 (B)

1. 의의 및 취지

공공적 사용수용이란 사인에 의한 공용수용으로서 사인이 법률의 힘에 의해 재산권을 강제로 취득하는 것을 말한다. 이는 ① 공행정의 민간화, ② 민간활력 도입, ③ 사업의 확대 측면에서 취지가 인정된다.

2. 인정 여부

(1) 학설

① 긍정설은 헌법 제23조 제3항에서 사업주체를 국가로 한정하지 않고 토지보상법 제4조 제5호 및 민간투자법 등 개별법에서 인정한다고 주장한다.

② 부정설은 공용수용은 사인의 재산권을 크게 침해하는 것으로서 국가만 가능하다고 주장한다.

(2) 판례

어떤 사업이 공익사업인지 여부는 그 사업 자체의 성질, 목적에 의하여 결정할 것이고, 사업주체 여부에 의하여 정할 것은 아니라고 하여 사인의 사용수용을 인정하고 있다.

(3) 검토

공공사업은 공동체 구성원 전체의 공익을 위한 사업이므로, 사업주체가 반드시 행정주체일 것을 요하지는 않는다고 볼 것이다.

3. 법적 성질

① 행위 측면에서 공행정의 민간화라는 점에서 공법상 대리로 볼 수 있고, ② 수용권 측면에서 수용의 본질이 재산권 취득인바 공용수용으로 볼 수 있다.

4. 요건

본질이 공용수용이므로 ① 공공성, ② 법적 근거, ③ 손실보상을 요건으로 한다.

5. 계속적 공익실현을 위한 보장책

(1) 문제점

사기업은 수지타산에 따라 언제든지 공익사업을 포기할 가능성이 있으므로 공익사업의 계속적 보장을 위한 법적·제도적 장치가 필요하게 된다.

(2) 토지보상법

토지보상법 제91조에서는 환매권을 규정하고 있으며, 동법 제23조 및 제24조에서는 사업의 실효 및 폐지를 규정하고 있다.

(3) 기타

개별법에서 통제규정을 마련한 경우가 있으며, 민간투자법에서는 사업시행자에 대한 감독명령, 벌칙을 규정하고 있다. 또한 충분한 보상이 이루어지지 않는다면 행정쟁송을 통한 통제가 가능하다.

6. 문제점 및 개선방안

환매권은 관할 행정청의 개입이 없고, 민간투자법은 민간자본유치에 역점을 두어 계속성 담보에 대한 배려가 미흡하다. 구체적 보장수단으로 인·허가 유보 등의 행정입법, 부관 등이 입법적으로 보완될 필요가 요구된다.

논점 부대사업과 공공적 사용수용 (D)

I. 문제점

부대사업이란 사업시행자가 민간투자사업과 연계해서 시행하는 주택건설, 택지개발 사업을 말한다. 이는 투자비 보전, 운영도모를 위한 것으로 공공성과 관련하여 인정 여부가 문제된다.

II. 인정 여부

1. 관련규정 검토

사회기반시설에 대한 민간투자법 제20조에서는 실시계획고시를 사업인정으로 의제하고 있고 동법 제21조는 부대사업의 내용을 실시계획에 포함하고 있어서 부대사업에까지 수용권이 인정되는지가 문제된다.

2. 인정 여부

(1) 견해의 대립

① 긍정하는 견해는 '토지보상법' 제4조 제6호(부속시설에 관한 사업의 수용 또는 사용) 및 '국토의 계획 및 이용에 관한 법률' 제95조 제2항(일시사용) 규정을 근거로 든다.

② 부정하는 견해는 '토지보상법' 제4조 제6호는 사업을 위하여 필요한 것으로 해당 사업에 필요한 범위이며, 국토계획법 제95조 제2항은 일시사용이므로 이는 지대수용을 인정하는 것으로 보기는 어렵다고 한다.

(2) 검토

부대사업은 해당 수용사업의 본질적 부분이 아닌바, 부대사업 자체의 공공성 판단을 통해 판단되어야 하고 수익측면이 강하므로 인정되기 어렵다고 판단된다.

III. 개선방안

부대사업에 의해 수익을 보장하기보다는 주된 사업의 절차 간소화를 통해 사업의 원활화를 도모하여 초기 투자비용을 낮추는 것이 바람직하다고 본다.

논점 · 지대수용 (D)

I. 의의 및 필요성

지대수용이란 사업에 필요한 토지 이외에 ① 사업을 위한 건축, ② 토지의 조성정리에 필요한 때에 인접한 부근 일대를 수용하는 것으로서 개발이익의 흡수 및 지가억제 효과가 있다.

II. 인정 여부

1. 긍정설

토지보상법 제4조 제6호의 규정의 '사업을 시행하기 위하여 필요한 통로, 교량, 전선로, 재료적치장 또는 그 밖의 부속시설에 관한 사업'을 위하여 토지를 수용하는 경우와 국토의 계획 및 이용에 관한 법률 제95조 제2항의 '사업시행을 위해 특히 필요하다고 인정되는 때에는 도시계획시설에 인접한 토지·건축물 또는 물건에 관한 소유권 이외의 권리를 일시 사용할 수 있다.'라는 규정을 지대수용의 근거규정으로 본다.

2. 부정설

토지보상법 제4조 제6호의 규정은 사업을 시행하기 위하여 필요한 것으로서 필요범위를 초과한 것이 아니라는 점과 국토의 계획 및 이용에 관한 법률 제95조의 규정도 일시사용에 관한 것이라는 점에서 이를 지대수용의 근거규정으로 볼 수 없다고 한다.

3. 검토

지대수용은 공공성이 희박하고 수용의 본질과도 부합할 수 없는 점 등을 고려하여 명문의 규정이 없는 한 인정되기 어렵다고 판단된다.

III. 결(입법필요성)

영국의 사업구역, 프랑스의 우선시가지 조정구역 등 외국의 예에서 보듯이 개발이익의 환수기능을 할 수 있으므로 입법에 의한 도입을 고려할 필요가 있다고 본다.

제2장 공용수용의 당사자와 목적물

논점 공용수용의 주체 [A]

1. 의의

공용수용의 주체라 함은 토지 등에 대하여 수용권을 가지는 자, 즉 공익사업을 수행하는 자(토지보상법 제2조 제3호)를 말한다.

2. 주체에 관한 학설 논의

(1) 논의 실익

수용절차 각 단계의 법적 성질, 당사자적격이 달라진다. 단 어느 견해에 따르더라도 처분성이 인정되므로 행정소송의 대상이 된다.

(2) 학설

① 국가수용권설은 사업시행자는 국가의 수용권 발동에 따른 수용의 효과를 향유하는 수용청구권을 갖는데 불과하다고 한다.

② 사업시행자수용권설은 수용권은 수용의 효과를 향유할 수 있는 능력이고 사업시행자가 수용의 주체가 된다고 한다.

(3) 판례의 태도

사업인정은 일정한 절차를 거칠 것을 조건으로 하여 일정한 내용의 수용권을 설정하여 주는 설권적 형성행위라고 판시하여 사업시행자수용권설의 입장을 취하고 있다.

(4) 검토

수용권은 수용의 효과를 향유할 수 있는 능력으로 봄이 타당하다. 따라서 사업시행자가 수용의 주체가 됨이 합당하다.

3. 권리와 의무

(1) 권리

① 타인토지출입권(제9조), ② 장해물제거권(제12조), ③ 사업인정신청권(제20조), ④ 조서작성 시 타인토지출입권(제27조), ⑤ 협의성립확인신청권(제29조), ⑥ 재결신청권(제28조), ⑦ 대행, 대집행청구권(제44조, 제89조), ⑧ 원시취득권(제45조), ⑨ 이의신청 및 행정쟁송권이 있다.

(2) 의무

① 신분증, 증표제시의무(제13조), ② 타인토지출입 시 손실보상(제9조), ③ 사업인정 실효 시 손실보상(제23조), ④ 사업의 폐지, 변경 시 손실보상(제24조), ⑤ 재결신청청구에 응할 의무(제30조), ⑥ 위험부담(제46조), ⑦ 원상회복(제48조), ⑧ 보상금지급의무(제40조)가 있다.

(3) 권리의무의 승계(토지보상법 제5조)

사업시행자 변경 시 권리와 의무는 승계된다. 이는 절차중복을 피하고, 사업의 원활한 시행을 도모, 피수용자의 권리보호에 취지가 인정된다.

사업인정은 특정한 사업시행자에 대한 수용권 부여이기 때문에 대인적 처분의 성격을 지니는 것으로 볼 수 있다. 따라서 사업의 승계가 있다고 하여 당연히 사업시행자의 권리·의무가 승계되는 것으로 볼 수 없으므로, 이를 보완하기 위해 토지보상법 제5조에서는 "권리·의무의 승계"를 규정하고 있다. 따라서 현재 및 장래의 권리자에게 대항할 수 있다.

논점 피수용자(A)

1. 의의

피수용자라 함은 수용의 목적물인 재산권의 주체를 말한다. 피수용자는 수용할 토지 또는 물건의 소유자와 그 토지 또는 물건에 대하여 소유권 이외의 권리를 가진 자를 포함한다. 토지보상법상 토지소유자 및 관계인이 피수용자가 된다(제2조 제4호).

2. 토지소유자 및 관계인의 범위

① 수용 또는 사용할 토지의 소유자로서 등기에 관계없이 처분권한이 있는 진실한 소유자를 말한다.

② 관계인이란 토지소유권, 기타 권리 및 토지상의 물건의 소유권, 기타 권리를 가진 자를 말한다. 단 사업인정고시 후 새로운 권리를 취득한 자는 승계인을 제외하고 관계인이 아니다. 관계인에는 토지와 별도로 취득 또는 사용의 대상이 되는 정착물에 대한 소유권이나 수거·철거권 등 실질적 처분권을 가진 자도 포함된다

3. 피수용자의 권리와 의무

(1) 권리

① 토지출입손해 시, 장해물제거 시 손실보상청구권(제9조, 제12조), ② 재결신청 시 의견을 제시할 수 있는 권리(제31조), ③ 사업인정 시 의견제출권(제21조), ④ 조서작성 시 이의부기권(제27조), ⑤ 재결신청청구권(제30조), ⑥ 환매권(제91조), ⑦ 확장수용청구권(제72조, 제74조 및 제75조의2), ⑧ 원상회복 및 반환청구권(제48조), ⑨ 행정쟁송권이 있다.

(2) 의무

① 토지점유자등 인용의무(제11조), ② 토지 등의 보전의무(제25조), ③ 인도이전의무(제43조)가 있다.

(3) 권리·의무의 승계

피수용자의 권리와 의무가 승계된다. 단, 사업인정고시 후 새로운 권리는 승계대상이 아니다.

4. 관계인의 법적 지위

(1) 권리

① 토지출입손해 시, 장해물제거 시 손실보상청구권(제9조, 제12조), ② 재결신청 시 의견을 제시할 수 있는 권리(제31조), ③ 사업인정 시 의견제출권(제21조), ④ 조서작성 시 이의부기권(제27조), ⑤ 재결신청청구권(제30조), ⑥ 환매권(제91조), ⑦ 확장수용청구권(제72조, 제74조), ⑧ 원상회복 및 반환청구권(제48조), ⑨ 행정쟁송권 외에도 물상대위권(제47조) 및 권리존속청구권(제72조, 제74조 및 제75조의2)이 있다.

(2) 의무

① 토지점유자 등 인용의무(제11조), ② 토지 등의 보전의무(제25조), ③ 인도이전의무(제43조)가 있다.

논점 담보권자의 물상대위(C)

1. 문제점

목적물은 원시취득이므로 유치권, 저당권, 질권의 담보물권이 소멸하게 된다. 소멸되는 담보물권의 보호와 관련하여 물상대위 문제가 제기된다.

2. 물상대위권의 내용

(1) 적용요건 및 취지

보상금을 지급하기 전에 압류하여야 하며, 판례는 제3자가 압류해도 무방하다고 한다. 이는 소유권자의 다른 재산과 보상액이 혼입되면 특정성을 잃기 때문이다.

(2) 물상대위의 효력이 미치는 보상의 범위

목적물에 대한 보상금(잔여지보상금 포함)에만 미치며, 일반재산에는 미치지 않는다.

(3) 전세권자의 물상대위문제

1) 문제점

용익물권인 전세권은 담보물권의 성격도 가지므로 물상대위가 인정되는지가 문제된다.

2) 학설 및 검토

긍정설과 부정설의 대립이 있으며 토지보상법 제47조가 담보물권자에 대해서만 한정적으로 물상대위를 인정했다고 보기 어려우므로 권리보호 측면에서 용익물권인 전세권자에게도 물상대위가 인정된다고 보는 것이 타당하다.

3. 불법행위

① 사업시행자가 수용할 토지의 저당권자에게 협의나 통지를 하지 않았다면 위법하다.

② 저당권자로 하여금 적법한 물상대위권을 행사할 기회를 상실하게 한 경우, 기업자의 불법행위 책임을 인정한다.

③ 중앙토지수용위원회가 수용대상 토지의 관계인인 갑의 주소로 송달한 재결서 정본이 반송되자 갑의 실제 주소를 파악하기 위한 기본적인 조치도 없이 곧바로 공시송달의 방법으로 재결서 정본을 송달한 사안에서, 갑이 수용대상 토지의 수용보상금 중 일부에 대하여 물상대위권을 행사할 수 있는 기회를 잃게 됨으로써 피담보채권을 우선변제받지 못하는 손해를 입었다고 보아 국가배상책임을 인정한 바 있다.

4. 결어

기존권리 승계인은 관계인이지만, 사업인정고시 후 새로운 담보물권을 취득한 자는 관계인이 아니므로(토지보상법 제2조 제5호) 해당 채권에 대한 민사소송으로 구제받을 수밖에 없을 것이다.

논점 공용수용의 목적물[A]

토지보상법 제3조에서는

① 토지 및 이에 관한 소유권 외의 권리
② 토지와 함께 공익사업을 위하여 필요한 입목, 건물, 그 밖에 토지에 정착된 물건 및 이에 관한 소유권 외의 권리
③ 광업권·어업권·양식업권 또는 물의 사용에 관한 권리
④ 별도의 경제적 가치가 있는 흙·돌·모래 또는 자갈을 규정하고 있다.

목적물은 공익사업을 위한 제 절차 중 사업인정의 세목고시에 의하여 수용목적물의 범위가 확정된다. 따라서 수용목적물의 범위에 대한 다툼은 사업인정의 다툼으로 이어지게 된다.

논점 확장수용[A]

1. 의의 및 취지

확장수용이란 사업의 필요를 넘는 재산권의 수용을 말한다. 수용은 최소필요한도 원칙이나 피수용자의 권리보호 및 사업의 원활한 시행을 위하여 취지가 인정된다.

2. 확장수용의 법적 성질

(1) 학설

1) 사법상매매설

확장수용은 피수용자의 청구에 의하여 사업시행자가 피수용자의 재산권을 취득하는 것이므로 사업시행자의 재산권 취득은 피수용자와의 합의에 의하여 이루어지는 사법상의 매매행위라고 한다.

2) 공용수용설

확장수용은 공용수용에 있어서 하나의 특수한 예이기는 하나, 그 본질에 있어서는 일반의 공용수용과 다른 점이 없으므로 공용수용으로 본다.

3) 공법상특별행위설

확장수용은 해당 공익사업의 시행에 있어서 필요한 최소한도를 넘어서 행하여지고 피수용자의 청구에 의하여 이루어지는 점에 비추어 볼 때, 이는 수용이 아닌 일종의 특별한 공법행위라고 한다.

(2) 판례

잔여지수용청구권은 그 요건을 구비한 때에는 토지수용위원회의 조치를 기다릴 것 없이, 청구에 의하여 수용의 효과가 발생하므로 이는 형성권적 성질을 갖는다고 판시한 바 공용수용설의 입장이다.

PART · 08

(3) 검토

확장수용은 피수용자의 청구를 요건으로 하는 사업시행자의 일방적인 권리취득행위로 볼 수 있으므로 그 본질은 다른 일반적인 수용과 다를 바가 없다. 따라서 공용수용설이 타당하다.

3. 확장수용청구권의 법적 성질

확장수용을 공용수용으로 보는 것이 타당하므로 "공권"으로 봄이 타당하다. 잔여지 수용청구권은 요건만 구비하면 효과가 발생하는 형성권적 성격을 갖는다.

4. 확장수용의 종류

(1) 사용토지 완전 수용(법 제72조)

사업인정 후 사용으로 인하여 ① 3년 이상 사용, ② 형질변경, ③ 건물이 있는 경우 토지소유자는 사업시행자에게 토지의 매수를 청구하거나, 수용을 청구할 수 있다. 이 때 사용은 토지보상법이 정하는 절차에 따라 적법하게 사용되는 것을 의미한다.

(2) 잔여지수용(법 제74조)

잔여지 수용이란 동일한 토지소유자에 속하는 일단[10]의 토지(용도상 불가분[11]) 중 잔여지를 매수 또는 수용청구하는 것을 말한다. 이는 손실보상책임의 일환으로 부여

된 것으로서 피수용자의 권리보호에 취지가 인정된다.

(3) 이전갈음수용(법 제75조)

건축물 등은 이전비보상이 원칙이나, ① 이전이 어렵거나 이전으로 종래의 목적으로 사용이 곤란한 경우, ② 이전비가 가격을 넘는 경우 이를 이전에 갈음하여 수용하는 것을 말한다.[12]

이전비랑 대상물건의 유용성을 유지하면서 이를 사업구역 밖으로 이전하는데 소요되는 비용을 의미한다. 이전이 곤란하다는 것은 물리적인 곤란뿐만 아니라 사회, 경제적으로 곤란한 경우 역시 포함된다.

(4) 잔여건축물수용(법 제75조의2 제2항)

동일한 소유자에게 속하는 일단의 건축물의 일부가 협의에 의하여 매수되거나 수용됨으로 인하여 잔여건축물을 종래의 목적에 사용하는 것이 현저히 곤란할 때에는 그 건축물소유자는 사업시행자에게 잔여건축물을 매수하여 줄 것을 청구하는 것을 말한다. 협의 또는 수용시 잔여건축물을 매수청구, 수용청구하는 것을 말한다.

5. 확장수용 청구거부 시 권리구제

(1) 문제점

확장수용의 결정은 토지수용위원회의 재결에 의해서 결정되므로 재결에 대한 일반적인 불복수단이 적용될 것이다. 이 경우 제85조 제2항의 보상금증감청구소송의 심리

---

10) 1필지의 토지만을 가리키는 것이 아니라 일반적인 이용방법에 의한 객관적인 상황이 동일한 수필지의 토지를 포함한다(대판 2017.9.21, 2017두30252).
11) 용도상 불가분의 관계에 있는 경우'라 함은 일단의 토지로 이용되고 있는 상황이 사회적·경제적·행정적 측면에서 합리적이고 당해 토지의 가치형성적 측면에서도 타당하다고 인정되는 관계에 있는 경우를 말하며(대판 2005.5.26, 2005두1428), 일시적인 이용상황 등을 고려해서는 안 된다(대판 2017.3.21, 2016두940).

---

12) 종래에는 전자의 경우 해당 물건의 소유자가 수용청구권을 행사할 수 있었고, 후자의 경우에는 사업시행자가 수용청구권을 행사할 수 있도록 규정하고 있었으나, 현행 규정에서는 두 경우 모두 사업시행자가 청구할 수 있도록 규정하고 있다.

범위에 손실보상의 범위가 포함되는지에
따라 실효적인 쟁송형태가 달라지게 된다.

(2) 이의신청(토지보상법 제83조 제1항)

① 재결서 정본 송달일부터 30일 이내에
중앙토지수용위원회에 신청한다. 이는
특별행정심판이며 임의적 절차에 해당
된다.

② 잔여지취득의 문제는 손실보상액의 증
액에 본질적인 관련이 있다고 보이므로
보상금증액청구의 성격을 갖는 것으로
보는 것이 타당하다.

(3) 행정소송 형태

1) 학설

① 취소소송설 및 무효등확인소송설
보상금증감청구소송은 문언에 충실하게
'보상금액의 다과'만을 대상으로 하며,
확장수용은 수용의 범위문제인바, 먼저
재결에 대해 다투어야 하므로 취소 내
지 무효등확인소송을 제기해야 한다고
한다.

② 보증소설
확장수용은 손실보상의 일환으로서 보
상금증감청구소송의 취지가 권리구제의
우회방지이고, 손실보상액은 손실보상
대상의 범위에 따라 달라지므로 손실보
상의 범위도 보상금증감청구소송의 범
위에 포함된다고 본다.

③ 손실보상청구소송설
확장수용청구권은 형성권인바 이에 의
해 손실보상청구권이 발생하고, 확장수
용청구권의 행사에 의해서 수용의 효과
가 발생하므로 이를 공권으로 본다면
공법상 당사자소송으로 손실보상청구를
하여야 한다고 본다.

2) 판례
잔여지수용청구권은 토지소유자에게 손실
보상책의 일환으로 부여된 권리이어서 이
는 수용할 토지의 범위와 그 보상액을 결정
할 수 있는 토지수용위원회에 대하여 토지
수용의 보상가액을 다투는 방법에 의하여
도 행사할 수 있으며 사업시행자를 피고로
한다.

3) 검토
잔여지보상에 관한 소송은 위법성 여부를
따지는 것이 아니라 보상금과 관련된 사항
이므로 분쟁의 일회적 해결을 위해서 보상
금증감청구소송이 타당하다.

(4) 민사소송 가능 여부
보상금증액을 구하는 행정소송을 제기해야
하며 곧바로 기업자를 상대로 하여 민사소
송으로 잔여지에 대한 보상금의 지급을 구
할 수는 없다.

(5) 관련문제(지연손해금)
잔여지 손실보상금 지급의무는 이행기의 정
함이 없는 채무로 보는 것이 타당하다. 따라
서 잔여지 손실보상금 지급의무의 경우 잔
여지의 손실이 현실적으로 발생한 이후로서
잔여지 소유자가 사업시행자에게 이행청구
를 한 다음 날부터 그 지연손해금 지급의무
가 발생한다.

논점 ● 사용토지 완전수용(A)

1. 의의 및 요건

사업인정 후 사용으로 인하여 ① 3년 이상 사용, ② 형질변경, ③ 건물이 있는 경우 토지소유자는 사업시행자에게 토지의 매수를 청구하거나, 수용을 청구할 수 있다. 이때 사용은 토지보상법이 정하는 절차에 따라 적법하게 사용되는 것을 의미한다. 대법원은 무단사용에 대한 차별대우에 대해 적법하다고 판시했다.

2. 성질

공용수용효과가 발생하므로 공용수용의 성질을 갖는다.

3. 효과 및 불복

① 원시취득, 관계인은 권리족속청구가 가능하다. ② 완전수용의 절차, 불복은 명문으로 규정되지 않았으나 일반적으로 잔여지수용청구절차에 의하는 것으로 본다.

논점 ● 잔여지 수용(A)

1. 의의 및 취지

잔여지 수용이란 동일한 토지소유자에 속하는 일단의 토지(용도상 불가분) 중 잔여지를 매수 또는 수용청구하는 것을 말한다. 이는 손실보상책임의 일환으로 부여된 것으로서 피수용자의 권리보호에 취지가 인정된다.

2. 성질

① 확장수용의 성질을 공용수용으로 보면 공권으로 봄이 타당하다. ② 판례는 요건충족시에 토지수용위원회의 조치를 기다릴 것 없이 수용의 효과가 발생하는 형성권으로 보고 있다.

3. 요건

(1) 토지보상법 시행령 제39조

① 대지로서 면적이 너무 작거나 부정형 등의 사유로 건축물을 건축할 수 없거나 건축물의 건축이 현저히 곤란한 경우, ② 농지로서 농기계의 진입과 회전이 곤란할 정도로 폭이 좁고 길게 남거나 부정형 등의 사유로 영농이 현저히 곤란한 경우, ③ 공익사업의 시행으로 교통이 두절되어 사용이나 경작이 불가능하게 된 경우, ④ 기타 잔여지를 종래의 목적대로 사용하는 것이 현저히 곤란하다고 인정되는 경우에는 잔여지 수용청구가 가능하다.

(2) 구체적 의미

'종래의 목적'은 수용재결 당시에 그 잔여지가 현실적으로 사용되고 있는 구체적인 용도를 의미하고, '사용하는 것이 현저히 곤란

한 때'라고 함은 물리적으로 사용하는 것이 곤란하게 된 경우는 물론 사회적, 경제적으로 사용하는 것이 곤란하게 된 경우, 즉 절대적으로 이용 불가능한 경우만이 아니라 이용은 가능하나 많은 비용이 소요되는 경우를 포함한다.

4. 절차

(1) 협의 및 수용청구

① 협의취득은 매수청구하고, ② 수용취득은 사업시행자에게 매수청구하고 불성립 시 공사완료일까지 토지수용위원회에 수용을 청구한다. 잔여지수용청구권의 행사기간은 제척기간으로서, 토지소유자가 그 행사기간 내에 잔여지수용청구권을 행사하지 아니하면 그 권리가 소멸한다.

(2) 수용청구 의사표시의 상대방

원칙적으로 토지수용위원회에 청구해야 한다. 잔여지수용청구의 의사표시를 수령할 권한을 부여하였다고 인정할 만한 사정이 없는 한, 사업시행자에게 한 잔여지매수청구의 의사표시를 관할 토지수용위원회에 한 잔여지수용청구의 의사표시로 볼 수는 없다.

5. 효과

① 사업인정 및 사업인정고시가 의제되고, ② 관계인의 권리보호, ③ 환매권, ④ 잔여지의 원시취득, ⑤ 손실보상의무가 발생한다.

6. 관련문제

① 잔여지의 수용을 청구하기 위하여 늦어도 수용재결 이전까지 일단의 토지에 대한 소유권을 취득하여야 하는 것이

고, 수용재결 이후에 그 소유권을 취득한 자는 이를 청구할 수 없다.

② 잔여지가 공유지인 경우도 각 공유자는 그 소유지분에 대하여 각별로 잔여지수용청구를 할 수 있다.

③ 잔여지 가격감소 등으로 인한 손실보상을 받기 위해서는 토지보상법에 규정된 재결절차를 거친 다음 권리구제를 받을 수 있을 뿐이며 재결절차를 거치지 않은 채 곧바로 사업시행자를 상대로 손실보상을 청구하는 것은 허용되지 않는다.

논점 이전갈음수용(A)

1. 의의 및 요건

건축물 등은 이전비보상이 원칙이나, ① 이전이 어렵거나 이전으로 종래의 목적으로 사용이 곤란한 경우, ② 이전비가 가격을 넘는 경우 이를 이전에 갈음하여 수용하는 것을 말한다.

이전비란 대상물건의 유용성을 유지하면서 이를 사업구역 밖으로 이전하는데 소요되는 비용을 의미한다. 이전이 곤란하다는 것은 물리적인 곤란뿐만 아니라 사회, 경제적으로 곤란한 경우 역시 포함된다.

2. 법적 성질

수용효과가 발생하므로 공용수용의 성질을 가지며 공권이며, 형성권이다.

3. 구제절차

이전갈음수용의 결정도 토지수용위원회의 재결에 의하므로 이에 불복하고자 하는 경우에는 토지보상법 제83조 및 제85조에 따라서 이의신청 및 행정소송을 통한 구제가 가능할 것이다.

논점 잔여건축물수용(A)

1. 의의 및 요건

동일한 소유자에게 속하는 일단의 건축물의 일부가 협의에 의하여 매수되거나 수용됨으로 인하여 잔여건축물을 종래의 목적에 사용하는 것이 현저히 곤란할 때에는 그 건축물소유자는 사업시행자에게 잔여건축물을 매수하여 줄 것을 청구하는 것을 말한다. 협의 또는 수용 시 잔여건축물을 매수청구, 수용청구하는 것을 말한다.

2. 절차

협의에 의하여 매수하거나 수용된 경우에는 사업시행자에게 매수청구를 하며 사업인정 이후에는 관할 토지수용위원회에 수용을 청구할 수 있다. 이 경우 수용청구는 매수에 관한 협의가 성립되지 아니한 경우에만 하되, 그 사업의 공사완료일까지 하여야 한다.

논점 ▶ 공물의 수용 가능성(A)

1. 문제점

공물이란 국가, 지방자치단체 등의 행정주체에 의하여 직접 행정목적에 공용된 개개의 유체물을 말한다. 토지보상법 제19조 제2항에서는 특별한 필요가 있는 경우에는 수용할 수 있다고 보는데 ① 용도폐지 여부와, ② 특별한 필요의 해석논의가 있다.

2. 공물이 수용대상인지 여부

(1) 학설

1) 긍정설

공물을 사용하고 있는 기존 사업의 공익성보다 해당 공물을 수용하고자 하는 사업의 공익성이 큰 경우에 해당 공물에 대한 수용이 가능해지며, 용도폐지의 선행이 없이도 가능하다고 본다.

2) 부정설(제한적 긍정설)

공물은 이미 공적 목적에 제공되고 있기 때문에, 먼저 공용폐지가 되지 않는 한 수용의 대상이 될 수 없다고 한다. 또한 토지보상법 제19조 제2항에서 말하는 특별한 경우란 명문의 규정이 있는 경우라고 한다.

(2) 판례

① (구)토지보상법 제5조의 제한 이외의 토지에 관하여는 아무런 제한을 하지 않으므로 지방문화재로 지정된 토지와 관련하여 수용의 대상이 된다고 판시한 바 있다.

② 공익사업의 시행자가 요존국유림을 그 사업에 사용할 필요가 있는 경우에 국유림법 등에서 정하는 절차와 방법에 따르지 않고, 이와 별개로 토지보상법에 의한 재결로써 요존국유림의 소유권 또는 사용권을 취득할 수는 없다고 봄이 타당하다.

(3) 검토

공물의 수용가능성을 일률적으로 부정하는 것은 토지보상법 제19조 제2항의 해석상 타당하지 않으므로 공물이라 하더라도 '특별한 필요시'가 인정되는 경우에는 수용이 가능하다고 하여야 할 것이다. 실무상 용도폐지의 선행 후 협의계약에 의한 소유권 이전이 행해지고 있다.

3. 특별한 필요판단(비례의 원칙)

(1) 의의 및 효력

비례의 원칙이란 행정목적과 행정수단 사이에는 합리적인 비례관계가 있어야 한다는 원칙을 말한다. 이에 반하는 행정권 행사는 위법하다. 헌법 제37조 제2항 및 행정기본법 제10조에 근거한다.

(2) 내용

1) 적합성의 원칙

적합성의 원칙이란 행정은 행정목적을 달성하는 데 유효하고 적절할 것이어야 한다는 원칙이다.

2) 필요성의 원칙(최소침해의 원칙)

필요성의 원칙이란 적합한 수단이 여러 가지인 경우에 국민의 권리를 최소한으로 침해하는 수단을 선택하여야 한다는 원칙이다. 행정목적을 달성하는 데 필요한 최소한도에 그칠 것을 말한다.

3) 협의의 비례원칙(상당성의 원칙)

협의의 비례원칙이란 행정작용으로 인한 국민의 이익 침해가 그 행정작용이 의도하

는 공익보다 크지 아니할 것을 말한다. 각
이익이 반비례하는 경우 위법을 구성한다.

4) 3원칙의 상호관계

적합성의 원칙, 필요성의 원칙, 그리고 좁
은 의미의 비례원칙은 단계구조를 이룬다.
즉, 많은 적합한 수단 중에서도 필요한 수
단만이, 필요한 수단 중에서도 상당성 있는
수단만이 선택되어야 한다.

제3장 공용수용(사용)의 약식절차

논점 공용수용 약식절차 [B]

1. 천재지변 시 토지사용

① 천재·지변이나 그 밖의 사변으로 인하
여, ② 공공의 안전을 유지하기 위한 공익사
업을, ③ 긴급히 시행할 필요가 있는 때에는
사업시행자가 시·군·구청장의, ④ 허가
를 받아 타인 토지를 6개월 이내에 일시로
사용하는 것을 말한다.

2. 시급을 요하는 토지사용

① 재결이 신청된 토지에 대하여, ② 재결
을 기다려서는 재해를 방지하기가 곤란하
거나 그 밖에 공공의 이익에 현저한 지장을
초래할 우려가 있다고 인정되는 경우, ③ 사
업시행자가 관할 토지수용위원회의 허가를
받아, ④ 담보제공 후 6개월 이내에서 일시
로 사용하는 것을 말한다.

제4장 공용수용의 보통절차

1. 의의 및 성질

공익사업의 준비를 위하여 타인이 점유하는 토지에 출입하여 측량, 조사하는 행위로서 행정조사이다.

2. 절차

① 사업의 종류, 출입한 토지의 구역 및 기간을 정하여 특별자치도지사, 시장·군수·구청장의 허가를 받아야 한다. ② 출입하려는 날의 5일 전까지 특별자치도지사, 시장·군수·구청장에게 통지하고, ③ 출입 시에는 증표를 휴대하여야 한다.

3. 효과

① 토지점유자는 정당한 사유 없이 사업시행자의 조사행위를 방해하지 못하는 인용의무가 발생하며(제11조), ② 사업시행자의 측량·조사행위로 인해 발생하는 손실에 대한 손실보상청구권을 행사할 수 있고(제9조 제4항), ③ 사업시행자는 토지 사용기간 만료 시, 반환 및 원상회복의무가 발생한다(제48조). ④ 또한, 특별자치도지사, 시장·군수·구청장의 허가를 받지 아니하고 타인토지에 출입한 사업시행자 및 인용의무 규정에 반하여 사업시행자의 행위를 방해한 토지점유자는 200만원 이하의 벌금에 처하게 된다(제97조).

4. 실력행사의 가부

긍정설은 제재규정을 두고 있으므로 비례칙 범위 내에서 가능하다고 본다. 부정설은 토지보상법상 벌칙 규정만을 두고 있고 국민의 권익을 과도하게 침해한다는 점에서 부정한다. 실력행사는 명문의 근거가 필요하므로 부정설이 타당하다고 판단된다.

5. 위법한 측량·조사와 그에 따른 사업인정의 효력

판례는 위법한 세무조사에 기초한 부가세 부과 처분을 위법하다고 판시하였다. 하지만 행정조사 절차가 경미한 사안에 대해서는 위법하지 않다고 보았다. 〈생각건대〉 적법절차의 원칙 및 국민의 폭넓은 권리구제 측면에서 위법하다고 보는 것이 타당할 것이다.

6. 권리구제

(1) 행정쟁송

출입허가에 불복하는 경우는 행정심판, 행정소송의 제기가 가능할 것이다. 또한 출입조사행위는 권력적 사실행위이므로 그 위법을 이유로 쟁송제기 역시 가능하다.

(2) 손해전보

적법한 측량, 조사행위로 인해 발생하는 손실에 대해서는 손실보상청구권 행사가 가능하다. 만약 위법한 조사로 인해 손해를 입은 경우에는 국가배상법에 따른 손해배상청구가 가능하다.

논점 ⟩ 장해물 제거 [B]

1. 의의 및 성질

장해물의 제거란 타인토지에 출입하여 측량·조사함에 있어서 장해물을 제거하거나 시굴하는 것을 말한다. 이는 공용제한 중 공용부담으로서 사업제한에 해당한다.

2. 절차

① 토지소유자 및 점유자의 동의를 받아야하나, ② 미동의 시에는 특별자치도지사, 시장·군수·구청장의 허가를(허가 시 소유자 및 점유자의 의견청취) 받아서 장해물의 제거 등을 할 수 있으며, ③ 소유자, 점유자에게 3일 전에 통지(서면통지가 원칙이나 말로 할 수 있다(시행령 제3조))하고 그 신분을 표시하는 증표나 허가증을 휴대·제시하여야 한다.

3. 효과

장해물의 제거는 측량 및 조사행위의 한 내용이므로 토지점유자는 정당한 사유 없이 이를 방해하여서는 안 될 것이다. 장해물의 제거 등을 함으로써 발생한 손실에 대한 손실보상청구권(제12조 제4항), 사용기간 만료 시 반환 및 원상회복의무(제48조), 기타 행정쟁송권이 발생한다. 한편, 토지소유자 및 점유자의 동의를 얻지 아니하거나 특별자치도지사, 시장·군수·구청장의 허가를 받지 아니하고 장해물 등의 제거 등을 한 자는 1년 이하의 징역 또는 1천만원 이하의 벌금에 처하게 된다(제95조의2).

논점 ⟩ 사업인정 전 협의 [S]

1. 의의 및 필수적 절차인지 여부

목적물 권리에 관한 쌍방의 의사의 합치이며 임의적 절차이다. 토지보상법 제16조에 근거한다.

2. 법적 성질

(1) 공법상계약설

협의 불성립 시 차후에 수용절차가 예정되고 수용에 의한 취득과 동일한 효과가 발생하므로 공법상 계약이라고 본다.

(2) 사법상계약설

당사자의 협의에 의하므로 사법상 매매와 다를 바 없다고 본다.

(3) 판례

판례는 협의취득은 협의에 의하여 사업시행자가 토지 등을 취득하는 것으로서 그 법적 성질의 지급행위는 토지 등의 권리이전에 대한 반대급여의 교부행위에 지나지 아니하므로 그 역시 사법상의 행위라고 볼 수밖에 없다고 판시한 바 있다.

(4) 검토

협의의 원인인 공익사업의 성격상 공법적 성격을 부인할 수는 없으나 매매액, 시기 등이 당사자의 의사합치로 결정되므로 대등한 사경제 지위에서 행하는 사법상 계약으로 본다.

3. 협의절차

(1) 토지조서·물건조서의 작성

사업시행자는 공익사업의 수행을 위하여 사업인정 전에 협의에 의한 토지 등의 취득 또는 사용이 필요한 때에는 토지조서와 물건조서를 작성하여 서명 또는 날인을 하고 토지소유자와 관계인의 서명 또는 날인을 받아야 한다(제14조).

(2) 보상계획의 공고·열람 등

열람 후 토지조서 및 물건조서의 내용에 대하여 이의가 있는 토지소유자 또는 관계인은 사업시행자에게 서면으로 이의를 제기할 수 있다. 다만, 사업시행자가 고의 또는 과실로 토지소유자 또는 관계인에게 보상계획을 통지하지 아니한 경우 해당 토지소유자 또는 관계인은 제16조에 따른 협의가 완료되기 전까지 서면으로 이의를 제기할 수 있다(제15조 제3항). 사업시행자는 해당 토지조서 및 물건조서에 제기된 이의를 부기하고 그 이의가 이유 있다고 인정하는 때에는 적절한 조치를 하여야 한다(제15조 제4항).

(3) 협의 및 계약의 체결

사업시행자는 토지 등에 대한 보상에 관하여 30일 이상의 협의기간을 두고(영 제8조), 토지소유자 및 관계인과 성실하게 협의하여야 한다(제16조). 사업시행자는 협의가 성립된 경우 토지소유자 및 관계인과 계약을 체결하여야 한다(제17조).

4. 협의의 효과

협의에 의하여 계약이 체결되면 사법상 계약의 효과가 발생한다. 사업시행자는 토지소유자 및 관계인에게 보상금을 지급하고 공익사업에 필요한 토지 등을 취득하게 된다. 승계취득으로서 등기를 요하게 된다.

5. 권리구제

협의의 법적 성질에 따라 공법상 계약으로 보는 경우에는 공법상 당사자소송으로, 사법상 계약으로 보는 경우에는 민사소송으로 다툰다.

6. 관련문제

대법원은 사법상 매매인바 손실보상기준에 의하지 않은 매매대금을 정할 수 있다고 한다. 그러나 토지보상법 제1조는 재산권의 적정한 보호를 도모함을 목적으로 하는바 협의취득에도 정당보상이 이루어져야 한다.

논점 사업인정 전, 후 협의 비교 [S]

1. 서설

협의란 사업시행자와 피수용자가 목적물에 대한 권리취득 및 소멸 등을 위하여 행하는 합의를 말한다. 이는 최소침해행위의 실현 및 사업의 원활한 시행에 취지가 인정된다.

2. 공통점

(1) 제도적 취지

① 임의적 합의를 통한 최소침해원칙을 구현하고, ② 신속한 사업수행을 도모함에 취지가 인정된다.

(2) 협의의 내용

① 수용 또는 사용할 토지의 구역 및 사용

방법, ② 손실의 보상, ③ 수용 또는 사용의 개시일과 기간, ④ 그 밖에 이 법 및 다른 법률에서 규정한 사항 등을 협의내용으로 한다.

3. 차이점(① 전 협의, ② 후 협의)

(1) 법적 성질
① 사업인정 전 협의의 경우 판례 및 다수설은 사법상 매매로 보며, ② 사업인정 후 협의의 경우 판례는 사법상 매매로 보나, 다수는 공법상 계약으로 본다.

(2) 절차적 차이
① 사업인정 전 협의는 임의적 절차이나, ② 사업인정 후 협의는 원칙적으로 필수이다. 하지만 사업인정 전에 협의를 거쳤으며 협의내용에 변동이 없는 경우에는 생략이 가능하다.

(3) 내용상 차이
① 사업인정 전 협의의 경우에는 협의성립확인제도가 없으나, ② 사업인정 후 협의의 경우에는 협의성립확인제도가 있다.

(4) 효과상 차이

1) 성립 시 취득효과
① 사업인정 전의 경우에는 사법상 매매이므로 승계취득의 효과가 발생하나, ② 사업인정 후 협의성립확인에 의한 취득은 원시취득의 효과가 발생한다.

2) 불성립 시
① 사업인정 전 협의가 불성립한 경우에는 국토교통부장관에게 사업인정을 신청할 할 수 있으나, ② 사업인정 후 협의가 불성립한 경우에는 관할 토지수용위원회에 재결을 신청할 수 있다.

(5) 권리구제의 차이
① 사업인정 전 협의의 법적 성질을 사법상 매매로 보면 민사소송에 의한 구제를 도모할 수 있으며, ② 사업인정 후 협의의 법적 성질을 사법상 매매로 보는 판례의 태도에 따르면 민사사송으로 권리구제를 도모해야 하나, 공법상 계약으로 보는 견해에 따르면 공법상 당사자소송으로 권리구제를 도모할 수 있을 것이다.

4. 양자의 관계

(1) 양자의 절차상 관계
사업인정 전 협의내용이 사업인정 후 협의의 내용을 구속하는 것은 아니므로, 사업인정 전의 협의 당시에 요구하지 않은 사실에 대해서도 요구할 수 있다.

(2) 생략가능성
사업인정 전 협의내용에 변동이 없고, 당사자가 협의요구를 안하면 사업인정 후 협의는 생략이 가능하다.

논점　사업인정 [S]

1. 의의 및 취지(토지보상법 제20조)

사업인정이란 공익사업을 토지 등을 수용 또는 사용할 사업으로 결정하는 것을 말하며(제2조 제7호), ① 사업 전의 공익성 판단, ② 사전적 권리구제(의견청취, 절차참여), ③ 수용행정의 적정화, ④ 피수용자의 권리보호에 취지가 있다.

2. 법적 성질

(1) 처분성

국토교통부장관이 토지보상법 제20조에 따라서 사업인정을 함으로써 수용권이 설정되므로 이는 국민의 권리에 영향을 미치는 처분이다. 판례는 일정한 절차를 거칠 것을 조건으로 수용권을 설정하는 형성행위라고 판시한 바 있다.

(2) 재량행위성

토지보상법 제20조의 규정상 '… 받아야 한다'고 하여 불명확하나, 국토교통부장관이 사업인정 시에 이해관계인의 의견청취를 거치고 사업과 관련된 제 이익과의 형량을 거치는바 재량행위이다. 공익사업을 위한 필요에 대한 증명책임은 사업시행자에게 있다.

(3) 제3자효 행정행위

사업시행자와 토지소유자에게 수익적, 침익적 효과를 동시에 발생시키는 바 제3자효 행정행위이다.

(4) 고시의 법적 성질

1) 고시의 의의

고시는 기본적으로 대통령령인 「행정업무의 효율적 운영에 관한 규정」이 규정하는 바와 같이 일정한 사실을 일반 국민들에게 알린다는 의미의 통지나 공고의 의미를 내포하고 있다.

2) 검토

사업인정 고시는 사업인정의 효력발생요건으로서 사업인정과 결합하여 사업인정의 효력을 발생시키기 위한 절차 및 형식요건으로서 사업인정과 결합하여 원활한 공익사업의 시행을 가능케하는 특허의 성질을 갖는다고 볼 것이다.

3. 사업인정의 요건

(1) 주체

토지보상법상 사업인정의 권한은 국토교통부장관이 갖는다. 이와 별도로 개별법에서 주된 인·허가를 받으면 사업인정이 의제되는 규정을 둔 경우에는 주된 행위의 인·허가권자에게 권한이 있다고 볼 수 있다.

(2) 내용

1) 공익사업에 해당할 것

사업인정의 목적이 구체적인 사업실행을 통한 공익실현에 있으므로 토지보상법 제4조 제1호 내지 제5호의 사업에 해당하여야 한다. 이에 각 개별법에서 사업인정을 의제하는 경우를 포함한다.

2) 사업을 시행할 공익성이 있을 것

사업인정에 관련된 이익을 공익과 사익 사이에서는 물론, 공익 상호 간 및 사익 상호 간에도 정당하게 비교·교량하여야 하고 그 비교·교량은 비례의 원칙에 적합하도록 하여야 한다. 이에 대한 입증책임은 사업시행자에게 있다.

3) 사업시행 의사와 능력을 갖출 것

또한 해당 공익사업을 수행하여 공익을 실현할 의사나 능력이 없는 자에게 타인의 재산권을 공권력적·강제적으로 박탈할 수 있는 수용권을 설정하여 줄 수는 없으므로, 사업시행자에게 해당 공익사업을 수행할 의사와 능력이 있어야 한다는 것도 사업인정의 한 요건이라고 보아야 한다.

(3) 절차

1) 일반적인 경우

사업시행자가 국토교통부장관에게 사업인정을 신청하면 국토교통부장관은 관계기관 및 시·도지사 및 중앙토지수용위원회와 협의를 하고 이해관계인의 의견을 청취해야 한다. 사업인정을 하는 경우에는 지체 없이 그 뜻을 사업시행자, 토지소유자 및 관계인, 관계 시·도지사에게 통지하고 관보에 고시하여야 한다.

2) 의제사업의 경우

사업인정이 있는 것으로 의제되는 공익사업의 허가·인가·승인권자 등은 사업인정이 의제되는 지구지정·사업계획승인 등을 하려는 경우 중앙토지수용위원회와 협의하여야 하며, 사업인정에 이해관계가 있는 자의 의견을 들어야 한다.

3) 토지수용위원회의 협의

중앙토지수용위원회는 협의를 요청받은 경우 30일 이내에 사업인정에 이해관계가 있는 자에 대한 의견수렴절차 이행 여부, 허가·인가·승인대상 사업의 공공성, 수용의 필요성, 그 밖에 대통령령으로 정하는 사항을 검토하여 의견을 제시해야 한다(30일 범위 내에서 연장 가능). 동 기간 내에

의견을 제시하지 아니하는 경우에는 협의가 완료된 것으로 본다.

4) 협의의 법적 성질

① 관계 중앙행정기관 장 등과의 협의의 경우

관계 중앙행정기관 장 등과의 협의를 하라고 규정한 의미는, 해당 사업의 시행에 필요한 자문을 구하라는 것이지 그 의견에 따라 처분을 하라는 의미는 아니므로 이는 자문의 성질을 갖는다고 볼 것이다.

② 중앙토지수용위원회의 협의의 경우

토지수용위원회는 해당 사업의 공공성, 수용의 필요성 및 사업시행자의 수행능력 등을 종합 검토하여 의견을 제시해야 하므로 이는 동의(승인)의 법적 성질을 갖는다고 볼 것이다.

(4) 형식

행정절차법에 따라 서면으로 사업시행자, 토지소유자 및 관계인, 관계 시·도지사에게 통지하고 사업시행자의 성명이나 명칭, 사업의 종류, 사업지역 및 수용하거나 사용할 토지의 세목을 관보에 고시한다.

4. 사업인정(고시)의 효력

(1) 사업인정고시

사업인정은 고시한 날부터 그 효력이 발생한다. 사업인정고시는 사업인정처분의 한 구성요건으로 절차요건으로 보는 것이 타당하다. 다만 이는 효력발생요건이기도 하다. 판례는 사업인정고시 절차를 누락한 경우 절차상 위법으로 취소사유에 해당한다고 판시한 바 있다.

(2) 효과

1) 토지수용권 발생

사업인정이 고시됨으로서 사업시행자는 일정한 절차를 거칠 것을 조건으로 목적물을 수용할 수 있는 권한이 부여된다.

2) 수용목적불 확정

국토교통부장관이 사업인정을 고시할 때에는 토지세목을 함께 고시해야 한다. 사업인정이 고시되면 수용 또는 사용할 토지의 범위가 특정되며 사업시행자는 그 범위 내에서 공익사업의 시행에 따른 권리를 행사할 수 있고 현재 또는 장래의 권리자에게 대항할 수 있다(대판 1987.9.8, 87누395).

3) 토지 등의 보전의무

사업인정고시가 된 후에는 누구든지 고시된 토지에 대하여 사업에 지장을 줄 우려가 있는 형질의 변경이나 물건을 손괴하거나 수거하는 행위를 하지 못한다(토지보상법 제25조 제1항).

(3) 토지, 물건의 측량, 조사권 발생

사업인정 고시 후 사업시행자나 감정평가를 의뢰받은 감정평가법인 등은 일정한 토지 및 물건에 관한 측량 및 조사권을 부여받는다.

(4) 관계인의 범위 제한

사업인정의 고시가 된 후에 권리를 취득하는 자는 기존의 권리를 승계한 자를 제외하고는 관계인에 포함되지 않는다(토지보상법 제2조 제5호).

(5) 조서의 작성 의무

협의에 의한 취득 또는 사용을 위해 토지조서 및 물건조서를 작성했다고 하더라도 사업인정 이후 조서를 다시 작성하여야 한다. 다만 변동이 없는 경우에는 생략이 가능하다.

5. 사업인정의 효력소멸

(1) 재결신청기간 해태로 인한 실효(제23조)

① 사업인정 후 1년 이내에 재결신청을 안 하면 1년이 되는 다음 날 실효된다. 이는 ② 해제조건의 성질을 갖는 법정부관의 성질을 갖는다. ③ 사업구역 중 일부에 대한 토지에 대해서만 재결신청을 하지 않은 경우에는 그 일부에 대해서 사업인정의 효력이 상실된다.

(2) 폐지·변경에 의한 실효(제24조)

① 사업인정고시 후 사업의 전부 또는 일부를 폐지·변경함으로써 토지를 수용 또는 사용할 필요가 없게 된 경우, 시·도지사의 고시가 있으면 사업인정의 효력은 상실한다. ② 따라서 사업인정 발령 후의 사유를 이유로 하므로 철회로 본다.

(3) 효력소멸에 대한 권리구제

① 실효 및 사업의 폐지·변경으로 인한 손실을 보상해야 한다. ② 실효 여부에 다툼이 있으면 실효확인소송을 제기할 수 있다.

6. 사업인정과 권리구제

(1) 사업시행자 입장에서의 권리구제

1) 사업인정신청 거부, 부작위 시 권리구제

의무이행심판, 거부처분취소소송, 부작위위법확인소송을 제기할 수 있으며 입법론으로 의무이행소송이 있다. 단, 사업인정 거부에 대한 집행정지신청에 대하여는 신청의 이익이 없으므로 일반적으로 인정되지 않는다.

2) 부관부사업인정에 대한 권리구제

국토교통부장관이 사업인정을 발령하면서 사업인정과 실질적 관련성이 인정되지 않는 기부채납 등의 부관을 부가한 경우에는 부관부사업인정에 대하여 행정쟁송을 제기할 수 있을 것이다.

3) 예방적 금지소송 및 가처분의 가능 여부

판례는 현행 행정소송법상 예방적 금지소송 및 가처분을 인정하고 있지 않고 있다.

4) 사업인정 취소재결에 대한 권리구제

행정심판의 재결에 의해서 사업인정이 취소된 경우에는 사업인정을 받았던 사업시행자는 해당 행정심판의 재결을 다투는 행정소송을 제기할 수 있다. 이는 재결고유의 하자를 다투는 재결소송이 될 것이다.

(2) 피수용자 입장에서의 권리구제

1) 사전적 권리구제

토지보상법 제21조는 사업인정에 있어 미리 이해관계인의 의견을 듣도록 하여 절차적 참여를 통한 사전적 권리구제가 가능하도록 하였다. 그러나 개별법에서 사업인정 의제규정을 둔 경우가 많고 이해관계인의 의견청취절차가 누락된 경우가 많다. 따라서 청문이나 공청회 등의 도입도 고려할 만하다. 기타 입법론으로 예방적 부작위소송이나 가처분신청도 고려해 볼만하다.

2) 사후적 권리구제

① 사업인정이 적법할 때의 권리구제

적법한 사업인정으로 인하여 당사자에게 특별한 희생이 발생한 경우에는 관계 행정청(사업시행자)에게 손실보상을 청구할 수 있다.

② 사업인정이 위법한 경우

가. 행정쟁송

토지보상법에 사업인정불복에 관한 명문규정이 없는바 행정심판법 제3조 및 행정소송법 제8조에 의거하여 행정심판 및 행정소송을 제기할 수 있다. 또한 판결의 실효성 확보를 위하여 일정요건을 충족하는 경우에는 집행정지를 신청할 수 있을 것이다.

나. 손해배상청구 등

위법한 사업인정으로 인해 손해를 입은 당사자는 국가배상법상에 의한 일정한 요건을 충족하는 경우에 손해배상청구가 가능할 것이다. 또한 공행정작용으로 인하여 야기된 위법한 상태가 계속되어 권익을 침해받고 있다면, 그 위법한 상태를 제거하여 침해 이전의 상태로 회복시켜 줄 것을 청구하는 결과제거청구권의 행사도 고려할 수 있다.

(3) 제3자 입장에서의 권리구제

제3자라 하더라도 법률상 이익 있다면 원고적격 인정된다. 환경영향평가 대상지역에 거주하는 주민은 해당 사업계획승인처분을 다툴 원고적격이 있다. 지역 밖의 주민이더라도 수인한도를 넘는 침해를 입증하면 원고적격을 인정받을 수 있다.

7. 관련문제

(1) 사업인정의 구속력

토지수용위원회는 사업인정에 반하는 재결을 할 수 없다. 또한 사업인정을 무의미하게 하는, 즉 사업의 시행이 불가능하게 되는 것과 같은 재결을 행할 수는 없다.

(2) 하자승계

사업인정의 목적은 공익성 판단이고 재결의 목적은 수용의 범위 확정인 바 사업인정의 하자는 재결에 승계되지 않는다. 하지만 사업인정이 당연무효인 경우에는 하자가 당연 승계된다.

(3) 취소 시 효력

사업인정이 취소되면 수용재결은 그 효력을 상실하나, 수용재결이 취소되었다고 하여 사업인정이 취소되어야 하는 것은 아니다.

논점 **사업인정의제제도 (B)**

1. 개념 및 취지

공익사업에 관한 실시계획의 승인, 시행인가, 허가, 구역설정 등을 토지보상법상 사업인정으로 의제하는 특례로써 절차간소화를 통한 사업의 신속한 수행에 취지가 있다.

2. 인·허가의제의 근거 및 대상

인·허가의제는 행정기관의 권한에 변경을 가져오므로 법률에 명시적인 근거가 있어야 하며, 인·허가가 의제되는 범위도 법률에 명시되어야 한다. 이에 따라 토지보상법 제4조 및 제4조의2에서는 토지 등을 수용하거나 사용할 수 있는 사업을 규정하고 있다.

3. 효력

주무행정기관의 신청된 인·허가가 있게 되면 의제되는 인·허가 등을 받은 것으로 본다. 의제되는 인·허가는 법령상 정해진 의제되는 인·허가 전부가 아닐 수도 있다. 신청인이 신청한 범위내에서 인·허가가 의제될 수 있다고 보아야 하며 이를 명문화하여야 할 것이다.

4. 문제점 및 개선안

(1) 공공성 판단

사업인정을 의제하는 개별법률에는 통상적으로 공익형량과정이 없는 경우가 많으므로 각 개별법에서 사업인정의 의제를 규정하는 경우에는 공·사익형량의 절차를 부여하여야 할 것이다. 이에 따라 토지보상법에서는 중앙토지수용위원회와의 협의를 통해 공공성 판단에 대한 제도적인 절차를 마련하였다.

(2) 사업기간의 장기화

개별법률에서는 공사완료일까지 재결신청이 가능하도록 규정하고 있는데, 이는 수용과 관련된 법률관계의 조속한 확정을 어렵게 한다. 따라서 토지보상법에서 규정하고 있는 재결신청기간을 준용하도록 하여야 할 것이다.

논점 **조서작성 (B)**

1. 의의 및 취지

조서작성이란 수용 또는 사용할 토지 및 물건의 내용을 작성하는 문서로서 ① 토지, 물건상황에 대한 분쟁예방 및 ② 토지수용위원회의 심리, 재결을 용이하게 하여 절차진행을 원활하게 함에 목적이 있다.

2. 법적 성질

① 타인토지출입은 수인의무를 부과하는 권력적 사실행위이고, ② 조서작성행위는 비권력적 사실행위이다.

3. 내용

① 사업시행자는 출입허가 없이 측량, 조사할 수 있고(제27조 제1항), ② 출입의 통지(제10조), 인용의무(제11조), 증표휴대(제13조) 규정은 준용되나 장해물제거규정(제12조)은 준용되지 않는다. ③ 사업시행자는 지적도 또는 임야도에 대상물건인 토지를 표시한 용지도를 작성하고 이를 기본으로 토지 및 물건조서를 작성하여 토지소유자 및 관계인의 서명 또는 날인을 받아야 한다.

4. 토지조서 및 물건조서의 효력

(1) 진실의 추정력(제27조 제3항)

토지조서 및 물건조서는 토지소유자 및 관계인이 관여하여 그 진실 여부를 확인하여 작성되기 때문에 ① 열람기간 내에 이의를 제기한 경우와, ② 기재사항이 진실에 반함을 입증한 경우를 제외하고는 조서내용은 일응 진실한 것으로 추정된다.

(2) 하자 있는 조서의 효력

1) 내용상 하자 있는 조서의 효력

물적 상태, 권리관계가 사실과 다를 경우 이를 입증하면 진실의 추정력이 부인된다. 입증책임은 토지소유자에게 있다.

2) 절차상 하자 있는 조서의 효력

서명, 날인 누락 시는 조서의 효력이 생기지 않는다. 이의제기가 없었어도 이의를 제기할 수 있다. 단 피수용자 추인 시는 적법하다.

(3) 하자 있는 조서가 재결에 미치는 효력

1) 학설

① 하자 있는 조서에 기초하였으므로 재결도 위법하게 된다. ② 조서가 유일한 증거방법이 아니고, 토지수용위원회를 내용상 구속하는 것이 아니므로 재결에 영향을 미치지 않는다.

2) 판례

① 조서내용이 사실과 다르다는 주장에도 불구하고 이를 심리하지 않은 경우는 위법하나(내용상 하자), ② 절차상 하자만으로는 수용재결의 당연무효사유가 될 수 없다고 한다.

3) 검토

조서는 재결의 유일한 증거방법이 아니고 내용상 토지수용위원회를 구속하는 것도 아니다. 조서의 기재 내용이 사실이 아니더라도 토지수용위원회는 의견청취 등을 통해 재결을 결정하므로 조서에 절차상 하자만으로는 재결이 무효라고 볼 수 없을 것이다.

5. 권리구제

(1) 조서작성행위

비권력적 사실행위인바 다수, 판례는 처분성을 부정한다.

(2) 타인토지출입행위

타인토지출입조사행위는 권력적 사실행위이므로 소의 대상이 되지만, 조사기간이 매우 짧아서 협의소익이 없는 경우가 대부분이다. 따라서 소를 제기함과 동시에 집행정지를 신청해야 할 것이다.

(3) 손해전보

① 위법한 조사행위로 손해가 발생한 경우라면 손해배상을 청구할 수 있을 것이며, ② 사업시행자는 타인이 점유하는 토지에 출입하여 측량·조사함으로써 발생하는 손실을 보상하여야 한다(제27조 제4항).

(4) 하자 있는 조서에 기초한 재결에 대한 구제

① 내용상 하자 있다는 주장에도 불구하고 이를 심리하지 않은 내용상 하자 있는 조서에 근거한 수용재결은 위법하므로 토지소유자는 이의신청과 취소소송을 제기할 수 있다.

② 절차상 하자는 판례의 태도에 따를 경우 재결에 영향을 미치는 것이 아니므로 재결의 취소사유로 주장할 수 없을 것이다.

6. 실력행사 가능성

명문의 근거 없이 국민의 신체나 재산에 대한 실력행사를 하는 것은 법치주의 원칙에 반하는 것으로 볼 수 있으므로 부정함이 타당하다.

논점 사업인정 후 협의 (S)

1. 의의 및 취지

사업인정 후 토지 등의 권리취득 등에 대한 양 당사자의 의사의 합치로서 ① 최소침해 요청과, ② 사업의 원활한 진행, ③ 피수용자의 의견존중에 취지가 있다.

2. 필수적 절차인지

토지보상법 제26조 제2항에서는 사업인정 전 협의를 거치고 조서변동이 없을 시에 생략할 수 있다고 규정하고 있다.

3. 법적 성질

(1) 견해

① 사업인정 후 협의는 공공기관이 사경제 주체로 행하는 사법상 계약의 실질을 가지므로 사법상 법률관계라고 하는 사권설과, ② 사업인정 후 협의는 사업시행자가 수용권주체로서 행하는 공법상 계약이므로 공법상 법률관계라고 하는 공권설이 있다.

(2) 판례

판례도 사경제주체로서 행하는 사법상의 법률행위로 보며, 이는 행정처분이 아니므로 행정소송의 대상이 되지 않는다고 한다.

(3) 검토

사업인정 후 협의는 목적물을 취득하여 사업의 진행을 도모하기 위한 것이므로, 이는 공용수용의 공법상 목적을 달성시키기 위한 절차로 볼 수 있다. 따라서 공법상 법률관계로 보는 것이 타당하다.

4. 협의 성립 절차

(1) 주체 및 절차

사업시행자는 피수용자 전원을 대상으로 하여 ① 조서를 작성하고 보상계획을 공고 하여야 하며, ② 보상액산정 후 30일 이상의 기간을 두고 성실하게 협의하여야 한다.

(2) 내용

① 목적물의 범위 및 취득시기와 관련된 계약사항 일반과 계약의 해지·변경 시에 보상액 반환 및 원상회복에 관한 사항을 약정하여야 한다(영 제8조 제4항). ② 협의가 불성립된 경우에는 협의경위서를 작성하여 토지소유자 등의 서명날인을 받아야 한다.

(3) 협의로 산정된 보상금의 정당성 여부

보상합의는 사법상 계약의 실질을 가지는 것으로서, 손실보상금에 관한 당사자 간의 합의가 성립하면 그 합의 내용대로 구속력이 있고, 합의 내용이 토지보상법에서 정하는 손실보상기준에 맞지 않는다고 하더라도 합의가 적법하게 취소되는 등의 특별한 사정이 없는 한 추가로 토지보상법상 기준에 따른 손실보상금 청구를 할 수는 없다.

5. 협의성립, 불성립의 효과

(1) 협의성립의 효과

협의가 성립되면 계약내용에 따라 목적물을 취득한다. 판례는 협의성립확인이 없으면 승계취득으로 본다.

(2) 불성립의 효과

협의가 불성립되면 사업시행자는 관할 토지수용위원회에 목적물의 수용에 대한 재결을 신청할 수 있으며, 토지소유자는 사업시행자에게 재결을 신청할 것을 청구할 수 있다.

6. 협의에 대한 불복

(1) 협의성립확인 전

협의의 법적 성질을 사법상 법률관계로 보

게 되면 민사소송을 통해서 권리구제를 도모할 수 있을 것이며, 공법상 법률관계로 보면 공법상 당사자소송을 통해서 권리구제를 도모할 수 있을 것이다.

(2) 협의성립확인 후

확인의 차단효로 인하여 협의를 다툴 수 없으나, 토지수용위원회의 협의성립확인은 재결로 간주되므로 토지보상법 제83조 및 제85조의 이의신청 및 행정소송으로 확인의 효력을 다투고 난 후에 협의의 내용에 관한 하자(착오)를 다투면 된다.

7. 관련문제

(1) 재결이 있은 후 다시 협의하여 계약을 체결할 수 있는지

토지수용위원회의 수용재결이 있은 후라고 하더라도 토지소유자 등과 사업시행자가 다시 협의하여 토지 등의 취득이나 사용 및 그에 대한 보상에 관하여 임의로 계약을 체결할 수 있다고 보아야 한다.

(2) 위험부담 이전문제

댐건설로 인한 수몰지역 내의 토지를 매수하고 지상임목에 대하여 적절한 보상을 하기로 특약하였다면 보상금이 지급되기 전에 그 입목이 홍수로 멸실되었다고 하더라도 매수 또는 보상하기로 한 자는 이행불능을 이유로 위 보상약정을 해제할 수 없다고 하여 긍정설의 입장이다.

수용목적물에 대한 권리의 소멸과 그에 대한 보상금이 약정되어 있는 상황에서, 토지물건의 소유자 및 관계인에게 수용목적물의 보전책임을 지우는 것은 피수용자의 권익보호 측면에서 바람직하다고 볼 수 없다. 따라서 긍정설이 타당하다.

논점 **협의성립확인 (S)**

1. 의의 및 취지(토지보상법 제29조)

협의성립확인이란 협의가 성립한 경우 사업시행자가 수용재결의 신청기간 이내에 해당 토지소유자 및 관계인의 동의를 얻어 관할 토지수용위원회의 확인을 받는 것을 말한다. 이는 ① 계약불이행에 따른 위험을 방지하고, ② 공익사업의 원활한 진행을 도모함에 취지가 인정된다.

2. 법적 성질

확인으로 보는 견해와 공증으로 보는 견해가 대립한다. 〈생각건대〉 이는 토지수용위원회가 협의성립의 존재 여부를 판단하는 행위로서 당사자의 불안정한 지위를 확고히 하여 원활한 사업수행을 목적으로 하며, 이를 재결로 간주하는 점에 비추어 볼 때 확인으로 보는 것이 타당하다. 또한 확인으로 보게 되면 확인신청이 있으면 확인을 하여야 하는 기속행위로 볼 수 있다.

3. 절차

(1) 일반적 절차(제29조 제1항)

사업시행자는 수용재결 신청기간 내에 피수용자의 동의를 얻어 관할 토지수용위원회에 신청하여야 하며, 토지수용위원회는 재결신청서를 접수한 때에는 대통령령으로 정하는 바에 따라 지체 없이 이를 공고하고 공고한 날부터 14일 이상 관계서류의 사본을 일반이 열람할 수 있도록 하여야 한다.

(2) 공증에 의한 확인절차(제29조 제3항)

사업시행자가 협의성립확인신청서에 공증인의 공증을 받아 관할 토지수용위원회에 확인을 신청한 때에는 관할 토지수용위원회가 이를 수리함으로써 협의성립이 확인된 것으로 본다. 토지의 진정한 소유자의 동의 없이 공증을 받은 경우에는 토지수용위원회의 수리행위는 위법하게 되고 항고소송으로 취소를 구할 수 있다.

4. 협의성립확인의 효력

(1) 재결효력

사업시행자는 보상금의 지급 또는 공탁을 조건으로 수용목적물을 원시취득하고 피수용자의 의무불이행 시 대행·대집행을 신청할 수 있으며 위험부담이 이전된다. 피수용자는 목적물의 인도·이전의무와 손실보상청구권, 환매권이 발생하게 된다. 또한 계약에 의한 승계취득을 재결에 의한 원시취득으로 전환시키게 된다.

(2) 차단효 발생

협의성립확인이 있으면 사업시행자·토지소유자 및 관계인은 그 확인된 협의의 성립이나 내용에 대하여 다툴 수 없는 확정력이 발생한다. 협의성립확인을 받은 후에도 협의에서 정한 보상일까지 보상금을 지급하지 않으면 재결의 실효규정이 적용되어서 확인행위의 효력은 상실된다고 보아야 할 것이다.

(3) 불가변력

협의성립확인은 관할 토지수용위원회가 공권적으로 확인하는 행위로서 법원의 판결과 유사한 준사법작용으로 볼 수 있다. 따라서 다수견해 및 판례는 확인행위에는 불가변력이 발생한다고 보나 소수견해는 부정한다.

(4) 확인의 실효

협의성립확인을 받은 후에도 협의에서 정한 보상일까지 보상금을 지급하지 않으면 재결의 실효규정(제42조)이 적용되어서 확인행위의 효력은 상실된다고 보아야 할 것이다.

5. 불복절차

(1) 협의성립확인의 경우

협의성립확인이 있게 되면 재결로 간주되므로 토지보상법 제83조 및 제85조에 따라서 이의신청 및 행정소송을 제기할 수 있을 것이다.

(2) 협의 자체에 불복 시

협의성립확인의 차단효로 인해서 확인의 효력을 소멸시킨 후에 협의 자체에 대하여 다툴 수 있다. 협의는 성질에 따라 민사소송 혹은 당사자소송으로 다툴 수 있다.

논점 재결신청청구권 (S)

1. 의의 및 취지(토지보상법 제30조)

재결신청청구권은 사업인정 후 협의가 성립되지 않은 경우 피수용자가 사업시행자에게 서면으로 재결신청을 조속히 할 것을 청구하는 권리이다. 이는 피수용자에게는 재결신청권을 부여하지 않았으므로 ① 수용법률관계의 조속한 안정과, ② 재결신청 지연으로 인한 피수용자의 불이익을 배제하기 위한 것으로 사업시행자와의 형평의 원리에 입각한 제도이다.

2. 사업시행자의 재결신청의 타당성

사업의 원활한 시행 및 사업의 장기화를 방지하기 위해 재결신청권을 사업시행자에게만 부여한 것의 타당성이 인정된다.

3. 성립요건

(1) 당사자 및 청구형식

① 청구권자는 토지소유자 및 관계인이며 피청구자는 사업시행자와 대행자이다.
② 청구형식은 엄격한 형식을 요하지 아니하는 서면행위이다.

(2) 청구기간

1) 원칙

토지소유자 등은 사업시행자에게 협의기간 만료일부터 재결신청을 할 수 있는 기간 만료일까지 재결을 신청할 것을 청구할 수 있다.

2) 예외

① 협의불성립 또는 불능 시, ② 사업인정 후 상당기간이 지나도록 사업시행자의 협의통지 없는 경우, ③ 협의불성립이 명백한 경우에는 협의기간이 종료되지 않았더라도 재결신청청구가 가능하다고 본다. 단, 협의기간이 종료되는 시점부터 60일을 기산한다. 이에 대해서 토지보상법 제30조 제2항에서는 청구가 있은 날부터 60일 이내에 재결을 신청해야 한다고 규정하고 있으므로 기간종료 후부터 기산하는 것은 타당하지 않다는 비판이 있다.

3) 협의기간이 연장된 경우

사업시행자가 협의기간이 종료하기 전에 토지소유자 및 관계인이 재결신청의 청구를 하였으나 사업시행자가 협의기간이 종료하기 전에 협의기간을 연장한 경우, 60일 기간의 기산시점은 당초의 협의기간 만료일이 된다.

4. 재결신청청구의 효과

(1) 재결신청의무

재결신청의 청구를 받은 사업시행자는 재결신청청구가 있는 날부터 60일 이내에 관할 토지수용위원회에 재결을 신청하여야 한다(제30조 제2항). 만약 재결신청을 지연할 만한 특별한 사정이 있는 경우에는 해당 기간에 대한 지연가산금은 발생하지 않는다.

(2) 지연가산금 지급의무

사업시행자의 재결신청이 의무기간인 60일을 넘겨서 이루어진 경우에는 그 지연기간에 대하여 '소송촉진 등에 관한 특례법' 규정에 의한 법정이율을 적용하여 산정한 금액을 관할 토지수용위원회에서 재결한 보상금에 가산하여 지급하여야 한다(제30조 제3항). 협의기간이 끝난 후에 그 청구를 받은 경우에는 그 청구받은 날부터 즉시 기산하나, 협의기간 중에 그 청구를 받은 경우에는

협의기간의 만료일부터 그 청구를 받은 날
이 기산된다. 지연가산금은 사업시행자가
정해진 기간 내에 재결신청을 하지 않고 지
연한데 대한 제재와 토지소유자 등의 손해
에 대한 보전이라는 성격을 아울러 가지고
있다. 그 성질이 보상금에 해당한다.

5. 권리구제

(1) 행정쟁송 가능여부

1) 사업시행자가 손실보상의 대상이 아니라고 하여 거부한 경우

토지소유자의 입장에서는 보상의 길을 구
할 방법이 없게 되는 것으로 볼 수 있다. 이
에 재결신청청구권의 취지에 비추어 거부
나 부작위 시에는 행정쟁송을 제기할 수 있
을 것이다.

2) 수용절차를 개시하지 않은 경우

수용절차를 개시한 바 없으므로, 관할 토지
수용위원회에 재결을 신청할 것을 청구할
법규상의 신청권이 인정된다고 할 수 없다
고 보아 항고소송의 대상이 되는 거부처분
이 아니라고 판시했다.

3) 수용절차가 개시된 경우

재결신청 청구가 적법하여 사업시행자가
재결신청을 할 의무가 있는지는 본안에서
고려할 요소이지, 소송요건 심사단계에서
고려할 요소가 아니라고 판시했다.

(2) 민사소송 가능 여부

판례는 가산금제도 및 사업인정의 실효규
정과 그에 따른 손실보상규정을 이유로 민
사소송 등에 의한 방법으로 그 이행을 청구
할 수 없다고 한다.

(3) 지연가산금에 대한 다툼

판례는 지연가산금은 수용보상금과 함께
재결로 정하도록 규정하고 있으므로 지연
가산금에 대한 불복은 보상금증액에 관한
소에 의하여야 한다고 한다.

6. 관련문제(재결신청청구제도의 문제점과 개선안)

재결신청의무 불이행 시 토지소유자의 권
리보호가 우회적이므로 토지수용위원회에
재결신청이 이루어지는 효력을 부여하는
정도로 강화될 필요성이 있다.

논점 토지수용위원회 (B)

I. 의의 및 성격

토지수용위원회는 사업시행자의 신청에 의해 수용재결 또는 사용재결 등을 행하는 행정기관이다. 이는 사업시행자와 피수용자 사이의 다툼을 공정·중립된 입장에서 판단·결정하는 준사법적 합의제 행정기관이다.

II. 종류 및 관할의 범위

1. 중앙토지수용위원회

국토교통부에 중앙토지수용위원회를 두며 ① 국가 또는 시·도가 사업시행자인 경우와, ② 수용 또는 사용할 토지가 2 이상의 시·도에 걸쳐 있는 사업의 재결에 관한 사항을 관장한다.

2. 지방토지수용위원회

시·도에 지방토지수용위원회를 두며 중앙토지수용위원회 이외의 사업의 재결에 관한 사항을 관장한다.

III. 토지수용위원회의 구성 및 회의 등

1. 토지수용위원회의 구성

(1) 중앙토지수용위원회

중앙토지수용위원회는 위원장 1명을 포함한 20명 이내의 위원(3년 임기)으로 구성하며 위원장은 국토교통부장관이다.

(2) 지방토지수용위원회

지방토지수용위원회는 위원장 1명을 포함한 20명 이내의 위원(3년 임기)으로 구성한다. 위원장은 시·도지사가 되며, 위원은 시·도지사가 소속 공무원 중에서 임명하는 사람 1명을 포함하여 토지수용에 관한 학식과 경험이 풍부한 사람 중에서 위촉한다.

2. 토지수용위원회의 회의

(1) 중앙토지수용위원회

중앙토지수용위원회의 회의는 위원장이 소집하며, 위원장 및 상임위원 1명과 위원장이 회의마다 지정하는 위원 7명으로 구성한다. 다만, 위원장이 필요하다고 인정하는 경우에는 위원장 및 상임위원을 포함하여 10명 이상 20명 이내로 구성할 수 있다. 구성원 과반수의 출석과 출석위원 과반수의 찬성으로 의결한다.

(2) 지방토지수용위원회

지방토지수용위원회의 회의는 위원장이 소집하며, 위원장과 위원장이 회의마다 지정하는 위원 8명으로 구성한다. 다만, 위원장이 필요하다고 인정하는 경우에는 위원장을 포함하여 10명 이상 20명 이내로 구성할 수 있다. 구성원 과반수의 출석과 출석위원 과반수의 찬성으로 의결한다.

3. 위원의 제척·기피·회피

토지수용위원회의 위원이 사업시행자, 토지소유자 또는 관계인(법인인 경우에는 그 법인의 임원 또는 그 직무를 수행하는 사람) 및 관계인의 배우자·친족 또는 대리인인 경우에는 회의에 참석할 수 없고 사업시행자, 토지소유자 및 관계인은 위원에게 공정한 심리·의결을 기대하기 어려운 사정이 있는 경우에는 그 사유를 적어 기피(忌避)신청을 할 수 있다.

4. 벌칙 적용에서 공무원 의제(제57조의2)

토지수용위원회의 위원 중 공무원이 아닌 사람은 「형법」이나 그 밖의 법률에 따른 벌칙을 적용할 때에는 공무원으로 본다.

IV. 재결사항(토지보상법 제50조)

1. 재결내용

① 수용하거나 사용할 토지의 구역 및 사용방법, ② 손실보상, ③ 수용 또는 사용의 개시일과 기간, ④ 그 밖에 이 법 및 다른 법률에서 규정한 사항을 재결사항으로 한다. 토지수용위원회는 사업시행자나 토지소유자 및 관계인이 신청한 범위 안에서 재결해야 하나 손실보상에 있어서는 증액재결을 할 수 있다.

2. 재결서의 구체성

관할 토지수용위원회가 토지에 관하여 사용재결을 하는 경우, 재결서에 사용할 토지의 위치와 면적, 권리자, 손실보상액, 사용개시일 외에 사용방법, 사용기간을 상대방이 이해할 수 있도록 구체적으로 특정하여야 한다.

V. 문제점 및 개선안

지방토지수용위원회의 경우 비상설기관으로 운영되므로 전문성을 살리기 어려운 문제가 발생한다. 따라서 지방토지수용위원회도 상설사무국으로 운영할 수 있는 입법적 보완이 필요하다고 사료된다.

논점　재결 (S)

I. 의의 및 취지

재결은 사업시행자로 하여금 토지 또는 토지의 사용권을 취득하도록 하고 사업시행자가 지급하여야 하는 손실보상액을 정하는 결정을 말한다. 이는 공익사업의 원활한 시행을 통한 공공복리 증진과 사인의 재산권 보호에 그 취지가 인정된다.

2. 법적 성질

① 재결은 일정한 법률효과의 발생을 목적으로 하는 형성처분이고, ② 수용목적의 필요성은 사업인정단계에서 판단하므로 토지수용위원회는 재결신청의 요건을 다 갖춘 경우에는 재결을 하여야 하는 기속성이 인정된다. 다만 보상액에 관하여는 재량성을 갖는다. ③ 또한 양 당사자의 이해관계를 독립된 행정기관인 토지수용위원회가 판단·조정하는 행위인 점에서 준사법적 작용이다.

3. 수용재결의 성립

(1) 주체(제49조)

사업에 따라 중앙토지수용위원회 및 지방토지수용위원회가 주체가 된다.

(2) 내용(토지보상법 제50조)

① 수용하거나 사용할 토지의 구역 및 사용방법, ② 손실보상, ③ 수용 또는 사용의 개시일과 기간, ④ 그 밖에 이 법 및 다른 법률에서 규정한 사항을 재결사항으로 한다. 토지수용위원회는 사업시행자나 토지소유자 및 관계인이 신청한 범위 안에서 재결해야 하나 손실보상에 있어서는 증액재결을 할 수 있다. 관할 토지수용위원회가

토지에 관하여 사용재결을 하는 경우, 재결
서에 사용할 토지의 위치와 면적, 권리자,
손실보상액, 사용 개시일 외에 사용방법,
사용기간을 구체적으로 특정하여야 한다.

(3) 요건 및 절차

토지수용위원회는 재결신청서를 접수한 때
에는 지체 없이 이를 공고하고 공고한 날부
터 14일 이상 관계서류의 사본을 일반이 열
람할 수 있도록 하여야 한다(제31조 제1
항). 토지수용위원회는 열람기간이 지났을
때에는 지체 없이 해당 신청에 대한 조사
및 심리를 하여야 하며(제32조 제1항), 심
리를 함에 있어서 필요하다고 인정하는 때
에는 사업시행자·토지소유자 및 관계인을
출석시켜 그 의견을 진술하게 할 수 있다
(제32조 제2항). 토지수용위원회는 심리를
시작한 날부터 14일 이내에 재결을 하여야
하며 특별한 사유가 있을 때에는 14일의 범
위에서 한 차례만 연장할 수 있다.

(4) 형식과 도달주의(제34조)

토지수용위원회의 재결은 서면으로 한다.
재결서에는 주문 및 그 이유와 재결일을 적
고, 위원장 및 회의에 참석한 위원이 기명
날인한 후 그 정본을 사업시행자, 토지소유
자 및 관계인에게 송달하여야 한다.

4. 재결의 효력

(1) 재결의 효력

① "수용재결 시"에는 손실보상청구권, 담
보물권자의 물상대위권, 인도이전의무, 위
험부담이전의 효과가, ② "수용개시일"에는
사업시행자에게는 목적물의 원시취득 및
대행대집행권, 토지소유자에게는 환매권
등의 효과가 발생한다.

(2) 재결의 하자

1) 재결 전 사업시행자가 무단으로 토지를 사용한 경우

수용의 효력이 발생하기도 전에 기업자가
수용대상토지를 권원 없이 점용한 사실이
있다 하여도 기업자에게 손해배상이나 손
실보상의 책임이 발생함은 별론으로 하고
수용재결의 효력에는 아무런 영향이 없다.

2) 실체적 소유권자의 참여 없는 재결

실체적 소유권자의 참여 없이 수용절차가
이루어진 것은 위법이라 하더라도 그 사유
만으로 이미 이루어진 수용재결이 당연무
효라고는 할 수 없다.

3) 수용권 남용

사업시행자가 해당 공익사업을 수행할 의
사나 능력을 상실하였음에도 여전히 그 사
업인정에 기하여 수용권을 행사하는 것은
수용권의 공익목적에 반하는 수용권의 남
용에 해당하여 허용되지 않는다.

5. 재결의 실효

(1) 보상금 지급, 공탁을 안 한 경우(제42조)

수용 또는 사용의 개시일까지 보상금을 지
급 또는 공탁하지 않는 경우에는 재결의 효
력은 상실된다. 다만, 판례는 중앙토지수용
위원회의 이의재결에서 정한 보상금을 지
급, 공탁하지 아니한다 하여 재결이 실효되
는 것은 아니라고 한다.

(2) 사업인정이 취소, 변경되는 경우(제24조)

재결 이후 수용사용의 시기 이전에 사업인
정이 취소 또는 변경되면 그 고시결과에 따
라서 재결의 효력은 상실된다. 그러나 보상
금의 지급, 공탁이 있은 후에는 이미 수용

의 효과가 발생하므로 재결의 효력에는 영
향이 없다.

(3) 재결실효의 효과

사업시행자는 재결의 효력이 상실됨으로
인하여 토지소유자 또는 관계인이 입은 손
실을 보상하여야 한다(제42조 제2항).

(4) 관련문제

1) 재결의 실효와 재결신청 및 사업인정의 효
력과의 관계

판례는 재결이 실효되면 재결신청도 상실
된다고 하였다. 다만 사업인정에 대해서는
여전히 효력이 존재하므로 재결신청기간
내이면 재차 재결신청이 가능할 것이다.

2) 이의재결과의 관계

판례는 수용재결이 실효되면 이를 기초한
이의재결은 위법하지만 절대적 무효는 아
니므로 이의재결의 취소 또는 무효등확인
소송을 구할 이익이 있다고 한다.

6. 재결의 불복

(1) 이의신청(토지보상법 제83조)

위법, 부당한 재결에 불복이 있는 토지소유
자 및 사업시행자가 중앙토지수용위원회에
이의를 신청하는 것이다.

(2) 항고소송(토지보상법 제85조 제1항)

① 재결에 불복하는 사업시행자, 토지소유
자 및 관계인은 재결취소소송, ② 무효 또
는 실효를 주장하는 경우에는 무효등확인
소송을 제기할 수 있다.

(3) 보상금증감청구소송(토지보상법 제85조 제2항)

보상금의 증감에 대한 소송으로서 사업시
행자, 토지소유자는 각각 피고로 제기하며,

① 보상재결의 취소 없이 보상금과 관련된
분쟁을 일회적으로 해결하여, ② 신속한 권
리구제를 도모함에 취지가 있다.

7. 관련문제(사업인정과 재결의 관계)

① 양자는 목적이 상이하므로 사업인정의
하자는 재결에 승계되지 아니한다. 다
만 사업인정이 무효인 경우에는 당연
승계된다.

② 사업인정의 판단, 즉 사업의 공공필요
성에 대한 판단은 토지수용위원회를 구
속한다. 따라서 토지수용위원회는 사업
인정에 반하는 재결을 할 수 없다. 또
한, 사업의 시행이 불가능하게 되는 것
과 같은 재결을 행할 수는 없다.

③ 사업인정 이후에 사업시행자가 사업수
행의사나 능력을 상실한 경우에는 그
사업인정에 기하여 수용권을 행사하는
것은 공익목적에 반하는 수용권의 남용
에 해당하여 허용되지 않는다.

④ 사업인정이 취소되면 수용재결은 효력
을 상실한다. 그러나, 수용재결이 취소
되었다고 하여 사업인정이 취소되어야
하는 것은 아니다. 사업인정에 대한 취
소소송과 수용재결에 대한 취소소송은
관련청구소송으로 병합할 수 있다.

논점 재결의 경정과 유탈 (B)

1. 재결의 유탈(제37조)

토지수용위원회가 신청의 일부에 대한 재결을 빠뜨린 때에는 그 빠뜨린 부분의 신청은 계속하여 해당 토지수용위원회에 계속된다. 유탈된 부분에 대해서는 추가재결을 하게 된다.

2. 재결의 경정(제36조)

(1) 의의 및 취지

준사법적 결정행위로서의 재결은 불가변력으로 인해 행정쟁송을 통해서만 해당 재결을 다툴 수 있는데 재결에 명백한 오류(계산, 기재상)가 있는 경우에는 민사소송의 경정결정제도를 인정하여 간단하게 바로 잡는 제도가 경정재결이다.

(2) 내용

재결에 계산상 또는 기재상의 잘못 그 밖의 이와 유사한 잘못이 있는 것이 명백한 때에는 토지수용위원회는 직권 또는 당사자의 신청에 의하여 경정재결을 할 수 있다(제36조 제1항). 경정재결은 원재결서 원본과 정본에 부기하되 정본에 부기할 수 없는 때에는 경정재결의 정본을 작성하여 당사자에게 송달하여야 한다.

(3) 경정재결의 효력 및 불복

① 원재결의 일부를 취소하는 별개의 재결의 성질을 갖고 소급효를 갖는다.
② 경정재결도 재결이므로 토지보상법 제83조 및 제85조에 의한 불복이 가능하다.

논점 재결 이의신청 (S)

1. 의의 및 성격

관할 토지수용위원회의 위법, 부당한 재결에 불복이 있는 토지소유자 및 사업시행자가 중앙토지수용위원회에 이의를 신청하는 것으로서 특별법상 행정심판에 해당하며 제83조에서 '할 수 있다'고 규정하여 임의주의 성격을 갖는다.

2. 요건 및 효과

① 수용, 보상재결에 이의가 있는 경우에, 사업시행자 및 토지소유자는 재결서 정본을 받은 날로터 30일 이내에 처분청을 경유하여 중앙토지수용위원회에 이의를 신청할 수 있다. 이 경우 판례는 30일의 기간은 전문성, 특수성을 고려하여 수용의 신속을 기하기 위한 것으로 합당하다고 한다. 또한 ② 이의신청은 사업의 진행 및 토지의 사용, 수용을 정지시키지 아니한다(제88조). ③ 만약, 재결서 정본이 통지되지 않았다면 행정쟁송법상 재결일로부터 180일의 기간이 적용되어야 할 것이다.

3. 이의신청의 대상

이의신청의 대상은 토지수용위원회의 재결이다. 토지수용위원회의 재결은 수용재결부분과 보상재결부분으로 분리될 수 있는데, 수용재결부분과 보상재결부분 중 한 부분만에 불복이 있는 경우에도 토지수용위원회의 재결 사체가 이의신청의 대상이 된다.

4. 재결 및 재결의 효력

① 재결이 위법 또는 부당하다고 인정하는

때에는 그 재결의 전부 또는 일부를 취소하거나 보상액을 변경할 수 있다. ② 보상금 증액 시 재결서 정본을 받은 날부터 30일 이내에 사업시행자는 증액된 보상금을 지급해야 한다. ③ 쟁송기간 경과 등으로 이의재결이 확정된 경우에는 민사소송법상의 확정판결이 있는 것으로 보고 재결서 정본은 집행력 있는 판결의 정본과 동일한 효력을 갖는 것으로 본다.

📖 알아두기

이의재결에서 증액된 보상금에 지연가산금이 발생하는지 여부

1. 학설

① 이의재결에 의해 결정된 보상액이 이의재결시점에 확정되기 때문에 지연이자가 발생하지 않는다는 견해와 ② 수용시기에 소급해서 발생하므로 발생한다고 보는 견해가 대립한다.

2. 판례

토지수용으로 인한 사업시행자의 손실보상금지급의무는 그 수용시기로부터 발생하고, 구체적인 손실보상금액이 재결이나 행정소송의 절차에 의하여 현실적으로 확정되어진다 하여 달리 볼 것이 아니며, 재결절차에서 정한 보상액과 행정소송절차에서 정한 보상액과의 차액 역시 수용과 대가관계에 있는 손실보상의 일부이므로 위 차액이 수용의 시기에 지급되지 않은 이상, 이에 대하여는 지연손해금이 발생한다.

3. 검토

토지보상법의 취지에 의거 지연가산금이 발생한다고 봄이 타당하다.

논점 ⟩ 재결 항고소송 (S)

1. 의의 및 유형

① 재결에 불복하는 사업시행자, 토지소유자 및 관계인은 재결취소소송, ② 무효 또는 실효를 주장하는 경우에는 무효등확인소송을 제기할 수 있다.

2. 제기요건 및 효과

(1) 요건

재결서 정본을 받은 날부터 90일, 이의재결서 정본을 받은 날부터 60일 내에 각각 소송을 제기할 수 있다고 규정되므로 ① 1차 수용재결의 관할 토지수용위원회를 피고로, ② 원처분(제34조 재결)을 대상으로, ③ 부동산 및 피고 소재지의 행정법원에 소를 제기할 수 있다.

(2) 효과(제88조)

행정소송의 제기는 사업의 진행 및 수용 또는 사용의 효과를 정지시키지 않는다.

3. 항고소송의 대상

행정소송법 제19조의 일반원칙에 따라 수용재결을 소의 대상으로 하되, 이의신청 후 이의재결에 불복하여 항고소송을 제기할 수 있는 경우는 이의재결 자체의 고유한 위법이 인정되는 경우가 될 것이다.

4. 심리 및 판결

법원은 불고불리원칙에 따라 원재결의 위법을 심리하여 기각·인용판결을 하게 되며, 원고의 청구가 이유 있다고 인정되더라도 현저히 공익을 해하는 경우 사정판결을 할 수 있다.

5. 판결의 효력

인용판결이 있게 되면 소송당사자와 관할 토지수용위원회를 판결의 내용에 따라 구속하며(소송법 제30조), 사업시행자가 행정소송을 제기하였으나 그 소송이 각하, 기각 또는 취소된 경우에는 법정이율을 적용하여 산정한 금액을 보상금에 가산하여 지급하여야 한다(제87조). (재결서 정본을 받은 날부터 각하, 기각, 취소된 날까지).

논점 보상금증감청구소송 [S]

1. 의의 및 취지

보상금의 증감에 대한 소송으로서 사업시행자, 토지소유자는 각각 피고로 제기하며(제85조 제2항), ① 보상재결의 취소 없이 보상금과 관련된 분쟁을 일회적으로 해결하여, ② 신속한 권리구제를 도모함에 취지가 있다.

2. 소송의 형태

견해의 대립이 있었으나 현행 토지보상법 제85조에서는 재결청을 공동피고에서 제외하여 형식적 당사자소송임을 규정하고 있다.

3. 소송의 성질

견해의 대립 있으나 판례는 확인·급부소송으로 보고 있다. 형성소송설은 권력분립에 반할 수 있으며 일회적인 권리구제를 도모하기 위하여 확인·급부소송으로 보는 것이 타당하다.

4. 제기요건 및 효과

① 제85조에서는 제34조 재결을 규정하므로 원처분으로 인해 형성된 법률관계를 대상으로, ② 재결서 정본 송달일부터 90일 또는 60일(이의재결 시) 이내에, ③ 토지소유자, 관계인 및 사업시행자는 각각을 피고로 하여, ④ 관할법원에 당사자소송을 제기할 수 있다.

5. 심리범위

① 손실보상의 지급방법과, ② 적정손실보상액의 범위 및 보상액과 관련한 보상면적 등은 심리범위에 해당한다. 판례는 ③ 지연손해금 역시 손실보상의 일부이고, ④ 잔여

지수용 여부, ⑤ 개인별 보상으로서 과대, 과소항목의 보상항목 간 유용도 심리범위에 해당한다고 본다. ⑥ 또한 보상대상 유무에 대한 판단(사업시행자 또는 토지수용위원회가 보상대상을 부정하는 경우) 및 ⑦ 보상금 산정의 세부요소를 추가로 주장할 수도 있다.

6. 심리방법

법원 감정인의 감정결과를 중심으로 적정한 보상금이 산정된다. 감정평가가 위법한 경우 감정인 등에게 적법한 감정평가방법에 따른 재감정을 명하거나 사실조회를 하는 등의 방법으로 석명권을 행사하여 그 정당한 보상액을 심리한 다음, 이를 토지수용위원회 재결 시의 보상액과 비교하여 청구의 인용 여부를 결정하여야 한다.

7. 입증책임

입증책임과 관련하여 민법상 법률요건분배설이 적용된다. 판례는 재결에서 정한 보상액보다 정당한 보상이 많다는 점에 대한 입증책임은 그것을 주장하는 원고에게 있다고 한다.

8. 판결

산정된 보상금액이 재결금액보다 많으면 차액의 지급을 명하고, 법원이 직접 보상금을 결정하므로 소송당사자는 판결결과에 따라 이행하여야 하며 중앙토지수용위원회는 별도의 처분을 할 필요가 없다.

9. 취소소송과의 병합

수용재결에 대한 취소소송에 보상금액에 대한 보상금증감청구소송을 예비적으로 병합하여 제기하는 것도 가능하다.

논점 화해 (C)

1. 의의 및 취지(토지보상법 제 33조)

화해는 토지수용위원회의 재결심리과정에서 사업시행자와 토지소유자 등이 서로 재결에 의하지 아니하고 분쟁을 해결하고자 하는 의사의 합치로 분쟁소지를 방지하여 사업의 원활한 수행을 도모하는 임의적 절차이다.

2. 법적 성질

(1) 화해의 성질

화해는 공법영역에서 양 당사자가 서로 양보하여 분쟁을 해결하는 약정으로서 일종의 공법상 계약의 성질을 가지며 토지수용위원회의 재량에 따른 임의적 절차이다.

(2) 화해조서의 성질

협의성립확인과 달리 재결로 본다는 규정이 없으나 재결의 효력을 인정하지 않으면 화해권고에 응할 실익이 없으므로 재결의 효력을 부여함이 타당하다고 본다. 따라서 재결과 같은 행정행위의 성질을 갖는다.

3. 화해의 절차

(1) 화해의 권고

토지수용위원회는 재결 전에 위원 3인으로 구성된 소위원회로 하여금 사업시행자와 토지소유자에게 화해를 권고할 수 있다.

(2) 화해조서의 작성

화해가 성립되는 경우, 토지수용위원회는 화해조서를 작성하고 참여인의 서명·날인을 받아야 한다.

4. 화해조서의 효력

(1) 재결의 효력

합의가 성립된 것으로 보며 조서의 성질을 재결과 동일하게 보면 재결의 효력이 발생한다. 따라서 협의성립확인과 마찬가지로 화해에서 정하여진 시기까지 보상금의 지급을 이행하지 않은 경우라면 해당 화해의 효력은 상실되고, 토지소유자 및 관계인이 의무를 이행하지 않은 경우에는 대집행이 가능한 것으로 보아야 할 것이다.

(2) 차단효 발생

종전 토지보상법에서는 차단효를 구성하였으나 현행 토지보상법은 이러한 규정이 없다. 그러나 협의성립확인제도와의 균형상 차단효를 인정한다고 본다.

5. 권리구제

(1) 조서작성행위 불복

조서작성행위는 확인행위로서 재결로 보기 때문에 토지보상법 제83조 및 제85조에 의한 불복이 가능하다.

(2) 화해 자체 불복

차단효로 인해 화해조서의 효력을 소멸시킨 후에 화해 자체에 대하여 다투는 것이 가능하다고 본다.

(3) 손실보상

화해에서 정한 시기까지 보상금을 지급하지 아니하면 재결실효규정이 적용된다고 보며 이로 인하여 손실보상청구권이 발생된다고 본다.

논점　**보상금 공탁 (B)**

1. 의의 및 취지(토지보상법 제40조)

재결에서 정한 보상금을 일정한 요건에 해당하는 경우 관할 공탁소에 보상금을 공탁함으로써 보상금의 지급에 갈음하는 것을 말한다. 이는 재결실효방지, 사전보상 실현 및 담보물권자의 권익보호 도모에 취지가 인정된다.

2. 보상금 공탁의 성질

공탁은 보상금지급의무에 갈음되어 재결실효를 방지할 목적이 있으므로 변제공탁으로 봄이 합당하다. 사업시행자가 재결에 불복하여 그 재결에서 정한 보상금액과 자기가 예정한 보상금액의 차액을 공탁한 경우는 일종의 담보공탁이라 할 수 있다.

3. 공탁의 요건 및 절차

(1) 내용상 요건(제40조 제2항)

① 보상금을 받을 자가 그 수령을 거부하거나 보상금을 수령할 수 없는 때, ② 사업시행자의 과실 없이 보상금을 받을 자를 알 수 없는 때, ③ 관할 토지수용위원회가 재결한 보상금에 대하여 사업시행자가 불복할 때, ④ 압류나 가압류에 의하여 보상금의 지급이 금지되었을 때에 공탁할 수 있다.

(2) 절차(공탁의 관할 및 수령권자)

① 토지소재지의 관할 공탁소(제40조 제2항)에 공탁하고, ② 토지소유자 및 관계인과 승계인이 수령한다.

(3) 주소지를 모르는 경우의 공탁

보상금을 수령할 자의 등기부상 주소만 나타나 있고 그 등기부상 주소와 실제 주소가 일치하지 않는다고 볼만한 자료가 없거나 또는 실제 주소를 확인하는 것이 용이하지 않다고 인정되는 경우 기업자는 피공탁자의 등기부상 주소를 표시하여 유효한 공탁을 할 수 있다.

토지소유자가 그 토지에 대한 수용재결이 있기 전에 등기부상 주소를 실제 거주지로 변경등기하였음에도 불구하고 기업자가 토지소유자의 주소가 불명하다 하여 수용재결에서 정한 수용보상금을 토지소유자 앞으로 공탁한 경우, 그 공탁은 요건이 흠결된 것이어서 무효이다.

4. 공탁의 효과

(1) 정당한 공탁

보상금지급의무를 이행한 것으로 보아 수용 또는 사용개시일에 목적물을 원시취득한다.

(2) 미공탁의 효과

보상금지급의무를 이행하지 못한바 재결은 실효된다. 단, 이의재결에 의한 증액된 보상금은 공탁하지 않아도 이의재결은 실효되지 않는다고 한다.

(3) 하자 있는 공탁의 효과

판례는 '① 요건미충족, ② 일부공탁, ③ 조건부공탁의 경우는 공탁의 효과가 발생하지 않는다'고 한다. 따라서 수용·사용의 개시일까지 공탁의 하자가 치유되지 않으면 재결은 실효되고 손실보상의무를 부담하게 된다(법 제42조).

5. 공탁금 수령의 효과

(1) 공탁금 수령의 효과

사업시행자가 토지보상법 제40조 제2항에 따라 공탁한 보상금에 대하여 아무런 이의유보 없이 수령한다면 이는 수용법률관계의 종결효과를 가져온다고 볼 수 있다.

(2) 공탁금 수령과 이의유보

1) 이의유보와 공탁금 수령의 효과

공탁된 보상금을 수령하면서 이에 불응한다는 이의유보를 남긴 경우라면 수용·사용의 개시일이 경과하더라도 수용법률관계는 종결되지 않는다고 보아야 할 것이다. 이의유보는 묵시적 표현(구두)으로도 가능하며, 공탁공무원에 국한할 필요가 없고 사업시행자에 대하여 이의유보의 의사표시를 하는 것도 가능하다(대판 1992.9.22, 92누3229).

2) 이의유보를 안 한 경우

만약, 보상금 수령거부의사로 인해 사업시행자가 공탁한 경우라면 공탁금을 수령하면서 이의유보를 안 한 경우라면 보상금 수령거부의사를 철회한 것으로 본다(대판 1982.11.9, 82누197 全合, 대판 1990.1.25, 89누4109).

3) 쟁송제기를 이의유보로 볼 수 있는지

판례는 공탁금 수령 당시 단순히 소송이나 이의신청을 하고 있다는 사실만으로 묵시적으로 그 공탁의 수령에 관한 이의를 유보한 것과 같이 볼 수 없다고 하나, 최근 대법원은 단순한 사실이 아닌 경우에는 묵시적 이의유보로 본 바 있다.

🔖 알아두기

쟁송제기를 이의유보로 볼 수 있는지

원고가 이의재결에 따라 증액된 보상금을 수령할 당시 수용보상금의 액수를 다투어 행정소송을 제기하고 상당한 감정비용을 예납하여 시가감정을 신청한 점, 원고가 수령한 이의재결의 증액 보상금은 원고가 이 사건 소장에 시가감정을 전제로 잠정적으로 기재한 최초 청구금액의 1/4에도 미치지 못하는 금액인 점, 수용보상금의 증감만을 다투는 행정소송에서 통상 시가감정 외에는 특별히 추가적인 절차비용의 지출이 요구되지는 않으므로 원고로서는 이의재결의 증액 보상금 수령 당시 이 사건 소송결과를 확인하기 위하여 더 이상의 부담되는 지출을 추가로 감수할 필요는 없는 상황이었던 점, 피고 소송대리인도 위와 같은 증액보상금의 수령에 따른 법률적 쟁점을 제1심에서 즉시 제기하지 아니하고 그로부터 약 6개월이 경과하여 원심에서 비로소 주장하기 시작한 점 등에 비추어 보면, 이미 상당한 금액의 소송비용을 지출한 원고가 이 사건 소장에 기재한 최초 청구금액에도 훨씬 못 미치는 이의재결의 증액분을 수령한 것이 이로써 이 사건 수용보상금에 관한 다툼을 일체 종결하려는 의사는 아니라는 점은 피고도 충분히 인식하였거나 인식할 수 있었다고 봄이 상당하고, 따라서 원고는 위와 같은 소송 진행 과정과 시가감정의 비용지출 등을 통하여 이의재결의 증액 보상금에 대하여는 이 사건 소송을 통하여 확정될 정당한 수용보상금의 일부로 수령한다는 묵시적인 의사표시의 유보가 있었다고 볼 수 있다(대판 2009.11.12, 2006두15462).

논점 대행 (A)

1. 의의 및 취지

일정한 요건을 갖춘 경우 사업시행자의 신청에 의하여 특별자치도지사, 시장·군수·구청장이 대행하는 것으로, 사업의 원활한 시행을 위해 인정된다.

2. 법적 성질

① 행정대집행의 일종으로 보는 견해가 있으나, ② 이는 대집행의 요건 및 절차가 적용되지 않으므로 토지보상법 제89조 요건에 해당하지 않는 부분의 특례로 보는 것이 타당하다.

3. 요건 및 절차

① 인도 또는 이전의무자가 고의, 과실 없이 의무를 이행할 수 없거나, ② 사업시행자가 과실 없이 의무자를 알 수 없을 때, ③ 사업시행자의 신청에 의하여 대행한다. 특별자치도지사, 시장, 군수, 구청장이 대행하는 경우 그로 인한 비용은 그 의무자가 부담한다. 의무자가 비용을 내지 아니할 때에는 지방세 체납처분의 예에 따라 징수할 수 있다.

4. 대행청구대상의 범위

수용목적물이 아니더라도 사업추진에 방해가 되는 것이면 대행청구의 대상이 된다고 본다.

논점 대집행 (A)

1. 의의 및 취지

공법상 대체적 작위의무의 불이행 시 행정청이 그 의무를 스스로 행하거나 제3자로 하여금 행하게 하고 의무자로부터 비용을 징수하는 것으로 토지보상법 제89조에서 규정하고 있다. 이는 공익사업의 원활한 수행을 위한 제도적 취지가 인정된다.

2. 요건

(1) 신청요건

① 이 법 또는 이 법에 의한 처분으로 인한 의무를 이행하지 아니하거나, ② 기간 내에 의무를 완료하기 어려운 경우, ③ 의무자로 하여금 의무를 이행하게 함이 현저히 공익을 해한다고 인정되는 경우에 사업시행자는 시·도지사 및 시·군·구청장에게 대집행을 신청할 수 있다. 토지보상법 제89조에서는 시·도지사, 시·군·구청장은 정당한 사유가 없는 한 이에 응해야 한다고 규정하고 있다. 단, 사업시행자가 국가나 지방자치단체인 경우에는 「행정대집행법」에서 정하는 바에 따라 직접 대집행을 할 수 있다.

(2) 실행요건(행정대집행법 제2조)

① 공법상 대체적 작위의무의 불이행, ② 다른 수단으로의 이행확보가 곤란하며, ③ 의무불이행 방치가 심히 공익을 해한다고 인정될 것, ④ 요건충족 시에도 대집행권 발동 여부는 재량에 속한다.

(3) 의무이행자의 보호(제89조 제3항)

국가·지방자치단체는 의무를 이행하여야 할 자의 보호를 위하여 노력하여야 한다.

공익사업 현장에서 인권침해 방지를 위한 노력을 강구함에 입법적 취지가 있다.

3. 인도·이전의무가 대집행 대상인지

(1) 문제점

인도·이전의무는 비대체적 작위의무인데 토지보상법 제89조에서는 이법에 의한 의무로 규정하는바, 토지보상법 제89조 규정을 행정대집행법의 특례규정으로 보아 대집행을 실행할 수 있는지가 문제된다. 즉, 토지 등의 인도를 신체의 점유로써 거부하는 경우 실력으로 배제할 수 있는지 문제된다.

(2) 견해의 대립

① 토지보상법 제89조는 수용자 본인이 인도한 것과 같은 법적 효과 발생을 목적으로 하므로(합리적, 합목적 해석) 대집행을 긍정하는 견해, ② 토지보상법 제89조의 의무도 대체적 작위의무에 한정된다고 보아 부정하는 견해가 대립한다.

(3) 판례

① 도시공원시설인 매점점유자의 점유배제는 대체적 작위의무에 해당하지 않으므로 대집행의 대상이 아니라고 한다. ② 토지보상법 제89조의 '인도'에는 명도도 포함되는 것으로 보아야 하고, 이러한 명도의무는 그것을 강제적으로 실현하면서 직접적인 실력행사가 필요한 것이지 대체적 작위의무라고 볼 수 없으므로 특별한 사정이 없는한 행정대집행법에 의한 대집행의 대상이 될 수 있는 것은 아니다. ③ 철거의무 약정을 하였다 하더라도 그 명도의무는 대집행대상이 아니라고 판시한 바 있다.

(4) 검토

대집행은 국민의 권익침해의 개연성이 높으므로 토지보상법 제89조의 의무를 법치행정의 원리상 명확한 근거 없이 비대체적 작위의무로까지 확대해석할 수 없다고 할 것이다.

4. 대집행 실행 시 철거민의 저항에 대한 실력행사의 가부

견해의 대립 있으나 토지보상법 제89조 제3항에서는 의무이행자의 보호를 규정하는 바 사익보호성이 강조되고 이에 명문규정이 없으면 부정된다고 판단된다.

논점 **수용의 효과 (A)**

I. 수용절차 종결 시와 수용효과 발생 시의 분리

1. 절차 종결 시(재결 시)

절차 종결 시의 효과로는 ① 사업시행자의 손실보상금 지급·공탁의무, ② 피수용자의 목적물 인도·이전의무, ③ 위험부담 이전, 관계인에게는 물상대위권이 발생한다.

2. 효과발생일(개시일)

수용개시일에는 사업시행자는 목적물의 원시취득 및 대행대집행권, 토지소유자에게는 환매권 등의 효과가 발생한다.

3. 분리하여 정한 취지

수용 또는 사용의 개시일까지 사전보상을 실현하고 목적물의 인도·이전을 완료하여 원활한 사업을 도모하기 위함이다.

II. 사업시행자

1. 권리

사업시행자는 수용의 개시일에 목적물을 원시취득하거나 사용의 개시일로부터 목적물을 사용할 수 있다. 사업시행자는 등기하지 않더라도 수용한 날에 소유권을 취득한다. 그러나 수용의 경우에도 취득한 소유권을 타인에게 처분하기 위해서는 등기를 하여야 한다. 토지소유자가 목적물의 인도·이전의무를 다하지 않는 경우에는 토지보상법상 대행·대집행을 신청할 수 있다.

2. 의무

사업시행자는 수용의 개시일까지 손실보상금을 지급해야 하며, 피수용자의 귀책사유 없는 목적물의 멸실 등에 대한 위험을 부담하게 된다.

3. 의무불이행 시 효과

사업시행자가 수용 또는 사용의 개시일까지 손실보상금을 지급하지 않으면 재결은 실효된다.

III. 소유자 등

1. 권리

재결이 있게 되면 피수용자는 사업시행자에 대해 손실보상청구권이 발생한다. 하지만 재결을 거치지 않은 채 곧바로 사업시행자를 상대로 손실보상을 청구할 수 없다. 또한 토지소유자 등은 해당 토지가 계속하여 필요 없게 된 경우에는 환매권을 행사할 수 있으며, 관계인에게는 물상대위권이 발생한다.

2. 의무

토지소유자 등은 수용 또는 사용의 개시일까지 목적물을 인도·이전해야 하는 의무가 발생한다. 담보물권의 목적물이 수용되거나 사용되는 경우 그 담보물권은 그 목적물의 수용 또는 사용으로 인하여 채무자가 받을 보상금에 대해 행사할 수 있다. 하지만 보상금이 채무자에게 지급되기 전에 압류해야 한다.

3. 의무불이행시 효과

인도·이전의무의 불이행 시에 200만원 이하의 벌금이 부과될 수 있다.

IV. 대물적 효과

① 사업시행자의 권리취득(제45조), ② 위험부담 이전(제46조), ③ 담보물권의 물상대위(제47조), ④ 사용기간 만료 시 반환 및 원상회복의무, ⑤ 대행·대집행청구권, ⑥ 손실보상, ⑦ 환매권, ⑧ 쟁송권 등이 발생한다.

---

* **관련문제 : 지장물에 대한 인도·이전 의무**

정비사업의 시행자가 사업시행에 방해가 되는 지장물에 관하여 토지보상법 제75조 제1항 단서 제1호 또는 제2호에 따라 물건의 가격으로 보상한 경우, 사업시행자가 당해 물건을 취득하는 위 단서 제3호와 달리 수용의 절차를 거치지 아니한 이상 사업시행자가 그 보상만으로 당해 물건의 소유권까지 취득한다고 보기는 어렵지만, 지장물의 소유자가 '공익사업을 위한 토지 등의 취득 및 보상에 관한 법률 시행규칙' 제33조 제4항 단서에 따라 스스로의 비용으로 철거하겠다고 하는 등 특별한 사정이 없는 한 사업시행자는 자신의 비용으로 이를 제거할 수 있고, 지장물의 소유자는 사업시행자의 지장물 제거와 그 과정에서 발생하는 물건의 가치 상실을 수인하여야 할 지위에 있다. 따라서 사업시행자가 지장물에 관하여 토지보상법 제75조 제1항 단서 제1호 또는 제2호에 따라 지장물의 가격으로 보상한 경우 특별한 사정이 없는 한 지장물의 소유자는 사업시행자에게 지장물을 인도할 의무가 있다(대판 2023. 8.18, 2021다249810, 대판 2022.11.17, 2022다242342).

논점 환매권 (A)

1. 의의 및 취지

환매권이라 함은 수용의 목적물인 토지가 공익사업의 폐지·변경 기타의 사유로 인해 필요 없게 되거나, 수용 후 오랫동안 그 공익사업에 현실적으로 이용되지 아니할 경우에, 수용 당시의 토지소유자 또는 그 포괄승계인이 원칙적으로 보상금에 상당하는 금액을 지급하고 수용의 목적물을 다시 취득할 수 있는 권리를 말한다. 이는 재산권의 존속보장 및 토지소유자의 소유권에 대한 감정존중을 도모한다.

2. 인정 근거

(1) 이론적 근거

오늘날 환매권의 이론적 근거를 재산권 보장, 보다 정확히 말하면 재산권의 존속보장에서 찾는 것이 유력한 견해가 되고 있다. 대법원은 환매권을 공평의 원칙상 인정되는 권리로 보면서도 재산권 보장과의 관련성을 인정하고 있다.

(2) 법적 근거

대법원은 환매권은 재산권 보장과 관련하여 공평의 원칙상 인정하는 권리로서 민법상의 환매권과는 달리 법률의 규정에 의하여서만 인정된다고 본다. 법률유보의 원칙상 헌법적 근거만으로 구체적인 환매권 행사가 인정된다고 보기는 어렵고 개별법에 근거를 두어야 한다는 견해가 일반적이다.

3. 법적 성질

(1) 공권성

1) 공권설

환매권은 공법적 원인에 의해 상실된 권리를 회복하는 제도이므로 공권력주체에 대해 사인이 가지는 공법상 권리라고 한다.

2) 사권설

환매권은 공용수용의 효과로 발생하기는 하나 사업시행자에 의해 해제처분을 요하지 않고 직접 매매의 효과를 발생하는 것으로 사법상 권리라고 한다.

3) 판례

대법원은 원소유자가 환매권의 행사에 의하여 일방적으로 사법상 매매를 성립시키고 공용수용해제처분을 요하지 않으므로 사법상 권리로 보아 환매권에 기한 소유권이전등기청구소송을 민사소송으로 다루고 있다.

4) 검토

공법상 수단에 의하여 상실한 권리를 회복하는 제도로서, 공법상의 주체인 사업시행자에 대하여 사인이 가지는 권리이므로 공법상 권리로 볼 수 있다.

(2) 형성권

대법원은 환매권은 재판상이든 그 제척기간 내에 이를 일단 행사하면 그 형성적 효력으로 매매의 효력이 생기는 것으로 보고 있다. 그리고 환매권의 행사는 그 자체가 물권적 효과를 방생하는 것이 아니라 소유권이전등기청구권이라는 채권적 청구권을 발생할 뿐이라고 한다.

4. 환매권의 행사요건

(1) 환매권의 성립시기

목적물의 취득시 제3자에 대한 대항요건으로서 수용의 등기를 요한다는 점과 수용된 목적물의 소유권 반환이라는 기대요소를 가진 권리라는 점에서 환매권은 수용의 효과로서 개시일에 당연히 성립하는 '수용시설'이 타당하다.

(2) 당사자

당사자는, ① 환매권자는 토지소유자 또는 그 포괄승계인이고(자연인인 상속인 및 합병 후의 존속법인 또는 신설법인), ② 상대방은 사업시행자 또는 현재의 소유자이다.

(3) 목적물

환매목적물은 토지소유권에 한한다. 토지에 대한 소유권 이외의 권리 및 토지 이외의 물건 등은 환매의 대상이 되지 아니한다.

(4) 행사요건

1) 토지보상법 제91조

① 공익사업의 폐지·변경 또는 그 밖의 사유로 취득한 토지의 전부 또는 일부가 필요 없게 된 경우 토지의 협의취득일 또는 수용의 개시일 당시의 토지소유자 또는 그 포괄승계인은 폐지, 변경 고시일 혹은 사업완료일로부터 10년 이내에 그 토지에 대하여 받은 보상금에 상당하는 금액을 사업시행자에게 지급하고 그 토지를 환매할 수 있다.

② 취득일부터 5년 이내에 취득한 토지의 전부를 해당 사업에 이용하지 아니하였을 때에는 제1항을 준용한다. 이 경우 환매권은 취득일부터 6년 이내에 행사하여야 한다.

2) 사업의 폐지·변경 또는 그 밖의 사유로 취득한 토지의 전부 또는 일부가 필요 없게 된 경우(토지보상법 제91조 제1항)

'폐지·변경'이란 해당 공익사업을 아예 그만두거나 다른 사업으로 바꾸는 것을 말하며 '필요 없게 되었을 때'란 사업시행자의 주관적 의도가 아닌 해당 사업의 목적, 내용 등에 비추어 객관적 사정에 따라 판단한다.

3) 취득한 토지의 전부를 사업에 이용하지 아니한 때(토지보상법 제91조 제2항)

전부란 사업시행자가 취득한 토지 전부를 기준으로 하고, 이용하지 아니하였을 때란 사실상 사업에 제공하지 아니한 상태의 계속이면 족하며 사업의 필요성이 없을 것까지 요구하는 것은 아니다.

(5) 제91조 제1항과 제2항 행사요건의 관계

제2항의 규정에 의한 제척기간이 도과되었다 하여 제1항의 규정에 의한 환매권 행사를 할 수 없는 것도 아니라고 할 것이다.

5. 환매절차의 효력 및 소멸

(1) 환매절차

1) 사업시행자의 통지 등(토지보상법 제92조)

사업시행자는 환매할 토지가 생겼을 때 지체 없이 환매권자에게 통지하거나 사업시행자의 과실 없이 환매권자를 알 수 없는 경우 이를 공고해야 한다. 이는 법률상 당연히 인정되는 환매권의 행사의 실효성을 보장하기 위한 것으로 단지 '최고'에 불과하다.

2) 환매권의 행사

환매권자는 환매의사 표시와 함께 사업시행자와 협의 결정한 보상금을 선지급함으로써 행사한다. 환매권은 형성권이므로 사업시행자의 승낙·동의 없이도 그 환매의 효과가 발생한다.

3) 환매금액

환매금액은 원칙상 사업시행자가 지급한 보상금에 상당한 금액이며, 정착물에 대한 보상금과 보상금에 대한 법정이자는 불포함 된다. 다만, 가격변동이 현저한 경우에 양 당사자는 법원에 그 금액의 증감을 청구할 수 있다.

(2) 환매권의 효력

1) 대항력

부동산등기법이 정하는 바에 의하여 토지의 협의취득 또는 수용의 등기 시, 제3자에게 대항할 수 있다. 제3자에게 양도된 경우에도 현재의 소유자를 상대로 환매권 주장이 가능하다.

2) 환매권 행사의 효력

환매권은 법상 당연히 인정되며 수용의 등기 시 제3자에 대항할 수 있는 점에서 물권적으로 소유권이 이전된다고 본다. 판례는 이를 채권적 효과로서 소유권이전등기청구권이 발생하고 따라서 10년의 소멸시효를 갖는다고 한다(환매권 행사만으로 소유권 변동이 일어나는 것이 아님). 환매의 의사표시가 상대방에게 도달한 때에 비로소 환매권 행사의 효력이 발생함이 원칙이다.

3) 동시이행항변의 주장 가부

사업시행자는 소로써 법원에 환매대금의 증액을 청구할 수 있을 뿐 환매권 행사로 인한 소유권이전등기청구소송에서 환매대금 증액청구권을 내세워 증액된 환매대금과 보상금 상당액의 차액을 지급할 것을 선이행 또는 동시이행의 항변으로 주장할 수 없다.

(3) 환매권의 소멸

1) 사업시행자의 환매통지·공고가 있은 경우

환매통지나 공고가 있는 경우는 통지를 받은 날, 공고한 날부터 6개월이 경과하면 소멸된다.

2) 사업시행자의 환매통지·공고가 없는 경우

통지나 공고가 없는 경우에는 제91조 제1항의 경우 필요 없게 된 때 또는 사업이 완료된 때부터 10년이 경과하여야 하며 제91조 제2항의 경우 취득일부터 6년 경과로 소멸한다.

3) 환매권의 통지를 결여한 것이 불법행위를 구성하는지 여부

통지의무를 하지 아니하여, 환매권 행사가 불가능하게 되었다면 이는 불법행위를 구성한다고 할 것이다. '지급한 보상금'에 당시의 인근 유사토지의 지가상승률을 곱한 금액이 손해로 된다.

6. 권리구제

(1) 환매권 행사에 대한 권리구제

공권설에 의할 경우 당사자소송으로, 사권설의 경우 민사소송에 의한다. 판례는 민사소송으로 본다.

(2) 환매금액에 대한 권리구제

환매금액에 대한 다툼은 사업시행자 및 환매권자가 협의하되, 협의가 불성립하는 경우에는 법원에 환매금액의 증감을 청구할 수 있다(토지보상법 제91조 제4항). 판례는 환매권을 사법상 권리로 보므로 민사소송으로 해결하고 있다.

논점 공익사업의 변환 (A)

1. 의의

국가, 지방자치단체 또는 공공기관이 사업인정을 받아 공익사업에 필요한 토지를 협의취득 또는 수용한 후 해당 공익사업이 제4조 제1호 내지 제5호에 규정된 다른 사업으로 변경된 경우 환매기간은 관보에 변경을 고시한 날부터 기산하도록 하는 것을 말한다. 이 경우 국가, 지방자치단체 또는 정부투자기관은 변경사실을 환매권자에게 통지하도록 하고 있다.

2. 취지

당초의 공익사업보다 공익성이 더 큰 공익사업으로 변경 시 번거로운 절차를 되풀이하지 않기 위해 공익사업변환을 인정함으로써 환매권 행사가 제한된다.

3. 공익사업변환 규정의 적용 요건

(1) 주체상 요건

  1) 토지보상법상 주체요건

  토지보상법 제91조 제6항에서는 수용주체가 국가, 지방자치단체, 공공기관일 것을 규정하고 있다.

  2) 사업시행자가 변경된 경우에도 적용하는지 여부

  판례는 '관계법령의 규정내용이나 그 입법이유 등으로 미루어 볼 때 공익사업변환이 기업자가 동일한 것으로 해석되지 않는다고 판시하여 사업주체변환을 인정하고 있다.

(2) 대상사업 요건규정

  사업인정을 받은 공익사업이 공익성의 정도가 높은 제4조 제1호 내지 제5호에 규정된 다른 공익사업으로 변경된 경우이어야 하며, 대법원은 해당 사업 역시 사업인정을 받아야 한다고 한다.

(3) 대상토지를 계속 소유하고 있을 것

  대법원은 공익사업을 위해 협의취득하거나 수용한 토지가 변경된 사업의 사업시행자가 아닌 제3자에게 처분된 경우에는 공익사업의 변환을 인정할 수 없다고 판시한 바 있다.

4. 공익사업변환의 위헌성

(1) 합헌으로 보는 견해

  ① 공익사업의 원활한 시행을 확보하기 위한 목적으로 그 목적의 정당성이 인정되고 변경이 허용되는 사업시행자의 범위와 대상사업을 한정하고 있어 그 입법목적 달성을 위한 수단으로서 직접성이 인정된다. ② 피해최소성의 원칙, 법익균형의 원칙에도 부합되는바 헌법 제37조 제2항이 규정한 기본권 제한에 관한 과잉금지의 원칙에 위배되지 않는다.

(2) 위헌으로 보는 견해

  본래목적 공익사업 이외에 다른 공익사업을 위한 재심사 불복절차 등 적법절차 없이 전용을 허용하고 있으며, 전시나 준전시에 적용되는 징발법 관련조항과도 비교하여 볼 때, 피해최소성을 도모하였다고 인정할 수도 없다. 공익사업변환이 수차에 걸쳐 계속된다면 환매권 취득기회를 영원히 상실하여 헌법 제37조 제2항 기본권 제한의 절대적 한계를 일탈할 수도 있다.

(3) 검토

공익사업변환은 기본권의 본질적 내용에 대한 침해소지가 있으나, 공익사업의 원활한 시행을 확보하기 위하여 도입된 제도이므로 재산권의 존속을 위해 공익사업 변경시 다시 심사할 수 있는 제도적 보완 등을 통하여 정당성을 보완하여야 할 것이다.

5. 사업인정 전 협의의 경우 적용 가능성

토지보상법 제91조 제6항에서 "사업인정을 받아"라고 규정하고 있는바, 사업인정 전의 협의에 의한 취득의 경우에는 적용되지 않는다고 보는 것이 타당하다.

제5장 공용환권

논점 **공용환지 (D)**

I. 공용환지의 의의

공용환지는 일정지역 안에서 토지의 이용가치를 증진시키기 위한 사업을 실시하기 위하여 토지의 소유권 및 기타의 권리를 권리자의 의사와 관계없이 강제적으로 교환·분합하는 것을 말한다.[13]

II. 도시개발법상 공용환지

1. 환지계획

환지계획[14]이라 함은 도시개발사업이 완료된 후에 행하는 환지처분에 관한 계획을 말한다. 환지처분은 환지계획에 따라 행해져야 한다.

2. 환지예정지의 지정

(1) 환지예정지 지정의 성질 및 효과

환지예정지 지정이 있게 되면 종전 토지와 환지예정지에 대한 사용 또는 수익권에 변동이 일어나므로 환지예정지 지정행위는 행정처분이다.

(2) 환지예정지 지정처분에 대한 불복

환지예정지 지정처분은 처분으로서 항고소송의 대상이 되나 환지처분이 일단 공고되

---

13) 도시개발법상 도시개발사업 및 농어촌정비법상의 농업기반 등 정비사업을 위하여 공용환지방식이 이용될 수 있다.
14) 환지계획은 환지예정지 지정이나 환지처분의 근거가 될 뿐 그 자체가 직접 토지소유자 등의 법률상의 지위를 변동시키거나 또는 환지예정지 지정이나 환지처분과는 다른 고유한 법률효과를 수반하는 것이 아니어서 이를 항고소송의 대상이 되는 처분에 해당한다고 할 수가 없다(대판 1999.8.20, 97누6889).

어 효력을 발생하게 되면 환지예정지 지정
처분은 그 효력이 소멸되는 것이므로, 환지
처분이 공고된 후에는 환지예정지 지정처
분에 대하여 그 취소를 구할 법률상 이익은
없다(대판 1999.10.8, 99두6873).

3. 환지처분

(1) 의의

환지처분은 사업시행자가 환지처분계획구
역의 전부 또는 그 구역 내의 일부 공구에
대하여 공사를 완료한 후 환지계획에 따라
환지교부 등을 하는 처분이다.

(2) 환지처분의 효과

1) 소유권 등의 변동

환지계획에서 정하여진 환지는 그 환지
처분이 공고된 날의 다음 날부터 종전의
토지로 보며, 환지계획에서 환지를 정하
지 아니한 종전의 토지에 있던 권리는
그 환지처분이 공고된 날이 끝나는 때에
소멸한다.

환지처분을 받은 자는 환지처분이 공고
된 날의 다음 날에 환지계획으로 정하는
바에 따라 건축물의 일부와 해당 건축물
이 있는 토지의 공유지분을 취득한다.
이 경우 종전의 토지에 대한 저당권은 환
지처분이 공고된 날의 다음 날부터 해당
건축물의 일부와 해당 건축물이 있는 토
지의 공유지분에 존재하는 것으로 본다.

2) 청산금

환지를 정하거나 그 대상에서 제외한 경
우 그 과부족분(過不足分)은 종전의 토
지(입체환지방식으로 사업을 시행하는
경우에는 환지대상 건축물을 포함한다)

및 환지의 위치·지목·면적·토질·
수리·이용상황·환경, 그 밖의 사항을
종합적으로 고려하여 금전으로 청산하
여야 한다.

(3) 환지처분에 대한 불복

환지처분은 그에 의하여 직접 토지소유자
등의 권리·의무가 변동되므로 이를 항고
소송의 대상이 되는 처분이라고 볼 수 있다
(대판 1999.8.20, 97누6889).

(4) 환지처분의 변경

환지처분이 일단 확정되어 효력을 발생한
후에는 이를 소급하여 시정하는 뜻의 환지
변경처분은 이를 할 수 없고, 그러한 환지
변경의 절차가 필요할 때에는 그를 위하여
환지 전체의 절차를 처음부터 다시 밟아야
하며 그 일부만을 따로 떼어 환지처분을
변경할 수 없음은 물론, 그러한 절차를 밟
지 아니하고 한 환지변경처분은 무효이다
(대판 1998.2.13, 97다49459).

4. 체비지 및 보류지

시행자는 도시개발사업에 필요한 경비에
충당하거나 규약·정관·시행규정 또는 실
시계획으로 정하는 목적을 위하여 일정한
토지를 환지로 정하지 아니하고 보류지로
정할 수 있으며, 그중 일부를 체비지로 정
하여 도시개발사업에 필요한 경비에 충당
할 수 있다. 체비지나 보류지를 규약·정관·
시행규정 또는 실시계획으로 정하는 목적
및 방법에 따라 합리적으로 처분하거나 관
리하여야 한다.

5. 감가보상금

행정청인 시행자는 도시개발사업의 시행으로 사업시행 후의 토지가액(價額)의 총액이 사업시행 전의 토지가액의 총액보다 줄어든 경우에는 그 차액에 해당하는 감가보상금을 대통령령으로 정하는 기준에 따라 종전의 토지소유자나 임차권자 등에게 지급하여야 한다.

6. 임대료 등의 증감청구

도시개발사업으로 임차권 등의 목적인 토지 또는 지역권에 관한 승역지(承役地)의 이용이 증진되거나 방해를 받아 종전의 임대료·지료, 그 밖의 사용료 등이 불합리하게 되면 당사자는 계약조건에도 불구하고 장래에 관하여 그 증감을 청구할 수 있다. 도시개발사업으로 건축물이 이전된 경우 그 임대료에 관하여도 또한 같다. 당사자는 해당 권리를 포기하거나 계약을 해지하여 그 의무를 지지 아니할 수 있다. 환지처분이 공고된 날부터 60일이 지나면 임대료·지료, 그 밖의 사용료 등의 증감을 청구할 수 없다.

> **논점** **공용환권 [C]**

I. 공용환권의 의의

공용환권이라 함은 일정한 지역 안에서 토지와 건축물 등 도시공간의 효용을 증대시키기 위한 사업을 실시하기 이하여 토지 및 건축물의 소유권 및 기타의 권리를 권리자의 의사와 관계 없이 강제적으로 교환·분합하는 것을 말한다.

공용환권은 토지뿐만 아니라 건축물에 대한 권리도 포함하여 교환·분합하는 점에서 공용환지와 구별된다.

도시정비법은 재개발사업, 재건축사업 및 주거환경개선사업에 공용환권의 방식을 도입하고 있다.

II. 추진위원회의 구성 및 승인

조합을 설립하고자 하는 경우에는 토지소유자 과반수의 동의를 받아 조합설립을 위한 추진위원회를 구성하여 승인을 받아야 한다. 추진위원회설립 승인을 강학상 인가로 보는 견해와 허가 또는 특허로 보는 견해가 대립하고 있는데, 판례는 추진위원회승인처분에 대해 인가의 논지로 판시하였다.

III. 조합

1. 조합의 설립인가

재개발조합 및 재건축조합을 설립하기 위하여는 시장·군수의 인가를 받아야 한다. 판례는 정비조합설립인가는 강학상 특허의 성질을 갖는다고 본다. 즉, 행정청의 조합설립인가처분은 조합에 정비사업을 시행할 수 있는 권한을 갖는 행정주체(공법인)로서의 지위를 부여하는 일종의 설권적 처분의 성격을 가진다. 따라서 토지등소유자로 구성되는 조합이 그 설립과정에서 조합설립인가처분을 받지 아니하였거나 설령 이를 받았다 하더라도 처음부터 조합설립인가처분으로서 효력이 없는 경우에는, 정비사업을 시행할 수 있는 권한을 가지는 행정주체인 공법인으로서의 조합이 성립되었다 할 수 없고, 또한 이러한 조합의 조합장, 이사, 감사로 선임된 자 역시 조합의 임원이라 할 수 없다(대판 2014.5.22, 2012도7190).

2. 조합의 법적 지위

조합은 공공조합으로 공법인이다. 조합은 재개발사업이나 재건축사업이라는 공행정목적을 수행함에 있어서 행정주체의 지위에 서며(대판 2009.11.2, 2009마596), 재개발사업이나 재건축사업이라는 공행정목적을 직접적으로 달성하기 위하여 행하는 조합의 행위는 원칙상 공법행위라고 보아야 한다.

조합의 정관은 해당 조합의 조직, 기관, 활동, 조합원의 권리의무관계 등 단체법적 법률관계를 규율하는 것으로서 공법인인 조합과 조합원에 대하여 구속력을 가지는 자치법규이다.

3. 조합과 조합원 및 조합임원과의 관계

① 조합과 조합원 사의의 공법상 법률관계에 관한 분쟁은 공법상 당사자소송의 대상이 된다.
② 재개발조합과 조합장 도는 조합임원 사이의 선임·해임 등을 둘러싼 법률관계는 사법상의 법률관계로서 그 조합장 또는 조합임원의 지위를 다투는 소송은 민사소송에 의하여야 할 것이다(대판 2009.9.24, 2009마168).

4. 조합설립인가처분 취소판결의 효력

주택재건축사업조합설립인가처분이 판결에 의하여 취소되거나 무효로 확인된 경우에는 조합설립인가처분은 처분 당시로 소급하여 효력을 상실하고, 이에 따라 해당 주택재건축사업조합 역시 조합설립인가처분 당시로 소급하여 도시정비법상 주택재건축사업을 시행할 수 있는 행정주체인 공법인으로서의 지위를 상실한다(대판 2012.11.29, 2011두518). 따라서 주택재개발사업조합이 조합설립인가처분취소 전에 도시 및 주거환경정비법상 적법한 행정주체 또는 사업시행자로서 한 결의 등 처분도 원칙상 소급하여 효력을 상실한다(대판 2012.3.29, 2008다95885).

IV. 사업시행계획인가

사업시행계획의 인가는 사업시행계획의 효력을 완성시켜 사업시행계획이 조합원에 대하여 구속력을 가지도록 하는 점에서는 강학상 인가이고, 사업시행자의 지위를 창설하는 점에서는 강학상 특허라고 보는 것이 타당하다.

판례는 (구)도시환경정비사업조합이 수립한 사업시행계획의 인가를 (구)도시환경정비사업조합의 사업시행계획에 대한 강학상 인가로 보는 반면에 토지등소유자들이 조합을 따로 설립하지 않고 직접 시행하는 도시환경정비사업에서 사업시행인가처분은 일종의 설권적 처분(특허)의 성격을 가진다고 본다.

재건축사업시행의 인가는 행정청의 재량행위에 속한다(대판 2007.7.12, 2007두6663). 사업시행계획이 인가·고시를 통해 확정되면 항고소송의 방법으로 계획의 취소 또는 무효확인을 구할 수 있을 뿐, 총회결의 부분만을 대상으로 그 효력 유무를 다투는 확인의 소를 제기하는 것은 허용되지 아니하고, 사업시행계획이 확정되기 전에는 공법상 당사자소송으로 총회결의의 무효확인을 구하는 소송을 제기할 수 있다.

도시 및 주거환경정비법에 따라 설립된 정비사업조합에 의하여 수립된 사업시행계획에서 정한 사업시행기간이 도과하였더라도, 유효하게 수립된 사업시행계획 및 그에 기초하여 사업시행기간 내에 이루어진 토지의 매수·수용을 비롯한 사업시행의 법석 효과가 소급하여 효력을 상실하여 무효로 된다고 할 수 없다(대판 2016.12.1, 2016두34905).

V. 공용환권의 시행

도시정비법상 공용환권은 분양신청과 관리처분계획에 따른 환권처분에 의해 행해진다.

1. 분양신청

대지 또는 건축물에 대한 분양을 받고자 하는 토지등소유자는 분양신청기간 이내에 사업시행자에게 대지 또는 건축물에 대한 분양신청을 하여야 한다.

2. 관리처분계획(공용환권계획)

(1) 관리처분의 의의

관리처분계획이라 함은 재개발사업 등의 공사가 완료된 후 행하는 분양처분 및 청산 등에 관한 계획을 말한다.

(2) 관리처분계획의 성립과 효력발생

사업시행자가 시장·군수 외의 자인 경우에는 분양신청기간이 종료된 때에는 관리처분계획을 수립하여 시장·군수의 인가를 받아야 한다. 이는 사업시행자의 관리처분계획의 효력을 완성시키는 보충행위로서 강학상 인가에 해당한다. 따라서 조합의 의결의 내용상의 하자를 들어 인가의 취소 또는 무효의 확인을 청구하는 소송을 제기할 소의 이익이 없다(대판 2001.12.11, 2001두7541). 조합은 시장·군수의 인가의 거부에 대하여는 항고소송을 제기할 수 있다.

관리처분계획에 대한 인가·고시 이후 관리처분계획 결의의 하자를 다투고자 하는 경우 관리처분계획이 처분이고, 조합총회의 결의는 관리처분계획처분의 절차적 요건에 불과하므로 관리처분계획을 항고소송으로 다투어야 하며 결의의 하자를 다툴 수 없다(대판 2009.9.17, 2007다2428).

(3) 관리처분계획의 내용

분양설계, 분양대상자의 주소 및 성명, 정비사업비의 추산액 등 정비사업과 관련된 사항을 정하여야 한다.[15]

(4) 관리처분계획의 성질과 구속력

1) 구속적 행정계획

관리처분계획은 환권처분의 기준을 제시하고 환권처분은 관리처분계획에 구속되어 행해진다. 따라서, 관리처분계획을 구속적 행정계획으로 볼 수 있다.

2) 처분

관리처분계획의 고시가 있는 때에는 소유권자 등의 종전의 토지에 대한 재산권 행사가 제한되고, 환권처분을 구속하는 효력을 가지므로 관리처분계획은 항고소송의 대상이 되는 처분이라고 보아야 한다.

---

15) 도시 및 주거환경정비법 제74조 제1항 참조

판례는 관리처분계획을 구속적 행정계획으로서 조합이 행한 처분으로 보고 있다(대판 2009.9.17, 2007다2428). 따라서, 관리처분계획을 다투고자 하는 자는 조합을 피고로 하여야 한다.

(5) 관리처분계획에 대한 불복

관리처분계획은 처분이므로 항고소송의 대상이 된다. 이전고시가 효력을 발생하게 된 이후에는 관리처분계획의 취소 또는 무효확인을 구할 소의 이익이 없다는 것이 판례의 입장이다.

3. 환권처분(관리처분)

(1) 환권처분의 의의 및 성질

환권처분이라 함은 환권계획에 따라 권리의 변환을 행하는 것을 말한다. 도시정비법상 환권처분은 이전고시 및 청산에 의해 행하여진다. 환권처분은 권리의 변환을 가져오는 형성적 행정행위이다.

(2) 이전고시

1) 이전고시의 의의 및 효과

이전고시는 준공인가의 고시로 사업시행이 완료된 이후에 관리처분계획에서 정한 바에 따라 종전의 토지 또는 건축물에 대하여 정비사업으로 조성된 대지 또는 건축물의 위치 및 범위 등을 정하여 소유권을 분양받을 자에게 이전하고 가격의 차액에 상당하는 금액을 청산하거나 대지 또는 건축물을 정하지 않고 금전적으로 청산하는 공법상 처분이다(대판 2016.12.29, 2013다73551).

이전고시가 있으면 공용환권이 생긴다. 즉, 대지 또는 건축물을 분양받은 자는 이전고시가 효력을 발생한 날 종전의 소유권을 상실하고, 그 대지 또는 건축물에 대한 소유권을 취득한다. 전소유권과 후소유권 사이에는 동일성이 유지된다.

2) 이전고시에 대한 불복

가. 이전고시의 처분성

이전고시는 행정처분이므로 항고소송의 제기가 가능하다.

나. 이전고시의 취소 또는 무효확인을 구할 법률상 이익

이전고시 정비사업의 공익적·단체적 성격과 이전고시에 따라 이미 형성된 법률관계를 유지하여 법적안정성을 보호할 필요성이 현저한 점 등을 고려할 때, 이전고시의 효력이 발생한 이후에는 조합원 등이 해당 정비사업을 위하여 이루어진 수용재결이나 이의재결의 취소 또는 무효확인을 구할 법률상 이익이 없다(대판 2017.3.16, 2013두11536).

다. 소유권 등의 귀속의 다툼

분양처분은 대인적 처분이 아닌 대물적 처분이라 할 것이므로, 재개발사업 시행자가 소유자를 오인하여 종전의 토지 또는 건축물의 소유자가 아닌 다른 사람에게 분양처분을 한 경우 그러한 분양처분이 있었다고 하여 그 다른 사람이 권리를 취득하게 되는 것은 아니며, 종전의 토지 또는 건축물의 진정한 소유자가 분양된 대지 또는 건축시설의 소유권을 취득하고 이를 행사할 수 있다(대판 1995.6.30, 95다10570). 따라서 소유권 등의 귀속을 다투는 경우에는 분양처분을 다툴 수는 없고, 오인된 소유자 개인을 상대로 등기말소나 이전등기를 구하는 민사소송을 제기하여야 한다.

라. 수용재결의 취소를 구할 수 있는지 여부

(가) 이전고시 효력 발생 전의 경우

관리처분계획에 대한 인가·고시가 있은 후에 이전고시가 행해지기까지 상당한 기간이 소요되므로 관리처분계획의 하자로 인하여 자신의 권리를 침해당한 조합원 등으로서는 이전고시가 행해지기 전에 얼마든지 그 관리처분계획의 효력을 다툴 수 있는 여지가 있고, 특히 조합원 등이 관리처분계획의 취소 또는 무효확인소송을 제기하여 계속 중인 경우에는 그 관리처분계획에 대하여 행정소송법에 규정된 집행정지결정을 받아 후속절차인 이전고시까지 나아가지 않도록 할 수도 있다(대판 2012.3.22, 2011두6400 全合). 관리처분의 내용 중 분양처분 및 청산등에 관한 계획은 주용 내용이므로 이에 대한 하자를 이유로 수용재결의 취소를 주장할 수 있는 것으로 보인다.

주택재개발사업조합은 사업시행인가를 받은 후 조합원들로부터 분양신청을 받고 그 분양신청의 현황을 기초로 하여 관리처분계획을 수립하여야 한다. 조합은 조합원들로부터 분양신청을 받지 아니하여 관리처분계획의 기초가 되는 분양신청 현황 자체가 존재하지 아니한 상황에서 관리처분계획을 수립하였으므로 이와 같은 하자는 중대하고 명백한 하자에 해당하므로 위 관리처분계획은 무효이다. 조합의 관리처분계획이 무효인 이상 분양계약을 체결하지 않았다고 하여 현금청산대상자가 된다고 할 수 없고, 조합은 갑 소유의 각 토지를 수용할 수 없다. 따라서 수용재결은 위법하여 취소되어야 한다.

(나) 이전고시 효력 발생 후의 경우

정비사업의 공익적·단체법적 성격과 이전고시에 따라 이미 형성된 법률관계를 유지하여 법적안정성을 보호할 필요성이 현저한 점 등을 고려할 때, 이전고시의 효력 발생으로 대다수 조합원 등에 대하여 권리귀속 관계가 획일적·일률적으로 처리되는 이상 그 후 일부 내용만을 분리하여 변경할 수 없고, 그렇다고 하여 전체 이전고시를 모두 무효화시켜 처음부터 다시 관리처분계획을 수립하여 이전고시 절차를 거치도록 하는 것도 정비사업의 공익적·단체법적 성격에 배치되어 허용될 수 없다. 그리고 이전고시의 효력이 발생한 이후에는 조합원 등이 해당 정비사업을 위하여 이루어진 수용재결이나 이의재결의 취소 또는 무효확인을 구할 법률상 이익이 없다고 해석함이 타당하다(대판 2017.3.16, 2013두11536).

(3) 청산

청산금을 확정하는 처분은 행정처분이므로 이를 대상으로 항고소송을 제기할 수 있다. 청산금 청구권은 공법상 권리이다.

제1장 손실보상 총론

논점 손실보상의 법적 성질 [S]

1. 손실보상의 의의

손실보상이란 공공필요에 의한 적법한 공권력의 행사로 가하여진 개인의 특별한 재산권 침해에 대하여, 행정주체가 사유재산권 보장과 평등부담의 원칙 및 생존권 보장 차원에서 행하는 조절적인 재산적 전보를 말한다(재산권의 내재적 제약인 사회적 제약과 구별된다).

2. 근거

(1) 이론적 근거

① 기득권설, ② 은혜설, ③ 특별한 희생설, ④ 생존권보장설의 견해가 있다. 기득권설과 은혜설은 연역적으로 의미만 있으므로 공평부담의 견지에서 특별한 희생을 보상하는 것이 일반적 견해이다.

(2) 헌법적 근거

헌법 제23조 제3항에서는 '공공필요에 의한 재산권의 수용·사용 또는 제한 및 그에 대한 보상은 법률로써 하되, 정당한 보상을 지급하여야 한다'고 규정하고 있다.

(3) 개별법

공익사업을 위한 토지 등의 취득 및 보상에 관한 법률(토지보상법)과 그 외 개별법(하천법, 소방기본법 등)에 산재되어 있다.

3. 손실보상청구권의 법적 성질

(1) 학설

① 공권설은 공권력 행사인 공용침해를 원인으로 하므로 공권으로 보아야 한다고 하며, ② 사권설은 손실보상청구권은 기본적으로 금전청구권(채권·채무관계)이므로 사법상의 권리라고 한다.

(2) 판례

1) 종전 판례는 사권으로 보았으나 최근 하천법상 손실보상청구권과 관련하여 행정상 당사자소송의 대상이 된다고 본 바 있다.

2) 또한 세입자의 주거이전비는 ① 사업추진을 원활하게 하려는 정책적 목적과, ② 사회보장적인 차원에서 지급되는 금원의 성격을 가지므로 세입자의 주거이전비보상청구권은 〈공법상 권리〉이고, 공법상 법률관계를 대상으로 하는 행정소송에 의해 다투어야 한다고 판시한 바 있다.

3) '토지보상법상 농업손실보상청구권은 공익사업의 시행 등 적법한 공권력의 행사에 의한 재산상의 특별한 희생에 대하여 전체적인 공평부담의 견지에서 공익사업의 주체가 그 손해를 보상하여 주는 손실보상의 일종으로 공법상의 권리임이 분명하므로 그에 관한 쟁송은 민사소송이 아닌 행정소송절차에 의하여야 할 것'이라고 판시한 바 있다.

4) '공익사업을 위한 토지 등의 취득 및 보상에 관한 법률 시행규칙 제57조에 따른 사업폐지 등에 대한 보상청구권은 공

익사업의 시행 등 적법한 공권력의 행사에 의한 재산상 특별한 희생에 대하여 전체적인 공평부담의 견지에서 공익사업의 주체가 손해를 보상하여 주는 손실보상의 일종으로 공법상 권리임이 분명하므로 그에 관한 쟁송은 민사소송이 아닌 행정소송절차에 의하여야 한다'고 판시한 바 있다.

(3) 검토

손실보상은 공법상 원인을 이유로 이루어지고 있는 점에 비추어 공권으로 봄이 타당하다.

논점　손실보상의 요건 [S]

1. 공공필요

공공필요는 공동체 구성원 전체의 이익인 공익의 필요를 말하며, 수용을 정당화하는 공공필요의 판단은 비례의 원칙에 의해 행해진다.

2. 재산권에 대한 공권적 침해

재산적 가치 있는 공·사법적 권리에 대한 침해를 말하며, 공권력의 주체에 의해 지향되거나 최소한 침해의 직접적 원인이 되어야 한다.

3. 침해의 적법성 및 법적 근거

법적 근거를 갖는 적법한 침해이어야 한다. 토지보상법 제4조에서는 토지를 수용 또는 사용할 수 있는 사업을 열거하고 있으며 기타 개별법률에 수용 또는 사용의 근거가 규정되어 있다.

4. 특별한 희생

(1) 개설

분리이론이란 입법자의 의사에 따라 공용침해와 재산권의 한계규정이 구분된다는 이론이고, 경계이론은 수용과 제한은 별개의 제도가 아니라 내용규정의 경계를 벗어나면 공용침해로 전환된다고 보는 이론이다. 헌법 제23조 제3항은 독일기본법 제14조 제3항과 달리 수용·사용·제한을 모두 규정하고 있으므로 이하에서는 경계이론의 입장에서 검토한다.

(2) 의의 및 사회적 제약과의 구별실익

특별한 희생이란, 타인과 비교하여 불균형

하게 과하여진 권익의 박탈, 즉 사회적 제약을 넘어서는 손실을 의미한다. 재산권 행사의 공공복리 적합의무로서 사회적 제약은 보상의 대상이 되지 아니하는데 구별의 실익이 있다.

(3) 학설

① '침해행위의 인적 범위를 특정할 수 있는지' 형식적으로 판단하는 형식설과, ② 침해행위의 성질과 강도를 기준으로 판단하는 실질설이 있다.

(4) 판례

① 대법원은 개발제한구역지정은 공공복리에 적합한 합리적인 제한이라고 판시한 바 있으며, ② 헌법재판소는 종래목적으로 사용할 수 없거나, 실질적으로 토지의 사용·수익이 제한된 경우는 특별한 희생에 해당하는 것으로 본다.

(5) 검토

두 학설 모두 일면 타당하므로 양자를 모두 고려하여 특별한 희생을 판단함이 타당하다.

5. 보상규정의 존재

(1) 문제점

보상규정이 존재하면 해당 규정에 따라 보상하면 되지만, 특별한 희생에 해당함에도 보상규정이 없는 경우에는 보상을 할 수 있는지가 헌법 제23조 제3항의 해석과 관련하여 문제된다.

(2) 학설

① **방침규정설(입법지침설, 입법방침설)**
헌법 제23조 제3항은 입법지침에 지나지 아니하므로 재산권을 침해당한 자에 대한 보상 여부는 법률의 명시적 규정에 의하여만 결정될 수 있다고 본다. 따라서 손실보상에 관한 법률의 규정이 없으면 손실보상을 청구할 수 없다고 본다.

② **직접효력설**
헌법 제23조 제3항은 국민에 대한 손실보상청구권의 행사를 보장하는 규정이므로, 재산권 침해만을 규정하고 보상에 관하여는 규정하고 있지 않은 경우나 정당한 보상에 미치지 못하는 내용의 법률에 의하여 재산권을 침해당한 국민은 이를 근거로 하여 정당한 손실보상을 청구할 수 있다고 본다. 이 견해에 의하면 행정청이 손실보상을 거부하는 경우에는 공법상 당사자소송으로 손실보상청구소송을 제기하여야 한다.

③ **위헌무효설**
헌법 제23조 제3항은 손실보상에 관한 직접적 효력을 가지는 것으로 보지 않고, 법률이 재산권 침해를 규정하면서 보상에 관하여 규정하지 않은 경우에는 그 법률은 헌법에 반하는 것으로서 위헌무효라고 본다. 이러한 위헌무효인 법률에 근거하여 개인의 재산권을 침해하는 행위는 위법한 행위가 되기 때문에 국가배상법에 의한 손해배상청구가 가능하고, 헌법규정에 근거하여 직접 손실보상을 청구할 수 없다고 본다.

④ **유추적용설**
재산권 침해에 따르는 보상규정이 없는 경우에는, 헌법 제23조 제1항 및 헌법 제11조를 근거로 하는 동시에 헌법 제23조 제3항 및 관련 규정을 유추적용하여 손실보상을 청구할 수 있다고 본다.

⑤ **보상입법부작위위헌설**
보상입법부작위위헌설은 공공필요를 위

하여 공용제한을 규정하면서 손실보상 규정을 두지 않은 경우 그 공용제한규정 자체는 헌법에 위반되는 것은 아니라고 보고, 손실보상을 규정하지 않은 입법 부작위가 위헌이라고 본다.

(3) 판례

대법원은 시대적 상황에 따라 직접효력설, 유추적용설 등 태도를 달리하고 헌법재판소는 보상입법의무의 부과를 통해 보상규정이 없는 경우의 문제를 해결한다.

(4) 검토

손실보상의 문제는 원칙적으로 입법적으로 해결해야 하나 입법자의 헌법적 의무가 해태되거나 국가배상법의 과실요건이 완화되기 전까지는 관련규정을 유추적용하여 해결함이 타당하다. 또한 특별한 희생에 해당한다면 공평부담의 견지에서 보상해주는 것이 손실보상의 취지에 부합하므로 관련규정 등을 유추적용함이 타당하다.

(5) 첨어(헌법재판소 결정과 비판)

헌법재판소는 헌법불합치결정을 하여 권력분립에 의해 입법권자의 입법형성의무를 강조하여 보상입법을 통한 해결책을 제시하였고 헌법규정을 근거로 손실보상을 청구하거나 구역지정 자체를 다툴 수 없도록 하였다. 이에 대해 헌법재판소의 분리이론 채택과 관련하여 ① 권리구제의 불확실성 증대, ② 규범구조의 상이에 대한 분리이론 비판, ③ 매수청구제도의 현실적 실행미미점 등을 비판한다.

논점 **정당보상의 의미 (S)**

1. 문제점

헌법 제23조 제3항에서는 '정당한 보상'이라고 규정하고 있으나 정당보상의 의미가 추상적인바 이의 해석이 문제된다.

2. 학설

① 완전보상설은 피침해 재산의 객관적 가치와(객관적가치보장설) 부대적 손실까지 보상해야 한다고 하며(손실전부보장설), ② 상당보상설은 사회통념상 합당한 보상이면 되고(완전보상설), 합리적 사유가 있으면 하회하거나 상회할 수 있다고 한다(합리적보상설).

3. 판례

① 보상의 시기, 방법 등에 제한 없는 완전한 보상을 의미한다고 판시한 바 있으며, ② 피수용자의 객관적 재산가치를 완전하게 보상해야 한다고 판시한 바 있다.

4. 검토

피수용자의 객관적 가치를 완전하게 보상함은 물론 대물적 보상만으로 채워지지 않는 부분에 대한 생활보상을 지향함이 타당하다.

PART · 08

논점 시가보상 [S]

1. 시가보상의 의의 및 취지(법 제67조)

시가보상이란 협의성립 당시의 가격 및 재결 당시의 가격을 말한다. 이는 ① 개발이익 배제, ② 보상액의 적정성, 객관성, 공평화 유지, ③ 수용절차의 지연방지, ④ 재산권 상실 당시의 완전보상 구현목적에 취지가 있다.

2. 시가보상의 정당성

(1) 판례

토지 등을 수용함으로 인하여 그 소유자에게 보상하여야 할 손실액은 수용재결 당시의 가격을 기준으로 하여 산정하여야 할 것이고 이와 달리 이의재결일을 그 평가기준일로 하여 보상액을 산정해야 한다는 상고이유는 받아들일 수 없다고 판시하였다.

(2) 검토

시가보상의 취지가 개발이익 배제, 재산권 상실 당시의 완전보상 구현목적, 보상액의 적정성, 객관성 도모에 있으므로 협의 당시 또는 재결 당시를 기준으로 보상액을 산정함이 합당하다.

논점 개발이익배제 [S]

1. 개발이익과 개발이익 배제의 의미

① 개발이익이란 공익사업 시행의 계획이나 시행이 공고, 고시되어 토지소유자의 노력과 관계없이 지가가 상승하여 뚜렷하게 받은 이익으로 정상지가상승분을 초과하여 증가된 부분을 말한다(표준지조사평가기준 제3조 제2호).

② 개발이익 배제란 보상액의 산정에 있어서 해당 공익사업으로 인하여 토지 등의 가격에 변동되었을 때에는 이를 고려하지 않는 것을 말한다(토지보상법 제67조 제2항).

2. 개발이익의 범위

해당 사업의 사업인정고시일 전·후를 불문하고 해당 사업과 관계없는 다른 사업의 시행으로 인한 개발이익은 이를 배제하지 않는 가격으로 평가해야 한다.

3. 개발이익 배제의 필요성

① 개발이익은 미실현된 잠재적 이익이고, ② 토지소유자의 노력과 관계없으므로 사회에 귀속되도록 하는 것이 형평의 원리에 부합한다. ③ 개발이익은 공익사업에 의해 발생하므로 토지소유자의 손실이 아니다.

4. 개발이익 배제의 정당성

(1) 학설

① 미실현 이익은 보상대상이 아니고 이는 사업시행을 볼모로 한 주관적 가치이므로 배제되어야 한다는 긍정설과, ② 인근 토지소유자와의 형평성 문제와 주변 토지로 대

토할 수 없는 측면에서 부정하는 부정설이
있다.

(2) 판례

개발이익은 궁극적으로는 모든 국민에게
귀속되어야 할 성질의 것이므로 이는 피수
용자의 토지의 객관적 가치 내지 피수용자
의 손실이라고는 볼 수 없다고 판시한 바
있다.

(3) 검토

개발이익은 재산권에 내재된 객관적 가치
가 아니므로, 이를 배제하여도 정당보상에
반하지 않는다고 사료된다.

5. 개발이익의 배제방법

① 적용공시지가 적용(토지보상법 제70조
제3항 내지 제5항), ② 해당 사업으로 변하
지 않은 지가변동률의 적용(토지보상법 제
70조 제1항 및 동법 시행령 제37조 제2
항), ③ 그 밖의 요인보정을 통한 배제방법
이 있다.

6. 개발이익 배제의 문제점과 개선안

(1) 인근 토지소유자와의 형평성 문제

토지초과이득세법도 폐지되고 인근 토지소
유자들은 개발이익을 향유하는 것은 형평
성에 반한다는 비판이 제기된다.

〈생각건대〉 토지초과이득세가 외환, 금융
위기에 따른 경제사정 악화로 폐지된바 재
도입 검토가 필요하다. 최근 대토보상의 도
입은 이는 소유자와의 형평성을 완화할 수
있는 발판을 마련한 점에서 긍정적으로 평
가할 수 있을 것이다.

(2) 개발이익 배제의 불완전성 문제

보상액 산정과정상 개발이익의 완전배제가
어렵고 사업의 장기화에 따른 개발이익 구
분의 어려움이 있다.

따라서 사업인정 이후는 생산자물가지수를
이용하거나 보상시점을 사업인정 시로 변
경하는 방법을 고려할만하다.

논점 ● 공시지가기준보상 [S]

1. 공시지가기준 보상의 의의 및 취지

토지보상법 제70조 제1항에서는 해당 토지의 이용계획, 지가변동률, 생산자물가상승률, 위치, 형상, 환경, 이용상황 등을 참작한 공시지가로 보상해야 한다고 규정하고 있다. 개발이익 배제에 취지가 인정된다.

2. 공시지가기준 보상의 정당성

(1) 문제점

공시지가를 기준하여 보상금을 산정하는 것이 보상방법의 제한인지와, 공시지가가 시가에 못 미치는 경우 그러한 공시지가를 기준으로 산정한 보상금액이 정당보상인지가 문제된다.

(2) 학설

① 보상금액의 산정에 있어서 공시지가를 기준으로 하게 한 것은 보상액 산정방법의 제한이므로 정당보상이 아니라는 부정설과, ② 공시지가를 기준으로 보상액을 산정하게 한 것은 개발이익 배제를 목적으로 하는 것이며 또한 공시지가는 인근의 거래사례 등을 종합·고려한 합리적인 것이므로 정당보상에 반하는 것이 아니라는 긍정설이 있다.

(3) 판례

대법원은 공시지가기준은 개발이익을 배제함을 목적으로 하고, 공시지가는 인근 토지의 거래가격 등 제 요소를 종합·고려하여 산정되며, 대상지역의 공고일 당시 객관적 가치를 평가하기 위한 적정성이 인정되므로 정당보상에 위배되지 않는다고 한다.

또한 헌법재판소는 공시지가가 적정가격을 반영하지 못하는 것은 제도운영상 잘못이므로 정당보상과 괴리되는 것은 아니라고 판시한 바 있다.

(4) 검토

공시지가는 인근 토지의 가격 등 제 요소를 종합·고려한 객관적 가치이고, 개발이익은 주관적 가치이므로 이를 배제하기 위한 공시지가 보상기준은 정당보상에 합치한다.

3. 그 밖의 요인보정

(1) 그 밖의 요인의 의미와 그 밖의 요인보정의 필요성

그 밖의 요인이란 토지보상법 제70조의 해석상 토지의 위치, 형상, 환경, 이용상황 등 개별적 요인을 제외한 요인으로서 해당 토지의 가치에 영향을 미치는 사항을 의미한다. 그 밖의 요인보정이란 적정가격 수준으로 보정하는 작업이다. 이는 ① 정당보상을 실현하고, ② 보상의 형평성을 도모함에 취지가 인정된다.

(2) '그 밖의 요인'보정의 정당성

1) 관련규정

감정평가실무기준에서는 시점수정, 지역요인 및 개별요인의 비교 외에 대상토지의 가치에 영향을 미치는 사항이 있는 경우에는 그 밖의 요인보정을 할 수 있다고 규정하고 있으며, 감정평가실무기준은 상위법령과 결합하여 법규적 사항을 규정하는 법령보충적 행정규칙에 해당한다고 볼 수 있다.

2) 판례

① 인근 유사토지의 정상거래사례가 있고 그 거래를 참작하는 것으로서 적정한 보상평가에 영향을 미칠 수 있는 것이 입증된 경우에는 이를 참작할 수 있다.

② 인근 유사토지의 정상거래가격, 호가, 보상선례, 자연적인 지가상승분을 참작할 수 있으나 개발이익이 포함되지 않고 투기적인 거래에서 형성된 것이 아니어야 한다. 이는 주장하는 자가 입증해야 한다.

(3) 그 밖의 요인산출 근거 기재의 정당성

1) 근거규정

감정평가실무기준에서는 "그 밖의 요인보정을 한 경우에는 그 근거를 감정평가서(감정평가액의 산출 근거)에 구체적이고 명확하게 기재하여야 한다"고 규정하고 있다.

2) 기재내용과 정도

감정평가서에는 보상선례토지와 평가대상인 토지의 개별요인을 비교하여 평가한 내용 등 산정요인을 구체적으로 기재하여야 한다.

3) 판례 및 감독청의 태도

① 판례는 토지를 평가할 때 품등비교 및 기타요인의 가격산정요인을 구체적으로 특정하여 명시하지 않은 것은 위법하다고 하였으며, ② 국토교통부는 기타요인 보정치에 대한 합리적이고 구체적인 산출 근거를 기재하지 아니하였다는 사유로(신의성실의무 위반) 업무정지를 징계한 바 있다.

4) 검토

감정평가의 사회적인 영향을 고려할 때 기재의 타당성은 당연하다. 따라서 이를 토지보상법에 명문으로 규정할 필요가 있다.

4. 시점수정(토지보상법 제70조 제1항 및 시행령 제37조)

(1) 원칙(시행령 제37조 제1항)

평가대상 토지와 가치형성요인이 같거나 비슷하여 해당 평가대상 토지와 유사한 이용가치를 지닌다고 인정되는 표준지가 소재하는 시·군 또는 구의 용도지역별 지가변동률을 적용한다.

(2) 예외(시행령 제37조 제2항)

비교표준지가 소재하는 시·군 또는 구의 지가가 해당 공익사업으로 인하여 변동된 경우에는 해당 공익사업과 관계없는 인근 시·군 또는 구의 지가변동률을 적용한다. 다만, 비교표준지가 소재하는 시·군 또는 구의 지가변동률이 인근 시·군 또는 구의 지가변동률보다 작은 경우에는 그러하지 아니하다.

(3) 지가변동 여부의 판단기준(시행령 제37조 제3항)

비교표준지가 소재하는 시·군 또는 구의 지가가 해당 공익사업으로 인하여 변동된 경우는 도로, 철도 또는 하천 관련 사업을 제외한 사업으로서 다음 각 요건을 모두 충족하는 경우로 한다.

① 해당 공익사업의 면적이 20만제곱미터 이상이어야 한다.

② 비교표준지가 소재하는 시·군 또는 구의 사업인정고시일부터 가격시점까지의 지가변동률이 3퍼센트 이상이어야 한다. 다만, 해당 공익사업의 계획 또는 시행이 공고되거나 고시됨으로 인하여 비교표준지의 가격이 변동되었다고 인정되는 경우에는 그 계획 또는 시행이 공고되거나 고시된 날부터 가격시점까지의

지가변동률이 5퍼센트 이상인 경우로 한다.

③ 사업인정고시일부터 가격시점까지 비교 표준지가 소재하는 시·군 또는 구의 지가변동률이 비교표준가 소재하는 시·도의 지가변동률보다 30퍼센트 이상 높거나 낮아야 한다.

5. 개별요인 비교

보상대상 토지와 비교표준지의 토지의 위치·형상·환경·이용상황 등의 개별요인을 품등비교하여 평가하되 구체적으로 어떤 요인들을 품등비교하였는지에 관하여 아무런 이유 설시를 하지 아니하였다면 위법하다. 수용대상 토지 자체가 표준지인 토지에 관하여는 표준지와의 개별성 및 지역성의 비교란 있을 수 없다.

논점 손실보상의 방법 (S)

1. 사업시행자 보상(토지보상법 제61조)

공익사업에 필요한 토지 등의 취득 또는 사용으로 인하여 토지소유자나 관계인이 입은 손실은 사업시행자가 보상하여야 한다.

2. 사전보상(토지보상법 제62조)

사업시행자는 해당 공익사업을 위한 공사에 착수하기 이전에 토지소유자와 관계인에게 보상액 전액을 지급하여야 한다. 다만, 천재지변 시의 토지 사용과 시급한 토지 사용의 경우 또는 토지소유자 및 관계인의 승낙이 있는 경우에는 그러하지 아니하다. 사전보상원칙을 실현하기 위하여 토지보상법 제42조에서는 수용 또는 사용의 개시일까지 보상금을 지급 또는 공탁하도록 규정하고 있다.

3. 현금보상(토지보상법 제63조)

다른 법률에 특별한 규정이 없는 한 현금보상이 원칙이다. 이는 ① 자유로운 유통보장과 ② 객관적인 가치변동이 적기 때문이다. 따라서 가장 합리적이고 객관성을 확보할 수 있다. 단, ① 인근 토지수요 증가로 인한 지가상승, ② 동일면적의 대토구입 어려움, ③ 사업시행자의 지급부담문제가 있다.

4. 개인별 보상(토지보상법 제64조)

토지소유자 및 관계인에게 개인별로 보상한다. 다만 개인별로 보상액을 산정할 수 없는 때에는 그러하지 아니한다.

5. 일괄보상(토지보상법 제65조)

사업시행자는 동일한 사업지역에 보상시기를 달리하는 동일인 소유의 토지 등이 여러 개 있는 경우 토지소유자나 관계인이 요구할 때에는 한꺼번에 보상금을 지급하도록 하여야 한다.

6. 사업시행이익 상계금지(토지보상법 제66조)

사업시행자는 동일한 소유자에게 속하는 일단의 토지의 일부를 취득하거나 사용하는 경우 해당 공익사업의 시행으로 인하여 잔여지의 가격이 증가하거나 그 밖의 이익이 발생한 경우에도 그 이익을 그 취득 또는 사용으로 인한 손실과 상계할 수 없다.

7. 시가보상(토지보상법 제67조 제1항)

보상액의 산정은 협의에 의한 경우에는 협의 성립 당시의 가격을, 재결에 의한 경우에는 수용 또는 사용의 재결 당시의 가격을 기준으로 한다.

8. 개발이익 배제(토지보상법 제67조 제2항)

보상액을 산정할 경우에 해당 공익사업으로 인하여 토지 등의 가격이 변동되었을 때에는 이를 고려하지 아니한다.

9. 보상액의 산정(토지보상법 제68조)

(1) 보상액의 산정

사업시행자는 토지 등에 대한 보상액을 산정하려는 경우에는 감정평가법인등 3인(제2항에 따라 시·도지사와 토지소유자가 모두 감정평가법인등을 추천하지 아니하거나 시·도지사 또는 토지소유자 어느 한쪽이 감정평가법인등을 추천하지 아니하는 경우에는 2인)을 선정하여 토지 등의 평가를 의뢰하여야 한다. 다만, 사업시행자가 국토교통부령으로 정하는 기준에 따라 직접 보상액을 산정할 수 있을 때에는 그러하지 아니하다.

(2) 정당보상의 산정방법

판례는 감정평가법인등에 의해 평가된 보상액은 특별한 사정이 없는 한 적정한 것으로 보아야 할 것이며 가사 그 보상액이 정당한 보상가액에 미치지 않는다 하더라도 그러한 사정만으로는 수용재결이 당연무효라고 할 수는 없다.

10. 생활보상

재산보상으로 메꾸어지지 않는 주거의 이익은 생활보상을 통해 종전 주거수준을 회복해준다.

논점 | 채권보상 (S)

1. 채권보상의 의의 및 취지

현금보상의 예외로서 채권으로 보상하는 것을 말한다. 이는 ① 과도한 투기자금의 공급을 방지하고, ② 사업시행자의 일시적 유동경색 방지에 목적이 있다.

2. 채권보상의 요건

(1) 임의적 채권보상(제7항)

① 사업주체는 국가, 지방자치단체, 대통령령으로 정하는 공공기관 및 공공단체가 되어야 하며, ② 부재부동산 소유자의 토지 중 1억원 초과금액 및 소유자 또는 관계인이 원하는 경우를 요건으로 한다.

(2) 의무적 채권보상(제8항)

① 토지 투기우려지역에서, ② 택지·도시·산업단지 등의 개발사업을 시행하는 대통령령으로 정하는 공공기관 및 공공단체는, ③ 부재부동산 소유자의 토지 중 1억원을 초과하는 금액에 대하여 채권으로 지급해야 한다.

(3) 부재부동산 소유자의 토지의 의미

① 사업인정고시일 1년 전부터 해당 토지 소재지의 시·구 또는 읍면(연접 포함)에 계속하여 주민등록을 하지 않은 자가 소유하는 토지, ② 주민등록은 하였으나 사실상 거주하고 있지 아니한 자가 소유하는 토지(질병요양, 입영, 공무, 취학 예외), ③ 부재부동산 예외(상속일로부터 1년 미경과 토지 및 사업인정고시일 1년 전부터 사실상 거주하고 있음을 입증한 자가 소유하는 토지 및 영업을 하고 있음을 입증한 자가 영업을 하기 위해 소유하는 토지는 부재부동산 소유자의 토지로 보지 않는다)

3. 채권보상의 내용

(1) 발행절차(토지보상법 시행령 제30조)

기획재정부장관이 각 부 장관의 요청이 있는 경우에 발행하고 관계 중앙행정기관의 장 및 한국은행 총재에게 통지해야 한다.

(2) 발행방법(시행령 제31조)

보상채권은 (최소액면 10만원) 액면금액으로 무기명증권으로 발행하되 멸실, 도난의 경우에도 재발행하지 아니한다.

(3) 이율 및 상환(시행령 제32조)

채권상환기간은 5년 이내로 하되 원리금은 상환일에 일시 상환한다. 이율은 국공채 및 예금금리이율을 적용한다.

4. 채권보상의 정당성

(1) 문제점

① 채권보상이 보상방법을 제한하는 것인지, ② 부재부동산의 경우 평등의 원칙 위배 여부, ③ 사전보상의 원칙의 예외인지가 문제된다.

(2) 학설

① 위헌설은 보상방법의 제한, 사전보상의 원칙문제로 위헌이라고 한다.
② 합헌설은 채권보상 목적의 정당성, 통상의 수익률 보장, 부재지주의 자산증식 목적에 비추어 차별의 합리성을 인정할 수 있다고 한다.

(3) 검토

채권보상의 취지에는 인근 토지에 대한 투기방지 목적이 인정되며, 통상의 수익률을 보장하므로 사전보상의 원칙에 반하지는 않는다고 본다.

5. 채권보상의 문제점과 개선안

금전보상은 피수용자가 대체토지를 취득하여 같은 생활을 할 수 있게 하는 제도이나 채권보상은 양도, 담보가 허용되어 사실상 대체토지 수요로 전환되어 지가상승을 유발하는 문제가 있다. 따라서 양도, 담보를 일정기간 동안 방지하는 등의 입법적 보완이 필요하다.

논점 **대토보상 (S)**

1. 의의 및 취지

현금보상의 예외로서 공익사업의 시행으로 조성한 토지로 보상하는 것을 말한다. 이는 ① 사업시행자의 손실보상금 지급부담을 경감하고, ② 인근의 대토수요 억제를 통한 지가상승 완화 및 방지, ③ 토지소유자의 개발이익 일정부분 공유에 그 취지가 인정된다.

2. 대토보상의 요건

① 대지분할제한 면적 이상의 토지를 사업시행자에게 양도한 토지소유자가 원하는 경우로서 ② 토지이용계획 및 사업계획을 고려하여 토지로 보상하는 경우가 가능한 경우이다. ③ 대상자 경합 시에는 부재부동산 소유자가 아닌 자중에서 해당 사업지구 내 거주하는 자로서 토지 보유기간이 오래된 자순으로 하되, 그 외는 사업시행자가 정하여 공고한다.

3. 대토보상의 내용

(1) 대토보상의 범위

토지소유자가 받을 보상금 중 현금, 채권으로 받는 나머지 부분에 대해 대토보상한다.

(2) 가격 및 면적

특별한 규정이 없는 한 일반분양가를 기준하고 주택용지는 990제곱미터 상업용지는 1100제곱미터를 초과할 수 없다.

(3) 전매제한

계약체결일로부터 소유권이전등기 시까지 전매가 제한되며, 위반 시 현금으로 보상해야 한다. 단 상속 및 개발전문 부동산투자회사에 현물로 출자하는 것은 가능하다.

(4) 현금보상으로의 변경

① 사업계획이 변경되는 경우, ② 토지소유자가 체납, 해외이주 등 법령사유로 현금보상을 요청하는 경우, ③ 토지로 보상받기로 한 경우 그 보상계약 체결일부터 1년이 경과하면 이를 현금으로 전환하여 보상하여 줄 것을 청구할 수 있다.

4. 벌칙(제93조의2)

토지로 보상받기로 결정된 권리를 전매한 자는 3년 이하의 징역 또는 1억원 이하의 벌금에 처한다.

5. 대토보상의 문제점 및 개선방안

(1) 대체지 보상의 범위

① 보상금이 대체지 가격을 초과하여야 하는데 현실적으로는 영세한 소규모 토지소유자는 대체지로 보상받을 수 없다는 문제점이 있다. ② 또한 대체지는 대부분 일정 규모 이상으로 공급되고 가격도 고가이다. 따라서 토지소유자들이 조합을 구성하거나, 공유형태로도 대체지로 보상받을 수 있는 제도보완이 필요하다.

(2) 대체지의 범위

대체지를 조성할 수 없는 선적인 사업은 대체지 보상에서 제외되는 문제가 있다. 따라서 다른 사업으로 조성된 토지를 활용하거나 사업시행자 기보유 토지를 활용하는 방법 등을 모색해야 할 것이다.

(3) 대체지의 공급가격

조성공사가 완료되지 않은 상태이므로 조성원가를 기준한 분양가격 산정이 어렵고, 일반분양가의 기준이 애매하다. 따라서 다른 법률에 특별한 규정이 있는 경우를 제외하고는 감정평가에 의한 가격으로 결정하여 객관성을 확보해야 할 것이다.

(4) 대체지의 공급방법

협의단계에서 대체지로 공급할 토지 등이 특정되기 어려우므로 대체지 보상계약의 성사 여부가 불분명하다. 따라서 보상계약 체결시에 현금으로 보상하되 추후 대체지에 대한 우선매수권을 부여하되 대토수요 방지를 위해 보상금 예치제도를 병행해야 할 것이다.

논점 　손실보상의 내용 (S)

1. 재산권 보장

(1) 피침해 재산의 객관적 가치보상

① 토지보상법 제70조 및 제71조에서 취득하는 토지와 사용하는 토지에 대한 보상을 규정하고 있으며 토지 이외의 ② 토지보상법 제75조에서는 건축물 입목·공작물·농작물에 관한 보상을, ③ 토지보상법 제76조에서는 광업권·어업권·양식업권 및 물 등의 사용에 관한 권리에 관한 보상을, ④ 토지보상법 제73조 및 제75조의2에서는 잔여지·잔여건축물 가치하락에 대한 보상을 규정하고 있다.

(2) 부대적 손실보상

1) 의의

부대적 손실이란 수용, 사용의 직접적인 목적물은 아니나 목적물을 취득함으로써 필연적으로 발생하는 손실을 말한다.

2) 실비변상적 보상

재산권의 상실, 이전 등에 따라 비용의 지출을 요하는 경우에 그 비용을 보상하는 것을 말한다. ① 건축물 등의 이전비(토지보상법 제75조 제1항), ② 분묘이전비(토지보상법 제75조 제4항), ③ 잔여지 및 잔여건축물 공사비(토지보상법 제73조 및 제75조의2) 등이 있다.

3) 일실손실보상

재산권에 대한 수용에 부수하여 사업을 폐지하거나 휴업하게 되는 경우에 발생하는 기대이익의 상실에 대한 보상을 말한다. ① 영업폐지 휴업보상(토지보상법 제77조 제1항), ② 농업손실보상(토지보상법 제77조 제2항), ③ 휴직 또는 실직보상(토지보상법 제77조 제3항), ④ 권리의 보상(광업권, 어업권, 물 등의 사용에 관한 권리, 양식업권) 등이 있다.

2. 생활보상

(1) 의의 및 취지

생활보상이란 사업의 시행으로 생활의 근거를 상실하게 되는 피수용자의 생활재건을 위한 보상을 말한다. 이는 생활의 근거를 상실한 자에게 인간다운 생활을 할 수 있도록 마련된 제도이다.

(2) 생활보상의 범위

1) 학설

① 최광의설은 재산권 보장 및 일체의 손실을 생활보상의 범주로 본다. ② 광의설은 재산권의 객관적 가치 이외의 유기체적인 생활보상을 그 범위로 본다. ③ 협의설은 종전 생활에 대해 재산권 보상으로는 메워지지 않는 부분으로 보면서 재산권 보상과 부대적 손실을 제외한 나머지로 본다.

2) 판례

판례는 이주대책을 생활보상의 한 유형으로 판시한 바 있다.

3) 검토

재산권 보상의 범위를 넓히고 생활보상의 범위를 좁게 보는 것이 국민의 권리구제에 유리하므로 협의설이 타당하다고 본다.

(3) 생활보상의 근거

1) 이론적 근거

재산권 보장과 법의 목적인 정의, 공평의 원칙 및 생존권 보장 등을 종합적으로 그 이론적 근거로 봄이 타당하다.

2) 헌법적 근거

가. 학설

① 헌법 제23조설은 생활보상은 정당보상 범주에 해당된다고 한다. ② 헌법 제34조설은 인간다운 생활을 할 권리로 본다. ③ 결합설은 생존권적 기본권과 관련하여 정당보상의 내용으로 본다.

나. 판례

종전의 생활상태를 원상으로 회복시키면서 동시에 인간다운 생활을 보장하여 주기 위한 이른바 생활보상의 일환으로 국가의 적극적이고 정책적인 배려에 의하여 마련된 제도라 할 것이다.

다. 검토

어느 견해에 따르더라도 헌법적 근거를 갖으나 생활보상도 결국 정당보상의 실현 여부에 관심이 있는 것인바 결합설이 타당하다.

3) 개별법적 근거

토지보상법에서는 이주대책 및 간접보상규정 등을 규정하고 있으며, 이외에도 각 개별법률에서 생활보상적 내용을 규정하고 있다.

(4) 생활보상의 (헌법적)기준

생활보상은 완전한 보상이 되어야 하며 이때의 기준은 인간다운 생활을 영위할 수 있는 최소한의 수준이 될 것이다. 헌법재판소는 최소한의 물리적 수준을 의미한다고 판시한 바 있다.

(5) 생활보상의 성격 및 특색

① 생활보상은 이전 주거 수준의 회복이라는 점에서 존속보장적인 측면이 있고 원상회복적 성격을 갖는다.

② 생활보상은 대인보상에 비해 그 대상이 객관적이고, 대물보상에 비해 대상의 확장성을 갖는다. 또한 보상의 역사에 있어 최종단계의 보상성을 갖는다(수용이 없었던 것과 같은 상태 회복).

📖 **알아두기**

생활보상의 내용

① **주거의 총체적 가치보상**

주거용 건축물 상실로 인한 총체적 가치의 보상으로 ㉠ 비준가격특례, ㉡ 최저보상액(600만원), ㉢ 재편입가산금, ㉣ 주거이전비를 들 수 있다.

② **생활재건조치**

보상금이 피수용자 등의 생활재건을 위하여 가장 유효하게 사용될 수 있도록 하기 위한 각종 조치를 말한다. ㉠ 이주대책, ㉡ 대체지 알선, ㉢ 직업 훈련, ㉣ 고용 또는 알선, ㉤ 각종의 상담 등, ㉥ 보상금에 대한 조세감면 등이 있다.

③ **소수잔존자보상**(이어·이농비보상 등)

소수잔존자보상이란 공공사업의 시행의 결과로 인하여 종전의 생활공동체로부터 분리되어 잔존자의 생활환경이 현저하게 불편하게 됨으로써 더 이상 그 지역에서 계속 생활하지 못하고 이주가 불가피하게 되는 경우에, 종전에 준하는 생활을 보장하여 주기 위하여 이전비·이사비·이농비·실농보상·실어보상 등을 지급하는 것을 말한다.

④ **이어·이농비보상**

공익사업으로 이주해야 하는 농·어민에게 그 보상금이 일정금액 이하인 경우 가구원수에 따라 1년분의 평균생계비를 보상액과의 차액만큼 지급한다.

⑤ **기타생활보상**

국가와 지방자치단체 이외의 자가 공공사업주체인 경우에 사실상 행하여지는 것으로 특산물보상, 사례금 등을 들 수 있다. 그리고 정신적 고통에 대한 보상으로서의 위자료를 인정하는 방향에서 보상이론을 구성하는 것도 하나의 과제이다.

논점 보상협의회 (C)

1. 개정취지

종래에는 보상업무에 관한 사항을 심의하기 위해서 '보상심의위원회'를 두었으나 심의위원회의 성격, 운영, 심의사항 등이 불합리하여 보상업무의 지연을 초래하는 문제점이 있었다.

2. 보상협의회의 의의 및 성격

보상협의회는 보상에 관한 사항을 협의하기 위한 기구를 말한다. 이는 협의기관, 자문기관의 성격을 갖는다.

3. 설치, 구성 및 운영

① 지방자치단체의 장이 필요하다고 인정하는 경우, 해당 사업지역을 관할하는 특별자치도, 시·군 또는 구에 설치한다.
② 위원장 1명을 포함하여 8명에서 16명 이내 위원으로 구성하되 1/3 이상은 토지소유자 및 관계인으로 구성해야 한다.
③ 보상협의회의 회의는 재적위원 과반수의 출석으로 개의한다.

4. 협의사항

① 보상액평가를 위한 사전 의견수렴, ② 잔여지 범위, ③ 이주대책수립에 관한 사항, ④ 지방자치단체의 장이 필요하다고 인정하는 사항을 협의한다.

논점 재평가 (A)

1. 해당 업자에게 재평가를 의뢰하는 경우

관계법령에 위반하여 평가한 경우와 표준지공시지가와 현저한 차이가 있는 등 부당하게 평가되었다고 인정하는 경우에는 당해 업자에게 재평가를 의뢰한다. 이 경우 사업시행자는 필요하면 국토교통부장관이 보상평가에 관한 전문성이 있는 것으로 인정하여 고시하는 기관에 해당 평가가 위법 또는 부당하게 이루어졌는지에 대한 검토를 의뢰할 수 있다.

2. 다른 업자에게 의뢰하는 경우

① 해당 업자에게 요구할 수 없는 특별한 사유가 있는 경우, ② 평가액의 최고·최저액이 1.1배 이상 차이가 나는 경우(지장물의 경우는 소유자별 합계액의 비교), 이 경우에는 국토교통부장관에게 통지해야 하고 국토교통부장관은 조사해야 한다. ③ 평가 후 1년 이내에 계약체결이 안 되는 경우에는 다른 업자에게 재평가를 의뢰해야 한다. 평가액의 최고·최저액이 1.1배 이상 차이가 나는 경우에는, 사업시행자는 평가내역 및 해당 감정평가법인등을 국토교통부장관에게 통지하여야 하며, 국토교통부장관은 해당 감정평가가 관계법령이 정하는 바에 따라 적법하게 행하여졌는지 여부를 조사하여야 한다.

3. 결정

산술평균으로 결정한다. 종전에는 재평가액이 원평가액보다 낮아진 경우에는 종전 평가액을 적용하였으나, 현재는 낮아진 경우에도 재평가액을 적용한다.

논점 간접손실보상 [S]

1. 의의(토지보상법 제79조)

간접손실이란 공익사업의 시행으로 인하여 사업시행지 밖의 재산권자에게 필연적으로 발생하는 손실을 말하며, 사업시행지 내의 토지소유자가 입은 부대적 손실과 구별된다. 간접손실보상은 이러한 간접손실을 보상하는 것을 말한다.

2. 종류

① 공사 중의 소음, 진동이나 교통불편으로 인한 손실, 완성된 시설물로 인한 일조감소 등 물리적·기술적 손실과 ② 지역경제, 사회적 구조가 변경되어 발생하는 경제적·사회적 손실이 있다.

3. 손실보상의 성격

① 간접손실보상은 손실이 있은 후에 행하는 사후적 보상의 성격을 갖고, ② 특별한 희생을 발생시킨 원인행위가 직접적이지 않고 간접적이라는 점만 손실보상과 다르므로 보상의 내용은 재산권 보상으로 볼 수 있다. ③ 또한 침해가 있기 전의 생활상태의 회복을 위하여 인정되는 것이고 대물보상의 한계와 현대복지국가의 요청에 따라 인정되는 것이므로 생활보상의 성격도 갖는다.

4. 근거

(1) 이론적 근거

간접손실도 공익사업이 원인이 되어 발생한 것이므로 특별한 희생에 해당하는 경우에는 사유재산의 보장과 공적부담 앞의 평등의 원칙상 보상하여야 한다.

(2) 헌법적 근거

1) 문제점

헌법 제23조 제3항에서는 공용침해에 대한 손실보상을 규정하고 있는데, 이러한 손실보상에 간접손실보상이 포함되는지가 문제된다.

2) 학설

① 간접손실은 사업의 시행으로 인하여 필연적으로 발생한바, 이를 보상해야 한다는 견해(긍정설)와 ② 헌법 제23조 제3항에서의 손실보상은 사업구역 내의 재산권자에게 발생하는 직접적 손실만을 의미하므로 구역 밖의 경우는 손해배상의 성격을 갖는다는 견해가 있다(부정설).

3) 판례

판례는 간접손실도 헌법 제23조 제3항의 손실보상의 대상이 된다고 판시한 바 있다.

4) 검토

간접손실도 적법한 공용침해로 인하여 예견되는 손실이고, 헌법 제23조 제3항을 손실보상의 일반적인 규정으로 보아 헌법 제23조 제3항의 손실보상에 포함된다고 보는 것이 타당하다.

(3) 법률적 근거

토지보상법 제79조 제2항 및 동법 시행규칙 제59조 내지 제65조에서 이와 관련된 보상을 규정하고 있다.

5. 요건

(1) 간접손실이 발생할 것(판례상 요건)

① 공공사업의 시행으로 사업시행지 이외의 토지소유자(제3자)가 입은 손실이어야 하고, ② 그 손실의 발생이 예견가능하고,

③ 손실의 범위가 구체적으로 특정될 수 있어야 한다.

(2) 특별한 희생

사회적 제약을 넘는 특별한 희생이 발생하여야 한다. 특별한 희생의 발생 여부는 형식설과 실질설을 모두 고려하여 판단하여야 한다.

(3) 보상규정의 존재

간접손실도 헌법 제23조 제3항에서 규정하는 정당보상의 범주에 속하므로, 이에 대한 보상은 법률의 규정에 따라 행하여져야 한다.

(4) 기간

간접손실보상은 공사완료일로부터 1년 이내에만 가능하다.

6. 내용

(1) 지구 밖의 대지 등(시행규칙 제59조)

① 대지(조성된 대지를 말한다), 건축물, 분묘 및 농지가 사업의 시행으로 인하여, ② 교통이 두절되거나 경작이 불가능하게 된 경우, 소유자의 청구에 의해 보상한다. ③ 도로, 도선설치로 보상에 갈음할 수 있다. 이에 대해서 동 규정의 해석이 구체적이지 못하므로 상당한 정도로 장애받아 특별한 희생에 해당되면 보상해주는 것이 타당하다는 비판이 제기된다.

(2) 지구 밖의 건축물(시행규칙 제60조)

① 소유농지의 대부분이 편입됨으로써, ② 건축물만이 사업지구 밖에 남아, ③ 매매가 불가능하고 이주가 부득이한 경우에 소유자의 청구에 의하여 보상한다. 동 규정에서는 이주가 부득이한 경우만을 규정하고 있는데 이주가 부득이하지 않아도 생활에 상당한 불편이 있는 경우에는 보상함이 타당할 것이다.

(3) 소수잔존자(시행규칙 제61조)

공익사업의 시행으로 인하여 1개 마을의 주거용 건축물이 대부분 공익사업시행지구에 편입됨으로써 잔여주거용 건축물 거주자의 생활환경이 현저히(사회통념상 판단) 불편하게 되어 이주가 부득이한 경우에는 해당 건축물 소유자의 청구에 의하여 그 소유자의 토지 등을 공익사업시행지구에 편입되는 것으로 보아 보상하여야 한다.

(4) 지구 밖의 공작물(시행규칙 제62조)

공익사업시행지구 밖에 있는 공작물 등이 공익사업의 시행으로 인하여 그 본래의 기능을 다할 수 없게 되는 경우에는 그 소유자의 청구에 의하여 이를 공익사업시행지구에 편입되는 것으로 보아 보상하여야 한다.

(5) 지구 밖의 어업의 피해(시행규칙 제63조)

① 공익사업의 시행으로 인하여 해당 공익사업시행지구 인근에 있는 어업에 피해가 발생한 경우 사업시행자는 실제 피해액을 확인할 수 있는 때에 그 피해에 대하여 보상하여야 한다. 이 경우 실제 피해액은 감소된 어획량 및 「수산업법 시행령」 별표 4의 평년수익액 등을 참작하여 평가한다.

② 보상액은 「수산업법 시행령」 별표 4에 따른 어업권·허가어업 또는 신고어업이 취소되거나 어업면허의 유효기간이 연장되지 아니하는 경우의 보상액을 초과하지 못한다.

③ 사업인정고시일 등 이후에 어업권의 면허를 받은 자 또는 어업의 허가를 받거나 신고를 한 자에 대하여는 적용하지 아니한다.

(6) 지구 밖의 영업손실(시행규칙 제64조)

① 배후지의 3분의 2 이상이 상실되어 그 장소에서 영업을 계속할 수 없는 경우, ② 진출입로의 단절, 그 밖의 부득이한 사유로 인하여 일정한 기간 동안 휴업하는 것이 불가피한 경우에는 그 영업자의 청구에 의하여 당해 영업을 공익사업시행지구에 편입되는 것으로 보아 보상하여야 한다.

다만, 사업시행자는 영업자가 보상을 받은 이후에 그 영업장소에서 영업이익을 보상받은 기간 이내에 동일한 영업을 하는 경우에는 실제 휴업기간에 대한 보상금을 제외한 영업손실에 대한 보상금을 환수하여야 한다.

(7) 지구 밖의 농업(시행규칙 제65조)

경작하고 있는 농지의 3분의 2 이상에 해당하는 면적이 공익사업시행지구에 편입됨으로 인하여 해당 지역에서 영농을 계속할 수 없게 된 농민에 대하여는 공익사업시행지구 밖에서 그가 경작하고 있는 농지에 대하여도 영농손실액을 보상하여야 한다.

7. 권리구제

(1) 보상규정이 있는 경우

1) 토지보상법상 절차

토지보상법 제80조에서는 손실보상에 대해서 사업시행자와 손실을 입은 자가 협의하되, 협의가 성립되지 아니하였을 때에는 사업시행자나 손실을 입은 자는 관할 토지수용위원회에 재결을 신청하여 보상문제를 해결하도록 하고 있다.

2) 재결불복 - 토지보상법 제83조 및 제85조

관할 토지수용위원회의 보상재결에 대하여 불복하고자 할 때에는, 토지보상법 제83조의 이의신청 및 제85조 제2항에서 규정하고 있는 보상금증감청구소송을 제기할 수 있다.

(2) 보상규정이 없는 경우

1) 토지보상법 제79조 제4항을 일반적 근거조항으로 볼 수 있는지 여부

제79조 제4항을 일반적 근거규정으로 보면 이를 근거로 보상을 해주면 된다. 따라서 답안작성 시에는 제79조 제4항을 일반적 근거규정으로 보더라도 이를 근거규정으로 보지 않는 경우에는 보상규정이 결여된 경우가 될 것이므로 이러한 입장에서도 해결방안을 보여주면 될 것이다.

2) 보상규정이 결여된 경우의 간접손실보상의 근거

가) 학설

① 시행규칙 제59조 내지 제65조에서 간접보상이 모두 해결된다고 본다.

② 유추적용설은 헌법 제23조 제3항 및 토지보상법상 손실보상규정을 유추적용해야 한다고 본다.

③ 직접적용설은 간접손실도 헌법 제23조 제3항의 손실보상의 범주이므로 헌법 제23조 제3항을 직접 근거로 손실보상을 할 수 있다고 본다.

④ 평등원칙 및 재산권보장규정근거설은 동 규정 등을 직접 근거로 본다.

⑤ 수용적 침해이론은 간접손실도 비의도적 침해에 의해 발생한바, 수용적 침해이론을 적용하여 보상해야 한다고 한다.

⑥ 손해배상설은 명문규정이 없는 한 손해배상을 청구해야 한다고 한다.

⑦ 보상규정을 두지 않은 것은 행정입법부작위로서 위헌이라고 한다.

나) 판례

① 간접손실이 공익사업의 시행으로 인하여 기업지 이외의 토지소유자가 입은 손실이고, ② 그 손실의 범위도 구체적으로 이를 특정할 수 있고, ③ 손실이 발생하리라는 것을 쉽게 예견할 수 있는 경우라면, ④ '그 손실보상에 관하여 토지보상법 시행규칙의 관련규정들을 유추적용할 수 있다'고 한다.

다) 검토

간접손실도 헌법 제23조 제3항의 손실보상 범주에 포함되므로 예견, 특정가능성이 인정된다면 헌법 제23조 제3항을 근거로 하여 손실보상을 청구할 수 있다고 판단된다. 이 경우 구체적인 보상액은 토지보상법상 관련규정을 적용할 수 있을 것이다.

📖 알아두기

간접보상의 한계

1. 손실보상의 대상의 문제
   토지보상법 제79조 제2항에서는 본래의 기능을 다할 수 없는 경우를 규정하고 있으나, 본래의 기능을 다할 수 없는 경우의 구체적 기준이 없으므로 대상의 예측이 어려운 문제가 발생한다.

2. 손실보상 측정의 문제
   해당 사업으로 인한 부정적인 영향이 손실보상의 원인이 될 것이지만 이에 대한 측정기준이 모호한 문제가 발생할 수 있다.

3. 손실보상의 시기문제
   공익사업지구 내의 경우에는 사업시행 이전에 보상을 완료하도록 하고 있지만, 공익사업지구 밖의 경우에는 명문의 규정이 없으므로 보상시기와 관련해서 자의성이 개입될 우려가 있다.

4. 공공사업의 위축우려
   공익사업지구 밖의 손실은 사업시행의 계획단계에서 예상하지 못한 것이므로 당초에 예상하지 못한 비용이 증가될 수 있다. 이러한 예기치 못한 비용증가는 사업의 타당성에 영향을 줄 수 있다.

5. 손실보상 및 손해배상의 기준설정의 어려움
   시설설치가 완료된 경우, 이의 운영으로 인하여 발생하는 피해에 대해서 이를 손실보상의 문제로 볼 것인지 손해배상의 문제로 볼 것인지의 기준문제가 발생할 수 있다. 판례는 시설운영으로 인한 소음과 관련하여 손해배상의 문제로 본바 있다.

논점　이주대책 (S)

1. 의의 및 취지(토지보상법 제78조)

이주대책이란 주거용 건축물을 제공하여, 생활의 근거를 상실하는 자에게 종전생활을 유지시켜주는 일환으로 택지 및 주택을 공급하거나 이주정착금을 지급하는 것을 말한다. 개정된 토지보상법에서는 이주대책의 대상자를 주거용 건축물 제공자에서 공장부지 제공자까지 확대하여 국민의 권리구제를 두텁게 하고 있다.

2. 근거

(1) 이론적 근거

이주대책은 공공사업의 시행에 의하여 생활의 근거를 상실하는 자에게 종전의 생활상태를 원상으로 회복시키면서 동시에 인간다운 생활을 보장하여 주기 위한 이른바 생활보상의 일환으로 국가의 적극적이고 정책적인 배려에 의하여 마련된 제도이다.

(2) 법적 근거

1) 헌법적 근거

① 다수견해는(헌법 제23조 및 제34조 결합설) 정책배려로 마련된 생활보상의 일환이라고 한다. ② 소수견해는(제23조설) 정당보상범주 내의 손실보상의 일환이라고 한다. ③ 헌법재판소는 생활보호 차원의 시혜적 조치라고 한다. ④ 생각건대 생활보상의 근거는 생존권 보장인 점과, 손실보상의 근거는 헌법 제23조 제3항이므로 통합설이 타당하다.

2) 개별법적 근거

토지보상법 제78조에서는 주거용 건축물을 제공한 자에 대한 이주대책을 규정하고 있으며, 동법 제78조의2에서는 공장용 부지를 제공한 자에 대한 입주대책을 규정하고 있다. 이 외에도 각 개별법에서 사업의 특수성을 고려한 내용의 이주대책을 규정하고 있다.

3. 법적 성격

(1) 생활보상

이주대책은 생활보호 차원의 시혜적인 조치로서 정책배려로 마련된 제도이다. 따라서 생활보상의 성격을 갖는다.

(2) 공법상 관계인지

생활보상의 성격을 손실보상의 일환으로 보게 되면 공법상 관계로 볼 수 있다.

(3) 강행규정

토지보상법 제78조 제1항과 제4항 본문은 당사자의 합의 또는 사업시행자의 재량에 의해 적용을 배제할 수 없는 강행규정이다.

4. 요건 및 절차

(1) 주거용 건축물

1) 수립요건

토지보상법 시행령 제40조 제2항에서는 ① 조성토지가 없는 경우, ② 비용이 과다한 경우를 제외하고는, ③ 이주대책 대상이 10호 이상이 된다면 수립하도록 하고 있다.

2) 절차

사업시행자는 지역자치단체와 협의하여 이주대책 계획을 수립하고 이주대책대상자에게 통지한 후 이주대책의 신청 및 대상자확인결정을 통하여 분양절차를 마무리하게 된다.

3) 대상자 요건(토지보상법 시행령 제40조 제5항)

① 무허가건축물 등 소유자, ② 계속 거주하지 아니한 자, ③ 타인이 소유하고 있는 건축물에 거주하는 세입자는 이주대책 대상자에서 제외된다. ④ 또한 사업시행자는 법상 이주대책대상자가 아닌 자도 이주대책대상자에 포함시킬 수 있다. ⑤ 소유자는 대외적인 소유권을 가진 자를 의미하는 것이 아니라 실질적인 처분권을 가진 자를 의미하는 것이다.

(2) 공장

공장부지가 협의 수용됨으로 인하여 공장가동을 못하는 경우에는, 소유자가 희망하는 경우에 한하여 인근 산업단지에의 입주대책에 관한 계획을 수립해야 한다.

5. 내용

(1) 주거용

① 이주대책의 내용에 대해 사업시행자는 재량을 가진다.

② 생활기본시설이 포함된 이주정착지의 조성 및 공급을 내용으로 하며 사업자가 비용을 부담하는 것이 원칙이다.

③ 택지개발촉진법 또는 주택법에 의하여 택지나 주택공급을 하면 이주대책을 수립한 것으로 의제된다.

④ 이주정착금은 보상대상인 주거용 건축물에 대한 평가액의 30퍼센트에 해당하는 금액으로 하되, 그 금액이 1천2백만원 미만인 경우에는 1천2백만원으로 하고, 2천4백만원을 초과하는 경우에는 2천4백만원으로 한다(시행규칙 제53조 제2항).

(2) 공장

① 해당 공익사업지역 인근 지역에 개발된 산업단지가 있는 경우 해당 산업단지에의 우선분양을 알선한다.

② 해당 공익사업지역 인근 지역에 해당 사업시행자가 공장이주대책을 위한 별도의 산업단지를 조성하는 경우 그 산업단지의 조성 및 입주에 관한계획을 수립한다.

③ 해당 공익사업지역 안에 조성되는 공장용지의 우선분양 등의 이주대책 내용이 포함되어야 한다.

(3) 사업시행자의 이주대책 내용에 대한 재량성 인정 여부

사업시행자가 설정한 기준은 그것이 객관적으로 합리적이 아니라거나 타당하지 않다고 볼 만한 다른 특별한 사정이 없는 한 존중되어야 한다.

6. 권리구제

(1) 이주대책계획수립에 대한 권리구제

1) 이주대책계획수립청구권

이주대책 내용은 사업시행자 재량이므로 법상의 이주대책대상자는 특정한 이주대책을 청구할 권리는 갖지 않으나 이주대책을 수립할 것을 청구할 권리는 갖는다고 보아야 한다.

2) 이주대책계획 미수립에 대한 권리구제

부작위의 경우에는 의무이행심판 또는 부작위위법확인소송을 제기할 수 있고, 이주대책수립을 거부한 경우에는 의무이행심판(또는 거부처분취소심판) 또는 거부처분취소소송을 제기할 수 있다고 보아야 한다.

(2) 이주대책대상자 선정·결정에 대한 권리구제

1) 수분양권의 의의

수분양권이란 이주자가 이주대책을 수립, 실시하는 사업시행자로부터 이주대책대상자로 확인, 결정을 받음으로서 취득하게 되는 택지나 아파트를 분양받을 수 있는 권리를 말한다.

2) 수분양권의 법적 성질 및 발생시기

i) 공법관계인지

이주대책의 수립 및 집행은 공행정사무이므로, 판례도 수분양권은 대상자 확인, 결정에 의해 취득하는 공법상 권리라고 한다.

ii) 발생시기

(가) 학설

① 이주대책계획수립이전설(법상취득설)

토지보상법 제78조 및 동법 시행령 제40조의 요건을 충족하는 경우에 실체적 권리인 수분양권이 취득된다고 보는 견해이다.

② 이주대책계획수립시설

사업시행자가 이주대책에 관한 구체적인 계획을 수립하여 이를 해당자에게 통지 내지 공고한 경우에 이것으로 이주자에게 수분양권이 취득된다고 보는 견해이다.

③ 확인·결정시설

이주대책계획 수립 후 이주자가 이주대책대상자 선정을 신청하고 사업시행자가 이를 받아들여 이주대책대상자로 확인·결정하여야 비로소 수분양권이 발생한다고 보는 견해이다.

(나) 판례

이주대책에 정한 절차에 따라 사업시행자에게 이주대책대상자 선정신청을 하고 사업시행자가 이를 받아들여 이주대책대상자로 확인·결정하여야만 비로소 구체적인 수분양권이 발생한다.

(다) 검토

이주대책대상자의 경우 법상의 추상적인 이주대책권이 이주대책계획이 수립됨으로써 구체적 권리로 되는 것이므로 이주대책계획수립시설이 타당하다. 다만, 시혜적 대상자는 이주대책대상자 선정신청을 하고 사업시행자가 이를 받아들여 이주대책대상자로 확인·결정하여야 비로소 실체적인 권리를 취득한다고 보아야 한다.

3) 권리구제 및 소송형식

i) 이주대책대상자 선정행위의 법적 성질

대법원 다수의견은 이주대책대상자로서 확인·결정을 받아야 수분양권이 발생한다고 하며, 대법원 반대의견은 이주대책 수립에 의해 구체적으로 형성된 수분양권을 이주대책대상자 확인·결정을 통해 이행하는 것으로 본다. 따라서 어느 견해에 따르더라도 이주대책대상자 선정에 대한 거부는 이주대책대상자의 권익에 영향을 미치는 처분으로 볼 수 있다.

ii) 권리구제 및 소송형식

(가) 확인·결정시설을 취하는 경우

이주대책대상자 선정신청에 대한 거부는 거부처분이 되므로 이에 대하여 취소소송을 제기하고 부작위인 경우에는 부작위위법확인소송을 제기하여야 한다. 이주대책대상자 선정신청

및 이에 따른 확인·결정 등 절차를 밟지 아니하여 구체적인 수분양권을 아직 취득하지도 못한 상태에서 곧바로 분양의무의 주체를 상대방으로 하여 민사소송이나 공법상 당사자소송으로 이주대책상의 수분양권의 확인 등을 구하는 것은 허용될 수 없다.

(나) 이주대책계획수립이전설을 취하는 경우
이주대책대상자 선정신청의 거부나 부작위에 대하여 행정쟁송을 제기할 수 있을 뿐만 아니라 구체적 이주대책계획에서 제외된 이주대책대상자는 자기 몫이 참칭 이주대책대상자에게 이미 분양되어 분양신청을 하더라도 거부할 것이 명백한 특수한 경우에는 이주대책대상자로서 분양을 받을 권리 또는 그 법률상 지위의 확인을 공법상 당사자소송으로 구할 수 있다고 보아야 한다.

(다) 이주대책계획수립시설을 취하는 경우
이주대책계획을 수립한 이후에는 이주대책대상자에서 제외된 이주대책대상자는 수분양권에 터잡은 분양신청을 하여 거부당한 경우에는 그 거부의 취소를 구하는 행정쟁송을 제기할 수 있을 것이다. 사업시행자가 실제로 이주대책계획을 수립하기 이전에는 이주자의 수분양권은 아직 추상적인 권리나 법률상의 지위 내지 이익에 불과한 것이어서 그 권리나 지위의 확인을 구할 수 없을 것이나, 이주대책계획을 수립한 이후에는 이주대책대상자의 추상적인 수분양권이 구체적 권리로 바뀌게 되므로 확인판결을 얻음으로써 분쟁이 해결되

고 권리구제가 가능하여 그 확인소송이 권리구제에 유효적절한 수단이 될 수 있는 경우에는 당사자소송으로 수분양권 또는 그 법률상의 지위의 확인을 구할 수 있다고 보아야 한다.

7. 문제점 및 개선방안

① 토지보상법, 철도법, 항공법 등 상이한 규정이 존재하므로 통일이 필요하다.
② 이주대책을 따른 자와 이주정착금을 지급받는 자 간의 형평성이 결여될 수 있다.
③ 세입자는 주거이전비만을 지급받을 수 있으므로 세입자의 주거안정대책도 추가로 논의되어야 할 것이다.

📖 **알아두기**

관련판례
1. 이주대책업무가 종결되고 그 공공사업을 완료하여 사업지구 내에 더 이상 분양할 이주대책용 단독택지가 없는 경우에도 이주대책대상자 선정신청을 거부한 행정처분의 취소를 구할 법률상 이익이 있는지 여부
사업시행자는 이주대책의 수립, 실시의무가 있고, 그 의무이행에 따른 이주대책계획을 수립하여 공고하였다면, 이주대책대상자라고 하면서 선정신청을 한 자에 대해 대상자가 아니라는 이유로 거부한 행정처분에 대하여 그 취소를 구하는 것은 이주대책대상자라는 확인을 받는 의미도 함께 있는 것이며, 사업시행자가 하는 확인, 결정은 이주대책상의 택지분양권이나 아파트 입주권 등을 받을 수 있는 구체적인 권리를 취득하기 위한 요건에 해당하므로 현실적으로 이미 수립, 실시한 이주대책업무가 종결되었고, 그 사업을 완료하여 이 사건 사업지구 내에 더 이상 분양할 이주대책용 단독택지가 없다 하더라도 보상금청구권 등의 권리를 확정하는 법률상의 이익은 여전히 남아 있는 것이므로 그러한 사정만으로 이 거

부처분의 취소를 구할 법률상 이익이 없다고 할 것은 아니다.

2. 특별분양신청을 거부한 행위가 항고소송의 대상이 되는 행정처분인지 여부

사업시행자로 하여금 공공사업의 시행에 필요한 토지 등을 제공함으로 인하여 생활근거를 상실하게 되는 자에게 이주대책을 수립 실시하도록 하고 있는바, 택지개발촉진법에 따른 사업시행을 위하여 토지 등을 제공한 자에 대한 이주대책을 세우는 경우 위 이주대책은 공공사업에 협력한 자에게 특별공급의 기회를 요구할 수 있는 법적인 이익을 부여하고 있는 것이라고 할 것이므로 그들에게는 특별공급신청권이 인정되며, 따라서 사업시행자가 위 조항에 해당함을 이유로 특별분양을 요구하는 자에게 이를 거부하는 행위는 비록 이를 민원회신이라는 형식을 통하여 하였더라도, 항고소송의 대상이 되는 거부처분이라고 할 것이다.

3. 시혜적 대상자의 불복 가능성

사업시행자가 스스로 생활대책을 수립, 실시할 수 있도록 하는 내부규정을 두고 있고 내부규정에 따라 생활대책대상자 선정기준을 마련하여 생활대책을 수립, 실시하는 경우에는 생활대책 역시 정당보상에 포함되는 것으로 보아야 한다. 따라서 사업시행자가 생활대책대상자에서 제외하거나 선정을 거부하면 이러한 생활대책대상자 선정기준에 해당하는 자는 사업시행자를 상대로 항고소송을 제기할 수 있다.

4. 이주자택지공급신청거부처분 후 재신청하여 행정청이 재거부한 경우 거부의 성질

거부처분이 있은 후 당사자가 다시 신청을 한 경우에는 신청의 제목 여하에도 불구하고 그 내용이 새로운 신청을 하는 취지라면 관할 행정청이 이를 다시 거절하는 것은 새로운 거부처분이라고 보아야 한다.

제2장 손실보상 각론

논점 현황평가의 예외 (A)

1. 현황평가의 의의

보상이 되는 토지에 대해 가격시점의 현실적인 이용상황을 기준으로 하여 산정하는 것이 원칙으로 ① 공부상 지목보다 실제 이용상황을 기준으로 하며, ② 1필 토지가 여러 용도에 이용되고 있는 경우 각각의 용도에 의해 보상한다. ③ 다만 위법에 기인한 경우는 그렇지 않다.

2. 현황평가주의의 예외

(1) 법률적 규제를 포함하는 광의의 개념

해당 사업을 직접 목적으로 하는 개별적 제한은 제한 없는 상태로 평가하며 해당 사업을 이유로 용도변경된 토지 역시 종전 용도지역을 기준한다.

(2) 물리적 이용현황 중심의 협의의 개념

1) 일시적인 이용상황

해당 토지의 이용이 일시적인 이용상황인 경우에는 이를 고려하지 않는다. 일시적인 이용상황은 관계법령에 따른 국가 또는 지방자치단체의 계획이나 명령 등에 따라 해당 토지를 본래의 용도로 이용하는 것이 일시적으로 금지되거나 제한되어 그 본래의 용도와 다른 용도로 이용되고 있거나 해당 토지의 주위 환경의 사정으로 보아 현재의 이용방법이 임시적인 것으로 한다.

2) 무허가건축물 등의 부지(칙 제24조)

무허가건물 등의 부지라 함은 관계법령에 의해 허가를 받거나 신고를 하고 건축 또는

용도변경을 하여야 하는 건물을 허가를 받지 아니하거나 신고를 하지 아니하고 건축 또는 용도변경한 건물의 부지를 말하는데, 1989.1.24 이후에 건축 또는 용도변경된 무허가건물 등의 부지에 대하여서는 무허가건물 등이 건축 또는 용도변경될 당시의 이용상황을 상정하여 평가한다.

3) 불법형질변경 토지(칙 제24조)

불법으로 형질변경된 토지라 함은 관계법령에 의해 허가나 승인을 받고 형질변경하여야 할 토지를 허가나 승인을 받지 아니하고 형질변경한 경우를 말하며, 1995.1.7. 이후에 공익사업지구에 편입된 불법형질변경된 토지는 토지의 형질이 변경될 당시의 이용상황을 상정하여 평가한다.

4) 미지급용지(칙 제25조)

종전에 시행된 공익사업의 부지로서 보상금이 지급되지 아니한 토지에 대하여는 종전의 공익사업에 편입될 당시의 이용상황을 상정하여 평가한다. 다만, 종전의 공익사업에 편입될 당시의 이용상황을 알 수 없는 경우에는 편입될 당시의 지목과 인근 토지의 이용상황 등을 참작하여 평가한다.

5) 건물 등의 부지(칙 제22조)

토지에 건물 등 지장물이 있는 때에는 그 상태대로 평가하는 것이 아니라 지장물이 없는 토지의 나지상태를 상정하여 평가한다.

6) 공법상 제한을 받은 토지(칙 제23조)

공법상 제한을 받는 토지는 그 공법상의 제한이 당해 공공사업의 시행을 직접 목적으로 가하여진 경우에는 그러한 제한이 없는 것으로 보고 평가한다.

7) 당해 공공사업의 시행을 직접목적으로 하여 용도지역이 변경된 토지(칙 제23조 제2항)

당해 공공사업의 시행을 직접 목적으로 용도지역 또는 용도지구 등이 변경된 경우에는 변경전의 용도지역 또는 용도지구 등을 기준으로 토지를 평가한다.

3. 현황평가 예외의 정당성

토지소유자 보호 내지 위법행위의 합리화 조장방지 취지인바 정당성이 인정된다.

4. 현황평가시 개별요인 적용기준

현황이 맹지인 토지에 대하여 계획도로가 지적·고시된 경우, 지적고시된 계획도로가 가까운 시일 내에 개설공사가 착공되리라는 점이 인정되지 않는 이상 그 토지가 도로에 접면한 토지라고는 볼 수 없으므로, 계획도로가 지적·고시되었다는 사유만으로 도로에 접면한 토지임을 전제로 개별토지가격을 산정한 것은 위법하다.

PART · 08

논점 **공법상 제한을 받는 토지 [A]**

1. 의의 및 기능

공법상 제한을 받는 토지라 함은 관계법령에 의해 가해지는 토지이용규제나 제한을 받는 토지로서, 이는 국토공간의 효율적 이용을 통해 공공복리를 증진시키는 수단으로 기능한다.

2. 공법상 제한을 받는 토지의 평가기준(토지보상법 시행규칙 제23조)

(1) 일반적 제한

제한 그 자체로 목적이 완성되고 구체적 사업의 시행이 필요하지 않은 경우로 그 제한받는 상태대로 평가한다.

(2) 개별적 제한

그 제한이 구체적 사업의 시행을 필요로 하는 경우를 말하며 개별적 제한이 해당 공익사업의 시행을 직접 목적으로 가해진 경우에는 제한이 없는 상태로 평가한다.

(3) 해당 사업으로 인한 용도지역 등의 변경

용도지역 등 일반적 제한일지라도 해당 사업시행을 직접 목적으로 하여 변경된 경우에는 변경되기 전의 용도지역을 기준으로 하여 평가한다.

(4) 당초의 목적사업과 다른 공익사업에 편입된 경우

공법상 제한을 받는 수용대상 토지의 보상액을 산정함에 있어서는 그 공법상 제한이 해당 공공사업의 시행을 직접 목적으로 가하여진 경우는 물론 당초의 목적사업과는 다른 목적의 공공사업에 편입수용되는 경우에도 그 제한을 받지 아니하는 상태대로 평가하여야 할 것이다.

(5) 수용대상 토지에 관하여 특정 시점에서 용도지역 등을 지정 또는 변경을 하지 않은 것이 특정 공익사업의 시행을 위한 것인 경우, 공익사업의 시행을 직접 목적으로 하는 제한으로 보아 용도지역 등의 지정 또는 변경이 이루어진 상태를 상정하여 토지가격을 평가해야 하는지 여부 및 특정 공익사업의 시행을 위하여 용도지역 등을 지정 또는 변경을 하지 않았다고 보기 위한 요건

어느 수용대상 토지에 관하여 특정 시점에서 용도지역·지구·구역(이하 '용도지역 등'이라고 한다)을 지정 또는 변경하지 않은 것이 특정 공익사업의 시행을 위한 것일 경우 이는 해당 공익사업의 시행을 직접 목적으로 하는 제한이라고 보아 용도지역 등의 지정 또는 변경이 이루어진 상태를 상정하여 토지가격을 평가하여야 한다. 여기에서 특정 공익사업의 시행을 위하여 용도지역 등을 지정 또는 변경하지 않았다고 볼 수 있으려면, 토지가 특정 공익사업에 제공된다는 사정을 배제할 경우 용도지역 등을 지정 또는 변경하지 않은 행위가 계획재량권의 일탈·남용에 해당함이 객관적으로 명백하여야만 한다.

논점 무허가건축물 부지 (A)

1. 의의 및 근거규정

관계법령에 의하여 허가를 받거나 신고를 하고 건축 또는 용도변경을 하여야 하는 건축물을 허가를 받지 아니하거나 신고를 하지 아니하고 건축 또는 용도변경한 건축물의 부지를 말한다. 토지보상법 시행규칙 제24조에 근거규정을 두고 있다.

2. 평가방법

(1) 원칙 및 취지

무허가건축물 부지에 대해 무허가건축물이 건축 또는 용도변경될 당시의 이용상황을 상정하여 평가하도록 한다. 이 취지는 현실 이용상황 기준평가의 예외로 위법의 합법화로 현저히 공정성을 잃은 불합리한 보상이 될 가능성이 있기 때문이다.

(2) 예외

무허가건축물이라 하더라도 1989년 1월 24일 이전에 건축된 무허가건축물 부지는 적법한 건축물로 보아 현황평가하도록 하고 있다.

(3) 무허가건축물 부지의 범위

판례는 무허가건축물 부지의 범위는 해당 건축물의 용도 및 규모 등을 감안하여 사용수익에 필요한 범위 내 토지와 불가분적으로 사용되는 범위를 의미한다고 판시한 바 있으나, 중앙토지수용위원회 및 토지보상법 시행규칙 부칙 제5조에 따르면 '1989. 1.24. 이전 무허가건축물의 부지면적 산정 시에는「국토의 계획 및 이용에 관한 법률」등의 건폐율을 적용하여 산정한 면적을 초과할 수 없다'고 규정하고 있다. 따라서 무허가건축물의 부지 범위와 관련하여 관계법령상 인정되는 건폐율을 초과할 수 없는 것으로 판단된다.

3. 입증책임

(1) 문제점

무허가건축물인지 여부와, 89.1.24. 이후에 신축했는지의 입증을 누가 해야 하는지가 문제된다.

(2) 토지소유자가 입증해야 한다는 견해

사업시행자가 작성한 물건조서에는 진실의 추정력이 있는바, 그것을 주장하는 사람이 입증해야 한다는 견해이다.

(3) 사업시행자가 입증해야 한다는 견해

토지평가의 대원칙은 현황이용평가로서, 그 예외사유를 주장하는 사업시행자가 입증해야 한다고 한다.

(4) 검토

생각건대 대원칙에 따라 사업시행자가 입증해야 하며, 조서작성 시에도 이 원칙을 외면할 수 없으므로 사업시행자가 책임을 부담하는 것이 타당하다고 사료된다.

4. 판단기준 등

(1) 무허가건축물관리대장에 건축물로 등재되어 있는 토지의 적법성

무허가건축물관리대장에 건축물로 등재되어 있다고 하여 그 건축물이 적법한 절차를 밟아서 건축된 것이라거나 그 건축물의 부지가 적법하게 형질변경된 것으로 추정된다고 할 수 없다.

(2) 사용승인이 요구되는지 여부

판례는 관할 행정청으로부터 건축허가는 받았으나 사용승인을 받지 않은 주택도 이주대책대상자에 포함된다고 판시하여 사용승인을 득하지 않았다고 하여 무허가건축물이 되는 것은 아니라고 본다.

논점 불법형질변경토지 [A]

1. 의의 및 근거

불법형질변경토지란 관계법령에 의해 허가, 신고가 필요함에도 이를 하지 않은 채 형질변경한 토지를 말한다. 보상법 시행규칙 제24조에 규정되어 있다. 불법형질변경이란 ① 절토, 성토, 정지 등 형질변경과 공유수면매립, ② 단순히 용도만 변경하는 경우도 해당되며, ③ 농지 상호 간의 변경은 형질변경으로 보지 않는다.

2. 평가방법

(1) 원칙 및 취지

불법형질변경된 토지는 형질변경될 당시의 이용상황을 상정하여 평가하도록 되어 있다. 이는 현황평가주의의 예외로, 동 규정의 취지는 위법행위의 합법화를 통한 불합리한 보상의 배제에 있다.

(2) 예외

1995.1.7. 당시 공익사업시행지구에 편입된 불법형질변경토지에 대해서는 이를 현실적 이용상황에 따라 보상한다.

3. 보상평가방법의 정당성 검토

(1) 평등의 원칙 위배 여부

1995.1.7. 이전의 불법형질변경된 토지가 공공사업시행지구에 포함된 경우에 현황평가를 하며, 그 외의 토지는 언제 변경이 되었느냐를 묻지 않고 무조건 변경 당시를 기준으로 평가하는 것이 불합리한 차별로 평등원칙 위반이 아닌지 문제가 제기되지만, 불법 앞의 평등은 평등원칙에 포함되지 않으므로 평등원칙 위반이 아니다.

(2) 소급입법에 의한 재산권 침해 여부

1) 문제점

헌법 제13조 제2항에 의할 때 진정소급입법에 의해 재산권을 박탈당하지 않으며, 진정소급입법이란 과거에 완성된 사실, 법률관계를 대상으로 입법하는 것을 말한다.

2) 견해대립

진정소급입법으로 위헌이라는 견해가 있으나 소급입법 예상이 가능하고 신뢰이익이 적은 경우, 당사자 손실이 경미한 경우, 중대한 공익상 필요가 있을 때 예외적으로 가능하며, 합헌이라는 견해가 대립한다.

3) 검토

생각건대 불법형질변경토지는 일반적으로 국민이 소급입법을 예상할 수 있어서 보호할 신뢰이익이 적고, 신뢰보호요청에 우선하는 심히 중대한 공익성의 사유로 보아 소급입법이 예외적으로 허용되는 경우라 볼 수 있다.

4. 입증책임

(1) 견해대립

사업시행자 작성조서에 진실의 추정력이 있는바 그것을 주장하는 사람이 입증해야 한다는 견해와 토지평가의 대원칙은 현황이용평가로 그 예외사유를 주장하는 사업시행자가 입증해야 한다고 한다는 견해가 대립한다.

(2) 판례의 태도

'수용대상 토지의 이용상황이 일시적이라거나 불법형질변경토지에 해당하는지 여부는 이를 주장하는 쪽에서 증명해야 하며, 수용대상 토지의 형질변경 당시 관계법령에 의한 허가 또는 신고의무가 존재하였고 그럼에도 허가를 받거나 신고를 하지 않은 채 형질변경이 이루어졌다는 점이 증명되어야 한다'고 판시한 바 있다.

(3) 검토

생각건대 대원칙에 따라 사업시행자가 입증해야 하며, 조서작성 시에도 이 원칙을 외면할 수 없으므로 사업시행자가 책임을 부담한다.

📖 알아두기

관련문제

1. **무허가건축물 부지와의 관계**
무허가건축물 부지이면 불법형질변경에 해당되지 않는다.

2. **제3자가 불법형질변경한 경우**
불법형질변경을 제3자가 한 경우에도 적법한 허가나 승인 없이 한 경우이므로 동 규정이 그대로 적용된다고 할 것이다. 사업시행자가 편입 후, 토지소유자의 동의나 적법한 형질변경의 허가 없이 공사를 시행하는 경우, 사업시행자에게는 공물의 관리권 또는 공익사업의 시행권한이(토지형질변경권한 등 포함) 있으므로 그 토지형질변경행위가 불법으로 되지는 않는다고 볼 수 있다.

3. **형질변경요건 중 준공검사나 지목변경이 수반되는지 여부**
토지의 형질변경이란 절토, 성토, 정지 또는 포장 등으로 토지의 형상을 변경하는 행위와 공유수면의 매립을 뜻하는 것으로서, 토지의 형질을 외형상으로 사실상 변경시킬 것과 그 변경으로 인하여 원상회복이 어려운 상태에 있을 것을 요하지만, 형질변경허가에 관한 준공검사를 받거나 토지의 지목까지 변경시킬 필요는 없다.

4. **지목이 임야이나 현황 농경지인 경우**
지목이 임야이나 농지로 이용 중인 토지는 '산지관리법' 부칙(제10331호, 2010.5.31.)

제2호 "불법전용산지에 관한 임시특례" 규정 절차에 따라 농지(전, 답, 과수원)으로 지목이 변경된 경우에 한해서 농지로 보상평가한다. 협의계약체결일 또는 수용재결일까지 지목변경이 이루어지지 않은 경우에는 임야로 평가한다.

그러나 농지법에서는 지목이 임야인 경우에도 형질변경을 거쳐 3년 이상 다년생식물의 재배지로 이용한 경우에는 농지에 해당한다고 규정하고 있었기에 「농지법 시행령」 제2조 제2항 제2호가 개정(2016.1.21. 시행)되어 '산지전용허가'를 거치지 아니하고 농작물을 경작하는 경우에는 이를 농지로 보지 아니하도록 개정되었다. 다만 개정된 시행령 부칙 제2조 제2호에 '이 영 시행 당시 지목이 임야인 토지로서 토지형질을 변경하고 농작물을 경작 또는 다년생식물의 재배에 이용하고 있는 토지에 대하여는 종전 규정에 따른다'고 정하고 있으므로 종전에 지목이 임야인 토지에 대하여는 「산지관리법」에 따른 산지전용허가를 받지 아니하더라도 3년 이상 농작물을 경작하는 경우에는 농지로 인정된다.

논점 | 미지급용지 (A)

1. 의의 및 근거

미지급용지란 종전에 시행된 공익사업의 부지로서 보상금이 지급되지 않은 토지를 말하며 현황평가의 예외에 해당한다. 이는 시행규칙 제25조에 규정되어 있으며 피수용자의 불이익 방지에 취지가 인정된다.

2. 평가방법

(1) 원칙

종전 공익사업에 편입될 당시의 이용상황을 상정하여 평가한다. 또한 용도지역 등 공법상 제한은 가격시점을 기준한다. 다만 용도지역 등이 종전 또는 새로운 사업과 무관하게 변경된 경우에는 가격시점의 용도지역 등을 적용한다.

(2) 예외

종전의 공익사업에 편입될 당시의 이용상황을 알 수 없는 경우에는 편입될 당시의 지목과 인근 토지의 이용상황 등을 참작하여 평가한다. 종전 사업 편입될 당시 이용상황을 상정하는 때에는 편입당시의 지목, 실제용도, 지형, 지세, 면적 등 개별요인을 고려해야 한다. 인근 지역의 표준적 이용상황이 변경된 경우는 가격시점에서의 인근 토지의 표준적 이용상황을 기준으로 판단하되 형질변경에 드는 비용을 고려해야 한다.

3. 적용대상

(1) 학설

① 무제한적용설

공익사업의 시행결과가 토지소유자에게 유·불리한 경우에 모두 미지급용지 규정을 적용해야 한다고 한다.

② 제한적용설

상기 규정을 제한적으로 적용해야 한다고 보면서 종전보다 현황이 불리해진 경우에만 미지급용지 규정을 적용해야 한다고 한다.

(2) 판례

판례는 공공사업의 시행자가 적법한 절차에 의하여 취득하지도 못한 상태에서 공공사업을 시행하여 토지의 현실적인 이용상황을 변경시킴으로써 오히려 토지가격을 상승시킨 경우에는 미지급용지라고 볼 수 없다고 판시하였으나, 공공사업에 편입된 국유토지를 일반 매매의 방식으로 취득하여 적법하게 공공사업을 시행한 후 그 토지에 대한 소유권이 취득시효 완성을 원인으로 사인에게 이전된 경우에는 공공사업에 편입될 당시의 이용상황을 상정하여 평가하여야 한다고 판시한 바 있다.

(3) 검토

미지급용지는 그 취지가 토지소유자의 손해방지 차원에서 이루어진 것이므로 하락한 경우에만 적용하는 것이 타당하다.

4. 관련문제

(1) 보상의무자

논리적으로 종전 사업시행자가 의무자가 되는 것이 타당하나 종전 사업시행자가 없는 등의 경우에 토지소유자를 보호하기 위하여 새로운 사업시행자가 보상의무자가 된다.

(2) 국가 등의 점유시효취득

민법 제245조 제1항에서는 부동산을 20년간 소유의 의사로서 평온, 공연하게 점유한 자는 등기함으로써 그 소유권을 취득한다고 규정하고 있다. 이에 대해 종전에는 판례가 국가 등 점유를 자주점유로 보아 시효취득을 인정하였으나 전원합의체 판결로 악의의 무단점유자에게는 시효취득이 인정되지 않는다고 판시하였다. 시효취득이 인정되면 소유자에게 너무 가혹하므로 판례가 타당하다.

(3) 부당이득반환청구

판례는 국가 등이 도로부지를 점유하는 경우 사권행사가 제한되는 것이며, 소유권은 존재한다고 보아 점유상실에 대한 사용료의 부당이득반환청구권을 인정하였다. 다만, 국가에 대한 채권소멸시효는 5년으로 가격시점으로부터 과거 5년 동안만 청구가 가능하다.

논점 도로부지 평가 [A]

1. 도로의 의의

도로라 함은 사람 또는 차량만이 통행할 수 있도록 만들어진 길을 의미한다. 토지보상법은 사도법상의 사도, 사실상의 사도, 그 외의 도로부지로 분류하여 그 평가기준을 달리 정하고 있다(시행규칙 제26조).

2. 도로의 분류

(1) 사도법상 사도

사도법상 사도란 도로법 제2조 제1항의 규정에 의한 도로나 도로법의 준용을 받는 도로가 아닌 것으로서 그 도로에 연결되는 길로 사도개설허가를 받은 것을 의미한다.

(2) 사실상의 사도

사실상의 사도라 함은 사도법에 의한 사도 외의 도로로서 ① 자기 토지의 편익을 위하여 스스로 설치한 도로, ② 토지소유자가 그 의사에 의하여 타인의 통행을 제한할 수 없는 도로, ③ 건축법에 따라 건축허가권자가 그 위치를 지정·공고한 도로, ④ 도로 개설 당시의 토지소유자가 대지 또는 공장용지 등을 조성하기 위하여 설치한 도로를 말한다.

(3) 판단기준

1) 도로개설 당시의 토지소유자가 자기 토지의 편익을 위하여 스스로 설치한 도로

인접 토지의 획지면적, 소유관계, 이용상태 등이나 개설경위, 목적, 주위환경 등에 의하여 객관적으로 판단한다.

2) 토지소유자가 그 의사에 의하여 타인의 통행을 제한할 수 없는 도로

법률상 소유권을 행사하여 통행을 제한할 수 없는 경우뿐만 아니라 사실상 통행을 제한하는 것이 곤란하다고 보이는 경우도 해당한다고 할 것이나, 적어도 도로로의 이용상황이 고착화되어 해당 토지의 표준적 이용상황으로 원상회복하는 것이 용이하지 않은 상태에 이르러야 할 것이어서 단순히 해당 토지가 불특정 다수인의 통행에 장기간 제공되어 왔고 이를 소유자가 용인하여 왔다는 사정만으로는 사실상의 도로에 해당한다고 할 수 없다. 또한 일반교통방해죄에 해당하는 것인지도 하나의 기준이 될 수 있을 것이다.

3) 자연발생적으로 도로화된 경우

도시계획(도로)의 결정이 없는 상태에서 불특정 다수인의 통행에 장기간 제공되어 자연발생적으로 사실상 도로화된 경우에도 사실상의 사도에 해당하고, 도시계획으로 결정된 도로라 하더라도 그 이전에 사도법에 의한 사도 또는 사실상의 사도가 설치된 후에 도시계획결정이 이루어진 경우 등에도 거기에 해당하며, 다만 토지의 일부가 일정기간 불특정 다수인의 통행에 제공되거나 사실상 사도로 사용되고 있더라도 토지소유자가 소유권을 행사하여 그 통행을 금지시킬 수 있는 상태에 있는 토지는 거기에 해당하지 아니한다.

(4) 사도법상 사도에 준하는 경우

해당 토지가 도로법에 의한 도로에 연결되었다면 특별한 사정이 없는 한 사도법에 의한 사도에 준하는 실질을 갖추었다고 볼 것이고, 반드시 그 도로가 불특정 다수인의 통행에 제공될 필요까지는 없다.

(5) 예정공도

'공익계획사업이나 도시계획의 결정·고시 때문에 이에 저촉된 토지가 현황도로로 이용되고 있지만 공익사업이 실제로 시행되지 않은 상태에서 일반공중의 통행로로 제공되고 있는 상태로서 계획제한과 도시계획시설의 장기 미집행상태로 방치되고 있는 도로'를 의미한다. 이는 사실상의 사도에서 제외된다.

3. 도로의 평가기준

(1) 사도법상 사도

사도법에 의한 사도부지는 인근 토지평가액의 1/5 이내로 평가하도록 토지보상법 시행규칙 제26조 제1항 제1호에서 규정하고 있다. 여기서 '인근 토지'라 함은 당해 도로부지가 도로로 이용되지 아니하였을 경우에 예상되는 표준적인 이용상황과 유사한 토지로서 당해 토지와 위치상으로 가까운 토지를 말한다(동조 제4항).

(2) 사실상 사도

사도 외 사실상의 사도부지는 인근 토지평가액의 1/3 이내로 평가하도록 토지보상법 시행규칙 제26조 제1항 제2호에서 규정하고 있다.

(3) 그 외의 도로부지

공도부지는 평가대상 토지와 유사한 이용가치를 지닌다고 인정되는 표준지공시지가를 기준으로 평가하고, 공도 외의 그 외의 도로부지는 일반토지의 평가방법에 준하여 정상평가한다(토지보상법 시행규칙 제26조 제1항 제3호).

(4) 미지급용지인 도로보상

종전 시행된 공공사업부지로서 보상금이 지급되지 아니한 토지로, 정당보상관점에서 편입 당시 이용상황기준으로 보상한다. 이는 보상금지급 여부, 자익성 여부, 인근 토지가격에 화체 여부 등을 기준으로 일반도로와 구별한다.

4. 도로보상기준의 정당보상 여부

(1) 도로부지를 감가보상하는 이유

도로의 평가를 함에 있어서 인근 토지보다 낮게 평가한다고 규정한 취지는 현실 이용상황이 도로로 되었기 때문에 이를 감가한다는 뜻이 아니고 도로의 가치가 그 도로로 인하여 보호되고 있는 토지의 효용이 증가됨으로써 보호되고 있는 토지에 가치가 화체되었기 때문에 그 평가액은 당연히 낮아야 한다는 이유를 배경으로 일반토지에 비해 감가보상되는 것이다.

(2) 판례의 태도

대법원 판례는 도로에 관한 규정의 취지는 사실상 불특정 다수인에게 제공되어 있는 토지이기만 하면 그 모두를 인근 토지의 3분의 1 이내로 평가하여야 한다는 것이 아니라, 그 도로의 개설경위·목적·주위환경 등의 제반사정에 비추어 해당 토지소유자가 자기 토지의 편익을 위하여 스스로 공중의 통행에 제공하는 등 인근 토지에 비하여 낮은 가격으로 보상하여 주어도 될만한 객관적인 사유가 인정되는 경우에만 인근 토지의 3분의 1 이내에서 평가하고, 그러한 사유가 인정되지 아니하는 경우에는 위 규정의 적용에서 제외되어야 한다고 판시하여 종래 공특법상의 규정의 불합리성을 지적하였다.

5. 관련문제

① 타인통행을 제한할 수 없는 토지 중 분할양도로 인한 통행권의 경우는 감가하는 것이 타당하나, ② 정상임대료 또는 그 이상의 지료를 받는 경우는 화체되었다고 보기 어려우므로 정상평가함이 타당하다.

6. 시행규칙 제26조 법적 성질

시행규칙 제26조의 성질을 행정규칙으로 본 판례가 있는데, 이는 과거 규정과 현행 규정의 내용이 다르기 때문이다.

과거 공공용지의 취득 및 손실보상에 관한 특례법에서는 "대통령령이 정하는 범위 안에서 건설부장관이 정한다."고 규정하였고, 이에 따라 건설교통부장관이 행정규칙으로 '공공용지의 보상평가기준에 관한 규칙'을 제정하였다. 동 규칙에 도로에 대한 보상규정이 있었다. 이후, 동 규칙이 공공용지의 취득 및 손실보상에 관한 특례법 시행규칙으로 형식변화가 있었으나 동 시행규칙은 명확한 위임근거규정이 명시되지 않고 있었다. 따라서 판례는 도로보상에 관한 규칙의 법적 성질을 행정규칙으로 보게 되었다. 그러나 현행 토지보상법 시행규칙은 '토지보상법 및 동법 시행령에서 위임된 사항과 그 시행에 필요한 사항'을 규정함을 목적으로 한다고 하여 위임의 근거를 명확히 하고 있으므로 법규명령이라고 보아야 할 것이다.

논점 **개간비 (B)**

1. 의의 및 근거

개간비란 토지의 매립, 간척 등 개간에 소요된 비용을 말한다. 이는 실비변상적 성격을 가지며 시행규칙 제27조에서 규정하고 있다.

2. 보상요건

① 국가, 지방자치단체 소유의 토지를, ② 적법하게 개간하고, ③ 개간 시부터 보상 당시까지 계속 점유하고 있을 것을 요건으로 한다(상속인정).

3. 개간비 평가방법

(1) 원칙

가격시점 현재 개간에 소요되는 비용으로 평가하되, 개간 전후의 가격 차이를 한도로 한다.

(2) 예외

가격시점 현재 개간비용을 알 수 없는 경우는 개간 후의 토지가격에 일정비율을 적용하여 산정한다. ① 주거, 상업, 공업지역은 1/10, ② 녹지지역은 1/5, ③ 도시지역 외는 1/3을 적용한다.

4. 관련문제

(1) 점용기간이 만료된 경우

점용기간이 만료된 후에는 적법하게 점유하고 있다고 볼 수 없으므로 개간비의 보상대상이 아니다.

(2) 허가용도와 다른 용도로 개간한 경우

관계법령에 의하여 허가를 받고 개간하였

으나 그 용도가 허가된 용도와 다른 경우에
는 이를 적법하게 개간한 경우로 볼 수 없
으므로 개간비의 보상대상이 아니다.

(3) 점용허가면적과 상이한 경우

점용허가면적을 초과하여 개간한 경우 초
과부분은 적법한 개간으로 볼 수 없으므로
개간비의 보상대상이 아니다.

(4) 원상회복 또는 보상제한의 부관이 있는 경우

점용허가의 부관으로 점용기간 만료 시에
는 원상회복하여야 한다든가, 또는 보상을
청구하지 않는다는 등의 부관이 있는 경우
는 개간비의 보상은 인정되지 않는다.

논점 **잔여지 감가보상 (A)**

1. 의의 및 취지(토지보상법 제73조)

일단의 토지 중 일부가 취득됨으로 인하여 잔
여지의 가치가 하락된 경우 그 손실을 보상
하는 것을 의미한다. 이는 잔여지 소유자의
재산권을 보호하기 위한 취지가 인정된다.

2. 요건

① 일단의 토지 중 일부가 편입될 것, ②
잔여지의 가치가 하락될 것을 요건으로 한
다. ③ 잔여지 가치하락 보상은 사업완료일
로부터 1년 이내에 행사할 수 있다.

3. 보상액 산정

가치하락 보상의 경우에는 편입 전 잔여지
의 가격에서 편입 후 잔여지의 가격을 뺀
금액으로 평가한다. 통로, 구거 등의 신설
이나 그 밖의 공사가 필요하게 된 경우 손
실을 그 시설의 설치나 공사에 필요한 비용
으로 한다.

이는 현실적 이용상황의 변경뿐만 아니라
장래의 이용 가능성이나 거래의 용이성 등
에 의한 사용가치 및 교환가치의 하락도 포
함해야 한다.

4. 권리구제

잔여지 및 잔여건축물의 가격감소 등으로
인한 손실보상을 받기 위해서는 토지보상
법 제34조, 제50조 등에 규정된 재결절차
를 거친 다음 재결에 대하여 불복이 있는
때에 비로소 토지보상법 제83조 내지 제85
조에 따라 권리구제를 받을 수 있을 뿐, 재
결절차를 거치지 않은 채 곧바로 사업시행
자를 상대로 손실보상을 청구하는 것은 허
용되지 않고, 이는 수용대상 건축물에 대하
여 재결절차를 거친 경우에도 마찬가지이다.

PART · 08

논점 사업인정 전 무허가건축물 보상대상 여부 (A)

1. 문제점

무허가건축물 중 특히 사업인정 이전 무허가건축물의 보상대상 여부가 법률의 규정이 없어 해석의 문제가 발생한다. 손실보상의 요건과 관련하여 공공필요, 적법한 침해, 특별한 희생은 문제되지 않으나, 재산권의 충족 여부가 문제된다.

2. 허가의 성질과 재산권

허가란 법령에 의하여 일반적, 상대적 금지를 특정한 경우에 해제하여 적법하게 일정 행위를 할 수 있게 하는 행위이다. 허가를 요하는 행위를 허가 없이 행한 경우 행정상 강제집행이나 처벌의 대상이 될 수 있는 것은 별론으로 하고 행위 자체의 효력이 부인되는 것은 아니다. 따라서 허가 유무에 따라 재산권의 범위가 달라질 수 없다.

3. 학설

(1) 긍정설

허가란 법령에 의하여 제한된 상대적 금지를 특정한 경우에 해제하여 적법하게 일정 행위를 할 수 있게 하는 행위로서 허가를 요하는 행위를 허가 없이 행한 경우 행정상 강제집행이나 처벌의 대상이 될 수 있는 것은 별론으로 하고 행위 자체의 효력이 부인되는 것은 아니므로 허가유무에 따라 재산권이 달라질 수 없다고 주장한다.

(2) 부정설

무허가건축물은 대집행의 대상이 되므로 대집행을 실행하는 경우, 재산적 가치가 소멸하게 되므로 보상대상에서 제외된다고 한다.

4. 판례의 태도

대법원은 지장물인 건물을 보상대상으로 함에 있어서 건축허가 유무에 따른 구분을 두고 있지 않을 뿐만 아니라, 주거용 건물에 관한 보상특례 및 주거이전비는 무허가건물의 경우에는 적용되지 아니한다고 규정하여 무허가건물도 보상의 대상에 포함됨을 전제로 하고 있는바, 사업인정고시 이전에 건축된 건물이기만 하면 손실보상의 대상이 됨이 명백하다고 판시한 바 있다.

5. 검토

〈생각건대〉 허가는 그 성질에 비추어 행위의 적법성 여부에만 관여하고 유효성 여부와는 무관하므로 재산권 요건을 충족하여 사업인정 이전 건축물에 해당하여 허가 여부와 무관하게 보상의 대상이라고 판단된다.

1. 의의 및 보상의 성격

영업보상이란 공공사업의 시행에 따라 영업을 폐지 또는 휴업하게 되는 경우에 사업시행자가 장래 예상되는 전업 또는 이전에 소요되는 일정한 기간 동안의 영업소득 또는 영업시설 및 재고자산에 대한 손실을 보상하는 것으로서, 합리적 기대이익의 상실이라는 점에서 일실손실의 보상의 성격이 있다.

2. 대상영업(규칙 제45조)

영업은 적법한 장소에서 인적·물적 설비를 갖추고 계속적으로 행하고 있는 일체의 경제활동을 의미하며, 영업보상은 허가·신고·면허를 받은 영업으로서 허가의 범위 내에서 영업을 대상으로 한다. 이때 보상계획의 공고, 사업인정고시 후 행하는 영업은 영업으로 보지 아니한다. 다만, 무허가건축물 등에서 임차인이 영업하는 경우에는 그 임차인이 사업인정고시일 등 1년 이전부터 영업을 행한 경우에는 대상으로 한다.

3. 영업의 폐지에 대한 보상

(1) 영업폐지요건(시행규칙 제46조 제2항)

① 영업장소 또는 배후지의 특수성으로 인하여 당해 영업소가 소재 또는 인접하고 있는 시·군·구의 지역 안의 다른 장소에 이전하여서는 당해 영업을 할 수 없는 경우

② 당해 영업소가 소재 또는 인접하고 있는 시·군·구의 지역 안의 다른 장소에서는 당해 영업의 허가 등을 받을 수 없는 경우

③ 도축장 등 악취 등이 심하여 인근주민에게 혐오감을 주는 영업시설로서 해당 영업소가 소재하고 또는 인접하고 있는 시·군·구의 지역 안의 다른 장소로 이전하는 것이 현저히 곤란하다고 특별자치도지사·시장·군수 또는 구청장이 객관적인 사실에 근거하여 인정하는 경우

(2) 보상방법

① 영업을 폐지하는 경우의 영업손실은 2년간의 영업이익과 고정자산 등의 매각손실액을 더한 금액으로 한다. 영업이익은 최근 3년간 평균 영업이익을 기준으로 하되 공익사업의 시행이 고시됨으로 인하여 영업이익이 감소된 경우에는 고시 전 3년간의 영업이익을 기준으로 한다.

② 한편, 개인영업인 경우에는 최저 영업이익을 보장하고 있으며 근로자에 대한 실직보상을 지급한다.

③ 무허가건축물 등에서 사업인정고시일 등 1년 이전부터 사업자등록을 행하고 있는 임차인의 영업에 대한 보상액 중 영업용 고정자산·원재료·제품 및 상품 등의 매각손실액을 제외한 금액은 1천만원을 초과하지 못한다.

(3) 보상금의 환수

사업시행자는 영업자가 영업의 폐지 후 2년 이내에 해당 영업소가 소재 또는 인접하고 있는 시·군·구의 지역 안에서 동일한 영업을 하는 경우에는 영업의 폐지에 대한 보상금을 환수하고 영업의 휴업 등에 대한 손실을 보상하여야 한다.

4. 영업휴업에 대한 보상

영업이 일정기간 휴업하는 경우의 보상으로서 영업장소를 이전하거나 시설물이 일부 편입되거나 임시영업소를 설치하는 경우에 각각 일정액을 보상한다. 또한 근로자에 대해서는 휴직보상을 지급한다.

5. 무허가영업 등에 대한 보상(시행규칙 제52조)

무허가영업을 공익사업의 시행으로 인하여 적법한 장소에서 영업을 계속할 수 없게 된 경우에는 도시근로자가구 월평균 가계지출비를 기준으로 산정한 3인 가구 3개월분 가계지출비에 해당하는 금액을 영업손실에 대한 보상금으로 지급한다. 다만 영업시설·원재료·제품 및 상품의 이전에 소요되는 비용 및 그 이전에 따른 감손상당액은 별도로 보상한다. 다만, 본인 또는 생계를 같이 하는 동일 세대 안의 직계존속·비속 및 배우자가 해당 공익사업으로 다른 영업에 대한 보상을 받은 경우에는 영업시설 등의 이전비용만을 보상하여야 한다.

6. 관련문제

(1) 사업인정고시일 이후 다른 장소로 이전한 경우

사업인정고시일 당시 보상대상에 해당한다면 그 후 사업지구 내 다른 토지로 영업장소가 이전되었더라도 손실보상의 대상이 된다. 사업인정고시일 이후 영업장소 등이 이전되어 수용재결 당시에는 해당 토지 위에 영업시설 등이 존재하지 않게 된 경우 사업인정고시일 이전부터 그 토지상에서 영업을 해 왔고 그 당시 영업을 위한 시설이나 지장물이 존재하고 있었다는 점은 이를 주장하는 자가 증명하여야 한다.

(2) 가설건축물의 경우

가설건축물의 철거에 따른 손실보상을 청구할 수 없고 보상을 청구할 수 없는 손실에는 가설건축물 철거에 따른 손실뿐만 아니라 가설건축물 철거에 따른 영업손실도 포함된다고 하였다(국계법상 사업시행 3개월 전까지 원상회복의무가 있는 경우의 판례이므로 모든 가설건축물이 적용되는 것은 아님에 유의).

(3) 무허가건축물인 경우 소유자와 임차인의 합리적 차별

① 무허가건축물을 임차하여 영업하는 사업자의 경우 일반적으로 자신 소유의 무허가건축물에서 영업하는 사업자보다는 경제적·사회적으로 열악한 지위에 있는 점, ② 무허가건축물의 임차인은 자신이 임차한 건축물이 무허가건축물이라는 사실을 알지 못한 채 임대차계약을 체결할 가능성이 있는 점 등에 비추어 보면, 무허가건축물의 소유자와 임차인을 차별하는 것은 합리적인 이유가 있고, 따라서 형평의 원칙에 어긋난다고 볼 수 없다.

(4) 공익사업에 영업시설의 일부가 편입됨으로 인하여 잔여시설에 그 시설을 새로이 설치하거나 잔여시설을 보수하지 아니하고는 그 영업을 계속할 수 없는 경우란 잔여영업시설에 시설을 새로이 설치하거나 잔여 영업시설을 보수하지 아니하고는 그 영업이 전부 불가능하거나 곤란하게 되는 경우만을 의미하는 것이 아니라, 공익사업에 영업시설 일부가 편입됨으로써 잔여영업시설의 운영에 일정한 지장이 초래되고, 이에 따라 종전처럼 정상적인 영업을 계속하기 위해서는 잔여영업시설에 시설을 새로 설치하

거나 잔여영업시설을 보수할 필요가 있는 경우도 포함된다고 해석함이 타당하다.

(5) 영업손실보상에서 재결을 거쳤는지 판단하는 방법

재결절차를 거쳤는지 여부는 보상항목별로 판단하여야 한다. 피보상자별로 어떤 토지, 물건, 권리 또는 영업이 손실보상대상에 해당하는지, 나아가 보상금액이 얼마인지를 심리·판단하는 기초 단위를 보상항목이라고 한다. 편입토지·물건 보상, 지장물 보상, 잔여토지·건축물 손실보상 또는 수용청구의 경우에는 원칙적으로 개별물건별로 하나의 보상항목이 되지만, 잔여영업시설 손실보상을 포함하는 영업손실보상의 경우에는 '전체적으로 단일한 시설 일체로서의 영업' 자체가 보상항목이 되고, 세부 영업시설이나 영업이익, 휴업기간 등은 영업손실보상금 산정에서 고려하는 요소에 불과하다. 그렇다면 영업의 단일성·동일성이 인정되는 범위에서 보상금 산정의 세부요소를 추가로 주장하는 것은 하나의 보상항목 내에서 허용되는 공격방법일 뿐이므로, 별도로 재결절차를 거쳐야 하는 것은 아니다.

논점 농업손실보상평가 [B]

1. 농업손실보상의 의의 및 성격

농업손실보상이란 공익사업시행지구에 편입되는 농지에 대하여 해당 지역의 단위경작면적당 농작물 수입의 2년분을 보상함을 의미한다. 이는 전업에 소요되는 기간을 고려한 합리적 기대이익의 상실에 대한 보상으로 일실손실의 보상이며, 다만 유기체적인 생활을 종전상태로 회복하는 의미에서 생활보상의 성격도 존재한다.

영농보상은 그 보상금을 통계소득을 적용하여 산정하든, 아니면 해당 농민의 최근 실제소득을 적용하여 산정하든 간에, 모두 장래의 불확정적인 일실소득을 예측하여 보상하는 것으로, 기존에 형성된 재산의 객관적 가치에 대한 '완전한 보상'과는 그 법적 성질을 달리한다.

2. 구체적 보상방법 및 내용

(1) 보상의 방법

공익사업시행지구에 편입되는 농지에 대하여는 해당 도별 연간 농가평균 단위경작면적당 농작물총수입의 직전 3년간 평균의 2년분을 곱하여 산정한 금액을 영농손실액으로 보상한다. 다만 국토교통부장관이 고시한 농작물로서 그 실제소득을 증명한 경우에는 농작물총수입 대신에 실제소득으로 보상한다.

(2) 농업손실보상의 대상인 농지의 범위

보상을 함에 있어서는 해당 토지의 지목에 불구하고 실제로 농작물을 경작하는 경우에는 이를 농지로 본다.

다음의 경우에는 농지로 보지 아니한다.

① 사업인정고시일 등 이후부터 농지로 이

용되고 있는 토지, ② 토지이용계획·주위 환경 등으로 보아 일시적으로 농지로 이용되고 있는 토지, ③ 타인소유의 토지를 불법으로 점유하여 경작하고 있는 토지, ④ 농민이 아닌 자가 경작하고 있는 토지, ⑤ 토지의 취득에 대한 보상 이후에 사업시행자가 2년 이상 계속하여 경작하도록 허용하는 토지

(3) 농업손실보상의 지급대상자

자경농지가 아닌 농지에 대한 영농손실액은 실제의 경작자에게 지급한다. 다만, 해당 농지의 소유자가 해당 지역의 거주하는 농민의 경우에는 소유자와 실제의 경작자가 협의하는 바에 따라 보상하고, 협의가 성립되지 아니할 경우 2분의 1씩 보상한다. 다만, 실제 소득인정기준에 따라 보상하는 경우 농지의 소유자에 대한 보상금액은 평균소득기준에 따라 산정한 영농손실액의 50퍼센트를 초과할 수 없다.

3. 농기구 등에 대한 보상

당해 지역에서 경작하고 있는 농지의 3분의 2 이상에 해당하는 면적이 공익사업시행지구에 편입됨으로 인하여 농기구를 이용하여 해당 지역에서 영농을 계속할 수 없게 된 경우(과수 등 특정한 작목의 영농에만 사용되는 특정한 농기구의 경우에는 공익사업시행지구에 편입되는 면적에 관계없이 해당 지역에서 해당 영농을 계속할 수 없게 된 경우를 말한다) 해당 농기구에 대해서는 매각손실액을 평가하여 보상하여야 한다. 다만, 매각손실액의 평가가 현실적으로 곤란한 경우에는 원가법에 의하여 산정한 가격의 60퍼센트 이내에서 매각손실액을 정할 수 있다(시행규칙 제48조 제6항).

4. 손해배상

사업시행자가 보상금 지급이나 토지소유자 및 관계인의 승낙 없이 공익사업을 위한 공사에 착수하여 영농을 계속할 수 없게 한 경우, 2년분의 영농손실보상금 지급과 별도로 공사의 사전 착공으로 토지소유자나 관계인이 영농을 할 수 없게 된 때부터 수용개시일까지 입은 손해를 배상해야 한다.

📖 알아두기

지목이 '임야' 토지에 대한 농업손실보상

공부상 지목이 임야이나 농지로 이용 중인 토지는 산지관리법 부칙 제2조에 따라 2010. 12.1.~ 2011.11.30.까지 불법전용산지 신고 및 심사를 거쳐 농지로 지목변경된 경우에 한하여 농지로 평가한다.

그러나 농업손실보상은 농지법 제2조 제1호 가목에서는 '농지'란 지목에도 불구하고 실제 경작 여부를 중심으로 농지 해당 여부를 판단하도록 되어 있으므로, 비록 법상 지목이 임야로 되어 있다 하더라도 사업인정고시일 이전부터 농작물 또는 다년생식물을 경작하여 왔다면 특별히 토지보상법상 농업손실보상 대상이 아니라는 사정이 없는 한 보상대상에 해당한다고 볼 것이다. 그러나 산지로서의 관리 필요성 등 전반적인 사정을 고려할 때 손실보상을 하는 것이 사회적으로 용인될 수 없다고 인정되는 경우에는 손실보상의 대상이 되지 않는다.

그러나 「농지법 시행령」 제2조 제2항 제2호가 개정(2016.1.21.시행)되어 '산지전용허가를 거치지 아니하고 농작물을 경작하는 경우에는 이를 농지로 보지 아니하도록 규정하고 있으나, 개정된 시행령 부칙 제2조 제2호에 '이 영 시행 당시 지목이 임야인 토지로서 토지형질을 변경하고 농작물을 경작 또는 다년생식물의 재배에 이용하고 있는 토지에 대하여는 종전 규정에 따른다'고 정하고 있으므로 종전에 지목이 임야인 토지에 대하여는 「산지관리법」에 따른 산지전용허가를 받지 아니하더라도 3년 이상 농작물을 경작하는 경우에는 농지로 인정함

논점 주거용 건축물의 보상특례 [A]

1. 개설

주거용 건축물에 대한 보상특례는 주거의 총체적 가치를 보장하기 위한 것으로, 이는 주거용 건축물의 객관적 가치보상으로는 메워지지 않는 생활이익의 상실에 대한 보상이므로 생활보상의 성격을 갖는다.

2. 비준가격보상(시행규칙 제33조 제2항)

주거용 건축물에 있어서는 거래사례비교법에 의하여 평가한 금액이 원가법에 의하여 평가한 금액보다 큰 경우와 「집합건물의 소유 및 관리에 관한 법률」에 의한 구분소유권의 대상이 되는 건물의 가격은 거래사례비교법으로 평가한다.

3. 이주정착금(시행규칙 제53조)

사업시행자는 ① 이주대책을 수립·실시하지 아니하는 경우, ② 이주대책대상자가 이주정착지가 아닌 다른 지역으로 이주하려는 경우에는 이주정착금을 지급해야 한다(영 제41조). 이주정착금은 주거용 건축물에 대한 평가액의 30퍼센트에 해당하는 금액으로 하되 1천2백만원 미만인 경우는 1천2백만원, 2천4백만원을 초과하는 경우에는 2천4백만원으로 한다.

4. 최저보상액 600만원 보상(시행규칙 제58조)

주거용 건축물로서 원가법과 거래사례비교법에 의하여 평가한 금액이 600만원 미만인 경우 그 보상액은 600만원으로 한다. 다만, 무허가건축물 등에 대하여는 그러하지 아니한다.

5. 재편입 시의 가산금 지급(시행규칙 제58조)

공익사업의 시행으로 인하여 주거용 건축물에 대한 보상을 받은 자가 그 후 당해 공익사업시행지구 밖의 지역에서 매입하거나 건축하여 소유하고 있는 주거용 건축물이 그 보상일부터 20년 이내에 다른 공익사업시행지구에 편입되는 경우 그 주거용 건축물 및 그 대지(보상을 받기 이선부터 소유하고 있던 대지 또는 다른 사람 소유의 대지위에 건축한 경우에는 주거용 건축물에 한한다)에 대하여는 당해 평가액의 30퍼센트를 가산하여 보상한다(가산금이 1천만원을 초과하는 경우에는 1천만원으로 한다). 다만, 무허가건축물 등을 매입 또는 건축한 경우와 다른 공익사업의 사업인정고시일등 또는 다른 공익사업을 위한 관계법령에 의한 고시 등이 있은 날 이후에 매입 또는 건축한 경우에는 그러하지 아니하다.

6. 주거이전비의 보상(시행규칙 제54조)

주거이전비는 공익사업지구에 편입되는 주거용 건축물에 실제 거주하는 소유자 및 세입자에 대하여 주거이전에 필요한 비용과 가재도구 등 동산의 운반에 필요한 비용을 보상하는 것으로 사업시행을 원활하게 하려는 정책적 목적과 사회 보장적 차원에서 지급되는 금원을 의미한다.

7. 이사비(시행규칙 제55조)

사업시행지구에 편입되는 주거용 건축물의 거주자가 해당 공익사업시행지구 밖으로 이사를 하는 경우는 이사비(가재도구 등 동산의 운반에 필요한 비용을 말한다)를 보상하여야 한다. 이사비의 보상을 받은 자가 해당 공익사업시행지구 안의 지역으로 이사하는 경우에는 이사비를 보상하지 아니한다. 이사비의 보상대상자는 '공익사업시행지구에 편입되는 주거용 건축물의 거주자로서 공익사업의 시행으로 이주하게 되는 자'로 보는 것이 타당하다.

8. 동산이전비(시행규칙 제55조 제1항)

토지 등의 취득 또는 사용에 따라 이전하여야 하는 동산(제2항에 따른 이사비의 보상대상인 동산을 제외한다)에 대하여는 이전에 소요되는 비용 및 그 이전에 따른 감손상당액을 보상하여야 한다.

논점 | 주거이전비 (A)

1. 의의 및 취지

주거이전비는 공익사업지구에 편입되는 주거용 건축물에 실제 거주하는 소유자 및 세입자에 대하여 주거이전에 필요한 비용과 가재도구 등 동산의 운반에 필요한 비용을 보상하는 것으로 사업시행을 원활하게 하려는 정책적 목적과 사회 보장적 차원에서 지급되는 금원을 의미한다. 이는 실비변상적 성격이며 생활보상의 성격을 가진다.

2. 요건

(1) 소유자

1) 소유자 주거이전비 요건

공익사업시행지구에 편입되는 주거용 건축물의 소유자에 대하여는 해당 건축물에 대한 보상을 하는 때에 가구원수에 따라 2개월분의 주거이전비를 보상하여야 한다. 다만, 건축물의 소유자가 해당 건축물에 실제 거주하고 있지 아니하거나 해당 건축물이 무허가건축물 등인 경우에는 그러하지 아니한다.

2) 주거용의 판단

주거용이라는 것은 건축물의 공부상 용도와 관계 없이 실제 주거용으로 사용되는지에 따라 결정한다. 판례는 무허가, 무신고 건축물 소유자 뿐만 아니라 건축 당시에 적법하게 허가를 받거나 신고를 하여 건축된 건축물이라도 그 후에 허가나 신고 없이 위법하게 용도를 변경하여 주거용으로 사용하는 건축물 소유자도 주거이전비 대상이 아니라고 하였다.

3) 실제 거주 요건

사업인정고시 당시 또는 공익사업을 위한 관계 법령에 의한 고시 당시 실제 거주하고 있었다고 하더라도 주거용 건축물에 대한 보상을 하는 때 실제 거주하지 않았다면 주거이전비 보상 대상이 아니다.

(2) 세입자

1) 세입자 주거이전비 요건

공익사업의 시행으로 인하여 이주하게 되는 주거용 건축물의 세입자(이주대책대상자는 제외)로서 사업인정고시일 등 당시 또는 공익사업을 위한 관계법령에 의한 고시 등이 있는 당시 해당 공익사업시행지구 안에서 3개월 이상 거주한 자에 대하여는 가구원수에 따라 4개월분의 주거이전비를 보상하여야 한다. 다만, 무허가건축물 등에 입주한 세입자로서 사업인정고시일 등 당시 또는 공익사업을 위한 관계법령에 따른 고시 등이 있은 당시 그 공익사업지구 안에서 1년 이상 거주한 세입자에 대해서 주거이전비를 보상한다.

2) 계속거주 요건 필요여부

세입자는 소유자와 달리 3개월 이상 거주할 것만을 요구하기에 계속거주의 요건은 필요하지 않다.

(3) 주거이전비 지급 대상

소유자 또는 세입자가 아닌 가구원은 사업시행자를 상대로 직접 주거이전비 지급을 구할 수 없다.

3. 주거이전비 산정방법

주거이전비는 도시근로자가구의 가구원수별 월평균 명목 가계지출비를 기준으로 산정한다. 가구원수가 5인인 경우에는 5인 이상 기준의 월평균 가계지출비를 적용하며, 가구원수가 6인 이상인 경우에는 5인 이상 기준의 월평균 가계지출비에 5인을 초과하는 가구원수에 1인당 평균비용을 곱한 금액을 더한 금액으로 산정한다.

4. 주거이전비 보상청구권의 법적 성격 및 그 보상에 관한 분쟁의 쟁송철차와 소송의 형태 등

주거이전비와 이사비는, 해당 공익사업시행지구 안에 거주하는 세입자들의 조기이주를 장려하여 사업추진을 원활하게 하려는 정책적인 목적과 주거이전으로 인하여 특별한 어려움을 겪게 될 세입자들을 대상으로 하는 사회보장적인 차원에서 지급하는 금원으로서 공법상 권리이고, 이는 강행규정이다.

세입자의 주거이전비 보상에 관하여 재결이 이루어진 다음 세입자가 보상금의 증감 부분을 다투는 경우에는 같은 법 제85조 제2항에 규정된 행정소송에 따라, 보상금의 증감 이외의 부분을 다투는 경우에는 같은 조 제1항에 규정된 행정소송에 따라 권리구제를 받을 수 있다.

주거이전비는 공법상의 권리이므로 재결 이전이라면 공법상 당사자 소송으로 다투어야 한다. 재결 이후에는 토지보상법 상 이의신청 및 보상금증감청구소송에 의한다.

정비사업의 시행으로 인하여 이주하게 되는 경우'에 해당하는지는 세입자의 점유권원의 성격, 세입자와 건축물 소유자와의 관계, 계약기간의 종기 및 갱신 여부, 실제 거주기간, 세입자의 이주시점 등을 종합적으로 고려하여 판단하여야 한다. 이러한 주거이전비 지급요건을 충족하는지는 주거이전비의 지급을 구하는 세입자 측에 주장·증명책임이 있다고 할 것이나, 세입자에 대한 주거이전비의 보상 방법 및 금액 등의 보상내용은 원칙적으로 사업시행계획 인가고시일에 확정되므로, 세입자가 사업시행계획 인가고시일까지 해당 주거용 건축물에 계속 거주하고 있었다면 특별한 사정이 없는 한 정비사업의 시행으로 인하여 이주하게 되는 경우에 해당한다고 보는 것이 타당하다.

논점 | 기타 손실보상 관련 판례 (A)

1. 물건가격으로 보상한 경우 지장물 소유권을 취득하는지 여부(소극) 및 이 경우 지장물 소유자는 사업시행자의 지장물 제거와 그 과정에서 발생하는 물건의 가치상실을 수인하여야 할 지위에 있는지 여부(원칙적 적극)

제75조 제1항 단서 제2호에 따라 물건의 가격으로 보상한 경우라도, 사업시행자가 해당 물건을 취득하는 수용의 절차를 거치지 아니한 이상 그 보상만으로 해당 물건의 소유권까지 취득한다고 보기는 어렵다.

2. 구분소유적 공유관계에 있는 토지에 대한 평가와 필지별 평가원칙

구분소유적 공유토지라고 할지라도 일반 공유토지와 마찬가지로 한 필지의 토지 전체를 기준으로 평가한 다음 이를 공유지분 비율에 따라 안분하여 각 공유지분권자에 대한 보상액을 정하여야 한다.

부동산 가격공시

PART · 08

논점　표준지공시지가 [S]

1. 의의 및 취지

표준지공시지가라 함은 국토교통부장관이 조사, 평가하여 공시한 표준지의 단위면적당 가격을 말한다. 이는 적정가격을 공시하여 ① 부동산의 적정한 가격형성을 도모하고, ② 국토의 효율적 이용 및 국민경제발전, ③ 조세형평성을 향상시키기 위함이다.

2. 법적 성질

(1) 학설

① 공시지가는 보상액 산정 및 개발부담금 산정에 있어서 구속력을 갖는다는 행정행위설, ② 이는 지가정책집행의 활동기준 및 대내적인 구속적 계획이라는 행정계획설, ③ 공시지가는 개별성, 구체성을 결여한 지가정책의 사무처리기준이라는 행정규칙설, ④ 각종 부담금 및 개별공시지가 산정의 기준이 되고, 위법한 표준지공시지가를 기준으로 행해진 처분도 위법하다고 보아야 하므로 법규명령의 성질을 갖는 고시로 보아야 한다는 법규명령의 성질을 갖는 고시설이 있다.

(2) 판례

공시지가에 불복하기 위하여서는 처분청을 상대로 이의신청절차를 거쳐 그 공시지가 결정의 취소를 구하는 행정소송을 제기하여야 하다고 판시한 바 있다.

(3) 검토

① 국민의 권리구제 측면에서는 법규명령설이 유리하나 공시지가는 다양한 정책수립기준으로 활용되므로 적정공시가격의 안정성이 조기에 인정될 필요가 있다. ② 따라서 미리 다툴 수 있게 하여 법률관계의 조기 확정을 통한 법적안정성 확보를 도모하기 위하여 처분성을 긍정함이 타당하다.

3. 표준지공시지가의 공시절차

(1) 개설

국토교통부장관은 표준지 선정 및 관리지침에 따라 선정된 표준지에 대하여 공시일 현재의(시행령 제4조) 적정가격을 조사 평가하고 중앙부동산가격공시위원회의 심의를 거쳐 공시해야 한다.

(2) 표준지의 선정(공시법 제3조 제1항)

토지이용상황, 주변 환경, 사회적, 자연적 조건이 유사한 일단의 지역 내에서 표준지 선정관리지침상 ① 대표성, ② 중요성, ③ 안정성, ④ 확실성을 충족하는 표준지를 선정한다.

(3) 조사평가

1) 조사 및 평가의 의뢰(공시법 제3조 제5항)

국토교통부장관이 표준지공시지가를 조사·평가할 때에는 업무실적, 신인도 등을 고려하여 둘 이상의 감정평가법인등에게 이를 의뢰하여야 한다. 다만, 지가 변동이 작은 경우 등 대통령령으로 정하는 기준에 해당하는 표준지에 대해서는 하나의 감정평가법인등에 의뢰할 수 있다.

2) 조사 및 평가(공시법 제3조 제4항)

국토교통부장관이 표준지공시지가를 조사·평가하는 경우에는 인근 유사토지의 거래가격·임대료 및 해당 토지와 유사한 이용가치를 지닌다고 인정되는 토지의 조성에 필요한 비용추정액, 인근 지역 및 다른 지역과의 형평성·특수성, 표준지공시지가 변동의 예측 가능성 등 제반사항을 종합적으로 참작하여야 한다.

평가원인을 구체적으로 특정하여 명시함과 아울러 각 요인별 참작 내용과 정도가 객관적으로 납득이 갈 수 있을 정도로 설명됨으로써, 그 평가액이 해당 토지의 적정가격을 평가한 것임을 인정할 수 있어야 한다.

3) 제출 및 결정(공시법 제3조 제2항 및 시행령 제8조)

시·군·구청장의 의견을 청취한 후 보고서를 제출한다. 표준지의 적정가격은 감정평가법인등이 제출한 조사·평가액의 산술평균치를 기준으로 한다.

국토교통부장관은 표준지공시지가를 공시하기 위하여 표준지의 가격을 조사·평가할 때에는 대통령령으로 정하는 바에 따라 해당 토지소유자의 의견을 들어야 한다.

(4) 중앙부동산가격공시위원회의 심의(부동산공시법 제3조 제1항, 제24조)

국토교통부장관은 공시하고자 하는 공시지가의 적정성 확보 및 지역 간 균형확보를 위해서 중앙부동산가격공시위원회의 심의를 거쳐야 한다.

(5) 지가의 공시(부동산공시법 제5조) 및 열람(부동산공시법 제6조)

1) 공시(제5조)

① 표준지의 지번, 표준지의 단위면적당 가격, 표준지의 면적 및 형상, 표준지 및 주변 토지의 이용상황, ② 지목, 용도지역, 도로상황 그 밖에 표준지공시지가 공시에 필요한 사항 등을 공시하여야 한다.

2) 열람(제6조)

국토교통부장관은 표준지공시지가를 공시한 때에는 그 내용을 특별시장·광역시장 또는 도지사를 거쳐 시장·군수 또는 구청장에게 송부하여 일반인이 열람할 수 있게 하고, 대통령령으로 정하는 바에 따라 이를 도서·도표 등으로 작성하여 관계 행정기관 등에 공급하여야 한다.

(6) 표준지공시지가의 적정성

표준지공시지가는 해당 토지뿐만 아니라 인근 유사토지의 가격을 결정하는 데에 전제적, 표준적 기능을 수행하는 것이어서 특히 그 가격의 적정성이 엄격하게 요구된다.

4. 표준지공시지가의 효력 및 적용

(1) 효력(제9조)

표준지공시지가는 ① 토지시장에 지가정보를 제공하고, ② 일반적인 토지거래의 지표가 되며, ③ 국가·지방자치단체 등이 그 업무와 관련하여 지가를 산정하거나, ④ 감정평가법인등이 개별적으로 토지를 감정평가하는 경우에 기준이 된다.

(2) 적용범위

① 법인 등의 토지평가기준(제9조), ② 비준표를 적용하여 개별공시지가의 산정기준(제10조)이 된다. ③ 행정목적을 위한 산정기준(제8조)이 된다.

5. 권리구제

(1) 이의신청

1) 의의 및 취지

공시지가에 이의 있는 자가 국토교통부장관에게 이의를 신청하고, 국토교통부장관이 이에 대해 심사하는 제도로서(부동산공시법 제7조), 공시지가의 객관성을 확보하여 공신력을 높여주는 제도적 취지가 인정된다.

2) 이의신청의 성격

가. 학설

① 중앙부동산가격공시위원회의 심의를 거치므로 특별행정심판이라는 견해와, ② 처분청인 국토교통부장관에게 이의신청을 한다는 점과, 부동산공시법상 별도로 행정심판을 제기할 수 없다는 규정이 없으므로 행정심판임의주의 원칙상 특별법상 행정심판으로 볼 실익이 없다는 견해가 있다.

나. 판례

종전 판례는 이의신청을 거쳐서 행정소송을 제기해야 한다고 하였으나, 최근 개별공시지가와 관련된 판례는 행정심판을 제기할 수 없다는 명시적인 규정이 없고, 표준지공시지가 결정에 대한 이의신청과 행정심판의 절차가 다르고 담당하는 기관도 다른 점 등을 종합적으로 고려하여 이의신청을 제기한 이후에도 별도로 행정심판을 제기할 수 있다고 판시한 바 있다.

다. 검토

공시지가 산정작업의 특수성과 전문성이 인정되고, 이는 보상액 및 개발부담금 등의 기초가 되므로 국민의 권리·의무에 영향을 미칠 수 있다. 따라서 최근 판례의 태도에 비추어 강학상 이의신청의 성질로 봄이 국민의 권리구제에 유리할 것이다.

3) 절차 및 효과

공시일로부터 30일 이내에 서면으로 국토교통부장관에게 이의신청을 하고 국토교통부장관은 기간이 만료된 날부터 30일 이내에 심사하고 그 결과를 신청인에게 통지해야 한다. 이의가 타당한 경우에는 표준지공시지가를 조정하여 재공시해야 한다. 헌법재판소는 이의신청기간을 짧게 정한 것이 헌법에 위배되는 것이 아니라고 판시한 바 있다.

(2) 행정심판

최근 판례의 태도에 따르면 이의신청을 거친 경우나 거치지 않은 경우 모두 행정심판을 제기할 수 있을 것이다.

(3) 행정소송

1) 의의 및 종류

표준지공시지가의 하자가 중대·명백한 경우에는 무효등확인소송을, 취소사유인 경우에는 취소소송을 제기할 수 있다.

2) 행정심판 임의주의

행정소송법 제18조에서 행정심판임의주의를 원칙으로 규정하는 점에 비추어 볼 때, 행정심판을 거치지 않은 경우라도 행정소송을 제기할 수 있을 것이다.

3) 제기요건

가. 대상적격 및 관할

표준지공시지가를 대상으로 토지소재지의 행정법원에 소를 제기할 수 있다.

나. 원고적격

토지소유자는 원고적격을 가지나, 인근 주민에게 원고적격이 인정되는지가 문제된다.

① 부동산공시법 제7조는 "이의가 있는 자"는 이의신청을 제기할 수 있다고 규정하여, 이의신청의 상대방으로 토지소유자만을 규정하고 있지 않으므로 법률상 이해관계 있는 인근 주민은 원고적격이 인정된다는 견해와, ② 인근 주민은 이해관계인에는 해당하나 직접 근거 법령에 의해 보호되는 이해관계인은 아니라는 견해가 대립된다. 〈생각건대〉입법의 취지, 목적 및 공시지가의 영향범위를 고려할 때 인근 주민도 원고적격이 인정되어야 할 것이다.

다. 제소기간

① 있은 날

부동산공시법상 이의신청 제기기간을 공시일부터 30일로 규정하므로, 이와의 균형을 도모하기 위하여 공시일을 있은 날로 봄이 타당하다.

② 안 날

공고, 고시의 상대방은 불특정 다수이고, 효력이 일률적으로 적용되는 것이므로 공시가 효력을 발생하는 날에 행정처분이 있음을 알았다고 보아야 한다.

4) 심리 및 판결

법원은 당사자의 주장을 심리하고 당사자의 주장이 이유 있는 경우에는 인용판결을 할 수 있고, 이유 없는 경우에는 기각판결을 할 수 있다. 소송요건을 갖추지 못한 경우에는 각하판결을 할 것이다.

(4) 하자승계

1) 표준지공시지가와 과세처분

판례는 '표준지공시지가에 불복하기 위해서는 부동산공시법상 이의신청절차를 거쳐 표준지공시지가결정의 취소소송을 제기하여야 한다'고 하여 하자승계를 부정한 바 있다.

2) 표준지공시지가와 개별공시지가

표준지로 선정된 토지의 공시지가에 불복하기 위하여는 그 공시지가결정의 취소를 구하는 행정소송을 제기하여야 하는 것이고, 그러한 절차를 밟지 아니한 채 개별토지가격 결정의 효력을 다투는 소송에서 그 개별토지가격 산정의 기초가 된 표준지공시지가의 위법성을 다툴 수 없다.

3) 표준지공시지가와 보상금증감청구소송(재결)

① 별개의 독립된 법률효과 목적인지

표준지공시지가는 지가정책 및 가격안정을 도모함에 목적이 있고, 재결은 수용권 실행이므로 표준지공시지가와 재결은 목적이 상이하다고 본다.

② 예측가능성

표준지공시지가에는 개별통지규정이 없어서 그 내용을 알고 있다고 전제하기 어렵고, 어느 토지가(표준지) 보상기준이 될지 예측하는 것이 어렵다.

③ 수인한도성

장차 보상 등이 이루어질 경우를 대비하여 항상 토지가격을 주시하고 잘못된 경우 정해진 절차를 통해 시정하도록 요구하는 것은 부당하게 높은 주의의무를 지우는 것으로 볼 수 있다.

④ 검토

장차 보상 등이 이루어질 경우를 대비하여 항상 토지가격을 주시하고 잘못된 경

우 정해진 절차를 통해 시정하도록 요구하는 것은 부당하게 높은 주의의무를 지우는 것이기에 수용보상금의 증액을 구하는 소송에서도 선행처분으로서 그 수용대상 토지가격 산정의 기초가 된 비교표준지공시지가결정의 위법을 독립한 사유로 주장할 수 있다.

알아두기

재평가

① 국토교통부장관은 실제 매매가격 및 감정평가 정보체계 등을 활용하여 그 적정성 여부를 검토할 수 있다(제5항).

② 국토교통부장관은 검토 결과 부적정하다고 판단되거나 조사·평가액 중 최고평가액이 최저평가액의 1.3배를 초과하는 경우에는 해당 감정평가법인등에게 보고서를 시정하여 다시 제출하게 할 수 있다(제6항).

③ 국토교통장관은 제출된 보고서의 조사·평가가 관계법령을 위반하여 수행되었다고 인정되는 경우에는 해당 감정평가법인등에게 그 사유를 통보하고, 다른 감정평가법인등 2인에게 대상 표준지공시지가의 조사·평가를 다시 의뢰하여야 한다. 이 경우 표준지 적정가격은 다시 조사·평가한 가액의 산술평균치를 기준으로 한다(제7항).

논점 | **개별공시지가 [S]**

1. 의의 및 취지(부동산공시법 제10조)

개별공시지가란 시장·군수·구청장이 공시지가를 기준으로 산정한 개별토지의 단위당 가격을 말한다. 이는 조세 및 개발부담금 산정의 기준이 되어 행정의 효율성 제고를 도모함에 제도적 취지가 인정된다.

2. 법적 성질

(1) 견해의 대립

① 개별공시지가는 가감 없이 그대로 과세기준이 되어 국민의 권익에 영향을 주는 물건의 성질·상태에 관한 규율이라는 물적 행정행위설, ② 행정행위의 개념징표인 개별성, 구체성이 결여된다는 행정규칙설, ③ 개별토지가격을 알리는 사실행위라는 사실행위설, ④ 부담금 및 과세의 기준이 되므로 조기의 권리구제를 위하여 처분성은 인정하나 구체성 결여로 행정행위로 보는 것은 타당하지 않다는 법규명령의 성질을 갖는 고시설이 있다. ⑤ 과세처분 등 행정행위의 구속력 있는 기준이 되는 등 국민의 권익에 직접 영향을 미치므로 행정소송법상 처분으로 보는 견해가 있다.

(2) 판례의 태도

개별토지가격결정은 관계법령에 의한 토지초과이득세 또는 개발부담금 산정의 기준이 되어 국민의 권리나 의무 또는 법률상 이익에 직접적으로 관계되는 것으로서 항고소송의 대상이 되는 행정처분에 해당한다.

(3) 검토

개별공시지가는 세금이나 부담금의 산정기준이 되어 그 납부액에 직접 반영되는 것이므로 개인의 재산권에 영향을 준다고 볼 수 있다. 따라서 그 처분성을 인정할 수 있다.

3. 절차

(1) 개설

① 시장·군수·구청장이 지가를 산정하고, ② 그 타당성에 대하여 감정평가법인등의 검증을 받고, ③ 토지소유자 및 기타 이해관계인의 의견을 듣는다. ④ 그 후, 시·군·구 부동산가격공시위원회의 심의 후 결정·공시한다.

(2) 개별공시지가의 산정(제10조)

시장·군수·구청장은 해당 토지와 유사한 이용가치를 지닌다고 인정되는 하나 또는 둘 이상의 표준지의 공시지가를 기준으로 토지가격비준표를 사용하여 지가를 산정한다. 단, 표준지 및 조세부담금 부과대상이 아닌 경우는 산정하지 아니할 수 있다. 또한 해당 토지가격과 표준지공시지가가 균형을 유지하도록 하여야 한다.

(3) 개별공시지가의 검증 및 의견청취

감정평가실적이 우수한 법인 등에게 검증받되, 개발사업시행 및 용도지역·지구변경의 경우를 제외하고 생략할 수 있다(시행령 제18조). 이 경우 개별토지의 지가변동률과 시·군·구 연평균 지가변동률의 차이가 작은 순서대로 검증을 생략하고, 생략에 관하여는 미리 관계기관의 장과 협의하여야 한다. 검증 자체는 사실행위로서 항고쟁송의 대상이 될 수는 없다.

(4) 시·군·구 부동산가격공시위원회의 심의 및 공시

시·군·구 부동산가격공시위원회의 심의 후, 개별공시지가결정 및 이의신청에 관한 사항을 결정·공시한다. 필요 시 개별통지할 수 있다(시행령 제21조 제3항).

(5) 비준표를 사용한 지가와 달리 결정할 수 있는지 여부

시장 등은 표준지공시지가에 토지가격비준표를 사용하여 산정된 지가와 감정평가법인등의 검증의견 및 토지소유자 등의 의견을 종합하여 해당 토지에 대하여 표준지공시지가와 균형을 유지한 개별공시지가를 결정할 수 있다. 이에 비준표와 달리 결정되었다고 하여 위법한 것은 아니다.

(6) 개별공시지가 정정

1) 정정사유

시장, 군수 또는 구청장은 위산, 오기, 표준지 선정의 착오 그 밖에 대통령령이 정하는 명백한 오류가 있음을 발견한 때에는 지체 없이 정정해야 한다. 그 밖에 대통령령이 정하는 명백한 오류라 함은 공시절차를 완전하게 이행하지 아니한 경우, 용도지역 등 토지에 영향을 미치는 주요요인의 조사를 잘못한 경우, 비준표 적용에 요류가 있는 경우를 의미한다.

2) 정정절차

시장, 군수, 구청장은 시, 군, 구 부동산가격공시위원회의 심의를 거쳐 정정사항을 결정, 공시해야 한다. 다만 위산이나 오기는 심의를 하지 않을 수 있다.

3) 경정결정·공고된 경우

개별토지가격이 지가산정에 명백한 잘못이 있어 경정결정·공고되었다면 당초에 결정·공고된 개별토지가격은 그 효력을 상실하고 경정결정된 새로운 개별토지가격이 공시기준일에 소급하여 그 효력을 발생한다.

4) 정정신청 거부 불복 가능성

판례는 정정 신청권을 부정하였고 국민의 정정신청은 관념의 통지에 불가할 뿐이어서 거부는 처분이 아니라고 보았다. 다만 행정절차법 제25조에 의해 신청권을 인정할 수 있기에 판례의 태도는 비판의 여지가 있다.

4. 개별공시지가의 효력

(1) 개별공시지가의 효력

① 국세, 지방세, 부담금 산정기준의 과세표준이 되며, ② 행정목적의 지가산정기준이 된다. 다만 개별공시지가를 기준으로 하여 행정목적에 활용하기 위하여는 법률의 명시적인 규정이 있어야 하므로 규정이 없는 경우에는 표준지공시지가를 기준으로 개별적으로 토지가격을 산정하여야 할 것이다.

(2) 개별공시지가의 위법성 판단

개별토지가격의 적법성 여부는 규정된 절차와 방법에 의거하여 이루어진 것인지 여부에 따라 판단하여야 한다.

5. 권리구제

(1) 이의신청

1) 의의 및 취지

개별공시지가에 이의 있는 자가 시·군·구청장에게 이의를 신청하고 심사하는 제도로 개별공시지가의 객관성을 확보하여 공신력을 높이는 취지가 인정된다.

2) 성격

① 부동산공시법에 행정심판의 제기를 배제하는 명시적 규정이 없고, ② 부동산공시법상 이의신청과 행정심판은 그 절차 및 담당기관에 차이가 있는 점을 종합하면 행정심판법 제3조 제1항에서 행정심판의 제기를 배제하는 '다른 법률에 특별한 규정이 있는 경우'에 해당한다고 볼 수 없으므로 이의신청을 거친 경우에도 행정심판을 거쳐 소송을 제기할 수 있을 것이다(판례동지).

3) 절차 및 효력

공시일부터 30일 이내에 서면으로 시·군·구청장에게 이의신청을 하고 시·군·구청장은 기간만료일부터 30일 이내에 심사하고 그 결과를 신청인에게 통지해야 한다. 이의가 타당한 경우는 개별공시지가를 조정하여 재공시해야 한다.

(2) 행정심판

최근 판례의 태도에 따를 때 이의신청을 거치지 않고 행정심판을 제기할 수 있고, 이의신청을 거친 경우에도 행정심판을 제기할 수 있을 것이다.

(3) 행정소송

1) 의의 및 종류

하자가 중대·명백한 경우에는 무효등확인소송, 취소사유인 경우에는 취소소송을 제기할 수 있다.

2) 행정심판 임의주의

행정소송법 제18조에서 행정심판임의주의를 원칙으로 규정하는 점에 비추어 볼 때, 행정심판을 거치지 않은 경우라도 행정소송을 제기할 수 있을 것이다.

3) 제기요건

가. 대상적격 및 관할

개별공시지가를 대상으로 토지소재지의 행정법원에 소를 제기할 수 있다.

나. 원고적격

토지소유자는 원고적격을 가지나, 인근 주민의 원고적격이 인정되는지가 문제되나 법률상 이익의 침해를 입증한다면 인근 주민도 원고적격이 인정될 수 있다고 본다.

다. 제소기간

① 있은 날

이의신청 제기기간을 공시일부터 30일로 규정하므로, 이와의 균형을 도모하기 위하여 공시일을 있은 날로 봄이 타당하다. 또한 판례도 공고일부터 효력을 발생한다고 판시한 바 있다.

② 안 날

개별공시지가는 해당 토지의 과세의 기준이 되는 것이므로 불특정 다수인의 불가쟁력 발생시점의 통일을 기할 필요가 없다고 사료된다. 따라서 현실적으로 알았다는 사정이 없는 한 고시일로부터 180일, 1년 이내에 심판 및 소송을 제기할 수 있다고 본다.

4) 심리 및 판결

법원은 당사자의 주장을 심리하고 당사자의 주장이 이유 있는 경우에는 인용판결을 할 수 있고, 이유 없는 경우에는 기각판결을 할 수 있다. 소송요건을 갖추지 못한 경우에는 각하판결을 할 것이다.

6. 하자승계(개별공시지가와 과세처분)

1) 별개의 효과

개별공시지가는 개별지가의 산정목적을 갖고, 과세처분은 금전납부 부과의무의 목적을 가지므로 각 처분의 목적은 상이하다.

2) 예측가능성

개별공시지가는 토지소유자 및 이해관계인에게 개별적으로 고지하도록 되어 있는 것이 아니어서 이를 통지받지 않은 토지소유자 및 이해관계인은 개별공시지가의 결정 내용을 알고 있다고 전제하기가 곤란하다. 또한 결정된 개별공시지가가 자신에게 유리할지, 불리할지는 쉽사리 예견할 수 없으므로 예측가능성이 결여된다.

3) 수인한도성

소유자 등으로 하여금 장차 과세처분이 이루어질 것에 대비하여 항상 토지가격을 주시하고 개별공시지가 결정이 잘못된 경우에는 정해진 시정절차를 통해서 시정하도록 요구하는 것은 부당하게 높은 주의의무를 지우는 것으로 볼 수 있다.

따라서 개별공시지가결정의 위법을 주장할 수 없도록 하는 것은 수인한도를 넘는 불이익을 강요하는 것으로서 국민의 재산권과 재판받을 권리를 보장한 헌법의 이념에도 부합하는 것이 아니라고 할 것이므로 개별공시지가 결정의 위법성을 주장할 수 있다고 해석함이 타당하다.

4) 판례

① 개별토지가격의 결정에 위법이 있는 경우에는 그 자체를 행정소송의 대상이 되는 행정처분으로 보아 그 위법 여부를 다툴 수 있음은 물론 이를 기초로 한 과세처분 등 행정처분의 취소를 구하는 행정소송에서도 선행처분인 개별토지가격결정의 위법을 독립된 위법사유로 주장할 수 있다.

② 개별토지가격 결정에 대한 재조사 청구에 따른 감액조정에 대하여 더 이상 불

복하지 아니한 경우, 이를 기초로 한 양도소득세 부과처분취소소송에서 다시 개별토지가격 결정의 위법을 해당 과세처분의 위법사유로 주장할 수 없다.

7. 개별공시지가와 손해배상

개별공시지가 산정업무 담당공무원 등이 부담하는 직무상 의무의 내용 및 그 담당공무원 등이 직무상 의무에 위반하여 현저하게 불합리한 개별공시지가가 결정되도록 함으로써 국민개개인의 재산권을 침해한 경우, 그 담당공무원 등이 속한 지방자치단체는 손해배상책임을 갖는다. 이 경우 그 담당공무원 등의 개별공시지가 산정에 관한 직무상 위반행위와 위 손해 사이에 상당인과관계가 인정되어야 한다.

논점 토지가격비준표 (A)

1. 의의, 취지, 근거

토지가격비준표는 표준지와 개별토지의 지가형성요인에 관한 표준적인 비교표로서, 행정목적을 위한 지가산정 시, 비용절감 및 전문성을 보완함에 제도적 취지가 인정된다. 부동산공시법 제3조 제8항에 근거규정을 두고 있다.

2. 법적 성질

(1) 학설

① 형식을 중시하여 대외적 구속력을 부정하는 행정규칙설, ② 전문성과 기술성이 인정되는 영역에서 행정의 시원적인 입법권을 인정해야 한다는 규범구체화행정규칙설, ③ 법규와 같은 효력을 가지나 형식은 행정규칙이라는 법규명령의 효력을 갖는 행정규칙설, ④ 실질을 중시하여 대외적 구속력을 인정하는 법규명령설, ⑤ 수권 유무를 기준으로 구별하는 수권여부기준설이 있다.

(2) 판례

① 국세청장훈령인 재산제세사무처리규정은 상위법인 소득세법 시행령과 결합하여 법규성을 가진다고 판시한 바 있다.
② 대법원은 토지가격비준표는 집행명령인 개별토지가격합동조사지침과 더불어 법령보충적 구실을 하는 법규적 성질을 가지고 있는 것으로 보아야 한다고 판시한 바 있다.

(3) 검토

상위법령의 위임이 있는 경우에는 그와 결합하여 법령을 보충하므로 법규성을 인정하는 것이 행정현실상 타당하다고 판단된다. 다만, 일반적인 법규명령절차를 거치지 않기 때문에 '국민의 예측가능성'을 고려하여 고도의 전문적 영역에 한정되어 최소한도로 인정해야 할 것이다. 토지가격비준표의 경우 부동산공시법 제3조 제8항의 위임에 의한 것이므로 법규성을 갖는다고 보아야 한다.

3. 토지가격비준표의 내용

① 업무상 대량의 토지를 일시에 평가하는 경우 합리적인 산정기준을 제시하여 자의성을 배제하는 기능을 가지며, ② 개별공시지가 산정 및 각 행정목적을 위한 지가산정에 활용된다.

4. 권리구제

(1) 작성상의 하자

① 비준표 작성 자체만으로는 국민의 권리·의무에 영향을 주지 않으므로 대상적격이 인정되지 않는다.

② 비준표는 법규명령의 성질을 가지므로, 토지특성항목이나 가격배율의 하자를 구체적 규범통제로 다툴 수 있다.

③ 비준표상의 토지의 특성 및 평가요소 등의 추가 또는 제외됨으로 인하여 가격상승 또는 가격하락이 있게 되었다는 것만으로는 개별토지가격결정이 부당하다고 하여 이를 다툴 수 없다.

(2) 활용상의 하자

판례는 비교표준지와 개별토지의 특성을 비교하여 비준표상의 가격배율을 모두 적용하여야 하며, 이를 일부만 적용한 것은 위법하다고 판시하였다.

5. 문제점 및 개선방향

(1) 문제점

토지가격비준표는 개별성을 지니는 토지의 일률적인 비교로서 개별필지 간 지가불균형, 해당 토지가격의 적정가격과의 괴리, 통계오차의 간과우려 및 사회·경제의 변화에 따른 탄력적 대응곤란 등의 문제점을 지닐 수 있다.

(2) 개선방향

정확한 토지특성의 조사, 지역의 세분화 및 동일 수급권별 작성 및 적용의 탄력성 부여 등을 통한 개별토지가격의 적정성 확보를 위한 노력이 필요하다.

논점 개별공시지가 적정성 확보 [B]

1. 개설

개별공시지가는 전문가에 의한 평가가 아닌 산정으로서 결정·공시하게 되는바, 그 적정성을 검토하기 위한 여러 가지 제도가 있다.

2. 의견청취

시장 등은 결정·공시 전에 20일 이상 개별토지가격열람부를 일반에게 열람하게 하고 의견제출을 할 수 있도록 규정하고 있으며, 의견제출 시 감정평가법인등에게 정밀검증을 하도록 하고 있다.

3. 개별공시지가의 검증

(1) 의의 및 취지

개별공시지가의 검증이란 감정평가법인등이 시·군·구청장이 산정한 개별공시지가의 타당성에 대하여 전문가적 입장에서 검토하는 것으로서, 부동산공시법 제10조 제5항에 근거한다. 이는 개별공시지가 산정의 전문성을 보완하고 개별공시지가의 신뢰성과 객관성을 확보함에 취지가 인정된다.

(2) 법적 성질

개별공시지가의 검증은 검증 자체로는 법률효과의 발생이 없으며, 개별공시지가 산정에 대한 적정성을 단순히 확인하고 의견을 제시하는 것이므로 사실행위로 볼 수 있다.

(3) 내용

1) 주체 및 책임(부동산공시법 제10조 제6항)

검증의 주체는 감정평가법인등이며 시·군·구청장은 해당 지역의 표준지공시지가를 조사하고 평가한 감정평가법인등이나, 실적이 우수한 감정평가법인등을 지정할 수 있다.

2) 약식검증(산정지가검증)

① 의의(부동산공시법 제10조 제5항 및 시행령 제18조)

약식검증이란 시·군·구청장이 개별공시지가를 산정한 후, 개별공시지가에 대한 타당성을 감정평가법인등에게 검증받는 것을 말한다. 이는 산정지가검증이라고도 하며 지가현황도면 및 지가조사자료를 기준으로 하여 개별공시지가 산정대상의 전체 필지에 대하여 행하여진다.

② 검증 실시 및 생략사유(시행령 제18조 제3항)

개발사업이 있거나 용도지역·지구가 변경된 경우에는 반드시 검증해야 하며, 개별토지의 지가변동률과 시·군·구의 연평균 지가변동의 차이가 작은 순으로 검증을 생략할 수 있다.

③ 검증내용(시행령 제18조 제2항)

비교표준지 선정의 적정성, 개별토지가격 산정의 적정성, 개별공시지가와 표준지공시지가, 인근 토지 사이의 균형 등을 검증해야 한다.

④ 검증을 결한 개별공시지가의 효력

검증을 임의적으로 생략했거나, 하자 있는 검증은 개별공시지가의 효력에 영향을 미치게 되며 하자의 정도에 따라 무효 또는 취소할 수 있는 행위가 된다.

3) 정밀검증

의견제출 검증과 이의신청 검증이 있다.

① 의견제출 검증은 토지소유자 등이 의견

을 제출한 토지만을 대상으로 하여 현
장조사를 하며, 개별공시지가의 결정·
공시 전에 행하게 된다.

② 이의신청 검증은 이의신청된 토지를 대
상으로 현장조사를 하며, 개별공시지가
가 결정·공시된 이후에 이루어진다.

4) 문제점 및 개선방향

① 검증기간이 부족하므로 검증을 통한 적
정성 확보가 어려운바, 적정한 검증기간이
필요하다. ② 방대한 양의 공적자료의 충분
한 제시가 요구되므로 관련 공무원의 협조
요청이 필요하다. ③ 검증수수료의 현실화
및 예산집행의 실효성 확보가 필요하다.

4. 직권정정

개별공시지가에 틀린 계산, 오기, 표준지
선정의 착오 등 명백한 오류가 있는 경우에
이를 직권으로 정정해야 하는 제도를 말하
며, 이는 명시적 규정을 두어 책임문제로
인한 정정회피문제를 해소하고 불필요한
쟁송을 방지하여 행정의 능률화를 도모함
에 취지가 있다.

5. 분할·합병 등이 발생한 토지의 재공시 결정

(1) 의의 및 취지(부동산공시법 제10조 제3항)

시·군·구청장은 개별공시지가의 공시기
준일 이후에 토지의 분할·합병 등이 발생
한 토지에 대해서, 대통령령으로 정하는 기
준일에 개별공시지가를 결정·공시하도록
규정하고 있다. 이는 개별공시지가의 변동
사항을 신속하게 반영하여 각종 조세산정
기준이 되는 기능에 충실하도록 하기 위함
이다.

(2) 공시일(부동산공시법 시행령 제16조 제2항)

① 1월 1일부터 6월 30일까지의 사이에 사
유가 발생한 토지는 7월 1일을 공시기
준일로 하여 10월 31일까지 결정·공시
한다.

② 7월 1일부터 12월 31일까지의 사이에
사유가 발생한 토지는 다음 해 1월 1일
을 공시기준일로 하여 다음 해 5월 31
일까지 결정·공시한다.

6. 불복수단

부동산 가격공시에 관한 법률에서는 이의
신청을 규정하고 있으며, 개별공시지가의
처분성을 긍정하면 행정쟁송에 의한 권리
구제가 가능하다.

논점 부동산가격공시위원회 (B)

1. 의의

부동산가격공시위원회란 부동산공시법상의 내용과 관련된 사항을 심의하는 위원회를 말하며, 국토교통부장관 소속하에 두는 중앙부동산가격공시위원회와 시장·군수·구청장 소속하에 두는 시·군·구 부동산가격공시위원회가 있다.

2. 부동산가격공시위원회의 성격

(1) 필수기관

중앙부동산가격공시위원회는 국토교통부장관의 소속하에 두고 시·군·구부동산가격공시위원회는 시장·군수·구청장 소속하에 두는 필수기관이다.

(2) 심의기관의 성격

의결기관과 자문기관의 중간 형태인 심의기관의 성격이 있다고 본다.

3. 중앙부동산가격공시위원회

(1) 설치 및 운영

① 국토교통부장관 소속하에 둔다. 위원장은 국토교통부 제1차관이 되고, 공무원이 아닌 위원의 임기는 2년으로 한다. ② 위원회의 회의는 재적위원 과반수의 출석으로 개의하고, 출석위원 과반수의 찬성으로 의결한다.

(2) 권한

① 부동산 가격공시 관계법령의 제정·개정에 관한 사항 중 국토교통부장관이 심의에 부치는 사항, ② 표준지의 선정 및 관리지침, ③ 조사·평가된 표준지공시지가, ④ 표준지공시지가에 대한 이의신청에 관한 사항, ⑤ 표준주택의 선정 및 관리지침, ⑥ 조사·산정된 표준주택가격, ⑦ 표준주택가격에 대한 이의신청에 관한 사항, ⑧ 공동주택의 조사 및 산정지침, ⑨ 조사·산정된 공동주택가격, ⑩ 공동주택가격에 대한 이의신청에 관한 사항, ⑪ 비주거용 표준부동산의 선정 및 관리지침, ⑫ 조사·산정된 비주거용 표준부동산가격, ⑬ 비주거용 표준부동산가격에 대한 이의신청에 관한 사항, ⑭ 비주거용 집합부동산의 조사 및 산정지침, ⑮ 조사·산정된 비주거용 집합부동산가격, ⑯ 비주거용 집합부동산가격에 대한 이의신청에 관한 사항, ⑰ 계획수립에 관한 사항, ⑱ 그 밖에 부동산정책에 관한 사항 등 국토교통부장관이 심의에 부치는 사항 등을 심의한다.

4. 시·군·구 부동산가격공시위원회

(1) 설치 및 운영

① 시장·군수·구청장 소속하에 둔다. 위원장은 부시장, 부군수 또는 부구청장이 된다. ② 시·군·구 부동산가격공시위원회의 구성과 운영에 관하여 필요한 사항은 해당 시·군·구의 조례로 정한다.

(2) 권한

① 개별공시지가의 결정에 관한 사항, ② 개별공시지가에 대한 이의신청에 관한 사항, ③ 개별주택가격의 결정에 관한 사항, ④ 개별주택가격에 대한 이의신청에 관한 사항, ⑤ 비주거용 개별부동산가격의 결정에 관한 사항, ⑥ 비주거용 개별부동산가격에 대한 이의신청에 관한 사항, ⑦ 그 밖에 시장·군수 또는 구청장이 심의에 부치는 사항 등을 심의한다.

논점 공시지가의 성격 (B)

1. 문제점

시가란 불특정 다수의 시장에서 자유로이 거래가 이루어지는 경우에 통상 성립된다고 인정되는 가액으로서, 토지의 현실거래가격은 아니므로 비정상적인 경로에 의해 상승 또는 감소한 가격은 배제된다. 시가와 현저히 차이가 나는 공시지가결정이 위법한지의 문제와 관련하여 공시지가가 시가와 어떠한 관계가 있는지를 검토하여야 한다.

2. 학설

(1) 정책가격설

공시제도의 목적은 부동산공시법 제1조에 나타나는 바와 같이, 공시지가의 공시를 통하여 적정한 지가형성을 도모하는 데 있으므로 이는 현실에서 거래되는 가격이 아니라 투기억제 또는 지가안정이라는 정책적 목적을 위해 결정·공시되는 가격이라고 본다.

(2) 시가설

공시지가는 각종 세금이나 부담금의 산정기준이 되는 토지가격으로서 현실시장가격을 반영한 가격이지 이와 유리된 가격일 수 없다고 본다.

3. 판례

개별토지가격의 적정성 여부는 규정된 절차와 방법에 의거하여 이루어진 것인지 여부에 따라 결정될 것이지 해당 토지의 시가와 직접적인 관련이 있는 것이 아니므로, 단지 개별지가가 시가를 초과한다는 사유만으로는 그 가격결정이 위법하다고 단정할 것은 아니다.

4. 검토

공시지가가 통상적인 시장에서 형성되는 정상적인 시가를 제대로 반영하는 것이 바람직하나, 공시지가가 시가대로 산정된다면 공시지가제도를 둔 취지가 훼손될 수 있다. 따라서 공시지가와 시가가 현저히 차이가 난다는 사유만으로 그 위법을 인정할 수는 없으며, 이러한 경우 그 산정절차나 비교표준지의 사정 등에 위법이 있을 수 있으므로 이러한 위법을 이유로 주장할 수 있을 것이다.

감정평가

논점 감정평가 타당성조사 (B)

1. 의의 및 취지

타당성 조사는 국토교통부장관이 감정평가서가 발급된 후 직권이나 관계기관등의 요청에 따라 감정평가가 적절한 절차와 방법 등으로 타당하게 이루어졌는지 조사하는 제도이다. 이는 감정평가서 신뢰도 향상에 취지가 있다.

2. 실시 및 중단 사유

지도, 감독을 위한 사무소 출입, 검사 또는 표본조사의 결과, 그 밖의 사유에 따라 조사가 필요하는 경우나 관계기관 혹은 이해관계인이 요청하는 경우 실시한다. 법원의 판결에 따라 확정된 경우, 재판에 계류 중이거나 수사기관에서 수사 중인 경우에는 타당성 조사를 하지 아니하거나 중지할 수 있다.

3. 절차 등

국토교통부장관은 착수한 경우 10일 이내에 사유 등을 알려야 하며, 감정평가법인등은 통지받고 10일 이내에 의견을 제출해야 한다. 국토교통부장관은 조사가 완료된 경우 지체 없이 결과를 통지해야 한다.

논점 감정평가법인등의 법적 지위 (B)

1. 감정평가법인등의 지위 발생

합격, 합격증 교부, 수습, 자격증 교부, 자격등록, 사무소 개설 및 법인설립인가를 통해서 감정평가법인등의 지위가 발생된다.

2. 권리

① 감정평가권(감정평가법 제4조)
② 감정평가업무수행권(감정평가법 제10조)
③ 타인토지출입권(부동산공시법 제13조)
④ 명칭사용권(감정평가법 제22조)
⑤ 보수청구권(감정평가법 제23조)
⑥ 청문권(감정평가법 제45조)
⑦ 쟁송권 등이 있다.

3. 의무

① 효율적 국토이용 및 경제발전도모를 위한 적정가격평가의무
② 헌법 및 부동산공시법 등 법령준수의무
③ 성실의무(감정평가법 제25조)
④ 국토교통부장관의 지도, 감독인용의무 (감정평가법 제47조)
⑤ 감정평가서 교부 및 보존의무(감정평가법 제6조)
⑥ 비밀엄수(감정평가법 제26조)
⑦ 명의대여 등의 금지(감정평가법 제27조)
⑧ 손해배상책임(감정평가법 제28조) 등이 있다.

4. 책임

(1) 민사상 책임

민사상 책임으로, 감정평가법인등이 고의·과실로 의뢰인에게 손해를 발생하게 한 경우에는 그 손해를 배상하도록 손해배상책임(감정평가법 제28조)을 인정하고 있다.

(2) 행정상 책임

① 인가취소 및 업무정지(감정평가법 제32조), ② 자격등록의 취소, 업무정지 및 견책(감정평가법 제39조), ③ 과징금(감정평가법 제41조), ④ 과태료(감정평가법 제52조 : 행정질서벌) 책임이 있으며 과태료 부과절차는 질서위반행위규제법의 제반절차를 따르게 된다.

(3) 형사상 책임

① 성실의무위반 등이 있는 때에는 행정형벌(감정평가법 제49조 및 제50조 : 행정형벌), ② 공적업무(표준지조사, 개별공시지가검증, 보상, 토지매입·매각 등) 수행 시 공무원에 의제되어 뇌물수뢰죄가 적용(감정평가법 제48조)된다.

5. 감정평가법인등의 업무(감정평가법 제10조)

① 「부동산 가격공시에 관한 법률」에 따라 감정평가법인등이 수행하는 업무
② 「부동산 가격공시에 관한 법률」 제8조 제2호에 따른 목적을 위한 토지 등의 감정평가
③ 「자산재평가법」에 따른 토지 등의 감정평가
④ 법원에 계속 중인 소송 또는 경매를 위한 토지 등의 감정평가
⑤ 금융기관·보험회사·신탁회사 등 타인의 의뢰에 따른 토지 등의 감정평가

⑥ 감정평가와 관련된 상담 및 자문
⑦ 토지 등의 이용 및 개발 등에 대한 조언이나 정보 등의 제공
⑧ 다른 법령에 따라 감정평가법인등이 할 수 있는 토지 등의 감정평가
⑨ 위의 업무에 부수되는 업무

6. 감정평가법인등의 법률관계

(1) 감정평가법인등과 국가의 관계

감정평가법인등과 국가는 공법상 위임관계에 있다. 국가는 감독권을 갖고, 감정평가법인등은 위탁자에 대해 비용청구권을 갖으며, 수탁사무수행의무를 갖는다.

(2) 감정평가법인등과와 국민의 관계

일반적 견해는 공무수탁사인의 위법한 공무수행으로 사인에게 손해가 발생한 경우에는 국가배상을 청구할 수 있다고 본다. 또한 감정평가법 제5조 제2항에 따라 토지 등의 평가의뢰를 받은 경우에는 대등한 당사자 사이의 법률관계이므로 사법관계로 볼 수 있으나, 감정평가의 특수성으로 인해서 공공성이 강조된다고 볼 수 있다.

📖 **알아두기**

양도, 대여, 부당행사 금지

1. 감정평가법 제27조

감정평가법 제27조는 감정평가사 또는 감정평가법인등은 다른 사람에게 자기의 성명 또는 상호를 사용하여 제10조에 따른 업무를 수행하게 하거나 자격증, 등록증 또는 인가증을 양도, 대여하거나 이를 부당하게 행사하여서는 아니된다고 규정한다. 판례는 양도, 대여와 부당행사를 구분하고 있다.

2. 대여의 의미

대여란 자격증 자체를 타인에게 대여하거나 본래의 목적 이외의 용도로 행사하게 하는 것을 의미한다. 다른 사람이 자격증이나 등록증을 이용하여 자격자로 행세하면서 그 업무를 행하려는 것을 알면서도 이를 빌려주는 행위 역시 대여에 해당한다.

3. 자격증 부당행사의 의미

감정평가사가 감정평가법인에 적을 두기는 하였으나 해당 감정평가법인의 업무를 수행하거나 운영 등에 관여할 의사가 없고 실제로도 업무 등을 전혀 수행하지 아니하거나 수행한 업무의 양, 내용, 정도 등을 검토했을 때 소속 감정평가사로서 실질적으로 수행한 것으로 평가하기 어려운 정도라면 부당행사에 해당한다.

감정평가사의 인원수만을 형식적으로 갖추게 하거나 법원으로부터 감정평가 물량을 추가로 배정받을 목적으로 등록증을 사용하는 것은 부당행사이다.

감정평가사 자격증 등을 본래의 용도가 아닌 다른 용도로 행사하거나, 본래의 행사목적을 벗어나 감정평가사의 자격이나 업무 범위에 관한 법의 규율을 피할 목적으로 이를 행사하는 것은 부당행사이다.

논점 **감정평가사 자격등록 (B)**

1. 의의 및 취지(감정평가법 제17조)

등록이란 사인이 알린 일정한 사실을 유효한 것으로 받아들이는 것을 말한다. 자격등록은 국토교통부장관이 등록신청한 자의 자격요건 구비사실을 장부에 등재하여 유효한 것으로 받아들이는 것을 말한다. 이는 감정평가사의 효율적 관리 및 신뢰성 제고에 취지가 인정된다.

2. 법적 성질

(1) 처분성 유무

1) 학설

① 사인의 신청을 유효한 행위로 받아들이는 행위로 보는 수리설, ② 자격요건을 갖춘 사실을 공적으로 증명하는 것이라는 공증설, ③ 감정평가업을 할 수 있는 요건을 판단하는 허가라는 허가설이 있다.

2) 판례

대법원의 보충의견은 사회단체등록신청반려처분취소소송에서 '등록신청의 법적 성질은 사인의 공법행위로서의 신고이고 등록은 해당 신고를 수리하는 것을 의미하는 준법률적 행정행위라 할 것'이라고 판시했다.

3) 검토

감정평가사의 등록신청은 감정평가사가 사인의 지위에서 행정청에게 감정평가업을 영위하겠다는 등록을 신청하는 것이므로 사인의 공법행위에 해당한다. 국토교통부장관의 자격등록행위는 감정평가사가 자격을 갖춘 자라는 사실에 대한 공적 증거력을 부여하는 공증에 해당한다고 본다.

PART · 08

(2) 기속행위성

법 시행령 제17조에서는 "등록거부사유가 없으면 등록증을 교부하여야 한다"고 규정하는바 기속행위로 볼 수 있다.

3. 요건(감정평가법 제18조) 및 절차

(1) 요건

1) 결격사유에 해당하지 않을 것

① 미성년자 또는 피성년후견인·피한정후견인, ② 파산선고를 받은 사람으로서 복권되지 아니한 사람, ③ 금고 이상의 실형을 선고받고 그 집행이 종료(집행이 종료된 것으로 보는 경우를 포함한다)되거나 그 집행이 면제된 날부터 3년이 지나지 아니한 사람, ④ 금고 이상의 형의 집행유예를 받고 그 유예기간이 만료된 날부터 1년이 지나지 아니한 사람, ⑤ 금고 이상의 형의 선고유예를 받고 그 선고유예기간 중에 있는 사람, ⑥ 부정한 방법으로 자격을 취득하여 자격이 취소된 후 3년이 지나지 아니한 사람, ⑦ 감정평가사의 직무와 관련하여 금고 이상의 형을 선고받아(집행유예를 선고받은 경우를 포함한다) 그 형이 확정된 경우, 업무정지 1년 이상의 징계처분을 2회 이상 받은 후 다시 징계사유가 있는 사람으로서 감정평가사의 직무를 수행하는 것이 현저히 부적당하다고 인정되는 경우에 해당하여 자격이 취소된 후 5년이 지나지 아니한 사람은 결격사유에 해당한다.

2) 실무수습 미이수자

실무수습을 받지 아니한 경우에는 자격등록을 거부하여야 한다.

(2) 절차

등록신청서를 작성하여 등록신청을 하고, 결격사유가 없으면 등록증을 교부하여야 한다.

4. 등록의 효과

(1) 적법한 등록의 효과

행정청이 유효한 것으로 받아들임에 따라 감정평가업무를 수행할 수 있는 업자의 지위를 향유할 수 있다.

(2) 위법한 등록의 효과

하자의 정도에 따라 등록의 효과가 상이하다. 무효인 경우는 처음부터 등록의 효과가 없으나, 취소사유인 경우에는 취소되기 전까지는 공정력에 의해서 등록의 효과가 발생한다.

5. 권리구제

등록은 처분성이 인정되므로 행정심판이나 행정소송을 제기할 수 있을 것이다.

논점 감정평가사 자격등록갱신 (B)

1. 의의 및 취지(감정평가법 제17조 제2항)

등록갱신제도라 함은 등록에 기한이 설정된 경우, 종전등록의 법적 효과를 유지시키는 행정청의 행위를 말한다. 감정평가법은 5년마다 등록갱신을 하도록 규정하고 있다(시행령 제18조). 이는 감정평가업무를 수행할 수 있는 적정성을 주기적으로 확인하여 감정평가제도의 신뢰성을 제고함에 취지가 있다.

2. 법적 성질

(1) 처분성 유무

1) 학설

① 사인의 신청을 유효한 행위로 받아들이는 행위로 보는 수리설, ② 자격요건을 갖춘 사실을 공적으로 증명하는 것이라는 공증설, ③ 감정평가업을 할 수 있는 요건을 판단하는 허가라는 허가설이 있다.

2) 판례

대법원의 보충의견은 사회단체등록신청반려처분취소소송에서 '등록신청의 법적 성질은 사인의 공법행위로서의 신고이고 등록은 해당 신고를 수리하는 것을 의미하는 준법률적 행정행위라 할 것'이라고 판시했다.

3) 검토

감정평가사의 갱신등록신청은 사인의 공법행위이며, 갱신등록행위는 종전의 등록효과를 향유할 수 있는 요건을 계속적으로 갖추고 있음에 대한 공적 증거력을 부여하는 공증으로 볼 수 있다.

(2) 기속행위성

법 시행령 제18조에서는 "등록거부사유가 없으면 등록증을 갱신하여 교부하여야 한다"고 규정하는바 기속행위로 볼 수 있다.

3. 갱신등록요건 및 절차

① 등록일부터 5년이 되는 날의 60일 전까지 갱신신청을 할 것과, 등록거부요건에 해당하지 않을 것을 요건으로 한다. ② 상기 요건을 갖춘 경우, 국토교통부장관은 갱신하여 갱신등록증을 발급하여야 한다.

4. 효과 및 권리구제

종전 등록의 효과가 유지되어 계속하여 감정평가업무를 수행할 수 있는 법적 지위를 향유할 수 있으며, 갱신등록도 처분성이 인정되므로 행정쟁송을 통한 구제가 가능할 것이다.

5. 자격등록(갱신)제도의 개선점

(1) 내부적 자격관리

국토교통부장관이 아닌 협회의 전문가집단에 의한 평가의 적격성 통제가 바람직하다.

(2) 등록심사위원회 도입

등록심사제도를 도입하여 개별·구체적 상황마다 등록 여부를 결정하는 합리성을 제고하여야 할 것이다.

논점 사무소 개설 (B)

I. 사무소 개설

1. 개설

실무수습을 마친 감정평가사가 감정평가업을 행하기 위해서는 법인설립 및 사무소개설을 하거나 법인 및 사무소에 소속평가사가 되어야 한다.

2. 감정평가사 사무소 개설

(1) 사무소개설 목적 및 법적 효력

감정평가업무를 수행하기 위해서 감정평가사사무소를 개설해야 하며, 이로써 감정평가업무를 수행할 수 있는 법적 지위가 발생된다.

(2) 사무소개설 불가사유

① 감정평가사 결격사유에 해당하는 등 등록거부사유에 해당되는 자, ② 설립인가가 취소되거나 업무가 정지된 감정평가법인의 설립인가가 취소된 후 1년이 지나지 아니하였거나 업무정지 기간이 지나지 아니한 경우 그 감정평가법인의 사원 또는 이사였던 사람, ③ 업무가 정지된 감정평가사로서 업무정지 기간이 지나지 아니한 사람은 사무소를 개설할 수 없다.

(3) 준수사항 및 법률상 의무

1) 중복개설 금지 및 업무수행

① 감정평가사는 감정평가업을 하기 위하여 1개의 사무소만을 설치할 수 있다.

② 감정평가사사무소에는 소속 감정평가사를 둘 수 있다. 이 경우 소속 감정평가사는 등록거부사유에 해당하는 사람이 아니어야 하며, 감정평가사사무소를 개설한 감정평가사는 소속 감정평가사가 아닌 사람에게 감정평가업무를 하게 하여서는 아니된다.

2) 감정평가사사무소 명칭사용

사무소를 개설한 감정평가법인 등은 그 사무소의 명칭에 "감정평가사사무소"라는 용어를 사용하여야 하며, 감정평가법인 등이 아닌 자는 "감정평가사사무소" 또는 이와 비슷한 명칭을 사용할 수 없다.

(4) 기타

감정평가사는 그 업무를 효율적으로 수행하고 공신력을 높이기 위하여 합동사무소를 설치할 수 있다. 이 경우 합동사무소는 둘 이상의 감정평가사를 두어야 한다.

종래에는 감정평가사 사무소를 개설하는 경우에는 이를 국토교통부장관에게 등록하도록 규정하고 있었으나 감정평가사 등록제도의 도입으로 사무소개설신고로 그 절차가 변경되었고 이러한 신고규정의 목적이 불필요한 규제행위는 아닌지 고려해 볼 여지가 있었기에 불필요한 규제 개선 취지에 비추어 신고규정은 삭제된 것으로 보인다.

II. 합동사무소

감정평가사는 그 업무를 효율적으로 수행하고 공신력을 높이기 위하여 합동사무소를 설치할 수 있다. 합동사무소에는 2명 이상의 감정평가사를 두어야 한다.

논점 고용인 신고 (B)

1. 신고의 개념 및 종류

신고란 사인이 행정기관에게 일정한 사항에 대하여 알려야 하는 의무가 있는 경우에 그것을 알리는 행위를 말한다. 신고는 수리를 요하는지에 따라 자기완결적 신고(수리를 요하지 않는 신고)와 행위요건적 신고(수리를 요하는 신고)로 구분되고 그 기능에 따라 정보제공적 신고와 금지해제적 신고로 구분된다.

2. 고용인 신고의 의의

감정평가법인등은 소속 감정평가사 또는 사무직원을 고용하거나 고용관계가 종료된 때에는 국토교통부장관에게 신고하여야 한다. 이를 고용인 신고라고 한다.

3. 고용인 신고의 법적 성질

(1) 관련 판례

대법원은 관계법이 실질적 적법요건을 규정한 경우에는 행위요건적 신고로 보며 그렇지 않은 경우 자기완결적 신고로 보았다. ① 건축법상 신고는 자기완결적 신고, ② 건축주명의변경신고는 행위요건적 신고로 판시한 바 있다.

(2) 검토

신고의 구별기준에 관한 견해의 대립이 있으나 일반적인 구별기준은 관련 법 규정의 입법자의 객관적 의사라고 보는 것이 타당하며, 입법자의 의사가 불분명한 경우에는 실질적 심사를 요구하는 경우에는 행위요건적 신고로 보아야 한다.

① 소속평가사와 관련해서는 고용 신고서만을 형식적으로 규정하여 자기완결적 신고로 보는 것이 타당하다. ② 반면 사무직원의 경우 감정평가 및 감정평가사에 관한 법률 시행규칙 제18조의2 제2항에서 결격사유 여부를 확인해야 한다고 규정하므로 행위요건적 신고로 봄이 타당하다.

4. 고용인 신고 거부의 처분성

(1) 관련 판례

판례는 신고 없이 건축이 개시될 경우 시정명령, 이행강제금, 벌금의 대상이 되거나 당해 건축물을 사용하여 행할 행위의 허가가 거부될 우려가 있어 불안정한 지위에 놓이게 된다. 따라서 당사자로 하여금 반려행위의 적법성을 다투어 그 법적 불안을 해소하고 위험에서 미리 벗어날 수 있도록 항고소송의 대상이 된다고 보는 것이 옳다고 판시한 바 있다.

(2) 검토

사무직원과 관련해서는 행위요건적 신고이므로 그 수리 거부는 처분이라고 볼 것이다. 소속평가사와 관련해서는 자기완결적 신고이나 소속평가사 변경신고가 거부된 상태에서 소속평가사로 하여금 감정평가 업무를 하게 되면 감정평가 및 감정평가사에 관한 법률 제50조 제2호에 의거 형사처벌에 처해질 수 있다. 이러한 불이익을 방지하기 위해서 처분성을 예외적으로 인정하는 것이 타당할 것이다.

논점 **감정평가법인 설립인가 (B)**

1. 의의 및 취지(감정평가법 제29조)

인가란 타인의 법률적 행위를 보충하여 그 법적 효력을 완성시켜주는 행정행위를 말한다. 즉, 국토교통부장관이 감정평가법인의 설립행위를 보충하여 사인 간의 법인설립행위의 효력을 완성시켜주는 행위이다.

2. 법적 성질

(1) 형성적 행정행위

기본행위의 효력을 완성시켜주는 형성행위이다.

(2) 기속행위성

① 인가는 새로운 권리설정행위가 아니고, ② 공익판단의 규정이 없는 점에 비추어 볼 때, 인가요건을 구비하였다면 인가를 거부할 수 없는 기속행위로 보아야 한다.

3. 요건 및 절차

(1) 요건(감정평가법 제29조)

① 감정평가법인의 사원 또는 이사가 감정평가사일 것, ② 주사무소·분사무소는 최소인원을 충족할 것, ③ 정관내용이 법령에 적합할 것, ④ 인가 후 설립등기를 할 것을 요건으로 한다.

(2) 절차

① 정관작성 후 사무실보유증명서류, 등록증사본과 신청서를 국토교통부장관에게 제출한다.
② 국토교통부장관은 사원·이사는 평가사인지, 주·분사무소에 최소인원이 있는지, 정관내용이 법령에 적합한지를 심사

한 후 신청을 받은 날부터 20일 이내에 인가 여부를 신청인에게 통지하여야 한다.
③ 인가 시 1개월 내에 설립등기를 함으로써 법인설립인가절차가 종료된다.

4. 인가의 효과와 권리구제

(1) 인가의 효과(보충적 효력)

인가는 기본적 행위의 효력을 완성시켜주는 보충적 효력을 갖는다.

(2) 인가에 하자가 있는 경우의 권리구제

① 인가에 무효의 하자가 있다면 무인가행위가 된다. 따라서 기본행위의 효력이 발생하지 않는다. ② 인가에 취소의 하자가 있다면 취소되기까지 유효하므로 유인가행위가 된다. 따라서 기본행위의 효력이 발생한다.

(3) 기본행위에 하자가 있는 경우

설립행위가 하자를 이유로 성립하지 않거나 취소되면 인가도 무효가 된다(실효, 무효, 취소된 경우). 따라서 인가의 효력이 발생하지 않는다.

(4) 기본행위에 하자가 있는 경우의 소의 이익

1) 학설

① 긍정설은 일회적인 분쟁해결을 위해 협의소익을 인정해야 한다고 본다.
② 부정설은 기본행위의 하자가 판결 확정 전이라면 인가처분의 취소를 구할 이익이 없다고 본다.

2) 판례

판례는 '인가처분에 하자가 없다면 기본행위에 하자가 있다 하더라도 따로 그 기본행위의 하자를 다투는 것은 변론으로 하고, 기본행위에 하자가 있으면 기본행위를 다투어야 하며 기본행위의 하자를 이유로 인

가처분의 취소 또는 무효확인을 소구할 법률상 이익이 없다'고 판시한 바 있다.

3) 검토

인가의 보충성에 비추어 볼 때, 인가에 대한 항고소송에서 승소하더라도 기본행위 자체의 소송을 별도로 제기하여야 하므로 인가에 대한 항고소송은 본안판결을 받을 법적 이익이 없다(보다 간이한 수단 존재).

논점 **감정평가법인등 손해배상 (A)**

1. 손해배상책임의 의의 및 취지(감정평가법 제28조)

손해배상이란 감정평가법인등이 고의 또는 과실로 감정평가 당시의 적정가격과 현저한 차이가 있게 평가하거나, 감정평가 서류에 거짓을 기록함으로써 감정평가 의뢰인이나 선의의 제3자에게 손해를 발생하게 하였을 때에 이를 배상하는 것을 말하며 ① 선의의 평가의뢰인이 불측의 피해를 입지 않도록 하기 위함이며, ② 또한 토지 등의 적정가격을 올바르게 평가하여 국토의 효율적인 이용과 국민경제의 발전을 도모하기 위함에 그 취지가 있다.

2. 감정평가의 법률관계

(1) 공법관계인지 사법관계인지

감정평가의 의뢰는 상호 대등한 관계에서 행해지는 것이므로 사법관계의 성질을 갖는다고 볼 수 있다. 다만 감정평가의 사회성·공공성에 비추어 공법적 성질도 내포하고 있다고 볼 수 있다. 단, 공적 업무를 위탁받은 경우는 공법상 관계이다. 사법관계로 보는 경우 어떠한 계약관계인지가 문제된다.

(2) 도급계약인지 위임계약인지

① 일의 완성을(감정평가) 목적으로 수수료 지급을 약정하는 도급계약이라는 견해와, ② 일정한 사무처리를 위한 통일적 노무의 제공을 목적으로 하는 유상특약의 위임계약이라는 견해가 있다. ③ 생각건대 업무수행 시 독립성이 인정되고, 업무중단 시 중단 시까지 수행한 부분에 대한 보수청구가 인정되므로 위임계약으로 봄이 타당하다.

3. 감정평가법 제28조와 민법 제750조와의 관계

(1) 논의의 실익

위임계약으로 보면 감정평가법 제28조의 규정이 없어도 손해배상책임이 인정되므로 감정평가법 제28조 규정이 민법상 손해배상책임을 배제하는 특칙인지가 문제된다.

(2) 견해의 대립

1) 특칙이라는 견해(면책설)

감정평가의 경우 적정가격 산정이 어렵고, 평가수수료에 비해 배상의 범위가 넓으므로 감정평가법 제28조를 감정평가법인등을 보호하기 위한 특칙으로 본다.

2) 특칙이 아니라는 견해(보험관계설)

감정평가법 제28조 제1항은 제2항의 보험이나 공제에 관련하여 처리되는 감정평가법인등의 손해배상책임의 범위를 한정한 것이므로 특칙이 아니라고 한다.

(3) 판례

감정평가법인등의 부실감정으로 인하여 손해를 입게 된 경우 감정평가의뢰인이나 선의의 제3자는 지가공시법상의 손해배상책임과 민법상의 불법행위로 인한 손해배상책임을 함께 물을 수 있다.

(4) 검토

① 적정가격의 산정이 어려움에도 손해배상책임을 널리 인정하면 평가제도가 위태로울 수 있고, ② 특칙이 아니라고 보면 감정평가법 제28조 제1항 규정의 의미가 무색해지므로 특칙으로 봄이 타당하다.

4. 손해배상책임의 요건

(1) 타인의 의뢰

감정평가법 제28조에 의한 손해배상책임이 인정되기 위해서는 금융기관 등, 타인의 의뢰가 있어야 한다.

(2) 고의 또는 과실

① 고의란 부당한 감정평가임을 알고 있는 것을 말하며, ② 과실이란 감정평가를 함에 있어서 통상 주의의무를 위반한 것을 말한다. 입증책임은 주장하는 자에게 있다.
① 부동산공시법과 감정평가규칙의 기준을 무시하고 자의적인 방법에 의하여 토지를 감정평가한 것은 고의·중과실에 의한 부당한 감정평가로 볼 수 있다. ② 사전자료준비부주의, 평가절차부주의, 윤리규정부주의, 평가방식적용부주의를 과실의 예이다.

(3) 부당한 감정평가

1) 적정가격과의 현저한 차이

판례는 공시지가결정, 보상액결정(현행 1.1배)의 1.3배가 유일한 판단기준이 될 수 없고 부당감정에 이르게 된 업자의 귀책사유를 고려하여 사회통념에 따라 탄력적으로 판단하여야 한다고 판시했다.

2) 거짓의 기재

물건의 내용, 산출근거, 평가액의 거짓기재로써 가격변화를 일으키는 요인을 고의, 과실로 진실과 다르게 기재하는 것을 말한다.

(4) 의뢰인 및 선의의 제3자에게 손해가 발생할 것

손해라 함은 주로 재산권적 법익에 관하여 받은 불이익을 말한다.
'선의의 제3자는 감정내용이 허위 또는 적정가격과 현저한 차이가 있음을 인식하지 못한 것뿐만 아니라 타인이 사용할 수 없음이 명시된 경우에도 그러한 사용사실까지 인식하지 못한 제3자를 의미한다.

(5) 인과관계

부당한 감정평가가 없었더라면 손해가 발생하지 않았을 것을 요한다. 판례는 감정평가의 잘못과 낙찰자의 손해 사이에는 상당인과관계가 있는 것으로 보아야 한다고 판시한 바 있다.

(6) 위법성이 필요한지 여부

생각건대 감정평가법 제28조는 민법에 대한 특칙으로 보는 것이 타당하므로 위법성요건은 불필요하다고 보며 이는 부당감정개념에 포함된 것으로 봄이 합당하다.

5. 손해배상책임의 내용

(1) 손해배상범위

불법행위로 인한 재산상 손해는 위법한 가해행위로 인하여 발생한 재산상 불이익, 즉 위법행위가 없었더라면 존재하였을 재산상태와 위법행위가 가해진 현재의 재산상태와의 차이가 되며, 계약의 체결 및 이행경위와 당사자 쌍방의 잘못을 비교하여 종합적으로 판단하여야 한다(과실상계인정).

판례는 ① 부당한 감정가격에 의한 담보가치와 정당한 감정가격에 의한 담보가치의 차액을 한도로 하여 실제로 정당한 담보가치를 초과한 부분이 손해액이 된다고 판시한 바 있다. ② 대출금이 연체되리라는 사정을 알기 어려우므로 대출금이 연체되리라는 사정을 알았거나 알 수 있었다는 특별한 사정이 없는 한 연체에 따른 지연손해금은 부당한 감정으로 인하여 발생한 손해라고 할 수 없다.

(2) 임대차 조사내용

① 임대차사항을 상세히 조사할 것을 약정한 경우, 업자로선 협약에 따라 성실하고 공정하게 주택에 대한 임대차관계를 조사하여 금융기관이 불측의 손해를 입지 않도록 협력하여야 할 의무가 있다.

② 단순히 다른 조사기관의 전화조사로만으로 확인된 실제와는 다른 임대차관계 내용을 기재한 임대차확인조사서를 제출한 사안에서 협약에 따른 조사의무를 다하지 아니한 과실이 있다.

③ 금융기관의 신속한 감정평가요구에 따라 그의 양해 아래 건물소유자를 통해 임대차관계를 조사한 경우에는 과실이 없다고 판시한 바 있다.

(3) 손해배상책임의 보장

감정평가법인등의 손해배상책임을 보장하기 위하여 감정평가법에서는 보험 또는 공제사업에의 가입을 규정하고 있다.

(4) 확정판결에 의한 손해배상 통지

감정평가법인등은 감정평가 의뢰인이나 선의의 제3자에게 법원의 확정판결을 통한 손해배상이 결정된 경우에는 국토교통부령으로 정하는 바에 따라 그 사실을 국토교통부장관에게 알려야 한다.

6. 관련문제

(1) 민법상 소멸시효의 규정이 적용된다고 본다. 따라서 손해배상청구권은 손해를 안 날로부터 3년, 있은 날로부터 10년 이내에 행사해야 한다.

(2) 법인은 사용자책임을 지며 해당 평가사에게 구상권을 행사할 수 있다.

(3) 허위감정죄와의 관계

감정평가법 제49조에 의하면 고의로 잘못된 평가를 한 자에 대해서 허위감정죄로 처벌하도록 규정하고 있다. 따라서 부당감정평가와 허위감정죄가 동시에 성립되는 경우에 손해가 없더라도 고의로 잘못된 평가만 있으면 허위감정죄에 대한 처벌이 가능할 것이다.

논점　과징금 (A)

1. 제도의 취지 및 근거

감정평가의 업무영역이 확대되고 면적사업이 증대되는 등, 공공성이 강화됨에 따라 공적업무수행역할의 중요성도 증대하였다. 따라서 공적업무수행 시에(표준지, 표준주택 가격조사 등) 업무정지처분을 받는다면 공적업무에 지장을 초래할 수 있으므로 이를 개선하기 위하여 과징금제도를 도입하였다.

2. 개념 및 구별개념

(1) 과징금의 의의 및 구별개념

과징금은 행정법상 의무위반행위로 얻은 경제적 이익을 박탈하기 위한 금전상 제재금을 말한다. 과징금은 의무이행의 확보수단으로써 가해진다는 점에서 의무위반에 대한 벌인 과태료와 구별된다.

(2) 감정평가법상 과징금의 의미 및 취지(감정평가법 제41조)

감정평가법상 과징금은 계속적인 공적업무 수행을 위하여 업무정지처분에 갈음하여 부과되는 것으로 변형된 과징금에 속한다. 이는 인·허가의 철회나 정지처분으로 인해 발생하는 국민생활 불편이나 공익을 고려함에 취지가 인정된다.

3. 법적 성질

과징금의 부과는 금전상의 급부를 명하는 급부하명으로서 처분에 해당한다. 또한 "할 수 있다"는 규정에 비추어 재량행위로 판단된다.

4. 요건 및 절차

(1) 요건

① 감정평가법 제32조에 의한 업무정지처분을 할 경우로서 ② 업무정지처분을 하게 되면 표준지 및 표준주택가격 조사평가 등 공적업무수행에 영향을 미칠 우려가 있어야 할 것을 요건으로 한다.

(2) 절차

1) 과징금 부과기준(감정평가법 제41조 제2항 및 시행령 제43조)

① 위반행위의 내용과 정도, ② 위반행위의 기간과 위반횟수, ③ 위반행위로 취득한 이익의 규모를 고려하여 5천만원 이하(법인은 5억)의 과징금을 부과한다. ④ 시행령 제43조 제2항에서는 1/2 범위 내에서 가중 또는 감경할 수 있다고 규정하고 있다.

2) 과징금 부과

위반행위의 종별과 과징금의 금액을 명시하여 이를 납부할 것을 서면으로 통지한다.

3) 과징금 징수 및 체납

통지일부터 60일 이내에 납부하여야 하며 가산금 징수에 관하여는 국세체납처분에 의해 징수할 수 있다.

4) 과징금의 승계(감정평가법 제41조 제3항)

국토교통부장관은 감정평가법인이 합병을 하는 경우 그 감정평가법인이 행한 위반행위는 합병 후 존속하거나 합병에 의하여 신설된 감정평가법인이 행한 행위로 보아 과징금을 부과·징수할 수 있다.

5. 권리구제

(1) 이의신청(감정평가법 제42조)

① 제41조에 따른 과징금의 부과처분에 이의가 있는 자는 그 처분을 통보받은 날부터 30일 이내에 사유를 갖추어 국토교통부장관에게 이의를 신청할 수 있다(제1항).

② 국토교통부장관은 이의신청에 대하여 30일 이내에 결정을 하여야 한다. 다만, 부득이한 사정으로 그 기간 이내에 결정을 할 수 없는 경우에는 30일의 범위 내에서 기간을 연장할 수 있다(제2항). 이는 강학상 이의신청이므로 이후 행정심판 청구가 가능하다. 이의신청 결과 통지일로부터 심판 또는 소송의 기간이 기산된다.

(2) 행정심판(감정평가법 제42조 제3항)

이의신청에 대한 결정에 이의 있는 자는 행정심판을 청구할 수 있다.

(3) 행정소송

과징금 부과는 급부하명으로서 소송의 대상이 되므로, 위법성 정도에 따라 취소소송 또는 무효등확인소송을 제기할 수 있다.

(4) 부당이득반환청구소송

잘못 부과된 과징금은 부당이득반환청구소송을 제기할 수 있을 것이다. 다만 현실적으로 거의 드물 것으로 보인다.

6. 개선안

과징금은 공적업무수행의 확보를 목적으로 하므로 공적업무에 영향을 미치는지를 객관적 기준에 의해 판단해야 할 것이다. 따라서 공적업무에 영향을 미치는지에 대한 객관적인 기준이 입법적으로 제정되어야 할 것이다.

논점 행정벌 [B]

1. 의의

행정벌에는 행정형벌과 행정질서벌이 있다. ① 행정형벌은 중한 의무를 위반한 때의 제재인데 반하여, ② 행정질서벌은(과태료) 경미한 의무의 위반에 따른 제재이다.

2. 행정형벌

(1) 행정형벌의 의의

행정형벌은 행정상 중한 의무를 위반한 경우에 주어지는 벌로서 그 내용은 징역형 또는 벌금형이 있다. 형법총칙이 적용되므로 형사상 책임에 해당한다. 행정형벌은 행정목적을 달성하기 위해 행정법규가 의무를 정해놓고 이를 위반한 경우의 제재수단이다.

(2) 행정형벌의 사유

① 감정평가법 제49조에서는 '3년 이하의 징역 또는 3,000만원 이하의 벌금'을 규정하고 있으며, ② 감정평가법 제50조에서는 '1년 이하의 징역 또는 1,000만원 이하의 벌금'을 규정하고 있다.

(3) 벌칙적용에서 공무원 의제(감정평가법 제48조)

표준지공시지가 조사, 평가 등 특수한 경우에는 「형법」 제129조부터 제132조까지의 규정을 적용할 때 공무원으로 본다.

3. 양벌규정(감정평가법 제51조)

헌법재판소는 청소년보호법상 양벌규정과 관련하여 '아무런 비난받을 만한 행위를 한 바 없는 자에 대해서까지, 다른 사람의 범죄행위를 이유로 처벌하는 것으로 형벌에 관한 책임주의에 반하므로 헌법에 위반된다.'고 판시한 바 있다. 감정평가법 제51조에서도 이러한 판례의 취지를 반영하여 상당한 주의와 감독을 다한 경우에는 양벌규정을 배제하고 있다.

4. 행정질서벌

(1) 행정질서벌의 의의

행정질서벌은 행정상 경미한 의무를 위반한 경우에 주어지는 벌로서 그 내용은 과태료 처분이다. 행정질서벌은 형법총칙이 적용되지 않는다는 점에서 행정형벌과는 구별되며 행정상책임에 해당된다.

(2) 절차

1) 과태료처분의 부과

국토교통부장관은 해당 위반행위, 금액 및 이의제기방법 등을 명시한 과태료 납부통지서를 과태료 처분대상자에게 송부하여 부과·징수한다.

2) 과태료처분에 대한 불복

과태료처분에 불복이 있는 자는 그 처분이 있음을 안 날부터 60일(질서법 제20조 제1항) 이내에 국토교통부장관에게 이의를 제기할 수 있다. 이의신청의 기간 내에 이의를 제기하지 아니하고 과태료를 납부하지 아니한 때에는 국세체납처분의 예에 의하여 이를 징수한다.

(3) 행정형벌과 행정질서벌의 중복부과

① 대법원은 행정법상의 질서벌인 과태료의 부과처분과 형사처벌은 그 성질이나 목적을 달리하는 별개의 것이므로 행정법상의 질서벌인 과태료를 납부한 후에 형사처벌을 한다고 하여 이를 일사부재리의 원칙에 반하는 것이라고 할 수는 없다고 판시했다.

② 헌법재판소는 행정질서벌로서의 과태료는 형벌(특히 행정형벌)과 목적·기능이 중복되는 면이 없지 않으므로 동일한 행위를 대상으로 하여 형벌을 부과하면서 아울러 행정질서벌로서의 과태료까지를 부과하는 것은 이중처벌금지의 기본정신에 배치되어 국가입법권의 남용으로 인정될 여지가 있다고 보았다.

논점 ﹒ 감정평가관리징계위원회 (A)

1. 징계위원회의 도입배경

징계위원회는 기존에 감정평가협회에서 운영해 왔으나 징계위원회를 형식적으로 운영하여 실효성에 대한 문제가 제기되었다. 따라서 ① 감정평가사에 대한 징계의 공정성을 확보하고, ② 엄격한 절차에 따라 징계처분을 하여 공신력을 제고하기 위해 징계위원회제도를 신설하였다.

2. 징계위원회의 의의 및 법적 성격

(1) 의의 및 근거

징계위원회는 감정평가사의 징계에 관한 사항을 의결하는 기관으로 감정평가법 제40조 및 시행령 제37조를 근거로 한다.

(2) 법적 성격

① 징계 시 반드시 설치해야 하는 필수기관이다. ② 징계내용에 관한 의결권을 가진 의결기관이다.

3. 징계위원회의 내용

(1) 설치 및 구성

징계위원회는 국토교통부에 설치한다. 징계위원회는 위원장 1명과 부위원장 1명을 포함하여 13명의 위원으로 구성하고, 위원장은 국토교통부장관이 위촉하거나 지명한다.

(2) 위원의 임기 및 제척·기피

위원의 임기는 2년으로 하되 1차에 한하여 연임할 수 있다. 당사자와 친족, 동일법인 및 사무소 소속의 평가사는 제척되고 불공정한 의결을 할 염려 있는 자는 기피될 수 있다.

4. 징계의 절차

(1) 징계의결 요구

국토교통부장관은 위반사유가 발생한 경우 징계의결을 요구할 수 있다. 위반사유가 발생한 날부터 5년이 지난 때에는 할 수 없다.

(2) 의결

① 의결이 요구되면 요구일부터 60일 이내에(부득이한 경우 30일 연장), ② 당사자에게 구술 또는 서면으로 의견진술 기회를 주어야 한다. ③ 재적위원 과반수의 출석으로 개의하고 출석위원 과반수의 찬성으로 의결한다.

(3) 징계사실의 통보

서면으로 당사자와 협회에 통보한다.

5. 징계의결의 하자

(1) 의결에 반하는 처분

징계위원회는 의결기관이므로 징계위원회의 의결은 국토교통부장관을 구속한다. 따라서 징계위원회의 의결에 반하는 처분은 무효이다.

(2) 의결을 거치지 않은 처분

국토교통부장관은 징계위원회의 의결에 구속되므로 징계위원회의 의결을 거치지 않고 처분을 한다면 권한 없는 징계처분이 되므로 무효이다.

6. 징계의 종류

징계위원회는 자격의 취소, 등록의 취소, 2년 이하의 업무정지, 견책을 징계할 수 있다.

7. 결(개선점 : 조사위원회의 필요성)

징계위원회제도는 대외적으로 공정성 확보에 기여한다. 징계위원회가 사실관계의 명확한 파악과 공정하고 객관적인 징계를 위해서는 별도의 "조사위원회"를 신설하여 개별적, 구체적인 사실관계를 확정할 필요가 있다. 따라서 조사위원회를 설치하여 내부적인 감사를 진행하는 것이 보다 공정성과 신뢰성을 확보할 수 있다.

논점 | 징계공고 (B)

1. 의의 및 취지

국토교통부장관은 감정평가사에 대한 징계를 한 때 지체 없이 그 사유를 감정평가사, 감정평가법인 등, 협회에 각각 알리고, 그 내용을 관보 또는 인터넷 홈페이지 등에 게시 또는 공고해야 한다. 이는 감정평가제도의 신뢰도 향상을 위한 취지가 있다.

2. 공고의 방법

국토교통부장관은 징계처분이 확정되면 내용 등을 관보에 고시하고 징계처분의 확정이로부터 2주 이내에 감정평가 정보체계에 게시해야 한다. 또한 협회는 국토교통부장관으로부터 통보받은 내용을 협회가 운영하는 홈페이지에 3개월 이상 게재하는 방법으로 공개해야 한다.

3. 공고의 내용 및 기간

공고에는 징계처분을 받을 감정평가사의 이름, 징계의 내용, 징계 사유, 징계처분의 효력발생일 등이 포함된다. 징계정보를 인터넷 홈페이지에 게재하는 기간은 자격취소, 등록취소는 3년, 업무정지는 해당 업무정지 기간(단, 3개월 미만은 3개월), 견책은 3개월이다. 징계 정보의 범위는 신청일을 기준으로 자격취소, 등록취소는 과거 10년, 업무정지는 과거 5년, 견책은 과거 1년이다.

4. 공고의 처분성

행정상 공표는 사실행위에 속한다. 공표가 권력적 사실행위인지 비권력적 사실행위인지에 대해서는 견해의 대립이 있다. 판례는 명단공표를 처분으로 본 바 있다. 징계 공고는 감정평가사의 권리 의무에 직접 영향을 미치기 때문에 처분성을 긍정함이 타당하다.

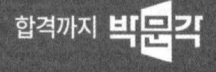

박문각
감정평가사

도승하
감정평가 및 보상법규
2차 | 미니법전 및 서브노트

제2판 인쇄 2024. 3. 20. | **제2판 발행** 2024. 3. 25. | **편저자** 도승하

발행인 박 용 | **발행처** (주)박문각출판 | **등록** 2015년 4월 29일 제2015-000104호

주소 06654 서울시 서초구 효령로 283 서경 B/D 4층 | **팩스** (02)584-2927

전화 교재 문의 (02)6466-7202

저자와의
협의하에
인지생략

이 책의 무단 전재 또는 복제 행위를 금합니다.

정가 28,000원
ISBN 979-11-6987-809-8

MEMO

MEMO